Arbeitsrechtliche Prognoseentscheidungen

Schriften zum deutschen und europäischen Recht der Arbeit und der Sozialen Sicherheit

Herausgegeben von
Stefan Greiner, Gregor Thüsing und Raimund Waltermann

Band 25

Yannik Beden

Arbeitsrechtliche Prognoseentscheidungen

Zu bereichsspezifischen und allgemeinen Bewertungsmaßstäben zukunftsbezogener Wahrscheinlichkeitsannahmen

PETER LANG

Bibliografische Information der Deutschen Nationalbibliothek
Die Deutsche Nationalbibliothek verzeichnet diese Publikation in der Deutschen Nationalbibliografie; detaillierte bibliografische Daten sind im Internet über http://dnb.d-nb.de abrufbar.
Zugl.: Bonn, Univ., Diss., 2019

Gedruckt auf alterungsbeständigem, säurefreiem Papier.
Druck und Bindung: CPI books GmbH, Leck

D 5
ISSN 1861-678X
ISBN 978-3-631-80911-2 (Print)
E-ISBN 978-3-631-81560-1 (E-PDF)
E-ISBN 978-3-631-81561-8 (EPUB)
E-ISBN 978-3-631-81562-5 (MOBI)
DOI 10.3726/b16954

Peter Lang – Berlin · Bern · Bruxelles · New York · Oxford · Warszawa · Wien

Diese Publikation wurde begutachtet.

www.peterlang.com

Meinen Eltern

Vorwort

Die vorliegende Arbeit wurde im Sommersemester 2019 von der Rechts- und Staatswissenschaftlichen Fakultät der Rheinischen Friedrich-Wilhelms-Universität Bonn als Dissertation angenommen. Literatur und Rechtsprechung wurden bis März 2019 berücksichtigt. Die Kommentarliteratur befindet sich auf dem Stand Oktober 2019.

Den Weg zum erfolgreichem Abschluss einer Promotion beschreitet man nicht allein. In erster Linie möchte ich meinem Doktorvater Prof. Dr. Gregor Thüsing, LL.M. (Harvard) für die Betreuung meiner Arbeit Dank aussprechen. Während der Anfertigung der Arbeit durfte ich umfassenden Gestaltungsfreiraum genießen, gleichzeitig aber erhielt ich sofortigen Rat, wenn ich ihn benötigte. Die tägliche Zusammenarbeit mit meinem Doktorvater hat mir zudem gezeigt, dass theoretische Lösungsansätze immer den Bezug zur praktischen Problemstellung haben müssen. Ich bin froh, sein Wirken aus nächster Nähe betrachtet zu haben. Die Zeit am Lehrstuhl hat sowohl meine juristische als auch persönliche Entwicklung nachhaltig geprägt. Großer Dank gilt auch Prof. Dr. Stefan Greiner für die zügige Erstellung des Zweitgutachtens.

Die Arbeit wurde sowohl ideell als auch finanziell von der Konrad-Adenauer-Stiftung im Rahmen eines Promotionsstipendiums gefördert. Die großzügige Unterstützung hat zum Erfolg des Vorhabens ganz wesentlich beigetragen. Dank gilt zudem der Sozietät Pinsent Masons, die durch Anregungen aus der Praxis gewinnbringende Denkanstöße beigesteuert hat.

Zudem gilt meinen Kollegen am Lehrstuhl herzlicher Dank. Insbesondere bedanke ich mich bei meinem guten Freund und Kollegen Dr. Matthias Denzer, der zeitgleich mit mir sein Promotionsvorhaben verfolgt hat. Durch sein offenes Ohr und seine konstruktive Kritik hat er mich bei der Anfertigung der Arbeit stets unterstützt. Ich bin froh, in ihm einen Freund gefunden zu haben, auf den ich mich verlassen kann.

Von ganzem Herzen bedanke ich mich bei meinen Eltern Claudia und Manfred Beden sowie meiner Schwester Alina Beden für ihren bedingungslosen Rückhalt. Meine Eltern haben mich in allen Phasen meines Lebens, insbesondere während des Studiums in größtem Maße unterstützt und an mein Gelingen geglaubt. Meinem Vater danke ich zudem für seine stetige Bereitschaft, Inhalte meiner Arbeit ausführlich in konstruktivem Dialog zu diskutieren. Sein Rückhalt ist für mich von unschätzbarem Wert.

Bonn, im November 2019
Yannik Beden

Gliederung

Abkürzungsverzeichnis

a.A.	anderer Ansicht
Abs.	Absatz
a.F.	alte Fassung
AktG	Aktiengesetz
Alt.	Alternative
Anm.	Anmerkung
AP	Arbeitsrechtliche Praxis
ArbG	Arbeitsgericht
ArbR	Arbeitsrecht
ArbRAktuell	Arbeitsrecht Aktuell
Art.	Artikel
AuA	Arbeit und Arbeitsrecht
Aufl.	Auflage
AÜG	Gesetz zur Regelung der Arbeitnehmerüberlassung
BAG	Bundesarbeitsgericht
BAGE	Entscheidungen des Bundesarbeitsgerichts
BB	Betriebs-Berater
Bd.	Band
BeckRS	Beck-Rechtsprechung
Begr.	Begründer
BetrAVG	Gesetz zur Verbesserung der betrieblichen Altersversorgung (Betriebsrentengesetz)
BetrVG	Betriebsverfassungsgesetz
Beschl.	Beschluss
BGB	Bürgerliches Gesetzbuch
BGH	Bundesgerichtshof
BilMOG	Gesetz zur Modernisierung des Bilanzrechts
BRG	Betriebsrätegesetz
BT-Drucks.	Drucksache des Deutschen Bundestages
BVerfG	Bundesverfassungsgericht
bzw.	beziehungsweise
CTA	Contractual Trust Arrangement
DAX	Deutscher Aktienindex
DB	Der Betrieb
ders.	derselbe

d.h.	das heißt
DJ	Deutsche Justiz
DStR	Deutsches Steuerrecht
Ed.	Edition
EFZG	Entgeltfortzahlungsgesetz
EheG	Ehegesetz
etc.	et cetera
EuZW.	Europäische Zeitschrift für Wirtschaftsrecht
f.	folgende
ff.	fortfolgende
FAZ	Frankfurter Allgemeine Zeitung
Fn.	Fußnote
FS	Festschrift
gem.	gemäß
GG	Grundgesetz
ggf.	gegebenenfalls
GK	Gemeinschaftskommentar
GmbH	Gesellschaft mit beschränkter Haftung
h.M.	herrschende Meinung
Hrsg.	Herausgeber
Hs	Halbsatz
i.E.	im Ergebnis
i.R.d.	im Rahmen des
i.S.d.	im Sinne des
i.S.v.	im Sinne von
i.V.m.	in Verbindung mit
JuS	Juristische Schulung
Jura [Zeitschrift]	Juristische Ausbildung
JZ	JuristenZeitung
KSchG	Kündigungsschutzgesetz
LAG	Landesarbeitsgericht
LAGE	Entscheidungen der Landesarbeitsgerichte
LG	Landgericht
lit.	littera [Buchstabe]
m.w.N.	mit weiteren Nachweisen
NJOZ	Neue Juristische Online Zeitschrift
NJW	Neue Juristische Wochenschrift
NJW-RR	NJW-Rechtsprechungsreport
Nr.	Nummer

NZA	Neue Zeitschrift für Arbeitsrecht
NZA-Beil.	Neue Zeitschrift für Arbeitsrecht Beilage
NZA-RR	NZA-Rechtsprechungs-Report Arbeitsrecht
NZG	Neue Zeitschrift für Gesellschaftsrecht
NVwZ	Neue Zeitschrift für Verwaltungsrecht
OECD	Organisation für wirtschaftliche Zusammenarbeit und Entwicklung
OLG	Oberlandesgericht
OVG	Oberverwaltungsgericht
RdA	Recht der Arbeit
RG	Reichsgericht
RL	Richtlinie
Rn.	Randnummer
Rspr.	Rechtsprechung
S.	Satz; Seite
SAE	Sammlung arbeitsrechtlicher Entscheidungen
Slg.	Sammlung
sog.	sogenannte(r)
StGB	Strafgesetzbuch
St. Rspr.	Ständige Rechtsprechung
TzBfG	Teilzeit- und Befristungsgesetz
u.a.	unter anderem/und andere
Urt.	Urteil
u.U.	unter Umständen
v.	vom/vor
vgl.	vergleiche
Vorb.	Vorbemerkung
z.B.	zum Beispiel
ZfA	Zeitschrift für Arbeitsrecht
ZfPW	Zeitschrift für die gesamte Privatrechtswissenschaft
Ziff.	Ziffer
ZIP	Zeitschrift für Wirtschaftsrecht
zit.	zitiert
ZPO	Zivilprozessordnung

A. Zukunftsbezogene Risikoentscheidungen im Kontext des Arbeitsrechts

I. Arten und Regelungsgegenstände arbeitsrechtlicher Prognosen

„The only relevant test of the *validity* of a hypothesis is comparison of its predictions with experience.“[1]

Mit diesem Ausspruch konturierte *Milton Friedman* im Jahr 1966 in anschaulicher Weise sein Verständnis der Methodiken zur positiven, wertfreien Ökonomie. Die Reichweite seiner Aussage beschränkte *Friedman* dabei nicht auf Hypothesen, deren Verifizierung durch einen Abgleich mit künftigen Umständen und Ereignissen erfolgt. Ebenso sei es möglich, hypothetische Annahmen dadurch, dass man sie mit Tatsachen aus der Vergangenheit substantiiert, zu bestätigen.[2] Diese Überlegungen fanden in ihrem Ursprung zu mikro- und makroökonomischen Gegebenheiten und deren Ursachen statt. Indes beinhaltet die Formulierung gleichzeitig das ureigene Konfliktpotential aller prognostischen Annahmen: Risiken und Unwägbarkeiten sind so gut wie jeder zukunftsbezogenen Entscheidung inhärent. Daraus lässt sich jedoch nicht schlussfolgern, dass jede Prognose nur auf der Grundlage subjektiven Empfindens und ohne jeglichen Bezug zu objektiven Umständen gestellt werden kann. Die von *Friedman* beschriebene „Validität“, die letztlich als Eingrenzung und Offenlegung der für die Prognose relevanten Unsicherheitsmomente verstanden werden kann, ist anhand eines Abgleichs des Prognostizierten mit objektiven, dem Beweis zugänglichen Tatsachen aus der Vergangenheit zu bestimmen. Zwei Dinge sind hieraus zu schlussfolgern: Prognosen sind trotz ihres Bezugs zur künftigen Entwicklung zwangsläufig mit der Vergangenheit verbunden. Die Entwicklungen in der Vergangenheit wiederum dienen regelmäßig als Grundlage für die Prognoseentscheidung, die der Kontrolle durch Außenstehende zugänglich ist.

Unbestritten ist eine Antizipation künftiger Entwicklungen nicht nur bei markt- und produktbezogenen Fragestellungen für den wirtschaftlichen Erfolg

---

1 Zu Deutsch: „Der einzig relevante Test der *Validität* einer Hypothese ist der Vergleich ihrer Voraussagen mit Erfahrungswerten.“

2 *Friedman*, The Methodology of Positive Economics, in: Essays in Positive Economics, 1966, S. 8 f.

eines Unternehmens von tragender Bedeutung. Auseinandersetzungen mit zukünftigen Gegebenheiten spielen auch und insbesondere in der Personalwirtschaft eine entscheidende Rolle. Oftmals betreffen personelle bzw. betriebliche Maßnahmen schutzwürdige Rechtsgüter der Belegschaft. Es liegt vor diesem Hintergrund auf der Hand, dass auch das Arbeitsrecht Regelungen zu Prognoseentscheidungen vorsieht. Diese existieren in unterschiedlicher Art und Gestalt in den Teilbereichen des Individual- und Kollektivarbeitsrechts. Während die kündigungsrechtliche Negativprognose in das Gestaltungsrecht der Kündigung eingebettet ist, kommt der befristungsrechtlichen Prognose im Rahmen von § 14 Abs. 1 TzBfG eine sachgrundkonkretisierende Funktion zu. Die betriebsrentenrechtliche Prognoseentscheidung des Arbeitgebers innerhalb von § 16 Abs. 1 BetrAVG ist Teil einer Anpassungsprüfung monetärer Leistungen, die betriebsverfassungsrechtlichen Prognosen aus §§ 92 Abs. 1, 99 Abs. 2 Nr. 6 BetrVG sind wiederum Gegenstand von Beteiligungsrechten des Betriebsrats. Allen Prognosen ist dabei gemeinsam, dass der Ersteller eine zukunftsbezogene Entscheidung zu treffen hat, die Risiko- und Wahrscheinlichkeitsannahmen beinhaltet.

II. Teilrechtsgebietsübergreifende Fragestellungen

Ungeachtet der Einbettung der prognostischen Entscheidungen setzen sich Prognosen aus verschiedenen Merkmalen zusammen, die jeweils einer eigenständigen Wirksamkeitskontrolle zugänglich sind. Unterschieden werden muss zwischen dem Bezugspunkt der Prognose, der Tatsachengrundlage der Prognose sowie der Prognosewahrscheinlichkeit. Zudem gibt es regelmäßig einen Prognoseadressaten. Die bislang veröffentlichten Ausarbeitungen zu arbeitsrechtlichen Prognoseentscheidungen behandeln diejenigen Problemstellungen, die mit der Prognose des jeweiligens Teilrechtsgebiets verbunden sind.[3] Gemein ist ihnen eine Fokussierung auf die bereichsspezifischen Fragen. *Preis* und *Nicklaus* haben sich bereits eingehend mit dem kündigungsrechtlichen Prognoseprinzip auseinandergesetzt,[4] *Loth* hat die Prognose innerhalb der Sachgrundprüfung nach

3 Zu nennen sind insbesondere *Hohnstetter*, Die Prognoseentscheidung des Arbeitgebers im Kündigungsrecht, 1994; *Loth*, Prognoseprinzip und Vertragskontrolle im befristeten Arbeitsverhältnis, 2015; *Preis*, Prinzipien des Kündigungsrechts bei Arbeitsverhältnissen, 1987, S. 322 ff.; *Nicklaus*, Das Prognoseprinzip im arbeitsrechtlichen Kündigungsschutzrecht, 2012; *Walden*, Änderungskündigung, unternehmerische Entscheidungsfreiheit und Prognoseprinzip, 1993.

4 *Nicklaus*, Das Prognoseprinzip im arbeitsrechtlichen Kündigungsschutzrecht, 2012; *Preis*, Prinzipien des Kündigungsrechts bei Arbeitsverhältnissen, 1987, S. 322 ff.

§ 14 Abs. 1 TzBfG umfassend beleuchtet.[5] Ausgeblieben sind bislang allerdings Überlegungen zur Existenz von Prognosemaßstäben, die allgemein und damit teilrechtsgebietsübergreifend Geltung im Arbeitsrecht entfalten. Erste Anstöße hierzu gab es jedoch: *Preis* stellte in seinem Werk zu den kündigungsrechtlichen Prinzipien im Arbeitsverhältnis fest, dass die mit dem Prognoseerfordernis verbundenen Rechtsprobleme bei allen Kündigungsgründen gleichermaßen in Erscheinung treten und bemängelte vor diesem Hintergrund die uneinheitlichkeit der bis *dato* entwickelten Lösungsansätze. Bereits aus Gründen der Rechtssicherheit sei eine einheitliche Handhabe des Prognoseprinzips für alle Kündigungsgründe geboten.[6] Auch *Loth* konnte im Befristungsrecht erste einheitliche Bewertungsmaßstäbe für die Prognose herausarbeiten, die für die sachlichen Gründe des Katalogs aus § 14 Abs. 1 S. 2 TzBfG – sofern sie denn eine Prognoseentscheidung notwendig machen – Geltung beanspruchen.[7] Die nachstehende Abhandlung greift diese Gedankengänge auf und beansprucht eine Weiterführung des Erkenntnisgewinns, der sich aus den bereichsspezifischen, verdienstvollen Publikationen zu Prognoseproblemstellungen bislang ergeben hat. Gleichzeitig sind auch arbeitsrechtliche Prognoseerfordernisse Gegenstand der Untersuchung, die zum jetzigen Zeitpunkt wenig bis unzureichend Beachtung im wissenschaftlichen Diskurs erhalten. Ziel der bereichsspezifischen Betrachtungen ist es, einen Grundlagenkatalog zu übergreifenden, im Arbeitsrecht allgemein anwendbaren Prognosemaßstäben auszuarbeiten. Dieser soll der systematischen Erfassung des *status quo* dienen, gleichermaßen bildet er auch einen Ausgangspunkt für die Einordnung künftiger, neu hinzutretender Prognosetatbestände des Arbeitsrechts.

III. Gang der Darstellung und thematische Eingrenzung

Die Annährung an die Fragestellung wird schrittweise erfolgen. Eingangs sollen Überlegungen zur Rechtshistorie arbeitsrechtlicher Prognosen, insbesondere zur Negativprognose im Kündigungsrecht stattfinden (B.). Eine kurze Darstellung des rechtshistorischen Kontexts ist insbesondere vor dem Hintergrund, dass sich das befristungsrechtliche Prognoseprinzip in seinen Grundzügen aus dem Prognoseerfordernis des § 1 KSchG herausentwickelt hat, geboten. Allgemein gilt zudem: „Wer die Vergangenheit nicht kennt, kann die Gegenwart nicht

---

5 *Loth*, Prognoseprinzip und Vertragskontrolle im befristeten Arbeitsverhältnis, 2015.

6 *Preis*, Prinzipien des Kündigungsrechts bei Arbeitsverhältnissen, 1987, S. 331 f.

7 *Loth*, Prognoseprinzip und Vertragskontrolle im befristeten Arbeitsverhältnis, 2015, S. 148 f.

verstehen und die Zukunft nicht gestalten."[8] Der rechtshistorischen Einordnung folgen Ausführungen zur verfassungs- und einfachgesetzlichen Legitimierung der einzelnen Prognosetatbestände. Diese werden ebenso in ihren jeweiligen makro- und mikroökonomischen Kontext gebracht. Aufbauend auf dieser Grundlage richtet sich der Blick auf das älteste arbeitsrechtliche Prognoseprinzip in Gestalt der kündigungsrechtlichen Negativprognose (C.). Anschließend wird die befristungsrechtliche Prognose als Bestandteil des Sachgrundes im Rahmen von § 14 Abs. 1 TzBfG beleuchtet (D.). In Anbetracht der jüngsten Entwicklungen in Rechtsprechung und Literatur zur Mehrfach- bzw. Kettenbefristung liegt dabei ein wesentliches Augenmerk auf dem rechtsdogmatischen Verhältnis zwischen dem Prognoseprinzip und der Rechtsfigur des institutionellen Rechtsmissbrauchs. Auch die aktuellen Entwicklungen in der Gesetzgebung müssen dabei berücksichtigt werden: Der Koalitionsvertrag für die 18. Legislaturperiode sieht eine Beschränkung der Sachgrundbefristung auf eine maximale Gesamtbeschäftigungsdauer von fünf Jahren vor.[9] Wird eine Höchstgrenze tatsächlich eingeführt, dürfte der bisherige Lösungsansatz des BAG wohl weitestgehend obsolet werden, ohne dass das Erfordernis einer Beschäftigungsbedarfsprognose gleichzeitig entfiele. Sowohl für die kündigungsrechtliche, als auch befristungsrechtliche Prognose wird vorbereitend für den letzten Abschnitt der Arbeit erörtert, ob und inwieweit Bewertungsgrundsätze existieren, die kündigungs- bzw. sachgrundübergreifend Geltung beanspruchen.

Danach widmet sich die Ausarbeitung der betriebsrentenrechtlichen Prognose aus § 16 Abs. 1 BetrAVG, bei der die künftige wirtschaftliche Entwicklung des Unternehmens des Versorgungsschuldners im Mittelpunkt steht (E.). Den Abschluss der teilrechtsgebietsspezifischen Betrachtung bilden die Prognosen des Betriebsverfassungsrechts (F.). Im Einzelnen werden die personalplanungserheblichen Arbeitgeberprognosen, die für das Unterrichtungs- und Beratungsrecht des Betriebsrats nach § 92 Abs. 1 BetrVG von Bedeutung sind, sowie die vom Betriebsrat zu erstellende Prognose innerhalb des Zustimmungsverweigerungsgrundes aus § 99 Abs. 2 Nr. 6 BetrVG bei personellen Einzelmaßnahmen behandelt. Dies ebnet den Weg für die Abstraktion und Systematisierung bereichsübergreifender, allgemeingültiger Rechtmäßigkeitsanforderungen arbeitsrechtlicher Prognosen (G.). Der Findungsprozess konzentriert sich dabei

---

8 In Anlehnung an *Helmut Kohl*, Bundestagsrede v. 1.6.1995, Plenarprotokoll 13/41 v. 1.6.1995, S. 3183.

9 Koalitionsvertrag zwischen CDU, CSU und SPD vom 7.2.2018, S. 52, abrufbar unter https://www.cdu.de/system/tdf/media/dokumente/koalitionsvertrag_2018.pdf?file=1

auf alle zuvor dargestellten Prognosen des Individual- und Kollektivarbeitsrechts, ohne sich gleichzeitig auf diese zu beschränken. Soweit es für die Substantiierung oder zum besseren Verständnis der abstrahierten Maßstäbe förderlich ist, erfolgen an entsprechender Stelle Exkurse zu Prognosen des Bürgerlichen Gesetzbuchs, mitunter wird auch Bezug auf prognostische Entscheidungen des Verfassungs- und Strafrechts genommen.

Die Abhandlung beschränkt sich auf (arbeitsrechtliche) Prognosen, also Entscheidungen, die einen Zukunftsbezug aufweisen und mit Risiken bzw. Unwägbarkeiten zwangsläufig verbunden sind. Ausgeklammert werden mithin Hypothesen, denen es an einer Verbindung zur künftigen Entwicklung von Umständen und Ereignissen fehlt. Beispielhaft genannt sei die hypothetische Ermittlung der Vergütung eines Betriebsratsmitglieds nach § 37 Abs. 2 BetrVG (sog. Lohnausfallprinzip), bei der es sich um eine rückgewandte Betrachtung unter Zugrundelegung alternativer Umstände handelt.[10] Die Arbeit umfasst diejenigen Normen des Arbeitsrechts, deren Anwendung stets mit einer Prognoseerstellung einhergehen. Gleichzeitig handelt es sich dabei um die Prognosetatbestände, denen in Rechtsprechung und Literatur am meisten Beachtung zukommt.

10 Zur hypothetischen Betrachtungsweise BAG Urt. v. 8.11.2017 – 5 AZR 11/17, NZA 2018, 528 (531); Urt. v. 25.10.2017 – 7 AZR 731/15, NZA 2018, 538 (541); Urt. v. 29.4.2015 – 7 AZR 123/13, NZA 2015, 1328 (1329); *Annuß*, NZA 2018, 134 (135), der im Konjunktiv II in der Vergangenheitsform formuliert; grundlegend zur Bestimmung der Betriebsratsvergütung *Denzer*, Das Betriebsratsamt als Ehrenamt und seine entgeltrechtlichen Folgen, 2020.

B. Rechtshistorie und Legitimierung der arbeitsrechtlichen Prognosen

Um die teilrechtsgebietsspezifischen Ausprägungen der arbeitsrechtlichen Prognoseerfordernisse nachvollziehen zu können, ist eine vorangehende Auseinandersetzung mit der jeweiligen Legitimation – und insofern auch zwingend mit der Rechtshistorie – des Prognoseprinzips unabdinglich. Die rechtstatsächlichen Dimensionen der einzelnen Prognosetatbestände können zudem nur unter Berücksichtigung der wirtschaftlichen Rahmenbedingungen adäquat erfasst werden. Deshalb bedarf es abseits der Überlegungen zur verfassungs- und einfachgesetzlichen Legitimierung eines jedens Prognoseerfordernisses auch einer Veranschaulichung der makro- und mikroökonomischen Implikationen:

I. Ursprung des Prognosegedankens im Kündigungsrecht

Das Prognoseprinzip fand seinen Einzug in das Arbeitsrecht zuerst im Kündigungsrecht. Diesbezüglich existiert in der Literatur noch Konsens.[11] Die erstmalige ausdrückliche Benennung des Prognosegedankens kann allerdings nur schwer zurückverfolgt werden. An welcher Stelle das Prognoseprinzip bzw. dessen Vorgänger seinen Ursprung hat, ist bislang nicht abschließend geklärt worden. Fest steht zumindest, dass das Prinzip der prognostischen Entscheidung über den Fortbestand des Arbeitsverhältnisses maßgeblich von *Wilhelm Herschel* in seinem Beitrag in der Deutschen Justiz im Jahr 1939[12] geprägt wurde:

1. Überlegungen zum kollektivistischen Arbeitsverhältnis – *Wilhelm Herschel*

Herschels Beitrag setzte sich mit den Wirksamkeitsanforderungen der außerordentlichen Kündigung auseinander. Diesbezüglich nahm er eine Parallelwertung zu den §§ 49, 55 des EheG vom 6.7.1938 vor,[13] wonach die Ehe bzw. die häusliche Gemeinschaft aufgelöst werden konnten, wenn „die Wiederherstellung einer dem Wesen der Ehe entsprechenden Lebensgemeinschaft nicht zu erwarten

---

11 Vgl. *Loth*, Prognoseprinzip und Vertragskontrolle im befristeten Arbeitsverhältnis, 2015, S. 95; *Löwisch*, BB 1998, 1793 (1794); *Preis*, Prinzipien des Kündigungsrechts bei Arbeitsverhältnissen, 1987, S. 322; *Rüthers*, NJW 1998, 1433 (1437).

12 *Herschel*, DJ 1939, 410 (410f.).

13 *Herschel*, DJ 1939, 410 (410).

[ist]". Die Übertragung dieser Wertmaßstäbe auf die Beendigung des Arbeitsverhältnisses war aus Sicht von *Herschel* gerade deshalb geboten, weil er mit ihnen eine objektive, kollektivgüterbezogene Betrachtungsweise verband: Maßgeblich könne nicht eine subjektivierende, individuelle Betrachtung des künftigen Verlaufs des Arbeitsverhältnisses sein, sondern vielmehr eine objektive, am Maßstab der betrieblichen Gemeinschaft orientierten Prognose.[14] Nur wenn die Beendigung des Arbeitsverhältnisses aus Sicht der Betriebsgemeinschaft bzw. der „völkischen" Gemeinschaft geboten sei, solle sie möglich sein. Subjektive (soziale) Gesichtspunkte spielten für *Herschel* keine tragende Rolle, da die Sinnhaftigkeit des Arbeitsverhältnisses allein daran gemessen wurde, ob dieses (weiterhin) eine „echte, völkisch nützliche Gemeinschaft" darstelle.[15]

2. Elemente des Individualrechtsschutzes

Auch wenn das Prognoseprinzip aus Sicht von *Herschel* seine Legitimierung durch kollektivistische Bedürfnisse der Betriebsgemeinschaft gewinnt, waren bereits in § 84 Abs. 1 Nr. 4 Betriebsrätegesetz 1920 (BRG) erkennbar Gesichtspunkte des Individualrechtsschutzes verankert. Nach dieser Norm konnte eine Kündigung vom Arbeitnehmer angegriffen werden, wenn sie sich „als eine unbillige, nicht durch das Verhalten des Arbeitnehmers oder durch die Verhältnisse des Betriebs bedingte Härte darstellt." Die Möglichkeit des einzelnen Arbeitnehmers, die Rechtswirksamkeit einer Kündigung zu kontestieren war bereits ein Novum. Der ursprüngliche Regierungsentwurf sah vor, dass das Einspruchsrecht ausschließlich der Betriebsvertretung zusteht.[16] Aber auch in materieller Hinsicht wurde bewusst darauf verzichtet, kollektive Bedürfnisse für die Wirksamkeit einer Kündigung in den Vordergrund zu stellen. So wurde seitens des Gesetzgebers zuvor erwogen, nicht nur das Merkmal der „unbilligen Härte" für den betroffenen Arbeitnehmer einzufügen, sondern alternativ eine Kündigung auch dann zuzulassen, wenn eine Aufrechterhaltung des Arbeitsverhältnisses gegen die berechtigten Interessen des Betriebs oder der Arbeitnehmerschaft verstößt.[17] Hiervon wurde jedoch letztlich abgesehen und der Schutz des einzelnen Arbeitnehmers bewusst *de jure* in den Vordergrund gestellt.

Auffällig ist diesbezüglich jedoch, dass die Norm trotz individualrechtlicher Prägung in das BRG aufgenommen wurde. Hierfür sind zwei Erwägungen

14 *Herschel*, DJ 1939, 410 (410).
15 *Herschel*, DJ 1939, 410 (411).
16 *Hueck/Nipperdey*, Lehrbuch des Arbeitsrechts, Bd. I, 1927, S. 314 m.w.N.
17 *Hueck/Nipperdey*, Lehrbuch des Arbeitsrechts, Bd. I, 1927, S. 314 m.w.N.

maßgeblich gewesen: Zum einen stand dem Arbeiter- bzw. Angestelltenrat, subsidiär dem Betriebsrat ein Mitwirkungsrecht bei Kündigungen gem. § 78 Nr. 9 BRG zu. Darüber hinaus galt der Kündigungsschutz nach § 84 BRG nur in Betrieben, in denen ein Betriebsrat auch tatsächlich bestand.[18] Der Kollektivgedanke *Herschels* findet sich demnach auch in der Regelungssystematik des BRG wieder. Rechtstatsächlich ergibt sich aus dem Wortlaut des § 84 Abs. 1 Nr. 4 BRG jedoch unverkennbar das Vordringen sozialer, individueller Erwägungsgründe. Das Recht zur Kündigung und, sofern man in § 84 Abs. 1 Nr. 4 BRG Anhaltspunkte für das Erfordernis einer zukunftsbezogen Entscheidung sieht auch das Prognoseprinzip[19], unterlagen während der Geltung des BRG einem Hybrid von individuellen und kollektivgeprägten Wirksamkeitsmaßstäben.

3. Der Streit um die Ideologie und Zweckrichtung des Prognoseprinzips

1998 wurden das Prognoseprinzip – ebenso wie der Ultima-Ratio-Grundsatz – von *Rüthers* im Hinblick auf „ideologisch-dogmatische Kontinuitäten" analysiert.[20] *Rüthers* misst dem Prognoseprinzip in historischer Hinsicht eine rechtsändernde Funktion bei: *Herschel* habe seiner Ansicht nach mit der Implementierung des Prognosegedankens versucht, „völkische Wertmaßstäbe" in das ansonsten unveränderte Gesetzesrecht einfließen zu lassen.[21] Zuzustimmen ist *Rüthers* insofern, als dass *Herschel* dem Erfordernis einer individuellen, personenbezogenen Zumutbarkeitskontrolle entgegentrat und stattdessen eine objektive Zumutbarkeit der Fortführung des Arbeitsverhältnisses für die Betriebsgemeinschaft verlangte. Auch der Einschlag der nationalsozialistischen Gemeinschaftsideologie im Wortlaut *Herschels* ist unverkennbar: Die Belange der Vertragsparteien seien nur mittelbar von Belang, nämlich dann, wenn sie sich auf die Zumutbarkeit der Vertragsfortführung aus Sicht der Betriebsgemeinschaft auswirkten. Letztlich sei nur das „überragende Wohl der deutschen Volksgemeinschaft" ausschlaggebend. Hieraus ergab sich für *Herschel* auch ein der heutigen Konzeption zuwiderlaufendes Verständnis des Arbeitsverhältnisses: Dieses wurde nicht als schuldrechtlicher Vertrag zwischen Arbeitgeber und Arbeitnehmer verstanden.[22] Vielmehr war es ein völkisches

---

18 So jedenfalls die damals herrschende Meinung, vgl. *Hueck/Nipperdey*, Lehrbuch des Arbeitsrechts, Bd. I, 1927, S. 315 m.w.N.

19 Hierzu unter Gliederungspunkt B. I. 4.

20 *Rüthers*, NJW 1998, 1433 (1436 ff.).

21 *Rüthers*, NJW 1998, 1433 (1437).

22 Insofern zutreffend *Rüthers*, NJW 1998, 1433 (1438).

Gemeinschaftsverhältnis, innerhalb dessen der „deutsche Arbeitsmensch mit Betrieb und Beruf [verwurzelt]".[23] Auch andere Autoren betonten die Bedeutung des Kollektivgedankens: Das Arbeitsverhältnis sei das „personenrechtliche Gliedschaftsverhältnis der Beschäftigten innerhalb der konkreten Betriebsgemeinschaft".[24] *Rüthers* kommt auf der Grundlage dieser Ausführungen zu dem Ergebnis, dass es *Herschel* um die Abkehr von einer subjektiven Einzelfallbetrachtung zugunsten der Fortentwicklung des rassisch-völkischen Gemeinschaftsdenkens der Nationalsozialisten ging.[25]

Rüthers lenkt sein Augenmerk entscheidend auf die „Umdeutungsfunktion"[26] des Prognoseprinzips. Dieses sei als Mittel zur Implementierung nationalsozialistischen Gedankenguts verwendet worden.[27] Gerade damit begründet er auch seinen Rückschluss auf die ideologische Ausrichtung des Prognosegedankens. Eine ideologische Neutralität sei schon aufgrund der historischen Prägung abzulehnen.[28] Allenfalls könne dieser Begriff dahingehend verstanden werden, dass nicht die Freiheit von Ideologien, sondern eine Offenheit für sämtliche ideologische Annahmen des Gesetzesanwenders gemeint sei.[29]

Die ideologisch-gesellschaftliche Offenheit fortlaufend weiterentwickelter Rechtsprinzipien kann kaum bestritten werden. Rechtsprinzipien ist aufgrund ihrer Generalität und Abstraktheit ein weiter Interpretationsspielraum immanent. Das Prognoseprinzip in seiner ursprünglichen Funktion auf ein Umdeutungsmittel im nationalsozialistischen Arbeitsrecht zu reduzieren verbietet sich jedoch, da bereits in den Jahren 1919 bzw. 1920 Vorreiter des Prognosegrundsatzes zu finden sind:

4. Der Ursprung des prognostischen Elements in der vorläufigen Landarbeitsverordnung von 1919

Mitunter wurde vertreten, dass sich das Prognoseprinzip – ebenso wie der Ultima-Ratio-Grundsatz – auf einen dogmatischen und rechtspolitisch aufgeladenen Diskurs zu § 84 Abs. 1 Nr. 4 (BRG) zurückführen lässt.[30] *Herschel* wandte

---

23 *Herschel*, DJ 1939, 410 (411).
24 *Siebert*, Das Arbeitsverhältnis in der Ordnung der nationalen Arbeit, 1935, S. 11.
25 *Rüthers*, NJW 1998, 1433 (1438).
26 *Rüthers*, NJW 1998, 1433 (1438).
27 *Rüthers*, NJW 1998, 1433 (1438).
28 Eine ideologische Färbung des Prognoseprinzips verneinend *Preis*, NZA 1997, 1073 (1076).
29 *Rüthers*, NJW 1998, 1433 (1439).
30 *Löwisch*, BB 1998, 1793 (1793 ff.).

sich gegen die damals übliche Lesart, wonach die Merkmale der „unbilligen Härte“ und Verhaltens- bzw. Betriebsbedingtheit der Kündigung voneinander unabhängig waren. Vor allem *Löwisch* sieht in diesem Diskurs den Ursprung des Prognoseprinzips und positionierte sich auf dieser Grundlage gegen die historische Abhandlung von *Rüthers*.[31]

Dass sich *Herschel* gegen die Notwendigkeit einer Berücksichtigung sozialer Interessen und für die Maßgeblichkeit betriebsgemeinschaftlicher Gesichtspunkte positionierte, lässt entgegen der Auffassung von *Löwisch* allerdings nicht den Rückschluss zu, dass die Debatte um § 84 Abs. 1 Nr. 4 BRG die Geburtsstunde des Prognoseprinzips bildet: Bereits der Wortlaut der Norm beinhaltet keinerlei Anhaltspunkte einer Zukunftsbezogenheit der Kündigung. Dass die Notwendigkeit einer prognostischen Entscheidung des Arbeitgebers zu dieser Zeit nicht durch den Gesetzgeber vorgegeben wurde, zeigt auch der Vergleich mit dem Wortlaut des heutigen § 1 Abs. 2 S. 1 KSchG: Die Kündigungsgründe müssen „einer Weiterbeschäftigung des Arbeitnehmers in diesem Betrieb entgegenstehen“. § 84 Abs. 1 BRG sah hingegen gerade keine Konkretisierung der Kündigung auf eine Unmöglichkeit bzw. Unzumutbarkeit künftiger Beschäftigung vor. Vielmehr ließ die Norm dem Wortlaut nach auch eine rein vergangenheitsbezogene, unter Umständen sogar als Sanktion für vergangenes Fehlverhalten ausgesprochene Kündigung des Arbeitsverhältnisses zu.

Richtigerweise statuierte § 84 Abs. 1 Nr. 4 BRG also nicht den Vorläufer des Prognoseprinzips, sondern Ausformungen der verhaltens- und betriebsbedingten Kündigungsgründe und schaffte mit dem Merkmal der „unbilligen Härte“ die Grundlage für die heute im Kündigungsrecht etablierte Interessenabwägung. Der von *Löwisch* dargelegte Diskurs fokussierte sich gerade nicht auf die Frage der Zukunftsbezogenheit der Kündigung, sondern auf die Notwendigkeit der Berücksichtigung individueller, sozialer Arbeitnehmerinteressen.

Auch wenn sich der Ursprung des Prognosegedankens nicht im Betriebsrätegesetz von 1920 findet, liegt dieser richtigerweise trotzdem deutlich vor der Zeit des Nationalsozialismus. § 16 der vorläufigen Landesarbeitsverordnung von 1919 sah eine Regelung vor, wonach die außerordentliche Kündigung nur wirksam ist, wenn die Fortsetzung des Arbeitsverhältnisses unzumutbar ist. Hierin ist die erstmalige Kodifikation und – mangels entgegenstehender älterer Rechtsdiskurse zur Frage des Prognoseerfordernisses – der Ursprung des Prognoseprinzips zu sehen.[32]

31 *Löwisch*, BB 1998, 1793 (1794).

32 So auch *Loth*, Prognoseprinzip und Vertragskontrolle im befristeten Arbeitsverhältnis, 2015, S. 95.

Die Unzumutbarkeit der Fortsetzung des Arbeitsverhältnisses kann zwar durchaus ausschließlich aus in der Vergangenheit liegenden Gründen resultieren. Durch den Begriff „Fortsetzung" wird jedoch deutlich, dass diese auch Auswirkungen auf die zukünftige hypothetische Vertragsdurchführung haben müssen. Hierfür reicht es bereits aus, dass das arbeitgeberseitige Vertrauen in die ordnungsgemäße Vertragserfüllung endgültig zerstört wurde. Das Prognoseprinzip ist deshalb – auch wenn ein zeitweiser Missbrauch zur Implementierung nationalsozialistischen Gedankenguts festzustellen ist – bereits zu Beginn des 20. Jahrhunderts in der deutschen Rechtsordnung entstanden. Insofern kann dieses Prinzip nicht auf eine (temporäre) „Umdeutungsfunktion"[33] beschränkt werden. Vielmehr fand es seinen Einzug in die Rechtsordnung, um die Ausrichtung des Gestaltungsrechts der Kündigung für das Arbeitsrecht zu konkretisieren.

II. Einzug in die Rechtsprechung des Bundesarbeitsgerichts

Auch in der Rechtsprechung des BAG ist das Prognoseerfordernis zuerst in kündigungsrechtlichen Entscheidungen aufzufinden. Der Begriff der „Prognose" wurde erstmalig vom Zweiten Senat *expressis verbis* in einer Entscheidung zur betriebsbedingten Kündigung vom 27.2.1958 verwendet.[34] Das Gericht kam in diesem Urteil zu dem Ergebnis, dass eine betriebsbedingte Kündigung schon dann vom Arbeitgeber erklärt werden kann, wenn zwar der Kündigungsgrund im Zeitpunkt der Erklärung tatsächlich noch nicht vorliegt, jedoch „eine vernünftige und betriebswirtschaftliche Betrachtung" die Voraussage erlaube, dass der Kündigungsgrund spätestens bei Ablauf der Kündigungsfrist vorliegen werde, der Arbeitnehmer zu diesem Zeitpunkt also nicht mehr weiterbeschäftigt werden kann. Der Zweite Senat führt auf dieser Grundlage aus, dass eine Kündigung, „die mit vernünftiger *Prognose* im Hinblick auf einen bevorstehenden Auftragsmangel ausgesprochen wird", nicht durch eine nachträgliche Falsifizierung der angestellten Prognose unwirksam werden könne. Vielmehr sei der Arbeitgeber u.U. dazu verpflichtet, auf derartige Prognosefehler durch angemessene Maßnahmen wie z.B. eine Wiedereinstellung des Arbeitnehmers zu reagieren.[35]

Die Entscheidung gibt in verschiedener Hinsicht Aufschluss über das bis zu diesem Zeitpunkt nur stillschweigend vorausgesetzte richterliche Verständnis

33 *Rüthers*, NJW 1998, 1433 (1438).

34 BAG Urt. v. 27.2.1958 – 2 AZR 445/55, BAGE 6, 1ff.

35 Vgl. *Preis*, Prinzipien des Kündigungsrechts bei Arbeitsverhältnissen, 1987, S. 331.

der – zumindest betriebsbedingten – Kündigung[36]: Das Gericht macht unverkennbar deutlich, dass die Feststellung des Wegfalls der Beschäftigung einer zukunftsbezogenen Entscheidung bedarf, die aufgrund der ihr eigenen Unsicherheitsmomente[37] als Prognose verstanden werden muss. Darüber hinaus stellte der Zweite Senat auch unmittelbar Ausführungen zum Prognosezeitraum und zu Folgen fehlerhafter Prognoseentscheidungen an. Letzteres verdeutlicht insbesondere die Etablierung der zuvor angemerkten Elemente des Individualrechtsschutzes.[38] Die arbeitgeberseitige Pflicht zur Korrektur von Fehlprognosen dient im Wesentlichen dem Bestandsschutzinteresse des Arbeitnehmers.[39] Eine kollektivistische Prägung derartiger (Fürsorge-)Pflichten ist nicht erkennbar. Vielmehr rückte die Aufrechterhaltung vertraglicher Äquivalenz der Arbeitsvertragsparteien in den Vordergrund der gerichtlichen Entscheidungen.

Für die personen- und verhaltensbedingte Kündigung fand das Prognoseprinzip erst deutlich später Anklang in der höchstrichterlichen Rechtsprechung. Erst im Jahr 1980 stellte der Siebte Senat des BAG klar, dass in den Fällen der krankheitsbedingten Kündigung eine Prognose über den zu erwartenden Krankheitsverlauf sowie dessen Auswirkungen auf den Betrieb anzustellen seien.[40] Im Jahr 1988 wies das Gericht dann ausdrücklich darauf hin, dass auch in Fällen der verhaltensbedingten Kündigung eine Zukunftsprognose im Hinblick auf etwaige zu erwartende Störungen im Vertragsverhältnis notwendig sei.[41]

Im Befristungsrecht fand das Prognoseerfordernis seinen Einzug in die Rechtsprechung des BAG ausdrücklich erstmals in einer Entscheidung vom 29.8.1979.[42] Das Gericht befand im Rahmen der Prüfung einer Befristungsabrede am Maßstab des § 620 BGB, dass eine Sachgrundbefristung die Prognose über den künftigen Verlauf einer „Vielzahl von Elementen und Bewertungen“ erfordere, wobei es sich stets um ein „prognostisches Urteil über die Arbeitsmarktentwicklung“

---

36 So wird etwa in BAG Urt. v. 8.11.1956 – 2 AZR 302/54, Rn. 7, *juris* ausgeführt, dass eine betriebsbedingte Kündigung möglich sei, wenn ein Arbeitsmangel im Zeitpunkt der Kündigungserklärung „greifbare Formen“ angenommen habe und die Beschäftigungsmöglichkeit zu einem späteren Zeitpunkt entfalle.

37 BAG Urt. v. 15.8.1984 – 7 AZR 536/82, NZA 1985, 357; Urt. v. 12.4.1984 – 2 AZR 77/83, DB 1985, 873.

38 So im Ergebnis auch *Molitor*, SAE 1958, 131 (136), der die Notwendigkeit einer Berücksichtigung sozialer Belange für Fälle der betriebsbedingten Kündigung hervorhebt.

39 St. Rspr., zuletzt BAG Urt. v. 16.5.2007 – 7 AZR 621/06, *juris*.

40 BAG Urt. v. 22.2.1980 – 7 AZR 295/78, NJW 1981, 298 (300).

41 BAG Urt. v. 10.11.1988 – 2 AZR 215/88, NZA 1989, 633 (635).

42 BAG Urt. v. 29.8.1979 – 4 AZR 863/77, NJW 1980, 1766 (1768).

handele. Wichtig und insofern auch kongruent zur in diesem Zeitraum entwickelten kündigungsrechtlichen Rechtsprechung des BAG war die Grundannahme des Vierten Senats, dass die Prognose dazu dient, eine funktionswidrige Zweckentfremdung der Befristungsmöglichkeit zu verhindern und dem durch das Kündigungsschutzgesetz gesicherten Bestandsschutz umfassend Rechnung zu tragen.[43] Dies gilt über den Grund der Befristung hinaus ebenso für den Zeitraum der vertraglichen Befristung.[44] Auch hierin lässt sich die auf das individuelle Sozialinteresse des einzelnen Arbeitnehmers zugeschnittene Schutzrichtung des Prognoseprinzips erkennen.

Der Einzug des Prognosegedankens in die Rechtsprechung des BAG war von sukzessiver und zunächst stark vereinzelter Natur. Die maßgebliche Ursache für eine umfassendere Anerkennung eines Prognoseerfordernisses bildete das fortentwickelte richterliche Verständnis des Arbeitsvertrags, der Kündigung und der Befristungsmöglichkeit: Der (zukünftige) Bestandsschutz des einzelnen Arbeitnehmers soll geachtet und nur dann durchbrochen werden, wenn der Arbeitgeber auch künftig durch eine Fortführung des Vertrags in seinen anerkennenswerten Äquivalenz- und Dispositionsinteressen beeinträchtigt wird.[45]

III. Rechtsdogmatische Rechtfertigung und Notwendigkeit

Die Prognoseentscheidung – als geschriebenes oder ungeschriebenes Merkmal einer Norm – findet sich im Arbeitsrecht in verschiedenen, bereichsspezifischen Ausformungen. Im Kündigungsrecht wird das Erfordernis einer (Negativ-)Prognose dem Normtatbestand des § 1 Abs. 1 KSchG entnommen[46], während im Befristungsrecht das Prognoseerfordernis als ungeschriebenes, immanentes Merkmal einzelner Sachgründe i.S.v. § 14 Abs. 1 S. 1, 2 TzBfG verstanden wird.[47]

---

43 BAG Urt. v. 29.8.1979 – 4 AZR 863/77, NJW 1980, 1766(1768).

44 BAG Urt. v. 29.8.1979 – 4 AZR 863/77, NJW 1980, 1766 (1768).

45 Mittlerweile st. Rspr., BAG Urt. v. 19.11.2015 – 2 AZR 217/15, NZA 2016, 540; Urt. v. 20.10.2015 – 9 AZR 743/14, NZA 2016, 299; 20.6.2013 – 2 AZR 379/12.

46 BAG Urt. v. 22.2.1980 – 7 AZR 295/78, NJW 1981, 298; Urt. v. 2.11.1983 – 7 AZR 272/82, NJW 1984, 1837; Urt. v. 10.11.1988 – 2 AZR 215/88, NZA 1989, 633; Urt. v. 19.6.1991 – 2 AZR 127/91, NZA 1991, 891; Urt. v. 16.4.2002 – 1 AZR 368/01 – ZIP 2002, 2055; Urt. v. 7.7.2005 – 2 AZR 447/04, NZA 2005, 1351; BeckOKArbR/*Rolfs*, KSchG, 53. Ed. Stand 1.9.2019, § 1 Rn. 80; MüKo/*Hergenröder*, KSchG, Bd. IV, 7. Auflage 2016, § 1 Rn. 113.

47 *Bader/Jörchel*, NZA 2016, 1105 (1106); *Loth*, Prognoseprinzip und Befristungskontrolle im Arbeitsverhältnis, 2015, S. 145f.; Meinel/Heyn/Herms/*Meinel*, TzBfG, 5. Auflage 2015, § 14 Rn. 36; *Sievers*, RdA 2004, 291 (291f.).

Im Recht der betrieblichen Altersversorgung trifft den Arbeitgeber gem. § 16 Abs. 1 BetrAVG eine turnusmäßige Anpassungsprüfungspflicht hinsichtlich der Höhe der laufenden Leistungen, im Rahmen derer die wirtschaftliche Lage des Arbeitgeber zukunftsbezogen zu ermitteln ist.[48] Darüber hinaus finden sich auch im Betriebsverfassungsrecht prognostische Normtatbestände, namentlich die zukunftsbezogene Personalbedarfs und –Bestandsplanung nach § 92 Abs. 1 S. 1 BetrVG[49] sowie die Entscheidung über geplante Betriebsänderungen i.S.v. § 111 BetrVG.

Jedem Prognoseerfordernis wohnt eine einfachgesetzliche Legitimierung bzw. Zweckmäßigkeit inne. Diese muss zwingend anhand der bereichsspezifischen Ausformung festgestellt werden, da die jeweiligen Prognoseerfordernisse mitunter völlig verschiedene Regelungsziele verfolgen. Darüber hinaus muss aber auch jede Prognosebestimmung im Einklang mit den verfassungsrechtlichen Vorgaben stehen. Dies ergibt sich nicht zuletzt daraus, dass Grundrechte auch und insbesondere im Arbeitsrecht mittelbare Drittwirkung entfalten[50] und somit zum zentralen Prüfungsmaßstab einfachgesetzlicher Prognoseerfordernisse werden. Auch diesbezüglich ist auf die konkrete Norm, aus der sich die Notwendigkeit einer Prognoseentscheidung ergibt, abzustellen. Zum besseren Verständnis der unterschiedlichen Zweckrichtungen sollten auch makro- und mikroökonomische Implikationen[51] der Prognoseregelungen berücksichtigt werden.

1. Verfassungsrechtliche Legitimation der Prognosetatbestände

Zunächst soll der Blick auf die verfassungsrechtliche Bewertung des Prognoseprinzips gelegt werden. Den Ausgangspunkt bilden dabei die – je nach Art der Prognose divergierenden – (widerstreitenden) Interessen der Betroffenen.

---

48 St. Rspr., BAG Urt. v. 18.2.2003 – 3 AZR 172/02, DB 2003, 2606; Urt. v. 23.1.2001 – 3 AZR 287/00, DB 2001, 2507; Urt. v. 23.5.2000 – 3 AZR 146/99, NZA 2001, 1251; Urt. v. 23.5.2000 – 3 AZR 83/99, NZA 2002, 554; Urt. v. 17.4.1996 – 3 AZR 56/95, NZA 1997, 155.

49 Zur Einordnung dieser Entscheidungen als Prognosen vgl. *Kadel*, BB 1993, 797 (797); Richardi/*Thüsing*, BetrVG, 16. Auflage 2018, § 92 Rn. 6f.

50 Grundlegend BVerfG Urt. v. 15.1.1958 – 1 BvR 400/51, NJW 1958, 257 (*Lüth* Urteil); BAG Urt. v. 22.10.2002 – 3 AZR 496/01, EzA-SD 2003, Nr. 13, 11; MHdBArbR/*Fischinger*, Bd. I, 4. Auflage 2018, § 7 Rn. 9 ff.

51 Z.B. Marktzutrittsschranken, vgl. hierzu *Adam*, AuR 2009, 378 (381); ErfK/*Oetker*, KSchG, 19. Auflage 2019, § 1 Rn. 3; *Reuter*, RdA 1973, 345 (345); *ders.*, RdA 1978, 344 (348f.).

a) *Kündigungsrecht*

Im Kündigungsrecht ergibt sich das Erfordernis einer (Negativ-)Prognose hinsichtlich der künftigen störfreien Fortführung des Arbeitsverhältnisses aus § 1 Abs. 1, 2 KSchG.[52] Ausweislich des Wortlauts des Abs. 2 müssen für eine wirksame Kündigung personen-, verhaltens- oder betriebsbedingte Gründe „einer Weiterbeschäftigung des Arbeitnehmers in diesem Betrieb entgegenstehen". Der Anknüpfungspunkt für die verfassungsrechtliche Beurteilung ist diejenige einfachgesetzliche Norm, der das Prognosemerkmal entnommen wird – für das kündigungsrechtliche Prognoseprinzip demnach § 1 KSchG.

Auf verfassungsrechtlicher Ebene bezweckt die Norm als Zentralbegriff des Kündigungsschutzes den Ausgleich zwischen widerstreitenden Arbeitgeber- und Arbeitnehmerinteressen.[53] Auf der Seite des Arbeitgebers ergibt sich aus Art. 12 Abs. 1 GG vordergründig die negative Vertragsfreiheit, welche das Recht verbürgt, auszuwählen, welche Personen in seinem Betrieb (nicht) beschäftigt werden sollen.[54] Es obliegt der unternehmerischen Entscheidung des Arbeitgebers, ein Beschäftigungsverhältnis einzugehen und dieses auch wieder zu beenden.[55] Die grundrechtliche Vertrags- und Dispositionsfreiheit des Arbeitgebers aus Art. 12 Abs. 1 GG ist somit bei der Konkretisierung des mit dem Begriff der „sozialen Rechtfertigung" verbundenen Wertungsspielraums zu berücksichtigen. Da die soziale Rechtfertigung einer Kündigung nur im Wege einer Prognoseentscheidung festgestellt werden kann[56], sind die von Art. 12 Abs. 1 GG umfassten Arbeitgeberfreiheiten auch bei der Legitimierung des Prognoseprinzips zu beachten. Dieses wirkt sich als Zusatz zum Erfordernis eines Kündigungsgrundes in gesteigertem Maße auf die Vertrags- und Dispositionsfreiheit

---

52 BAG Urt. v. 22.2.1980 – 7 AZR 295/78, NJW 1981, 298; Urt. v. 2.11.1983 – 7 AZR 272/82, NJW 1984, 1837; Urt. v. 10.11.1988 – 2 AZR 215/88, NZA 1989, 633; Urt. v. 19.6.1991 – 2 AZR 127/91, NZA 1991, 891; Urt. v. 16.4.2002 – 1 AZR 368/01 – ZIP 2002, 2055; Urt. v. 7.7.2005 – 2 AZR 447/04, NZA 2005, 1351; BeckOKArbR/*Rolfs*, KSchG, 53. Ed. Stand 1.9.2019, § 1 Rn. 80; MüKo/*Hergenröder*, KSchG, Bd. IV, 7. Auflage 2016, § 1 Rn. 113.

53 *Bengsch*, Der verfassungsrechtlich geforderte Mindestkündigungsschutz im Arbeitsverhältnis, 2005, S. 47.

54 *Blaha/Mehlich*, NZA 2005, 667 (669); Boecken/Düwell/Diller/Hanau/*Hanau*, GG, Bd. II, 2016, Art. 12 Rn. 90; KR/*Rachor*, KSchG, 12. Auflage 2019, § 1 Rn. 17.

55 Teilweise wird das Recht zur Kündigung als Annex der Vertragsfreiheit verstanden, vgl. *Bengsch*, Der verfassungsrechtlich geforderte Mindestkündigungsschutz im Arbeitsverhältnis, 2005, S. 47.

56 Boecken/Düwell/Diller/Hanau/*Greiner*, KSchG, Bd. III, 2016, § 1 Rn. 236.

des Arbeitgebers aus, da das Recht zur Beendigung des Arbeitsverhältnisses in zeitlicher Hinsicht konkretisiert wird: Die Kündigung kann vom Arbeitgeber nicht dazu genutzt werden, um ausschließlich in der Vergangenheit liegende Äquivalenzstörungen zu ahnen. Vielmehr beschränkt sich seine grundrechtlich geschützte Dispositionsfreiheit auf eine präventive Vorbeugung zu erwartender, künftiger Leistungsstörungen bzw. betrieblicher Beschäftigungshindernisse. Das Prognoseerfordernis wirkt auf verfassungsrechtlicher Ebene also als zeitliche Zäsur im Hinblick auf die Motive, aufgrund derer der Arbeitgeber von seiner Vertrags- und Dispositionsfreiheit Gebrauch macht.

Ob darüber hinaus auch der Schutzbereich des Art. 14 GG eröffnet ist, wird zuweilen unterschiedlich beurteilt: Teilweise wird dies bejaht mit dem Argument, die Kündigung habe auch Auswirkungen auf den Zugang eines Arbeitnehmers zum Betrieb sowie auf die Nutzung der Arbeitsmittel.[57] Dieser Ansicht tritt jedoch die Rechtsprechung des BVerfG entgegen, wonach aus Art. 14 GG kein übergreifender Schutz ökonomisch sinnvoller und rentabler Eigentumsnutzung und hierfür bedeutsamer unternehmerischer Dispositionsbefugnisse folgt.[58]

Richtigerweise ist zu differenzieren: Die Allokation humaner Ressourcen zwecks Generierung wirtschaftlicher Erträge kann nicht von Art. 14 GG geschützt sein, da es sich insofern nur um Erwerbschancen bzw. Erwerbstätigkeiten handelt. Art. 14 GG bietet jedoch nur einen Bestandsschutz.[59] Hinsichtlich des Erwerbs greift vielmehr der Schutz des Art. 12 Abs. 1 GG.[60] Zutreffend ist aber, dass der Zugang des Arbeitnehmers zum Betrieb die eigentumsrelevanten Nutzungs- und Entscheidungsbefugnisse des Arbeitgebers betrifft. Die Befugnis zur Einschränkung bzw. zum Ausschluss einer Nutzung der Betriebsmittel durch Dritte ist grundrechtlich relevant. Die verfassungsrechtlichen Auswirkungen des Prognoseprinzips beschränken sich dann auch genau hierauf: Die Nutzung des

---

57 Boecken/Düwell/Diller/Hanau/*Greiner*, KSchG, Bd. III, 2016, § 1 Rn. 26; ohne weitere Begründung bejahend ErfK/*Oetker*, KSchG, 19. Auflage 2019, § 1 Rn. 4; s. auch KR/*Rachor*, KSchG, 12. Auflage 2019, § 1 Rn. 17, der Art. 14GG für anwendbar hält, wenn mit der Kündigung zugleich über das Betreten der Betriebsstätte und die Verwendung der Betriebsmittel entschieden wird.

58 BVerfG Beschl. v. 6.10.1987 – 1 BvR 1086/82, MDR 1988, 464 (465 f.); übereinstimmend *Hergenröder*, ZfA 2002, 355 (361); die Anwendbarkeit von Art. 14 GG zumindest anzweifelnd *Bengsch*, Der verfassungsrechtlich geforderte Mindestkündigungsschutz im Arbeitsverhältnis, 2005, S. 48.

59 *Preis*, Individualarbeitsrecht, 5. Auflage 2017, § 15 Rn. 624; *Thum*, Betriebsbedingte Kündigung und unternehmerische Entscheidungsfreiheit, 2002, S. 13.

60 *Dieterich*, AuR 2007, 65 (66).

im Betrieb befindlichen Eigentums des Arbeitgebers durch den Arbeitnehmer kann nur dahingehend eingeschränkt werden, dass ein Ausschluss der fortlaufenden Zutritts- und Nutzungsbefugnis durch zukunftsbezogene Vertragsstörungen oder einem Wegfall der Beschäftigungsmöglichkeit bedingt sein muss. Demnach wirkt das Prognoseerfordernis auch hinsichtlich Art. 14 GG als zeitliche Zäsur. Zukunftsirrelevante Ereignisse und Situationen sind aufgrund des Prognosepostulats nicht dazu geeignet, den Zugang zu und die Nutzung von Betriebsmitteln durch den Arbeitnehmer zu verhindern.

Auf der Seite des Arbeitnehmers bildet dessen aus Art. 12 Abs. 1 GG resultierende Berufsfreiheit den Grundstein für die Errichtung eines Kündigungsschutzes.[61] Die freie Wahl des Berufs genießt verfassungsrechtliche Protektion. Mitunter wird bereits auf der Ebene des Schutzbereichs vertreten, dass die freie Wahl des Arbeitsplatzes auch das Interesse des Arbeitnehmers, den einmal erlangten Arbeitsplatz nicht ohne Grund zu verlieren, umfasst.[62] Dieser Auffassung ist insofern zuzustimmen, als dass Art. 12 Abs. 1 GG in seiner Abwehrfunktion – *status negativus* – vor staatlichen Eingriffen, die in einer (willkürgeprägten) einseitigen Beendigung des Vertragsverhältnisses resultieren, schützt. Dies führt jedoch nicht darüber hinweg, dass sich der Kündigungsschutz in seiner einfachgesetzlichen Ausprägung nicht zwingend gegen staatliche Eingriffe richtet, sondern vielmehr auch und insbesondere Kündigungen durch privatrechtliche Arbeitgeber umfasst. Diese sind aber nicht unmittelbar grundrechtsgebunden, sodass die von einem privatrechtlichen Arbeitgeber erklärte Kündigung keinen Eingriff in den Schutzbereich darstellt.[63] Auch die Lehre der mittelbaren Drittwirkung greift insofern zu kurz: Sie führt lediglich dazu, dass sich privatrechtliche Vertragsbeziehungen an grundrechtlichen Vorgaben messen lassen müssen,

---

61 BVerfG Urt. v. 24.4.1991 – 1 BvR 1341/90, NJW 1991, 1667; Urt. v. 10.3.1992 – 1 BvR 454/91, NJW 1992, 1373; Urt. v. 8.7.1997 – 1 BvR 1243/95, NJW 1997, 2312; Urt. v. 6.10.1999 – 1 BvR 2110/93, NJW 2000, 1483; Boecken/Düwell/Diller/Hanau/*Greiner*, KSchG, Bd. III, 2016, § 1 Rn. 28; KR/*Rachor*, KSchG, 12. Auflage 2019, § 1 Rn. 18; vor dem Hintergrund, dass die Berufsfreiheit auch darin liegen könnte, weniger sichere, aber dafür zu einem höheren Lohn vergütete Arbeitsplätze zu besetzen insgesamt kritisch *Thüsing*, in: Festschrift Wiedemann, 2002, S. 565.

62 BAG Urt. v. 6.9.2007 – 2 AZR 715/06, NZA 2008, 633 (635); *Franzen*, in: Festschrift Otto, 2008, S. 71 (72); KR/*Rachor*, KSchG, 12. Auflage 2019, § 1 Rn. 18.

63 *Hergenröder*, ZfA 2002, 355 (368); zur fehlenden unmittelbaren Grundrechtsbindung Privater *Gurlit*, NZG 2012, 249 (251); Maunz/Dürig/*Herdegen*, GG, Bd. I, 87. EL. Stand März 2019, Art. 1 Rn. 64; die Möglichkeit eines Eingriffs in Grundrechte durch private Dritte bejahend *Klein*, NJW 1989, 1633 (1637); *Plander*, in: Festschrift Gnade, 1992, S. 88.

ohne jedoch die Abwehrfunktion der Grundrechte auf zivilrechtliche Personen zu erweitern.[64] Eine pflichtenbezogene Verkettung zwischen Staat, Arbeitgeber und Arbeitnehmer entsteht nicht. Insbesondere ergibt sich aus der Lehre der mittelbaren Drittwirkung keine staatliche Verpflichtung, für den Arbeitnehmer schützend tätig zu werden.[65]

Vor diesem Hintergrund kommt Art. 12 Abs. 1 GG in Bezug auf die Errichtung eines Kündigungsschutzes nicht in seiner abwehrrechtlichen Funktion, sondern vielmehr in der aus ihm resultierenden Schutzpflicht maßgebende Bedeutung zu.[66] Die Berufsfreiheit des Arbeitnehmers verpflichtet den Staat dazu, einen Schutz vor unbilligen Beeinträchtigungen durch Dritte herzustellen.[67] Ansonsten bestünde in jedem Arbeitsverhältnis die akute Gefahr, dass der Arbeitnehmer nicht mehr imstande ist, seine Berufsfreiheit umfassend wahrzunehmen.[68] Die Reichweite der staatlichen Schutzpflicht muss sich jedoch auf das beschränken, was zur Wahrung der sich aus Art. 12 Abs. 1 GG ergebenden Arbeitnehmerfreiheiten verfassungsrechtlich notwendig ist. Daraus folgt, dass es auf verfassungsrechtlicher Ebene keine Pflicht zur Errichtung eines absoluten Bestandsschutzes im Sinne eines dauerhaften Fortbestands des Arbeitsverhältnisses geben kann.[69] Ein solcher wäre bereits mit den widerstreitenden Grundrechten des Arbeitgebers aus Art. 12 Abs. 1 GG unvereinbar. Die staatliche Pflicht zur Einwirkung auf die privatrechtliche Beziehung zwischen Arbeitnehmer und Arbeitgeber beschränkt sich darauf, ein Mindestmaß[70] an vertraglichem Bestandsschutz zu gewährleisten, welcher der dem Arbeitsvertrag immanenten

64 Zutreffend *Bengsch*, Der verfassungsrechtlich geforderte Mindestkündigungsschutz im Arbeitsverhältnis, 2005, S. 58; *Gornik*, NZA 2012, 1399 (1400).

65 *Bengsch*, Der verfassungsrechtlich geforderte Mindestkündigungsschutz im Arbeitsverhältnis, 2005, S. 58.

66 Zur Bedeutung der Schutzpflichten bei der Grenzziehung des einfachgesetzlichen Kündigungsschutzes BAG Urt. v. 28.8.2008 – 2 AZR 101/07, AE 2009, 57; Urt. v. 28.6.2007 – 6 AZR 750/06, NZA 2007, 1049; zur damit verbundenen Wechselwirkung der kollidierenden Grundrechtspositionen BVerfG Beschl. v. 27.1.1998 – 1 BvL 15/87, NZA 1998, 470.

67 Vgl. *Gornik*, NZA 2012, 1399 (1400).

68 Boecken/Düwell/Diller/Hanau/*Greiner*, KSchG, Bd. III, 2016, § 1 Rn. 30.

69 KR/*Rachor*, KSchG, 12. Auflage 2019, § 1 Rn. 19; *Thum*, Betriebsbedingte Kündigung und unternehmerische Entscheidungsfreiheit, 2002, S. 17.

70 Insgesamt dürfen das Bestandsschutzinteresse des Arbeitnehmers und die besonderen Gefährdungslagen nicht gänzlich vernachlässigt werden, vgl. *Oetker*, RdA 1997, 9 (19).

Ungleichgewichtslage angemessen Rechnung trägt.[71] Der hiermit einhergehende Gestaltungsspielraum des einfachen Gesetzgebers liegt auf der Hand.[72] Er wird auf Verfassungsebene umso deutlicher, wenn man neben der Berufsfreiheit des Arbeitnehmers ergänzend auf das Sozialstaatsprinzip aus Art. 20 Abs. 1 GG zurückgreift: Dieses legitimiert die Schaffung eines gesetzlichen Kündigungsschutzes zwecks Aufrechterhaltung eines sozialen, die Belange des einzelnen Bürgers berücksichtigenden Arbeitsmarkts.[73] Als Staatsziel kann der hierdurch gewährleistete Schutz aber nicht weiter reichen als die sich aus Grundrechten ergebenden staatlichen Schutzpflichten. Deshalb kann auch aus Art. 20 Abs. 1 GG letztlich nur ein Mindestmaß an Bestandsschutz hergeleitet werden.[74]

Konkretisiert man die widerstreitenden Arbeitnehmer- und Arbeitgeberinteressen sowie das sich aus dem Sozialstaatsprinzip ergebende Gebot eines gesetzlichen Mindestmaßes an Kündigungsschutz auf das Prognoseprinzip, lässt sich dieses als einfachgesetzliches Instrumentarium zur Herstellung praktischer Konkordanz verstehen.[75] Die staatliche Schutzpflicht aus Art. 12 Abs. 1 GG und das Sozialstaatsgebot richten sich auf den arbeitsvertraglichen Bestandsschutz, während der Arbeitgeber insbesondere durch Art. 12 Abs. 1 GG in seiner Vertrags- und Dispositionsfreiheit geschützt wird.

Praktische Konkordanz erreicht das Prognoseprinzip durch eine motiv- und zeitbezogene Beschränkung der Grundfreiheiten des Arbeitgebers. Das Prognoseerfordernis beschränkt die Vertragsfreiheit des Arbeitgebers auf zukunftsbezogene Vertragsstörungen und betriebliche Beschäftigungshindernisse. Spiegelbildlich reicht der verfassungsrechtlich gebotene Mindestschutz des Arbeitnehmers auch nur so weit, wie eine das Äquivalenz- und Dispositionsinteresse des Arbeitgebers berücksichtigende, störfreie Fortführung des

---

71 Aus der Verfassung können jedoch keine konkreten Regelungen abgeleitet werden, die als Untergrenze diesen Mindeststandard markieren, vgl. ErfK/*Schmidt*, GG, 19. Auflage 2019, Art. 12 Rn. 38.

72 In Worten von *Papier*, DVBL 1984, 801 (813) darf Art. 12 Abs. 1 GG nicht zur Grundlage eines „naiven Verfassungsrauschs" werden, der dazu führt, dass spezifische Bestandsschutzregeln als von der Verfassung gefordert oder als dieser immanent deklariert werden.

73 Boecken/Düwell/Diller/Hanau/*Greiner*, KSchG, Bd. III, 2016, § 1 Rn. 37.

74 Zum Verhältnis von Art. 20 Abs. 1 GG zu Art. 12 Abs. 1 GG *Preis*, Prinzipien des Kündigungsrechts bei Arbeitsverhältnissen, 1987, S. 61.

75 Eine vollständige Aufopferung des einen Grundrechts zu Gunsten des anderen ist verfassungsrechtlich ausgeschlossen, da beide Grundrechte einen effizienten Anwendungsbereich beibehalten müssen, vgl. *Hergenröder*, ZfA 2002, 355 (370).

Vertragsverhältnisses erwartet werden kann. Ist bei objektiver Betrachtungsweise hiervon nicht mehr auszugehen, müssen die Berufsfreiheit des Arbeitnehmers und der damit verbundene Bestandsschutz zurücktreten. Jedes andere Ergebnis hätte zur Folge, dass der Fortbestand des Arbeitsverhältnisses auch dann staatliche Protektion genießt, wenn der Arbeitgeber dauerhaften Leistungsstörungen durch den Arbeitnehmer ausgesetzt wird. Ein staatlicher Arbeitnehmerschutz, der zu einer permanenten Vertragsdisparität[76] führt, entzieht sich jedoch einer verfassungsrechtlichen Legitimation.[77] Aus diesem Grund ist das Prognoseerfordernis als Instrument zur Verwirklichung staatlicher (Kündigungs-) Schutzpflichten und der Konkretisierung des Sozialstaatsprinzips zu qualifizieren, welches in Anbetracht der Notwendigkeit praktischer Konkordanz seine Grenzen in verfassungsrechtlich achtenswerten Vertragsäquivalenz- und unternehmerischen Dispositionsfreiheiten des Arbeitgebers findet.

b) Befristungsrecht

Ebenso wie bei der arbeitgeberseitigen Kündigung ist im Befristungsrecht der Sachgrundbefristung i.S.v. § 14 Abs. 1 S. 1, 2 TzBfG eine zukunftsbezogene Entscheidung immanent.[78] Auch das BAG geht in ständiger Rechtsprechung davon aus, dass die Prognose Teil des Sachgrundes ist.[79] Der Arbeitgeber hat eine mit Unsicherheiten behaftete, zukunftsbezogene Entscheidung hinsichtlich des Zeitpunkts, in dem der die Befristung rechtfertigende Sachgrund voraussichtlich entfallen wird, zu erstellen.[80] Nur bis zu diesem Moment besteht für

---

76 Zum Begriff der Vertragsdisparität sowie dem Merkmal der strukturellen Unterlegenheit im Zivilrecht ausführlich BVerfG Beschl. v. 19.10.1993 – 1 BvR 567/89, NJW 1994, 36 (38 f.); *Kiethe/Groeschke*, BB 1994, 2291 (2294).

77 Vielmehr ist der Staat dazu verpflichtet, Vertragsdisparitäten auszugleichen. Auf der Seite des Arbeitnehmers wird dies auch aufgrund seiner strukturellen Unterlegenheit im Arbeitsverhältnis nicht bestritten, vgl. BAG Urt. v. 21.5.2014 – 4 AZR 120/13, AuA 2014, 431; Urt. v. 25.4.2007 – 5 AZR 627/06, NZA 2007, 853.

78 *Bader/Jörchel*, NZA 2016, 1105 (1106); *Loth*, Prognoseprinzip und Vertragskontrolle im befristeten Arbeitsverhältnis, 2015, S. 125; *Sievers*, RdA 2004, 291 (291f.).

79 BAG Urt. v. 15.10.2014 – 7 AZR 893/12, NZA 2015, 362; Urt. v. 16.1.2013 – 7 AZR 661/11, NZA 2013, 614; Urt. v. 18.7.2012 – 7 AZR 443/09, NZA 2012, 1351; Urt. v. 9.3.2011 – 7 AZR 728/09, NZA 2011, 911; Urt. v. 2.9.2009 – 7 AZR 162/08, NZA 2009, 1257.

80 BAG Urt. v. 21.3.2017 – 7 AZR 222/15, NZA 2017, 631; Urt. v. 14.12.2016 – 7 AZR 688/14, NZA 2017, 711; Urt. v. 27.7.2016 – 7 AZR 545/14, NZA 2016, 1531; Urt. v. 12.09.1996 – 7 AZR 790/95, NZA 1997, 313; Urt. v. 13.05.1982 – 2 AZR 87/80, NJW 1983, 838; ErfK/*Müller-Glöge*, TzBfG, 19. Auflage 2019, § 14 Rn. 17.

ihn ein rechtlich anzuerkennendes Bedürfnis für eine zeitliche Begrenzung des Beschäftigungsverhältnisses. Gleichlaufend mit den Rechtsfolgen des Prognoseerfordernisses in § 1 Abs. 1, 2 KSchG hat die Prognoseentscheidung im Recht der Sachgrundbefristung unmittelbare Auswirkung auf die Rechtmäßigkeit der Befristungsabrede.[81]

In verfassungsrechtlicher Hinsicht ist § 14 Abs. 1 S. 1, 2 TzBfG – ebenso wie § 1 KSchG – als einfachgesetzliches Instrumentarium zum Ausgleich der gegenläufigen Grundrechte der Parteien eines befristeten Arbeitsvertrags zu qualifizieren.[82] Die Berufsfreiheit des Arbeitgebers aus Art. 12 Abs. 1 GG und *in concreto* die darin enthaltene (negative) Vertragsfreiheit umfasst nicht nur die freie Entscheidung über den Abschluss[83] eines Arbeitsvertrags, sondern auch hinsichtlich dessen zeitlicher Ausgestaltung.[84] Art. 12 Abs. 1 GG schützt die Entscheidung des Arbeitgebers, ein Beschäftigungsverhältnis von vornherein nur zeitlich begrenzt einzugehen.[85]

Bei der Frage, ob die Sachgrundbefristung auch Auswirkungen auf Grundrechte des Arbeitgebers aus Art. 14 Abs. 1 GG hat, ist – wie bereits zuvor für das Kündigungsrecht erörtert – zu differenzieren: Der zeitlich begrenzte Einsatz eines Arbeitnehmers zum Zwecke der Erwirtschaftung von Umsätzen bzw. Gewinnen ist nicht von Art. 14 Abs. 1 GG geschützt, da es sich hierbei um reine Erwerbschancen handelt.[86] Die vorübergehende Gewährung des Zutritts zur Betriebsstätte und die Nutzung der Betriebsmittel wirkt sich aber auf die eigentumsrelevanten Nutzungs- und Entscheidungsbefugnisse des Arbeitgebers aus, denen verfassungsrechtlicher Schutz aus Art. 14 Abs. 1 GG zukommt. Bei der Anwendung und Auslegung des § 14 Abs. 1 S. 1, 2 TzBfG ist in diesem (zeitlich begrenzten) Umfang deshalb auch Art. 14 Abs. 1 GG zu berücksichtigen.

Auf Arbeitnehmerseite stellt sich im befristeten Arbeitsverhältnis vordergründig die Frage nach der Existenz und des Umfangs eines verfassungsrechtlichen Bestandsschutzes. Das BAG hat in seinem allerersten befristungsrechtlichen Urteil bereits festgestellt, dass der gegenüber einer Kündigung im unbefristeten

---

81 Ausführlich *Loth*, Prognoseprinzip und Vertragskontrolle im befristeten Arbeitsverhältnis, 2015, S. 126 ff.

82 So auch für das Befristungsrecht allgemein *Persch*, NZA 2012, 1079 (1082).

83 Boecken/Düwell/Diller/Hanau/*Hanau*, GG, Bd. II, 2016, Art. 12 Rn. 90.

84 Grundlegend BAG Urt. v. 21.10.1954 – 2 AZR 25/53, BAGE 1, 128.

85 Gleiches gilt auch für den Arbeitnehmer, vgl. *Fuhlrott*, NZA 2016, 1000 (1000).

86 Insofern ergibt sich bei einer zeitlich begrenzten Beschäftigung kein Unterschied zum unbefristeten Arbeitsverhältnis; grundlegend *Preis*, Individualarbeitsrecht, 5. Auflage 2017, § 15 Rn. 624.

Arbeitsverhältnis bestehende Bestandsschutz in befristeten Arbeitsverhältnissen nicht vollständig aberkannt werden darf.[87] Obwohl der – damals noch für befristungsrechtliche Streitigkeiten zuständige – Zweite Senat zum Umfang des Bestandsschutzes keine konkreten Ausführungen anstellte, legte er die Untergrenze dahingehend fest, dass der befristungsrechtliche Bestandsschutz nicht nur im Fall der Umgehung von Kündigungsschutzvorschriften und der Verletzung von Fürsorgepflichten greife.[88] Im Umkehrschluss geht der Bestandsschutz also über eine (bewusste) Vereitelung des für das unbefristete Arbeitsverhältnis vorgesehenen Kündigungsschutzes hinaus. Das BAG ließ hierdurch auch stillschweigend erkennen, dass es das unbefristete Arbeitsverhältnis als gesetzliches Leitbild der abhängigen Beschäftigung sieht.[89] Diese Konzeption liegt mittlerweile auch der ständigen Rechtsprechung des EuGH zugrunde.[90]

Die grundrechtliche Anknüpfung für einen Mindestbestandsschutz (auch) im befristeten Arbeitsverhältnis bildet Art. 12 Abs. 1 GG.[91] Ergänzend ist er auch auf das Sozialstaatsprinzip aus Art. 20 Abs. 1 GG zurückzuführen[92], sodass sich hinsichtlich der verfassungsrechtlichen Grundlagen keine Divergenz zum Bestandsschutz im unbefristeten Arbeitsverhältnis ergibt. Im Hinblick auf den Umfang des befristungsrechtlichen Bestandsschutzes ist dann allerdings der Eigenart des auf begrenzte Zeit abgeschlossenen Arbeitsvertrags Rechnung zu tragen:

Im befristeten Arbeitsverhältnis kann der verfassungsrechtliche Bestandsschutz des Arbeitnehmers nicht über das Befristungsende hinausgehen, sofern die Befristungsabrede wirksam ist.[93] Der Bestandsschutz beschränkt sich in

---

87 BAG Urt. v. 21.10.1954 – 2 AZR 25/53, BAGE 1, 128 (132): „Das Interesse des Arbeitnehmers an der Erhaltung seines Arbeitsplatzes, von dem die Regelungen des Kündigungsschutzgesetzes ausgehen, wird aber im allgemeinen nicht anders beim Verlust durch eine Kündigung wie bei dem Verlust durch den Ablauf des letzten befristeten Vertrages bei einer Kette von aneinandergereihten befristeten Verträgen liegen."

88 BAG Urt. v. 21.10.1954 – 2 AZR 25/53, BAGE 1, 128 (132).

89 Mittlerweile wird diese Sichtweise auch vom Siebten Senat ausdrücklich bestätigt, etwa BAG Urt. v. 26.10.2016 – 7 AZR 140/15, NZA 2017, 463; Urt. v. 5.12.2012 – 7 AZR 698/11, NZA 2013, 515.

90 EuGH Urt. v. 4.7.2006 – C-212/04, Slg. 2006, I-6057 (Adeneler); Urt. v. 23.4.2009 – C-387/07, Slg. 2009, I-3071 (Angelidaki); Urt. v. 10.3.2011 – C-109/09, NZA 2011, 397 (Deutsche Lufthansa); vgl. auch *Maschmann*, in: Annuß/Thüsing, TzBfG, 3. Auflage 2012, § 14 Rn. 3b.

91 BAG Urt. v. 26.10.2016 – 7 AZR 140/15, NZA 2017, 463; Urt. v. 14.1.2015 – 7 AZR 880/13, öAT 2015, 189; Urt. v. 5.12.2012 – 7 AZR 698/11, NZA 2013, 515.

92 BAG Urt. v. 21.10.1954 – 2 AZR 25/53, BAGE 1, 128 (132).

93 *Meinel/Bauer*, NZA 1999, 575 (578).

kündigungsrechtlicher Hinsicht auf Kündigungen des Arbeitgebers, die während der Befristungsdauer erklärt werden.[94] Daneben ist bei den verfassungsrechtlichen Anforderungen an die Prüfung der Wirksamkeit der Befristungsabrede zu bedenken, dass es sich hierbei um eine Vertragskontrolle handelt, während die Kündigung des Arbeitgebers eine Gestaltungserklärung ist, auf die der Arbeitnehmer keinen Einfluss hat.[95] Der sich aus Art. 12 Abs. 1 GG ergebende Mindestbestandsschutz ist somit aufgrund der zeitlichen Begrenzung des Vertragsverhältnisses beschränkt. Allerdings ist dem befristeten Arbeitsvertrag – verglichen mit dem unbefristeten Beschäftigungsverhältnis – ein Mehr an struktureller Unterlegenheit des Arbeitnehmers hinsichtlich der Vertragsabschlussfreiheit immanent. Dies zeigt bereits die Existenz einfachgesetzlicher Befristungsvorschriften wie etwa die Vorschriften des § 14 TzBfG.[96] Führt man diese beiden Aspekte zusammen, ergibt sich eine zeitliche Begrenzung des Bestandsschutzes, der jedoch in wechselseitiger Wirkung zu einem intensivieren Schutz der Berufsfreiheit des Arbeitnehmers im Rahmen der Kontrolle der Befristungsabrede führt, da das Interesse an zeitlich unbegrenztem Bestandsschutz nur dann eingeschränkt werden darf, wenn der Beschäftigungsbedarf von vornherein lediglich vorübergehend besteht.[97]

Im Ausgangspunkt ist vor diesem Hintergrund das befristungsrechtliche Prognoseprinzip – gleichlaufend mit der Negativprognose im Kündigungsrecht – eine einfachgesetzliche Rechtsfigur für die Herstellung praktischer Konkordanz zwischen der staatlichen Pflicht zur Sicherstellung eines (abgeschwächten) Bestandsschutzes des Arbeitnehmers und der Vertragsabschlussfreiheit des Arbeitgebers. Es handelt sich deshalb schwerpunktmäßig um den verfassungsrechtlichen Ausgleich der Arbeitnehmer- und Arbeitgebergrundrechte aus Art. 12 Abs. 1 GG.

Das Prognoseprinzip ist für den verfassungsrechtlich notwendigen Mindestbestandsschutz im befristeten Arbeitsverhältnis von geradezu elementarer Bedeutung, da es das zeitliche Ausmaß der Einschränkung des Bestandsschutzinteresses (und damit letztlich der Berufsfreiheit) des Arbeitnehmers absteckt.

---

94 *Meinel/Bauer*, NZA 1999, 575 (578).

95 *Sievers*, RdA 2004, 291 (292).

96 *Loth*, Prognoseprinzip und Vertragskontrolle im befristeten Arbeitsverhältnis, 2015, S. 121, die hierdurch auf ein Fehlen echter Vertragsparität rückschließt.

97 Die Möglichkeit zur sachgrundlosen Befristung nach § 14 Abs. 2 TzBfG ist diesbezüglich als Ausgleich der durch die Sachgrundbefristung entstehenden Beschränkung der grundrechtlichen Vertrags- und Dispositionsfreiheit des Arbeitgebers aus Art. 12 Abs. 1 GG zu verstehen.

Es verhilft der Berufsfreiheit des Arbeitnehmers zu deren vollwertiger Durchsetzung auf vertraglicher Ebene: Der grundrechtlich geforderte Bestandsschutz soll erst dann begrenzt werden, wenn die verfassungsrechtliche Vertrags- und Dispositionsfreiheit des Arbeitgebers aufgrund des Wegfalls des (von vornherein begrenzten) Beschäftigungsbedarfs vollumfänglich wiederaufleben muss. Die Einschränkung ist ab diesem Zeitpunkt notwendig, da der Arbeitgeber ansonsten eine Fortführung des Vertragsverhältnisses trotz eindeutigen Wegfalls des personellen Mehrbedarfs hinnehmen müsste. Andersherum soll der verfassungsrechtlich garantierte Mindestbestandsschutz dem Arbeitnehmer so lange zugesprochen werden, wie der Arbeitgeber auch tatsächlich von seiner Vertragsabschlussfreiheit zwecks Deckung eines temporären Arbeitsbedarfs Gebrauch machen wird. Insofern ist das Prognoseprinzip auch als einfachgesetzliche Schranke der Berufsausübungsfreiheit des Arbeitgebers zu verstehen.

c) Recht der betrieblichen Altersversorgung

Nur wenig Beachtung wurde bislang der verfassungsrechtlichen Legitimation des Prognoseprinzips im Recht der betrieblichen Altersversorgung, namentlich im Rahmen der Anpassungsprüfungspflicht der laufenden Versorgungsleistungen gem. § 16 Abs. 1 BetrAVG geschenkt. Die Vorschrift verpflichtet den Arbeitgeber, alle drei Jahre eine Anpassung der laufenden Leistungen der betrieblichen Altersversorgung zu prüfen und hierüber nach billigem Ermessen zu entscheiden, wobei insbesondere die Belange des Versorgungsempfängers und die wirtschaftliche Lage des Arbeitgebers zu berücksichtigen sind.

Während die Beurteilung der Belange der Versorgungsempfänger retrospektiv erfolgt,[98] ist die wirtschaftliche Lage des Arbeitgebers zukunftsbezogen zu ermitteln.[99] Letzteres erfordert deshalb eine Prognoseentscheidung.[100] Zur Verfassungskonformität des § 16 Abs. 1 BetrAVG – insbesondere zu etwaigen widerstreitenden Grundrechten des Arbeitgebers und der Versorgungsempfänger – existieren

98 BAG Urt. v. 18.3.2014 – 3 AZR 249/12, NZA 2014, 1026 (1028); Blomeyer/Rolfs/Otto/*Rolfs*, BetrAVG, 7. Auflage 2018, § 16 Rn. 171.

99 St. Rspr., BAG Urt. v. 18.2.2003 – 3 AZR 172/02, DB 2003, 2606; Urt. v. 23.1.2001 – 3 AZR 287/00, DB 2001, 2507; Urt. v. 23.5.2000 – 3 AZR 146/99, NZA 2001, 1251; Urt. v. 23.5.2000 – 3 AZR 83/99, NZA 2002, 554; Urt. v. 17.4.1996 – 3 AZR 56/95, NZA 1997, 155.

100 Blomeyer/Rolfs/Otto/*Rolfs*, BetrAVG, 7. Auflage 2018, § 16 Rn. 171; KKBHB/*Huber*, BetrAVG, 8. Auflage 2018, § 16 Rn. 70; *Langohr-Plato*, NZA 2013, 994 (998); *Simon/Rein*, NZA 2013, 169 (172).

bislang nur sehr vereinzelt Stellungnahmen.[101] Umso weniger wurde der Frage nach der verfassungsrechtlichen Einordnung der im Merkmal der „wirtschaftliche[n] Lage des Arbeitgebers" enthaltenen zukunftsbezogenen Entscheidung nachgegangen.

Hinsichtlich der durch die Anpassungsprüfungspflicht beeinträchtigten Grundfreiheiten des Arbeitgebers geht *Rolfs* davon aus, dass die Eigentumsgarantie aus Art. 14 GG nicht durch eine Auferlegung zusätzlicher Geldleistungspflichten verletzt wird. Die Anpassung der laufenden Leistungen führe gerade nicht zu einem konfiskatorischen Eingriff in die Substanz des Unternehmens des Arbeitgebers, sodass die Norm insofern verfassungsrechtlich unbedenklich sei.[102] Auch die Berufsfreiheit aus Art. 12 Abs. 1 GG sei durch die Anpassungsprüfungspflicht nicht verletzt.[103] Die Ausführungen *Rolfs* sind jedoch dahingehend zu verstehen, dass er in § 16 Abs. 1 BetrAVG jedenfalls einen – im Ergebnis verfassungsrechtlich gerechtfertigten – Eingriff in die Berufsausübungsfreiheit des Arbeitgebers sieht. Schlussendlich kommt er zu dem Ergebnis, dass der Gesetzgeber die widerstreitenden Grundrechte von Arbeitgeber und Versorgungsempfänger in praktische Konkordanz gesetzt hat.[104] Unklar bleibt insofern allerdings, welche grundrechtlich geschützten Güter der Versorgungsempfänger *Rolfs* zufolge überhaupt in Rede stehen.

Vordergründig kommen diesbezüglich auch auf der Seite der Leistungsempfänger die Eigentumsgarantie aus Art. 14 GG sowie die in Art. 12 Abs. 1 GG verbürgte Berufsfreiheit in Betracht. Ein Schutz des Eigentums der Versorgungsempfänger durch § 16 Abs. 1 BetrAVG kann jedoch von Vornherein nicht bestehen: Die Anpassungsprüfungspflicht richtet sich auf die zukünftigen, noch nicht erbrachten Leistungen des Arbeitgebers, sodass es sich allenfalls um

---

101 Die Frage der Verfassungskonformität wurde allerdings für den m.W.v. 31.12.2015 novellierten § 16 Abs. 3 Nr. 2 BetrAVG im Hinblick auf eine mögliche unzulässige Rückwirkung kontrovers diskutiert, vgl. *Diller/Zeh*, NZA 2016, 75 (75ff.); *Greiner/Bitzenhofer*, NZA 2016, 1176 (1176 ff.); *Hinrichs/Hansen*, NZA 2016, 1183 (1185). Dieser Streit ist jedoch für die Frage nach der grundrechtlichen Einordnung des in Abs. 1 enthaltenen Prognoseerfordernisses unerheblich und soll deshalb an dieser Stelle nicht vertieft werden.

102 Blomeyer/Rolfs/Otto/*Rolfs*, BetrAVG, 7. Auflage 2018, § 16 Rn. 14 mit Verweis auf BVerfG Beschl. v. 30.1.1978 – 2 BvR 1057/75, NJW 1978, 2023, wobei die Entscheidung im Kern auf die verfassungsrechtliche Konformität des Gleichstellungsgebots bei Unterstützungskassen ohne Rechtsanspruch sowie die Insolvenzversicherung beschränkt ist.

103 Blomeyer/Rolfs/Otto/*Rolfs*, BetrAVG, 7. Auflage 2018, § 16 Rn. 16.

104 Blomeyer/Rolfs/Otto/*Rolfs*, BetrAVG, 7. Auflage 2018, § 16 Rn. 16.

Erwerbschancen handelt. Bereits erworbene Leistungen sind von der Anpassung grundsätzlich nicht betroffen.[105] Ein einfachgesetzlicher Schutz bereits geleisteter Vermögenspositionen ist deshalb nicht Gegenstand der Regelung des § 16 BetrAVG.

Bei der nach Art. 12 Abs. 1 GG geschützten Berufsfreiheit des Arbeitnehmers ist zunächst festzustellen, dass die Anpassungsprüfungspflicht allenfalls eine Realisierung der staatlichen Schutzpflicht im Hinblick auf die Berufsausübungsfreiheit der Versorgungsempfänger darstellen kann. Eine Betroffenheit der Berufswahlfreiheit ist in diesem Zusammenhang nicht gegeben. Doch auch die Berufsausübungsfreiheit müsste hier in ihrem Kern, namentlich im Schutz der Erwerbstätigkeit durch Erbringung von Arbeitsleistung betroffen sein. Das ist allerdings gleich aus mehreren Gründen fernliegend:

Zum einen ist die Anpassung von zu gewährenden Versorgungsleistungen nicht Teil des von Art. 12 Abs. 1 GG geschützten Erwerbsvorgangs, sondern ist diesem nachgelagert. Zum anderen erstreckt sich auch im laufenden Arbeitsverhältnis der Erwerbsschutz allein auf die Tätigkeiten, durch die der Arbeitslohn verdient werden soll.[106] Der Schutz richtet sich gerade nicht auf die Aufrechterhaltung der realen Kaufkraft der Arbeitsvergütung.[107] Ansonsten wäre der Arbeitgeber daran gehalten, die arbeitsvertraglich vereinbarte Vergütungshöhe stets an konjunkturelle bzw. inflationäre Wertsteigerungen bzw. -Minderungen anzupassen. Gleiches muss dann auch im Rahmen der Versorgungsleistungen gelten. Aus der Tatsache, dass sich hier die Anpassungspflicht auf einen längeren Zeitraum – alle drei Jahre – erstreckt, ergibt sich insoweit kein anderes Ergebnis. Vor diesem Hintergrund ist festzustellen, dass § 16 Abs. 1 BetrAVG mangels

105 Anders ist die rechtliche Beurteilung in Fällen der nachträglichen Anpassung, da hier rückwirkend ab Anpassungsstichtag die Leistungen korrigiert werden, Blomeyer/Rolfs/Otto/*Rolfs*, BetrAVG, 7. Auflage 2018, § 16 Rn. 116. Da der Anspruch auf nachträgliche Anpassung jedoch in aller Regel eine Erhöhung der Versorgungsleistungen bewirkt, ist auch in dieser Konstellation kein Eingriff in bereits Erworbenes gegeben. In Fällen der nachholenden Anpassung führt die Korrektur von vornherein nur zur Erhöhung künftiger Leistungen, BAG Urt. v. 17.4.1996 – 3 AZR 56/95, NZA 1997, 155.

106 Vgl. ErfK/*Schmidt*, GG, 19. Auflage 2019, Art. 12 Rn. 9.

107 Ob die Kaufkraft des Geldes von Art. 14 GG geschützt wird, ist bislang ungeklärt, vgl. BeckOK/*Axer*, GG, 41. Ed. Stand 15.2.2019, Art. 14 Rn. 54; offenlassend auch BVerfG Urt. v. 7.9.2011 – 2 BvR 987/10, EuZW 2011, 920 (923). Allerdings fällt der Tauschwert vermögenswerter Rechte für sich gesehen nicht dem Schutzbereich des Art. 14 GG, sodass hoheitlich bewirkte Minderungen des Tausch- oder Marktwertes eines Eigentumsgutes keinen Eingriff darstellen, vgl. BVerfG Beschl. v. 5.2.2002 – 2 BvR 305/93, NJW 2002, 3009 (3009).

Betroffenheit von Grundrechten der Versorgungsempfänger keine verfassungsrechtliche Schutzpflicht des Staates realisiert. In der Konsequenz stellt die Norm deshalb auch keine praktische Konkordanz zwischen widerstreitenden Grundrechten her, sondern ist ein durch ein einfachgesetzliches Regelungsziel verfassungsrechtlich gerechtfertigter Eingriff in die von Art. 12 Abs. 1 GG geschützte unternehmerische Dispositionsfreiheit des Arbeitgebers.

Das im Merkmal der „wirtschaftliche[n] Lage des Arbeitgebers" enthaltene Prognoseelement muss sich auf verfassungsrechtlicher Ebene dementsprechend ausschließlich anhand der Berufsausübungsfreiheit des Arbeitgebers messen lassen. Im Vergleich zum kündigungsrechtlichen und befristungsrechtlichen Prognoseprinzip ist die Prognoseentscheidung aus § 16 Abs. 1 BetrAVG also kein einfachgesetzliches Instrumentarium zur Herstellung von praktischer Konkordanz zwischen Grundfreiheiten des Arbeitgebers und des Arbeitnehmers bzw. Versorgungsempfängers. Vielmehr ist sie Teil des einfachgesetzlichen Normgehalts, der zu einem verfassungsrechtlichen Eingriff in die Dispositionsfreiheit des Arbeitgebers führt.

Zu unterscheiden ist hier allerdings zwischen der Anpassungsprüfungspflicht „an sich" und der Zukunftsbezogenheit der Ermittlung der wirtschaftlichen Lage des Arbeitgebers: Die Anpassungsprüfungspflicht schränkt die grundrechtlich geschützte Dispositionsfreiheit des Arbeitgebers dahingehend ein, dass ihm die Möglichkeit zur dauerhaft unveränderten Gewährung der Versorgungsleistungen trotz Veränderungen der Reallöhne bzw. der Kaufkraft untersagt wird. Das Erfordernis einer Prognoseentscheidung hingegen führt dazu, dass der Arbeitgeber bei der Bestimmung der wirtschaftlichen Lage des Unternehmens – und somit auch bei der Entscheidung über eine Anpassung der Leistungen – nicht eine rein retrospektive Beurteilung vornehmen darf. Seine Dispositionsfreiheit in Bezug auf die Anpassung der Versorgungsleistungen wird durch das Prognoseprinzip auf eine zukunftsbezogene Entscheidungsgrundlage konkretisiert. Die verfassungsrechtliche Legitimierung des Prognoseerfordernisses ergibt sich sodann aus dem Umstand, dass auch die Versorgungsleistungen nicht retrospektiv, sondern für die Zukunft angepasst werden. Die Prognoseentscheidung stellt somit einen Gleichlauf zwischen der Entwicklung der wirtschaftlichen Lage des Unternehmens und der Höhe der Versorgungsleistungen sicher. Insofern ist das Prognoseerfordernis auch notwendiger Bestandteil desjenigen, was verfassungsrechtlich notwendig ist, um die Anpassungsprüfungspflicht – d.h. den Eingriff in die von Art. 12 Abs. 1 GG geschützte Dispositionsfreiheit – verhältnismäßig auszugestalten.

d) Betriebsverfassungsrecht

aa) § 92 Abs. 1 BetrVG

Im Betriebsverfassungsrecht sind zwei Arten der Prognoseentscheidung dem Mitwirkungstatbestand des § 92 Abs. 1 BetrVG immanent: Der Arbeitgeber stellt sowohl im Rahmen der Personalbedarfsplanung, als auch in der Personalbestandsplanung Prognosen über künftig vorhandene bzw. benötigte personelle Ressourcen auf.[108] Die Personalbedarfsplanung stellt in den Worten von *Thüsing* einen „Prozess zukunftsbezogener Orientierungsgewinnung" dar.[109] Als erste Stufe der Personalplanung ermittelt der Arbeitgeber anhand einer Prognose über die Entwicklung des Bruttopersonalbedarfs und die im Betrieb vorhandenen personellen Deckungsmöglichkeiten den (zukünftigen) Nettopersonalbedarf. Hierin liegt die erste personalplanungsbezogene Prognoseentscheidung des Arbeitgebers. Darüber hinaus muss der Arbeitgeber jedoch auch bei der Personalbestandsplanung eine Prognose über die Entwicklung zukünftiger Kenntnisse und Fähigkeiten des vorhandenen Personalbestands vornehmen.[110]

Im Gegensatz zu den Prognoseentscheidungen im Individualarbeitsrecht als auch im Recht der betrieblichen Altersversorgung sind die vom Arbeitgeber anzustellenden Prognosen in der Personalplanung nicht als grundrechtsrelevante Eingriffe in Art. 12 Abs. 1 GG oder Art. 14 GG zu qualifizieren. Grund hierfür ist, dass die personalwirtschaftliche Entscheidung des Arbeitgebers, mit wie vielen Arbeitnehmern er die von ihm verfolgten arbeitstechnischen Zwecke im Betrieb verwirklichen will, frei von einer Mitwirkung durch den Betriebsrat ist.[111] Dieser wird erst bei der Frage nach der konkreten Personaldeckung, nämlich im Rahmen der mitbestimmungspflichtigen personellen Einzelmaßnahmen nach § 99 BetrVG gestaltend eingeschaltet.[112] Ein Eingriff in die Berufsausübungsfreiheit des Arbeitgebers ist allenfalls in der Unterrichtungspflicht selbst zu sehen, wobei dieser durch die Ziele der Objektivierung und erhöhten

---

108 *Kadel*, BB 1993, 797 (797); Richardi/*Thüsing*, BetrVG, 16. Auflage 2018, § 92 Rn. 6 f.; teilweise wird auch von einer „Personalprognose" gesprochen, vgl. DKKW/*Homburg*, BetrVG, 16. Auflage 2018, § 92 Rn. 15.

109 Richardi/*Thüsing*, BetrVG, 16. Auflage 2018, § 92 Rn. 5.

110 Richardi/*Thüsing*, BetrVG, 16. Auflage 2018, § 92 Rn. 6 f; zur Aufschlüsselung hinsichtlich der Qualifikation auch *Fitting*, BetrvG, 29. Auflage 2018, § 92 Rn. 12.

111 So im Ergebnis auch BAG Beschl. v. 6.11.1990 – 1 ABR 60/89, NZA 1991, 358 (362).

112 BAG Beschl. v. 6.11.1990 – 1 ABR 60/89, NZA 1991, 358 (362); zustimmend GK-BetrVG/*Raab*, Bd. II, 11. Auflage 2018, § 92 Rn. 34; kritisch HWGNRH/*Rose*, BetrVG, 10. Auflage 2018, § 92 Rn. 38 f.

Transparenz sowohl der allgemeinen Personalwirtschaft als auch der nachfolgenden personellen Einzelentscheidungen gerechtfertigt ist.[113] Die Unterrichtungspflicht ist insofern allerdings den Prognoseentscheidungen nachgelagert und von dessen tatsächlichen Ergebnissen unabhängig.

Gleiches gilt für das Beratungsrecht des Betriebsrates aus § 92 Abs. 1 S. 2 BetrVG: Wenn das Gesetz hier von einer „Vermeidung von Härten" spricht, ist damit insbesondere in Fällen des Personalüberhangs eine Beratung darüber, ob Arbeitnehmer entlassen werden müssen oder ob eine Anpassung der Personalstruktur an den neuen Beschäftigungsbedarf ggf. anderweitig, z.B. durch Versetzung oder Arbeitszeitverkürzungen realisiert werden kann, gemeint.[114] Das Beratungsrecht bezweckt diesbezüglich die Sicherstellung des Bestandsschutzes einzelner Arbeitsverhältnisse auf betriebsverfassungsrechtlicher Ebene. Auf Arbeitnehmerseite hätte das Beratungsrecht insoweit Relevanz, wenn man hierin eine (teilweise) Realisierung der staatlichen Schutzpflicht zur Schaffung eines von Art. 12 Abs. 1 GG geforderten Mindestbestandsschutzes sieht. Angesichts der weitreichenden Schutzvorschriften des KSchG ist das zumindest zweifelhaft. Ungeachtet dessen ist die Pflicht zur Beratung mit dem Betriebsrat aber – entsprechend der Unterrichtungspflicht – ein Mitbestimmungsinstrument, welches der eigentlichen Prognoseentscheidung des Arbeitgebers in zeitlicher Hinsicht nachgelagert ist. Auch kann das Beratungsrecht seiner Natur nach nicht zur zwangsweisen Abänderung der Personalprognose führen.[115] In Ermangelung einer solchen zwangsweisen Durchsetzungsmöglichkeit der Änderungsvorschläge des Betriebsrats ist es auch unerheblich, ob sich das Beratungsrecht neben den sich aus der Planung ergebenden Maßnahmen auch auf die Planungsgrundlage – zu der die Personalprognose zählt – erstreckt.[116] Im Ergebnis ist den personalplanungsbezogenen Prognosen im Betriebsverfassungsrecht deshalb keine Grundrechtsrelevanz zuzusprechen.

---

113 Vgl. BT-Drucks. VI/1786, S. 50.

114 GK-BetrVG/*Raab*, Bd. II, 11. Auflage 2018, § 92 Rn. 34.

115 Eine Einigung über die Personalplanung kann vom Betriebsrat nicht erzwungen werden; auch die Einschaltung einer (ggf. ausschließlich für den konkreten Streitfall) gebildeten Einigungsstelle ist zwar möglich, jedoch nur dann, wenn beide Parteien mit einem Tätigwerden einverstanden sind, vgl. ErfK/*Kania*, BetrVG, 19. Auflage 2019, § 92 Rn. 9; GK-BetrVG/*Raab*, Bd. II, 11. Auflage 2018, § 92 Rn. 36.

116 Die Erstreckung auf die Planungsgrundlagen bejahend DKKW/*Homburg*, BetrVG, 16. Auflage 2018, § 92 Rn. 46; *Fitting*, BetrVG, 29. Auflage 2018, § 92 Rn. 35; ablehnend ErfK/*Kania*, BetrVG, 19. Auflage 2019, § 92 Rn. 9; GK-BetrVG/*Raab*, Bd. II, 11. Auflage 2018, § 92 Rn. 34; Richardi/*Thüsing*, BetrVG, 16. Auflage 2018, § 92 Rn. 35.

bb) § 99 Abs. 2 Nr. 6 BetrVG

Anders als die der Unterrichtung des Betriebsrats vorgeschalteten Prognosen innerhalb der allgemeinen Personalplanung nach § 92 Abs. 1 BetrVG hat die für eine Zustimmungsverweigerung nach § 99 Abs. 2 Nr. 6 BetrVG erstellte Prognose mittelbare Auswirkung auf das rechtliche Schicksal einzelner Arbeitsverhältnisse.[117] Dementsprechend kommt dem Zustimmungsverweigerungstatbestand auch grundrechtliche Relevanz zu. Im Ausgangspunkt muss zunächst festgestellt werden, dass § 99 Abs. 2 Nr. 6 BetrVG im Kontext eines Dreipersonenverhältnisses zu sehen ist: Der Betriebsrat erstellt eine Prognose, welche sowohl für die Rechtspositionen des Arbeitgebers, als auch die des Arbeitnehmers bzw. Bewerbers von Bedeutung ist. Für den Arbeitgeber stellt § 99 Abs. 1 i.V.m. Abs. 2 Nr. 6 BetrVG einen Eingriff in seine grundrechtliche Vertrags- und Dispositionsfreiheit aus Art. 12 Abs. 1 GG dar. Der Betriebsrat wird normativ befugt, dem Arbeitgeber die Begründung bzw. inhaltliche Änderung eines Beschäftigungsverhältnisses – jedenfalls betriebsverfassungsrechtlich – zu versagen. Auch besteht mit Blick auf die Gewährung des Zutritts zur Betriebsstätte und der Nutzung von Betriebsmitteln eine eigentumsrelevante Einschränkung der Nutzungs- und Entscheidungsbefugnisse des Arbeitgebers, sodass in diesem Umfang auch Art. 14 Abs. 1 GG betroffen ist. Anders als im Kündigungs- und Befristungsrecht handelt es sich bei § 99 Abs. 2 Nr. 6 BetrVG jedoch nicht um einen unmittelbaren normativ angeordneten Eingriff und auch nicht um eine Konkretisierung staatlicher Schutzpflichten. Das Recht zur Verweigerung der Zustimmung wird dem Betriebsrat eingeräumt, ohne dass dieser bei Vorliegen der tatbestandlichen Voraussetzungen dazu verpflichtet wäre, seine Zustimmung zu verweigern. Da der Gesetzgeber ihm dieses Recht jedoch prinzipiell einräumt, handelt es sich jedenfalls um einen mittelbar-faktischen Eingriff.

Hinsichtlich des betroffenen Arbeitnehmers bzw. Bewerbers bedeutet § 99 Abs. 2 Nr. 6 BetrVG einen mittelbar-faktischen Eingriff in die von Art. 12 GG geschützte Berufsausübungsfreiheit. Es muss jedoch zwischen der betriebsverfassungsrechtlichen und individualrechtlichen Bedeutung einer fehlenden Zustimmung unterschieden werden: Grundsätzlich ist die Zustimmung des Betriebsrats keine Wirksamkeitsvoraussetzung für den zivilrechtlichen Abschluss eines Arbeitsvertrags.[118] Nur in Ausnahmefällen kann eine

117 Ausführlich unter Gliederungspunkt F. II. 6.

118 BAG Urt. v. 21.2.2017 – 1 AZR 367/15, NZA 2017, 740 (742); Urt. v. 5.4.2001 – 2 AZR 580/99, NZA 2001, 893 (897); Urt. v. 2.7.1980 – 5 AZR 1241/79, NJW 1981, 703 (703); *Czerny*, Personelle Einzelmaßnahmen, 2014, S. 51; GK-BetrVG/*Raab*, Bd. II, 11. Auflage 2018, § 99 Rn. 176; Richardi/*Thüsing*, BetrVG, 16. Auflage 2018, § 99 Rn. 329 ff.

kollektivrechtliche Unwirksamkeit der Einzelmaßnahme auf die individualrechtliche Ebene durchschlagen.[119] Führt der Arbeitgeber jedoch die Einzelmaßnahme ohne Zustimmung des Gremiums durch, kann der Betriebsrat nach § 101 Abs. 1 BetrVG die Beseitigung der Maßnahme verlangen. Die dadurch entstehende Pflichtenkollision ist zugunsten des Betriebsverfassungsrechts aufzulösen, sodass ein Beschäftigungsverbot eintritt.[120] Dementsprechend führt der Zustimmungsverweigerungstatbestand zwangsläufig zu einer – wenn auch nur mittelbaren – Auswirkung auf die individualrechtliche Position des Arbeitnehmers bzw. Bewerbers. In der Konsequenz wird in die Berufsausübungsfreiheit des Betroffenen jedenfalls mittelbar-faktisch eingegriffen. Das Prognoseerfordernis statuiert insoweit auch bei § 99 Abs. 2 Nr. 6 BetrVG eine zeitliche Zäsur der Reichweite des Verweigerungstatbestands: Eingriffe in die grundrechtlich geschützten Positionen von Arbeitgeber und Arbeitnehmer sind nur dort, wo der Schutz der Belegschaft für die Zukunft in Frage steht, zulässig.[121] Vor diesem Hintergrund ist – entsprechend der Ausgestaltung im Recht der betrieblichen Altersversorgung – die Notwendigkeit einer Prognose auch integraler Bestandteil der einfachgesetzlichen Anforderungen, die für eine verhältnismäßige Ausgestaltung des verfassungsrechtlichen Eingriffs einzufordern ist.

2. Einfachgesetzliche Legitimation der Prognosetatbestände

Einfachgesetzliche Prognoseerfordernisse sind mitunter von verfassungsrechtlicher Bedeutung, da sie beispielsweise als Instrument zur Herstellung praktischer Konkordanz zwischen widerstreitenden Grundrechten der Arbeitsvertragsparteien wirken. Abseits der verfassungsrechtlichen Bedeutung bzw. Legitimierung verfolgen arbeitsrechtliche Prognoseentscheidungen ihrer Natur nach aber auch stets einfachgesetzliche Regelungsziele. Diese unterscheiden sich ja nach bereichsspezifischer Ausprägung der Prognose, wobei jedoch auch bereichsübergreifende Überschneidungen im Hinblick auf die Zwecke der

---

119 GK-BetrVG/*Raab*, Bd. II, 11. Auflage 2018, § 99 Rn. 175; *Raab*, ZfA 1995, 479 (515); differenzierend *Czerny*, Personelle Einzelmaßnahmen, 2014, S. 84.

120 BAG Urt. v. 21.2.2017 – 1 AZR 367/15, NZA 2017, 740 (742); Urt. v. 5.4.2001 – 2 AZR 580/99, NZA 2001, 893 (897); Urt. v. 2.7.1980 – 5 AZR 1241/79, NJW 1981, 703 (703); *Czerny*, Personelle Einzelmaßnahmen, 2014, S. 51; GK-BetrVG/*Raab*, Bd. II, 11. Auflage 2018, § 99 Rn. 176; Richardi/*Thüsing*, BetrVG, 16. Auflage 2018, § 99 Rn. 330.

121 Zur temporalen Reichweite des Verweigerungstatbestands BAG Beschl. v. 16.11.2004 – 1 ABR 48/03, NZA 2005, 775 (778); wohl auch Beschl. v. 21.7.2009 – 1 ABR 35/08, AP AÜG § 3 Nr. 4 (Anm. *Boemke*); Richardi/*Thüsing*, BetrVG, 16. Auflage 2018, § 99 Rn. 269.

Prognoseerfordernisse existieren. Nachfolgend soll ein Blick auf die verschiedenen einfachgesetzlichen Legitimierungen geworfen werden.

a) Zukunftsbezogenheit der Kündigung im Arbeitsverhältnis

Den Ausgangspunkt für die Anerkennung des Prognoseerfordernisses im Kündigungsrecht bildet die Rechtsnatur der Kündigung, die als zukunftsbezogenes Gestaltungsrecht keine Sanktionierung für vergangenes Verhalten oder vergangene Zustände[122], sondern vielmehr eine präventive Maßnahme zur Vermeidung künftiger Vertragsstörungen ist.[123] Würde man der Kündigung eine sanktionierende Funktion zusprechen wollen, wäre nach allgemeinen zivilrechtlichen Grundsätzen ein Verschulden des Arbeitnehmers notwendig.[124] Das Verschuldensprinzip findet sich jedoch vor allem dort wieder, wo auf Pflichtverletzungen mit Schadensersatzansprüchen reagiert werden soll, vordergründig im Leistungsstörungsrecht der §§ 280 ff. BGB. Die Kündigung gehört weder systematisch noch strukturell zum Katalog des Leistungsstörungsrechts, welches allein die Restitution von (in der Vergangenheit liegenden) Verletzungen des arbeitgeberseitigen Äquivalenzinteresses zum Gegenstand hat.

Dass die Kündigung das Dauerschuldverhältnis ausschließlich für die Zukunft auflösen soll, ergibt sich bereits aus der ihr immanenten *ex nunc* Wirkung.[125] Diese ist sowohl bei der ordentlichen, als auch bei der außerordentlichen Kündigung im Wortlaut des jeweiligen Normtatbestands manifestiert: § 1 Abs. 2 S. 1 KSchG statuiert, dass die Kündigungsgründe „einer Weiterbeschäftigung des Arbeitnehmers in diesem Betrieb entgegenstehen“ müssen. Dass mit dem Begriff der „Weiterbeschäftigung“ allein eine zukünftige Tätigkeit des Arbeitnehmers

---

122 Kritisch hierzu *Löwisch*, BB 1998, 1793 (1795); *Kraft*, ZfA 1994, 463 (475); *Popp*, DB 1981, 2611 (2615); *Walden*, Änderungskündigung, unternehmerische Entscheidungsfreiheit und Prognoseprinzip, 1993, S. 123; *Wank*, RdA 1993, 79 (84).

123 BverfG Urt. v. 13.2.1998 – 1 BvR 743/96, ZBR 1998, 353; Urt. v. 21.2.1995, 1 BvR 1397/93, NZA 1995, 619; BAG Urt. v. 17.01.1991 – 2 AZR 375/90, NZA 1991, 557; Urt. v. 12.01.2006 – 2 AZR 21/05, NZA 2006, 917; Ascheid/Preis/Schmidt/*Vossen*, KSchG, 5. Auflage 2017, § 1 Rn. 73; Boecken/Düwell/Diller/Hanau/*Greiner*, KSchG, Bd. III, 2016, § 1 Rn. 235; MüKo/*Hergenröder*, KSchG, Bd. IV, 7. Auflage 2016, § 1 Rn. 113; *Preis*, Prinzipien des Kündigungsrechts bei Arbeitsverhältnissen, 1987, S. 322.

124 So wohl auch *Preis*, Prinzipien des Kündigungsrechts bei Arbeitsverhältnissen, 1987, S. 333.

125 *Preis*, Prinzipien des Kündigungsrechts bei Arbeitsverhältnissen, 1987, S. 332; zum zeitlichen Auseinanderfallen von der gewollten Rechtswirkung und der Gestaltungswirkung ausführlich BAG Urt. v. 21.3.2013 – 6 AZR 618/11, NZA-RR 2013, 609 (610).

gemeint sein kann und durch die Kündigung keine vergangene Beschäftigung nachträglich zum *Nullum* erklärt oder gar rückabgewickelt werden soll, ist eindeutig. Auch im Rahmen der außerordentlichen Kündigung kommt es ausweislich des Wortlauts des § 626 Abs. 1 BGB darauf an, ob die „Fortsetzung" des Dienst- bzw. Arbeitsverhältnisses zumutbar ist.

In der Konsequenz ergibt sich aus der Zukunftsbezogenheit der Kündigung das zwingende Erfordernis, auch die die Kündigung legitimierenden Gründe einer zukunftsbezogenen Prüfung zu unterziehen.[126] Nur so lässt sich sicherstellen, dass die Kündigung nicht zum Instrument eines nachträglichen Ausgleichs vergangener Leistungsstörungen zweckentfremdet wird, sondern allein dem Bedürfnis einer Vermeidung künftiger Beeinträchtigungen des arbeitsvertraglichen Leistungsgefüges Rechnung trägt. Ob in Zukunft die berechtigten Arbeitgeberinteressen beeinträchtigt werden, kann niemals mit abschließender Sicherheit festgestellt werden.[127] Die mit der zukunftsbezogenen Entscheidung zur Auflösung des Arbeitsvertrags verbundenen Unsicherheiten erfordern deshalb die Erstellung einer Prognose.[128] Da diese auf das künftige Vorliegen von der Weiterbeschäftigung entgegenstehenden Gründen gerichtet ist, wird von einer „Negativprognose" gesprochen. Wenn der Arbeitgeber eine Negativprognose hinsichtlich des ungestörten Fortlaufs des Vertragsverhältnisses oder eines Auseinanderfallens des aktuellen Personalbestands und dem in Zukunft bestehenden Personalbedarf anstellen kann, ist er – vorbehaltlich des Vorliegens der übrigen Wirksamkeitsvoraussetzungen – berechtigt, das Vertragsverhältnis *ex nunc* aufzulösen.[129] Beschränken sich die Kündigungsgründe hingegen ausschließlich auf

---

126 Ascheid/Preis/Schmidt/*Vossen*, KSchG, 5. Auflage 2017, § 1 Rn. 73; *Preis*, Prinzipien des Kündigungsrechts bei Arbeitsverhältnissen, 1987, S. 332.

127 So auch ErfK/*Oetker*, KSchG, 19. Auflage 2019, § 1 Rn. 81; MüKo/*Hergenröder*, KSchG, Bd. IV, 7. Auflage 2016, § 1 Rn. 113.

128 Kritisch *Adam*, NZA 1998, 284 (285), demzufolge nicht jede Kündigung einer Prognose bedarf, da es mitunter Ereignisse gebe, die so schwerwiegend seien, dass eine „Wiederholungsgefahr" unwiderlegbar vermutet werde. Insofern wird jedoch verkannt, dass in derartigen Fällen das Prognoseerfordernis nicht entfällt, sondern die Prognosegrundlage so eindeutig ist, dass der Arbeitgeber unter sämtlichen Gesichtspunkten nur zu einem Ergebnis im Rahmen seiner Entscheidung kommen kann. Dies verkennt auch *Rüthers*, NJW 1998, 1433 (1435), wenn er kontestiert, dass in derartigen Fällen durch das Prognoseerfordernis der „ Rest von Privatautonomie" des Arbeitgebers beseitigt werde.

129 St. Rspr., zuletzt BAG Urt. v. 26.1.2017 – 2 AZR 61/16, EzA-SD 2017, Nr. 12, 3; Urt. v. 16.7.2015 – 2 AZR 15/15, NZA 2016, 99; Urt. v. 21.4.2016 – 2 AZR 609/15, NZA 2016, 941.

in der Vergangenheit liegende Beeinträchtigungen der Arbeitgeberinteressen, vermögen diese nicht zur Kündigung berechtigen, ungeachtet ihrer Intensität.[130] In diesen Fällen ist der Arbeitgeber vielmehr gehalten, auf Leistungsstörungen mit dem allgemeinen zivilrechtlichen Haftungsregime zu reagieren.

b) *Vertragskontrolle im befristeten Arbeitsverhältnis*

Wie bereits im Rahmen der Erläuterungen zur verfassungsrechtlichen Legitimation des Prognoseprinzips im Befristungsrecht festgestellt wurde, beinhaltet die Sachgrundbefristung i.S.v. § 14 Abs. 1 S. 1, 2 TzBfG eine zukunftsbezogene Entscheidung des Arbeitgebers über den voraussichtlichen Fortbestand des die Befristung rechtfertigenden Grundes.[131] Wie lange der Befristungsgrund tatsächlich bestehen wird, kann – und insofern besteht eine mit dem kündigungsrechtlichen Prognoseprinzip vergleichbare Problemstellung – im Zeitpunkt des Vereinbarens der Befristungsabrede nicht mit Sicherheit festgestellt werden.[132] *Loth* weist insofern zutreffend darauf hin, dass Umfang und Dauer des Sachgrunds im Zeitpunkt des Abschlusses lediglich antizipiert werden.[133] Die während der Dauer des befristeten Arbeitsverhältnisses eintretenden, sachgrundrelevanten Veränderungen sind in den wenigsten Fällen eindeutig vorhersehbar. Ob im maßgeblichen Zeitpunkt der Beendigung des befristeten Arbeitsvertrags der legitimierende Sachgrund vorliegen wird, ist vor diesem Hintergrund im Rahmen einer Prognose zu bestimmen.

Die Legitimierung des befristungsrechtlichen Prognosegedankens beruht also maßgeblich auf der Erkenntnis, dass die Sachgründe nach § 14 Abs. 1 S. 1, 2 TzBfG über den gesamten Zeitraum der Befristung hinweg vorliegen müssen, der für die Wirksamkeit der Befristung entscheidende Zeitpunkt jedoch bereits der Abschluss der Befristungsvereinbarung ist.[134] Anders als

---

130 *Preis*, Prinzipien des Kündigungsrechts bei Arbeitsverhältnissen, 1987, S. 333.

131 Vgl. hierzu bereits unter Gliederungspunkt B. III. 1. a); auch st. Rspr. BAG Urt. v. 15.10.2014 – 7 AZR 893/12, NZA 2015, 362; Urt. v. 16.1.2013 – 7 AZR 661/11, NZA 2013, 614; Urt. v. 18.7.2012 – 7 AZR 443/09, NZA 2012, 1351; Urt. v. 9.3.2011 – 7 AZR 728/09, NZA 2011, 911; Urt. v. 2.9.2009 – 7 AZR 162/08, NZA 2009, 1257.

132 Hinsichtlich des Prognoseerfordernisses entspricht der Zeitpunkt des Vereinbarens der Befristungsabrede in diesem Zusammenhang dem Zeitpunkt, in welchem der Arbeitgeber die Kündigung erklärt.

133 *Loth*, Prognoseprinzip und Vertragskontrolle im befristeten Arbeitsverhältnis, 2015, S. 125.

134 St. Rspr., etwa BAG Urt. v. 4.6.2003 – 7 AZR 523/02, NZA-RR 2003, 621; Urt. v. 4.12.2002 – 7 AZR 492/01, NZA 2003, 611; Urt. v. 24.9.1997 – 7 AZR 669/96, NJW 1998, 419.

das kündigungsrechtliche Prognoseprinzip ist die Prognoseentscheidung im Befristungsrecht keine der Rechtsnatur eines Gestaltungsrechts zwingende Folge, sondern die Konsequenz der gesetzgeberischen Entscheidung, befristete Arbeitsverhältnisse – vorbehaltlich der eingeschränkten Möglichkeit zur sachgrundlosen Befristung – nur dann anzuerkennen, wenn ein unter Berücksichtigung der entgegengesetzten Interessen der Vertragsparteien anerkennenswerter Grund für die zeitliche Begrenzung vorliegt. Das Prognoseerfordernis resultiert also nicht bereits zwingend aus der Rechtswirkung des Handelns einer Vertragspartei, sondern findet erst durch die gesetzlichen Schutzbestimmungen Einzug in die Wirksamkeitskontrolle der vertraglichen Abrede. Es ist insofern zutreffend, die befristungsrechtliche Prognoseentscheidung als Instrument der Vertragskontrolle zu qualifizieren.[135] Die Vertragskontrolle selbst ergibt sich aber nicht aus der Natur der Befristungsabrede. Sie ist das Resultat der gesetzgeberischen Konzeption, das unbefristete Arbeitsverhältnis als Leitbild zu statuieren und für dessen Gewährleistung befristete Arbeitsverhältnisse mit Vertragsabschlussbeschränkungen zu versehen.

c) § 16 Abs. 1 BetrAVG: Maßgeblichkeit der künftigen wirtschaftlichen Leistungsfähigkeit des Arbeitgebers

Ausweislich des Wortlauts des § 16 Abs. 1 BetrAVG sind im Rahmen der Anpassungsprüfung der laufenden Versorgungsleistungen nicht nur die Belange der Versorgungsempfänger, sondern auch die wirtschaftliche Lage des Arbeitgebers zu berücksichtigen. Es besteht Konsens darüber, dass in diesem Zusammenhang die finanzielle Belastbarkeit des Arbeitgebers eine zukunftsbezogene Größe ist.[136] Das maßgebliche Kriterium bei der Bestimmung der Leistungsfähigkeit des Arbeitgebers ist insofern – und so formuliert es auch das BAG in ständiger Rechtsprechung – die „voraussichtliche Entwicklung der Eigenkapitalverzinsung und der Eigenkapitalausstattung des Unternehmens".[137] Wie sich die

---

135 *Loth*, Prognoseprinzip und Vertragskontrolle im befristeten Arbeitsverhältnis, 2015, S. 126.

136 BAG Urt. v. 21.2.2017 – 3 AZR 455/15, DB 2017, 1152; Urt. v. 21.4.2015–3 AZR 102/14, NZA 2015, 1216; Urt. v. 21.8.2013 – 3 AZR 750/11, NZA-RR 2014, 112; BeckOKArbR/*Molkenbur*, BetrAVG, 53. Ed. Stand 1.9.2019, § 16 Rn. 15; Blomeyer/Rolfs/Otto/*Rolfs*, BetrAVG, 7. Auflage 2018, § 16 Rn. 171; ErfK/*Steinmeyer*, BetrAVG, 19. Auflage 2019, § 16 Rn. 29; Höfer/de Groot/Küpper/Reich/*Höfer*, Betriebsrentenrecht, Bd. I, 24. EL. Stand März 2019, BetrAVG, § 16 Rn. 206.

137 BAG Urt. v. 15.4.2014 – 3 AZR 51/12, NZA-RR 2015, 147 (147); ebenso Urt. v. 21.8.2013 – 3 AZR 750/11, AP Nr. 91 zu § 16 BetrAVG; Urt. v. 28.5.2013 – 3 AZR

Unternehmenserträge bzw. die verfügbaren Wertzuwächse des Unternehmensvermögens künftig verändern werden, kann der Arbeitgeber nicht mit absoluter Sicherheit feststellen.[138] Vielmehr ist er bei der Beurteilung der künftigen Unternehmensentwicklung mit unausweichlichen makro- und mikroökonomischen Unsicherheiten belastet, sodass die Entscheidung eine Prognose darstellt.

Die einfachgesetzliche Legitimierung der Prognoseentscheidung in § 16 Abs. 1 BetrAVG ergibt sich vor diesem Hintergrund aus der Zukunftsbezogenheit der Anpassungsprüfungspflicht: Der Arbeitgeber muss beurteilen, wie seine wirtschaftliche Ertrags- und Vermögenslage in den drei Jahren nach dem Anpassungsstichtag voraussichtlich konstituiert sein wird. Die Zukunftsbezogenheit der Anpassungsprüfung ergibt sich wiederum daraus, dass die Versorgungsleistungen nach der gesetzlichen Konzeption nicht rückwirkend für einen vergangenen Zeitraum ausgekehrt werden, sondern laufend zu gewähren sind.[139] Letztlich soll durch die Prognoseentscheidung sichergestellt werden, dass eine inflationsbedingte Abwertung der Betriebsrenten ausgeglichen wird, sofern die finanzielle Entwicklung des Unternehmens eine Verlagerung des Kaufkraftrisikos auf den Arbeitgeber rechtfertigt. Die Prognoseentscheidung ist deshalb ein notwendiges Instrumentarium zur angemessenen Verteilung des Inflations- und Kaufkraftrisikos.

d) § 92 Abs. 1 BetrVG: Ungewissheit des künftigen Personalbedarfs und -bestands

Festgestellt wurde bereits, dass der Arbeitgeber im Rahmen der Personalbedarfs und –bestandsplanung Prognosen über künftig vorhandene bzw. benötigte personelle Ressourcen aufstellt.[140] Die betriebsverfassungsrechtliche Konzeption zur Mitwirkung bei der Personalplanung sieht mit § 92 BetrVG eine Art Generalklausel vor, die bereits im Stadium der grundsätzlichen personalwirtschaftlichen

---

125/11, NZA-RR 2013, 598; Urt. v. 11.10.2011 – 3 AZR 527/09, NZA 2012, 454; Urt. v. 30.11.2010 – 3 AZR 754/08, NZA-RR 2011, 593; Urt. v. 10.2.2009 – 3 AZR 727/07, NZA 2010, 95; Urt. v. 23.5.2000 – 3 AZR 146/99, NZA 2001, 1251.

138 Zu den mit der Entscheidung verbundenen Unsicherheiten je nach Art der unternehmerischen Tätigkeiten ausführlich Höfer/de Groot/Küpper/Reich/*Höfer*, Betriebsrentenrecht, Bd. I, 24. EL. Stand März 2019, BetrAVG, § 16 Rn. 209 f.

139 Zur nachträglichen Anpassung, bei denen die Leistungen rückwirkend ab Anpassungsstichtag korrigiert werden, Blomeyer/Rolfs/Otto/*Rolfs*, BetrAVG, 7. Auflage 2018, § 16 Rn. 116 ff. Die nachträgliche Anpassung entspricht allerdings nicht dem gesetzlichen Leitbild, sondern ist eine Maßnahme zur Korrektur von Fehlprognosen.

140 S. unter Gliederungspunkt B. III. 1. d) aa).

Entscheidungen des Arbeitgebers eine Beteiligung des Betriebsrats beinhaltet.[141] Für die einfachgesetzliche Legitimierung der genannten Prognosen ist insoweit jedoch maßgeblich, dass die personalwirtschaftliche Entscheidung des Arbeitgebers, mit wie vielen Arbeitnehmern die von ihm verfolgten arbeitstechnischen Zwecke im Betrieb verwirklicht werden sollen, für sich genommen frei von einer Mitwirkung durch den Betriebsrat ist.[142] Der Betriebsrat ist erst bei der Frage nach der konkreten Personaldeckung im Wege der Mitbestimmung bei personellen Einzelmaßnahmen nach § 99 BetrVG berechtigt, mitzuentscheiden.[143] Hieran ändert auch das Initiativrecht des Betriebsrats bei der Ausschreibung von Arbeitsplätzen nach § 93 BetrVG nichts, da das Mitbestimmungsrecht auf die Besetzung bereits vorhandener Arbeitsplätze gerichtet ist, nicht hingegen auf die Schaffung neuer Stellen.[144] Da die vom Arbeitgeber gestellten Prognosen zum Personalbedarf bzw. – bestand auch nicht durch das Beratungsrecht des Betriebsrats zwangsweise modifiziert werden können, statuiert § 92 BetrVG weder prognosebezogene Wirksamkeitsvoraussetzungen, noch führen Fehlprognosen zur Aktivierung nachgelagerter Korrekturmaßnahmen.[145]

Diese Erkenntnis verdeutlicht die strukturellen Unterschiede zwischen den Prognoseentscheidungen in der Personalplanung und individualrechtlichen Prognosen bzw. der Prognose im Rahmen von § 16 Abs. 1 BetrVG: Im Kündigungs- und Befristungsrecht werden an Prognoseentscheidungen Wirksamkeitsvoraussetzungen gestellt, auf Fehlprognosen wird – jedenfalls im Kündigungsrecht – ggf. durch nachgeschaltete Maßnahmen reagiert. Ebenso werden Fehlprognosen bei Entscheidungen zur Anpassung der laufenden Versorgungsleistungen im Recht der betrieblichen Altersversorgung durch nachträgliche Leistungsanpassungen ausgeglichen.[146]

---

141 Richardi/*Thüsing*, BetrVG, 16. Auflage 2018, § 92 Rn. 1.

142 Vgl. BAG Beschl. v. 6.11.1990 – 1 ABR 60/89, NZA 1991, 358 (362).

143 BAG Beschl. v. 6.11.1990 – 1 ABR 60/89, NZA 1991, 358 (362); zustimmend GK-BetrVG/*Raab*, Bd. II, 11. Auflage 2018, § 92 Rn. 34; kritisch HWGNRH/*Rose*, BetrVG, 10. Auflage 2018, § 92 Rn. 39.

144 BeckOKArbR/*Mauer*, BetrVG, 53. Ed. Stand 1.6.2019, Vorb. zu § 93; *Fitting*, BetrVG, 29. Auflage 2018, § 93 Rn. 5.

145 Das Fehlen einer Prognose bzw. die Erklärung einer wahrheitswidrigen Prognose stellen zwar eine Verletzungen der Auskunftspflichten des Arbeitgebers dar, die auch nach § 121 Abs. 1 BetrVG als Ordnungswidrigkeiten qualifiziert werden. Eine Änderung des Inhalts der Prognoseentscheidung wird hierdurch aber nicht bewirkt.

146 Ausführlich zur nachträglichen Anpassung BAG Urt. v. 21.10.2014 – 3 AZR 937/12, MDR 2015, 779.

Da die Prognoseentscheidungen in der Personalplanung weder Rechtmäßigkeitsanforderungen unterliegen, noch korrigiert werden, ist die Frage nach ihrer Legitimierung unter anderen Vorzeichen zu beantworten: Die von § 92 Abs. 1 BetrVG erfassten Personalprognosen bezwecken keinen Schutz von Rechtsgütern Dritter. Sie sind insoweit ein prognoserechtliches Unikat. Die Prognoseentscheidung muss lediglich dem Betriebsrat mitgeteilt werden. Da sie ihrem Inhalt nach der vollständigen Entscheidungsfreiheit des Arbeitgebers unterliegen und ihre Wirksamkeit nicht von gesetzlichen Vorschriften abhängen, bedürfen sie auch keiner konkreten einfachgesetzlichen Legitimierung. Dieser bedarf allein die aus § 92 Abs. 1 S. 1 BetrVG resultierende Auskunftspflicht[147], welche jedoch von der Prognose zu trennen ist.

e) § 99 Abs. 2 Nr. 6 BetrVG: Störung des Betriebsfriedens durch künftiges Fehlverhalten

Der Zustimmungsverweigerungsgrund aus § 99 Abs. 2 Nr. 6 BetrVG dient vornehmlich der Sicherung des Betriebs- und Belegschaftsfriedens.[148] Die Ausübung bzw. Nichtausübung dieses Rechts kann allerdings nur für den künftigen Frieden im Betrieb sorgen. Da die Norm tatbestandlich die Störung des Betriebsfriedens an ein rechtswidriges bzw. den Grundsätzen des § 75 Abs. 1 BetrVG zuwiderlaufenden Verhalten des Betroffenen knüpft, bedarf es einer Beurteilung des Arbeitnehmers bzw. Bewerbers für die Zukunft. Dieses kann naturgemäß nicht mit abschließender Sicherheit antizipiert werden, sodass es einer Prognoseerstellung bedarf. Dies gilt für § 99 Abs. 2 Nr. 6 BetrVG ausnahmslos, da ein in der Vergangenheit liegendes Fehlverhalten für sich genommen nie eine Verweigerung der Zustimmung legitimieren kann.[149] Umso deutlicher wird die Unabdingbarkeit einer Prognose, wenn der von der Einzelmaßnahme betroffene Arbeitnehmer bzw. Bewerber bislang noch kein Fehlverhalten, welches eine Störung des Betriebsfriedens im Wiederholungsfalle befürchten ließe, aufgewiesen hat. Wenn § 99 Abs. 2 Nr. 6 BetrVG von einer „Besorgnis" spricht, darf dies nicht in eine rein subjektive Bewertung von Charakter und Verhalten der in

147 Hierzu BT-Drucks. VI/1786, S. 50.

148 Zur Schutzfunktion der Norm BAG Beschl. v. 9.3.2011 – 7 ABR 137/09, NZA 2011, 871 (873); *Fitting*, BetrVG, 29. Auflage 2018, § 99 Rn. 253; GK-BetrVG/*Raab*, Bd. II, 11. Auflage 2018, § 99 Rn. 5.

149 BAG Beschl. v. 16.11.2004 – 1 ABR 48/03, NZA 2005, 775 (778); wohl auch Beschl. v. 21.7.2009 – 1 ABR 35/08, AP AÜG § 3 Nr. 4 (Anm. *Boemke*); Richardi/*Thüsing*, BetrVG, 16. Auflage 2018, § 99 Rn. 269.

Rede stehenden Personen münden. Durch die Anordnung einer Prognose wird insoweit auch sichergestellt, dass der Betriebsrat die Entscheidung nicht (ausschließlich) auf das subjektive Empfinden des Gremiums stützt. Nicht zuletzt verlangt auch das BAG in ständiger Rechtsprechung eine Substantiierung der Prognose durch objektive, nachprüfbare Tatsachen, die auch in der schriftlichen Begründung einer Zustimmungsverweigerung anzugeben sind.[150] Auch der nunmehr beigefügte Zusatz, wonach die Zustimmung dann, wenn rassistische oder fremdenfeindliche Betätigungen zu befürchten sind, verweigert werden darf, ändert nichts an der objektiven Betrachtungsweise.[151] Die Legitimierung der Prognose – erweitert um die Notwendigkeit einer auf Tatsachen basierenden Prognosegrundlage – ergibt sich vor diesem Hintergrund aus dem Schutz des Betroffenen vor einer subjektiven, willkürlichen Entscheidung des Betriebsrats: Charakterliche Mängel, Missbilligungen der Person des Betroffenen oder ein konträres Werteempfinden sollen die Durchführung der geplanten Einzelmaßnahme nicht verhindern dürfen. Die einfachgesetzliche Schutzrichtung der Prognose ist demzufolge eine andere als die des Zustimmungsverweigerungsgrundes an sich: § 99 Abs. 2 Nr. 6 BetrVG schützt den Betriebsfrieden, die tatbestandlich vorausgesetzte Prognose und deren Tatsachengrundlage schützen den Betroffenen vor subjektiven Werteentscheidungen des Betriebsrats sowie nachträglichen Sanktionen für vergangenes Fehlverhalten.

3. Makro- und mikroökonomische Implikationen des Prognoseprinzips

Sowohl die Notwendigkeit als auch die Legitimierung prognosebezogener Regelungen müssen angesichts des zwischen arbeitsrechtlichen Vorschriften und ökonomischen Rahmenbedingungen bestehenden Konnexes im Lichte der wirtschaftlichen Auswirkungen betrachtet werden. Die Analyse ökonomischer Parameter einzelner Gesetzesvorschriften ist dabei aus zwei Blickwinkeln

---

150 BAG Beschl. v. 30.9.2014 – 1 ABR 32/13, NZA 2015, 370 (372); Beschl. v. 9.10.2013 – 7 ABR 1/12, NZA 2014, 156 (159 f.); Beschl. v. 10.10.2012 – 7 ABR 42/11, NJOZ 2013, 1954 (1959); Beschl. v. 19.4.2012 – 7 ABR 52/10, NJOZ 2012, 2078 (2082); Beschl. v. 9.12.2008 – 1 ABR 79/07, NZA 2009, 627 (630); Beschl. v. 16.11.2004 – 1 ABR 48/03, NZA 2005, 775 (778); Beschl. v. 11.6.2002 – 1 ABR 43/01, NZA 2003, 226 (228); zur Maßgeblichkeit der objektiven Tatsachengrundlage bestätigend *Fitting*, BetrVG, 29. Auflage 2018, § 99 Rn. 253; GK-BetrVG/*Raab*, Bd. II, 11. Auflage 2018, § 99 Rn. 227; Richardi/*Thüsing*, BetrVG, 16. Auflage 2018, § 99 Rn. 273.

151 Zur rein deklaratorischen Bedeutung des Zusatzes GK-BetrVG/*Raab*, Bd. II, 11. Auflage 2018, § 99 Rn. 227; Richardi/*Thüsing*, BetrVG, 16. Auflage 2018, § 99 Rn. 268.

durchzuführen: Zum einen gilt es, die wirtschaftliche Ausgangssituation, die u.U. für eine gesetzliche Regelung (mit-)ursächlich ist, zu erörtern. Auf der anderen Seite muss auch eine retrospektive Beurteilung der ökonomischen Folgen der gesetzlichen Regelung stattfinden. Letzteres ist insbesondere für künftige Änderungsvorhaben von entscheidender Bedeutung, da durch eine Folgenbewertung Reformbedürfnisse leichter erkannt und Fehlentwicklungen sachgerechter korrigiert werden können. Die Folgenbewertung verhilft insofern zu einer Verbesserung der Effizienz gesetzlicher Vorschriften.[152]

Nachstehend soll die makro- und mikroökonomische Bewertung derjenigen Normen, die Prognosebestimmungen enthalten, auf die Regelungen des Individualarbeitsrechts und § 16 Abs. 1 BetrAVG beschränkt werden. Eine wirtschaftliche Analyse der betriebsverfassungsrechtlichen Prognosetatbestände in der Personalplanung ist aufgrund des Umstands, dass § 92 Abs. 1 BetrVG keine gesetzlichen (Wirksamkeits-)Anforderungen an die Personalprognosen des Arbeitgebers stellt, sie mithin frei von staatlicher Einflussnahme sind, nicht erforderlich. Auch für den Zustimmungsverweigerungstatbestand des § 99 Abs. 2 Nr. 6 BetrVG wird von einer ökonomischen Betrachtung abgesehen, da dieser in verfassungsrechtlicher Hinsicht allenfalls einen mittelbar-faktischen Eingriff in Grundrechtspositionen des Arbeitgebers bedeutet.

a) Ökonomische Bewertung der prognoserelevanten Normtatbestände im Individualarbeitsrecht

Zu den betriebs- und volkswirtschaftlichen Auswirkungen kündigungs- und befristungsrechtlicher Schutzvorschriften existieren keine eindeutigen empirischen Befunde. Insbesondere *Jahn* hat sich mit den ökonomischen Implikationen und Auswirkungen kündigungsrechtlicher Bestandsschutzregelungen auseinandergesetzt. Sie kommt in Anbetracht des Umstands, dass ein gesetzlicher Kündigungsschutz Arbeitgeber immer mit erheblichen Kosten belastet, zu dem Ergebnis, dass eine Steigerung des Preises für den Faktor „Arbeit“ von gewinnorientierten Unternehmen grundsätzlich immer durch andere Produktionsfaktoren wie etwa Kapital substituiert werde.[153] Ihrem Befund zufolge könne aber nicht eindeutig belegt werden, dass kündigungsrechtliche Vorschriften zu einer erhöhten Arbeitslosigkeit führen. Klar sei insofern lediglich, dass unterschiedliche Intensitäten arbeitsrechtlicher Schutzvorschriften zu unterschiedlichen

---

152 Zur Abgrenzung der Folgenbewertung zur Folgenanalyse *Schäfer/Ott*, Lehrbuch der ökonomischen Analyse des Zivilrechts, 5. Auflage 2012, S. 4 f.

153 *Jahn*, Zur ökonomischen Theorie des Kündigungsschutzes, 2002, S. 103.

Marktreaktionen führen: Geringer Arbeitnehmerschutz führe dazu, dass in prosperierenden Marktwirtschaften die Zahl der Einstellungen deutlich erhöht wird, während in Rezessionen die Zahl der Entlassungen aufgrund der mit dem niedrigen Schutzniveau verbundenen Flexibilität steige. Ein gesetzlich sichergestelltes hohes Bestandsschutzniveau – und hierauf ist das aktuelle Kündigungsrecht klar ausgerichtet[154] – führe dagegen zu einer erhöhten „Persistenz der Arbeitslosigkeit", was im Ergebnis eine Zunahme der Langzeitarbeitslosigkeit bedeute.[155] Ob die derzeitige gesetzliche Konzeption des Kündigungsschutzes tatsächlich beschäftigungsneutral ist – was von *Preis* für das gesamte Recht des Bestandsschutzes vertreten wird[156] – lässt sich nach den Befunden *Jahns* nicht eindeutig beantworten. Es könne nicht ausgeschlossen werden, dass staatlicher Kündigungsschutz in manchen mikroökonomischen Szenarien die zyklische Volatilität der Arbeitsnachfrage verringere.[157]

Wenn insofern zumindest von einem Fehlen positiver arbeitsmarktwirtschaftlicher Effekte eines strengen Bestandsschutzes ausgegangen wird, befindet sich der Befund *Jahns* auf einer Linie mit demjenigen der OECD. Im Wirtschaftsbericht für Deutschland aus dem Jahr 2010 wurde angemerkt, dass ein (makroökonomischer) Abschwung im Vergleich zu anderen Ländern drohe, da der deutsche Beschäftigungsschutz zu einer Zweiteilung des Arbeitsmarkts führe. Der nach Ansicht der OECD zu intensive Bestandsschutz führt nach diesem Befund zu einer Reallokation von Arbeitsplätzen in Richtung ihrer „produktivsten Einsatzformen" in der Marktwirtschaft.[158] Letztlich wird hierdurch suggeriert, dass die Entlassung langjähriger beschäftigter Arbeitnehmer für Unternehmen zu kostenintensiv ist und dementsprechend eine Korrektur des Bestandsschutzsystems notwendig sei. Es lässt sich in Anbetracht dieses Ergebnisses sagen, dass sich ein auf Bestandsschutz gerichtetes staatliches Regelungskonzept je nach Art und Umfang auf die arbeitsmarktpolitische Gesamtentwicklung negativ auswirken kann. Nicht zuletzt ist die – wenn auch nicht eindeutig empirisch nachweisbare, so jedenfalls befürchtete – Negativauswirkung der Bestandsschutzregelungen auf die Volatilität der Arbeitsnachfrage ein Grund dafür, dass vermehrt eine

---

154 So auch *Preis*, RdA 2003, 65 (65); im Ergebnis auch *Buchner*, NZA 2002, 533 (535).

155 *Jahn*, Zur ökonomischen Theorie des Kündigungsschutzes, 2002, S. 103.

156 *Preis*, RdA 1999, 311 (312).

157 *Jahn*, Zur ökonomischen Theorie des Kündigungsschutzes, 2002, S. 103.

158 OECD Wirtschaftsbericht für Deutschland 2010, abrufbar unter http://www.oecd.org/berlin/44861218.pdf

Substitution des Bestandsschutzrechts durch ein Abfindungs- bzw. Entschädigungssystem eingefordert wird.[159]

Dem kündigungsrechtlichen Prognoseprinzip kommt ein wesentlicher Anteil an der Bestandsschutzwirkung des momentan bestehenden Kündigungsrechts zu. Diejenigen Kündigungen, die (allein oder mitunter) mangels unzureichender Zukunftsbezogenheit des die Kündigung rechtfertigenden Grundes unwirksam sind, sind – jedenfalls nach dem Befund der OECD – mitursächlich für die genannten ökonomischen Entwicklungen. Sofern man den durch das KSchG und dessen richterrechtlicher Interpretation realisierten Bestandsschutz als Katalysator für Langzeitarbeitslosigkeit – und insofern auch als beschäftigungshemmenden Kostenfaktor – versteht, ist das kündigungsrechtliche Prognoseprinzip ein Faktor für die makroökonomische Entwicklung der Arbeitsallokation. Aus beschäftigungspolitischer Betrachtungsweise[160] muss das Prognoseprinzip deshalb auch im Rahmen der Folgenbewertung des derzeitigen Kündigungsschutzsystems berücksichtigt werden.

In ökonomischer Hinsicht gehören zum Kündigungsschutzsystem auch diejenigen Vorschriften, die den Abschluss und die Beendigung befristeter Beschäftigungsverhältnisse regeln.[161] Die konkrete Ausgestaltung des Befristungsrechts steht in unmittelbaren Zusammenhang zur mikro- und makroökonomischen Effizienz des KSchG, da etwa ein liberales, flexibles Befristungsrecht Anreize schaffen kann, die für unbefristete Arbeitsverhältnisse zwingend geltenden Bestandsschutzvorschriften zu umgehen.[162] Zur arbeitsmarktpolitischen Dimension des Befristungsrechts sei Folgendes vorangestellt: Im Jahr 2014 lag nach einer Erhebung des Statistischen Bundesamtes die Befristungsquote in Deutschland branchenübergreifend bei 8 %, während die europaweite Quote bei 11 % lag. Den höchsten Anteil befristeter Arbeitsverhältnisse weist Polen auf: Der „Spitzenreiter“ erreichte im Erhebungsjahr eine Befristungsquote von 25 %. Der Befristungszeitraum betrug im EU-Durchschnitt bei den meisten

159 Befürwortend *Buchner*, NZA 2002, 533 (536); zumindest für die Fälle der betriebsbedingten Kündigung *Kamanabrou*, Die kalkulierbare Kündigung – Leitlinien eines Abfindungssystems, S. 87 ff.; eine systemimmanente Deregulierung des Kündigungsrechts bevorzugend *Bayreuther*, NZA 2006, 417 (419).

160 Ausführlich dazu *Preis*, RdA 2003, 65 (66).

161 *Jahn*, Zur ökonomischen Theorie des Kündigungsschutzes, 2002, S. 91.

162 So im Ausgangspunkt auch *Jahn*, Zur ökonomischen Theorie des Kündigungsschutzes, 2002, S. 92.

Beschäftigungsverhältnissen (67 %) ein Jahr; in Deutschland wiesen im Jahr der Erhebung 57 % aller befristeten Arbeitsverträge eine einjährige Befristungsdauer auf.[163]

Der ökonomische Zusammenhang zwischen der Schutzintensität des Befristungs- und Kündigungsrechts – und daran anknüpfend der Zusammenhang zwischen Befristungs- und Arbeitslosenquoten – wurde für das deutsche Recht ebenfalls von *Jahn* beleuchtet. Ihrer Untersuchung zufolge führt eine Korrelation des regulären Kündigungsschutzes mit der Befristungsquote zu dem Ergebnis, dass mit der Stringenz bzw. Intensität des Kündigungsrechts auch die Befristungsquote signifikant zunimmt.[164] Dieses Resümee beschreibt allerdings nur die Auswirkung des Kündigungsrechts auf die personalwirtschaftliche Befristungspraxis. Im Hinblick auf die ökonomischen Folgen der Ausgestaltung des Befristungsrechts gelangt *Jahn* zu der These, dass neben zyklischen Faktoren[165] auch staatliche Beschränkungen hinsichtlich des Abschlusses einer Befristungsabrede Auswirkungen auf die Befristungsquote haben.[166] Hinsichtlich des Zusammenhangs zwischen dem Befristungsrecht und der (aggregierten) Arbeitslosenquote gelangt Jahn (wohlgemerkt im Jahr 2002) zu der Annahme, dass ein solcher nicht bestehe. Diesem Ergebnis tritt nunmehr allerdings eine staatenübergreifende Analyse der OECD aus dem Jahr 2010 entgegen, wonach die Arbeitslosenquote in Ländern mit hohen Befristungsquoten signifikant geringer ist als in Ländern mit wenig befristeten Beschäftigungsverhältnissen.[167] Den Korrelationskoeffizienten der OECD zufolge wirkt sich ein flexibles Befristungsrecht also positiv auf die makroökonomische Erwerbstätigenquote aus.

---

163 Statistisches Bundesamt: Arbeitsmarkt auf einen Blick – Deutschland und Europa 2016, S. 54, abrufbar unter https://www.destatis.de/DE/Publikationen/Thematisch/Arbeitsmarkt/Erwerbstaetige/BroeschuereArbeitsmarktBlick0010022169004.pdf?__blob=publicationFile

164 *Jahn*, Zur ökonomischen Theorie des Kündigungsschutzes, 2002, S. 97.

165 *Jahn* geht insofern davon aus, dass in Zeiten konjunkturellen Abschwungs Arbeitgeber zunächst keine befristeten Arbeitsverhältnisse eingehen, um auftretende Personalüberhänge abzubauen. Befindet sich die Wirtschaft hingegen im Aufschwung, steigen ihrer Auffassung zufolge sowohl die Anzahl befristeter, als auch unbefristeter Arbeitsverhältnisse. *Jahns* Ausführungen nach nutzen Arbeitgeber die Möglichkeit zur Befristung prozyklisch, *Jahn*, Zur ökonomischen Theorie des Kündigungsschutzes, 2002, S. 101.

166 *Jahn*, Zur ökonomischen Theorie des Kündigungsschutzes, 2002, S. 101.

167 OECD Employment Outlook 2010, S. 237, abrufbar unter http://www.oecd.org/els/emp/48806797.pdf

Ob man dem befristungsrechtlichen Prognoseprinzip als Instrument zur Intensivierung des Schutzes vor atypischen Beschäftigungsformen eine negative oder positive ökonomische Gesamtwirkung attestieren soll, lässt sich in Anbetracht der bislang existierenden volkswirtschaftlichen Befunde nicht eindeutig beurteilen. Auf der einen Seite führt ein flexibleres, nicht zu stringentes Befristungsrecht zu einer Steigerung der Beschäftigtenquote. Andererseits birgt ein überdurchschnittlich flexibles Befristungsrecht die Gefahr der Umgehung der Bestandsschutzvorschriften für unbefristete Arbeitsverhältnisse. Während ersteres jedenfalls nach den Befunden der OECD nachgewiesen werden kann, ist ein Kausalzusammenhang zwischen arbeitgeberfreundlichen Befristungskonzeptionen und einem (vermeintlichen) Rückgang der Quote unbefristeter Arbeitsverträge bislang nicht empirisch belegbar, sondern vielmehr eine beschäftigungspolitische Befürchtung einzelner Marktteilnehmer und Beobachter. Vor diesem Hintergrund ist nach jetzigem Stand davon auszugehen, dass sich das befristungsrechtliche Prognoseprinzip allein auf die gesamtwirtschaftliche Erwerbstätigenquote auswirkt – und zwar negativ, da es den Abschluss von Befristungsabreden an zusätzliche Wirksamkeitsvoraussetzungen knüpft. Dies mag zwar nicht zwingend im Widerspruch zum Ziel des Gesetzgebers, mit den Regelungen des TzBfG das unbefristete Arbeitsverhältnis als beschäftigungspolitisches Leitbild effektiv zu wahren[168], stehen. In tatsächlicher Hinsicht geht mit der Abnahme der Erwerbstätigenquote jedoch auch zwingend ein Rücklauf der absoluten Zahl unbefristet beschäftigter Arbeitnehmer einher.

b) Ökonomische Bewertung des Prognoseelements des § 16 BetrAVG

Zu den betriebs- und volkswirtschaftlichen Dimensionen des im Merkmal der „wirtschaftlichen Lage des Arbeitgebers“ enthaltenen Prognoseerfordernisses im Rahmen von § 16 Abs. 1 BetrAVG finden sich bislang keine empirischen Befunde. In betriebsfinanzwirtschaftlicher Hinsicht steht im Ausgangspunkt jedenfalls fest, dass betriebliche Versorgungsleistungen stetig relevanter werden: Die Pensionsverpflichtungen der DAX- Unternehmen stiegen im Jahr 2016 auf ein Rekordhoch von 397 Milliarden Euro.[169]

---

168 BT-Drucks. 14/4374, S. 12.

169 Pressemitteilung Mercer Deutschland vom 21.3.2017, abrufbar unter https://www.mercer.de/newsroom/dax-unternehmen-neuer-hoechststand-bei-pensionsverpflichtungen.html; s. auch Handelsblatt vom 21.3.2017: http://www.handelsblatt.com/finanzen/vorsorge/altersvorsorge-sparen/pensionsverpflichtungen-dax-konzerne-muessen-lasten-schultern-/19548912.html; FAZ vom 16.3.2017: http://www.faz.net/aktuell/wirtschaft/unternehmen/dax-30-unternehmen-erreichen-hoechstwert-bei-pensionsverpflichtungen-14926414.html

Von der vom Arbeitgeber zu prognostizierenden wirtschaftlichen Lage seines Unternehmens für die dem Anpassungsstichtag folgenden drei Jahre hängt maßgeblich ab, ob und ggf. in welchem Umfang das Inflations- und Kaufkraftrisiko auf den Unternehmer verlagert werden kann.[170] Das Prognoseerfordernis stellt demzufolge – abseits der in § 16 Abs. 1 BetrAVG genannten „Belange des Versorgungsempfängers" – das betriebsrentenrechtliche Instrumentarium zur Feststellung der betriebswirtschaftlichen Belastungsgrenze des Arbeitgebers dar.[171] Die ökonomischen Folgen der Anpassungsprüfungspflicht können je nach konjunktureller und mikroökonomischer Gesamtsituation sehr unterschiedlich ausfallen, da diese gerade über den Umfang der Betriebsrentenanpassung (mit) entscheiden. Die Gefahr einer finanziellen Überbelastung des Arbeitgebers, die sich insbesondere in Phasen des konjunkturellen Aufschwungs realisieren kann, wurde jedoch vom Gesetzgeber erkannt und durch gesetzesimmanente Schutzmechanismen eingedämmt:

§ 16 Abs. 2 BetrAVG ordnet eine unwiderlegbare Vermutung der Erfüllung der Anpassungsprüfungspflicht an[172], wenn die Anpassung nicht niedriger ausfällt als die Entwicklung des Verbraucherindexpreises innerhalb des Prüfungszeitraums (Nr. 1). Gleiches gilt, wenn die Anpassung nicht geringer ist als der Anstieg der Nettolöhne vergleichbarer aktiver Arbeitnehmergruppen des Unternehmens (Nr. 2). Letzteres bewirkt eine Deckelung des Inflationsausgleichs vor dem Hintergrund, dass der Gesetzgeber ein Zurückbleiben der Betriebsrenten als zulässig erachtet, wenn auch die Reallöhne der aktiven, vergleichbaren Arbeitnehmer keinen vollwertigen Ausgleich des Kaufkraftverlusts bewirken.[173] Abseits der mit § 16 Abs. 3 BetrAVG geschaffenen Möglichkeit, sich durch schuldrechtliche Vereinbarungen von der Prüfungs- und ggf. Anpassungspflicht

---

170 Zur damit verbundenen Durchbrechung des Nominalwertprinzips BAG Urt. v. 15.9.1977 – 3 AZR 654/76, NJW 1977, 2370 (2372 f.); KKBHB/*Huber*, BetrAVG, 8. Auflage 2018, § 16 Rn. 2; zur dogmatischen und systematischen Herleitung der Entgelttheorie *Blomeyer*, NZA 1985, 1 (2).

171 Ähnlich Blomeyer/Rolfs/Otto/*Rolfs*, BetrAVG, 7. Auflage 2018, § 16 Rn. 129.

172 Höfer/de Groot/Küpper/Reich/*Höfer*, Betriebsrentenrecht, Bd. I, 24. EL. Stand März 2019, BetrAVG, § 16 Rn. 94.

173 So auch BAG Urt. v. 19.6.2012 – 3 AZR 408/10, NZA-RR 2013, 426; Urt. v. 21.8.2001 – 3 AZR 589/00, NZA 2003, 561; BAG Urt. v. 23.04.1985 – 3 AZR 156/83, NZA 1985, 496; Höfer/de Groot/Küpper/Reich/*Höfer*, Betriebsrentenrecht, Bd. I, 24. EL. Stand März 2019, BetrAVG, § 16 Rn. 99; zum damit verbundenen Versorgungsgedanken Blomeyer/Rolfs/Otto/*Rolfs*, BetrAVG, 7. Auflage 2018, § 16 Rn. 129.

zu befreien[174], stellt der Anstieg des Verbraucherpreisindexes im Ergebnis die Obergrenze für die ökonomischen Folgen der Betriebsrentenanpassungen dar. Zahlenmäßig ergibt sich aus dem Befund des Statistischen Bundesamtes, dass für das Jahr 2017 ein Anstieg des Verbraucherpreises von 1,7 % zum Vorjahr besteht. Für die Entwicklung des Indexes seit dem Jahr 2010 ist bereits ein Anstieg von 9,4 % zu verzeichnen.[175] Ein rückläufiger Verbraucherpreis hat sich in diesem Jahrzehnt bislang nicht ereignet. In realbetriebswirtschaftlicher Sicht bewirkt § 16 Abs. 1 BetrAVG deshalb – abgesehen von wirtschaftlichen Engpässen[176] einzelner Unternehmen, die eine Erhöhung der laufenden Versorgungsleistungen vermeiden könnten[177] – eine stetige Erhöhung der Verbindlichkeiten des Unternehmens[178], die nur dann abgewendet werden kann, wenn die Nettolohnentwicklung vergleichbarer aktiver Arbeitnehmergruppen des Arbeitgebers hinter dem Kaufkraftverlust zurückbleiben.

IV. Ergebnis zur Rechtshistorie und Legitimation des Prognoseprinzips

Das Prognoseprinzip fand bereits zu Beginn des 20. Jahrhunderts in der deutschen Rechtsordnung Anklang. Auch wenn es zwischenzeitlich durch politisch motivierte Umgestaltungen des kollektivistisch geprägten Arbeitsrechts in der Zeit des Nationalsozialismus zweckentfremdet wurde, fand es in erster Linie seinen – legitimen – Einzug in die Rechtsordnung, um die Ausrichtung des

174 Ausführlich zum Ausschluss der Anpassungsverpflichtung KKBHB/*Huber*, BetrAVG, 8. Auflage 2018, § 16 Rn. 109 ff; auch Höfer/de Groot/Küpper/Reich/*Höfer*, Betriebsrentenrecht, Bd. I, 24. EL. Stand März 2019, BetrAVG, § 16 Rn. 367 ff.

175 Pressemitteilung Nr. 272 des Statistisches Bundesamts vom 11.8.2017, abrufbar unter https://www.destatis.de/DE/PresseService/Presse/Pressemitteilungen/2017/08/PD17_272_611.html

176 Zum Begriff der – im heutigen Betriebsrentenrecht nicht mehr verwendeten – „wirtschaftlichen Notlage“ in der ursprünglichen Fassung des BetrAVG vom 19.12.1974 ausführlich *Blomeyer*, NZA 1985, 1 (4 f.); grundlegend BAG Urt. v. 15.9.1977 – 3 AZR 654/76, NJW 1977, 2370 (2375).

177 Insofern ist in der Rechtsprechung anerkannt, dass bei einer Deflation bzw. negativen Reallohnentwicklung auch eine Absenkung der laufenden Versorgungsleistungen grundsätzlich denkbar ist; allerdings ist das mit im Zeitpunkt des Renteneintritts definierte Versorgungsniveau die Untergrenze, die nicht unterschritten werden darf, vgl. BAG Urt. v. 26.10.2010 – 3 AZR 711/08, NZA 2011, 595 (597).

178 So bereits im Jahr 1985 *Blomeyer*, NZA 1985, 1 (8), der für diese These allerdings keine entsprechenden Daten zur Entwicklung der damaligen Kaufkraft anführt.

Gestaltungsrechts der Kündigung für das Arbeitsrecht zu konkretisieren. In der Rechtsprechung des BAG tritt das Prognoseprinzip zuerst im Jahr 1958 zum Vorschein, auch dort in einem kündigungsrechtlichen Fall. Später – 1979 – wurde das Prognoseerfordernis dann in der einer befristungsrechtlichen Entscheidung des Vierten Senats explizit behandelt. Die Implementierung des Prognoseprinzips in die kündigungs- und befristungsrechtliche Rechtsprechung des BAG erklärt sich durch das fortentwickelte richterliche Verständnis des Kündigungs- und Befristungsrechts als zukunftsbezogene Rechtsmaterien.

Da die bereichsspezifischen Prognosebestimmungen mitunter in grundrechtlich geschützte Güter und Interessen der Arbeitsvertragsparteien eingreifen, ist das Prognoseprinzip auch in verfassungsrechtlicher Hinsicht legitimierungsbedürftig. Sowohl im Kündigungs- als auch Befristungsrecht stellt es ein Instrumentarium zur Herstellung praktischer Konkordanz zwischen den widerstreitenden Grundrechten dar. Darüber hinaus verwirklicht es auch die staatliche Schutzpflicht zur Schaffung eines Mindestbestandsschutzes. Während die personalplanungsbezogenen Prognosen im Betriebsverfassungsrecht keinerlei Grundrechtsrelevanz aufweisen, ist das in § 16 Abs. 1 BetrAVG enthaltene Prognoseerfordernis Teil der einfachgesetzlichen Mechanismen, die notwendig sind, um den mit der Anpassungsprüfungspflicht einhergehenden Eingriff in die von Art. 12 Abs. 1 GG geschützte Dispositionsfreiheit des Arbeitgebers verhältnismäßig auszugestalten. Auf einfachgesetzlicher Ebene kommen den Ausformungen des Prognoseprinzips naturgemäß verschiedene Funktionen zu. Eine Besonderheit stellen die personalbezogenen Prognosen im Rahmen von § 92 Abs. 1 BetrVG dar: Sie bedürfen als einzige keiner Legitimierung – da sie vom Arbeitgeber frei von jeglicher staatlichen Einwirkung getroffen werden können.

Die ökonomischen Implikationen und Folgen der verschiedenen Prognoseerfordernisse sind mitunter nur schwer belegbar. Nach bisherigem Erkenntnisstand kann sich ein auf Bestandsschutz gerichtetes staatliches Regelungskonzept je nach Art und Umfang auf die arbeitsmarktpolitische Gesamtentwicklung negativ auswirken. Gleiches gilt für ein zu stringentes Befristungsrecht. Als staatliches Instrument zur Verdichtung des Kündigungs- und Befristungsschutzes muss das Prognoseprinzip insofern kritisch bewertet werden. Für das betriebsrentenrechtliche Prognoseprinzip steht hingegen fest, dass die aktuelle Konzeption der Anpassungsprüfungspflicht in der Regel zu einer stetigen Erhöhung der Pensionsrückstellungen und laufenden Verbindlichkeiten der Unternehmen führt.

Insgesamt ist die Existenzberechtigung der bereichsspezifischen Ausformungen des Prognoseprinzips – und insoweit auch das arbeitsrechtliche Prognoseprinzip an sich – auf die Zukunftsbezogenheit diverser arbeitsrechtlich relevanter Lebenssachverhalte zurückzuführen. In der Regel bezweckt es den Ausgleich der gegenläufigen Interessen der Arbeitsvertragsparteien. Hierzu bedarf es der gesetzlichen und richterlichen Präzisierung. Für die in den folgenden Abschnitten stattfindende Betrachtung der bereichsspezifischen Ausformungen des Prognoseprinzips müssen diese Grundannahmen berücksichtigt und immer wieder vor Augen geführt werden.

C. Die Negativprognose im Kündigungsrecht

Das Prognoseprinzip findet seinen arbeitsrechtlichen Ursprung im Kündigungsrecht. Sowohl die Gesetzgebung als auch die Rechtsprechung haben die Notwendigkeit einer zukunftsbezogenen, prognostischen Entscheidung des Arbeitgebers zuerst in diesem Teilrechtsgebiet anerkannt. Ungeachtet des Ursprungs ist eine vorrangige Behandlung der kündigungsrechtlichen Ausformung aber auch deshalb geboten, weil andere bereichsspezifische Ausprägungen des Prognoseprinzips hierauf aufbauen. Insbesondere weist das befristungsrechtliche Prognoseprinzip strukturelle und teleologische Überschneidungen zur kündigungsrechtlichen Prognoseentscheidung auf.[179] Auch aufgrund der partiell gleichen Schutzrichtung des Kündigungs- und Befristungsrechts – Gewährleistung eines (Mindest-) Bestandsschutzes – sind die Grundsätze der kündigungsrechtlichen Prognoseentscheidung für die befristungsrechtlichen Prognosemaßstäbe äußerst relevant.

Zunächst erfolgt eine Einordnung des Prognoseprinzips in das System des Kündigungsrechts. Das folgende Kapitel stellt sodann die prognosebezogenen Spezifika der einzelnen Kündigungsgründe in den Fokus. Daran anknüpfend soll der Blick auf die gerichtliche Überprüfbarkeit gelegt werden. Abschließend werden die Folgen von Fehlprognosen und die damit verbundenen Korrektur- bzw. Wiedereinstellungsmechanismen beleuchtet.

I. Ausgangspunkt: Die Kündigung als vertragliches Gestaltungsrecht

Um die Zweckrichtung des kündigungsrechtlichen Prognoseprinzips nachvollziehen zu können, muss sich zunächst die Rechtsnatur der Kündigung vergegenwärtig werden. Als rechtsgeschäftliche Gestaltungserklärung bewirkt sie die Beendigung eines Dauerschuldverhältnisses. Sie gehört deshalb zu den sog. rechtsvernichtenden bzw. negativen Gestaltungsrechten.[180] Rechtstechnisch ist

179 Vereinzelt wird von einer „Simultanität“ des Kündigungs- und Befristungsrechts gesprochen, vgl. *Loth*, Prognoseprinzip und Vertragskontrolle im befristeten Arbeitsverhältnis, 2015, S. 94.

180 BAG Urt. v. 21.3.2013 – 6 AZR 618/11, NZA-RR 2013, 609 (610); Ascheid/Preis/Schmidt/*Preis*, Kündigungsrecht, 5. Auflage 2017, Rechtsgeschäftliche Grundlagen der Kündigung, Rn. 3; *Preis*, Prinzipien des Kündigungsrechts bei Arbeitsverhältnissen, 1987, S. 110 f.

dabei zwischen der Gestaltungs- und Rechtswirkung der Kündigung zu unterscheiden: Während die beabsichtigten Rechtswirkungen erst in dem von der Person des Erklärenden, den Vertragsparteien oder dem Gesetz bestimmten Zeitpunkt eintreten, realisiert sich die Gestaltungswirkung der Kündigung bereits im Zeitpunkt des Zugangs der Willenserklärung.[181] Daraus ergibt sich auch der tragende Grund für die Bedingungsfeindlichkeit von Gestaltungsrechten.[182] Daneben bewirkt die Kündigung eines Vertrages auch das Eintreten einer finalen Änderung der zukünftigen Rechtsverhältnisse. Damit der Empfänger der Erklärung – und auch der Rechtsverkehr in seiner Gesamtheit – auf den Eintritt dieser Veränderung vertrauen und ggf. bereits vor Eintritt der Rechtswirkung der Kündigung Dispositionen verlässlich tätigen können, ist es grundsätzlich nicht möglich, die Ausübung dieses Gestaltungsrechts einseitig rückgängig zu machen.[183] Vielmehr bedarf es hierfür eines einvernehmlichen, rechtsgeschäftlichen Zusammenwirkens beider Vertragsparteien.[184]

Mit dem Recht zur Kündigung wird den Vertragsparteien demzufolge ein Recht eingeräumt, dass ihnen ein einseitiges, unmittelbares Einwirken und Verändern des bis zu diesem Zeitpunkt bestehenden Rechtsverhältnisses ermöglicht.[185] Die Rechtswirkung beschränkt sich dabei ausschließlich auf eine zukunftsbezogene Änderung des *status quo*. Eine nachträgliche Umgestaltung bereits abgewickelter Rechtsbeziehungen kann mit ihr nicht herbeigeführt werden. Das führt jedoch nicht darüber hinweg, dass mit der Kündigung des Vertrags nicht nur die rechtliche Sphäre des Erklärenden, sondern auch die des Vertragspartners – wohlgemerkt allein für die Zukunft – beeinträchtigt wird.[186] Dieser hat durch den Abschluss des Dauerschuldverhältnisses jedoch eine Rechtsposition erlangt, deren Fortbestand in aller Regel in seinem Interesse liegen wird – ansonsten hätte er den Vertrag bereits selbst gekündigt. Ist das Interesse am Erhalt dieser Rechtsposition schutzwürdig, obliegt es der Rechtsordnung, entsprechende Schutzmechanismen festzulegen.

---

181 Vgl. BAG, Urt. v. 6.7.2000 – 2 AZR 513/99a, NZA 2001, 718 (718); BGH Urt. v. 9.11.2005 – VIII ZR 339/04, NJW 2006, 220 (222).

182 Differenzierend *Scholz*, Gestaltungsrechte im Leistungsstörungsrecht, 2010, S. 140 f.

183 So im Ergebnis auch BAG Urt. v. 17.10.2013 – 8 AZR 742/12, NZA 2014, 303 (306); *Fischer*, NZA 1999, 459 (459).

184 BAG Urt. v. 21.3.2013 – 6 AZR 618/11, NZA-RR 2013, 609 (610).

185 Vgl. *Seckel*, Die Gestaltungsrechte des bürgerlichen Rechts, 1903, S. 210; ähnlich *Scholz*, Gestaltungsrechte im Leistungsstörungsrecht, 2010, S. 51.

186 Ähnlich *Preis*, Prinzipien des Kündigungsrechts bei Arbeitsverhältnissen, 1987, S. 110 f.; *Scholz*, Gestaltungsrechte im Leistungsstörungsrecht, 2010, S. 59.

II. Die Berücksichtigung arbeitsvertragsspezifischer Rechtsgüter und Interessen

Speziell im Arbeitsrecht wird dieser Schutz erreicht, indem materielle Voraussetzungen an die Wirksamkeit der Kündigung geknüpft werden. Sie beschränken die Kündigungsausübungsfreiheit[187], um der dem Gestaltungsrecht immanenten Einseitigkeit entgegenzuwirken:

Die im BGB normierten Dauerschuldverhältnisse unterscheiden sich *prima facie* durch den jeweils prägenden Vertragsgegenstand. So wird etwa bei der Abgrenzung zwischen Dienst- und Werkvertrag darauf abgestellt, ob ein bestimmtes Arbeitsergebnis bzw. ein konkreter Arbeitserfolg geschuldet ist oder von einem Leistungserfolg unabhängige Dienste bzw. Arbeiten geschuldet werden.[188] Mit unterschiedlichen Vertragsgegenständen gehen jedoch auch zwangsläufig verschiedene, vertragstypenspezifische Interessen der Vertragsparteien einher, die die Rechtsordnung angemessen berücksichtigen muss. Gesetzgeber und Rechtsprechung haben dabei insbesondere die Aufgabe, den Grad der Schutzintensität der jeweiligen Vertragspartei zu bewerten und dieser im Rahmen der Gestaltung und Auslegung von Gesetzen Rechnung zu tragen. Auch das Gestaltungsrecht der Kündigung muss in seiner Ausübungsfreiheit dementsprechend an die jeweilige Form des Dauerschuldverhältnisses und das Schutzniveau des Kündigungsgegners angepasst und ggf. auch beschränkt werden.

Besonders deutlich wird diese Notwendigkeit bei der Unterscheidung zwischen Dienst- und Arbeitsverträgen: Für die sog. „freien" Dienstverträge[189] hat der Gesetzgeber kein umfassendes, dem Arbeitsrecht vergleichbares Kündigungsschutzrecht normiert.[190] Bei diesen Arten des Dauerschuldverhältnisses ging er davon aus, dass zwischen den Vertragsparteien keine strukturelle, dem Vertragstypus immanente Disparität besteht, die eines staatlichen Ausgleichs

187 Zum verfassungsrechtlich unabdingbaren Mindestmaß arbeitgeberseitiger Kündigungsfreiheit kritisch *Preis*, Prinzipien des Kündigungsrechts bei Arbeitsverhältnissen, 1987, S. 59 ff.

188 BAG Urt. v. 25.9.2013 – 10 AZR 282/12, NZA 2013, 1348 (1350); BGH Urt. v. 16.7.2002 – X ZR 27/01, NJW 2002, 3323 (3324); Urt. v. 19.6.1984 – X ZR 93/83, NJW 1984, 2406 (2406 f.); BeckOK/*Voit*, BGB, 51. Ed. Stand 1.2.2019, § 631 Rn. 4; bereits im römischen Recht wurde zwischen der *locatio conductio operarum*, einem Dienstvertrag, und der *locatio conductio operis* als Werkvertrag unterschieden, vgl. *Stöhr*, RdA 2014, 307 (311).

189 Vgl. MüKo/*Müller-Glöge*, BGB, Bd. IV, 7. Auflage 2016, § 611 Rn. 77.

190 *Berger-Delhey/Alfmeier*, NZA 1991, 257 (257); *Eckert*, DStR 1997, 705 (705).

bedürfe.[191] Das Arbeitsverhältnis hingegen betrifft insbesondere auf der Seite des Arbeitnehmers rechtlich und wirtschaftlich elementare Rechtsgüter und Interessen, da es den Lebensunterhalt des Beschäftigten sichert.[192] Weil die Kündigung zur Beendigung des Dauerschuldverhältnisses führt, stellt sie aus Sicht des Kündigungsgegners den gravierendsten Eingriff in diese Rechtspositionen dar. Die Kündigungsfreiheit des Arbeitgebers – als Bestandteil der Vertrags- und Dispositionsfreiheit[193] – muss deshalb im Lichte des Vertrauens des Arbeitnehmers auf den Fortbestand seiner Lebensgrundlage einer interessenausgleichenden Wirksamkeitskontrolle unterzogen werden.

III. Abgrenzung zum sonstigen Leistungsstörungsrecht

Für den Dienst- bzw. Arbeitsvertrag existiert kein eigenes, vertragsspezifisches Gewährleistungsrecht. Die hinter dieser gesetzgeberischen Entscheidung stehende *ratio* ist, dass es zwar Vertragsverletzungen in Form von Schlecht- und Minderleistungen[194] geben kann, nicht jedoch verschuldensunabhängige Leistungsmängel, für die der Arbeitnehmer als Schuldner der Arbeitsleistung einzustehen hätte.[195] Für während der Dauer des Arbeitsverhältnisses auftretende Beeinträchtigungen des Äquivalenzinteresses ist vielmehr ein Rückgriff auf das allgemeine Leistungsstörungsrecht, mithin auf die Bestimmungen der §§ 280 ff. BGB erforderlich. Auch die Kündigung kann in tatsächlicher Hinsicht eine Beseitigung (anhaltender oder künftig zu erwartender) Störungen des vertraglichen Austauschverhältnisses[196] bewirken. Daraus ergibt sich, dass es Störungen des vertraglichen Leistungsgefüges gibt, auf die der Arbeitgeber sowohl mit dem allgemeinen Leistungsstörungsrecht, als auch mit einer Kündigung reagieren

191 Kritisch *Rosenfelder*, Der arbeitsrechtliche Status des freien Mitarbeiters, 1982, S. 311.

192 *Rebhahn*, RdA 2009, 154 (159); *Preis*, Prinzipien des Kündigungsrechts bei Arbeitsverhältnissen, 1987, S. 53.

193 Vgl. *Blaha/Mehlich*, NZA 2005, 667 (669); teilweise wird auch angenommen, die Beschränkung der Kündigungsfreiheit befinde sich auf der gleichen Ebene wie die allgemeine Beschränkung der Vertragsfreiheit, vgl. *Preis*, Prinzipien des Kündigungsrechts bci Arbeitsverhältnissen, 1987, S. 53.

194 Zur Abgrenzung dieser beiden Formen der Leistungsstörung *Stück*, ArbRAktuell 2011, 651 (651 ff.).

195 *Conrad/Schneider*, in: Auer-Reinsdorff/Conrad, IT- und Datenschutzrecht, 2. Auflage 2016, § 10 Rn. 28.

196 Zur Begrifflichkeit ausführlich *Friemel/Walk*, NJW 2010, 1557 (1558); *Greiner*, RdA 2007, 22 (26 f.).

kann. Es bedarf deshalb einer Klärung des Verhältnisses zwischen Kündigungs- und sonstigem Leistungsstörungsrecht.

1. Verhältnis zum Haftungsregime der §§ 280 ff. BGB

Die allgemeinen schuldrechtlichen Bestimmungen zum Recht der Leistungsstörungen finden auf das Arbeitsverhältnis unmittelbar Anwendung,[197] wenn auch mit zahlreichen arbeitsvertragsspezifischen Sonderregelungen.[198] Verletzt der Arbeitnehmer seine vertraglichen Pflichten, kann der Arbeitgeber hierauf mit der Geltendmachung von Schadensersatzansprüchen reagieren. Die identische Vertragsverletzung kann jedoch auch ggf. zum Ausspruch einer Kündigung berechtigen.[199] Die bei einer schuldhaften Pflichtverletzung des Arbeitnehmers bestehenden Reaktionsmöglichkeiten sind insofern jedoch nach Wirkung und Zweckrichtung zu differenzieren: Das allgemeine Leistungsstörungsrecht nach den §§ 280 ff. BGB verschafft dem Arbeitgeber einen Anspruch auf Schadensersatz. Die Kündigung ist rechtstechnisch bereits kein Anspruch, sondern ein Gestaltungsrecht. Dieses unterfällt nicht dem Anspruchsbegriff, da der Inhaber des Gestaltungsrechts den Rechtserfolg durch eine eigene, von einem Mitwirken des Gestaltungsgegners unabhängige Handlung herbeiführen kann.[200] Ansprüche i.S.v. § 194 Abs. 1 BGB haben eine Korrekturfunktion dahingehend, dass sie dem Gläubiger eine Anpassung der tatsächlichen an die von der Rechtsordnung intendierte Lage ermöglichen.[201] Zwar kommt auch jedem Gestaltungsrecht eine korrigierende Funktion zu, jedoch unterscheidet sich die Kündigung diesbezüglich von allen anderen Gestaltungsrechten mit sog. Rechtszwangcharakter[202]: Vertragsbezogene Gestaltungsrechte wie etwa das Minderungsrecht und das Rücktrittsrecht korrigieren – in ähnlicher Weise wie das Haftungsregime der §§ 280 ff. BGB – nachträglich bereits eingetretene Beeinträchtigungen des Austauschverhältnisses; sie sollen dem Gläubiger eine einseitige Beseitigung der Leistungsstörung ermöglichen. Die Kündigung hingegen wirkt nur für die Zukunft.

---

197 BeckOK/*Baumgärtner*, BGB, 51. Ed. Stand 1.8.2019, § 611a Rn. 64.

198 ErfK/*Preis*, BGB, 19. Auflage 2019, § 611a Rn. 673; hierunter fallen etwa die Haftungsmodifizierungen nach den Grundsätzen der Arbeitnehmerhaftung, dazu *Preis*, Individualarbeitsrecht, 5. Auflage 2017, § 52 Rn. 2376 ff.

199 Zum Gesichtspunkt der Wiederholungsgefahr *Preis*, Individualarbeitsrecht, 5. Auflage 2017, § 64 Rn. 3040.

200 MüKo/*Grothe*, BGB, Bd. I, 8. Auflage 2018, § 194 Rn. 4; Staudinger/*Peters*/*Jacoby*, BGB, 2014, § 194 Rn. 18.

201 Ähnlich *Scholz*, Gestaltungsrechte im Leistungsstörungsrecht, 2010, S. 50.

202 Zur Begrifflichkeit *Scholz*, Gestaltungsrechte im Leistungsstörungsrecht, 2010, S. 53.

Sie kann einen bereits eingetretenen Schaden nicht – im Sinne der Differenzhypothese[203] – ungeschehen machen. Sie bezweckt gerade keine Abwicklung von Störungen, sondern dient primär der Verhinderung weiterer, künftig eintretender Störungen.[204] Mit anderen Worten: Im Unterschied zum Leistungsstörungsrecht der §§ 280 ff. BGB wirkt die Kündigung eines Dauerschuldverhältnisses nicht repressiv-schadensausgleichend, sondern präventiv-schadensvermeidend.

2. Verhältnis zum Wegfall der Geschäftsgrundlage nach § 313 BGB

Das Verhältnis zwischen speziellen Kündigungstatbeständen und dem Wegfall der Geschäftsgrundlage ist bei allen Dauerschuldverhältnissen von Bedeutung. Das Erfordernis einer Abgrenzung ergibt sich bereits aus den unterschiedlichen Rechtsfolgen, da die Kündigung zur Beendigung des Vertragsverhältnisses führt, der Wegfall der Geschäftsgrundlage hingegen gem. § 313 Abs. 1 BGB grundsätzlich nur ein Recht zur Anpassung des Vertrags verleiht. *Finkenauer* geht von einer generellen Sperrwirkung von Kündigungstatbeständen aus.[205] Sämtliche Kündigungsbestimmungen des BGB (insbesondere die §§ 490, 543, 626, 723 BGB) seien *leges speciales* zu § 313 BGB. Entscheidend sei, dass man das Fehlen der Voraussetzungen einer wirksamen Kündigung nicht durch die Annahme einer Grundlagenstörung überwinden könne. Auch dürfe über das Institut des Wegfalls der Geschäftsgrundlage keine Umgehung der Kündigungsfristen ermöglicht werden.[206] Vor diesem Hintergrund kommt *Finkenauer* zu dem Ergebnis, dass im Arbeitsrecht insbesondere die Änderungskündigung *lex specialis* zu § 313 BGB ist.[207] Auch das BAG geht im Grundsatz davon aus, dass das Kündigungsrecht der Vertragsanpassung nach dem Rechtsinstitut des Wegfalls der Geschäftsgrundlage vorgeht.[208] Tatbestände, die eine Störung oder einen Wegfall der Geschäftsgrundlage bewirken könnten, sind nach der Auffassung des Zweiten Senats rein kündigungsrechtlich im Rahmen der §§ 2, 1

---

203 Nach dieser Art der Schadensermittlung ist ein Vergleich zwischen dem Rechtsgüterstand mit und ohne Eintritt des schädigenden Ereignisses vorzunehmen, vgl. MüKo/*Oetker*, BGB, Bd. II, 8. Auflage 2019, § 249 Rn. 19; die Kündigung hingegen bewirkt in ihrer Rechtsfolge keine Herbeiführung des hypothetischen, ohne dieses Ereignis bestehenden Rechtsgüterstands.

204 Zutreffend Ascheid/Preis/Schmidt/*Preis*, Kündigungsrecht, 5. Auflage 2017, Prinzipien zur Ausfüllung der Kündigungsgründe, Rn. 75.

205 MüKo/*Finkenauer*, BGB, Bd. III, 8. Auflage 2019, § 313 Rn. 172.

206 MüKo/*Finkenauer*, BGB, Bd. III, 8. Auflage 2019, § 313 Rn. 172.

207 MüKo/*Finkenauer*, BGB, Bd. III, 8. Auflage 2019, § 313 Rn. 172.

208 BAG Urt. v. 8.10.2009 – 2 AZR 235/08, NZA 2012, 465 (467).

KSchG zu würdigen.[209] Das BAG erkennt allerdings – zumindest in rechtstheoretischer Hinsicht – einen eigenständigen Anwendungsbereich des § 313 BGB an, sofern das Festhalten an der ursprünglichen Regelung zu einem untragbaren, „mit Recht und Gerechtigkeit schlechthin nicht mehr zu vereinbarenden Ergebnis führen würde".[210] Bislang hat das Gericht allerdings keinen Fall entschieden, in der eine Anpassung bzw. Kündigung des Arbeitsverhältnisses über die Vorschriften zum Wegfall der Geschäftsgrundlage – und nicht über die kündigungsrechtlichen Bestimmungen des KSchG bzw. § 620 BGB – erfolgte.

Keinen Vorrang der Änderungskündigung vor den Bestimmungen des § 313 BGB nahm jedoch das LAG Nürnberg in einem gesonderten Fall an[211]: In dem vom Landesarbeitsgericht zu entscheidenden Fall hatten (mindestens) 23 Arbeitnehmer einen aus betrieblicher Übung entstandenen Anspruch auf Gewährung eines kostenlosen Werksbusverkehrs. Nachdem sich der Arbeitgeber mit 21 Arbeitnehmern gerichtlich auf einen Ersatz des Busverkehrs durch monetäre Ausgleichszahlungen verglich, bestanden zwei Arbeitnehmer weiterhin auf die Verfügbarkeit eines kostenlosen Bustransfers. Für diese beiden Arbeitsverhältnisse nahm das LAG einen Anspruch des Arbeitgebers auf Anpassung des Arbeitsvertrags i.S.v. § 313 BGB an mit dem Ergebnis, dass der Anspruch auf kostenfreien Transfer entfiel und der Arbeitgeber im Gegenzug einen zeitlich begrenzten, finanziellen Ausgleich zu gewähren hatte.[212]

Die Lösung des LAG überzeugt zwar im Ergebnis; sie hätte jedoch richtigerweise über den Weg der betriebsbedingten Änderungskündigung erreicht werden müssen: Treffen Arbeitgeber und Arbeitnehmer vertragliche Nebenabreden, die an Umstände anknüpfen, die erkennbar nicht während der gesamten Dauer des Arbeitsverhältnisses gleich bleiben müssen, kann ein dringendes betriebliches Erfordernis zur Änderung der Arbeitsbedingungen bestehen.[213] Auch das BAG geht insofern davon aus, dass derartige Umstände im Arbeitsrecht die Tatsachengrundlage für ein dringendes betriebliches Erfordernis bilden, die gleichen Umstände jedoch außerhalb des Anwendungsbereichs des § 2 KSchG im Wege einer Änderung der Geschäftsgrundlage nach § 313 BGB berücksichtig

209 BAG Urt. v. 8.10.2009 – 2 AZR 235/08, NZA 2012, 465 (467).

210 BAG Urt. v. 25.9.2002 – 4 AZR 294/01, NZA 2003, 807 (809); Urt. v. 28.6.2000 – 7 AZR 904/98, NZA 2000, 1097 (1101); grundlegend BGH Urt. v. 25.2.1993 – VII ZR 24/92, NJW 1993, 1856 (1860).

211 LAG Nürnberg, Urt. v. 29.10.2004 – 2 Sa 828/02, NZA-RR 2005, 291.

212 LAG Nürnberg, Urt. v. 29.10.2004 – 2 Sa 828/02, NZA-RR 2005, 291 (294).

213 So auch BAG Urt. v. 27.3.2003 – 2 AZR 74/02, NZA 2003, 1029 (1030 f.).

werden.[214] Weil auch die Änderungskündigung eine flexible Anpassung der vertraglichen Umstände ermöglicht – etwa die Vereinbarung einer kostengünstigeren Beförderung oder ein zeitlicher Auslauf der Sonderregelung[215] – besteht für eine Durchbrechung des Vorrangs der speziellen Kündigungsbestimmungen keine Notwendigkeit.

Anders als das BAG geht *Wallner* von einem Exklusivitätsverhältnis zwischen Änderungskündigung und dem Wegfall der Geschäftsgrundlage aus. Die Änderungskündigung sei auf eine Änderung der Leistungspflicht des Arbeitgebers zugeschnitten, wohingegen die Anpassung der Geschäftsgrundlage die „Behebung von Äquivalenz- und Zweckstörungen" beabsichtige und deshalb auf Störungen bei der Erbringung der Gegenleistung zugeschnitten sei.[216] Unzutreffend ist insofern bereits die Annahme, dass eine Beeinträchtigung des Äquivalenzverhältnisses nur durch Störungen aus der Sphäre der Gegenleistung entstehen kann. Für eine Vertragsanpassung nach § 313 BGB ist es unerheblich, aus welcher Sphäre die Äquivalenzstörung stammt. Vielmehr ist entscheidend, welcher Partei das Risiko der jeweiligen Störung vertraglich bzw. gesetzlich zugewiesen wird.[217] Darüber hinaus bezweckt auch die Änderungskündigung eine Behebung von Beeinträchtigungen des Äquivalenzinteresses.[218] Die betriebsbedingte Änderungskündigung beschränkt sich zudem nicht auf die Anpassung der Arbeitgeberleistung, sondern kann auch die Änderung des Inhalts der Arbeitspflicht des Arbeitnehmers zum Gegenstand haben.[219] Vor diesem Hintergrund bestehen keine Unterschiede hinsichtlich der jeweiligen Regelungsbereiche. In der Konsequenz sind die arbeitsrechtlichen Kündigungsbestimmungen *leges specialis* zu den Vorschriften über den Wegfall der Geschäftsgrundlage nach § 313 BGB: Die Annahme eines teilweise verbleibenden, eigenständigen Anwendungsbereichs des Wegfalls der Geschäftsgrundlage ist rechtstatsächlich kaum begründbar,[220] da die Zumutbarkeitsprüfung im Rahmen von § 313

214 BAG Urt. v. 27.3.2003 – 2 AZR 74/02, NZA 2003, 1029 (1031).

215 BAG Urt. v. 27.3.2003 – 2 AZR 74/02, NZA 2003, 1029 (1031).

216 *Wallner*, Die ordentliche Änderungskündigung des Arbeitgebers, 2001, S. 241.

217 Vgl. MüKo/*Finkenauer*, BGB, Bd. III, 8. Auflage 2019, § 313 Rn. 59 ff.

218 BAG Urt. v. 22.10.2015 – 2 AZR 550/14, NZA-RR 2016, 243 (243).

219 *Preis*, Individualarbeitsrecht, 5. Auflage 2017, § 66 Rn. 3165.

220 Teilweise wird deshalb anstatt eines Spezialitätsverhältnisses eine Konkretisierung der Anwendungsfälle des Wegfalls der Geschäftsgrundlage durch die (außerordentlich) Kündigung angenommen, vgl. Staudinger/*Preis*, BGB, 2019, § 626 Rn. 5.

BGB letztlich der kündigungsrechtlichen Interessenabwägung entspricht.[221] Das Merkmal der „schwerwiegenden Veränderung" i.S.v. § 313 Abs. 1 BGB wird im Kündigungsrecht mit dem Erfordernis eines Kündigungsgrundes bereichsspezifisch ersetzt. Eine auf § 313 BGB gestützte Vertragsanpassung bzw. Kündigung ist im Arbeitsverhältnis somit weder notwendig, noch mit den strengeren, verdrängenden Bestimmungen des Kündigungsrechts vereinbar.

IV. Die Negativprognose im Kündigungsrecht

Die verfassungs- und einfachgesetzliche Legitimierung des Erfordernisses einer Negativprognose im Kündigungsrecht wurde bereits zuvor behandelt. Nunmehr sollen – unter Berücksichtigung der grundgesetzlichen Rahmenbedingungen – die bereichsspezifischen Ausformungen des kündigungsrechtlichen Prognoseprinzips betrachtet werden.

Die von der Rechtsprechung entwickelten Wirksamkeitsvoraussetzungen der Negativprognose unterscheiden sich gravierend je nach Kündigungsgrund. So werden etwa im Hinblick auf den Prognosezeitraum für Fälle der krankheitsbedingten Kündigung[222] grundlegend andere Maßstäbe angenommen als für den Fall einer betriebsbedingten Kündigung.[223] Die Kasuistik des BAG beschränkt sich dabei nicht nur auf den maßgeblichen Zeitraum der Prognose. Auch im Hinblick auf die Anforderungen an die Wahrscheinlichkeit des Eintritts des prognostizierten Umstands sowie die Fundiertheit der Prognosegrundlage finden sich in der Rechtsprechung unterschiedliche Ansätze.[224] Im Folgenden soll deshalb ein besonderes Augenmerk auf die Stringenz und rechtstatsächliche

221 Die Zumutbarkeitsprüfung muss den Interessen beider Parteien entsprechen und darf sich nicht auf die Störung der Äquivalenzinteressen der betroffenen Partei beschränken, vgl. MüKo/*Finkenauer*, BGB, Bd. III, 8. Auflage 2019, § 313 Rn. 77.

222 BAG Urt. v. 19.4.2007 – 2 AZR 239/06, NZA 2007, 1041; Urt. v. 10.11.2005 – 2 AZR 44/05, NZA 2006, 655; Urt. v. 29.4.1999 – 2 AZR 431/98, NZA 1999, 978; so beträgt etwa der Prognosezeitraum bei lang andauernder Erkrankung 24 Monate.

223 BAG Urt. v. 31.7.2014 – 2 AZR 422/13, NZA 2015, 101; Urt. v. 23.2.2010 – 2 AZR 268/08, NJW 2010, 3051; Urt. v. 7.7.2005 – 2 AZR 399/04, DB 2006, 341; die Kündigung kann bereits erklärt werden, wenn der Kündigungsgrund erst bei Ablauf der Kündigungsfrist eintritt.

224 Exemplarisch BAG Urt. v. 31.7.2014 – 2 AZR 422/13, NZA 2015, 101 (betriebsbedingte Kündigung); Urt. v. 29.4.1999 – 2 AZR 431/98, NZA 1999 (personenbedingte Kündigung); Urt. v. 21.11.1996 – 2 AZR 357/95 NZA 1997, 487 (verhaltensbedingte Kündigung); s. auch MüKo/*Hergenröder*, KSchG, Bd. IV, 7. Auflage 2016, § 1 Rn. 312 m.w.N.

Notwendigkeit der ausdifferenzierten prognosebezogenen Judikatur des BAG gerichtet werden.

1. Notwendigkeit und Besonderheiten bei der außerordentlichen Kündigung, § 626 BGB

§ 626 Abs. 1 BGB stellt für die Wirksamkeit der außerordentlichen Kündigung auf die Zumutbarkeit der „Fortsetzung" des Dienst- bzw. Arbeitsverhältnisses ab. Daraus ergibt sich eine unmittelbare Zukunftsbezogenheit des die Kündigung rechtfertigenden, wichtigen Grundes.[225] Die Notwendigkeit einer Negativprognose besteht deshalb auch bei der außerordentlichen Kündigung. Diese stellt genauso wenig wie die ordentliche Kündigung ein Instrument zur Sanktionierung vergangener Pflichtverletzungen bzw. Störungen des Austauschverhältnisses dar.[226] Auch die mitunter aufzufindende Annahme einer Existenz von Fallgruppen, in denen die (außerordentliche) Kündigung zwar keine Sanktion darstellen soll, eine Prognose aber trotzdem nicht erforderlich sei, geht insofern fehl: Selbst in Fällen schwerwiegender Pflichtverletzungen bzw. fortwirkender Beeinträchtigungen des Vertrauensverhältnisses kann die Gefahr erneuter gravierender Vertragsverletzungen nicht ohne eine dahingehende, substantiierte Prognose angenommen werden.[227] Ein Entfall des Prognoseerfordernisses ist auch in diesen Konstellationen nicht mit der Zukunftsbezogenheit der Kündigung vereinbar. Vielmehr sind hier geringere Anforderungen an die Tatsachengrundlage der Prognose sowie den Prognosemaßstab zu richten.[228] Die außerordentliche Kündigung ist auch kein geeignetes Mittel zur Beseitigung bereits eingetretener Leistungsstörungen; wie die ordentliche Kündigung ist sie auf die Verhinderung des Eintrittes weiterer Beeinträchtigungen des arbeitsvertraglichen Leistungsgefüges gerichtet.[229]

Die Negativprognose erfährt im Recht der außerordentlichen Kündigung bislang vor allem bei Arbeitgeberkündigungen Beachtung. Es stellt sich allerdings ebenso die Frage nach der Anwendbarkeit des Prognoseprinzips auf

---

225 Vgl. Ascheid/Preis/Schmidt/*Preis*, Kündigungsrecht, 5. Auflage 2017, Prinzipien zur Ausfüllung der Kündigungsgründe, Rn. 74.

226 Ähnlich BAG Urt. v. 10.6.2010 – 2 AZR 541/09, NZA 2010, 1227 (1230).

227 So jedoch *Adam*, NZA 1998, 284 (285).

228 Das schwerwiegende Ereignis ist insofern als Indiz für die Gefahr zukünftiger Beeinträchtigungen des Arbeitsverhältnisses zu würdigen, vgl. Staudinger/*Preis*, BGB, 2019, § 626 Rn. 92.

229 Vgl. *Preis*, Individualarbeitsrecht, 5. Auflage 2017, § 65 Rn. 3075.

außerordentliche Arbeitnehmerkündigungen. Unterschiedlich wird bereits beurteilt, ob sich die außerordentliche Kündigung durch den Arbeitnehmer generell nach den gleichen Maßstäben wie die des Arbeitgebers richtet. Bejaht wird dies insbesondere vom Zweiten Senat das BAG, der bei der außerordentlichen Kündigung durch den Arbeitnehmer identische Wirksamkeitsmaßstäbe ansetzt; es bedürfe vor allem auch hier eines wichtigen Grundes i.S.v. § 626 Abs. 1 BGB.[230] Konträr hierzu wird teilweise davon ausgegangen, dass außerordentliche Arbeitnehmerkündigungen an einem geringeren Maßstab zu messen seien: Der Bestandsschutz des Arbeitnehmers führe zu einer Rückwirkung auf die Reichweite seines außerordentlichen Kündigungsrechts mit dem Ergebnis, dass dem Arbeitnehmer ein freies Kündigungsrecht zustehe, die Anforderungen an den „wichtigen Grund" i.S.v. § 626 Abs. 1 BGB mithin herabzusetzen seien.[231] Hierfür lassen sich allerdings bereits im Wortlaut der Norm keinerlei Anhaltspunkte finden.[232] Darüber hinaus ist dem Arbeitnehmer im gleichen Umfang wie dem Arbeitgeber Vertragstreue abzuverlangen, sodass er grundsätzlich auf den Ausspruch einer ordentlichen Kündigung verwiesen werden muss.[233] Dies gilt umso mehr, da er von dem Recht zur ordentlichen Kündigung grundsätzlich schrankenfrei Gebrauch machen kann.

Konsens besteht allerdings hinsichtlich des Abmahnungserfordernisses: In der Regel bedarf es auch bei der außerordentlichen Arbeitnehmerkündigung einer Abmahnung, was sich auch aus dem eindeutigen Wortlaut des § 314 Abs. 2 S. 1 BGB ergibt.[234] Auch im Recht der außerordentlichen Kündigung dient die Abmahnung maßgeblich der Konkretisierung und Objektivierung der für die Negativprognose notwendigen Tatsachengrundlage.[235] Bereits aus diesem Grund

---

230 BAG Urt. v. 12.3.2009 – 2 AZR 894/07, NZA 2009, 840 (841).

231 So etwa MüKo/*Henssler*, BGB, Bd. IV, 7. Auflage 2016, § 626 Rn. 266.

232 Zutreffend BAG Urt. v. 12.3.2009 – 2 AZR 894/07, NZA 2009, 840 (841).

233 Vgl. Staudinger/*Preis*, BGB, 2019, § 626 Rn. 237.

234 BAG Urt. v. 26.7.2007 – 8 AZR 796/06, NZA 2007, 1419 (1420); Urt. v. 17.1.2002 – 2 AZR 494/00, NZA 2003, 816 (816); Ascheid/Preis/Schmidt/*Vossen*, BGB, 5. Auflage 2017, § 626 Rn. 379–394; BeckOKArbR/*Stoffels*, BGB, 53. Ed. Stand 1.9.2019, § 626 Rn. 167; ErfK/*Niemann*, BGB, 19. Auflage 2019, § 626 Rn. 158; MüKo/*Henssler*, BGB, Bd. IV, 7. Auflage 2016, § 626 Rn. 266; *Preis*, Individualarbeitsrecht, 5. Auflage 2017, § 65 Rn. 3080; *Schaub*, NJW 1990, 872 (873); *Schmid*, NZA 1985, 409 (410); *Schulte*, in: Festschrift Schwerdtner, 2003, S. 194; Staudinger/*Preis*, BGB, 2019, § 626 Rn. 238.

235 Zur Schaffung einer Prognosegrundlage durch den Ausspruch einer Abmahnung auch MAHArbeitsrecht/*Ulrich*, 4. Auflage 2017, § 43 Rn. 308; zur Objektivierung der Prognose auch BAG Urt. v. 12.1.2006 – 2 AZR 21/05, NZA 2006, 917 (921).

muss auch bei außerordentlichen Kündigungen durch den Arbeitnehmer die Negativprognose Teil der Wirksamkeitsvoraussetzungen sein. Darüber hinaus wäre ein (einseitiger) Entfall des Prognoseerfordernisses nur schwerlich mit der Funktion der außerordentlichen Kündigung vereinbar: Auch die außerordentliche Arbeitnehmerkündigung darf nicht zur Sanktion vergangener Vertragsstörungen des Arbeitgebers zweckentfremdet werden. Eine fristlose einseitige Beendigung des Arbeitsverhältnisses greift stets schwerwiegend in die Rechtspositionen der anderen Vertragspartei ein, unabhängig von der Person des Kündigenden.[236] Festzuhalten bleibt deshalb, dass das Erfordernis einer Negativprognose auch im Recht der außerordentlichen Kündigung uneingeschränkt Anwendung findet, und zwar sowohl bei Arbeitgeber- als auch Arbeitnehmerkündigungen.

2. Prognoseanforderungen im Rahmen der ordentlichen Arbeitgeberkündigung

Jenseits der außerordentlichen Kündigung kommt dem Erfordernis der Negativprognose eine umfassende Bedeutung bei der ordentlichen Kündigung des Arbeitsverhältnisses durch den Arbeitgeber zu. Die an die Prognoseentscheidung zu stellenden Anforderungen werden dabei nicht einheitlich angewandt, sondern je nach Kündigungsgrund modifiziert. Für die nachfolgende Betrachtung der prognosebezogenen Spezifika der verschiedenen Kündigungsgründe soll im Blick behalten werden, dass die mit dem Erfordernis der Prognose einhergehenden Rechtsprobleme bei allen Kündigungsgründen im Ausgangspunkt gleich gelagert sind.[237] Die richterrechtliche Konzeptionierung unterschiedlicher Wirksamkeitsmaßstäbe birgt regelmäßig die Gefahr erhöhter Rechtsunsicherheit. Dies muss für die nachstehende Darstellung berücksichtigt werden.

a) Anerkennung als kündigungsgrundübergreifende Wirksamkeitsvoraussetzung

Sowohl bei der betriebsbedingten, als auch personenbedingten Kündigung ist die Negativprognose als Wirksamkeitsvoraussetzung anerkannt.[238] Bereits im

---

236 Sie muss deshalb ein Ausnahmerecht bleiben, vgl. Staudinger/*Preis*, BGB, 2019, § 626 Rn. 5.

237 So bereits *Preis*, Prinzipien des Kündigungsrechts bei Arbeitsverhältnissen, 1987, S. 331 f.

238 Für die betriebsbedingte Kündigung Ascheid/Preis/Schmidt/*Preis*, Kündigungsrecht, 5. Auflage 2017, Prinzipien zur Ausfüllung der Kündigungsgründe, Rn. 79;

ersten prognosebezogenen Urteil des BAG stellte der Zweite Senat fest, dass der Wegfall der Beschäftigungsmöglichkeit über den Zeitpunkt der Kündigungserklärung hinaus jedenfalls bis zum Auslaufen der Kündigungsfrist fortbestehen muss, die betriebsbedingte Kündigung mithin immer eine Prognoseentscheidung des Arbeitgebers erfordert.[239] Bei der personenbedingten Kündigung ist das Prognoseprinzip insbesondere für die Fälle der krankheitsbedingten Kündigung richterrechtlich stark ausdifferenziert.[240] Darüber hinaus gilt es aber auch bei allen anderen personenbedingten Kündigungen: Ein Fehlen der Fähigkeit bzw. Eignung zur Erbringung der vom Arbeitnehmer geschuldeten Leistung muss nicht nur im Kündigungszeitpunkt vorliegen, vielmehr darf mit einer absehbaren Wiederherstellung der fehlenden Fähigkeit bzw. Eignung zur störungsfreien Verrichtung der Tätigkeiten nicht mehr zu rechnen sein.[241]

Uneinigkeit herrscht jedoch in Teilen der Literatur bei den Fällen der verhaltensbedingten Kündigung. Die Frage nach dem Erfordernis einer Negativprognose ergibt sich letztlich mit Blick auf die Ziel- und Zweckrichtung einer Kündigung, die sich maßgeblich auf vergangene Pflichtverletzungen des Arbeitnehmers stützt: Mitunter wird davon ausgegangen, dass der Gesetzgeber dem Arbeitgeber mit der verhaltensbedingten Kündigung eine Reaktionsmöglichkeit auf vertragswidriges Verhalten des Arbeitnehmers eingeräumt habe; er müsse die Vertragswidrigkeit nicht „sanktionslos lassen", auch dann nicht, wenn für den Arbeitnehmer nach einer Versetzung eine ihn begünstigende Prognose gestellt

---

Bader, NZA-Beil. 2010, 85 (86 f.); Boecken/Düwell/Diller/Hanau/*Weber*, KSchG, Bd. III, 2016, § 1 Rn. 1125; ErfK/*Oetker*, KSchG, 19. Auflage 2019, § 1 Rn. 280; MüKo/*Hergenröder*, KSchG, Bd. IV, 7. Auflage 2016, § 1 Rn. 312; kritisch *Reuter*, RdA 2004, 161 (163); für die personenbedingte Kündigung BeckOKArbR/*Rolfs*, KSchG, 53. Ed. Stand 1.9.2019, § 1 Rn. 107 f.; Boecken/Düwell/Diller/Hanau/*Kerwer*, KSchG, Bd. III, 2016, § 1 Rn. 418; *Fuhlrott/Hoppe*, ArbRAktuell 2010, 257 (257); *Preis*, Individualarbeitsrecht, 5. Auflage 2017, 2774; *Richter*, ArbRAktuell 2015, 237 (237 f.); *Schunder*, NZA-Beil. 2015, 90 (92 ff.).

239 BAG Urt. v. 27.2.1958 – 2 AZR 445/55, NJW 1958, 1156 (1157); diesen Prognosezeitraum bestätigend MüKo/*Hergenröder*, KSchG, Bd. IV, 7. Auflage 2016, § 1 Rn. 312.

240 Zuletzt BAG Urt. v. 13.5.2015 – 2 AZR 565/14, NJW 2106, 106 (107); Urt. v. 20.11.2014 – 2 AZR 755/13, NZA 2015, 612 (613); Urt. v. 20.11.2014 – 2 AZR 664/13, NZA 2015, 931 (933); Urt. v. 23.1.2014 – 2 AZR 582/13, NZA 2014, 962 (963); ausführlich dazu Ascheid/Preis/Schmidt/*Vossen*, KSchG, 5. Auflage 2017, § 1 Rn. 139 ff; MHdBArbR/*Kiel*, Bd. II, 4. Auflage 2018, § 113 Rn. 13 ff.

241 Ascheid/Preis/Schmidt/*Vossen*, KSchG, 5. Auflage 2017, § 1 Rn. 124; Boecken/Düwell/Diller/Hanau/*Kerwer*, KSchG, Bd. III, 2016, § 1 Rn. 418.

werden könne.[242] Das Prognoseprinzip sei deshalb im Rahmen der verhaltensbedingten Kündigung systemfremd, mithin nicht anzuwenden.[243] Weiter geht sogar *Fromm*, der grundsätzlich jeder Beendigungskündigung einen Sanktionscharakter zusprechen will.[244] Dabei geht sein Begründungsaufwand wesentlich über die Sanktionierung vertragswidrigen Verhaltens bzw. vergangener Pflichtverletzungen hinaus; anders ließe sich ein sanktionierendes Element sämtlicher Kündigungsgründe auch kaum substantiieren: Für die Annahme eines Sanktionscharakters spreche, dass die Beteiligten des Rechtsverkehrs Beendigungskündigungen regelmäßig als Sanktion verstünden, da deren Ursache ein Verstoß gegen „reflexive Sollvorgaben", also (arbeits-)vertragliche Haupt- bzw. Nebenpflichten sei.[245] Ein derartiges Verständnis der (verhaltensbedingten) Kündigung geht jedoch aus zwei Gründen fehl: Zunächst kann es für die Bestimmung der Zweckrichtung eines Gestaltungsrechts nicht darauf ankommen, welche Assoziationen oder Wirkrichtungen der einzelne Erklärungsempfänger mit dieser verbindet. Dass objektive Zweckrichtung und subjektives Empfinden eines Rechtsinstruments divergieren, darf nicht dazu führen, einzelne Wirksamkeitsvoraussetzungen eines Rechtskonstrukts abzuerkennen. Darüber hinaus ist es nur im Ausgangspunkt richtig, dass die Ursache einer verhaltensbedingten Kündigung vergangene Vertragspflichtverletzungen sind. Das bisherige vertragswidrige Verhalten des Arbeitnehmers rechtfertigt nicht die Beendigung des Arbeitsverhältnisses; es stellt vielmehr den Anknüpfungspunkt für die Beurteilung der Gefahr zukünftiger Störungen des Austauschverhältnisses dar.[246] Nur so lässt sich auch das Abmahnungserfordernis begründen: Bestünde dieses nicht, könnte der Arbeitgeber auf jede Pflichtverletzung mit dem Ausspruch einer Kündigung reagieren.[247] Ein derartiges Verständnis lässt sich jedoch auch bei den Befürwortern des Sanktionsmodells nicht finden. Die Abmahnung ist nicht nur Ausfluss des Ultima-ratio-Prinzips, sondern auch das arbeitsrechtliche Instrumentarium zur Objektivierung der für die Prognoseentscheidung relevanten Tatsachengrundlage. In der Konsequenz ist deshalb auch die verhaltensbedingte

---

242 So ausdrücklich *Löwisch*, BB 1998, 1793 (1795); ähnlich *Kraft*, ZfA 1994, 463 (475); *Wank*, RdA 1993, 79 (84); differenzierend *Walden*, Änderungskündigung, unternehmerische Entscheidungsfreiheit und Prognoseprinzip, 1993, S. 123.

243 *Löwisch*, BB 1998, 1793 (1795).

244 *Fromm*, Die arbeitnehmerbedingten Kündigungsgründe, 1995, S. 443 f.

245 *Fromm*, Die arbeitnehmerbedingten Kündigungsgründe, 1995, S. 444.

246 Ähnlich Boecken/Düwell/Diller/Hanau/*Kerwer*, KSchG, Bd. III, 2016, § 1 Rn. 767.

247 Dies verkennt auch *Kraft*, RdA 1994, 463 (476), der ausschließlich auf die Schwere der Verletzung abstellt.

Kündigung nicht daran zu messen, ob sie eine angemessene Sanktion für vergangenes Fehlverhalten ist.[248] Maßgeblich ist die Negativprognose hinsichtlich einer zukünftigen störungsfreien Fortführung des Arbeitsverhältnisses.

b) Spezifika der personenbedingten Kündigung

Bei den personenbedingten Kündigungsgründen ist das Prognoseprinzip insbesondere für die Fälle der krankheitsbedingten Kündigung von Bedeutung. Zur besseren Nachvollziehbarkeit soll jedoch zuerst auf die allgemeinen Prognosemaßstäbe eingegangen werden, um sodann im Anschluss die Besonderheiten der krankheitsbedingten Kündigung sowie der Druck- und Verdachtskündigung zu beleuchten.

aa) Fehlen eines allgemeinen Prognosemaßstabs nach der Rechtsprechung des BAG

Die Negativprognose stellt bei der personenbedingten Kündigung auf die persönlichen Eigenschaften und Fähigkeiten des Arbeitnehmers ab:[249] Der Arbeitgeber muss die Prognose stellen, dass diese künftig weiterhin fehlen werden, der Arbeitnehmer mithin seine arbeitsvertraglichen Leistungspflichten nicht mehr (störungsfrei) erfüllen werden kann.[250]

Weitestgehend unproblematisch ist insofern die Frage nach dem maßgeblichen Prognosezeitpunkt: Die Voraussetzungen der Negativprognose müssen im Zeitpunkt des Zugangs der Kündigungserklärung vorliegen, wobei insofern die objektiven Gegebenheiten und nicht die subjektiven Einschätzungen des Arbeitgebers entscheidend sind.[251] Die Maßgeblichkeit dieses Zeitpunkts ergibt

---

248 So im Ergebnis auch BAG Urt. v. 10.6.2010 – 2 AZR 541/09, NZA 1227 (1230); *Nicklaus*, Das Prognoseprinzip im arbeitsrechtlichen Kündigungsschutzrecht, 2012, S. 20.

249 BAG Urt. v. 18.9.2008 – 2 AZR 976/06, NZA 2009, 425 (426); Urt. v. 18.1.2007 – 2 AZR 731/05, NZA 2007, 680 (681); *Preis*, Individualarbeitsrecht, 5. Auflage 2017, § 63 Rn. 2931; MüKo/*Hergenröder*, KSchG, Bd. IV, 7. Auflage 2016, § 1 Rn. 123.

250 Boecken/Düwell/Diller/Hanau/*Kerwer*, KSchG, Bd. III, 2016, § 1 Rn. 418.

251 BAG Urt. v. 29.4.1999 – 2 AZR 431/98, NZA 1999, 978 (980); Urt. v. 6.9.1989 – 2 AZR 19/89, NZA 1990, 307 (307); Urt. v. 9.4.1987 – 2 AZR 210/86, NZA 1987, 811 (812); Urt. v. 15.8.1984 – 2 AZR 536/82, NZA 1985, 357 (358); Urt. v. 26.5.1977 – 2 AZR 201/76, NJW 1978, 603 (604); die vom BAG zwischenzeitliche vertretene Auffassung, auch spätere tatsächliche Entwicklungen einer Krankheit könnten bis zum Ende der letzten mündlichen Verhandlung in der Tatsacheninstanz zur Bestätigung oder Korrektur der Prognose verwertet werden, wurde vom Zweiten Senat verworfen, BAG Urt. v. 29.4.1999 – 2 AZR 431/98, NZA 1999, 978 (980).

sich bereits daraus, dass die Kündigung ein Gestaltungsrecht ist und dessen tatbestandliche Voraussetzungen generell im Zeitpunkt des Wirksamwerdens (bereits) bestehen müssen.[252]

Von größerer Problematik ist allerdings – abseits der Fälle der krankheitsbedingten Kündigung[253] – der Prognosezeitraum, innerhalb dessen die Voraussetzungen der Negativprognose fortbestehen müssen. Weitestgehend wird nur allgemein darauf abgestellt, dass mit einer absehbaren Wiederherstellung der fehlenden Fähigkeit bzw. Eignung zur störungsfreien Verrichtung der Tätigkeiten nicht mehr zu rechnen sein darf.[254] Welcher Zeitraum mit dem Begriff der „Absehbarkeit" gemeint ist – ob dieser etwa einen einheitlichen Zeitraum oder eine dynamische Betrachtung des Einzelfalles meint – ist nicht abschließend geklärt. Auch die Rechtsprechung des BAG lässt diesbezüglich einen roten Faden vermissen. So nimmt der Zweite Senat etwa für personenbedingte Kündigungen aufgrund (qualitativer) Minderleistungen an, dass „auch für die Zukunft nicht mit einer Wiederherstellung des Gleichgewichts von Leistung und Gegenleistung zu rechnen [sein darf]".[255] Für welchen Zeitraum der Arbeitgeber weitere Leistungsdefizite prognostizieren muss, ergibt sich aus einer derartigen Formulierung nicht. Ähnlich vage formuliert der Zweite Senat die Anforderungen an den Prognosezeitraum bei Kündigungen wegen haftbedingter Arbeitsverhinderung: Hier soll der Arbeitgeber darlegen, dass der Arbeitnehmer für „eine verhältnismäßig erhebliche Zeit" nicht fähig sein wird, seine vertraglichen Pflichten zu erfüllen.[256]

Die Wortwahl des BAG deutet auf einen dynamisch-individuellen Maßstab bzgl. des Prognosezeitraums hin. Einen einheitlichen Zeitraum nimmt das Gericht für personenbedingte Kündigungen jedenfalls nicht an. Dies mag umso mehr verwundern, wenn das BAG bei betriebsbedingten Kündigungen in ständiger Rechtsprechung davon ausgeht, dass sich der Prognosezeitraum auf den Auslauf der Kündigungsfrist erstreckt, das Gericht hier also einen einheitlichen

---

252 Boecken/Düwell/Diller/Hanau/*Greiner*, KSchG, Bd. III, 2016, § 1 Rn. 241.

253 Hierzu unter Gliederungspunkt C. IV. 2. b) dd).

254 BAG Urt. v. 11.12.2003 – 2 AZR 667/02, NZA 2004, 784 (788); Ascheid/Preis/Schmidt/*Vossen*, KSchG, 5. Auflage 2017, § 1 Rn. 124; *Berkowsky*, Die personen- und verhaltensbedingte Kündigung, 4. Auflage 2005, S. 59 f.; ähnlich Boecken/Düwell/Diller/Hanau/*Kerwer*, KSchG, Bd. III, 2016, § 1 Rn. 418; *Loth*, Prognoseprinzip und Vertragskontrolle im befristeten Arbeitsverhältnis, 2015, S. 97.

255 BAG Urt. v. 11.12.2003 – 2 AZR 667/02, NZA 2004, 784 (788).

256 BAG Urt. v. 25.11.2010 – 2 AZR 984/08, NZA 2011, 686 (687).

Maßstab ansetzt.[257] Es stellt sich vor diesem Hintergrund bereits die Frage, wodurch uneinheitliche, je nach Kündigungsgrund verschiedene Prognosezeiträume zu legitimieren sind. Bei der personenbedingten Kündigung wird man insofern jedenfalls berücksichtigen können, dass die konkrete Fähigkeit bzw. Eigenschaft, welche zu der Störung des Äquivalenzverhältnisses führt, nach Art und Umfang sehr verschieden sein kann und dies im Rahmen der Negativprognose zu berücksichtigen ist. Zwar mag auch bei der betriebsbedingten Kündigung der die unternehmerische Entscheidung verursachende Umstand individuell sein; der Anknüpfungspunkt für die Negativprognose ist jedoch hier immer der Wegfall der Beschäftigungsmöglichkeit, unabhängig von dessen Grund.[258] Aus diesem Blickwinkel ist ein dynamisch-individueller Prognosemaßstab im Rahmen der personenbedingten Kündigung durchaus sachgerechter.

Ohne eine Festlegung einer einheitlichen Untergrenze stellt dieses Verständnis jedoch den Arbeitgeber in rechtstatsächlicher Hinsicht vor eine kaum zu bewerkstelligende Aufgabe: Dieser ist im Hinblick auf die Negativprognose darlegungs- und beweislastpflichtig.[259] Fordert man nun eine Prognose, die sich auf eine „verhältnismäßig erhebliche Zeit" oder auf eine nicht „absehbare Wiederherstellung" richten soll, wird der Arbeitgeber bereits aufgrund der Unbestimmtheit – wenn nicht sogar Unbestimmbarkeit – derartiger Begrifflichkeiten kaum wissen können, welcher Zeitraum für die von ihm zu stellende Prognose maßgeblich ist. In der Konsequenz ist es deshalb bereits aus Gründen der Rechtssicherheit notwendig und geboten, einen Mindestprognosezeitraum bei der personenbedingten Kündigung anzusetzen, der je nach Art und Umfang des konkreten Grundes verlängert werden muss. Im Ausgangspunkt sollte auch

---

257 S. nur BAG Urt. v. 20.11.2014 – 2 AZR 512/13, NZA 2015, 679 (680); Urt. v. 23.2.2012 – 2 AZR 548/10, NZA 2012, 852 (854); Urt. v. 23.2.2010 – 2 AZR 268/08, NZA 2010, 944 (946); Urt. v. 13.2.2008 – 2 AZR 543/06, NZA 2008, 821 (823); Urt. v. 7.7.2005 – 2 AZR 447/04, NZA 2005, 1351 (1353); Urt. v. 24.2.2005 – 2 AZR 214/02, NZA 2005, 867 (868); grundlegend BAG Urt. v. 27.2.1958 – 2 AZR 445/55, NJW 1958, 1156 (1157); auch Boecken/Düwell/Diller/Hanau/*Weber*, KSchG, Bd. III, 2016, § 1 Rn. 1125; MüKo/*Hergenröder*, KSchG, Bd. IV, 7. Auflage 2016, § 1 Rn. 312.

258 Zuletzt BAG Urt. v. 20.2.2014 – 2 AZR 346/12, NZA 2014, 1069 (1070); Urt. v. 23.2.2012 – 2 AZR 548/10, NZA 2012, 852 (854); Urt. v. 23.2.2010 – 2 AZR 268/08, NZA 2010, 944 (945 f.).

259 Dies ergibt sich – da die Negativprognose Teil der sozialen Rechtfertigung ist – unmittelbar aus § 1 Abs. 2 S. 4 KSchG, vgl. auch Boecken/Düwell/Diller/Hanau/*Greiner*, KSchG, Bd. III, 2016, § 1 Rn. 241; ErfK/*Oetker*, KSchG, 19. Auflage 2019, § 1 Rn. 179; *Lingemann/Ludwig*, ArbRAktuell 2010, 385 (385); im Ergebnis auch MüKo/*Hergenröder*, KSchG, Bd. IV, 7. Auflage 2016, § 1 Rn. 62.

bei der personenbedingten Kündigung die Negativprognose mindestens bis zum Zeitpunkt des Auslaufens der Kündigungsfrist gestellt werden müssen. Ein kürzerer Prognosezeitraum wäre mit dem Bestandsschutzinteresse des Arbeitnehmers nur schwer vereinbar. Je nach Schwere und Eigenart des personenbedingten Grundes sollte der Prognosezeitraum dann im Wege der richterlichen Rechtsfortbildung für die verschiedenen Fallgruppen verlängert werden; jedoch auch dann stets für einen eindeutig bestimmten Zeitraum. Bei der krankheitsbedingten Kündigung wendet das BAG bereits eindeutige und bestimmte Prognosezeiträume an.[260] Eine Konkretisierung ist darüber hinaus auch für alle anderen Kündigungsgründe, die an die Person des Arbeitnehmers knüpfen, geboten. Ein Mehr an Kasuistik würde hierdurch nicht entstehen, da das BAG längst Fallgruppen der personenbedingten Kündigung aufgestellt hat.[261] Vielmehr bestünde für beide Arbeitsvertragsparteien ein höheres Maß an Rechtssicherheit.[262]

bb) Sonderfall der (echten) Druckkündigung

Besondere Schwierigkeiten ergeben sich bei der Anwendung des Prognoseprinzips für die Druckkündigung. Diese beschränken sich allerdings auf die Fälle der sog. echten Drückkündigung: Kennzeichnend für die unechte Druckkündigung ist, dass beim Arbeitnehmer ein verhaltens- oder personenbedingter Kündigungsgrund tatsächlich vorliegt und andere Arbeitnehmer bzw. Dritte sich hierauf berufen, um den Arbeitgeber zur Kündigung des betroffenen Arbeitnehmers zu bewegen.[263] Da bei der unechten Druckkündigung der eigentliche

260 Hierzu ausführlich unter Gliederungspunkt C. IV. 2. b) dd).

261 Zu den Fallgruppen zählen – nicht abschließend – Kündigungen aufgrund von Alkoholabhängigkeit, vgl. BAG Urt. v. 16.9.1999 – 2 AZR 123/99, NZA 2000, 141 (143); fehlender Arbeitserlaubnis, vgl. BAG Urt. v. 7.2.1990 – 2 AZR 359/89, NZA 1991, 341 (342); Haft des Arbeitnehmers, vgl. BAG Urt. v. 25.11.2010 – 2 AZR 984/08, NZA 2011, 686 (687) sowie Minderleistung, vgl. BAG Urt. v. 11.12.2003 – 2 AZR 667/02, NZA 2004, 784 (788).

262 Zur damit verbundenen Frage nach einer adäquaten Verteilung der Prozessrisiken grundlegend *Preis*, Prinzipien des Kündigungsrechts bei Arbeitsverhältnissen, 1987, S. 341 f.

263 BAG Urt. v. 19.7.2016 – 2 AZR 637/15, NZA 2017, 116 (118); Urt. v. 18.7.2013 – 6 AZR 420/12, NZA 2014, 109 (111 f.); Urt. v. 19.6.1986 – 2 AZR 563/85, NJW 1987, 211 (211); BeckOKArbR/*Rolfs*, KSchG, 53. Ed. Stand 1.9.2019, § 1 Rn. 421.1; *Berkowsky*, Die personen- und verhaltensbedingte Kündigung, 4. Auflage 2005, S. 248 f.; Boecken/Düwell/Diller/Hanau/*Kerwer*, KSchG, Bd. III, 2016, § 1 Rn. 585; *Deinert*, RdA 2007, 275 (278); *Deneke*, Die betriebsbedingte Kündigung im Rahmen der übertragenden Sanierung, 2009, S. 202; ErfK/*Oetker*, KSchG, 19. Auflage 2019, § 1 Rn. 182;

Kündigungsgrund gerade nicht der durch Dritte auf den Arbeitgeber ausgeübte Druck ist, ergibt sich für den Bezugspunkt der Negativprognose keine Besonderheit. Der Anknüpfungspunkt ist der personen- oder verhaltensbedingte Grund, der auch ohne das hinzutretende Verhalten Dritter – etwa der eigenen Belegschaft oder externe Zulieferer – für den Ausspruch der Kündigung maßgeblich ist.

Problematisch ist allerdings die echte Druckkündigung, bei der die Belegschaft oder Dritte die Kündigung des Arbeitnehmers verlangen, ohne dass ein verhaltens- oder personenbedingter Kündigungsgrund nachweisbar bestünde.[264] Der auf den Arbeitgeber ausgeübte Druck bildet den maßgeblichen Grund der Kündigung, da das Kündigungsverlangen des Dritten in Ermangelung verhaltens- oder personenbedingter Gründe nicht objektiv gerechtfertigt ist.[265] Die richtige Bestimmung des Prognosegegenstandes steht bei der echten Druckkündigung in unmittelbaren Zusammenhang mit deren dogmatischer Einordnung. Das BAG ordnet die echte Druckkündigung als betriebsbedingte Kündigung ein, da nicht nur ökonomische Umstände als betriebliche Erfordernisse zu qualifizieren seien, sondern auch sämtliche dem Betrieb zurechenbare Umstände, die eine Beendigung des Arbeitsverhältnisses notwendig machen.[266] Dieses Verständnis ist bereits aufgrund der Tatsache, dass bei der echten Druckkündigung eine Sozialauswahl aufgrund der ausschließlichen Betroffenheit eines einzelnen Arbeitnehmers nicht sinnvoll durchgeführt werden kann, systemwidrig.[267] Darüber hinaus begegnet eine derartige Einordnung auch erheblichen Problemen hinsichtlich des Bezugspunktes der Negativprognose: Bei der betriebsbedingten Kündigung ist der Wegfall der Beschäftigungsmöglichkeit für die Erstellung der

---

MüKo/*Hergenröder*, KSchG, Bd. IV, 7. Auflage 2016, § 1 Rn. 245; *Settekorn/Fasholz*, ArbRAktuell 2016, 521 (521).

264 Vgl. BAG Urt. v. 18.7.2013 – 6 AZR 420/12, NZA 2014, 109 (111 f.); *Settekorn*, ArbRAktuell 2015, 66 (67); grundlegend *Berkowsky*, Die personen- und verhaltensbedingte Kündigung, 4. Auflage 2005, S. 249 ff.; die Möglichkeit einer echten Druckkündigung anzweifelnd *Hamacher*, NZA 2014, 134 (136).

265 Vgl. Boecken/Düwell/Diller/Hanau/*Kerwer*, KSchG, Bd. III, 2016, § 1 Rn. 586

266 BAG Urt. v. 19.6.1986 – 2 AZR 563/85, NZA 1987, 21 (22); zustimmend Jauernig/*Mansel*, BGB, 17. Auflage 2018, § 626 Rn. 26.

267 Zutreffend *Berkowsky*, Die personen- und verhaltensbedingte Kündigung, 4. Auflage 2005, S. 250; Boecken/Düwell/Diller/Hanau/*Kerwer*, KSchG, Bd. III, 2016, § 1 Rn. 591.

Negativprognose maßgeblich.[268] Dieser entfällt jedoch bei einer echten Druckkündigung gerade nicht. Ein abzubauender Personalüberhang ist nicht gegeben. Vielmehr geht es darum, den einzelnen Arbeitnehmer aufgrund des ausgeübten Drucks zu entlassen, ohne dabei den dahinterstehenden Arbeitsplatz auf der Grundlage einer unternehmerischen Entscheidung abzuschaffen. Die Negativprognose würde deshalb bei einer Einordnung als betriebsbedingte Kündigung stets leerlaufen. Dogmatisch überzeugender ist vor diesem Hintergrund eine Qualifizierung der echten Druckkündigung als personenbedingte Kündigung.[269] Nicht zuletzt bildet die Person des Arbeitnehmers das für die Druckausübung seitens Dritter maßgebliche Moment. In Bezug auf die auch bei der echten Druckkündigung erforderliche Negativprognose ergeben sich für den Prognosezeitraum – in Abwesenheit spezifischer richterrechtlicher Anforderungen – keine Besonderheiten. Nach den vorstehend entwickelten Grundsätzen muss der Kündigungsgrund mindestens bis zum Ablauf der Kündigungsfrist vorliegen.

Nicht unproblematisch ist jedoch die Bestimmung des Prognosegegenstands im Rahmen der echten Druckkündigung. Da das BAG von einer betriebsbedingten Kündigung ausgeht, wäre nach den allgemeinen Grundsätzen dieses Kündigungsgrundes der Wegfall der Beschäftigungsmöglichkeit der maßgebliche Bezugspunkt für die Negativprognose. Ordnet man die echte Druckkündigung den personenbedingten Kündigungsgründen zu, kann hierauf nicht rekurriert werden. Im Ausgangspunkt ist auf die Eigenschaft des Arbeitnehmers, aufgrund derer die Erreichung des Vertragszwecks in Teilen vereitelt wird, abzustellen.[270] Entscheidend ist für die Negativprognose deshalb nicht (ausschließlich) der durch Dritte ausgeübte Druck auf den Arbeitgeber. Vielmehr richtet sich die Prognose auch auf den zukünftigen Fortbestand der Eigenschaft(en) des Arbeitnehmers, die zur Druckausübung durch Dritte führt bzw. führen. Es kommt deshalb sowohl auf die der Persönlichkeit des Arbeitnehmers anhaftenden Eigenschaft, als auch auf die künftige Druckausübung an. Eine Negativprognose lässt sich insbesondere dann nicht stellen, wenn zwar die konkrete Eigenschaft

---

268 BAG Urt. v. 20.2.2014 – 2 AZR 346/12, NZA 2014, 1069 (1070); Urt. v. 23.2.2012 – 2 AZR 548/10, NZA 2012, 852 (854); Urt. v. 23.2.2010 – 2 AZR 268/08, NZA 2010, 944 (945 f.).

269 Überzeugend Boecken/Düwell/Diller/Hanau/*Kerwer*, KSchG, Bd. III, 2016, § 1 Rn. 592; ErfK/*Oetker*, KSchG, 19. Auflage 2019, § 1 Rn. 184; *Preis*, Individualarbeitsrecht, 5. Auflage 2017, § 63 Rn. 2997; im Ergebnis auch Staudinger/*Preis*, BGB, 2019, § 626 Rn. 235.

270 Vgl. BAG Urt. v. 28.1.2010 – 2 AZR 764/08, NZA 2010, 625 (626); Urt. v. 18.9.2008 – 2 AZR 976/06, NZA 2009, 425 (426).

des Arbeitnehmers fortbesteht, die Druckausübung jedoch aufgrund anderweitiger Umstände zwischenzeitlich entfallen ist. In dieser Konstellation besteht kein anerkennenswertes Arbeitgeberinteresse an einer Kündigung, da die Druckausübung durch Dritte den alleinigen Kündigungsgrund darstellt. Die Negativprognose bezieht sich in der Konsequenz stets auf den künftigen Fortbestand der Druckausübung durch Dritte, welcher durch eine spezifische, in der Persönlichkeit des Arbeitnehmers wurzelnden Eigenschaft bedingt sein muss.

cc) Sonderfall der Verdachtskündigung

Mit der Verdachtskündigung wird dem Arbeitgeber die Möglichkeit eröffnet, das Arbeitsverhältnis auch dann zu beenden, wenn eine Straftat oder schwerwiegende Verletzung vertraglicher Pflichten des Arbeitnehmers zwar nicht nachgewiesen ist, der aufgrund objektiver Umstände aufdrängende Verdacht jedoch bereits das zwischen den Vertragsparteien bestehende – und auch notwendige – Vertrauensverhältnis irreparabel zerstört hat.[271] Ungeachtet der Diskussion um die kündigungsrechtliche Verortung der Verdachtskündigung ist diese jedenfalls weitestgehend anerkannt.[272] Die gewichtigeren Argumente sprechen für eine Qualifizierung als personenbedingte Kündigung, da der tragende Kündigungsgrund der (Tat-)Verdacht ist, welcher unmittelbar an die Person des Arbeitnehmers anknüpft. Insofern ist der dringende Verdacht als Eigenschaft des Arbeitnehmers zu verstehen.[273] Ob dieser durch eine Pflichtverletzung des Arbeitnehmers verursacht wurde, ist in diesem Zusammenhang unerheblich.

---

271 Vgl. BAG Urt. v. 2.3.2017 – 2 AZR 698/15, NZA 2017, 1051 (1052); *Lücke*, BB 1997, 1842 (1842).

272 BAG Urt. v. 2.3.2017 – 2 AZR 698/15, NZA 2017, 1051; Urt. v. 18.6.2015 – 2 AZR 256/14, NZA 2016, 287; Urt. v. 12.2.2015 – 6 AZR 845/13, NZA 2015, 741; Urt. v. 21.11.2013 – 2 AZR 797/11, NZA 2014, 243; Urt. v. 20.6.2013 – 2 AZR 546/12; Urt. v. 23.5.2013 – 2 AZR 102/12, NZA 2013, 1416; Urt. v. 24.5.2012 – 2 AZR 206/11, NZA 2013, 137; Ascheid/Preis/Schmidt/*Vossen*, BGB, 5. Auflage 2017, § 626 Rn. 345 ff.; BeckOKArbR/*Rolfs*, KSchG, 50. Ed. Stand 1.12.2018, § 1 Rn. 196; Boecken/Düwell/Diller/Hanau/*Kerwer*, KSchG, Bd. III, 2016, § 1 Rn. 664; ErfK/*Niemann*, BGB, 19. Auflage 2019, § 626 Rn. 173 ff.; *Eylert*, NZA-RR 2014, 393 (408); *Hoefs*, Die Verdachtskündigung, 2001, S. 122; *Langner/Witt*, DStR 2008, 825 (830); *Lembke*, RdA 2013, 82 (92); MüKo/*Henssler*, BGB, Bd. IV, 7. Auflage 2016, § 626 Rn. 240; *Schrader/Thoms/Möller*, ArbRAktuell 2014, 310 (311).

273 Boecken/Düwell/Diller/Hanau/*Kerwer*, KSchG, Bd. III, 2016,§ 1 Rn. 668; *Hahn*, Die Verdachtskündigung unter Berücksichtigung einer gesetzlichen Regelung, 2004, S. 63; MüKo/*Hergenröder*, KSchG, Bd. IV, 7. Auflage 2016, § 1 Rn. 184; *Preis*, Individualarbeitsrecht, 5. Auflage 2017, § 63 Rn. 2992.

Maßgeblich ist allein der Wegfall des Vertrauens in die Person des Arbeitnehmers, sodass eine verhaltensbedingte Kündigung abzulehnen ist.[274]

Auch die Verdachtskündigung stellt keine Sanktionierungsmaßnahme des Arbeitgebers dar.[275] Ihre Legitimierung ergibt sich aus dem Umstand, dass der Arbeitgeber berechtigterweise auch in Zukunft kein für die ordnungsgemäße Durchführung des Vertragsverhältnisses unabdingbares Vertrauen in die Person des Arbeitnehmers haben wird. Die Negativprognose ist deshalb auch trotz des Fehlens einer bewiesenen Pflichtverletzung bzw. Straftat zu stellen.[276] Hinsichtlich des Prognosegegenstands ist danach zu fragen, ob auch künftig auf der Grundlage der objektiven Tatsachen mit einem störbehafteten Austausch der arbeitsvertraglichen Leistungen zu rechnen ist.[277] Ein gestörter Leistungsaustausch kann diesbezüglich auch dann vorliegen, wenn der Arbeitnehmer die geschuldete Arbeit frei von Schlecht- oder Minderleistungen verrichtet. Entscheidend ist ausschließlich, ob der Arbeitgeber berechtigterweise von einer Gefahr schwerwiegender vertraglicher (Neben-)Pflichtverletzungen oder Straftaten ausgehen darf. Die Negativprognose richtet sich dementsprechend nicht auf die künftige Realisierung derartiger Leistungsstörungen, sondern auf den fortlaufenden Verdacht des Eintritts schwerwiegender Verletzungen.[278] Bei der Verdachtskündigung knüpft die Negativprognose nicht unmittelbar an einen hypothetischen Ereigniseintritt an, sondern an den Tatverdacht, der den Vertrauensverlust hervorgerufen hat, also an die Aufrechterhaltung der Gefahr des Ereigniseintritts.[279]

---

274 So im Ergebnis auch *Preis*, Individualarbeitsrecht, 5. Auflage 2017, § 63 Rn. 2992; der Begriff des „Verhaltens" wird mitunter auf solche Handlungen bzw. Unterlassungen konkretisiert, die der Arbeitgeber beweisen kann, etwa *Hahn*, Die Verdachtskündigung unter Berücksichtigung einer gesetzlichen Regelung, 2004, S. 64.

275 Zutreffend Boecken/Düwell/Diller/Hanau/*Kerwer*, KSchG, Bd. III, 2016, § 1 Rn. 664.

276 Vgl. *Hoefs*, Die Verdachtskündigung, 2001, S. 272.

277 Ähnlich Boecken/Düwell/Diller/Hanau/*Kerwer*, KSchG, Bd. III, 2016, § 1 Rn. 664; *Nicklaus*, Das Prognoseprinzip im arbeitsrechtlichen Kündigungsschutzrecht, 2012, S. 131.

278 Zur Berücksichtigung nachträglich entstandener und den Arbeitnehmer entlastende Umstände ausführlich *Hoefs*, Die Verdachtskündigung, 2001, S. 272.

279 So wohl auch *Honstetter*, Die Prognoseentscheidung des Arbeitgebers im Kündigungsrecht, 1994, S. 79.

dd) Sonderfall der krankheitsbedingten Kündigung

Die krankheitsbedingte Kündigung wird im Hinblick auf die negative Gesundheitsprognose an eine Reihe von speziell für diese Kündigungsart konzipierten Wirksamkeitsvoraussetzungen gebunden. Die Anforderungen unterscheiden sich dabei je nach Art der Krankheit; das BAG differenziert diesbezüglich zwischen häufigen Kurzerkrankungen, lang andauernden Erkrankungen, dauerhafter krankheitsbedingter Arbeitsunfähigkeit und krankheitsbedingter Minderung der Leistungsfähigkeit.[280]

(1) Häufige Kurzerkrankungen

Bei krankheitsbedingten Arbeitsausfällen, die jeweils von kürzerer Dauer, aber häufiger Wiederholung sind und nicht zwingend einer einheitlichen Krankheitsursache unterliegen[281], muss der Arbeitgeber prognostizieren, dass auch künftig mit erheblichen krankheitsbedingten Fehlzeiten zu rechnen ist.[282] Notwendig sind Tatsachen, die die Besorgnis weiterer Erkrankungen im bisherigen Umfang befürchten lassen.[283] Dabei kommt den in der Vergangenheit liegenden Fehlzeiten eine für die Prognosegrundlage relevante Indizwirkung zu, wenn sie innerhalb eines gewissen Zeitraums wiederholt aufgetreten sind.[284] Unklar ist insofern allerdings der Zeitraum, innerhalb dessen die Fehlzeiten liegen müssen, um eine Indizwirkung annehmen zu können. In absoluten Zahlen werden im Wesentlichen Zeitspannen zwischen 15 Monaten und drei Jahren diskutiert[285], wobei

---

280 Zur Ratio verschiedener Fallgruppen krankheitsbedingter Kündigungen ErfK/*Oetker*, KSchG, 19. Auflage 2019, § 1 Rn. 111.

281 Vgl. BAG Urt. v. 23.1.2014 – 2 AZR 582/13, NJW 2014, 3054 (3054).

282 BAG Urt. v. 16.7.2015 – 2 AZR 15/15, NZA 2016, 99 (101); Urt. v. 20.11.2014 – 2 AZR 755/13, NZA 2015, 612 (614); Urt. v. 23.1.2014 – 2 AZR 582/13, NJW 2014, 3054 (3055); Urt. v. 23.4.2008 – 2 AZR 1012/06, NZA-RR 2008, 515 (516); Urt. v. 8.11.2007 – 2 AZR 292/06, NZA 2008, 593 (593); Urt. v. 10.11.2005 – 2 AZR 44/05, NZA 2006, 655 (656).

283 BAG Urt. v. 8.11.2007 – 2 AZR 292/06, NZA 2008, 593 (593).

284 Zuletzt BAG Urt. v. 20.11.2014 – 2 AZR 755/13, NZA 2015, 612 (614); Boecken/Düwell/Diller/Hanau/*Kerwer*, KSchG, Bd. III, 2016, § 1 Rn. 456; MüKo/*Hergenröder*, KSchG, Bd. IV, 7. Auflage 2016, § 1 Rn. 161; *Nehring*, Die krankheitsbedingte Kündigung im Lichte neuerer Gesetzgebung, 2013, S. 156.

285 BAG Urt. v. 25.4.2018 – 2 AZR 6/18, NZA 2018, 1056 (1058); Urt. v. 20.11.2014 – 2 AZR 755/13, NZA 2015, 612 (614); Urt. v. 23.1.2014 – 2 AZR 582/13, NZA 2014, 962 (964); Urt. v. 19.5.1993 – 2 AZR 598/92, Rn. 19, *juris*; Boecken/Düwell/Diller/Hanau/*Kerwer*, KSchG, Bd. III, 2016, § 1 Rn. 457; ErfK/*Oetker*, KSchG, 19. Auflage 2019,

sich das BAG klar gegen einen einheitlichen, starren Zeitraum ausspricht.[286] In einer jüngeren Entscheidung deutete das Gericht an, dass es in Ermangelung besondere Einzelfallumstände einen Regelzeitraum von drei Jahren annimmt.[287] Während die Rechtsprechung bei der Bestimmung des für die Prognosegrundlage geeigneten, zurückliegenden Zeitraums sehr stringent ist, bleiben greifbare Vorgaben zum Prognosezeitraum für die Fälle der häufigen Kurzerkrankungen aus. Die Ausführungen hierzu beschränken sich auf die Regelung, dass auch „künftig" mit weiteren krankheitsbedingten, erheblichen Arbeitsausfällen zu rechnen sein muss. Diese Aussage bestätigt allerdings lediglich die Zukunftsbezogenheit der krankheitsbedingten Kündigung. Für welchen Zeitraum der Arbeitgeber weitere Fehlzeiten prognostizieren muss, bleibt jedoch gänzlich unbeantwortet.[288]

(2) Lang andauernde Erkrankungen

Eine andere Lösung findet das BAG bei der lang andauernden Erkrankung[289]: Auch hier gilt im Ausgangspunkt, dass der Zeitpunkt des Zugangs der Kündigungserklärung für die Wirksamkeit der negativen Gesundheitsprognose maßgeblich ist, wobei der Arbeitnehmer im Fall der lang andauernden Erkrankung auch in diesem Zeitpunkt tatsächlich arbeitsunfähig erkrankt sein muss.[290] Gegenstand der Prognose sind sodann objektive Umstände, aufgrund derer davon auszugehen ist, dass der Arbeitnehmer auch künftig für einen

---

§ 1 Rn. 123; *Nehring*, Die krankheitsbedingte Kündigung im Lichte neuerer Gesetzgebung, 2013, S. 157 f.

286 BAG Urt. v. 20.11.2014 – 2 AZR 755/13, NZA 2015, 612 (613); Urt. v. 10.11.2005 – 2 AZR 44/05, NZA 2006, 655 (657); zustimmend Boecken/Düwell/Diller/Hanau/*Kerwer*, KSchG, Bd. III, 2016, § 1 Rn. 457; für eine Differenzierung nach Art und Vielzahl der Erkrankungen *Nehring*, Die krankheitsbedingte Kündigung im Lichte neuerer Gesetzgebung, 2013, S. 158.

287 BAG Urt. v. 25.4.2018 – 2 AZR 6/18, NZA 2018, 1056 (1058).

288 Der Zeitraum, in dem Fehlzeiten künftig zu erwarten sind, wird erst im Rahmen der Feststellung der Beeinträchtigung betrieblicher Interessen berücksichtigt, wobei hier für das Vorliegen erheblicher wirtschaftlicher Belastungen insbesondere auf die sechswöchige Grenze i.S.v. § 3 Abs. 1 S. 1 EntgFG abgestellt wird, vgl. BAG Urt. v. 16.7.2015 – 2 AZR 15/15, NZA 2016, 99 (101); Urt. v. 23.1.2014 – 2 AZR 582/13, NJW 2014, 3054 (3055); Urt. v. 10.11.2005 – 2 AZR 44/05, NZA 2006, 655 (657).

289 Zur Begrifflichkeit ErfK/*Oekter*, KSchG, 19. Auflage 2019, § 1 Rn. 129.

290 BAG Urt. v. 29.4.1999 – 2 AZR 431/98, NJW 2000, 893 (894); Urt. v. 25.11.1982 – 2 AZR 140/81, NJW 1983, 2897 (2898); Urt. v. 22.2.1980 – 7 AZR 295/78, NJW 1981, 298 (300).; ErfK/*Oetker*, KSchG, 19. Auflage 2019, § 1 Rn. 129.

nicht absehbaren Zeitraum arbeitsunfähig erkrankt sein wird.[291] Losgelöst von der Frage, ob es bei der in der Vergangenheit liegenden Erkrankungszeit eine Mindestdauer geben muss,[292] wird dem Erfordernis eines Mindestzeitraums der künftigen Erkrankung unterschiedlich gegenübergetreten. Die Vorschläge hierzu reichen von einer an § 3 Abs. 1 EFZG angelehnten, sechswöchigen Frist über die Maßgeblichkeit der jeweils einschlägigen Arbeitgeberkündigungsfrist hin zur Anknüpfung an die Wartefrist des § 1 Abs. 1 KSchG.[293] Die Judikatur des BAG lässt eine einheitliche Mindestdauer der künftig zu erwartenden krankheitsbedingten Arbeitsunfähigkeit bislang nicht erkennen.[294] Dies mag zwar unter dem Deckmantel der höheren Einzelfallgerechtigkeit sachdienlich wirken, kann jedoch aus systematischen Gründen nicht überzeugen: Ein Gleichlauf mit den Anforderungen an den Prognosezeitraum bei betriebsbedingten Kündigungen ist interessengerechter. Es wäre zweifelhaft, die Kündigung lang andauernd erkrankter Arbeitnehmer bereits dann zuzulassen, wenn vor Ablauf der Kündigungsfrist mit einer Genesung gerechnet werden kann.[295] Die Kündigungsfrist als entscheidender Bezugspunkt des Prognosezeitraums führt zu erhöhter Rechtssicherheit, ohne dabei einen angemessenen Ausgleich der (grundrechtsrelevanten) widerstreitenden Interessen der Vertragsparteien in Frage zu stellen. Eine Verlängerung des Prognosezeitraums für Fälle, in denen mit einer Gesundung nach Ablauf der Kündigungsfrist mit hoher Wahrscheinlichkeit zu rechnen ist, erscheint trotzdem denkbar.[296] Dann sind jedoch die Anforderungen an die Prognosewahrscheinlichkeit anzupassen, um eine unangemessene Verlagerung des Prognoserisikos zu vermeiden.

In diesem Zusammenhang ergibt sich bei lang andauernder Krankheit eine Besonderheit: Auf der zweiten Stufe ist auch hier eine erhebliche Beeinträchtigung

---

291 BAG Urt. v. 15.8.1984 – 7 AZR 536/82, NZA 1985, 357 (358); Urt. v. 25.11.1982 – 2 AZR 140/81, NJW 1983, 2897 (2898); LAG Hamm, Urt. v. 28.7.1999 – 18 Sa 2523/97, NZA-RR 2000, 134 (134 f.).

292 Hierzu ausführlich ErfK/*Oetker*, KSchG, 19. Auflage 2019, § 1 Rn. 131; Boecken/Düwell/Diller/Hanau/*Kerwer*, KSchG, Bd. III, 2016, § 1 Rn. 508; wohl ablehnend *Bezani*, Die krankheitsbedingte Kündigung, 1994, S. 49.

293 ErfK/*Oetker*, KSchG, 19. Auflage 2019, § 1 Rn. 132; *Neumann*, NJW 1978, 1838 (1839 f.); *Ottow*, DB 1977, 306 (306).

294 BAG Urt. v. 29.4.1999 – 2 AZR 431/98, NZA 1999, 978 (979); Urt. v. 25.11.1982 – 2 AZR 140/81, NJW 1983, 2897 (2898); Urt. v. 22.2.1980 – 7 AZR 295/78, NJW 1981, 298 (300).

295 Zutreffend *Ottow*, DB 1977, 306 (306).

296 Kritisch zur Erheblichkeit des Wahrscheinlichkeitsgrads *Lepke*, Kündigung bei Krankheit, 16. Auflage 2018, Rn. 271.

betrieblicher Interessen notwendig. Davon ist nach der Rechtsprechung des BAG stets auszugehen, wenn die Wiederherstellung der Arbeitsfähigkeit des Arbeitnehmers völlig ungewiss ist.[297] Derartig unüberschaubare Arbeitsausfälle sind einer objektiven, dauerhaften Arbeitsunfähigkeit gleichzustellen.[298] Entscheidend ist: Nach der Rechtsprechung kann vom Vorliegen „völliger Ungewissheit" ausgegangen werden, wenn innerhalb der nächsten 24 Monate nach Zugang der Kündigung keine Änderung der negativen Gesundheitsprognose zu erwarten ist.[299] Die Prognose einer zweijährigen krankheitsbedingten Arbeitsunfähigkeit ist dogmatisch schwer zu verorten: Für die eigentliche Gesundheitsprognose auf der ersten Stufe ist sie nicht zwingend notwendig. Hier erkennt zumindest das BAG keinen einheitlichen Prognosezeitraum an. Auch auf der zweiten Stufe ist sie keine zwingende Wirksamkeitsvoraussetzung, sondern ermöglicht dem Arbeitgeber lediglich, seiner Darlegungslast unter erleichterten Bedingungen nachzukommen.[300] Letztlich wird durch die Erweiterung des Prognosezeitraums die zwischen den drei Stufen der Kündigung[301] bestehende Abstraktheit durchbrochen:[302] Kann auf der ersten Stufe eine negative Gesundheitsprognose für mindestens zwei Jahre gestellt werden, wird eine erhebliche Beeinträchtigung betrieblicher Interessen indiziert.

---

297 BAG Urt. v. 12.7.2007 – 2 AZR 716/06, NZA 2008, 173 (174); Urt. v. 21.5.1992 – 2 AZR 399/91, NZA 1993, 497 (499);

298 BAG Urt. v. 13.5.2015 – 2 AZR 565/14, NZA 2015, 1249 (1250); Urt. v. 12.7.2007 – 2 AZR 716/06, NZA 2008, 173 (174); Urt. v. 12.4.2002 – 2 AZR 148/01, NZA 2002, 1081 (1083); Urt. v. 29.4.1999 – 2 AZR 431/98, NZA 1999, 978 (980).

299 BAG Urt. v. 13.5.2015 – 2 AZR 565/14, NZA 2015, 1249 (1250); Urt. v. 12.7.2007 – 2 AZR 716/06, NZA 2008, 173 (174); Urt. v. 19.4.2007 – 2 AZR 239/06, NZA 2007, 1041 (1042); Urt. v. 12.4.2002 – 2 AZR 148/01, NZA 2002, 1081 (1083); Urt. v. 29.4.1999 – 2 AZR 431/98, NZA 1999, 978 (980); LAG Schleswig-Holstein, Urt. v. 11.3.2008 – 2 Sa 11/08, NZA-RR 2008, 518 (519).

300 So wohl auch Boecken/Düwell/Diller/Hanau/*Kerwer*, KSchG, Bd. III, 2016, § 1 Rn. 511; kann der Arbeitgeber für diesen Zeitraum keine negative Gesundheitsprognose stellen, obliegt es ihm, die erhebliche Beeinträchtigung betrieblicher Interessen darzulegen und zu beweisen.

301 Zur Dreistufigkeit bei der krankheitsbedingten Kündigung grundlegend BAG Urt. v. 29.4.1999 – 2 AZR 431/98, NJW 2000, 893 (893).

302 Dies stellt jedoch auch bei der Kündigung aufgrund lang andauernder Krankheit keine Abbedingung des dreistufigen Prüfungskanons dar; zu diesem Ergebnis kommt wohl auch *Berkowsky*, Die personen- und verhaltensbedingte Kündigung, 4. Auflage 2005, S. 64.

(3) Dauerhafte krankheitsbedingte Arbeitsunfähigkeit

Bereits aus dem Äquivalenzinteresse sowie der grundrechtlich geschützten Vertrags- und Dispositionsfreiheit des Arbeitgebers ergibt sich, dass eine dauerhafte krankheitsbedingte Arbeitsunfähigkeit zur Kündigung des Arbeitsverhältnisses berechtigt.[303] Kann der Arbeitnehmer seine vertraglich geschuldete Leistung dauerhaft nicht erbringen, liegt ein „sinnentleertes Arbeitsverhältnis"[304] vor, welches keiner fortlaufenden Aufrechterhaltung bedarf.

Steht im Zeitpunkt des Zugangs der Kündigung objektiv fest, dass der Arbeitnehmer dauerhaft arbeitsunfähig erkrankt ist, fällt die Gesundheitsprognose immer negativ aus.[305] In diesem Fall ergeben sich für die Prognosegrundlage und den Prognosezeitraum keine Schwierigkeiten. Unter die Kategorie der dauerhaften krankheitsbedingten Arbeitsunfähigkeit werden jedoch auch Krankheitsfälle subsumiert, bei denen die Wiederherstellung der Arbeitsfähigkeit völlig ungewiss, mithin nicht absehbar ist.[306] Die Begrifflichkeiten „völlige Ungewissheit" sowie „Absehbarkeit" sind die einzigen Anhaltspunkte, die die Rechtsprechung für den Prognosezeitraum im Rahmen der negativen Gesundheitsprognose postuliert. Eine genauere Kontur erlangt sie erst im Zusammenhang mit der Feststellung der erheblichen Beeinträchtigung betrieblicher Interessen: Entsprechung der Judikatur zur lang andauernden Krankheit bedarf es auch hier keiner substantiierten Darlegung, wenn die Wiederherstellung der Arbeitsfähigkeit für einen Mindestzeitraum von 24 Monaten ungewiss ist.[307]

---

303 Hinsichtlich der Störung des Äquivalenzinteresses MüKo/*Hergenröder*, KSchG, Bd. IV, 7. Auflage 2016, § 1 Rn. 175.

304 BAG Urt. v. 29.10.1998 – 2 AZR 666/97, NZA 1999, 377 (378); ArbG Ulm, Urt. v. 20.1.2017 – 5 Ca 346/16, NZA-RR 2017, 240 (242); Boecken/Düwell/Diller/Hanau/*Kerwer*, KSchG, Bd. III, 2016, § 1 Rn. 517; MüKo/*Hergenröder*, KSchG, Bd. IV, 7. Auflage 2016, § 1 Rn. 175; der Begriff wird mitunter auch in Fällen der häufigen Kurzzeiterkrankung verwendet, etwa BAG Urt. v. 23.1.2014 – 2 AZR 582/13, NZA 2014, 962 (964).

305 BAG Urt. v. 12.7.2007 – 2 AZR 716/06, NZA 2008, 173 (174).

306 BAG Urt. v. 13.5.2015 – 2 AZR 565/14, NZA 2015, 1249 (1250); Urt. v. 20.11.2014 – 2 AZR 664/13, NZA 2015, 931 (933); Urt. v. 30.9.2010 – 2 AZR 88/09, NZA 2011, 39 (40).

307 Die zweijährige Frist wird mit der Möglichkeit einer maximal zweijährigen sachgrundlosen Befristungsmöglichkeit nach § 14 Abs. 2 S. 1 TzBfG begründet, vgl. BAG Urt. v. 13.5.2015 – 2 AZR 565/14, NZA 2015, 1249 (1250) – in diesem Zeitraum kann der Arbeitgeber den krankheitsbedingten Arbeitsausfall überbrücken, ohne zusätzliche Transaktionskosten bzw. Kostenrisiken auf sich zu nehmen.

Trotz des durch die Urteile des EuGH in Sachen „Schultz-Hoff"[308] sowie „Schulte"[309] angestoßenen Diskurses[310] um eine Herabsetzung des zweijährigen Prognosezeitraums hat das BAG bislang keine Änderung der bisherigen Rechtsprechung vollzogen. Ungeachtet der befristungsrechtlichen Ratio des zweijährigen Prognosezeitraums lässt sich auch bei der Kündigung wegen dauerhafter krankheitsbedingter Arbeitsunfähigkeit feststellen, dass das BAG dogmatische Sonderwege beschreitet: Im Grundsatz existiert auch hier kein einheitlicher Prognosezeitraum für die anzustellende negative Gesundheitsprognose. Kann der Arbeitgeber diese jedoch für einen zweijährigen Zeitraum stellen, entsteht eine Ausstrahlungswirkung auf die zweite Stufe – *in concreto* auf die Darlegungs- und Beweislast des Arbeitgebers. Die Gesundheitsprognose steht in diesem Fall in unmittelbaren Zusammenhang zur prozessualen Beweislast hinsichtlich der Beeinträchtigung betrieblicher Interessen.

(4) Krankheitsbedingte Minderung der Leistungsfähigkeit

Die Kündigung wegen krankheitsbedingter Minderung der Leistungsfähigkeit ist systematisch auch den krankheitsbedingten Kündigungen zuzuordnen. Eine Besonderheit besteht jedoch darin, dass – im Unterschied zu allen anderen Formen der krankheitsbedingten Kündigung – keine Arbeitsunfähigkeit besteht, der Arbeitnehmer seine Tätigkeit also weiterhin ausübt.[311] Der Grund der Kündigung beschränkt sich gerade auf die Minderung der Leistungsfähigkeit[312], die sich in einer Störung des Äquivalenzverhältnisses niederschlägt.[313]

Wie in sämtlichen Fällen der krankheitsbedingten Kündigung ist auch hier eine negative Gesundheitsprognose Voraussetzung für die Wirksamkeit der Kündigung.[314] Für den Prognosezeitpunkt ergibt sich keine Besonderheit; der

---

308 EuGH Urt. v. 20.1.2009 – C-350/06 u. C-520/06, NZA 2009, 135 (Schultz-Hoff).

309 EuGH Urt. v. 22.11.2011 – C-214/10, NZA 2011, 1333 (Schulte).

310 Hierzu insbesondere *Bauer/Arnold*, NJW 2009, 631 (635 f.); BeckOKArbR/*Rolfs*, KSchG, 53. Ed. Stand 1.9.2019, § 1 Rn. 184; Boecken/Düwell/Diller/Hanau/*Kerwer*, KSchG, Bd. III, 2016, § 1 Rn. 523; kritisch auch MüKo/*Hergenröder*, KSchG, Bd. IV, 7. Auflage 2016, § 1 Rn. 176.

311 Boecken/Düwell/Diller/Hanau/*Kerwer*, KSchG, Bd. III, 2016, § 1 Rn. 528; ähnlich *Nehring*, Die krankheitsbedingte Kündigung im Lichte neuerer Gesetzgebung, 2013, S. 154.

312 Zu den Begriffen der Minder- und Schlechtleistung *Stück*, ArbRAktuell 2011, 651 (651 ff.).

313 BAG Urt. v. 20.3.2014 – 2 AZR 825/12, NZA 2014, 1089 (1091); Urt. v. 3.6.2004 – 2 AZR 386/03, NJW 2005, 90 (92).

314 BAG Urt. v. 22.10.2015 – 2 AZR 550/14, NZA-RR 2016, 243 (245).

Zeitpunkt des Zugangs der Kündigungserklärung ist maßgeblich.[315] Hinsichtlich des Prognosezeitraums beschränkt sich das BAG auch bei der krankheitsbedingten Minderung der Leistungsfähigkeit auf die Feststellung, dass künftig in erheblichem Umfang von krankheitsbedingten Minderleistungen auszugehen sein muss.[316] Ein absoluter, bestimmter (Mindest-)Prognosezeitraum, in dem weitere krankheitsbedingte Beeinträchtigungen des vertraglichen Austauschverhältnisses zu befürchten sein müssen, besteht nach der Rechtsprechung nicht. Vielmehr darf „mit einer Wiederherstellung des Gleichgewichts von Leistung und Gegenleistung" nicht mehr zu rechnen sein.[317] Die Anforderungen an die Prognosegrundlage stehen bei der krankheitsbedingten Minderleistung in unmittelbaren Zusammenhang zu den Grundsätzen der abgestuften Darlegungs- und Beweislast bei Kündigungen aufgrund von Minderleistungen: Der Arbeitgeber muss auf der ersten Stufe nur die Minderleistung vortragen[318], wobei insofern ein objektiver Vergleich zur durchschnittlichen Leistung vergleichbarer Arbeitnehmer genügt, wenn der Arbeitgeber nur die objektiv messbaren Arbeitsergebnisse kennt.[319] Auf der zweiten Stufe obliegt es dem Arbeitnehmer, darzulegen, weshalb er trotz unterdurchschnittlicher Leistungen seine subjektive Leistungsfähigkeit[320] ausschöpft.[321] Im letzten Schritt besteht für den Arbeitgeber die Möglichkeit, den Vortrag des Arbeitnehmers zu widerlegen.[322] Für die Prognosegrundlage gilt, dass in der Vergangenheit liegende krankheitsbedingte Minderleistungen für eine vergleichbare Beeinträchtigung des Äquivalenzinteresses des Arbeitgebers in der Zukunft sprechen. Mitunter wird von einer Indizwirkung

---

315 Boecken/Düwell/Diller/Hanau/*Kerwer*, KSchG, Bd. III, 2016, § 1 Rn. 528.

316 BAG Urt. v. 11.12.2003 – 2 AZR 667/02, NZA 2004, 784 (788) mit Verweis auf BAG Urt. v. 12.4.2002 – 2 AZR 148/01, NZA 2002, 1081; das BAG stellt demnach die gleichen Anforderungen an den Prognosezeitraum wie bei der Kündigung wegen lang anhaltender Erkrankung.

317 BAG Urt. v. 11.12.2003 – 2 AZR 667/02, NZA 2004, 784 (788).

318 BAG Urt. v. 3.6.2004 – 2 AZR 386/03, NJW 2005, 90 (92).

319 BAG Urt. v. 11.12.2003 – 2 AZR 667/02, NZA 2004, 784 (786).

320 Zum subjektiv-dynamischen Leistungsbegriff grundlegend BAG Urt. v. 21.5.1992 – 2 AZR 551/91, NZA 1992, 1028; zum objektiven Leistungsbegriff, der sich allein an der durchschnittlichen Leistung vergleichbarer Arbeitnehmer orientiert *Hunold*, BB 2003, 2345 (2346); *Leuchten/Zimmer*, BB 1999, 1973 (1974); *Singer/Schiffer*, JA 2006, 833 (836); *Tschöpe*, BB 2006, 213 (213).

321 BAG Urt. v. 3.6.2004 – 2 AZR 386/03, NJW 2005, 90 (92).

322 BAG Urt. v. 11.12.2003 – 2 AZR 667/02, NZA 2004, 784 (786); *Lingemann/Ludwig/von Einem*, ArbRAktuell 2010, 409 (410).

der bisherigen Minderleistungen gesprochen.[323] Dies ist insofern richtig, als dass der Arbeitgeber seiner Darlegungs- und Beweislast durch den Vortrag vergangener, unterdurchschnittlicher Leistungen grundsätzlich genügt. Bereits aufgetretene krankheitsbedingte Leistungsstörungen täuschen jedoch nicht darüber hinweg, dass eine vollumfängliche Prüfung der Prognoseentscheidung unter Berücksichtigung aller objektiv im Zeitpunkt des Zugangs der Kündigungserklärung bestehenden Umstände erfolgt. In der Konsequenz handelt es sich deshalb nur um eine Objektivierung der Prognosegrundlage.

(5) Stellungnahme

Die Judikatur zur krankheitsbedingten Kündigung unterliegt aufgrund der richterrechtlichen Entwicklung verschiedener Fallgruppen einer fortlaufenden Ausdifferenzierung, von der auch die Anforderungen an die negative Gesundheitsprognose betroffen sind. Fest steht im Ausgangspunkt, dass für die Beurteilung der Gesundheitsprognose bei sämtlichen Krankheitsarten die objektive Lage im Zeitpunkt des Zugangs der Kündigungserklärung entscheidend ist. Der zeitweilige dogmatische Irrweg des Zweiten Senats zur nachträglichen Prognosekorrektur[324] kann angesichts der neueren Rechtsprechung vernachlässigt werden. Im Hinblick auf den Prognosezeitraum finden sich für alle Formen der krankheitsbedingten Kündigung nur äußerst vage formulierte Maßstäbe, die sich im Wesentlichen auf die Feststellung der Zukunftsbezogenheit des Kündigungsgrundes beschränken. Der Konflikt zwischen Einzelfallgerechtigkeit und (arbeitgeberseitiger) Rechtssicherheit wird von der Rechtsprechung klar zugunsten des ersten Belangs gelöst. Vollständig überzeugen kann dies jedoch nicht. Bereits die Systematik der Kündigungsgründe spricht für einen einheitlichen Mindestprognosezeitraum, der auch bei der krankheitsbedingten Kündigung angewandt werden sollte. In der Folge muss die negative Gesundheitsprognose jedenfalls immer bis zum Zeitpunkt des Auslaufens der arbeitgeberseitigen Kündigungsfrist gestellt werden können. Ein längerer Prognosezeitraum kann je nach Art und Umfang der krankheitsbedingten Arbeitsunfähigkeit geboten sein, wobei insofern auch eine Bestimmtheit, hilfsweise Bestimmbarkeit des Zeitraums notwendig ist.

Die rechtstatsächlichen Unterschiede der Fallgruppen krankheitsbedingter Kündigungen treten letztlich erst im Rahmen der Beurteilung der Beeinträchtigung betrieblicher Interessen in Erscheinung. Hier setzt das BAG verschiedene

---

323 Boecken/Düwell/Diller/Hanau/*Kerwer*, KSchG, Bd. III, 2016, § 1 Rn. 528.

324 BAG Urt. v. 10.11.1983 – 2 AZR 291/82, NJW 1984, 1417.

Prognosemaßstäbe an – was im Ergebnis zu unterschiedlichen Bestandsschutzintensitäten führt. In Anbetracht der jeweils einschlägigen Reaktionsmöglichkeiten des Arbeitgebers auf krankheitsbedingte Arbeitsausfälle ist dies auch notwendig: Personalmängel, die wegen einer lang andauernden Erkrankung eines Arbeitnehmers auftreten, können vom Arbeitgeber aufgrund der Möglichkeit sachgrundloser Befristungen nach § 14 Abs. 2 S. 1 TzBfG grundsätzlich bis zu 24 Monate ausgeglichen werden, ohne zusätzliche Transaktions- und Bestandsschutzkosten aufzunehmen. Zwar wäre regelmäßig auch eine Vertretungsbefristung nach § 14 Abs. 1 S. 2 Nr. 3 TzBfG denkbar, allerdings träfen den Arbeitgeber hier weitreichendere Risiken hinsichtlich der Rechtswirksamkeit der Befristungsabrede. Insbesondere wäre – als Teil des sachlichen Grundes – eine Prognose über den Entfall des Vertretungsbedarfs bei Rückkehr der Stammkraft zu stellen.[325] Bei häufigen Kurzzeiterkrankungen ist dieses Instrument nicht praktikabel, sodass ein unterschiedlicher Bestandsschutz zwangsläufig entsteht. Fragwürdig ist jedoch insofern die bisherige Rechtsprechung zur krankheitsbedingten Minderleistung: Auch hier soll nach Auffassung des Zweiten Senats die Vermutungsregelung der Zweijahresprognose greifen können.[326] Hiermit geht unweigerlich ein erhöhtes Maß an Darlegungs- und Beweislast für Fälle, in denen diese Prognose nicht gestellt werden kann, einher. Der Bestandsschutz bei krankheitsbedingter Minderleistung rückt in der Folge nahe an denjenigen der Kündigung wegen lang andauernder krankheitsbedingten Arbeitsunfähigkeit heran. Dieses Ergebnis ist durchaus fragwürdig, da der Arbeitgeber bei einer krankheitsbedingten Minderleistung zwar weiterhin eine Gegenleistung erhält, diese jedoch hinter der vertraglich geschuldeten zurückbleibt. Es entsteht folglich ein Ertragsdefizit, welches er – zumindest vorübergehend – in Kauf nehmen muss. Im Gegensatz hierzu entstehen bei einer lang andauernden

---

325 BAG Urt. v. 29.4.2015 – 7 AZR 310/13, NZA 2015, 928 (929; Urt. v. 10.10.2012 – 7 AZR 462/11, NZA-RR 2013, 185 (186); Urt. v. 6.10.2010 – 7 AZR 397/09, NZA 2011, 1155 (1157); BAG Urt. v. 22.11.1995 – 7 AZR 252/95, NZA 1999, 878 (879); Boecken/Düwell/Diller/Hanau/*Studt*, TzBfG, Bd. III, 2016, § 14 Rn. 37; Boecken/Joussen/*Boecken*, TzBfG, 6. Auflage 2019, § 14 Rn. 77; *Loth*, Prognoseprinzip und Befristungskontrolle im Arbeitsverhältnis, 2015, S. 152; Meinel/Heyn/Herms/*Meinel*, TzBfG, 5. Auflage 2015, § 14 Rn. 128; MüKo/*Hesse*, TzBfG, Bd. IV, 7. Auflage 2016, § 14 Rn. 125.

326 BAG Urt. v. 22.10.2015 – 2 AZR 550/14, NZA-RR 2016, 243 (246); die bloße Ungewissheit einer Genesung reicht insofern jedoch nicht aus, um ein zweijähriges Ausbleiben einer vollständigen Gesundung nach medizinischen Erkenntnissen anzunehmen, vgl. BAG Urt. v. 13.5.2015 – 2 AZR 565/14, NZA 2015, 1249 (1251).

krankheitsbedingten Arbeitsunfähigkeit regelmäßig keine Mehrkosten, da eine Vertretung des ausfallenden Arbeitnehmers leicht eingerichtet werden kann. Die Anforderungen an die negative Gesundheitsprognose bei einer Kündigung wegen krankheitsbedingter Minderleistung sollten vor diesem Hintergrund an die personal- und betriebswirtschaftlichen Rahmenbedingungen angepasst werden.

c) Spezifika der verhaltensbedingten Kündigung

Die Notwendigkeit einer Negativprognose ist vordergründig bei der verhaltensbedingten Kündigung in Frage gestellt worden. Zweifel hieran basieren letztlich auf dem dogmatischen Verständnis der verhaltensbedingten Kündigung als Sanktionsinstrument; der Arbeitgeber soll den Arbeitnehmer für (schwere) Pflichtverletzungen repressiv belangen können.[327] Dass dieses Verständnis weder historisch noch systematisch überzeugt, wurde bereits zuvor dargelegt.[328] Der nachfolgenden Betrachtung der Spezifika des Prognoseerfordernisses bei der verhaltensbedingten Kündigung liegt deshalb eine Qualifikation dieses Kündigungsgrundes als ausschließlich zukunftsbezogenes, auf die Prävention weiterer vertraglicher Pflichtverletzungen gerichtetes Instrumentarium zugrunde.

aa) Allgemeiner Prognosemaßstab

Auch bei der verhaltensbedingten Kündigung ist für die Beurteilung der Wirksamkeit der Negativprognose auf den Zeitpunkt des Zugangs der Kündigungserklärung abzustellen.[329] Umstände, die nach diesem Zeitpunkt eintreten, können zur Verifizierung bzw. Substantiierung der Prognose nicht (nachträglich) herangezogen werden.[330] Dem Prognosezeitpunkt nachgelagerte Ereignisse und Zustände sind vielmehr für eine eventuelle nachträgliche Korrektur der Kündigung von Bedeutung.[331] Die Prognosegrundlage bildet bei der

---

327 Dieses Verständnis findet sich insbesondere bei *Löwisch*, BB 1998, 1793 (1795); *Kraft*, ZfA 1994, 463 (475); *Popp*, DB 1981, 2611 (2615); *Walden*, Änderungskündigung, unternehmerische Entscheidungsfreiheit und Prognoseprinzip, 1993, S. 123; *Wank*, RdA 1993, 79 (84); *Willemsen*, RdA 2017, 115 (116 f.).

328 S.bei Gliederungspunkt B. III. 2. a).

329 BAG Urt. v. 18.6.2015 – 2 AZR 256/14, NZA 2016, 287 (291); Urt. v. 19.11.2015 – 2 AZR 217/15, NZA 2016, 540 (543); Urt. v. 24.5.2012 – 2 AZR 206/11, NZA 2013, 137 (139).

330 Ascheid/Preis/Schmidt/*Vossen*, KSchG, 5. Auflage 2017, § 1 Rn. 71; Boecken/Düwell/Diller/Hanau/*Kerwer*, KSchG, Bd. III, 2016, § 1 Rn. 768.

331 Vgl. unter Gliederungspunkt C. IV. 4.

verhaltensbedingten Kündigung die in der Vergangenheit liegende Störung der Durchführung des Vertragsverhältnisses.[332] Notwendig ist deshalb regelmäßig eine schuldhafte Pflichtverletzung des Arbeitnehmers.[333] Für die Substantiierung der Prognosegrundlage sind vor allem – abseits der Abmahnung – Umstandsmomente wie etwa die Beharrlichkeit der Pflichtverletzung sowie der Grad des Verschuldens von Bedeutung.[334] Insofern steht die Prognosegrundlage in unmittelbaren Zusammenhang zur Prognosewahrscheinlichkeit: Je stärker das Verschulden des Arbeitnehmers ausgeprägt war, desto eher besteht die Gefahr einer zukünftigen Vertragsverletzung.[335] Sowohl die Schwere als auch die Frequenz der Pflichtverletzung(en) sind zu berücksichtigen. Hinsichtlich des Prognosemaßstabs ist allerdings zu unterscheiden: Zum einen kann die Prognose auf die Gefahr des Eintritts künftiger, vergleichbarer Pflichtverletzungen gerichtet sein (*Wiederholungsgefahr*).[336] Andererseits besteht auch die Möglichkeit, dass die vergangene Pflichtverletzung derart schwerwiegend war, dass diese auch künftig störend auf die Durchführung des Arbeitsverhältnisses wirkt (*Folgewirkung*).[337]

bb) Redundanz des Prognoseprinzips bei Folgewirkung aufgrund besonders schwerwiegender Vertragsverletzungen?

Das Prognoseerfordernis im Rahmen der verhaltensbedingten Kündigung wurde jüngst von *Willemsen* für die Fälle besonders schwerwiegender, vorsätzlicher Pflichtverletzungen deutlich in Frage gestellt.[338] Trotz einer grundsätzlichen Anerkennung der Rechtsfigur der Negativprognose spricht er sich für eine richterrechtliche Einschränkung des Anwendungsbereichs aus, da insbesondere

332 Boecken/Düwell/Diller/Hanau/*Kerwer*, KSchG, Bd. III, 2016, § 1 Rn. 767; ErfK/*Oetker*, KSchG, 19. Auflage 2019, § 1 Rn. 196.

333 BAG Urt. v. 20.6.2013 – 2 AZR 583/12, NZA 2013, 1345 (1347); Urt. v. 21.6.2012 – 2 AZR 153/11, NZA 2012, 1025 (1026); Urt. v. 24.6.2004 – 2 AZR 63/03, NZA 2005, 158 (160); BeckOKArbR/*Stoffels*, BGB, 53. Ed. Stand 1.9.2019, § 626 Rn. 85.

334 BAG Beschl v. 10.2.1999 – 2 ABR 31/98, NZA 199, 708 (711); Urt. v. 21.11.1996 – 2 AZR 357/95, NZA 1997, 487 (490).

335 Staudinger/*Preis*, BGB, 2019, § 629 Rn. 93.

336 Ascheid/Preis/Schmidt/*Preis*, Kündigungsrecht, 5. Auflage 2017, Prinzipien zur Ausfüllung der Kündigungsgründe, Rn. 81; *Preis*, Prinzipien des Kündigungsrechts bei Arbeitsverhältnissen, 1987, S. 328; Staudinger/*Preis*, BGB, 2019, § 626 Rn. 93; ähnlich *Zuber*, NZA 1999, 1142 (1144).

337 *Berkowsky*, NZA-RR 2001, 1 (4); Boecken/Düwell/Diller/Hanau/*Kerwer*, KSchG, Bd. III, 2016, § 1 Rn. 767; MüKo/*Hergenröder*, KSchG, Bd. IV, 7. Auflage 2016, § 1 Rn. 197; *Preis*, Prinzipien des Kündigungsrechts bei Arbeitsverhältnissen, 1987, S. 328.

338 *Willemsen*, RdA 2017, 115 (116).

die auf einem (Fehl-)Verhalten des Arbeitnehmers beruhende außerordentliche Kündigung des Arbeitsverhältnisses nicht immer eine Zukunftsprognose erfordere.[339] Auch *Willemsen* geht davon aus, dass bei Fehlen einer Wiederholungsgefahr eine verhaltensbedingte Kündigung trotzdem ausgesprochen werden kann, sofern sich die vergangene Pflichtverletzung „auch in Zukunft auf das Arbeitsverhältnis belastend auswirk[t]".[340] Eine derartige Fortwirkung des Vertragsbruchs sei jedoch bei besonders schwerwiegenden oder sogar strafbaren Fehlverhalten in aller Regel gegeben, sodass dann das Prognoseprinzip kein (zusätzliches) Wirksamkeitsmerkmal der Kündigung sein könne. *Willemsen* bildet diesbezüglich den – in seinen Worten „zugegebenermaßen makabren" – Fall, indem der Arbeitnehmer einen verhassten Kollegen im Streit mit einem Messer niedersticht und nach dessen Tod einwendet, die Quelle des Fehlverhaltens sei nunmehr nicht mehr existent – eine negative Prognose sei deshalb nicht (mehr) möglich.[341]

Die Abdingbarkeit des Prognosegedankens bei einer besonders schwerwiegenden Pflichtverletzung ist trotz des plakativen Beispiels zu bezweifeln. Bedenken begegnet bereits das Ergebnis hinsichtlich der Frage nach einer Wiederholungsgefahr. Selbst wenn die konkrete „Quelle des Übels"[342] nicht mehr existent ist, kann eine Wiederholungsgefahr durchaus bestehen. Es muss nämlich gerade keine identische, sondern nur eine vergleichbare Pflichtverletzung zu befürchten sein.[343] Abseits der Wiederholungsgefahr trifft es allerdings zu, dass eine besonders schwere Vertragsverletzung in der Regel zu einer Fortwirkung der vergangenen Pflichtverletzung führt – eine Negativprognose wird üblicherweise gegeben sein. Der Rückschluss auf eine Redundanz des Prognoseprinzips geht jedoch fehl: Auch bei einer Fortwirkung vergangener Vertragsverletzungen kommt es darauf an, dass die Herstellung künftiger Vertragstreue nicht mehr erwartet werden kann. Besonders schwerwiegende Pflichtverletzungen führen insofern stets zu einer gesteigerten bzw. erhöhten Objektivierung der Prognosegrundlage, sodass im Ergebnis eine negative Zukunftsprognose sehr wahrscheinlich zu bejahen sein wird. Ein Verzicht auf das Prognoseerfordernis würde nach der Konzeption von *Willemsen* auch nur dann möglich sein, wenn die Kategorie

339 *Willemsen*, RdA 2017, 115 (116).
340 *Willemsen*, RdA 2017, 115 (116).
341 *Willemsen*, RdA 2017, 115 (116).
342 *Willemsen*, RdA 2017, 115 (116).
343 Zum Begriff und Maßstab der Gleichartigkeit Staudinger/*Preis*, BGB, 2019, § 626 Rn. 109; *Waldenfels*, ArbRAktuell 2012, 209 (210 f.); grundlegend *Hauer*, Die Abmahnung im Arbeitsverhältnis, 1990, S. 115 ff.

der „besonders schwerwiegenden Pflichtverletzung“ eindeutig von der „normalen“ Pflichtverletzung abgrenzbar wäre. Dies ist in Anbetracht der Vielseitigkeit vertraglicher Pflichtverletzungen im Arbeitsverhältnis kaum möglich. Verzichtet man auf die Notwendigkeit einer Prognose, bestünde in der Konsequenz auch die erneute Gefahr, die verhaltensbedingte Kündigung in Teilen zu einem Sanktionsmechanismus umzufunktionieren. Eine Negativprognose ist vor diesem Hintergrund bei jeder vertraglichen Pflichtverletzung notwendig, ungeachtet der Schwere oder Strafbarkeit des Verhaltens.[344]

cc) Die Abmahnung und ihre doppelte Zweckrichtung

(1) Instrument zur Objektivierung der Prognosegrundlage und Konsequenz des Ultima-ratio-Prinzips

Die Wirksamkeit einer verhaltensbedingten Kündigung setzt im Regelfall eine vorangegangene Abmahnung des Arbeitnehmers voraus. Der Arbeitgeber muss demnach in einer für den Arbeitnehmer hinreichend deutlich erkennbaren Art und Weise Leistungs- oder Verhaltensmängel beanstanden und damit deutlich, nicht notwendigerweise *expressis verbis*, den Hinweis verbinden, dass im Wiederholungsfall der Inhalt bzw. Bestand des Arbeitsverhältnisses gefährdet sei.[345] Als arbeitsvertragliches Gläubigerrecht des Arbeitgebers[346] kommen der Abmahnung zwei wesentliche Rechtsfunktion zu:[347] Im Hinblick auf die Negativprognose stellt die Abmahnung ein arbeitgeberseitiges Instrument zur Objektivierung der

---

344 So im Ergebnis auch *Binkert*, NZA 2016, 721 (724).

345 BAG Urt. v. 19.4.2012 – 2 AZR 258/11, NZA-RR 2012, 567 (569); Urt. v. 25.4.1996 – 2 AZR 74/95, NZA 1996, 1201 (1202); Urt. v. 17.2.1994 – 2 AZR 616/93, NZA 1994, 656 (656); Ascheid/Preis/Schmidt/*Vossen*, KSchG, 5. Auflage 2017, § 1 Rn. 348; Boecken/Düwell/Diller/Hanau/*Kerwer*, KSchG, Bd. III, 2016, § 1 Rn. 775; MüKo/*Hergenröder*, KSchG, Bd. IV, 7. Auflage 2016, § 1 Rn. 198.

346 BAG Urt. v. 19.7.2012 – 2 AZR 782/11, NZA 2013, 91 (92); Urt. v. 23.6.2009 – 2 AZR 606/08, NZA 2009, 1011 (1011); Urt. v. 22.2.2001 – 6 AZR 398/99, NJOZ 2002, 603 (604); Urt. v. 30.5.1996 – 6 AZR 537/95, NZA 1997, 145 (145); BeckOKArbR/*Rolfs*, KSchG, 53. Ed. Stand 1.9.2019, § 1 Rn. 235; Boecken/Düwell/Diller/Hanau/*Kerwer*, KSchG, Bd. III, 2016, § 1 Rn. 775; MüKo/*Hergenröder*, KSchG, Bd. IV, 7. Auflage 2016, § 1 Rn. 198.

347 Über die hier dargestellten Rechtsfunktionen hinaus steht die Abmahnung auch in enger Beziehung zum Grundsatz des *venire contra factum proprium*, da das Verhalten des Arbeitgebers in der Regel widersprüchlich erscheint, wenn er Vertragsverletzungen nicht entgegentritt, dann jedoch ohne Vorwarnung die Kündigung des Vertrags erklärt, vgl. Staudinger/*Preis*, BGB, 2019, § 626 Rn. 109.

Prognosegrundlage dar.[348] Hat ein Arbeitnehmer trotz erfolgter Abmahnung eine vergleichbare Pflichtverletzung erneut begangen, ist grundsätzlich davon auszugehen, dass auch in Zukunft weitere Vertragsverletzungen erfolgen werden.[349] Mit dem Ausspruch einer Abmahnung substantiiert der Arbeitgeber demzufolge sowohl die Prognosegrundlage, als auch die Anforderungen an den Grad der Wahrscheinlichkeit des prognostizierten (erneuten) Vertragsbruchs. Abseits der prognosebezogenen Funktion ist die Abmahnung auch ein integraler Bestandteil des arbeitsrechtlichen Verhältnismäßigkeitsgrundsatzes[350], *in concreto* des Ultima-ratio-Prinzips.[351] Da die verhaltensbedingte Kündigung an ein steuerbares, schuldhaftes Verhalten des Arbeitnehmers anknüpft[352], stellt die Abmahnung ein milderes Mittel gegenüber der Kündigung des Vertragsverhältnisses dar.[353] Dies gilt allerdings nur, sofern die Abmahnung auch zur Prävention künftiger Pflichtverletzungen gleich geeignet ist.[354] Die Geeignetheit findet ihre Grenzen insbesondere dort, wo die Wiederherstellung des arbeitgeberseitigen

---

348 BAG Urt. v. 10.6.2010 – 2 AZR 541/09, NZA 2010, 1227 (1231); Urt. v. 23.6.2009 – 2 AZR 103/08, NZA 2009, 1198 (1201 f.); Urt. v. 19.2.2009 – 2 AZR 603/07, NZA 2009, 894 (895); Urt. v. 19.4.2007 – 2 AZR 180/06, NZA-RR 2007, 571 (576); ErfK/*Oetker*, KSchG, 19. Auflage 2019, § 1 Rn. 199; Staudinger/*Preis*, BGB, 2019, § 626 Rn. 109.

349 BAG Urt. v. 10.6.2010 – 2 AZR 541/09, NZA 2010, 1227 (1231); Urt. v. 13.12.2007 – 2 AZR 818/06, NZA 2008, 589 (592); Urt. v. 12.1.2006 – 2 AZR 21/05, NZA 2006, 917 (921).

350 *Lißeck*, Die Abmahnung, 1990, S. 65 ff.; *Schmid*, NZA 1985, 409 (411); dieser Grundsatz kommt nach der Rechtsprechung auch in § 314 Abs. 2 BGB zum Ausdruck, vgl. BAG Urt. v. 31.7.2014 – 2 AZR 434/13, NZA 2015, 358 (361).

351 BAG Urt. v. 10.6.2010 – 2 AZR 541/09, NZA 2010, 1227 (1231); Staudinger/*Preis*, BGB, 2019, § 626 Rn. 105.

352 BAG Urt. v. 4.6.1997 – 2 AZR 526/96, NZA 1997, 1281 (1283); LAG Köln Urt. v. 4.11.2005 – 11 Sa 500/05, NZA-RR 2006, 302 (304); LAG Rheinland-Pfalz, Urt. v. 14.4.2005 – 11 Sa 810/04, NZA-RR 2006, 194 (195); Ascheid/Preis/Schmidt/*Vossen*, KSchG, 5. Auflage 2017, § 1 Rn. 119; Boecken/Düwell/Diller/Hanau/*Kerwer*, KSchG, Bd. III, 2016, § 1 Rn. 757.

353 BAG Urt. v. 23.1.2014 – 2 AZR 638/13, NZA 2014, 965 (966); Urt. v. 25.10.2012 – 2 AZR 495/11, NZA 2013, 319 (320); BAG Urt. v. 10.6.2010 – 2 AZR 541/09, NZA 2010, 1227 (1231); Ascheid/Preis/Schmidt/*Vossen*, KSchG, 5. Auflage 2017, § 1 Rn. 343; *Schlachter*, NZA 2005, 433 (435); *Waldenfels*, ArbRAktuell 2012, 209 (209).

354 BAG Urt. v. 16.12.2010 – 2 AZR 485/08, NZA 2011, 571 (573); BeckOKArbR/*Rolfs*, KSchG, 53. Ed. Stand 1.9.2019, § 1 Rn. 255; Boecken/Düwell/Diller/Hanau/*Kerwer*, KSchG, Bd. III, 2016, § 1 Rn. 781; MüKo/*Henssler*, BGB, Bd. IV, 7. Auflage 2016, § 626 Rn. 90.

Vertrauens auf eine künftige störungsfreie Durchführung des Vertragsverhältnisses nicht mehr erreicht werden kann:

(2) Entbehrlichkeit der Abmahnung nach der Judikatur des Zweiten Senats

Der Ausspruch einer Abmahnung ist insbesondere entbehrlich, wenn (1) eine künftige Verhaltensänderung des Arbeitnehmers trotz objektiver Möglichkeit nicht zu erwarten ist[355] oder (2) eine besonders schwerwiegende Pflichtverletzung vorliegt, bei der das für eine ordnungsgemäße Fortführung des Arbeitsverhältnisses notwendige Vertrauen auf der Seite des Arbeitgebers final und endgültig zerrüttet ist.[356]

Die Entbehrlichkeit einer Abmahnung bei objektiv fehlender Einsichtsfähigkeit bzw. fehlendem Willen des Arbeitnehmers, sich künftig vertragstreu zu verhalten (1), stellt eine unmittelbare Konsequenz des Prognoseprinzips dar.[357] Kann die Gefahr einer steuerbaren, verhaltensbedingten Vertragsverletzung durch kein vertragsaufrechterhaltendes Instrument für die Zukunft beseitigt werden, muss dem Arbeitgeber die Möglichkeit zur einseitigen Beendigung des Vertragsverhältnisses zugesprochen werden. Die Prognosegrundlage ist in dieser Situation eindeutig, sodass keine Restwahrscheinlichkeit hinsichtlich einer künftigen Vertragskonformität des Arbeitnehmers mehr besteht. Bleibt eine dahingehende Ungewissheit aus, existiert in der Konsequenz auch kein schützenswertes Bestandsinteresse des Arbeitnehmers, welches ein milderes Mittel als die Beendigungskündigung legitimieren könnte.

Die derzeitige Rechtsprechung des BAG zur Entbehrlichkeit der Abmahnung bei besonders schwerwiegenden Pflichtverletzungen (2) hat zu einer auf den ersten Blick geringfügigen, für die Verfestigung des Prognoseprinzips jedoch äußerst bedeutsamen Änderung geführt. In der sog. „*Emmely*"-Entscheidung[358] führte der Zweite Senat noch aus, dass es keiner Abmahnung bedürfe, wenn eine derart schwerwiegende Pflichtverletzung in Rede stehe, dass „eine Hinnahme durch den Arbeitgeber offensichtlich – auch für den Arbeitnehmer

---

355 BAG Urt. v. 12.1.2006 – 2 AZR 21/05, NZA 2006, 917 (921); Urt. v. 18.5.1994 – 2 AZR 626/93, NZA 1995, 65 (65); BeckOKArbR/*Rolfs*, KSchG, 53. Ed. Stand 1.9.2019, § 1 Rn. 256.

356 BAG Urt. v. 20.11.2014 – 2 AZR 651/13, NZA 2015, 294 (296); Urt. v. 23.1.2014 – 2 AZR 638/13, NZA 2014, 965 (966); Urt. v. 24.11.2005 – 2 AZR 39/05, NZA 2006, 484 (486); *Binkert*, NZA 2016, 721 (725); MüKo/*Henssler*, BGB, Bd. IV, 7. Auflage 2016, § 626 Rn. 100.

357 Zutreffend *Willemsen*, RdA 2017, 115 (120).

358 BAG Urt. v. 10.6.2010 – 2 AZR 541/09, NZA 2010, 1227.

erkennbar – ausgeschlossen ist".[359] Maßgeblich war demzufolge die *subjektive* Hinnehmbarkeitsschwelle des betroffenen Arbeitgebers.[360] In den darauffolgenden Entscheidungen führte das BAG sodann eine modifizierte Formel an, nach der es darauf ankomme, ob „die erstmalige Hinnahme dem Arbeitgeber nach *objektiven* Maßstäben unzumutbar und damit offensichtlich – auch für den Arbeitnehmer erkennbar – ausgeschlossen ist".[361]

Das Abstellen auf eine objektivierte Hinnahmebereitschaft wird mitunter aus Gründen der arbeitgeberseitigen Rechtssicherheit kritisiert.[362] Abgesehen hiervon werden Befürchtungen geäußert, denen zufolge das BAG durch einen objektiven Entbehrlichkeitsmaßstab lediglich verhindern wolle, dass nahezu jede schwerwiegende Vertragsverletzung zur Abdingbarkeit des Abmahnungserfordernisses führe.[363] Im Kern der Diskussion geht es vor allem um die Frage, ob es einen schützenswerten „Vertrauensvorrat"[364] geben kann bzw. ob dem Arbeitsverhältnis ein „Postulat der zweiten Chance" innewohnt.[365] Auch wenn die Annahme einer objektiven Hinnehmbarkeitsschwelle aus Sicht des Arbeitgebers zu einem tendenziell kleineren Anwendungsbereich der bisherigen Doktrin zur Entbehrlichkeit der Abmahnung führt, ist sie im Lichte des Prognoseprinzips richtig und notwendig: Die Wirksamkeit der Negativprognose richtet sich stets nach einem objektiven, überprüfbaren Maßstab.[366] Subjektive Wertentscheidungen des Arbeitgebers sollen gerade nicht berücksichtigt werden. Deshalb lässt sich aus der einer Prognoseentscheidung immanenten Ungewissheit kein Ermessenspielraum des Arbeitgebers herleiten, der einer gerichtlichen Kontrolle entzogen sein soll.[367] Vielmehr muss jedes Wahrscheinlichkeitsurteil substantiiert werden. Die richterliche Kontrolle richtet sich insofern auf eine umfassende Ausschöpfung aller vorgetragenen Erkenntnisquellen.[368] Für die Wirksamkeit

359 BAG Urt. v. 10.6.2010 – 2 AZR 541/09, NZA 2010, 1227 (1231).

360 Vgl. *Willemsen*, RdA 2017, 115 (120).

361 BAG Urt. v. 20.11.2014 – 2 AZR 651/13, NZA 2015, 294 (296); Urt. v. 25.10.2012 – 2 AZR 495/11, NZA 2013, 319 (320); Urt. v. 19.4.2012 – 2 AZR 186/11, NZA 2013, 27 (29); Urt. v. 9.6.2011 – 2 AZR 284/10, NZA-RR 2012, 12 (14 f.);

362 *Willemsen*, RdA 2017, 115 (120).

363 *Willemsen*, RdA 2017, 115 (120).

364 Vgl. *Binkert*, NZA 2016, 721 (726).

365 Kritisch *Willemsen*, RdA 2017, 115 (120); befürwortend *Schmitz-Scholemann*, NZA 2012, 1001 (1009).

366 *Preis*, Prinzipien des Kündigungsrechts bei Arbeitsverhältnissen, 1987, S. 337 ff.

367 BAG Urt. v. 29.8.1979 – 4 AZR 863/77, NJW 1980, 1766 (1768).

368 BAG Urt. v. 29.8.1979 – 4 AZR 863/77, NJW 1980, 1766 (1768).

der Prognose kommt es dementsprechend immer darauf an, ob objektiv mit einer störfreien Fortführung des Vertragsverhältnisses unter Berücksichtigung der im Zeitpunkt der Prognoseentscheidung gegebenen Umstände nicht gerechnet werden kann.[369] Nichts anderes darf dann für die Frage nach der Entbehrlichkeit einer Abmahnung gelten. Auch hier geht es um eine zukunftsbezogene Entscheidung, nämlich die Hinnehmbarkeit einer schwerwiegenden Pflichtverletzung bzw. des daraus resultierenden Vertrauensverlustes.[370] Letztlich ist zu prognostizieren, ob der Arbeitnehmer im Zeitpunkt der Realisierung der Vertragsverletzung von einer (ggf. fristlosen) Beendigung des Arbeitsverhältnisses ohne Einräumung einer „zweiten Chance“ ausgehen musste. Die Hinnehmbarkeitsschwelle des Arbeitgebers steht insofern in unmittelbaren Zusammenhang zum Ultima-ratio-Prinzip.[371] Dieses muss als Bestandteil des Prüfungskanons arbeitgeberseitiger Kündigungen einem objektiven (Kontroll-)Maßstab unterliegen. Ein gegenteiliges Ergebnis birgt die Gefahr, durch Einräumung eines zu weit gefassten Beurteilungsspielraums den Kündigungsschutz auszuhöhlen.[372] In der Konsequenz ist der jüngeren Rechtsprechung des Zweiten Senats zur Entbehrlichkeit der Abmahnung bei schwerwiegenden Pflichtverletzungen vollumfänglich zuzustimmen.

---

369 Zur Maßgeblichkeit der im Zeitpunkt der Kündigung objektiv vorliegenden Tatsachen MüKo/*Hergenröder*, KSchG, Bd. IV, 7. Auflage 2016, § 1 Rn. 158.

370 Da die Abmahnung auch als Mittel zum Abbau eines arbeitgeberseitigen Vertrauenstatbestands verstanden wird, kann diese nur dann zweckmäßig sein, wenn ein verbleibender Rest an Vertrauen noch über den (hypothetischen) Zeitpunkt des Ausspruchs der Abmahnung hinaus besteht, vgl. *Schmid*, NZA 1985, 409 (412); Staudinger/*Preis*, BGB, 2019, § 626 Rn. 109.

371 Gleiches gilt für die Verknüpfung zwischen dem Prognoseprinzip in seiner Gesamtheit und dem Ultima-ratio-Prinzip, da regelmäßig erst die erfolglose Ausschöpfung sämtlicher milderer Mittel eine negative Prognose, mithin die Beendigung des Arbeitsverhältnisses legitimiert, vgl. Boecken/Düwell/Diller/Hanau/*Greiner*, KSchG, Bd. III, 2016, § 1 Rn. 237.

372 *Preis*, Prinzipien des Kündigungsrechts bei Arbeitsverhältnissen, 1987, S. 337; vor diesem Hintergrund kann der Heranziehung eines objektiven Maßstabs auch nicht aufgrund der Überlegung, wesentliche Teile des Kündigungsrecht der privatautonomen Gestaltung der Arbeitsvertragsparteien zu unterwerfen, gefolgt werden; dies verkennt insbesondere *Willemsen*, RdA 2017, 115 (120), wenn er das Beispiel eines eng gefassten „Code of Conduct“ exemplarisch für eine denkbare Form der „vorweggenommenen Abmahnung“ anführt.

d) Spezifika der betriebsbedingten Kündigung

Historisch betrachtet existiert das Postulat der Negativprognose am längsten bei der betriebsbedingten Kündigung.[373] Da das Prognoseprinzip bei diesem Kündigungsgrund eine andere Zweckrichtung verfolgt als bei der personen- und verhaltensbedingten Kündigung, bedarf es zunächst einer Auseinandersetzung mit der spezifischen Schutzrichtung der betriebsbedingten Kündigung. Diese bildet das Fundament für den kündigungsgrundspezifischen Wirksamkeitsmaßstab der Negativprognose:

aa) Schutzrichtung der Negativprognose bei dringenden betrieblichen Erfordernissen

Das Recht zum Ausspruch einer betriebsbedingten Kündigung dient dem Schutz der ökonomischen Handlungsfähigkeit des Arbeitgebers.[374] Dieser muss auf veränderte makro- oder mikroökonomische Rahmenbedingungen auch in personalwirtschaftlicher Hinsicht reagieren können. Da die wirtschaftliche Betätigung des Arbeitgebers im Kern eine zukunftsbezogene Tätigkeit ist, muss er Marktentwicklungen und betriebswirtschaftliche Veränderungen antizipieren und ggf. präventiv reagieren. Die von ihm getroffenen unternehmerischen Entscheidungen sind dabei der Grundstein der betrieblichen Aktivitäten. Es kann insofern aus den verschiedensten Gründen dazu kommen, dass aus betriebswirtschaftlicher Perspektive eine Reduzierung des Personalbestands notwendig wird. Die Dispositionsfreiheit des Arbeitgebers umfasst in Anbetracht des von ihm zu tragenden unternehmerischen Risikos insbesondere die Befugnis zur Angleichung der vorhandenen Arbeitskraft an den (zukünftigen) Arbeitsbedarf.[375] In den Worten von *Hümmerich/Spirolke* können nur demjenigen „die Folgen für sein Handeln auferlegt werden, der auch Handeln darf".[376] Eine Besonderheit der betriebsbedingten Kündigung besteht darin, dass der für die Beendigung des Arbeitsverhältnisses ursächliche Umstand allein der Sphäre des Arbeitgebers zuzurechnen ist:[377] Der Arbeitnehmer kann die Vorgänge, die zu der konkreten

---

373 Erstmals BAG Urt. v. 27.2.1958 – 2 AZR 445/55, BAGE 6, 1ff.

374 Vgl. *von Finckenstein*, Freie Unternehmerentscheidung, 2005, S. 104 f.

375 *Deneke*, Die betriebsbedingte Kündigung im Rahmen der übertragenden Sanierung, 2009, S. 43; zur Existenz einer freien Unternehmerentscheidung kritisch *Dathe*, Der Tatbestand der betriebsbedingten Kündigung, 2007, S. 110 ff.

376 *Hümmerich/Spirolke*, NZA 1998, 797 (799).

377 *Dey*, Der Grundsatz der Verhältnismäßigkeit im Kündigungsrecht, 1989, S. 142; ähnlich *Honstetter*, Die Prognoseentscheidung des Arbeitgebers im Kündigungsrecht, 1994, S. 62.

unternehmerischen Entscheidung führen, in der Regel nicht beeinflussen. In der Konsequenz liegt auch der Negativprognose eine – im Vergleich zur Prognose bei der verhaltens- und personenbedingten Kündigung – andere Zielrichtung zugrunde: Es muss nicht das Ausbleiben einer künftigen störfreien Durchführung des Arbeitsvertrags prognostiziert werden, sondern der dauerhafte Wegfall der Beschäftigungsmöglichkeit im Betrieb des Arbeitgebers.[378]

bb) Zeitpunkt, Grundlage und Gegenstand der Prognoseentscheidung

Hinsichtlich der Beurteilung der Wirksamkeit der Prognose ist auch bei der betriebsbedingten Kündigung auf den Zeitpunkt des Zugangs der Kündigungserklärung abzustellen.[379] Bei dem für die Wirksamkeit der Prognose maßgeblichen Zeitraum ist aufgrund der spezifischen Schutzrichtung der betriebsbedingten Kündigung – Sicherung der wirtschaftlichen Handlungs- und Dispositionsfähigkeit des Arbeitgebers – eine Differenzierung notwendig: Die Entscheidung zur Anpassung des Personalbedarfs an den benötigten Personalbestand ist Teil der zukunftsbezogen unternehmerischen Planungstätigkeit. Deshalb ist der Arbeitgeber bereits dann zum Ausspruch der betriebsbedingten Kündigung legitimiert, wenn zwar die Beschäftigungsmöglichkeit aktuell noch besteht, jedoch ihr Wegfall zum Zeitpunkt des Auslaufens der Kündigungsfrist bereits bei Zugang der Kündigungserklärung prognostiziert werden kann.[380] Dieser Prognosezeitraum ist jedoch nur für die Rechtmäßigkeit des Kündigungszeitpunkts maßgeblich. Darüber hinaus besteht bei der betriebsbedingten Kündigung ein weiterer, „zweiter" Prognosezeitraum, welcher in unmittelbaren Zusammenhang zum Prognosegegenstand steht: Dass die Kündigung bereits vor Eintritt des Wegfalls der Beschäftigungsmöglichkeit erklärt werden kann, führt nicht darüber hinweg, dass sie nur dann wirksam ist, wenn die

---

378 BAG Urt. v. 22.10.2015 – 2 AZR 650/14, NZA 2016, 630 (633); Urt. v. 20.11.2014 – 2 AZR 512/13, NZA 2015, 679 (680); Urt. v. 31.7.2014 – 2 AZR 422/13, NZA 2015, 101 (103); 20.2.2014 – 2 AZR 346/12, NZA 2014, 1069 (1070); Urt. v. 23.2.2012 – 2 AZR 548/10, NZA 2012, 852 (853).

379 St. Rspr., zuletzt BAG Urt. v. 22.10.2015 – 2 AZR 650/14, NZA 2016, 630 (633); auch MüKo/*Hergenröder*, KSchG, Bd. IV, 7. Auflage 2016, § 1 Rn. 312.

380 BAG Urt. v. 20.11.2014 – 2 AZR 512/13, NZA 2015, 679 (681); Urt. v. 31.7.2014 – 2 AZR 422/13, NZA 2015, 101 (103); Urt. v. 23.2.2010 – 2 AZR 268/08, NZA 2010, 944 (945); Urt. v. 13.2.2008 – 2 AZR 543/06, NZA 2008, 821 (823); Ascheid/Preis/Schmidt/*Kiel*, KSchG, 5. Auflage 2017, § 1 Rn. 467; ErfK/*Oetker*, KSchG, 19. Auflage 2019, § 1 Rn. 226; MüKo/*Hergenröder*, KSchG, Bd. IV, 7. Auflage 2016, § 1 Rn. 312.

Beschäftigungsmöglichkeit dauerhaft entfallen wird.[381] Für den Prognosegegenstand ist der Zeitraum demzufolge ein anderer als für den Prognosezeitpunkt. Die Existenz eines „doppelten" Prognosezeitraums ergibt sich aus dem Zusammenspiel zwischen der Notwendigkeit ökonomischer Handlungsflexibilität und arbeitnehmerseitigem Bestandsschutz: Kann der Arbeitgeber die für den künftigen Wegfall der Beschäftigungsmöglichkeit ursächlichen Umstände frühzeitig identifizieren und darlegen, soll ihm zum Zwecke der Prävention wirtschaftlicher Nachteile bereits vor dem Eintritt des entscheidungserheblichen Zustands die Kündigung des Vertragsverhältnisses möglich sein. Dies ist jedoch mit dem Bestandsschutzinteresse des Arbeitnehmers nur dann in Einklang zu bringen, wenn dessen Beschäftigungsmöglichkeit nicht nur im Zeitpunkt des Auslaufens der Kündigungsfrist bzw. für eine kurze Zeitspanne entfällt, sondern dauerhaft. Nur so kann sichergestellt werden, dass der Arbeitgeber die in seine Sphäre fallenden Beschäftigungs- und Umsatzrisiken nicht einseitig auf den Arbeitnehmer überträgt. Die Existenz zweier verschiedener Prognosezeiträume sichert insofern auch die Aufrechterhaltung der vom Gesetzgeber beabsichtigten vertraglichen Risikoverteilung.

Aus dem Erfordernis eines dauerhaften Entfalls der Beschäftigungsmöglichkeit ergeben sich sodann auch die an die Prognosegrundlage zu stellenden Anforderungen. Für die Annahme einer Negativprognose reicht es nicht aus, wenn der Arbeitgeber lediglich kurzfristige Produktions- und Auftragsschwankungen erleidet.[382] Hieraus kann kein dauerhafter Wegfall von Arbeitsplätzen hergeleitet werden – vielmehr entspräche eine auf kurzfristige wirtschaftliche Abwärtsbewegungen gestützte Kündigung einer unzulässigen Übertragung des unternehmerischen Risikos auf den Arbeitnehmer. Die Prognosegrundlage kann deshalb auch nicht durch einen pauschalen Verweis auf fehlende Auftragseingänge oder auslaufende Auftragsverhältnisse substantiiert werden. Vielmehr bedarf es einer eingehenden Darlegung der Auftrags- und Personalplanung des Arbeitgebers, aus der sich ergibt, dass ein dauerhafter Auftragsrückgang zu erwarten ist.[383]

---

381 BAG Urt. v. 22.10.2015 – 2 AZR 650/14, NZA 2016, 630 (633); Urt. v. 20.11.2014 – 2 AZR 512/13, NZA 2015, 679 (680); Urt. v. 31.7.2014 – 2 AZR 422/13, NZA 2015, 101 (103); 20.2.2014 – 2 AZR 346/12, NZA 2014, 1069 (1070); Urt. v. 23.2.2012 – 2 AZR 548/10, NZA 2012, 852 (853); Boecken/Düwell/Diller/Hanau/*Weber*, KSchG, Bd. III, 2016, § 1 Rn. 1128; MüKo/*Hergenröder*, KSchG, Bd. IV, 7. Auflage 2016, § 1 Rn. 290; *von Finckenstein*, Freie Unternehmerentscheidung, 2005, S. 225 f.

382 BAG Urt. v. 20.2.2014 – 2 AZR 346/12, NZA 2014, 1069 (1070); Urt. v. 23.2.2012 – 2 AZR 548/10, NZA 2012, 852 (854); Urt. v. 18.5.2006 – 2 AZR 412/05, NZA 2006, 1007 (1007).

383 BAG Urt. v. 23.2.2012 – 2 AZR 548/10, NZA 2012, 852 (854).

Dieser muss dann über die Brücke der Personalanpassungsentscheidung zum dauerhaften Entfall der Beschäftigungsmöglichkeit führen.[384]

Für die an die Prognosegrundlage zu stellenden Anforderungen lässt sich bereits aus der *ratio* des Prognosegegenstands – keine unzulässige Verlagerung vertraglicher Risiken – erkennen, dass es auf eine Unterscheidung zwischen sog. innerbetrieblichen und außerbetrieblichen Gründen nicht ankommen kann: Der Anknüpfungspunkt für den dauerhaften Wegfall der Beschäftigungsmöglichkeit ist immer die Entscheidung des Arbeitgebers, seinen Personalbedarf an geänderte Umstände anzupassen.[385] Auch bei denjenigen Gründen, die auf den ersten Blick „innerbetrieblich" erscheinen, wird in aller Regel eine Wechselwirkung zwischen Marktveränderungen und der betriebswirtschaftlichen Reaktion des Arbeitgebers gegeben sein. Die üblicherweise als „innerbetriebliche Ursache" qualifizierte Entscheidung zur Änderung der Produktionsmethoden[386] stellt in aller Regel (auch) eine Reaktion auf technologische Entwicklungen, also marktbezogene Faktoren dar. Verzichtet der Arbeitnehmer auf eine Modernisierung seiner Produktionstechnik, besteht die Gefahr, komparative Kostenvorteile zu versäumen und seine bisherige Marktstellung zu verlieren. Im Kern zielt die unternehmerische Reaktion sowohl bei inner- als auch außerbetrieblichen Umständen auf die Vermeidung von Opportunitätskosten oder Einsparung von vermeidbaren Kosten ab. In Anbetracht der Korrelation von inner- und außerbetrieblichen Veränderungen[387] darf eine diesbezügliche Differenzierung nicht dazu führen, unterschiedliche Wirksamkeitsmaßstäbe an die Prognosegrundlage zu stellen. Ihr Mehrwert beschränkt sich auf eine unterstützende Funktion im Rahmen der Feststellung, welche Gesichtspunkte Gegenstand der – einer gerichtlichen Kontrolle entzogenen – unternehmerischen Entscheidung sind

384 Ähnlich Boecken/Düwell/Diller/Hanau/*Weber*, KSchG, Bd. III, 2016, § 1 Rn. 1080 f.

385 Zutreffend *Deneke*, Die betriebsbedingte Kündigung im Rahmen der übertragenden Sanierung, 2009, S. 45 f; *Preis*, NZA 1995, 241 (245); *von Finckenstein*, Freie Unternehmerentscheidung, 2005, S. 121.

386 So etwa BAG Urt. v. 27.6.2002 – 2 AZR 489/01, NJOZ 2003, 1612 (1613); Urt. v. 17.6.1999 – 2 AZR 141/99, NZA 1999, 1098 (1099); Urt. v. 29.3.1990 – 2 AZR 369/89, NZA 1991, 181 (181); Urt. v. 20.2.1986 – 2 AZR 212/85, NZA 1986, 822 (822); Ascheid/Preis/Schmidt/*Kiel*, KSchG, 5. Auflage 2017, § 1 Rn. 465; *Deneke*, Die betriebsbedingte Kündigung im Rahmen der übertragenden Sanierung, 2009, S. 46; *Hümmerich/Spirolke*, NZA 1998, 797 (797); *von Finckenstein*, Freie Unternehmerentscheidung, 2005, S. 115.

387 Vgl. Boecken/Düwell/Diller/Hanau/*Weber*, KSchG, Bd. III, 2016, § 1 Rn. 1082; wohl auch *Franzen*, NZA 2001, 805 (809).

und welche Belange „innerbetriebliche" Ursachen, mithin gerichtlich überprüfbare Faktoren darstellen.[388]

Es ist vor diesem Hintergrund äußerst fragwürdig, wenn das BAG von einem regelmäßigen Gleichlauf zwischen unternehmerischer Entscheidung und innerbetrieblicher Ursache ausgeht.[389] Werden die unternehmerische Maßnahme und die zugrundeliegenden Beweggründe nicht voneinander getrennt, birgt dies die Gefahr, die verfassungsrechtlich gewährleistete (unternehmerische) Entscheidungs- und Dispositionsfreiheit des Arbeitgebers in wesentlichen Teilen einer gerichtlichen Überprüfung zu unterziehen.[390] Mit Blick auf die zwischen inner- und außerbetrieblichen Gründen bestehende Interdependenz potenziert sich diese Gefahr, da innerbetriebliche Ursachen oftmals durch außerbetriebliche Veränderungen bedingt sind.[391] In der Konsequenz resultiert die Notwendigkeit eines einheitlichen Bewertungsmaßstabs der Prognosegrundlage nicht nur aus der fehlenden Trennschärfe zwischen außer- und innerbetrieblichen Umständen, sondern auch aus der Unabdingbarkeit einer klaren Unterscheidung von unternehmerischer Personalanpassungsentscheidung und der hierfür maßgeblichen Ursache.

cc) Anforderungen an den Wahrscheinlichkeitsgrad hinsichtlich des Prognosegegenstands

Die Strenge des prognosebezogenen Wirksamkeitsmaßstabs hängt in wesentlichen Teilen von dem Grad der Wahrscheinlichkeit, der hinsichtlich des Eintritts des prognostizierten Zustands bzw. Ereignisses gefordert wird, ab. Dies trifft im Grundsatz bei sämtlichen Kündigungsgründen zu. Bei der betriebsbedingten Kündigung stellt sich die Frage des notwendigen Wahrscheinlichkeitsgrads jedoch in besonderer Form, da der Arbeitgeber etwas prognostizieren muss, was außerhalb der Einflusssphäre des Arbeitnehmers liegt. Dass der kausale Grund des dauerhaften Wegfalls der Beschäftigungsmöglichkeit nicht vom Arbeitnehmer geändert bzw. verhindert werden kann, bedeutet jedoch nicht zwingend, dass dieser dem Einflussbereich des Arbeitgebers zuzurechnen ist. Gerade bei

388 Einem einheitlichen Prüfungsmaßstab zustimmend Ascheid/Preis/Schmidt/*Kiel*, KSchG, 5. Auflage 2017, § 1 Rn. 464 f.

389 Vgl. BAG Urt. v. 20.2.1986 – 2 AZR 212/85, NZA 1986, 822 (824).

390 Vgl. Boecken/Düwell/Diller/Hanau/*Weber*, KSchG, Bd. III, 2016, § 1 Rn. 1081.

391 Zur Bedingtheit innerbetrieblicher Umstände durch außerbetriebliche Rahmenbedingungen *Franzen*, NZA 2001, 805 (809); im Ergebnis auch einen Kausalzusammenhang bejahend MüKo/*Hergenröder*, KSchG, Bd. IV, 7. Auflage 2016, § 1 Rn. 286.

Gründen, die volkswirtschaftlicher Natur sind, hat der Arbeitgeber regelmäßig gleichermaßen wenig Einwirkungsmöglichkeiten wie sein Arbeitnehmer.

In Anbetracht der erheblichen Bedeutung des Wahrscheinlichkeitsgrads für das kündigungsrechtliche Schutzniveau wird zu Recht kritisiert, dass eine diesbezügliche eindeutige Klarstellung seitens der Rechtsprechung bislang nicht erfolgt ist.[392] Da der Prognose ein unüberwindbarer Unsicherheitsfaktor immanent ist, kann jedenfalls keine Gewissheit für den Beweis des antizipierten Zustands bzw. Ereignisses i.S.v. § 46 Abs. 2 ArbGG i.V.m. §§ 495 Abs. 1, 286 ZPO verlangt werden.[393] Andererseits wäre es mit dem Bestandsschutzinteresse des Arbeitnehmers unvereinbar, eine Beendigung des Arbeitsverhältnisses bereits dann zuzulassen, wenn lediglich eine „bloße" oder „gewisse" Wahrscheinlichkeit[394] der Realisierung des Prognosegegenstands besteht. Da das Erfordernis einer „überwiegenden Wahrscheinlichkeit" nur einer Glaubhaftmachung entspreche, wird mitunter eine „an Sicherheit grenzende Wahrscheinlichkeit" gefordert.[395] Ohne sich einer der hier genannten Termini anzunehmen, hat das BAG für die betriebsbedingte Kündigung den Wahrscheinlichkeitsgrad der Prognose in diversen Entscheidungen konturiert: Hängt der Wegfall der Beschäftigungsmöglichkeit von einer unternehmerischen Entscheidung zur Umorganisation ab, reiche es aus, wenn sich deren Umsetzung zum Kündigungszeitpunkt „konkret und greifbar abzeichnet".[396] In diesem Zusammenhang urteilte der Zweite Senat allerdings auch, dass der Wegfall der Beschäftigungsmöglichkeit bis zum Ablauf der Kündigungsfrist „hinreichend sicher" zu prognostizieren sei.[397] In anderen Entscheidungen forderte das Gericht, dass der die Entlassung begründende betriebliche Grund zum Zeitpunkt des Kündigungstermins „mit einiger Sicherheit" eingetreten sein muss.[398] Den Anforderungen

392 Insbesondere Boecken/Düwell/Diller/Hanau/*Greiner*, KSchG, Bd. III, 2016, § 1 Rn. 243.

393 Zutreffend MüKo/*Hergenröder*, KSchG, Bd. IV, 7. Auflage 2016, § 1 Rn. 115.

394 Vgl. zur Terminologie Boecken/Düwell/Diller/Hanau/*Greiner*, KSchG, Bd. III, 2016, § 1 Rn. 243; MüKo/*Hergenröder*, KSchG, Bd. IV, 7. Auflage 2016, § 1 Rn. 115.

395 Boecken/Düwell/Diller/Hanau/*Greiner*, KSchG, Bd. III, 2016, § 1 Rn. 243; dies ausdrücklich ablehnend LAG Düsseldorf Urt. v. 17.12.2015 – 13 Sa 372/15, Rn. 158, *juris*.

396 BAG Urt. v. 20.11.2014 – 2 AZR 512/13, NZA 2015, 679 (681); Urt. v. 20.2.2014 – 2 AZR 346/12, NZA 2014, 1069 (1070);

397 BAG Urt. v. 20.11.2014 – 2 AZR 512/13, NZA 2015, 679 (681); Urt. v. 31.7.2014 – 2 AZR 422/13, NZA 2015, 101 (103); Urt. v. 20.2.2014 – 2 AZR 346/12, NZA 2014, 1069 (1070).

398 BAG Urt. v. 29.8.2013 – 2 AZR 809/12, NZA 2014, 730 (731); Urt. v. 23.2.2012 – 2 AZR 548/10, NZA 2012, 852 (854); Urt. v. 23.2.2010 – 2 AZR 268/08, NZA 2010,

an den Wahrscheinlichkeitsgrad kann jedenfalls nicht gerecht werden, wer sich nur auf eine unsichere künftige (Auftrags-)Entwicklung beruft und präventiv kündigt, um einem eventuellen Umsatzrückgang vorzubeugen.[399] Dies ist letztlich eine zwingende Folge des Gebots, Ertrags- und Gewinnrisiken nicht auf den Arbeitnehmer abzuwälzen.

Die Judikatur des BAG lässt deutlich erkennen, dass ein einheitlicher Bewertungsmaßstab im Hinblick auf den Wahrscheinlichkeitsgrad der Prognose fehlt. Der Hinweis, die Organisationsentscheidung müsse sich zu einem bestimmten Zeitpunkt „konkret und greifbar abzeichnen", bietet wenig Aufschluss über die Darlegungs- und Beweislast des Arbeitgebers. Verwirrung entsteht darüber hinaus auch durch die uneinheitliche Verwendung der Begrifflichkeiten „hinreichende Sicherheit" und „mit einiger Sicherheit". Es bleibt unklar, ob diese Termini synonym verwendet werden (sollen) oder zu unterschiedlichen Wahrscheinlichkeitsgraden führen. Wäre letzteres der Fall, bedarf es einer Erläuterung, in welchen Konstellationen welcher Wahrscheinlichkeitsgrad verwirklicht sein muss. Sollte das BAG von einem einheitlichen Wahrscheinlichkeitsgrad ausgehen, begegnet dies durchaus dogmatischen Bedenken. Es lässt sich in Anbetracht der Vielseitigkeit der für eine betriebsbedingte Kündigung in Betracht kommenden Gründe bezweifeln, ob ein einheitlicher Bewertungsmaßstab sachgerecht ist. Zu bedenken ist insofern, dass einige betriebliche Umstände einer Steuerbarkeit des Arbeitgebers unterliegen, wohingegen andere – in der Regel „außerbetriebliche" – Umstände einer Einflussnahme durch den Arbeitgeber schlichtweg entzogen sind. Zwar mag das Bestandsschutzinteresse des Arbeitnehmers überwiegend identisch sein, jedoch muss dem Arbeitgeber eine personalwirtschaftliche Anpassung auch bei Gründen, die sich seiner Einflussnahme entziehen, möglich sein. Der rechtlich einzufordernde Wahrscheinlichkeitsgrad darf in der Konsequenz nicht dazu führen, dass dem Arbeitgeber die Möglichkeit der betriebsbedingten Kündigung in diesen Fällen rechtstatsächlich unmöglich gemacht wird.

---

944 (945); 13.2.2008 – 2 AZR 543/06, NZA 2008, 821 (823); Urt. v. 12.4.2002 – 2 AZR 256/01, NZA 2002, 1205 (1206); wohl auch Urt. v. 11.3.1998 – 2 AZR 414/97, NZA 1998, 879 (881).

399 BAG Urt. v. 12.4.2002 – 2 AZR 256/01, NZA 2002, 1205 (1206).

3. Die gerichtliche Überprüfbarkeit: Kontrolldichte der Arbeitgeberprognose

Da die Negativprognose als zukunftsbezogene Arbeitgeberentscheidung ihrer Natur nach mit einem unvermeidbaren rechtlichen Restrisiko verbunden ist[400], stellt sich die Frage nach der arbeitsgerichtlichen Kontrolldichte in gesteigertem Maße. Würde man die Prognoseentscheidung des Arbeitgebers im Hinblick auf ihre gerichtliche Überprüfbarkeit etwa der einer betriebsbedingten Kündigung zugrundeliegenden Unternehmerentscheidung gleichstellen, wäre die richterliche Nachprüfbarkeit auf eine Missbrauchs- bzw. Evidenzkontrolle beschränkt.[401] Die Prognose des Arbeitgebers wäre in diesem Fall bereits dann wirksam, wenn sie nicht offensichtlich unsachlich, unvernünftig oder willkürlich ist.[402] Die Annahme einer Missbrauchskontrolle hätte vordergründig für die Prognosegrundlage Bedeutung, da hier die Notwendigkeit einer Objektivierung entfiele. Darüber hinaus wären auch keine gesteigerten Anforderungen an den Grad der Wahrscheinlichkeit zu stellen: Die Prognose wäre bereits dann wirksam, wenn der Eintritt des prognostizierten Ereignisses bzw. Zustands nicht völlig abwegig ist. Bereits aus dem Umstand, dass sich bei einer Missbrauchs- bzw. Evidenzkontrolle das Bestandsschutzniveau in weiten Teilen nach dem subjektiven Empfinden des Arbeitgebers richten würde[403], folgt, dass die gerichtliche Kontrolldichte nicht auf eine derartige Plausibilitätsprüfung beschränkt werden darf. Auch aus

---

400 Vgl. Boecken/Düwell/Diller/Hanau/*Greiner*, KSchG, Bd. III, 2016, § 1 Rn. 243; ErfK/*Oetker*, KSchG, 19. Auflage 2019, § 1 Rn. 81; *Preis*, Prinzipien des Kündigungsrechts bei Arbeitsverhältnissen, 1987, S. 337; wohl auch MüKo/*Hergenröder*, KSchG, Bd. IV, 7. Auflage 2016, § 1 Rn. 129.

401 Zur Überprüfbarkeit der unternehmerischen Entscheidung BAG Urt. v. 31.7.2014 – 2 AZR 422/13, NZA 2015, 101 (103); *Bader*, NZA-Beil. 2010, 85 (86); ErfK/*Oetker*, KSchG, 19. Auflage 2019, § 1 Rn. 240a; *Freckmann*, DStR 2009, 2200 (2201); *Moll/Ittmann*, RdA 2008, 312 (326); MüKo/*Hergenröder*, KSchG, Bd. IV, 7. Auflage 2016, § 1 Rn. 292.

402 Der Wortlaut entspricht der st. Rspr. zur gerichtlichen Kontrolle der unternehmerischen Entscheidung im Rahmen der betriebsbedingten Kündigung, zuletzt BAG Urt. v. 31.7.2014 – 2 AZR 422/13, NZA 2015, 101 (103); Urt. v. 20.2.2014 – 2 AZR 346/12, NZA 2014, 1069 (1070); Urt. v. 29.8.2013 – 2 AZR 809/12, NZA 2014, 730 (731); Urt. v. 20.6.2013 – 2 AZR 379/12, NZA 2014, 139; Urt. v. 29.3.2007 – 2 AZR 31/06, NZA 2007, 855 (857).

403 Teilweise wird hieraus sogar der Schluss gezogen, dass ein Prognosespielraum den Kündigungsschutz letztlich leerlaufen lassen könnte, vgl. *Preis*, Prinzipien des Kündigungsrechts bei Arbeitsverhältnissen, 1987, S. 337.

Gründen der vertraglichen Risikoverteilung kann es nicht überzeugen, wenn sich die kündigende Vertragspartei der Gefahr der Fehlerhaftigkeit ihrer Prognose bis zur Grenze des Missbrauchs entledigt. Der mit einer Kündigung einhergehende Eingriff in die Rechtspositionen des Erklärungsempfängers ist im Arbeitsverhältnis nur dann legitim, wenn die hierfür notwendige Negativprognose auf einer substantiierten Tatsachengrundlage basiert.

Dabei ist gerade im Hinblick auf die gerichtliche Überprüfbarkeit der Prognosegrundlage zu unterscheiden zwischen den Tatsachen, die den Gegenstand der Prognosegrundlage bilden und den prognoserelevanten Schlussfolgerungen, die zum Zeitpunkt der Kündigungserklärung aus den gegebenen Tatsachen gezogen werden.[404] Das Niveau des durch das KSchG gewährleisteten Bestandsschutzes richtet sich in diesem Zusammenhang letztlich allein danach, inwieweit der Tatsachenrichter überprüfen kann, ob der Arbeitgeber auf der Grundlage des objektiven Erkenntnisstands auf eine negative Prognose schlussfolgern durfte. Auch wenn sich die gerichtliche Kontrolle dabei im Kern auf die Prognosegrundlage fokussiert, ist ebenso von Bedeutung, inwiefern das Gericht den materiell notwendigen Grad der Wahrscheinlicht überprüfen kann. Letztlich stellt sich für sämtliche Bestandteile der Negativprognose die Frage nach einem gerichtlich nicht überprüfbaren Prognosespielraum des Arbeitgebers.[405]

Auch wenn sich in der Rechtsprechung des Zweiten Senats diesbezüglich je nach Kündigungsgrund andere Kontrollmaßstäbe finden, ist im Ausgangspunkt festzustellen, dass die richterliche Prüfung weit über eine Evidenz- oder Missbrauchskontrolle hinausgeht. So geht das BAG etwa bei der krankheitsbedingten Kündigung explizit davon aus, dass es für die Wirksamkeit der Gesundheitsprognose nicht auf die subjektiven Kenntnisse des Arbeitgebers, sondern auf die objektiven Gesundheitsverhältnisse im Zeitpunkt des Zugangs der Kündigungserklärung ankommt.[406] Dass der Arbeitgeber im Rahmen der Judikatur zur abgestuften Darlegungs- und Beweislast aufgrund von Informationsdefiziten regelmäßig nur vergangene Fehlzeiten und die ihm bekannten Ursachen

---

404 Ähnlich ErfK/*Oetker*, KSchG, 19. Auflage 2019, § 1 Rn. 117.

405 Hierzu grundlegend *Preis*, Prinzipien des Kündigungsrechts bei Arbeitsverhältnissen, 1987, S. 337 ff.

406 BAG Urt. v. 17.6.1999 – 2 AZR 639/98, NZA 1999, 1328 (1330); Urt. v. 25.11.1982 – 2 AZR 140/81, NJW 1983, 2897 (2898); auch LAG Schleswig-Holstein, Urt. v. 3.11.2005 – 3 Sa 320/05, NZA-RR 2006, 129 (130); ebenso wenig kommt es darauf an, welche Kenntnisse der Arbeitgeber in zumutbarer Weise hätte erlangen können, etwa durch eine von ihm veranlasste amtsärztliche Untersuchung, vgl. Ascheid/Preis/Schmidt/*Vossen*, KSchG, 5. Auflage 2017, § 1 Rn. 216.

vorträgt[407], führt nicht darüber hinweg, dass das BAG den für die Prognose maßgeblichen objektiven Gesundheitszustand des Arbeitnehmers einer vollumfänglichen Überprüfung unterzieht: Genügt der Arbeitnehmer auf der zweiten Stufe seiner prozessualen Mitwirkungspflicht i.S.v. § 138 Abs. 2 ZPO, obliegt es dem Arbeitgeber, den (vollen) Beweis für die Berechtigung einer negativen Gesundheitsprognose zu führen.[408]

Gleichlaufend hierzu findet auch bei der betriebsbedingten Kündigung eine umfassende gerichtliche Kontrolle der Prognosegrundlage sowie des hierauf basierenden Prognosegegenstands statt.[409] Es obliegt dem Arbeitgeber, darzulegen und zu beweisen, dass zum Zeitpunkt des Auslaufens der Kündigungsfrist der Beschäftigungsbedarf dauerhaft entfallen ist. Das BAG verlangt insofern einen Vortrag zu den kausalen Auswirkungen, welche die unternehmerische Entscheidung auf den Beschäftigungsbedarf im Betrieb des Arbeitgebers hat.[410] Die Notwendigkeit einer gerichtlichen Kontrolle ergibt sich hierbei auch aus dem Umstand, dass der Vortrag des Arbeitgebers die Grundlage für die Einlassung des Arbeitnehmers sowie die darauffolgende richterliche Prüfung der betrieblichen Erfordernisse ist.[411]

Die vorstehenden Beispiele spiegeln wohlgemerkt nur Auszüge der Rechtsprechung des Zweiten Senats zur kündigungsgrundspezifischen gerichtlichen Kontrolle der Negativprognose wieder. Überwiegend existieren kündigungsgrundübergreifende Ausführungen des BAG zur gerichtlichen Überprüfung nur im Hinblick auf die Sozialwidrigkeit im Allgemeinen.[412] In einer jüngeren Entscheidung hat das Gericht nunmehr jedoch *expressis verbis* festgestellt, dass der Arbeitgeber gem. § 1 Abs. 4 KSchG die Tatsachen zu beweisen hat,

---

407 BAG Urt. v. 20.11.2014 – 2 AZR 755/13, NZA 2015, 612 (613); Urt. v. 17.6.1999 – 2 AZR 639/98, NZA 1999, 1328 (1329).

408 BAG Urt. v. 20.11.2014 – 2 AZR 755/13, NZA 2015, 612 (613); Urt. v. 10.11.2005 – 2 AZR 44/05, NZA 2006, 655 (656); Urt. v. 7.11.2002 – 2 AZR 599/01, NZA 2003, 816 (816).

409 Zur temporalen Abgrenzung von Prognoseentscheidung und unternehmerische Entscheidung *Nicklaus*, Das Prognoseprinzip im arbeitsrechtlichen Kündigungsschutzrecht, 2012, S. 37.

410 BAG Urt. v. 20.11.2014 – 2 AZR 512/13, NZA 2015, 679 (681); Urt. v. 23.2.2012 – 2 AZR 548/10, NZA 2012, 852 (854); Boecken/Düwell/Diller/Hanau/*Weber*, KSchG, Bd. III, 2016, § 1 Rn. 1138.

411 Vgl. Boecken/Düwell/Diller/Hanau/*Weber*, KSchG, Bd. III, 2016, § 1 Rn. 1138.

412 Etwa BAG Urt. v. 24.3.2011 – 2 AZR 790/09, NZA 2011, 1084 (1085); Urt. v. 25.11.2010 – 2 AZR 984/08, NZA 2011, 686 (687); vgl. auch Urt. v. 16.2.2012 – 8 AZR 693/10, NZA-RR 2012, 465 (468).

die die Kündigung bedingen und es ihm deshalb auch obliegt, „die tatsächlichen Grundlagen für die Berechtigung der Prognose, bis spätestens zum Ablauf der Kündigungsfrist werde ein Beschäftigungsbedarf entfallen sein, von sich aus schlüssig vorzutragen.“[413] Diese Formulierung erlaubt nunmehr eindeutig den Rückschluss auf eine vollumfängliche gerichtliche Kontrolle der Negativprognose, sowohl hinsichtlich der Prognosegrundlage, des Prognosegegenstands als des Grades an Wahrscheinlichkeit. Das BAG spricht dem Arbeitgeber somit – ungeachtet des konkreten Kündigungsgrundes und den ggf. damit verbundenen Beweisschwierigkeiten – keinen Spielraum im Rahmen der Negativprognose zu. In der Konsequenz verbleibt die Entscheidung über das Niveau des mit dem Erfordernis einer Prognose einhergehenden Bestandsschutzes vollständig bei der Arbeitsgerichtsbarkeit. Berücksichtigt man die zuvor genannten Belange der gerechten arbeitsvertraglichen Risikoverteilung und der Gefahr einer Aushöhlung des Kündigungsschutzes[414], ist diesem Ergebnis sowohl aus Gründen der Rechtssicherheit, als auch aufgrund der betroffenen Rechtsgüter vollumfänglich zuzustimmen.[415]

4. Fehlprognosen: Die *Ratio* des Wiedereinstellungsanspruchs und seine Grenzen

Aus der mit dem Prognoseerfordernis zwangsläufig verbundenen Rechtsunsicherheit folgt, dass sich in praktischer Hinsicht nicht jede Prognose bewahrheiten kann. Ungeachtet des konkreten Kündigungsgrundes können die Tatsachen, die im Zeitpunkt des Zugangs der Kündigungserklärung noch eine Negativprognose legitimierten, zu einem späteren Zeitpunkt entfallen. Ebenso können auch Tatsachen nachträglich in Erscheinung treten, von denen der Arbeitgeber zuvor keine Kenntnis haben konnte, welche die Prognose falsifizieren. In derartigen Fällen besteht jedenfalls seitens des Arbeitnehmers regelmäßig ein Bedürfnis zur Korrektur der mit der Arbeitgeberkündigung verbundenen Rechtsfolge. Letztlich geht es um die Lösung des Interessenkonflikts, der durch das zwischen Rechtssicherheit und materieller Gerechtigkeit bestehende Spannungsverhältnis verursacht wird.[416]

413 BAG Urt. v. 20.11.2014 – 2 AZR 512/13, NZA 2015, 679 (681).

414 Zur Gefahr des Leerlaufes des Kündigungsschutzes bei Ermessensspielräumen des Arbeitgebers *Preis*, Prinzipien des Kündigungsrechts bei Arbeitsverhältnissen, 1987, S. 337 f.

415 Im Ergebnis auch *Honstetter*, Die Prognoseentscheidung des Arbeitgebers im Kündigungsrecht, 1994, S. 122.

416 Ähnlich *Meinel/Bauer*, NZA 1999, 575 (576).

Fest steht insofern, dass die Korrektur von Fehlprognosen nicht durch eine nachträglich eintretende Unwirksamkeit der Kündigung herbeigeführt werden kann. Die Wirksamkeit der Kündigung als vertragliches Gestaltungsrecht ist stets aus einer *ex-ante* Perspektive zu beurteilen.[417] Ein anderes Ergebnis wäre mit der Natur des Gestaltungsrechts und der hiermit verbundenen Eingriffsintensität nicht vereinbar: Die einseitige Beendigung des Arbeitsverhältnisses bedeutet für den Kündigungsgegner eine schwerwiegende Veränderung der bisherigen Rechtsposition[418], welche mitunter auch gänzlich unverhofft eintritt. Aus der Einseitigkeit der Kündigung resultiert für beide Vertragsparteien ein gesteigertes Bedürfnis an Rechtssicherheit. Dieses steht einer *ex-post* Betrachtung bzw. einer Möglichkeit zur nachträglichen Rechtsfolgenkorrektur diametral entgegen. Dem Bedürfnis des Arbeitnehmers, auf die Auswirkungen einer Fehlprognose reagieren zu können, wird vor diesem Hintergrund durch die Anerkennung eines eigenständigen Wiedereinstellungsanspruchs Rechnung getragen:

Die grundsätzliche Existenz eines Wiedereinstellungsanspruchs bei nachträglicher Falsifizierung der Negativprognose wird ganz überwiegend anerkannt. Für die dogmatische Verortung bzw. Begründung findet sich eine Vielzahl von Ansätzen, die sich insbesondere im Hinblick auf ihre Nähe zum arbeitsvertraglichen Pflichtenkanon des Arbeitgebers teilweise stark unterscheiden. Mitunter wird der Wiedereinstellungsanspruch aus dem Prinzip von Treu und Glauben, § 242 BGB, hergeleitet.[419] In diesem Zusammenhang wird auch dem Verbot des *venire contra factum proprium* eine wesentliche Bedeutung beigemessen.[420] Neben einem Abstellen auf den Gesichtspunkt des Rechtsmissbrauchs[421] wird auch auf das Argument des Wegfalls der Geschäftsgrundlage rekurriert.[422] Eine besonders hohe Vertragsnähe weißt der durch die Rechtsprechung des BAG

417 Vgl. BAG Urt. v. 15.8.1984 – 7 AZR 536/82, NZA 1985, 357 (358); ErfK/*Oetker*, KSchG, 19. Auflage 2019, § 1 Rn. 118; *Preis*, Prinzipien des Kündigungsrechts bei Arbeitsverhältnissen, 1987, S. 340.

418 Vgl. Staudinger/*Preis*, BGB, 2019, § 626 Rn. 5.

419 *Kwon*, Der Wiedereinstellungsanspruch, 2006, S. 56; vgl. auch *Ricken*, NZA 1998, 460 (461).

420 *Boewer*, NZA 1999, 1121 (1128); *Preis*, Prinzipien des Kündigungsrechts bei Arbeitsverhältnissen, 1987, S. 351.

421 BAG Urt. v. 27.2.1997 – 2 AZR 160/96, NZA 1997, 757 (759); Ascheid/Preis/Schmidt/*Steffan*, BGB, 5. Auflage 2017, § 613a Rn. 181; *Krieger/Willemsen*, NZA 2011, 1128 (1130).

422 Wohl *Krieger/Willemsen*, NZA 2011, 1128 (1128 f.); ausdrücklich ablehnend *Raab*, RdA 2000, 147 (150).

konturierte Ansatz auf, wonach der Wiedereinstellungsanspruch eine (nach-) vertragliche Nebenpflicht des Arbeitgebers sei.[423] Teilweise wird auch von einer Nachwirkung vertraglicher Nebenpflichten gesprochen.[424] Die engste Verbindung zum Prognoseprinzip ist der Auffassung zuzusprechen, der zufolge der Wiedereinstellungsanspruch eine immanente Grenze dieses Prinzips darstellt.[425]

Denjenigen Konzeptionen, denen im Kern ein Rückgriff auf § 242 BGB zugrunde liegt, ist jedenfalls entgegenzuhalten, dass aus dieser Norm im Falle des Rechtsmissbrauchs regelmäßig eine Einrede hergeleitet wird.[426] Die Annahme einer anspruchsbegründenden Wirkung der Generalklausel kann auch rechtstechnisch nur dann überzeugen, wenn anderweitige vertragliche Grundlagen nicht in Betracht kommen. Es ist insofern überzeugender, den Wiedereinstellungsanspruch als immanente Grenze des Prognoseprinzips anzusehen. Diese Feststellung führt jedoch nicht darüber hinweg, dass es für einen Anspruch stets einer rechtlichen Grundlage bedarf. Stellt man ausschließlich auf die prognosebeschränkende Wirkung ab, wäre eine Anknüpfung an die Rechtsgrundlage des Prognoseprinzips, also an § 1 KSchG, konsequent. Letztlich wäre jedoch auch diese Lösung wenig überzeugend, da eine dortige Verankerung des Wiedereinstellungsanspruchs nur schwerlich mit dem eindeutigen Wortlaut des zweiten Absatzes der Norm („einer Weiterbeschäftigung [...] entgegenstehen") in Einklang zu bringen ist. Richtigerweise ist die Grundlage des Wiedereinstellungsanspruchs deshalb in einer arbeitsvertragsimmanenten, konkludenten vertraglichen Nebenpflicht des Arbeitgebers zu sehen. Ebenso wie das mit der Kündigung notwendig verbundene Prognoseprinzip ist der Wiedereinstellungsanspruch als Instrument zur Herstellung praktischer Konkordanz der grundrechtsrelevanten Parteiinteressen zu qualifizieren. Konsequenterweise ist er im gleichen Umfang Vertragsbestandteil wie das Recht zur Kündigung.[427]

---

423 BAG Urt. v. 27.6.2001 – 7 AZR 662/99, NZA 2001, 1135 (1135 f.); Urt. v. 28.6.2000 – 7 AZR 904/98, NZA 2000, 1097 (1100); auch LAG Hamm, Urt. v. 26.8.2003 – 5 (11) Sa 589/03, NZA-RR 2004, 76 (78).

424 *Hambitzer*, Der Wiedereinstellungsanspruch, 1987, S. 68.

425 Boecken/Düwell/Diller/Hanau/*Greiner*, KSchG, Bd. III, 2016, § 1 Rn. 373; ähnlich *Pflüger*, Der Wiedereinstellungsanspruch des Arbeitnehmers, 2004, S. 43; eine gesetzesimmanente Rechtsfortbildung befürwortend *Elz*, Der Wiedereinstellungsanspruch, 2002, S. 59.

426 *Oberhofer*, RdA 2006, 92 (92).

427 Zur Einordnung des vertraglichen Kündigungsrechts als Ausfluss der Vertragsfreiheit *Preis*, Prinzipien des Kündigungsrechts bei Arbeitsverhältnissen, 1987, S. 53.

Ungeachtet der dogmatischen Verortung des Wiedereinstellungsanspruchs sind dessen Voraussetzungen durch die Rechtsprechung konkretisiert und verfestigt worden.[428] Grundsätzlich bedarf es einer wirksamen Kündigung durch den Arbeitgeber, wobei das gekündigte Arbeitsverhältnis aufgrund der Kündigungsgrundbezogenheit des Wiedereinstellungsanspruchs zwingend den Bestimmungen des KSchG unterliegen muss.[429] Sodann muss sich die Negativprognose des Arbeitgebers im Zeitraum zwischen dem Zugang der Kündigung und dem Ablauf der Kündigungsfrist als falsch erweisen.[430] Entscheidend ist, dass die Prognose erwiesenermaßen unrichtig ist und deshalb ausgeräumt werden kann[431]; eine bloße Erschütterung oder Zweifel an der Richtigkeit reichen insofern nicht aus.[432] Die Fortsetzung des Arbeitsverhältnisses unter Beibehaltung der bisherigen Vertragsbedingungen[433] ist darüber hinaus regelmäßig nur dann interessengerecht, wenn der Arbeitgeber noch keine Dispositionen im Vertrauen auf die Wirksamkeit der Kündigung vorgenommen hat.[434] Es dürfen insofern keine Arbeitgeberinteressen überwiegen, die eine Wiederherstellung unmöglich oder unzumutbar machen.[435]

Das BAG hat den Wiedereinstellungsanspruch vor allem anhand von Entscheidungen zur betriebsbedingten Kündigung entwickelt.[436] In der Literatur

428 Grundlegend BAG Urt. v. 28.6.2000 – 7 AZR 904/98, NZA 2000, 1097 (1099).

429 BeckOKArbR/*Rolfs*, KSchG, 53. Ed. Stand 1.9.2019, § 1 Rn. 519; Boecken/Düwell/Diller/Hanau/*Greiner*, KSchG, Bd. III, 2016, § 1 Rn. 376; *Pflüger*, Der Wiedereinstellungsanspruch des Arbeitnehmers, 2004, S. 157.

430 BAG Urt. v. 27.6.2001 – 7 AZR 662/99, NZA 2001, 1135 (1135); Urt. v. 28.6.2000 – 7 AZR 904/98, NZA 2000, 1097 (1099); speziell für den Fall der Existenz einer Weiterbeschäftigungsmöglichkeit nach Ablauf der Kündigungsfrist bei der betriebsbedingten Kündigung Urt. v. 6.8.1997 – 7 AZR 557/96, NZA 1998, 254 (255); Ascheid/Preis/Schmidt/*Kiel*, KSchG, 5. Auflage 2017, § 1 Rn. 746; MüKo/*Hergenröder*, KSchG, Bd. IV, 7. Auflage 2016, § 1 Rn. 79.

431 Boecken/Düwell/Diller/Hanau/*Greiner*, KSchG, Bd. III, 2016, § 1 Rn. 380.

432 *Pflüger*, Der Wiedereinstellungsanspruch des Arbeitnehmers, 2004, S. 162.

433 BAG Urt. v. 24.4.1996 – 7 AZR 428/95, NZA 1997, 256 (258); BeckOKArbR/*Rolfs*, KSchG, 53. Ed. Stand 1.9.2019, § 1 Rn. 523; Boecken/Düwell/Diller/Hanau/*Greiner*, KSchG, Bd. III, 2016, § 1 Rn. 391; kritisch *Kwon*, Der Wiedereinstellungsanspruch, 2006, S. 82 ff.

434 BAG Urt. v. 28.6.2000 – 7 AZR 904/98, NZA 2000, 1097 (1100).

435 BAG Urt. v. 28.6.2000 – 7 AZR 904/98, NZA 2000, 1097 (1099) mit Verweis auf BAG Urt. v. 24.4.1996 – 7 AZR 428/95, NZA 1997, 256 (257).

436 Zuletzt BAG Urt. v. 26.1.2017 – 2 AZR 61/16, NZA 2017, 1199; s. auch Urt. v. 28.6.2000 – 7 AZR 904/98, NZA 2000, 1097.

wird darüber hinaus jedoch auch für die personen- und verhaltensbedingte Kündigung überwiegend von der Anwendbarkeit des Wiedereinstellungsanspruchs ausgegangen.[437] Eine Differenzierung nach dem konkreten Kündigungsgrund wird mitunter für „schwerlich begründbar“ gehalten.[438] Dies begegnet in Anbetracht der Tatsache, dass für den Wiedereinstellungsanspruch die Negativprognose erwiesenermaßen unrichtig sein muss, einigen Bedenken: *Meinel/Bauer* weisen insofern zutreffend auf den Konnex zwischen Wiedereinstellungsanspruchs und Prognosegegenstand hin: Danach sei zwischen sog. „Stabilitätsprognosen“ und „Veränderungsprognosen“ zu differenzieren.[439] Die erste dieser beiden Prognosearten sei bei der personen- und verhaltensbedingten Kündigung einschlägig – die Negativprognose richte sich auf die künftige Stabilität des aktuell bestehenden Zustands. Hingegen ist bei der betriebsbedingten Kündigung eine „Veränderungsprognose“ zu stellen, gerichtet auf die Veränderung der betrieblichen Umstände, die den dauerhaften Entfall der Beschäftigungsmöglichkeit verursachen.[440] *Meinel/Bauer* gelangen unter dieser Prämisse letztlich zu dem Ergebnis, dass – abgesehen von der Verdachtskündigung – ein Wiedereinstellungsanspruch bei Stabilitätsprognosen denklogisch nicht in Betracht kommen kann.[441] Ob die Störung des Vertragsverhältnisses stabil bleibt, sei nur dann feststellbar, wenn alle erdenkliche Zukunft des Arbeitsverhältnisses verstrichen sei, was faktisch auf eine Unkündbarkeit bei Stabilitätsprognosen führe. In der Konsequenz entfiele demzufolge die Legitimierung eines Wiedereinstellungsanspruchs.[442]

Die vorgebrachten Kritikpunkte sind in Teilen berechtigt. Für die betriebsbedingte Kündigung kann die Legitimierung eines Wiedereinstellungsanspruchs wohl kaum bestritten werden. Zu denken ist etwa an Kündigungen, die im Rahmen von personellen Rationalisierungsmaßnahmen aufgrund rückgängiger Auftragseingänge erfolgen. Steht im Zeitraum zwischen Zugang der Kündigungserklärung und Ablauf der Kündigungsfrist fest, dass der

---

437 BeckOKArbR/*Stoffels*, BGB, 53. Ed. Stand 1.9.2019, § 626 Rn. 157; Boecken/Düwell/Diller/Hanau/*Greiner*, KSchG, Bd. III, 2016, § 1 Rn. 397; MüKo/*Hergenröder*, KSchG, Bd. IV, 7. Auflage 2016, § 1 Rn. 82; MAHArbeitsrecht/*Moll*, 4. Auflage 2017, § 34 Rn. 101.

438 Boecken/Düwell/Diller/Hanau/*Greiner*, KSchG, Bd. III, 2016, § 1 Rn. 397 mit Verweis auf BAG Urt. v. 27.6.2001 – 7 AZR 662/99, NZA 2001, 1135.

439 *Meinel/Bauer*, NZA 1999, 575 (576 f.).

440 *Meinel/Bauer*, NZA 1999, 575 (577).

441 *Meinel/Bauer*, NZA 1999, 575 (577).

442 *Meinel/Bauer*, NZA 1999, 575 (577).

Arbeitgeber – z.B. aufgrund eines konjunkturellen Aufschwungs – von einer Durchführung der Personalreduzierung absieht, muss ein Wiedereinstellungsanspruch grundsätzlich möglich sein. Gleiches gilt für die personen- bzw. krankheitsbedingte Kündigung: War ein Arbeitnehmer lang andauernd arbeitsunfähig erkrankt und erzielt vor Ablauf der Kündigungsfrist nachweisbar eine vollständige Genesung, kann die negative Gesundheitsprognose nicht mehr aufrechterhalten werden.[443] Insofern ist die Differenzierung zwischen Stabilitäts- und Veränderungsprognose nur ein Indiz für die Anwendbarkeit des Wiedereinstellungsanspruchs. Jedenfalls für die personenbedingte Kündigung kommt eine nachweisbare Unrichtigkeit der Negativprognose im relevanten Zeitraum für diverse Konstellationen in Betracht. Folglich ist auch hier die Konstruktion des Wiedereinstellungsanspruchs anwendbar.

Problematisch ist sie jedoch bei der verhaltensbedingten Kündigung: Hier kommt eine zwischenzeitliche Falsifizierung der Negativprognose denklogisch nicht in Betracht. Da der Wiedereinstellungsanspruch eine erwiesene Unrichtigkeit der Prognose fordert, muss objektiv davon auszugehen sein, dass der Arbeitnehmer eine vergleichbare Pflichtverletzung in Zukunft nicht mehr begehen wird. Es ist nicht ersichtlich, durch welche Handlung bzw. durch welches Ereignis eine derartige Sicherheit herbeigeführt werden könnte.[444] Dass der Arbeitnehmer etwa positive Verhaltensänderungen im Zeitraum bis zum Ablauf der Kündigungsfrist aufweist, mag allenfalls die Richtigkeit der Negativprognose in Zweifel ziehen. Eine objektive Unrichtigkeit kann hierdurch aber niemals nachgewiesen werden.[445] Eine nachweisbare Unrichtigkeit ist bereits aufgrund des Umstands, dass das kündigungsrelevante Verhalten des Arbeitnehmers steuerbar ist, ausgeschlossen. Allein er kann bestimmen, ob künftig weitere Vertragsverletzungen auftreten.[446] Die Anerkennung eines Wiedereinstellungsanspruchs würde dazu führen, dass sich der Arbeitgeber auf ein – explizites oder konkludentes – Versprechen des Arbeitnehmers zu künftiger Vertragstreue verlassen müsste. Da der Arbeitnehmer für die Unrichtigkeit der Prognose darlegungs- und beweislastpflichtig ist[447], müsste er einen Nachweis über den objektiven Ausschluss künftiger vergleichbarer Pflichtverletzungen erbringen. Gerade

443 So wohl auch BAG Urt. v. 27.6.2001 – 7 AZR 662/99, NZA 2001, 1135 (1136).

444 Vgl. *Pflüger*, Der Wiedereinstellungsanspruch des Arbeitnehmers, 2004, S. 136.

445 Ähnlich *Aszmons/Beck*, NZA 2015, 1098 (1103), wonach ein pflichtgemäßes Verhalten bis zum Ablauf der Kündigungsfrist nicht ausreichen kann, um das für einen Wiedereinstellungsanspruch notwendige Vertrauen wieder herzustellen.

446 Vgl. *Pflüger*, Der Wiedereinstellungsanspruch des Arbeitnehmers, 2004, S. 137.

447 Vgl. BAG Urt. v. 27.6.2001 – 7 AZR 662/99, NZA 2001, 1135 (1136).

das ist jedoch nicht möglich, wenn für ihn jederzeit die Möglichkeit zur Begehung weiterer Vertragsverletzungen besteht. Vor diesem Hintergrund kann der Wiedereinstellungsanspruch rechtstatsächlich nur bei der betriebs- und personenbedingten Kündigung Anwendung finden. Bei der verhaltensbedingten Kündigung kommt er aus den genannten Gründen nicht in Betracht.

V. Ergebnis zum Prognoseprinzip im Kündigungsrecht

Zwar ist das Prognoseprinzip historisch gesehen am längsten im Kündigungsrecht verankert, jedoch unterliegt es in seinen kündigungsgrundspezifischen Ausformungen weiterhin einer stetigen Entwicklung. Bei der außerordentlichen Kündigung, § 626 BGB, fokussiert sich der wissenschaftliche Diskurs im Wesentlichen auf die Arbeitgeberkündigung. Auch wenn dieser in praktischer Hinsicht eine größere Bedeutung zukommen mag, führt dies nicht darüber hinweg, dass das Prognoseprinzip auch für die außerordentliche Arbeitnehmerkündigung gelten muss; auch dort stellen sich prognosespezifische Fragestellungen. Im Grundsatz ist vom Arbeitnehmer im gleichen Umfang wie vom Arbeitgeber Vertragstreue zu verlangen, mit der Folge, dass auch ihm das Recht zur fristlosen Beendigung des Vertragsverhältnisses nicht als Sanktions- sondern Präventionsmittel zur Verfügung stehen soll. Anders ist ein derart gravierender Eingriff in die Rechtsposition des Arbeitgebers nicht zu rechtfertigen. Im Hinblick auf das Prognoseprinzip besteht im Rahmen der außerordentlichen Kündigung somit „Waffenparität".

Bei der ordentlichen Arbeitgeberkündigung ist die Negativprognose als kündigungsgrundübergreifende, allgemeine Wirksamkeitsvoraussetzung einzuordnen. Im Streit um die Qualifizierung der verhaltensbedingten Kündigung als Sanktionsmaßnahme wird oftmals verkannt, dass selbst die Befürworter des Sanktionsmodells grundsätzlich ein Abmahnungserfordernis anerkennen. Der Abmahnung kommt jedoch eine Doppelfunktion zu – sie ist nicht nur die Konsequenz des Ultima-Ratio-Prinzips, sondern auch das maßgebende Instrumentarium zur Objektivierung der Prognosegrundlage. Dementsprechend ist auch die verhaltensbedingte Kündigung ein rein zukunftsbezogenes Gestaltungsrecht.

Im Hinblick auf die personenbedingte Kündigung lässt die Judikatur des BAG vor allem bei den Anforderungen an den Prognosezeitraum eine stringente Konzeption vermissen. Es ist davon auszugehen, dass der Zweite Senat einen dynamisch-individuellen Maßstab heranzieht. Rechtstatsächlich geht hiermit eine kaum überwindbare Hürde innerhalb der arbeitgeberseitigen Darlegungs- und Beweislast einher. Sachgerechter ist deshalb ein Mindestprognosezeitraum, der – in Anlehnung an die Rechtsprechung zum

Kündigungserklärungsprognosezeitraum bei der betriebsbedingten Kündigung – auf den Auslauf der Kündigungsfrist abstellt. Bei den Fällen der krankheitsbedingten Kündigung wird der Konflikt zwischen Einzelfallgerechtigkeit und (arbeitgeberseitiger) Rechtssicherheit von Rechtsprechung und Literatur unverkennbar zugunsten des ersten Belangs gelöst. Auch wenn diesem Ergebnis unter Berücksichtigung des erhöhten Bestandsschutzinteresses (langzeit-) erkrankter Arbeitnehmer zuzustimmen ist, bedarf es einer Korrektur der Rechtsprechung zur krankheitsbedingten Minderleistung: Hier kann die „Zweijahres-Formel" des BAG nicht überzeugen, da der Arbeitgeber fortlaufend Ertragsdefizite hinnehmen muss, die er – im Gegensatz zu Arbeitsausfällen aufgrund lang andauernder Erkrankungen – nicht durch vorübergehenden Personalersatz ausgleichen kann.

Bei der verhaltensbedingten Kündigung wird zunehmend eine Abdingbarkeit des Prognoseprinzips für Fälle diskutiert, bei denen besonders schwerwiegende Pflichtverletzungen zu einer Fortwirkung bzw. einem andauernden Vertrauenswegfall führen. Trotz der insofern berechtigten Feststellung, dass aufgrund der Schwere der Pflichtverletzung regelmäßig auch in Zukunft das für die Vertragsdurchführung notwendige Vertrauensverhältnis nachhaltig beeinträchtigt sein wird, ist auch hier eine Negativprognose zwingend: Zum einen ist die Abgrenzung von „schweren" zu „normalen" Vertragsverletzungen mit einem hohen Grad an Rechtsunsicherheit belastet, zum anderen entstünde bei einer Abbedingung der Prognose erneut die Gefahr, die verhaltensbedingte Kündigung – in Teilen – zu einem Sanktionsinstrument umzufunktionieren.

Anders als bei der verhaltens- und personenbedingten Kündigung geht es bei der betriebsbedingten Kündigung nicht um die Prognose künftiger Vertragsstörungen, sondern um den dauerhaften Wegfall der Beschäftigungsmöglichkeit. Die Schutzrichtung der betriebsbedingten Kündigung ist somit eine grundlegend andere. Im Kern soll die unternehmerische Personalanpassungsfreiheit gewährleistet werden. In der Konsequenz bestehen auch prognosespezifische Besonderheiten: Bei der betriebsbedingten Kündigung bestehen unterschiedliche Prognosezeiträume für den Zeitpunkt der Kündigungserklärung sowie den Prognosegegenstand. Letztlich ist dies auf die vertragsimmanente Risikoverteilung zurückzuführen: Der Arbeitgeber soll bereits dann betriebsbedingt kündigen dürfen, wenn der Grund für den Wegfall der Beschäftigungsmöglichkeit bei Auslaufen der Kündigungsfrist besteht. Damit das unternehmerische Beschäftigungsrisiko nicht auf den Arbeitnehmer verlagert wird, muss die Beschäftigungsmöglichkeit jedoch dauerhaft entfallen. Die kündigungsgrundspezifische Ausgestaltung des Prognoseprinzips trägt hier den vertragsimmanenten Risikosphären umfassend Rechnung.

Ungeachtet des konkreten Kündigungsgrundes und den jeweiligen Beweishürden kommt dem Arbeitgeber nach der Rechtsprechung des BAG keinerlei Spielraum hinsichtlich der Wirksamkeit der Negativprognose zu. Die gerichtliche Kontrolldichte entspricht insofern derjenigen, die für die Prüfung der Sozialwidrigkeit einer ordentlichen Arbeitgeberkündigung insgesamt angewendet wird. Dass die Entscheidung über das prognosebezogene Bestandsschutzniveau umfassend bei der Arbeitsgerichtsbarkeit verbleibt, ist aus Gründen der vertraglichen Risikoverteilung und auch in Anbetracht der Gefahr, normativen Kündigungsschutz auszuhöhlen, richtig. Stellt sich im Zeitraum zwischen Zugang der Kündigungserklärung und Ablauf der Kündigungsfrist eine erwiesene Unrichtigkeit der zuvor wirksamen Negativprognose heraus, kommt unter Umständen ein Wiedereinstellungsanspruch in Betracht. Das BAG verortet diesen dogmatisch zutreffend als arbeitsvertragliche Nebenpflicht. Anwendbar ist er jedoch nur bei betriebs- oder personenbedingten Kündigungen. Bei der verhaltensbedingten Kündigung kommt er nicht in Betracht, da der Arbeitnehmer einen Nachweis über den objektiven Ausschluss künftiger vergleichbarer Vertragsverletzungen nie erbringen kann. Es kann insofern für die Fortsetzung des Arbeitsverhältnisses nicht ausreichen, wenn der Arbeitgeber auf ein dahingehendes Versprechen des Arbeitnehmers verwiesen wird.

Insgesamt unterliegt das kündigungsrechtliche Prognoseprinzip einer umfassenden, kündigungsgrundspezifischen Judikatur. Aus der Zukunftsbezogenheit der Kündigung ergibt sich seine Funktion als Präventionsmechanismus, gerichtet auf den Schutz des Äquivalenzinteresses des Kündigenden sowie der unternehmerischen Personalanpassungsfreiheit. Dass das Prinzip der Negativprognose in beachtlichem Maße den Bestandsschutz des Arbeitnehmers ausbaut, darf nicht darüber hinwegtäuschen, dass seine inhaltliche Konkretisierung nur dann interessengerecht ist, wenn diese zu realisierbaren Anforderungen an die arbeitgeberseitige Darlegungs- und Beweislast führt. Insbesondere im Hinblick auf den Wirksamkeitsmaßstab des Prognosezeitraums sowie den Grad der Wahrscheinlichkeit sollte dies in der (höchstrichterlichen) Rechtsprechung deutlicher berücksichtigt werden.

D. Die befristungsrechtliche Prognose als Teil des Sachgrunds – § 14 Abs. 1 TzBfG

Über das Kündigungsrecht hinaus kommt dem Prognoseprinzip eine – insbesondere im Hinblick auf die arbeitsmarktwirtschaftliche Praxis – zunehmende Bedeutung im Befristungsrecht zu. Auch wenn Deutschland im Jahr 2014 mit einer Befristungsquote von ca. 8 % unter dem EU-Durchschnitt (11 %) lag[448], entsprechen befristete Arbeitsverträge oftmals nicht der Beschäftigungsform, die sich die betroffenen Arbeitnehmer wünschen. Im genannten Jahr gaben 39 % der Arbeitnehmer an, befristete Arbeitsverträge geschlossen zu haben, weil sie keine unbefristete Beschäftigung finden konnten.[449] Das Bedürfnis an einer interessenausgleichenden Regelung des Befristungsrechts liegt auf der Hand: Mit dem TzBfG hat der Gesetzgeber die normativen Rahmenbedingungen für einen Ausgleich der (in der Regel) widerstreitenden Parteieninteressen geschaffen. Während der Arbeitnehmer ein Interesse an unbefristeter, ggf. dem Kündigungsschutz unterfallender Beschäftigung hat, muss es dem Arbeitgeber im Ausgangspunkt möglich sein, auf zeitlich begrenzten Arbeitsmehrbedarf, z.B. Auftragsspitzen, flexibel reagieren zu können.[450] In diesem Zusammenhang ist der Sachgrundbefristung i.S.v. § 14 Abs. 1 TzBfG – ebenso wie der Kündigung – eine zukunftsbezogene, mit Unsicherheiten behaftete Entscheidung immanent: Der Arbeitgeber muss im Zeitpunkt des Abschlusses der Befristungsabrede prognostizieren, wann die die Befristung legitimierenden Umstände voraussichtlich entfallen werden.[451] Nur bis zu diesem Zeitpunkt besteht – abgesehen von der Möglichkeit zur sachgrundlosen Befristung – ein rechtlich anerkennenswertes Interesse des Arbeitgebers an einer nur temporären Beschäftigung des Arbeitnehmers. Auch das BAG geht deshalb in ständiger Rechtsprechung

---

448 Statistisches Bundesamt: Arbeitsmarkt auf einen Blick – Deutschland und Europa 2016, S. 54, abrufbar unter https://www.destatis.de/DE/Publikationen/Thematisch/Arbeitsmarkt/Erwerbstaetige/BroeschuereArbeitsmarktBlick0010022169004.pdf?__blob=publicationFile

449 Statistisches Bundesamt: Arbeitsmarkt auf einen Blick – Deutschland und Europa 2016, S. 52, abrufbar unter https://www.destatis.de/DE/Publikationen/Thematisch/Arbeitsmarkt/Erwerbstaetige/BroeschuereArbeitsmarktBlick0010022169004.pdf?__blob=publicationFile

450 Vgl. BT-Drucks. 14/4374, S. 19.

451 Vgl. BT-Drucks. 14/4374, S. 19.

davon aus, dass Teil des Sachgrundes i.S.v. § 14 Abs. 1 S. 1, 2 TzBfG eine Prognoseentscheidung ist.[452]

Es wurde bereits an anderer Stelle angemerkt, dass das befristungsrechtliche Prognoseprinzip strukturelle und teleologische Überschneidungen zur kündigungsrechtlichen Negativprognose aufweist.[453] Die nachfolgende Betrachtung muss deshalb vor dem Hintergrund der rechtsgüterbezogenen Verzahnung von Kündigungs- und Befristungsrecht erfolgen: Wird der Arbeitnehmer sachgrundbefristet beschäftigt, genießt er nicht den durch das KSchG gewährleisteten Bestandsschutz. Die an den Sachgrund zu stellenden Wirksamkeitsanforderungen bilden deshalb die Grenze des arbeitgeberseitigen Flexibilisierungsinteresses, gleichzeitig aber auch die Brücke zum arbeitnehmerseitigen Bestandsschutzinteresse. Letzteres ergibt sich mitunter auch aus dem Umstand, dass das Sachgrunderfordernis auf der Grundlage der Richtlinie des Europäischen Rates vom 28.6.1999[454] unabhängig davon, ob durch die konkrete Befristungsabrede Kündigungsschutz umgegangen wird, gilt.[455] Auch das befristungsrechtliche Prognoseprinzip – als Bestandteil einzelner Sachgründe – muss deshalb im Lichte der von der Befristungsabrede betroffenen Rechtsgüter und Parteiinteressen betrachtet werden.

Anknüpfend an die vertragsrechtliche Einordnung der Befristungsabrede soll das befristungsrechtliche Prognoseprinzip anhand der einzelnen Sachgründe des in § 14 Abs. 1 Nr. 1 bis 8 TzBfG normierten Katalogs erörtert und bewertet werden. Ebenso ist ein Blick auf die gerichtliche Kontrolldichte im Rahmen der Entfristungsklage, § 17 TzBfG, geboten. Darüber hinaus soll das – medial aufgeladene[456] – Problemfeld der Kettenbefristung, insbesondere das Verhältnis

452 BAG Urt. v. 15.10.2014 – 7 AZR 893/12, NZA 2015, 362; Urt. v. 16.1.2013 – 7 AZR 661/11, NZA 2013, 614; Urt. v. 18.7.2012 – 7 AZR 443/09, NZA 2012, 1351; Urt. v. 9.3.2011 – 7 AZR 728/09, NZA 2011, 911; Urt. v. 2.9.2009 – 7 AZR 162/08, NZA 2009, 1257.

453 Hierzu bei Gliederungspunkt C. (Einleitung).

454 Richtlinie 1999/70/EG des Rates v. 28.6.1999 zu der EGB-UNICE-CEEP-Rahmenvereinbarung über befristete Arbeitsverträge, ABl. Nr. L 175/43.

455 Vgl. Ascheid/Preis/Schmidt/*Backhaus*, TzBfG, 5. Auflage 2017, § 14 Rn. 11; insofern ist das Sachgrunderfordernis mittlerweile von seiner ursprünglichen dogmatischen Grundlage, der Theorie der objektiven Gesetzesumgehung, vgl. BAG Beschl. v. 12.10.1960 – 3 AZR 65/59, NJW 1961, 798, losgelöst.

456 S. FAZ vom 15.8.2012, abrufbar unter http://www.faz.net/aktuell/beruf-chance/befristete-arbeitsverhaeltnisse-gefangen-im-zeitvertrag-11850355.html; Spiegel Online vom 19.7.2012, abrufbar unter http://www.spiegel.de/karriere/kettenvertraege-bundesarbeitsgericht-bestaerkt-kuecuek-a-845326.html

zwischen Prognoseprinzip und der Rechtsfigur des institutionellen Rechtsmissbrauchs[457] fokussiert werden. Reichweite und Inhalt des institutionellen Rechtsmissbrauchs[458] wurden unlängst in einer grundlegenden Entscheidung des BAG vom 26.10.2016 zur missbräuchlichen Gestaltung von Sachgrundbefristungen abgesteckt und konkretisiert.[459]

I. Die Befristungsabrede als Instrument der Vertragsgestaltung – Legitimation und Konflikt

Das unbefristete Arbeitsverhältnis stellt nach der gesetzlichen Konzeption nach wie vor das „Normalarbeitsverhältnis", mithin das Leitbild dar.[460] Insofern ist das befristete Arbeitsverhältnis als atypisches Beschäftigungsverhältnis zu qualifizieren.[461] Dieser rechtliche Befund entspricht – jedenfalls momentan – auch der personalwirtschaftlichen Realität, da mit einer bundesweiten Befristungsquote von ca. 8 % nach wie vor der weit überwiegende Teil der Arbeitsverhältnisse unbefristet sind.[462]

Das Recht zum Abschluss eines befristeten Vertrags ist im Ausgangspunkt ein integraler Bestandteil der Vertragsfreiheit und Privatautonomie der Arbeitsvertragsparteien.[463] Auch aus § 620 BGB ergibt sich, dass das Dienst- bzw. Arbeitsverhältnis mit dem Ablauf der Zeit endigt, für die es eingegangen ist. Das Gesetz lässt Befristungsabreden also grundsätzlich zu.[464] In seiner Grundsatzentscheidung vom 12.10.1960 urteilte der Große Senat des BAG noch, dass

457 Grundlegend hierzu EuGH v. 26.1.2012 – C-586/10 – NZA 2012, 135 (Kücük); BAG Urt. v. 18.7.2012 – 7 AZR 443/09, NZA 2012, 1351; Urt. v. 18.7.2012 – 7 AZR 783/10, NZA 2012, 1359; zuletzt BAG Urt. v. 17.5.2017 – 7 AZR 420/15, *juris*; Urt. v. 26.10.2016 – 7 AZR 140/15, NZA 2017, 463; Urt. v. 29.4.2015 – 7 AZR 310/13, NJW 2016, 185.

458 Hierzu auch *Dommermuth-Alhäuser*, Arbeitsrechtsmissbrauch, 2015, S. 35 ff.

459 BAG Urt. v. 26.10.2016 – 7 AZR 135/15, NZA 2017, 382; ausführlich hierzu *Schwarze*, RdA 2017, 302 ff.

460 BAG Urt. v. 26.10.2016 – 7 AZR 140/15, NZA 2017, 463; Urt. v. 5.12.2012 – 7 AZR 698/11, NZA 2013, 515; BT-Drucks. 14/4374, S. 12; *Lakies*, ArbRAktuell 2013, 459 (459); *Schubert*, NJW 2010, 2613 (2614).

461 *Heidl*, RdA 2009, 297 (297); *Schubert*, NJW 2010, 2613 (2614 f.); *Wank*, RdA 2010, 193 (197 ff.).

462 Hierzu bereits unter Gliederungspunkt B. III. 3. a); auch BT-Drucks. 14/4374, S. 12.

463 So bereits BAG Urt. v. 21.10.1954 – 2 AZR 25/53, BAGE 1, 128 (133).

464 So auch Ascheid/Preis/Schmidt/*Backhaus*, TzBfG, 5. Auflage 2017, § 14 Rn. 3; *Loth*, Prognoseprinzip und Vertragskontrolle im befristeten Arbeitsverhältnis, 2015, S. 33.

jede Befristungsabrede eines sachlichen Grundes bedarf, wenn hiermit der Kündigungsschutz umgangen werden konnte.[465] Mit der Einführung des BeschFG wurde sodann die sachgrundlose Befristung ermöglicht, mithin die Vertragsabschlussfreiheit der Vertragsparteien gestärkt. Die Systematik des TzBfG sieht eine Umkehr der Regelungstechnik vor – jede Befristung bedarf eines sachlichen Grundes, sofern keine der normierten Ausnahmen greift. Das Resultat ist eine Abkehr von der ursprünglichen, der Entscheidung des Großen Senats zugrundeliegenden Theorie der objektiven Gesetzesumgehung.[466] Die Legitimierung der Vertragsbefristung steht deshalb nicht (mehr) in unmittelbaren Zusammenhang zur Frage der Vorenthaltung kündigungsrechtlichen Bestandsschutzes.

Die rechtliche Zulässigkeit befristeter Arbeitsverträge muss vor dem Hintergrund, dass die Befristungsabrede ein Instrument zur vertraglichen Abweichung vom Normalarbeitsverhältnis darstellt, in erster Linie im Lichte der Parteiinteressen betrachtet werden. Auf der Arbeitgeberseite ermöglicht die Befristung vor allem eine flexiblere personalwirtschaftliche Reaktion auf fluktuierende, mit Ungewissheiten behaftete Auftragslagen und wandelnde Marktbedingungen.[467] Unternehmen schaffen sich Wettbewerbsvorteile, wenn sie mit einem nur vorübergehenden Einsatz des zusätzlichen Arbeitsvolumens auf Personalbedarfsschwankungen reagieren können. Zum einen werden hierdurch Opportunitätskosten vermieden, zum anderen muss der Arbeitgeber keine neuanfallenden Transaktionskosten und -risiken[468] auf sich nehmen, die bei Abschluss eines unbefristeten Arbeitsvertrags anfallen würden.[469] Besonders Existenzgründer sowie Klein- und Mittelunternehmen haben deshalb ein zu berücksichtigendes Interesse daran, ihre Wettbewerbsfähigkeit durch den Abschluss atypischer Beschäftigungsverhältnisse zu sichern.[470] Nicht zuletzt stellt der befristete Arbeitsvertag die beschäftigungspolitische Alternative zu Überstundenarbeit

465 BAG Beschl. v. 12.10.1960 – 3 AZR 65/59, NJW 1961, 798.

466 Vgl. Ascheid/Preis/Schmidt/*Backhaus*, TzBfG, 5. Auflage 2017, § 14 Rn. 3; MüKo/*Hesse*, TzBfG, Bd. IV, 7. Auflage 2016, § 14 Rn. 2.

467 BT-Drucks. 14/4374, S. 14.

468 Zur Transaktionskostenökonomik bei Vertragsschluss *Fleischer*, Informationsasymmetrie im Vertragsrecht, 2001, S. 135.

469 Neben dem Entfall des risikobehafteten Kündigungsschutzverfahrens werden auch zusätzliche Verfahren wie etwa die Anhörung des Betriebsrats oder die Sozialauswahl vermieden, vgl. *Wank*, RdA 2010, 193 (199).

470 Vgl. BAG Urt. v. 6.4.2011 – 7 AZR 716/09, NZA 2011, 905 (908); *Höpfner*, NZA 2011, 893 (893).

und Outsourcing dar[471] und kann zudem auch und insbesondere in Zeiten konjunkturellen Abschwungs oder (Finanz-)Krisen ein bedeutendes Instrument für die Gestaltung der Arbeitsorganisation sein.[472]

Während aus der Sicht des Arbeitgebers diverse betriebs- bzw. personalwirtschaftliche Erwägungen zu einem gesteigerten Interesse an befristeten Arbeitsverhältnissen führen, lässt sich das arbeitnehmerseitige Bedürfnis, nur vorübergehend beschäftigt zu werden, in der Regel nur schwerlich begründen. Teilweise wird sogar davon ausgegangen, dass Arbeitnehmer – abgesehen von wenigen Ausnahmen – kein Interesse an einem befristeten Arbeitsvertrag haben.[473] Der Gesetzgeber ging jedenfalls davon aus, dass die befristete Beschäftigung eine Alternative zur Arbeitslosigkeit sei und zugleich eine Brücke zur Dauerbeschäftigung darstelle.[474] Dies gelte insbesondere für Jugendliche, die nach dem Abschluss der Ausbildung durch befristete Arbeitsverträge einen leichteren Eintritt in den Arbeitsmarkt bekämen.[475]

Auch wenn befristete Verträge für einzelne Segmente des Arbeitsmarkts zu einer Herabsenkung der jeweiligen Markteintrittsbarrieren führen können, ergibt sich für den überwiegenden Teil befristet beschäftigter Arbeitnehmer kein rechtliches oder wirtschaftliches Interesse an einem zeitlich begrenzten Arbeitsverhältnis.[476] Dies verdeutlicht bereits der Sachgrundkatalog des § 14 Abs. 1 TzBfG, der für die Legitimierung der Befristungsabrede ausschließlich arbeitgeberseitige Belange normiert. Konstellationen, in denen die Befristung auf Arbeitnehmerinteressen basiert und der Arbeitgeber eines gesetzlichen Schutzes bedarf, sind praxisfern und deshalb auch nicht gesetzlich geregelt. Vielmehr stehen den Flexibilisierungsinteressen des Arbeitsgebers elementare Arbeitnehmerbelange, insbesondere hinsichtlich seines Lohns und Bestandsschutzes gegenüber.[477] Ungeachtet der Frage, ob im Einzelfall die Anwendbarkeit von Kündigungsschutzbestimmungen durch die Befristungsabrede unterbunden wird[478], ist eine langfristige Lebensplanung bei befristeter Beschäftigung kaum

---

471 So auch BAG Urt. v. 6.4.2011 – 7 AZR 716/09, NZA 2011, 905 (908); BT-Drucks. 14/4374, S. 14.

472 Vgl. *Höpfner*, NZA 2011, 893 (893).

473 *Wank*, RdA 2010, 193 (199).

474 BT-Drucks. 14/4374, S. 14; vgl. auch *Preis/Greiner*, RdA 2010, 148 (157).

475 BT-Drucks. 14/4374, S. 14.

476 So im Ergebnis auch *Wank*, RdA 2010, 193 (199).

477 *Wank*, RdA 2010, 193 (197).

478 Die Umgehung allgemeinen oder besonderen Kündigungsschutzes ist für die Rechtmäßigkeit der Befristung nach dem TzBfG unerheblich, ErfK/*Müller-Glöge*, TzBfG, 19. Auflage 2019, § 14 Rn. 7.

möglich. Es fehlt an einer gefestigten Erwerbsgrundlage, die für die Existenzsicherung und den Schutz der Berufsausübung gerade notwendig ist.[479] Auch wenn die Befristungskontrolle mittlerweile nicht mehr an das KSchG ankoppelt[480], ergibt sich ihre Legitimierung und Notwendigkeit aus im Kern vergleichbaren Belangen der arbeitnehmerseitigen Existenzsicherung[481]: Es bedarf eines Ausgleichs zwischen Flexibilisierungs- und Erwerbssicherungsinteressen. Der Abschluss eines befristeten Arbeitsvertrags ist im Ergebnis von der Privatautonomie der Parteien umfasst, muss jedoch angesichts der Gefahr, Arbeitnehmern die für sie notwendige Erwerbsgrundlage aus rechtlich nicht anerkennenswerten Unternehmerinteressen vorzuenthalten, einem gesetzlichen Schutzkonzept unterworfen werden.[482]

II. *Prae* 1.1.2001: Relevanz des Prognoseprinzips vor Geltung des TzBfG

Das am 1.1.2001 in Kraft getretene TzBfG schaffte erstmals einen normierten Sachgrundkatalog und damit auch gleichzeitig den gesetzlichen Anknüpfungspunkt für das befristungsrechtliche Prognoseprinzip. Dieses war jedoch auch schon nach alter Gesetzeslage ein – wenn auch nicht zentraler, so doch stetig richterrechtlich weiterentwickelter – Gegenstand der Überprüfung arbeitsvertraglicher Befristungsabreden:

Eine gerichtliche Kontrolle von Befristungsabreden im Arbeitsrecht nahm erstmals das Reichsarbeitsgericht vor.[483] Diese beschränkte sich jedoch im Wesentlichen auf die Zulässigkeit von Kettenbefristungen sowie die damit verbundene

479 *Wank*, RdA 2010, 193 (197).

480 Boecken/Düwell/Diller/Hanau/*Studt*, TzBfG, Bd. III, 2016, § 14 Rn. 3; MüKo/*Hesse*, TzBfG, Bd. IV, 7. Auflage 2016, § 14 Rn. 3.

481 Es besteht insofern ein Wechselbezug zwischen Kündigungsschutz und Befristungsrecht, vgl. *Waltermann*, NJW-Beil. 2010, 81 (84).

482 Der formale Inhalt der Vertragsfreiheit ist für den Arbeitnehmer in der Regel von geringerem Wert und muss deshalb durch eine Berücksichtigung der sozialen und wirtschaftlichen Situation des Arbeitnehmers ergänzt werden, BAG Urt. v. 21.10.1954 – 2 AZR 25/53, BAGE 1, 128 (133 f.).

483 Zur (verneinten) Frag der Anwendbarkeit kündigungsrechtlicher Schutzvorschriften auf befristete Arbeitsverhältnisse grundlegend RAG Urt. v. 7.3.1928 – ARS 2, 171; Urt. v. 19.5.1928 – ARS 3, 3.

Frage, wann eine Befristung missbräuchlich, *ergo* rechtswidrig ist.[484] Das prognostische Element arbeitsvertraglicher Befristungen fand weder ausdrücklich, noch stillschweigend Anklang in der Judikatur des Reichsarbeitsgerichts. Der mit unausweichlichen Unsicherheiten verbundenen Zukunftsbezogenheit einer jeden Befristungsabrede nahm sich jedoch das BAG bereits zu Beginn seiner befristungsrechtlichen Rechtsprechung an. Dabei wurde der Grundstein für die Kontrolle von Arbeitsvertragsbefristungen, wie bereits erwähnt, durch die Entscheidung des Großen Senats gelegt. Eine Befristung war danach unwirksam, wenn (1) durch sie im konkreten Einzelfall hypothetisch anwendbare, zwingende Kündigungsschutzbestimmungen umgangen wurden und (2) hierfür kein sachlicher Grund vorlag.[485] Im Unterschied zum RAG stellte das BAG allein auf eine objektive Gesetzesumgehung ab, ohne dabei einen entsprechenden subjektiven Willen des Arbeitsgebers zu verlangen.[486] Losgelöst von der Prüfung einer Gesetzesumgehung deutete der Vierte Senat des BAG bereits vor dem Beschluss des Großen Senats in seiner ersten befristungsrechtlichen Entscheidung[487] an, dass die eine Befristung rechtfertigenden Sachgründe mit Unsicherheiten, die der Arbeitgeber abschätzen muss, behaftet sind. Der Vierte Senat stellte insofern fest, dass der Arbeitgeber regelmäßig „nicht eindeutig übersehen kann, ob er den Arbeitnehmer für unbestimmte Zeit brauchen wird".[488] Auch wenn ein Prognoseerfordernis hiermit nicht explizit postuliert wurde, sind in der Begrifflichkeit „nicht eindeutig übersehen" zwei Kernelemente der befristungsrechtlichen Prognose angelegt, nämlich die Zukunftsbezogenheit des Sachgrundes sowie die Unsicherheit hinsichtlich dessen zeitlichen Fortbestands. In den darauffolgenden Jahren implementierte der Vierte Senat sodann das Erfordernis einer Prognose in seine sachgrundbezogene Rechtsprechung, erstmals mit Urteil vom 29.8.1979.[489]

---

484 RAG Urt. v. 19.5.1928 – ARS 3, 3; Urt. v. 27.6.1928 – ARS 3, 114; Urt. v. 9.4.1930 – ARS 9, 350; Urt. v. 28.11.1930 – ARS 10, 549, wonach es maßgeblich auf eine subjektive Umgehungsabsicht von Kündigungsschutzvorschriften ankommt.

485 BAG Beschl. v. 12.10.1960 – 3 AZR 65/59, NJW 1961, 798; s. auch Ascheid/Preis/Schmidt/*Backhaus*, TzBfG, 5. Auflage 2017, § 14 Rn. 3.

486 BAG Beschl. v. 12.10.1960 – 3 AZR 65/59, NJW 1961, 798 mit Verweis auf BAG Urt. v. 21.10.1954 – 2 AZR 25/53, BAGE 1, 128; vgl. auch Ascheid/Preis/Schmidt/*Backhaus*, TzBfG, 5. Auflage 2017, § 14 Rn. 3; *Loth*, Prognoseprinzip und Vertragskontrolle im befristeten Arbeitsverhältnis, 2015, S. 34.

487 BAG Urt. v. 21.10.1954 – 2 AZR 25/53, BAGE 1, 128.

488 BAG Urt. v. 21.10.1954 – 2 AZR 25/53, BAGE 1, 128 (134).

489 BAG Urt. v. 29.8.1979 – 4 AZR 863/77, NJW 1980, 1766 (1768); darauf aufbauend Urt. v. 10.1.1980 – 2 AZR 25/78, AP BGB § 620 Befristeter Arbeitsvertrag Nr. 56; Urt.

Das BAG differenzierte bei der befristungsrechtlichen Prognose – entsprechend der verfestigten Rechtsprechung zur Negativprognose im Kündigungsrecht – auch vor Inkrafttreten des TzBfG zwischen den einzelnen Prognosemerkmalen. Im Einzelnen galt, dass die Prognosegrundlage diejenigen Umstände bildet, die dem Arbeitgeber im Zeitpunkt des Abschlusses der Befristungsabrede bekannt sind. Dieser Zeitpunkt ist deshalb auch maßgeblich für die Beurteilung der Wirksamkeit der Prognoseentscheidung. Das BAG geht mithin von einer *ex-ante* Betrachtung aus. Hinsichtlich des Prognosezeitraums verlangte das Gericht zunächst eine (zusätzliche) Prognose über die Befristungsdauer, sodass bei Abschluss der Befristungsabrede auch die Vertragsdauer selbst durch sachliche Gründe gerechtfertigt sein musste. Später distanzierte sich das BAG von dieser Rechtsprechung und stellte dem Arbeitgeber frei, den vorübergehenden Personalbedarf für eine kürzere, hinter dem Sachgrund zurückbleibende Dauer durch eine Befristung zu decken.[490] Für den Prognosegegenstand kam es in der Konsequenz (nur) darauf an, ob der die Befristung rechtfertigende Sachgrund im Zeitpunkt der Beendigung des Arbeitsvertrags noch fortbesteht, ein Bedürfnis und die Möglichkeit zur Weiterbeschäftigung des Arbeitnehmers mithin besteht.[491] Vereinzelt äußerte sich der Siebte Senat auch zur Prognosewahrscheinlichkeit: Wiederholte Befristungen in der Vergangenheit erlauben nach Auffassung des Gerichts die Annahme, dass die bisherigen Prognosen unzutreffend waren. Deshalb seien erhöhte Anforderungen an die jeweils folgende Prognose zu stellen. Das BAG spricht insofern von „erheblichen Zweifeln" hinsichtlich des Eintritts einzelner, prognostizierter Sachgründe.[492] *Summa summarum* wird deutlich, dass das befristungsrechtliche Prognoseprinzip bereits vor Inkrafttreten des TzBfG und auch vor der Existenz eines normativen Anknüpfungspunktes im Wege richterlicher Rechtsfortbildung Bedeutung erlangt hat. Die bis dahin entwickelten Prognosemaßstäbe bilden den Grundstein für die (jetzige) Ausgestaltung des Prognoseprinzips innerhalb des Sachgrundkatalogs des TzBfG:

---

v. 14.1.1982 – 2 AZR 245/80, NJW 1982, 1475; Urt. v. 14.2.1990 – 7 AZR 68/89, NZA 1990, 737; Urt. v. 21.3.1990 – 7 AZR 286/89, NZA 1990, 744.

490 BAG Urt. v. 6.12.2000 – 7 AZR 262/99, NZA 2001, 721 (722); Urt. v. 11.11.1998 – 7 AZR 328/97, NZA 1999, 1211 (1211); Urt. v. 22.11.1995 – 7 AZR 252/95, NZA 1996, 878 (879); Urt. v. 6.6.1984 – 7 AZR 458/82, NZA 1985, 90 (90 f.).

491 BAG Urt. v. 13.9.1989 – 7 AZR 562/88, Rn. 29, *juris*.

492 BAG Urt. v. 6.12.2000 – 7 AZR 262/99, NZA 2001, 721 (723).

III. Das Prognoseprinzip im Rahmen der Sachgrundbefristung nach § 14 Abs. 1 TzBfG

Das Prognoseprinzip kann auch im Befristungsrecht nur dort Bedeutung erlangen, wo das künftige Bestehen bzw. Nichtbestehen eines Zustands oder Ereignisses antizipiert werden muss. Bei einer sachgrundlosen Befristung ergibt sich bereits aus der Natur der diesbezüglich inhaltsleeren Abrede, dass keine Prognose gestellt werden muss. Nach der jetzigen Konzeption des Befristungsrechts kommt dem Prognoseprinzip deshalb ausschließlich bei der Sachgrundbefristung nach § 14 Abs. 1 TzBfG Bedeutung zu.

Der Gesetzgeber hat von einer allgemeingültigen Definierung des Begriffs des sachlichen Grundes i.S.v. § 14 Abs. 1 TzBfG erkennbar abgesehen und stattdessen eine beispielartige Aufzählung[493] sachlicher Gründe in § 14 Abs. 1 S. 2 Nr. 1–8 TzBfG vorgenommen.[494] Die Notwendigkeit einer Prognoseentscheidung ergibt sich jedoch auch in Ermangelung einer übergreifenden Bestimmung dessen, was als „sachlicher Grund" i.S. des ersten Absatzes der Norm zu verstehen ist, aus dem Zusammenspiel zwischen der Wirkung der Befristungsabrede und dem zugrundeliegenden sachlichen Grund. Der Arbeitsvertrag darf auf bestimmte Zeit geschlossen werden, da es für die nur vorübergehende Beschäftigung einen sachlichen Grund gibt. Legitim ist dies jedoch nur dann, wenn der sachliche Grund auch noch bei Beendigung des Arbeitsverhältnisses, also bei Ablauf der Befristung noch besteht. Ob dies tatsächlich so ist, kann im Zeitpunkt des Vertragsschlusses nicht mit Sicherheit beantwortet werden. Dieser ist jedoch gerade maßgeblich für das Vorliegen eines sachlichen Grundes, sodass der Prüfungszeitpunkt und derjenige Moment, in dem der Sachgrund verifiziert bzw. falsifiziert werden kann, auseinanderfallen. Aus der *ex ante* Betrachtung resultiert deshalb das Prognoseerfordernis. Bereits aus der Ungleichartigkeit einzelner Sachgründe ergibt sich, dass an die Prognose mitunter differenzierte Anforderungen zu stellen sind.[495] Diese sollen deshalb im Anschluss an einige

---

493 Der Katalog des § 14 Abs. 1 S. 2 TzBfG ist nicht abschließend, allerdings kommen sonstige, nicht positiv normierte Sachgründe nur in Betracht, wenn sie von Bedeutung und Gewicht im Vergleich zu den aufgelisteten Gründen gleichwertig sind und diesen wertungsmäßig entsprechen, BAG Urt. v. 9.12.2009 – 7 AZR 399/08, NZA 2010, 495 (496).

494 Die Regelung knüpft insoweit unmittelbar an die vorherige Judikatur des BAG zum Grundsatz des Sachgrunderfordernisses an, vgl. BT-Drucks. 14/4374, S. 13 und 18.

495 Ascheid/Preis/Schmidt/*Backhaus*, TzBfG, 5. Auflage 2017, § 14 Rn. 51; *Oberthür*, DB 2001, 2246 (2247).

Gedanken zur Systematik und Teleologie des § 14 Abs. 1 TzBfG in den Fokus gestellt werden.

1. Verhältnis des § 14 Abs. 1 TzBfG zu § 620 BGB

Die systematische Einbettung der Sachgrundbefristung in das Arbeitsvertragsrecht muss vor dem Hintergrund ihres richterrechtlichen Ursprungs erfolgen. Wie zuvor dargestellt, waren Befristungsabreden, die durch sachliche Gründe legitimiert sind, bereits vor Geltung des TzBfG Gegenstand der Rechtsprechung des BAG: Verortet wurden die „sachlich gerechtfertigten Gründe" als Ausgleichsinstrumentarium, mit dem das Spannungsverhältnis zwischen § 620 BGB und dem kündigungsrechtlichen Bestandsschutz gelöst werden sollte.[496] Den arbeitsvertragsrechtlichen Ausgangspunkt zur Einordnung des § 14 Abs. 1 TzBfG bildet dementsprechend § 620 Abs. 1 BGB.

Teilweise wird insofern argumentiert, dass das Bürgerliche Gesetzbuch – nicht zuletzt aufgrund der einheitlichen Regelung in ein und derselben Norm – von einer Gleichwertigkeit der Vertragsbeendigung durch Ablauf der Vertragszeit beim befristeten und durch Kündigung beim unbefristeten Dienstverhältnis ausging.[497] Anerkennt man eine ursprüngliche Gleichwertigkeit dieser Beendigungstatbestände, wurde sie jedenfalls durch Inkrafttreten des KSchG zu Gunsten des arbeitnehmerseitigen Bestandsschutzinteresses verschoben; mit der Folge, dass die Vertragsbeendigungsfreiheit bei unbefristeten Verträgen engeren Grenzen begegnet. Stellt man auf die individualvertragliche Dimension[498] des allgemeinen Kündigungsschutzes ab, bewirkt dieser vor allem Vertragsinhaltsschutz, *ergo* den Schutz der ausgeübten Vertragsabschlussfreiheit.[499] Es geht insofern um eine einseitige Aufwertung des Postulats der Vertragstreue.[500] Es stellt sich deshalb die Frage, inwieweit das in § 620 Abs. 1 BGB angelegte Gleichwertigkeitsverhältnis durch § 14 Abs. 1 TzBfG beeinflusst wird. Unter Zugrundelegung einer erneut individualvertraglichen Sichtweise steht jedenfalls fest, dass durch das in § 14 Abs. 1 TzBfG normierte Sachgrunderfordernis auch im

496 BAG Beschl. v. 12.10.1960 – 3 AZR 65/59, NJW 1961, 798; Ascheid/Preis/Schmidt/*Backhaus*, TzBfG, 5. Auflage 2017, § 14 Rn. 3.

497 Ascheid/Preis/Schmidt/*Backhaus*, TzBfG, 5. Auflage 2017, § 14 Rn. 1; *Frohner/Pieper*, AuR 1992, 97 (97).

498 Zum Verhältnis von Vertragsfreiheit und normativen Individualschutz *Hönn*, Kompensation gestörter Vertragsparität, 1982, S. 135 ff.

499 Boecken/Düwell/Diller/Hanau/*Greiner*, KSchG, Bd. III, 2016, § 1 Rn. 17; ähnlich *Dorndorf*, ZfA 1989, 345 (354 f.).

500 Boecken/Düwell/Diller/Hanau/*Greiner*, KSchG, Bd. III, 2016, § 1 Rn. 17.

befristeten Vertrag eine Grenzverschiebung der arbeitgeberseitigen Vertragsfreiheit stattfindet. Gegenstand ist jedoch nicht wie im unbefristeten Arbeitsverhältnis die Vertragsbeendigungsfreiheit[501], sondern der Vertragsinhalt: Durch die gesetzliche Regulierung des Inhalts der Befristungsabrede wird der formale Inhalt der Vertragsfreiheit beschränkt, um die dem befristeten Arbeitsvertrag vorgeschaltete Imparität der Vertragsparteien zu beheben.[502] Auch das BAG ist in seiner ersten befristungsrechtlichen Entscheidung davon ausgegangen, dass der formale Inhalt der § 620 Abs. 1 BGB zugrundeliegenden Freiheit zur Vertragsbefristung regelmäßig nicht für beide Parteien von gleichem Wert ist, eine ausgleichende staatliche Regelung mithin notwendig und geboten sei.[503] Die Vertragsfreiheit kann nicht funktionieren, wenn eine der Vertragsparteien zur einseitigen Durchsetzung der eigenen Interessen infolge wirtschaftlicher oder sozialer Ungleichgewichte fähig ist; insbesondere bei Neuabschluss eines Vertrags.[504] § 14 Abs. 1 TzBfG schafft mit dem grundsätzlichen Erfordernis eines Sachgrundes deshalb das Instrument für den gesetzlichen Ausgleich der in § 620 Abs. 1 BGB angelegten, sozialen und wirtschaftlichen Imparität der Vertragsparteien.[505] Im Hinblick auf die Qualität der Vertragsbeendigung i.S.v. § 620 Abs. 1 BGB hat dies zur Folge, dass die Wertigkeit des befristeten Arbeitsvertrags an diejenige des unbefristeten Arbeitsvertrags (wieder) angenähert wird. § 14 Abs. 1 TzBfG ist in der Konsequenz als Einschränkung der in § 620 Abs. 1 BGB zum Ausdruck kommenden Vertragsabschlussfreiheit zu verstehen, legitimiert durch die Notwendigkeit einer dem Vertragsschluss vorstehenden Vertragsparität.[506]

---

501 Zur Einordnung der Vertragsbeendigungsfreiheit in den Gesamtkontext der negativen Lösungsfreiheit grundlegend *Hönn*, Kompensation gestörter Vertragsparität, 1982, S. 138 f.

502 Mitunter wird auch von einer „gestörten Vertragsparität“ gesprochen, vgl. Ascheid/Preis/Schmidt/*Backhaus*, TzBfG, 5. Auflage 2017, § 14 Rn. 4; *Enderlein*, RdA 1998, 90 (94); *Wolf*, RdA 1988, 270 (272); grundlegend zur Begrifflichkeit *Kittner*, in: Festschrift Dieterich, 1999, S. 279 ff.

503 BAG Urt. v. 21.10.1954 – 2 AZR 25/53, BAGE 1, 128 (133 f.); ebenso *Rudolf*, BB 2011, 2808 (2808).

504 So auch *Wolf*, RdA 1988, 270 (272).

505 Zur verfassungsrechtlichen Dimension der Parteiinteressen und ökonomischen Erwägungen bezüglich einer Selbststeuerung und Regulierung des Arbeitsmarkts ausführlich *Frohner/Pieper*, AuR 1992, 97 (109).

506 Die Befristungskontrolle findet unabhängig davon, ob im Einzelfall eine Parität der Vertragsparteien sowie schon besteht, statt – ein besonderes Renommee bzw. eine besondere Verhandlungsposition des individuellen Arbeitnehmers ist insofern unerheblich, BAG Urt. v. 4.12.2002 – 7 AZR 492/01, NZA 2003, 611 (614).

2. Regelungssystematik und praktische Folgen: Grundsatz des Sachgrunderfordernisses

Ausweislich der Gesetzesmaterialien ist in § 14 TzBfG ein Regel-Ausnahme-Verhältnis angelegt, wonach die Befristung mit Sachgrund (nunmehr) den Regelfall bildet und die sachgrundlose Befristung nur dann möglich ist, wenn eine der in Abs. 2, Abs. 2a oder Abs. 3 oder in anderweitigen Sonderbestimmungen vorgesehenen Ausnahmen greift.[507] Systematisch wird das bis zum Inkrafttreten des TzBfG bestandene Verhältnis zwischen Sachgrundbefristung und sachgrundloser Befristung umgekehrt, da das BeschFG noch die sachgrundlose Befristung als Ausgangspunkt anerkannte.[508] Vor diesem Hintergrund wird mitunter auch von einem Paradigmenwechsel im Befristungsrecht gesprochen.[509] *Loth* hat insofern bereits herausgestellt, dass sich durch die Regelungsumkehr keine wesentlichen Änderungen für die gerichtliche Befristungskontrolle ergeben, da auch vor Geltung des TzBfG die Beweislast letztlich dem Arbeitgeber oblag.[510] Die Darlegungs- und Beweislast des Arbeitnehmers für das Vorliegen eines Sachgrundes wurde durch den Beweis des ersten Anscheins erleichtert, sodass der Arbeitgeber regelmäßig den Gegenbeweis führen musste.[511] Die Rechtsprechung des BAG ließ sich durch die in der Regel höhere Beweisnähe des Arbeitgebers rechtfertigen.[512]

Trotz der rechtstatsächlich ähnlichen Beweislastverteilung geht mit § 14 Abs. 1 TzBfG zwangsweise ein deutlicher Zuwachs an praktischer Relevanz des befristungsrechtlichen Prognoseprinzips einher: Sind die Arbeitsvertragsparteien an den Grundsatz des Sachgrunderfordernisses gebunden, ist der Arbeitgeber gehalten, im Regelfall auch eine Prognose über den Fortbestand des Sachgrundes zu

---

507 BT-Drucks. 14/4374, S. 13; Ascheid/Preis/Schmidt/*Backhaus*, 5. Auflage 2017, TzBfG, § 14 Rn. 13; Boecken/Düwell/Diller/Hanau/*Studt*, TzBfG, Bd. III, 2016, § 14 Rn. 3; *Hromadka*, BB 2001, 621 (621); Meinel/Heyn/Herms/*Meinel*, TzBfG, 5. Auflage 2015, § 14 Rn. 2.

508 Vgl. Boecken/Düwell/Diller/Hanau/*Studt*, TzBfG, Bd. III, 2016, § 14 Rn. 3; zur arbeitsmarktwirtschaftlichen Dimension des BeschFG *Loth*, Prognoseprinzip und Befristungskontrolle im Arbeitsverhältnis, 2015, S. 38 ff.

509 Boecken/Düwell/Diller/Hanau/*Studt*, TzBfG, Bd. III, 2016, § 14 Rn. 3; *Heidl*, RdA 2009, 297 (300); *Hromadka*, BB 2001, 621 (621); *Preis/Gotthardt*, DB 2000, 2065 (2070).

510 *Loth*, Prognoseprinzip und Befristungskontrolle im Arbeitsverhältnis, 2015, S. 143.

511 BAG Beschl. v. 12.10.1960 – 3 AZR 65/59, NJW 1961, 798 (800); Urt. v. 4.2.1971 – 2 AZR 144/70, BB 1971, 914 (914); s. auch *Oberthür*, DB 2001, 2246 (2250).

512 *Oberthür*, DB 2001, 2246 (2250).

stellen. Die Normstruktur führt dementsprechend dazu, dass sich Arbeitgeber wesentlich intensiver mit künftigen betriebs- und insbesondere personalwirtschaftlichen Veränderungen auseinandersetzen müssen, als dies noch vor Inkrafttreten des TzBfG der Fall war. Auch in finanzwirtschaftlicher Hinsicht führt die Regelungsumkehr zu (potentiell) höheren Personalausgaben, da das Sachgrunderfordernis steigende Transaktions- und Risikokosten birgt: Bleibt der (makro- oder mikroökonomische) Gesamtbedarf an zusätzlicher, temporärer Arbeitskraft gleich, erhöht sich durch die Regelungssystematik des § 14 Abs. 1 TzBfG die absolute Anzahl sachgrundbefristeter Arbeitsverträge. Aufgrund dessen steigt auch die Gefahr, durch eine erhöhte Anzahl von Befristungskontrollklagen fehlantizipierte Transaktionskosten übernehmen zu müssen. Deshalb betrifft das Sachgrunderfordernis auch unmittelbar die Kapitalverwendung des Arbeitgebers im Rahmen seiner Unternehmensfinanzierung. Die Umkehr des Regel-Ausnahme-Verhältnisses hat in der Konsequenz nicht nur rechtssystematische, sondern auch personal- und finanzwirtschaftliche Folgen.

3. Divergierende Prognosegrundsätze bei Zeit- und Zweckbefristungen

Das TzBfG unterscheidet ausweislich der Bestimmungen in § 3 Abs. 1 S. 2 sowie § 15 Abs. 1 und 2 TzBfG zwischen kalendermäßig befristeten und zweckbefristeten Arbeitsverträgen. Eine kalendermäßige (Zeit-)Befristung liegt dabei vor, wenn das Arbeitsverhältnis mit Ablauf einer kalendermäßig bestimmten Frist enden soll[513], wohingegen das zweckbefristete Arbeitsverhältnis mit Eintritt eines von den Vertragsparteien als gewiss, jedoch zeitlich bzw. kalendermäßig unbestimmbar verstandenen Ereignisses enden soll.[514] Bei der Zweckbefristung ist demzufolge im Zeitpunkt des Vertragsschlusses ungewiss, zu welchem konkreten Zeitpunkt das vertragsbeendigende Ereignis eintreten wird.[515]

Das Sachgrunderfordernis des § 14 Abs. 1 TzBfG gilt insofern sowohl für Kalender- als auch Zweckbefristungen. Da die Prognose ein integraler Bestandteil des Sachgrundes i.S. der Norm ist, muss sie auch konsequenterweise für beide Befristungsarten Anwendung finden.[516] Hinsichtlich der kalendermäßigen

513 ErfK/*Müller-Glöge*, TzBfG, 19. Auflage 2019, § 3 Rn. 10.

514 BAG Urt. v. 15.2.2012 – 7 AZR 35/11, NZA 2012, 1366 (1366); Urt. v. 16.11.2005 – 7 AZR 86/05, NZA 2006, 535 (537); Urt. v. 26.3.1986 – 7 AZR 599/84, NZA 1987, 238 (238); ErfK/*Müller-Glöge*, TzBfG, 19. Auflage 2019, § 3 Rn. 10.

515 Vgl. Boecken/Düwell/Diller/Hanau/*Böhm*, TzBfG, Bd. III, 2016, § 3 Rn. 7.

516 Boecken/Düwell/Diller/Hanau/*Studt*, TzBfG, Bd. III, 2016, § 14 Rn. 14.

Befristung ist das Prognoseprinzip durch die ständige Rechtsprechung des BAG umfassend ausdifferenziert worden. Den Ausgangspunkt bildet der zeitliche Prognosemaßstab, demzufolge danach zu fragen ist, ob im Zeitpunkt des Ablaufs der vereinbarten Zeit mit hinreichender Wahrscheinlichkeit kein Bedarf mehr an der Weiterbeschäftigung des Arbeitnehmers besteht.[517] Das Bedürfnis des Arbeitgebers an einer zeitlich begrenzten Beschäftigung besteht nur bis zu dem Zeitpunkt, in dem der die Befristung rechtfertigende Sachgrund (voraussichtlich) entfällt.[518] Bei der Kalenderbefristung bezieht sich der Prognosegegenstand demzufolge auf die vorübergehende Natur des Sachgrundes und der Prognosezeitpunkt auf denjenigen Moment, in dem die Befristung durch Auslaufen der bei Vertragsschluss vereinbarten Frist endet. Der Beschäftigungsbedarf darf nicht über diesen Zeitpunkt hinaus fortbestehen.

Weitaus weniger Beachtung kam dem Prognoseerfordernis bislang im Rahmen der Zweckbefristung zu. Dies verwundert insoweit, als dass auch hier das Sachgrunderfordernis gilt, mithin regelmäßig eine Prognose zu erstellen ist.[519] Aus der Natur der Zweckbefristung ergibt sich jedenfalls, dass die Prognose über die vorübergehende Natur des Arbeitsbedarfs nicht auf einen bestimmten Zeitpunkt gerichtet sein kann, da der konkrete zeitliche Eintritt des vertragsbeendigenden Ereignisses bei der Zweckbefristung gerade nicht kalendermäßig bestimmt bzw. bestimmbar ist. Die Grundsätze zur Prognose bei kalendermäßigen Befristungen können vor diesem Hintergrund nicht auf die Zweckbefristung übertragen werden. Dies gilt sowohl für den Prognosegegenstand, als auch den Prognosezeitpunkt. Der Siebte Senat hat zur Prognose bei Zweckbefristungen bislang nur sehr vereinzelt Stellung bezogen.[520] Das Gericht äußerte sich jedoch zu den bei einer Vertragsbeendigung durch Zweckerreichung anwendbaren Prognosemaßstäben grundlegend in seinem Urteil vom 15.5.2012[521]:

In dem der Entscheidung zugrundeliegenden Verfahren richtete sich die Befristungskontrollklage des Arbeitnehmers gegen eine Zweckbefristung, der zufolge das Arbeitsverhältnis für die Dauer des Betriebs einer

517 BAG Urt. v. 16.11.2005 – 7 AZR 81/05, NZA 2006, 784 (789); Urt. v. 12.9.1996 – 7 AZR 790/95, NZA 1997, 313 (315); ErfK/*Müller-Glöge*, TzBfG, 19. Auflage 2019, § 14 Rn. 18.

518 *Loth*, Prognoseprinzip und Befristungskontrolle im Arbeitsverhältnis, 2015, S. 126 mit Verweis auf BAG Urt. v. 16.11.2005 – 7 AZR 81/05, NZA 2006, 784 (789).

519 Grundlegend BAG Urt. v. 15.5.2012 – 7 AZR 35/11, NZA 2012, 1366 (1368 f.); *Hunold*, NZA-RR 2013, 505 (505).

520 Zuletzt BAG Urt. v. 21.3.2017 – 7 AZR 222/15, NZA 2017, 631 (633).

521 BAG Urt. v. 15.5.2012 – 7 AZR 35/11, NZA 2012, 1366.

Maßregelungsvollzugsklinik geschlossen wurde. Das BAG urteilte diesbezüglich, dass auch bei der Zweckbefristung die allgemeine Unsicherheit über die künftige Beschäftigungsmöglichkeit keine Befristungsabrede rechtfertige, da diese zum unternehmerischen Risiko gehöre und nicht auf den Arbeitnehmer abgewälzt werden dürfe.[522] Im Hinblick auf die vertragliche Risikoverteilung unterliegt die Zweckbefristung demnach derselben wertungsmäßigen Prämisse wie die Kalenderbefristung. Der Prognosegegenstand ist jedoch ein anderer: Das Gericht stellte in seiner Entscheidung fest, dass sich die Prognose bei der Zweckbefristung auf die Erreichung des Zwecks richten muss: Da eine zulässige Zweckbefristung nur ein Ereignis sein kann, dessen künftiger Eintritt sicher und allein der tatsächliche Zeitpunkt ungewiss sei, müsse (zum Zeitpunkt des Vertragsschlusses) „mit hinreichender Sicherheit deutlich werden, dass der Zweck tatsächlich zu irgendeinem Zeitpunkt erreicht werden wird, wenngleich noch nicht feststeht, wann dies sein wird".[523] Es reiche deshalb nicht aus, dass der maßgebliche Vertragszweck „möglicherweise oder wahrscheinlich" erreicht werde. Es müsse sicher angenommen werden können, dass er künftig eintreten wird.[524] In einer jüngeren Entscheidung spricht das Gericht nunmehr auch von einer hinreichenden „Prognosedichte".[525] Der Siebte Senat entschied in diesem Zusammenhang auch, dass an die Zuverlässigkeit der Prognose im Rahmen einer Zweckbefristung umso höhere Anforderungen zu stellen seien, je weiter die vereinbarte Zweckerreichung in der Zukunft liege.[526]

Die letztgenannte Feststellung des Gerichts muss letztlich als eine konsequente Schlussfolgerung bzw. Fortführung des in § 14 TzBfG zum Ausdruck kommenden Verbot der vertraglichen Verlagerung des Beschäftigungsrisikos verstanden werden. Sie ist für die Zweckbefristung umso elementarer, da hier auch der Arbeitgeber regelmäßig keinen unmittelbaren, bestimmenden Einfluss auf den Zeitpunkt der Zweckerreichung hat. Daraus resultiert die Gefahr, sich im Wege vertraglicher Vereinbarung eines in ferner, kaum absehbarer Zukunft liegenden Ereignisses für eine letztlich unbestimmte Zeit die Arbeitskraft des Arbeitnehmers zu sichern, ohne diesem einen korrelierenden Bestandsschutz

---

522 So bereits BAG Urt. v. 20.2.2008 – 7 AZR 950/06, NJOZ 2009, 671 (673); Urt. v. 5.6.2002 – 7 AZR 241/01, NZA 2003, 149 (151); Urt. v. 22.3.2000 – 7 AZR 758/98, NZA 2000, 881 (882).

523 BAG Urt. v. 15.5.2012 – 7 AZR 35/11, NZA 2012, 1366 (1368 f.).

524 BAG Urt. v. 15.5.2012 – 7 AZR 35/11, NZA 2012, 1366 (1369); zustimmend *Hunold*, NZA-RR 2013, 505 (505).

525 BAG Urt. v. 21.3.2017 – 7 AZR 222/15, NZA 2017, 631 (633).

526 BAG Urt. v. 15.5.2012 – 7 AZR 35/11, NZA 2012, 1366 (1369).

gewähren zu müssen. Ebenso verdienen die Ausführungen des Siebten Senats zum Prognosegenstand und zur Prognosewahrscheinlichkeit Zustimmung. Im Gegensatz zur Kalenderbefristung kann sich die Prognose mangels Bestimmtheit des Zeitpunkts der Vertragsbeendigung nicht auf einen bestimmten Moment beziehen. Vielmehr ist zu prognostizieren, dass der Zweck künftig tatsächlich erreicht wird, da nur dann der Bedarf von vorübergehender Natur ist. Dies führt nicht darüber hinweg, dass die Prognose auch Vorstellungen darüber, wie sich die dem zu erreichenden Zweck zugrundeliegenden Umstände nach Zweckerreichung voraussichtlich ändern werden, enthalten muss. Nur so kann sichergestellt werden, dass kein Dauerbedarf vorhanden ist.

Festzuhalten bleibt demzufolge, dass die an die Prognose zu stellenden Anforderungen bei Zeit- und Zweckbefristungen naturgemäß unterschiedlich sind. Zwar basieren die Wirksamkeitsmaßstäbe bei beiden Befristungsarten auf der Prämisse der Aufrechterhaltung der arbeitsvertraglichen Risikoverteilung, jedoch sind die Prognoseentscheidungen im Einzelnen aufgrund der unterschiedlichen Beendigungsursachen an divergierenden Maßstäben zu überprüfen.

4. Prognoseerfordernis bei auflösend bedingten Arbeitsverträgen nach § 21 TzBfG?

Wird ein Arbeitsvertrag unter einer auflösenden Bedingung geschlossen, gilt das Sachgrunderfordernis des § 14 Abs. 1 TzBfG gem. § 21 TzBfG auch für die Vereinbarung der auflösenden Bedingung. Die Norm stellt die auflösende Bedingung durch die Bezugnahme in den wesentlichen Teilen der Zweckbefristung gleich.[527] Ausweislich der Gesetzesbegründung sollen die Vorschriften über befristete Arbeitsverträge gerade deshalb auf auflösend bedingte Arbeitsverträge Anwendung finden, da dies der (vor Geltung des TzBfG ergangenen) Rechtsprechung des BAG entspreche.[528] Zutreffend ist dies allerdings nur insoweit, als dass auch auflösend bedingte Arbeitsverträge in besonderer Weise die Gefahr einer Aushebelung zwingender Kündigungsschutzvorschriften bergen, da eine auflösende Bedingung im Arbeitsvertrag Sachverhalte regelt, die im unbefristeten Arbeitsverhältnis typischerweise als Kündigungsgrund herangezogen werden.[529] Kündigungsschutzneutrale auflösende Bedingungen sind von vornherein nicht denkbar.[530] Die gerichtliche Kontrolle auflösender Bedingungen

527 Boecken/Düwell/Diller/Hanau/*Worzalla*, TzBfG, Bd. III, 2016, § 21 Rn. 1.

528 BT-Drucks. 14/4374, S. 21.

529 Ascheid/Preis/Schmidt/*Backhaus*, TzBfG, 5. Auflage 2017, § 21 Rn. 1.

530 Zutreffend Ascheid/Preis/Schmidt/*Backhaus*, TzBfG, 5. Auflage 2017, § 21 Rn. 1.

im Arbeitsverhältnis fand vor Geltung des TzBfG auf derjenigen Grundlage, die auch für die Befristungskontrolle herangezogen wurde, statt:

Entscheidend für die in der Gesetzesbegründung in Bezug genommene Rechtsprechung war die Frage nach einer objektiven Gesetzesumgehung, nämlich des KSchG.[531] Die Feststellung, dass befristungsrechtliche Schutzvorschriften von der Rechtsprechung auf auflösend bedingte Arbeitsverträge Anwendung fanden, muss zwingend vor dem Hintergrund der ursprünglich identischen *ratio* – Vermeidung einer Umgehung kündigungsschutzrechtlicher Schutzvorschriften – betrachtet werden. Es wurde allerdings an anderer Stelle bereits festgestellt, dass das TzBfG in § 14 Abs. 1 TzBfG von einer Ankoppelung des Befristungs- vom Kündigungsrecht unverkennbar abgesehen hat, sodass die Befristungskontrolle nunmehr unabhängig von einer etwaigen Gesetzesumgehung stattfindet.[532] Die Konzeption des TzBfG führt in Anbetracht des Umstands, dass auflösend bedingte Arbeitsverträge rechtstatsächlich nie von der immanenten Gefahr der Umgehung von Kündigungsschutz losgelöst werden können, zu systematischen Unterschieden: Die Implementierung des Sachgrunderfordernisses für auflösend bedingte Verträge ist nach wie vor im Zusammenhang zum Kündigungsrecht zu verstehen.[533] Auch das BAG geht davon aus, dass die Anwendbarkeit des § 14 TzBfG auf auflösend bedingte Verträge vor einer objektiv funktionswidrigen, Kündigungsschutz vorenthaltenden Verwendung derartiger Vertragsgestaltungen schützen soll.[534] Die Vereinbarung einer auflösenden Bedingung bedeutet letztlich einen formal einvernehmlichen, partiellen Verzicht auf Kündigungsschutz, nicht zuletzt, weil das vertragsauflösende Ereignis im unbefristeten Arbeitsverhältnis immer nur nach einer Interessenabwägung unter Berücksichtigung der Einzelfallumstände als rechtswirksamer Beendigungstatbestand anerkannt wird.[535] Durch § 21 TzBfG wird neben der Gefahr von Bestandsschutzvorenthaltung jedoch auch sichergestellt, dass auflösend bedingt Beschäftigten der Vertragskontrollschutz des TzBfG gewährleistet wird. Zweckbefristungen können oftmals durch vertragliche Umformulierung den formalen Anschein einer auflösenden Bedingung erwecken. Dies darf nicht dazu führen, dass die Schutzvorschriften des TzBfG ausgehebelt werden. Die Norm bewirkt

531 Grundlegend BAG Beschl. v. 12.10.1960 – 3 AZR 65/59, NJW 1961, 798.

532 Hierzu unter Gliederungspunkt D. I.

533 So wohl auch Meinel/Heyn/Herms/*Meinel*, TzBfG, 5. Auflage 2015, § 21 Rn. 1.

534 BAG Urt. v. 19.3.2008 – 7 AZR 1033/06, NZA-RR 2008, 570 (570); Urt. v. 2.7.2003 – 7 AZR 612/02, NZA 2004, 311 (312).

535 Im Ergebnis auch Ascheid/Preis/Schmidt/*Backhaus*, TzBfG, 5. Auflage 2017, § 21 Rn. 1.

insofern auch, dass der Arbeitnehmer von vornherein keine Prozessrisiken und -kosten, die bei Notwendigkeit des Beweises einer Zweckbefristung entstünden, tragen muss:

Da auch die auflösende Bedingung an Ereignisse anknüpft, deren zeitlicher Eintritt ungewiss ist, ist eine Abgrenzung zur Zweckbefristung notwendig. Beim zweckbefristeten Arbeitsvertrag ist der Eintritt des Ereignisses gewiss, lediglich der konkrete Zeitpunkt ist zum Zeitpunkt des Vertragsschlusses ungewiss. Bei der auflösenden Bedingung hingegen ist nicht nur der Zeitpunkt ungewiss. Vielmehr ist auch ungewiss, ob das Ereignis künftig überhaupt eintreten wird.[536] Bei der auflösenden Bedingung ist im Gegensatz zur Zweckbefristung also bereits das „Ob" des Ereigniseintritts unklar. Maßgeblich ist diesbezüglich die subjektive Vorstellung der Arbeitsvertragsparteien.[537]

Dem Wortlaut des § 21 TzBfG zufolge ist § 14 Abs. 1 TzBfG auf die Vereinbarung einer auflösenden Bedingung uneingeschränkt anzuwenden. Versteht man – so wie das BAG – die Prognose als integralen Bestandteil des Sachgrundes, wäre grundsätzlich auch bei der Kontrolle auflösend bedingter Arbeitsverträge eine Prognose über den voraussichtlichen Fortbestand bzw. Entfall des sachlichen Grundes notwendig. Insofern stellt sich allerdings die Frage, ob eine Prognose bei auflösenden Bedingungen konzeptionell überhaupt möglich ist: Bei der Zweckbefristung muss prognostiziert werden können, dass der Zweck mit hinreichender Sicherheit tatsächlich künftig erreicht wird, wenngleich noch nicht feststeht, zu welchem konkreten Zeitpunkt. Die Prognose beschränkt sich also auf das „Ob" des Ereigniseintritts. Das entscheidende Charakteristikum der auflösenden Bedingung ist hingegen, dass bereits ungewiss ist, ob das Ereignis überhaupt in Zukunft eintreten wird. Forderte man für den Eintritt der auflösenden Bedingung einen prognostischen Wahrscheinlichkeitsgrad, wäre unterstellt, dass der der Bedingung zugrundeliegende Sachverhalt mit Sicherheit künftig tatsächlich eintritt. Hiervon gehen die Arbeitsvertragsparteien aber gerade nicht aus. Ansonsten läge nach der vorgenannten Abgrenzung eine Zweckbefristung vor. Weil die auflösende Bedingung sowohl hinsichtlich des Ereigniseintritts,

---

536 BT-Drucks. 14/4374, S. 21 f.; BAG Urt. v. 8.8.2007 – 7 AZR 605/06, NJOZ 2008, 4218 (4220); Boecken/Düwell/Diller/Hanau/*Worzalla*, TzBfG, Bd. III, 2016, § 21 Rn. 2; ErfK/*Müller-Glöge*, TzBfG, 19. Auflage 2019, § 21 Rn. 2; Meinel/Heyn/Herms/*Meinel*, TzBfG, 5. Auflage 2015, § 21 Rn. 2; MüKo/*Hesse*, TzBfG, Bd. IV, 7. Auflage 2016, § 21 Rn. 4; Staudinger/*Preis*, BGB, 2019, § 620 Rn. 232.

537 Boecken/Düwell/Diller/Hanau/*Worzalla*, TzBfG, Bd. III, 2016, § 21 Rn. 2; ErfK/*Müller-Glöge*, TzBfG, 19. Auflage 2019, § 21 Rn. 2; *Hromadka*, BB 2001, 621 (625); Meinel/Heyn/Herms/*Meinel*, TzBfG, 5. Auflage 2015, § 21 Rn. 2.

als auch des konkreten Zeitpunkts durch eine Ungewissheit im Zeitpunkt des Vertragsschlusses gekennzeichnet ist, kann eine Prognose weder hinsichtlich des „Ob" noch des „Wann" des Ereignisses gestellt werden. Die Notwendigkeit einer Prognose entfällt hierdurch allerdings trotzdem nicht: Im Gegensatz zur Zweckbefristung ist die Prognose bei der auflösenden Bedingung nicht auf die Sicherheit des künftigen Eintretens des Sachgrundes gerichtet, sondern vielmehr darauf, dass mit Realisierung der Bedingung die vom Arbeitnehmer bereitgestellte, zusätzliche Arbeitskraft nicht mehr benötigt wird. Die Prognose richtet sich demzufolge auf den Wegfall des Arbeitskräftebedarfs bei Bedingungseintritt.[538] Es ist gerade nicht wie etwa bei der Zweckbefristung die Sicherheit bzw. Wahrscheinlichkeit des Eintritts des sachlichen Grundes zu prognostizieren. Dieser ist bei der auflösenden Bedingung nach Auffassung der Vertragsparteien ungewiss.[539]

In der Konsequenz können auflösende Bedingungen regelmäßig auch durch Sachgründe legitimiert werden, denen eine Prognose immanent ist: So setzt etwa § 14 Abs. 1 S. 2 Nr. 3 TzBfG voraus, dass der Vertretungsbedarf nur vorübergehend besteht. Hierauf richtet sich auch die vom Arbeitgeber zu stellende Prognose. Bei einer auflösenden Bedingung ist zu prognostizieren, dass bei Eintritt der Bedingung der Arbeitskräftebedarf aufgrund des Wegfalls der Vertretungssituation entfällt. Da eine dauerhafte, bestandsschutzlose Beschäftigung unter dem Deckmantel des vorübergehenden Arbeitsbedarfs gerade durch das TzBfG verhindert werden soll, muss die Prognose einem strengen Maßstab unterliegen. Gleiches muss für die Sachgründe des Katalogs aus § 14 Abs. 1 S. 2 TzBfG gelten, bei denen eine Prognose nicht erforderlich, zweckmäßig oder unmöglich ist.[540] Nur so kann in Ermangelung einer Gewissheit über den Eintritt des vertragsbeendigenden Ereignisses sichergestellt werden, dass das unternehmerische Beschäftigungsrisiko nicht dem Arbeitnehmer zugewiesen wird. Dies gilt umso mehr, als eine Umgehung des durch das KSchG realisierten Bestandsschutzes

538 LAG Köln Urt. v. 7.4.2005 – 5 Sa 1468/04, Rn. 6, *juris*; ArbG Gelsenkirchen Urt. v. 13.9.2016 – 5 Ca 491/16, Rn. 56, *juris*.

539 So im Ergebnis wohl auch *Hromadka*, BB 2001, 621 (625), der jedenfalls für den Sachgrund des vorübergehenden betrieblichen Bedarfs, § 14 Abs. 1 S. 2 Nr. 1 TzBfG eine (strengeres) Prognoseerfordernis bei auflösenden Bedingungen anerkennt.

540 Zur Entbehrlichkeit der Prognose bei einzelnen Befristungsgründen *Loth*, Prognoseprinzip und Befristungskontrolle im Arbeitsverhältnis, 2015, S. 148.

gerade dann, wenn die Prognose auf der Grundlage einer völligen Ungewissheit hinsichtlich der künftigen Realisierung des Sachgrundes erfolgt, droht.[541]

5. Sachgrundspezifische Prognosemaßstäbe

Losgelöst von prognosespezifischen Unterschieden, die durch die strukturellen Eigenarten der Zeitbefristung, Zweckbefristung sowie der auflösenden Bedingung entstehen, hat das BAG für die im Katalog des § 14 Abs. 1 S. 2 Nr. 1–8 TzBfG aufgeführten Sachgründe individuelle Prognosemaßstäbe entwickelt, die den jeweiligen Besonderheiten des einzelnen Sachgrundes Rechnung tragen sollen. Auch wenn der mit der befristungsrechtlichen Vertragskontrolle beabsichtige, wesentliche Zweck – Erwerbs- und Existenzschutz[542] – im Kern sämtlichen sachlichen Gründen vorangestellt ist, berücksichtigen diese verschiedene Flexibilisierungsinteressen des Arbeitgebers. Während etwa bei einer Vertretungsbefristung ein vorübergehender Arbeitskräfteausfall kompensiert wird[543], reagiert der Arbeitgeber bei der Projektbefristung auf einen temporären Mehrbedarf.[544] Aufgrund der kaum überschaubaren Vielzahl hypothetischer Änderungen und Entwicklungen, die in einem Unternehmen auftreten können, ist insofern eine am konkreten, die Befristungsabrede legitimierenden Grund orientierte Konkretisierung des Prognoseerfordernisses geboten. Nicht zuletzt hat der Gesetzgeber auch bewusst davon abgesehen, einen abschließenden Katalog sachlicher Gründe zu normieren. Als immanenter Bestandteil des sachlichen Grundes besteht deshalb auch bei der Prognose die im System des § 14 Abs. 1 S. 2 TzBfG angelegte Möglichkeit, den Prognosemaßstab im Rahmen von ungeschriebenen Sachgründen zu modifizieren. Im Folgenden soll eine Betrachtung des Prognoseprinzips anhand der einzelnen, katalogisierten Sachgründe erfolgen. Da diese ausweislich der Gesetzesbegründung eine Orientierung dafür, welche Gründe als gerechtfertigt anzusehen sind, ermöglichen soll,[545] kann die Judikatur des

---

541 Hierdurch werden die Anforderungen an den sachlichen Grund bei auflösenden Bedingungen nicht zwingend enger abgesteckt als bei Zweckbefristungen, da auch diese nicht bei jedem Sachgrund mit einer Prognose verbunden sind; zum Streit um eine unterschiedliche Grenzziehung bei Zweckbefristung und auflösender Bedingung Boecken/Düwell/Diller/Hanau/*Worzalla*, TzBfG, Bd. III, 2016, § 21 Rn. 3; *Kliemt*, NZA 2001, 296 (303 f.); MüKo/*Hesse*, TzBfG, Bd. IV, 7. Auflage 2016, § 21 Rn. 9.

542 *Kocher*, NZA 2010, 841 (841); *Wank*, EuZA 2016, 143 (150); *ders.*, RdA 2010, 193 (197).

543 Vgl. BAG Urt. v. 10.7.2013 – 7 AZR 761/11, NZA 2014, 26 (27); Meinel/Heyn/Herms/*Meinel*, TzBfG, 5. Auflage 2015, § 14 Rn. 111.

544 Meinel/Heyn/Herms/*Meinel*, TzBfG, 5. Auflage 2015, § 14 Rn. 92.

545 BT-Drucks. 14/4374, S. 13.

BAG zu den sachgrundspezifischen Prognoseanforderungen als Leitlinie für ungeschriebene, prognosebedürftige Sachgründe betrachtet werden.

a) § 14 Abs. 1 S. 2 Nr. 1 TzBfG: Vorübergehender betrieblicher Bedarf

Besteht der betriebliche Bedarf an der Arbeitsleistung des Arbeitnehmers nur vorübergehend, kann dies gem. § 14 Abs. 1 S. 2 Nr. 1 TzBfG einen sachlichen Grund für die Befristung des Arbeitsvertrags darstellen. Da ein vorübergehender Bedarf durch eine Vielzahl betrieblicher Ursachen entstehen kann, liegt es auf der Hand, dass verschiedenartige Lebenssachverhalte unter die Regelung gefasst werden. Eine abschließende Darstellung ist deshalb nur schwer möglich. Grundsätzlich sind zwei Konstellationen denkbar: Zum einen kann ein vorübergehender Arbeitskräftemehrbedarf bestehen.[546] Insbesondere geht es dabei um Projektbefristungen, Befristungen in Saisonbetrieben oder Befristungen, die an eine Drittmittelfinanzierung anknüpfen.[547] Möglich ist es jedoch auch, dass im Zeitpunkt des Vertragsschlusses ein künftiger Minderbedarf an Arbeitskraft, mithin ein Wegfall vorhersehbar ist.[548] Zu denken ist etwa an eine Inbetriebnahme einer neuen technischen Anlage oder Abwicklungsarbeiten, die im Rahmen einer Betriebsschließung erfolgen.[549]

Als Bestandteil des Sachgrundes ist im Zeitpunkt des Abschlusses der Befristungsabrede eine Prognose anzustellen, der zufolge aufgrund greifbarer Tatsachen mit hinreichender Sicherheit angenommen werden kann, dass der Arbeitskräftebedarf in Zukunft entfallen wird, mithin nicht dauerhaft besteht.[550]

---

546 Ascheid/Preis/Schmidt/*Backhaus*, TzBfG, 5. Auflage 2017, § 14 Rn. 82; Meinel/Heyn/Herms/*Meinel*, TzBfG, 5. Auflage 2015, § 14 Rn. 87; MüKo/*Hesse*, TzBfG, Bd. IV, 7. Auflage 2016, § 14 Rn. 20; BT-Drucks. 14/4374, S. 18 f.

547 Ausführlich ErfK/*Müller-Glöge*, TzBfG, 19. Auflage 2019, § 14 Rn. 23 ff.; Meinel/Heyn/Herms/*Meinel*, TzBfG, 5. Auflage 2015, § 14 Rn. 87 ff.; MüKo/*Hesse*, TzBfG, Bd. IV, 7. Auflage 2016, § 14 Rn. 20 ff.

548 Ascheid/Preis/Schmidt/*Backhaus*, TzBfG, 5. Auflage 2017, § 14 Rn. 82; Meinel/Heyn/Herms/*Meinel*, TzBfG, 5. Auflage 2015, § 14 Rn. 87.

549 BT-Drucks. 14/4374, S. 19.

550 BAG Urt. v. 27.7.2016 – 7 AZR 545/14, NZA 2016, 1531 (1533); Urt. v. 15.10.2014 – 7 AZR 893/12, NZA 2015, 362 (362); Urt. v. 4.12.2013 – 7 AZR 277/12, NZA 2014, 480 (482); Urt. v. 11.9.2013 – 7 AZR 107/12, NZA 2014, 150 (150); Urt. v. 17.3.2010 – 7 AZR 640/08, NZA 2010, 633 (634); Urt. v. 20.2.2008 – 7 AZR 950/06, NJOZ 2009, 671 (673); Urt. v. 25.8.2004 – 7 AZR 7/04, NZA 2005, 357 (358); Boecken/Düwell/Diller/Hanau/*Studt*, TzBfG, Bd. III, 2016, § 14 Rn. 20; ErfK/*Müller-Glöge*, TzBfG, 19. Auflage 2019, § 14 Rn. 23; Meinel/Heyn/Herms/*Meinel*, TzBfG, 5. Auflage 2015, § 14 Rn. 88; BT-Drucks. 14/4374, S. 19.

Der Prognosezeitpunkt entspricht also demjenigen, der auch für die kündigungsrechtliche Negativprognose gilt. Die bloße allgemeine Unsicherheit über den künftigen Personalbedarf ist ein integraler Bestandteil des unternehmerischen Risikos, sodass eine lediglich hierauf gestützte Befristung unwirksam ist; die vertragliche Risikoverteilung darf nicht auf den Arbeitnehmer verlagert werden.[551] Andererseits ist auch keine Gewissheit über den künftigen Entfall des Bedarfs notwendig, da das Flexibilisierungsinteresse des Arbeitgebers eine Befristung auch trotz verbleibender Restunsicherheit ermöglichen muss.[552] Durch das Erfordernis einer „hinreichenden Sicherheit" der Prognose wird letztlich sichergestellt, dass die Reichweite der Arbeitgeber- und Arbeitnehmerinteressen einen Ausgleich findet. Zulässig ist es insofern, wenn die Dauer des Arbeitsvertrags nicht den vollständigen Zeitraum des vorübergehenden Bedarfs abdeckt.[553] Hier ist als *argumentum a fortiori* anzuführen, dass es dem Arbeitgeber vorbehalten ist, vorübergehenden Arbeitskräftebedarf abzudecken bzw. hiervon abzusehen. Dann muss es jedoch auch möglich sein, dies nur teilweise zu tun.[554]

In Anbetracht der unterschiedlichen Sachverhalte, die von § 14 Abs. 1 TzBfG erfasst werden, unterliegen die vorstehenden Grundsätze im Einzelfall prognosebezogenen Modifikationen bzw. Erweiterungen. Dies gilt vordergründig für den Bezugspunkt der Prognose: Bei der Projektbefristung muss sich die begrenzte Dauer des Bedarfs nur auf das einzelne Projekt beziehen. Auch im Hinblick auf den Entfall des Arbeitskräftebedarfs ist ausschließlich auf das Arbeitsvolumen des Projekts abzustellen.[555] Daraus ergibt sich: Kann der Arbeitgeber nach Ablauf des Projekts auf einem anderen Arbeitsplatz bzw. in einem anderen Projekt beschäftigt werden, steht dies der Befristung nicht entgegen, da der Bezugspunkt der Prognose auf das einzelne Projekt und den damit einhergehenden Bedarf an Arbeitsleistung beschränkt ist.[556] Während die Begrenzung

551 BAG Urt. v. 11.9.2013 – 7 AZR 107/12, NZA 2014, 150 (151); Urt. v. 20.2.2008 – 7 AZR 950/06, NJOZ 2009, 671 (673); Urt. v. 5.6.2002 – 7 AZR 241/01, NZA 2003, 149 (151); vor Geltung des TzBfG bereits BAG Urt. v. 22.3.2000 – 7 AZR 758/98, NZA 2000, 881 (882); Urt. v. 13.11.1991 – 7 AZR 31/91, NZA 1992, 1125 (1128).

552 So im Ergebnis auch Meinel/Heyn/Herms/*Meinel*, TzBfG, 5. Auflage 2015, § 14 Rn. 89.

553 Boecken/Düwell/Diller/Hanau/*Studt*, TzBfG, Bd. III, 2016, § 14 Rn. 20; MüKo/*Hesse*, TzBfG, Bd. IV, 7. Auflage 2016, § 14 Rn. 20.

554 BAG Urt. v. 25.3.2009 – 7 AZR 34/08, NZA 2010, 34 (37); Urt. v. 21.2.2001 – 7 AZR 200/00, NZA 2001, 1382 (1383).

555 BAG Urt. v. 7.5.2008 – 7 AZR 146/07, Rn. 15, *juris*; Meinel/Heyn/Herms/*Meinel*, TzBfG, 5. Auflage 2015, § 14 Rn. 92.

556 BAG Urt. v. 7.11.2007 – 7 AZR 484/06, NJW 2008, 1688 (1690); Urt. v. 25.8.2004 – 7 AZR 7/04, NZA 2005, 357 (359); Meinel/Heyn/Herms/*Meinel*, TzBfG, 5. Auflage 2015,

des Bezugspunkts bei der Projektbefristung dem Arbeitgeber die Prognose erleichtert, wird sie insbesondere bei der Befristung im Saisonbetrieb zu Gunsten des Arbeitnehmers erschwert: Eine Befristung ist nur für diejenigen Arbeitsplätze zulässig, bei denen ein vorübergehender Mehrbedarf – unmittelbar oder mittelbar – voraussichtlich besteht.[557] Derartige Anpassungen des Prognosebezugspunkts sind letztlich eine zwingende Konsequenz aus dem weit gefassten Wortlaut des § 14 Abs. 1 S. 2 Nr. 1 TzBfG und den damit einhergehenden, unterschiedlichen Lebenssachverhalten. Sie sind für die Gewährleistung eines einheitlichen Schutzniveaus notwendig und geboten.

b) § 14 Abs. 1 S. 2 Nr. 2 TzBfG: Anschlussbefristung

Erfolgt die Befristung im Anschluss an eine Ausbildung oder ein Studium, kann dies einen sachlichen Grund nach § 14 Abs. 1 S. 2 Nr. 2 TzBfG darstellen. Die Norm ist als beschäftigungspolitisches Instrumentarium für das spezifische Arbeitsmarktsegment der Berufseinsteiger zu verstehen. Der Übergang in eine Anschlussbeschäftigung soll erleichtert werden.[558] Der sachliche Grund ist bei der Anschlussbefristung in zeitlicher Hinsicht dem Abschluss der Befristungsabrede vollständig vorgelagert. Dies gilt auch für den Begriff des Anschlusses: Bei dem befristeten Arbeitsverhältnis muss es sich um die erste Beschäftigung nach Abschluss des Studiums bzw. der Ausbildung handeln, sodass zwischenzeitliche Arbeitsverhältnisse einer Anwendbarkeit des § 14 Abs. 1 S. 2 Nr. 2 TzBfG entgegenstehen.[559] Die Norm beinhaltet letztlich keine Sachgrundmerkmale, die eine Zukunftsbezogenheit aufweisen. Zwar stellt die dauerhafte Überführung des Beschäftigten in den Arbeitsmarkt ein Ereignis dar, welches in der Zukunft liegt und nicht von vornherein durch Abschluss des befristeten Arbeitsvertrags

---

§ 14 Rn. 92; differenzierend BeckOKArbR/*Bayreuther*, TzBfG, 53. Ed. Stand 1.6.2019, § 14 Rn. 31a.

557 BeckOKArbR/*Bayreuther*, TzBfG, 53. Ed. Stand 1.6.2019, § 14 Rn. 28; ErfK/*Müller-Glöge*, TzBfG, 19. Auflage 2019, § 14 Rn. 26a; Meinel/Heyn/Herms/*Meinel*, TzBfG, 5. Auflage 2015, § 14 Rn. 99.; grundlegend BAG Urt. v. 29.1.1987 – 2 AZR 109/86, NZA 1987, 627.

558 Ascheid/Preis/Schmidt/*Backhaus*, TzBfG, 5. Auflage 2017, § 14 Rn. 83; Boecken/Düwell/Diller/Hanau/*Studt*, TzBfG, Bd. III, 2016, § 14 Rn. 30; BT-Drucks. 14/4374, S. 19.

559 BAG Urt. v. 24.8.2011 – 7 AZR 368/10, NJOZ 2012, 1223 (1224); Urt. v. 10.10.2007 – 7 AZR 795/06, NZA 2008, 295 (297); Boecken/Joussen/*Boecken*, TzBfG, 6. Auflage 2019, § 14 Rn. 62; Meinel/Heyn/Herms/*Meinel*, TzBfG, 5. Auflage 2015, § 14 Rn. 108.

feststeht.[560] Der sachliche Grund beschränkt sich jedoch auf die Ermöglichung eines Eintritts in den Arbeitsmarkt.[561] Ob der Arbeitnehmer zu einem späteren Zeitpunkt unbefristet beschäftigt wird und welche Wahrscheinlichkeit hierfür besteht, ist im Rahmen von § 14 Abs. 1 S. 2 Nr. 2 TzBfG unerheblich. Vielmehr soll die Befristung eine „Brückenfunktion“[562] für den erstmaligen Berufseinstieg haben, ungeachtet des späteren beruflichen Werdegangs des Arbeitnehmers. Ob ein unbefristeter, dauerhafter Arbeitsplatz bereits im Zeitpunkt des Abschlusses der Befristungsabrede konkret in Aussicht steht, ist nicht von Belang, da es vielmehr allein darum geht, ein Abrutschen in die Arbeitslosigkeit zu vermeiden.[563] Es bestehen in der Folge keine Unsicherheiten hinsichtlich des Eintritts des sachlichen Grundes bzw. des konkreten Zeitpunkts. Mangels Notwendigkeit einer zukunftsbezogenen, mit Unsicherheiten verbundenen Antizipation von Ereignissen oder Situationen bedarf es bei dem Sachgrund der Anschlussbefristung keiner Prognose.[564] Insofern ist auch eine *ex-ante* Betrachtung im Zeitpunkt der Beendigung des befristeten Arbeitsvertrags obsolet, da der sachliche Grund keine tatbestandlichen Merkmale umfasst, die erst im Zeitraum zwischen Abschluss und Beendigung des Vertrags auftreten sollen.

c) § 14 Abs. 1 S. 2 Nr. 3 TzBfG: Die Befristung zwecks Vertretung

Einer der praxisrelevantesten Sachgründe ist die Vertretungsbefristung nach § 14 Abs. 1 S. 2 Nr. 3 TzBfG. Ausweislich der Gesetzesbegründung liegt ein Fall der Vertretung vor, wenn durch den zeitweiligen Ausfall eines Arbeitnehmers ein vorübergehender Bedarf an der Beschäftigung eines anderen Arbeitnehmers entsteht.[565] Die Wortwahl des Gesetzgebers erlaubt insofern bereits erste Rückschlüsse auf den Prognosebezugspunkt: Zum einen muss der Ausfall des Arbeitnehmers temporär sein. Zum anderen darf auch der dadurch entstandene Arbeitskräftebedarf nur vorübergehender Natur sein:

---

560 Insofern zutreffend *Loth*, Prognoseprinzip und Befristungskontrolle im Arbeitsverhältnis, 2015, S. 146.

561 Vgl. BT-Drucks. 14/4374, S. 19; wohl auch *Schlachter*, NZA 2003, 1180 (1183).

562 *Schlachter*, NZA 2003, 1180 (1183); wohl auch Boecken/Joussen/*Boecken*, TzBfG, 6. Auflage 2019, § 14 Rn. 50.

563 Zutreffend Boecken/Joussen/*Boecken*, TzBfG, 6. Auflage 2019, § 14 Rn. 54.

564 So im Ergebnis auch *Loth*, Prognoseprinzip und Befristungskontrolle im Arbeitsverhältnis, 2015, S. 146, der zufolge kein künftiger Zeitpunkt bzw. künftiges Ereignis existiert, zu dem der Befristungszweck tatsächlich erreicht werden kann.

565 BT-Drucks. 14/4374, S. 19.

aa) Bezugspunkt der Prognose und Prognosezeitraum

Die Rechtsprechung verlangt grundsätzlich bei jeder Form der Vertretungsbefristung, dass ein Kausalzusammenhang zwischen dem zeitweiligen Ausfall des Vertretenen und der Einstellung der Vertretungskraft besteht.[566] Notwendig, aber auch ausreichend ist insofern, dass zwischen dem zeitweiligen Ausfall des Vertretenen und der befristeten Einstellung des Vertreters ein ursächlicher Zusammenhang besteht. Es muss sichergestellt sein, dass die Vertretungskraft gerade wegen des durch den zeitweiligen Ausfall des zu vertretenden Mitarbeiters entstandenen vorübergehenden Beschäftigungsbedarfs eingestellt worden ist.[567]

Unabhängig davon, ob es sich bei der Vertretungsbefristung um eine unmittelbare Vertretung, mittelbare Vertretung oder eine Zuordnungsvertretung[568] handelt, gilt zunächst ein einheitlicher Prognosebezugspunkt: Maßgeblich ist, ob im Zeitpunkt des Abschlusses der Befristungsabrede davon ausgegangen werden kann, dass der Vertretungsbedarf voraussichtlich wieder Entfallen wird; es muss zu erwarten sein, dass der Vertretene seine Arbeit wieder aufnehmen wird.[569] Der Prognosezeitraum beschränkt sich insoweit darauf, dass der vertretene Arbeitnehmer überhaupt zurückkehren wird. Prognostiziert werden muss deshalb nicht, zu welchem konkreten Zeitpunkt die Rückkehr voraussichtlich

566 BAG Urt. v. 11.2.2015 – 7 AZR 113/12, NZA 2015, 617 (619); Urt. v. 6.11.2013 – 7 AZR 96/12, NZA 2014, 430 (432); Urt. v. 15.2.2006 – 7 AZR 232/05, NZA 2006, 781 (782); Boecken/Joussen/*Boecken*, TzBfG, 6. Auflage 2019, § 14 Rn. 60; Meinel/Heyn/Herms/*Meinel*, TzBfG, 5. Auflage 2015, § 14 Rn. 128; MüKo/*Hesse*, TzBfG, Bd. IV, 7. Auflage 2016, § 14 Rn. 33.

567 BAG Urt. v. 11.2.2015 – 7 AZR 113/12, NZA 2015, 617 (619); Urt. v. 6.11.2013 – 7 AZR 96/12, NZA 2014, 430 (432); Urt. v. 10.3.2004 – 7 AZR 402/03, NZA 2004, 925 (927); Meinel/Heyn/Herms/*Meinel*, TzBfG, 5. Auflage 2015, § 14 Rn. 128; MüKo/*Hesse*, TzBfG, Bd. IV, 7. Auflage 2016, § 14 Rn. 33.

568 Zur Begriffsbestimmung ausführlich *Bader*, NJW 2017, 989 (990); Boecken/Joussen/*Boecken*, TzBfG, 6. Auflage 2019, § 14 Rn. 77 ff.

569 BAG Urt. v. 29.4.2015 – 7 AZR 310/13, NZA 2015, 928 (929; Urt. v. 10.10.2012 – 7 AZR 462/11, NZA-RR 2013, 185 (186); Urt. v. 6.10.2010 – 7 AZR 397/09, NZA 2011, 1155 (1157); BAG Urt. v. 22.11.1995 – 7 AZR 252/95, NZA 1999, 878 (879); Boecken/Düwell/Diller/Hanau/*Studt*, TzBfG, Bd. III, 2016, § 14 Rn. 37; Boecken/Joussen/*Boecken*, TzBfG, 6. Auflage 2019, § 14 Rn. 77; *Loth*, Prognoseprinzip und Befristungskontrolle im Arbeitsverhältnis, 2015, S. 152; Meinel/Heyn/Herms/*Meinel*, TzBfG, 5. Auflage 2015, § 14 Rn. 128; MüKo/*Hesse*, TzBfG, Bd. IV, 7. Auflage 2016, § 14 Rn. 125.

erfolgen wird.[570] Daraus ergibt sich, dass den Arbeitgeber auch keine besonderen Nachforschungspflichten treffen, etwa zur gesundheitlichen Entwicklung des Vertretenen.[571] Unerheblich ist auch, welches Arbeitsvolumen der ausfallende Arbeitnehmer voraussichtlich bei seiner Rückkehr verrichten wird.[572] Es ist nicht erforderlich, dass er seine bisherige Tätigkeit vollumfänglich wiederaufnimmt.[573]

Besonderheiten ergeben sich sowohl hinsichtlich des Bezugspunkts der Prognose als auch des Prognosezeitraums bei der Gesamtvertretung: Erkennt man mit der bisherigen Rechtsprechung des BAG diese Fallgruppe der Vertretungsbefristung für den öffentlich-rechtlich organisierten Schulbereich an[574], ist eine Befristung bereits möglich, wenn das Volumen der Vertretungskräfte insgesamt nicht den tatsächlichen Gesamtvertretungsbedarf für planmäßige Lehrkräfte überschreitet.[575] Es erfolgt eine Betrachtung des Arbeitsvolumens der Verwaltungseinheit, ohne den einzelnen Vertreter einem konkreten Vertretenen zuzuordnen.[576] Das Ergebnis – und insofern auch ein zentraler Kritikpunkt an der Legitimierung der Gesamtvertretung – ist eine deutliche Herabsetzung der Anforderungen an den Kausalzusammenhang.[577]

Da eine Betrachtung des kollektiven Arbeitsvolumens bzw. Vertretungsbedarfs erfolgt, muss sich die Prognose auch auf die voraussichtliche Rückkehr

---

570 BAG Urt. v. 22.11.1995 – 7 AZR 252/95, NZA 1999, 878 (879); *Loth*, Prognoseprinzip und Befristungskontrolle im Arbeitsverhältnis, 2015, S. 152.; MüKo/*Hesse*, TzBfG, Bd. IV, 7. Auflage 2016, § 14 Rn. 32.

571 BAG Urt. v. 13.6.2007 – 7 AZR 747/05, Rn. 14, *juris*; Urt. v. 20.2.2002 – 7 AZR 600/00, NZA 2002, 896 (897); Boecken/Joussen/*Boecken*, TzBfG, 6. Auflage 2019, § 14 Rn. 79; *Loth*, Prognoseprinzip und Befristungskontrolle im Arbeitsverhältnis, 2015, S. 152.

572 BAG Urt. v. 6.12.2000 – 7 AZR 262/99, NZA 2001, 721 (722).

573 BAG Urt. v. 6.12.2000 – 7 AZR 262/99, NZA 2001, 721 (722); zustimmend Boecken/Joussen/*Boecken*, TzBfG, 6. Auflage 2019, § 14 Rn. 79; Meinel/Heyn/Herms/*Meinel*, TzBfG, 5. Auflage 2015, § 14 Rn. 127.

574 BAG Urt. v. 20.1.1999 – 7 AZR 640/97, NZA 1999, 928; Urt. v. 3.12.1986 – 7 AZR 354/85, NZA 1987, 739; ausdrücklich offenlassend BAG Urt. v. 10.10.2012 – 7 AZR 462/11, NZA-RR 2013, 185 (185).

575 BAG Urt. v. 20.1.1999 – 7 AZR 640/97, NZA 1999, 928 (929); Urt. v. 3.12.1986 – 7 AZR 354/85, NZA 1987, 739 (740); auch Boecken/Joussen/*Boecken*, TzBfG, 6. Auflage 2019, § 14 Rn. 76; kritisch Boecken/Düwell/Diller/Hanau/*Studt*, TzBfG, Bd. III, 2016, § 14 Rn. 40.

576 So wohl auch *Brose*, NZA 2009, 706 (708).

577 Boecken/Joussen/*Boecken*, TzBfG, 6. Auflage 2019, § 14 Rn. 76; *Brose*, NZA 2009, 706 (708); *Persch*, BB 2013, 629 (631); Meinel/Heyn/Herms/*Meinel*, TzBfG, 5. Auflage 2015, § 14 Rn. 136.

sämtlicher ausfallender (Stamm-)Arbeitnehmer beziehen.[578] Im Gegensatz zu den sonstigen Fallgruppen der Vertretungsbefristung gilt für den Prognosezeitraum, dass nicht allein das „Ob" der Rückkehr zu prognostizieren ist, sondern auch die zeitliche Dimension des Arbeitsausfalls berücksichtigt werden muss.[579] Erheblich ist deshalb insbesondere, ob es sich um kurzfristige Ausfälle handelt.[580] Dies ist zum einen aufgrund der durch die Anerkennung der Konzeption „Gesamtvertretung" entstehenden, weiten Befristungsmöglichkeit geboten. Darüber hinaus müssen erhöhte Anforderungen an den Prognosezeitraum gestellt werden, da bei einer kollektiven Betrachtung des Arbeitskräfteausfalls eingestellte Arbeitnehmer in der Summe wesentlich länger befristet beschäftigt werden könnten, wenn weder ein personenbezogener Kausalzusammenhang, noch ein Prognosezeitraum notwendig ist. Es wäre ebenso verfehlt, dem Arbeitgeber die Auswahl des maßgeblichen Stammarbeitnehmers für den Prognosezeitraum zu überlassen, da er dann zu seinen Gunsten auf denjenigen Stammarbeitnehmer abstellen könnte, dessen Rückkehr voraussichtlich am spätesten erfolgen wird. Eine die kollektive Betrachtung durchbrechende Heranziehung der individuellen Ausfallsperioden aller vertretenen Arbeitnehmer ist demzufolge konsequent und zur Vermeidung einer ausufernden Befristungspolitik im öffentlich-rechtlichen Schulbereich geboten.

bb) Prognosewahrscheinlichkeit

Das durch das Prognoseerfordernis gewährleistete Schutzniveau bestimmt sich in erheblichem Umfang anhand der Prognosewahrscheinlichkeit. Wie wahrscheinlich der Eintritt des prognostizierten Sachgrundes sein muss, lässt das BAG bei der Vertretungsbefristung im Kern allerdings unbeantwortet. Dies verwundert auf den ersten Blick umso mehr, da das Gericht bei anderen Sachgründen den Grad der Wahrscheinlichkeit ausdrücklich festlegt: Bei der auf § 14 Abs. 1 S. 2 Nr. 1 TzBfG gestützten Befristung wegen vorübergehenden betrieblichen Bedarfs fordert der Siebte Senat, dass von einer vorübergehenden Natur das Arbeitskräftebedarfs mit „hinreichender Sicherheit" auszugehen sein muss.[581] Vor diesem Hintergrund befürwortet *Persch* einen Gleichlauf der

---

578 BAG Urt. v. 22.11.1995 – 7 AZR 252/95, NZA 1996, 878 (880); MüKo/*Hesse*, TzBfG, Bd. IV, 7. Auflage 2016, § 14 Rn. 36.

579 So im Ergebnis auch MüKo/*Hesse*, TzBfG, Bd. IV, 7. Auflage 2016, § 14 Rn. 36.

580 MüKo/*Hesse*, TzBfG, Bd. IV, 7. Auflage 2016, § 14 Rn. 36.

581 BAG Urt. v. 27.7.2016 – 7 AZR 545/14, NZA 2016, 1531 (1533); Urt. v. 15.10.2014 – 7 AZR 893/12, NZA 2015, 362 (362); Urt. v. 4.12.2013 – 7 AZR 277/12, NZA 2014, 480 (482); Urt. v. 11.9.2013 – 7 AZR 107/12, NZA 2014, 150 (150); Urt. v. 17.3.2010 –

Sachgrundanforderungen, sodass auch bei der Vertretungsbefristung aufgrund objektiver Tatsachen eine hinreichende Sicherheit für das Fehlen eines dauerhaften, über die Befristungsdauer hinausgehenden Beschäftigungsbedarf bestehen soll.[582] Bei der Vertretungsbefristung ergibt sich allerdings keine Notwendigkeit zur Bestimmung der Prognosewahrscheinlichkeit, da der Arbeitgeber – wenn keine besonderen Umstände vorliegen – grundsätzlich von einer Rückkehr der zu vertretenden Stammkraft ausgehen kann.[583] Gesteigerte Anforderungen an die Wahrscheinlichkeit der Rückkehr sind nach der Rechtsprechung des BAG nur dann zu stellen, wenn sich aus objektiven, im Zeitpunkt des Vertragsschlusses bestehenden Anhaltspunkten erhebliche Zweifel an der Rückkehr des Arbeitnehmers aufdrängen.[584] Ein solcher Ausnahmefall besteht jedoch auch nur dann, wenn die den Zweifel begründenden Informationen dem Arbeitgeber vorliegen.[585] Der Grund hierfür ist in der im Vertragsverhältnis angelegten Informationsasymmetrie zu sehen: Sofern die Vertretungssituation aus Umständen resultiert, die der Sphäre des Arbeitnehmers zuzurechnen sind, bestehen auf der Arbeitgeberseite regelmäßig Informationsdefizite. Insbesondere bei einem krankheitsbedingten Ausfall der Stammkraft hat der Arbeitgeber grundsätzlich keine (umfassende) Kenntnis vom Gesundheitsstand bzw. Genesungsprozess. Da ihn insoweit auch keine Nachforschungspflichten treffen[586], wären gesteigerte

7 AZR 640/08, NZA 2010, 633 (634); Urt. v. 20.2.2008 – 7 AZR 950/06, NJOZ 2009, 671 (673); Urt. v. 25.8.2004 – 7 AZR 7/04, NZA 2005, 357 (358).

582 *Persch*, BB 2013, 629 (630).

583 BAG Urt. v. 12.4.2017 – 7 AZR 436/15, NJW 2017, 3464 (3465); Urt. v. 11.2.2015 – 7 AZR 113/12, NZA 2015, 617 (619); Urt. v. 16.1.2013 – 7 AZR 661/11, NZA 2013, 614 (616); Urt. v. 25.2.2009 – 7 AZR 34/08, NZA 2010, 34 (35); zustimmend Boecken/Düwell/Diller/Hanau/*Studt*, TzBfG, Bd. III, 2016, § 14 Rn. 37; Meinel/Heyn/Herms/*Meinel*, TzBfG, 5. Auflage 2015, § 14 Rn. 125.

584 BAG Urt. v. 16.1.2013 – 7 AZR 661/11, NZA 2013, 614 (616); Urt. v. 25.3.2009 – 7 AZR 34/08, NZA 2010, 34 (35); Urt. v. 2.7.2003 – 7 AZR 529/02, NZA 2004, 1055 (1056); Urt. v. 23.1.2002 – 7 AZR 440/00, NZA 2002, 665 (665); Urt. v. 21.2.2001 – 7 AZR 200/00, NZA 2001, 1382 (1382).

585 BAG Urt. v. 25.3.2009 – 7 AZR 34/08, NZA 2010, 34 (35); Urt. v. 2.7.2003 – 7 AZR 529/02, NZA 2004, 1055 (1056); Urt. v. 23.1.2002 – 7 AZR 440/00, NZA 2002, 665 (665).

586 BAG Urt. v. 13.6.2007 – 7 AZR 747/05, Rn. 14, *juris*; Urt. v. 20.2.2002 – 7 AZR 600/00, NZA 2002, 896 (897); Boecken/Düwell/Diller/Hanau/*Studt*, TzBfG, Bd. III, 2016, § 14 Rn. 37; Boecken/Joussen/*Boecken*, TzBfG, 6. Auflage 2019, § 14 Rn. 79; *Loth*, Prognoseprinzip und Befristungskontrolle im Arbeitsverhältnis, 2015, S. 152; einschränkend *Persch*, BB 2013, 629 (630).

Anforderungen an die zu prognostizierende Wahrscheinlichkeit der Rückkehr nicht mit dem Informationsgefüge des Arbeitsverhältnisses zwischen Stammarbeitnehmer und Arbeitgeber vereinbar.

Etwas anderes gilt nur, wenn der Vertretungsbedarf durch eine vorübergehende Abordnung der Stammkraft entsteht: Hier sind erhöhte Anforderungen an die Prognosewahrscheinlichkeit zu stellen, da die Rückkehr der Stammkraft regelmäßig nicht nur von Umständen in deren Sphäre, sondern ganz maßgeblich auch von Umständen und Entscheidungen abhängt, die in der Sphäre des Arbeitgebers liegen.[587] Oftmals ist die künftige Rückkehr des Stammarbeitnehmers ein für den Arbeitgeber plan- und steuerbarer Umstand. Da im Rahmen der Prognosewahrscheinlichkeit auch die vertragliche Risikoverteilung der Parteien Berücksichtigung finden muss, ergibt sich bei der Abordnungsvertretung aus der fehlenden Fremdbestimmtheit des Vertretungsgrundes[588] ein strengerer Prognosemaßstab: Entscheidend ist, ob der Arbeitgeber im Zeitpunkt des Abschlusses der Befristungsabrede „berechtigterweise mit der Rückkehr der abgeordneten Stammkraft rechnen durfte."[589]

Die Differenzierung im Hinblick auf die Sphäre, aus der die Ursache für die Vertretungsnotwendigkeit stammt, ist in Anbetracht der Informationsverteilung im Vertragsverhältnis zwischen Stammarbeitnehmer und Arbeitgeber und der im Hinblick auf die voraussichtliche Rückkehr des Arbeitnehmers oftmals bestehenden Informationsasymmetrie unabdingbar. Ein Gleichlauf zur Prognosewahrscheinlichkeit des § 14 Abs. 1 S. 2 Nr. 1 TzBfG ist jedenfalls bei fremdbestimmten Vertretungsursachen abzulehnen, da der Arbeitgeber in der Regel nicht über diejenigen Informationen verfügt bzw. verfügen kann, die für eine Fundierung der Wahrscheinlichkeitsprognose erforderlich wären. Eine Angleichung der Anforderungen ist allerdings für die Abordnungsvertretung möglich: Hier unterliegt der Vertretungsgrund der Planungs- und Organisationsmacht des Arbeitgebers, die auch regelmäßig über das Vorhandensein eines vorübergehenden betrieblichen Bedarfs an zusätzlicher Arbeitsleistung i.S.v. § 14 Abs. 1 S. 2 Nr. 1 TzBfG entscheidet. Eine hinreichende Sicherheit der Rückkehr des Stammarbeitnehmers ist in der Konsequenz dann notwendig, wenn

587 BAG Urt. v. 12.4.2017 – 7 AZR 436/15, NJW 2017, 3464 (3464); Urt. v. 10.7.2013 – 7 AZR 833/11, NZA 2013, 1292 (1294); Urt. v. 16.1.2013 – 7 AZR 661/11, NZA 2013, 614 (617).

588 Vgl. Boecken/Joussen/*Boecken*, TzBfG, 6. Auflage 2019, § 14 Rn. 75.

589 BAG Urt. v. 12.4.2017 – 7 AZR 436/15, NJW 2017, 3464 (3464); Urt. v. 10.7.2013 – 7 AZR 833/11, NZA 2013, 1292 (1294); Urt. v. 16.1.2013 – 7 AZR 661/11, NZA 2013, 614 (617).

der Vertretungsgrund aus der Sicht des Arbeitgebers objektiv nicht fremdbestimmt ist.

cc) Erhöhung der Prognosekontrolldichte bei Mehrfachbefristungen?

Vor Inkrafttreten des TzBfG ging das BAG bei der Vertretungsbefristung noch davon aus, dass sich mit der Anzahl der befristeten Arbeitsverträge die Kontrolldichte hinsichtlich des Sachgrundes erhöhe, mithin auch an die Prognose erhöhte Anforderungen zu stellen seien.[590] Zwar sei eine sichere Antizipation der künftigen Entwicklungen im Betrieb des Arbeitgebers regelmäßig nicht möglich, jedoch müsse bei mehrfachen Befristungen ein erhöhter Sorgfaltsmaßstab bezüglich der Prognoseentscheidung gelten.[591] Hieran hat der Siebte Senat jedoch in späteren Entscheidungen nicht mehr festgehalten[592], sondern geht nunmehr in ständiger Rechtsprechung davon aus, dass die Anzahl der mit dem Arbeitnehmer geschlossenen, befristeten Verträge keine Auswirkungen auf den Prognosemaßstab haben. Auch bei einer Vielzahl befristeter Arbeitsverträge seien keine strengeren Anforderungen an das Vorliegen eines Sachgrundes, mithin an die Wirksamkeit der Prognose zu stellen.[593] In der Konsequenz sei also auch bei Mehrfachbefristungen grundsätzlich davon auszugehen, dass der vertretene Arbeitnehmer zurückkehren und seine arbeitsvertraglichen Pflichten wieder erfüllen wird.[594]

Die Judikatur des Siebten Senats stieß mitunter auf Kritik, insbesondere vor dem Hintergrund der europarechtlichen Rahmenbedingungen zur Vermeidung missbräuchlicher Befristungsabreden.[595] Da die Frage des Prognosemaßstabs bei mehrfachen Befristungen zwingend im Kontext zur *Kücük* Entscheidung[596] des EuGH sowie der Rechtsprechung des BAG zur Rechtsfigur des institutionellen Rechtsmissbrauchs[597] verstanden werden muss, soll die Problematik an anderer

590 BAG Urt. v. 22.11.1995 – 7 AZR 252/95, NZA 1996, 878 (879); teilweise auch noch BAG Urt. v. 27.6.2001 – 7 AZR 326/00, NJOZ 2002, 379 (380); Urt. v. 6.12.2000 – 7 AZR 262/99, NZA 2001, 721 (722).

591 BAG Urt. v. 22.11.1995 – 7 AZR 252/95, NZA 1996, 878 (879).

592 Erstmalig BAG Urt. v. 25.3.2009 – 7 AZR 34/08, NZA 2010, 34 (37).

593 BAG Urt. v. 29.4.2015 – 7 AZR 310/13, NZA 2015, 928 (930); Urt. v. 18.7.2012 – 7 AZR 443/09, NZA 2012, 1351 (1353); Beschl. v. 17.11.2010 – 7 AZR 443/09, NZA 2011, 34 (36); Urt. v. 25.3.2009 – 7 AZR 34/08, NZA 2010, 34 (37).

594 BAG Urt. v. 18.7.2012 – 7 AZR 443/09, NZA 2012, 1351 (1353).

595 Insbesondere *Preis/Greiner*, RdA 2010, 148 (149).

596 EuGH v. 26.1.2012 – C-586/10 – NZA 2012, 135 (Kücük).

597 Grundlegend BAG Urt. v. 18.7.2012 – 7 AZR 443/09, NZA 2012, 1351; Urt. v. 18.7.2012 – 7 AZR 783/10, NZA 2012, 1359; zuletzt BAG Urt. v. 17.5.2017 – 7 AZR

Stelle in der gebotenen Tiefe behandelt werden.[598] Ungeachtet der mit dem Instrument des institutionellen Rechtsmissbrauchs eingeschlagenen Eckpfeiler darf jedoch für die Prognoseanforderungen bei Befristungsketten Folgendes nicht verkannt werden: Auch bei einer Vielzahl von einander folgenden Vertretungssituationen, aus denen ein (wiederkehrender) Bedarf an vorübergehender Arbeitskraft entsteht, ist ein erhöhter Schutz des befristet beschäftigten Arbeitnehmers durch gesteigerte Prognoseanforderungen nur dann rechtstatsächlich denkbar, wenn der Arbeitgeber über Mittel und Maßnahmen verfügt, die eine Beibringung der prognoserelevanten Informationen ermöglichen. Dies ist bei fremdbestimmten Vertretungsgründen jedoch regelmäßig nicht der Fall. Gerade deshalb darf der Arbeitgeber im Grundsatz von einer Rückkehr der ausfallenden Stammkraft ausgehen.

Insbesondere bei krankheitsbedingter Abwesenheit des Vertretenen wären erhöhte Anforderungen an die Prognose zwangsläufig mit einer Offenlegungs- bzw. Aufklärungspflicht des erkrankten Stammarbeitnehmers verbunden. Anderweitige Möglichkeiten zur Informationsgewinnung hinsichtlich des Krankheitsverlaufs und Genesungsprozesses stehen dem Arbeitgeber üblicherweise nicht zur Verfügung. Nur mit der Implementierung einer Aufklärungspflicht des Vertretenen könnte vermieden werden, dass eine Verschiebung des (erhöhten) Risikos von Fehlprognosen zu Lasten des Arbeitgebers stattfindet. Art und Umfang des Arbeitskräfteausfalls des Vertretenen unterliegen bei fremdbestimmten Vertretungssituationen regelmäßig keiner Einwirkungsmacht des Arbeitgebers[599], sodass eine (teilweise) Aufhebung der Informationsasymmetrie im Arbeitsverhältnis von Stammarbeitnehmer und Arbeitgeber notwendig wäre. Dies scheitert jedoch in der Regel an einer fehlenden Verpflichtung des Vertretenen zur Aufklärung über die für den Vertretungsgrund ursächlichen Umstände: Eine Aufklärungspflicht setzt bereits im Ausgangspunkt voraus, dass den Vertragsgegner (1) ein Informationsdefizit trifft und (2) der Gegenseite die Verantwortung für deren Beseitigung zukommt.[600] Letzteres ergibt sich weder

---

420/15, *juris*; Urt. v. 26.10.2016 – 7 AZR 140/15, NZA 2017, 463; Urt. v. 29.4.2015 – 7 AZR 310/13, NJW 2016, 185.

598 Ausführlich unter Gliederungspunkt D. IV.

599 So wohl auch BAG Urt. v. 12.4.2017 – 7 AZR 436/15, NJW 2017, 3464 (3465); Urt. v. 11.2.2015 – 7 AZR 113/12, NZA 2015, 617 (619); Urt. v. 16.1.2013 – 7 AZR 661/11, NZA 2013, 614 (616); Urt. v. 25.2.2009 – 7 AZR 34/08, NZA 2010, 34 (35), wonach bei fremdbestimmten Vertretungsbedarf der Ausfall des Stammarbeitnehmers nicht auf einer Entscheidung des Arbeitgebers beruht.

600 Vgl. *Rehm*, Aufklärungspflichten im Vertragsrecht, 2003, S. 120.

aus dem Vertragsverhältnis zwischen Arbeitgeber und Stammarbeitnehmer noch aus dem Rechtsverhältnis zwischen Arbeitgeber und der Vertretungskraft. Auch die gesetzliche Wertung in § 5 Abs. 1 EFZG spricht für eine fehlende Aufklärungspflicht, da der Stammarbeitnehmer im Krankheitsfall über Art und Ursache der Erkrankung grundsätzlich keine Auskunft erteilen muss.[601] In der Folge sind erhöhte Prognoseanforderungen bei Mehrfachbefristungen nur denkbar, sofern es sich nicht um – aus der Sicht des Arbeitgebers – fremdbestimmte Vertretungsgründe handelt und die Ursache für den Vertretungsbedarf von der Planungs- und Organisationsmacht des Arbeitgebers gedeckt ist.

d) § 14 Abs. 1 S. 2 Nr. 4 TzBfG: Eigenart der Arbeitsleistung

Nach § 14 Abs. 1 S. 2 Nr. 4 TzBfG besteht die Möglichkeit zur Befristung eines Arbeitsvertrags auch dann, wenn die Eigenart der Arbeitsleistung eine vorübergehende Beschäftigung rechtfertigt bzw. legitimiert. Die Notwendigkeit für eine Prognoseentscheidung existiert bei diesem Sachgrund nicht. Der Grund dafür ist in der Charakteristik der arbeitsvertraglich begründeten Leistungsverpflichtung des Arbeitnehmers zu sehen: Dieser ist – losgelöst vom Einzelfall – eine vorübergehende Natur immanent, sodass der (nur) temporäre Bedarf an der Arbeitsleistung nicht gesondert zu prognostizieren ist.[602] Notwendig ist insofern allerdings ein innerer Zusammenhang zwischen dem Inhalt der Arbeitspflicht und der Befristung; diese muss aus sich selbst heraus eine zeitliche Limitierung des Arbeitsverhältnisses rechtfertigen.[603] Hierin ist auch der maßgebliche Unterschied zur Projektbefristung nach § 14 Abs. 1 S. 2 Nr. 1 TzBfG zu sehen, da dort die vom Arbeitnehmer geschuldete Arbeitsleistung ihrem Wesen nach nicht generell von vorübergehender Natur ist, sondern der zeitlich begrenzte Bedarf an ihr erst aufgrund der inneren Verbindung zum Projekt des Arbeitgebers entsteht. Das Prognoseerfordernis entfällt demzufolge nicht aufgrund des einzelfallbezogenen Charakters der Arbeitsleistung, sondern durch die strukturelle, abstrakte zeitliche Begrenztheit des

601 Zum Ausbleiben von Angaben über Art und Umfang der Erkrankung BAG Urt. v. 19.3.1986 – 5 AZR 86/85, NJW 1986, 2902 (2903); ErfK/*Reinhard*, EFZG, 19. Auflage 2019, § 5 Rn. 13; MüKo/*Müller-Glöge*, EFZG, Bd. IV, 7. Auflage 2016, § 5 Rn. 17; *Notzon*, öAT 2014, 134 (135).

602 Wohl einschränkend *Boemke/Jäger*, RdA 2017, 20 (21), wonach sich erst aus dem konkreten Arbeitsverhältnis, nicht aus der Arbeitsleistung selbst die Eigenart der Arbeitsleistung ergibt.

603 Boecken/Joussen/*Boecken*, TzBfG, 6. Auflage 2019, § 14 Rn. 82.

Arbeitskräftebedarfs. Derartige Arbeitsleistungen sind insbesondere bei programmgestaltenden Mitarbeitern des Rundfunks und künstlerisch tätigen Beschäftigten wie etwa Schauspielern anzunehmen.[604] Unter Berücksichtigung des verfassungsrechtlich garantierten Schutzes aus Art. 5 Abs. 1 S. 2 GG und Art. 5 Abs. 3 GG ist das TzBfG gehalten, befristete Arbeitsverhältnisse in gesondert geschützten Lebens- und Wirkbereichen zuzulassen. Nicht zuletzt kommt Rundfunkanstalten ein Auftrag zur Gewährleistung einer gewissen Vielfalt an Programminhalten, insbesondere eine Vielfalt von Gegenständen und Meinungen in einem auf unterschiedliche Nutzerbedürfnisse abgestimmten Gesamtprogramms zu, womit üblicherweise Wechsel in der personellen Besetzung verbunden sind.[605] Eine gleiche Wertung besteht bei Schauspielern in Fernsehprogrammen, etwa wenn der vom Arbeitnehmer in einer Serie verkörperte Charakter nicht mehr fortgeführt werden soll.[606]

Der vorübergehende Bedarf an der Arbeitsleistung muss sich in der Folge aus der Natur bzw. Charakteristik der geschuldeten Arbeitsleistung ergeben. Nur dann, wenn der temporäre Arbeitskräftebedarf bereits im Zeitpunkt des Abschlusses der Befristungsabrede sicher feststeht, liegt der Sachgrund des § 14 Abs. 1 S. 2 Nr. 4 TzBfG vor. Ist mit Blick auf den Charakter der Arbeitsleistung zweifelhaft, ob der Bedarf nur vorübergehend besteht, wäre eine Prognose notwendig, sodass in der Eigenart der Arbeitsleistung kein sachlicher Grund zu erblicken ist. Vielmehr kommt dann eine Befristung nach § 14 Abs. 1 S. 2 Nr. 1 TzBfG in Betracht, da dieser Sachgrund zwingend mit einer Prognose über den vorübergehenden betrieblichen Bedarf an der Arbeitskraft des befristet Beschäftigten verbunden ist. Fest steht deshalb: Ergibt sich aus der Eigenart der Arbeitsleistung nicht, dass die zeitliche Begrenztheit des Bedarfs sicher feststeht, eine

---

604 BAG Urt. v. 4.12.2013 – 7 AZR 457/12, NZA 2014, 1018 (1020); Urt. v. 26.7.2006 – 7 AZR 495/05, NZA 2007, 147 (148); vor Geltung des TzBfG bereits BAG Urt. v. 22.4.1998 – 5 AZR 342/97, NZA 1998, 1336 (1338 f.); grundlegend BVerfG Urt. v. 13.1.1982 – 1 BvR 848/77, NJW 1982, 1447; BT-Drucks. 14/4374, S. 19.

605 BVerfG Beschl. v. 18.2.2000 – 1 BvR 491, 562/93, NZA 2000, 653 (654); BAG Urt. v. 4.12.2013 – 7 AZR 457/12, NZA 2014, 1018 (1020); Urt. v. 26.7.2006 – 7 AZR 495/05, NZA 2007, 147 (148); Boecken/Joussen/*Boecken*, TzBfG, 6. Auflage 2019, § 14 Rn. 83; zur Intensität, mit welcher der Beschäftigte Einfluss auf die Programmgestaltung nehmen muss BAG Urt. v. 4.12.2013 – 7 AZR 457/12, NZA 2014, 1018 (1022); MüKo/*Hesse*, TzBfG, Bd. IV, 7. Auflage 2016, § 14 Rn. 41.

606 BAG Urt. v. 2.7.2003 – 7 AZR 612/02, NZA 2004, 311; zustimmend *Joch/Klichowski*, NZA 2004, 302 (303 f.); Boecken/Joussen/*Boecken*, TzBfG, 6. Auflage 2019, § 14 Rn. 85; s. auch BT-Drucks. 14/4374, S. 19.

Prognose mithin notwendig ist, kann die Befristung nicht auf den Sachgrund aus § 14 Abs. 1 S. 2 Nr. 4 TzBfG gestützt werden.

e) § 14 Abs. 1 S. 2 Nr. 5 TzBfG: Die Befristung zur Erprobung

Auch bei der Befristung zum Zwecke der Feststellung der persönlichen und fachlichen Eignung des Arbeitnehmers für die Verrichtung der geschuldeten Tätigkeit[607] lässt sich die Notwendigkeit einer Prognoseentscheidung begründen. § 14 Abs. 1 S. 2 Nr. 5 TzBfG ist systematisch im Zusammenhang mit den allgemeinen bürgerlich-rechtlichen sowie den kündigungsrechtlichen Vorschriften zu betrachten: Sowohl aus § 622 Abs. 3 BGB, als auch aus den Wertungen des § 1 Abs. 1 KSchG zur Wartefrist folgt, dass in der Regel ein Zeitraum von sechs Monaten für die Eignungsfeststellung eines Beschäftigten genügt.[608] Denkbar wäre insofern ein Prognoseerfordernis dahingehend, dass der Zeitraum, der für die Feststellung der Eignung voraussichtlich notwendig ist, antizipiert werden müsste. Nach den allgemeinen Grundsätzen zur Sachgrundbefristung bedarf es allerdings für die konkrete Befristungsdauer keiner gesonderten Rechtfertigung. Vielmehr gilt es zu prüfen, ob die Vertragsdauer an den Zweck der Erprobung anknüpft und mit diesem derart in Einklang steht, dass sie nicht gegen das Vorliegen eines Sachgrundes spricht.[609]

Muss die für die Eignungsfeststellung voraussichtlich notwendige Dauer nicht prognostiziert werden, verbleibt als denkbarer Prognosebezugspunkt nur noch die Erreichung des Erprobungszwecks: Zu prognostizieren ist, ob die Feststellung der Eignung des Arbeitnehmers im Zeitraum der Befristungsdauer voraussichtlich überhaupt eintreten wird.[610] Insofern ist in Anlehnung an die

---

607 Zum Gegenstand der Erprobungsbefristung BAG Urt. v. 23.6.2004 – 7 AZR 636/03, NZA 2004, 1333 (1335); Boecken/Düwell/Diller/Hanau/*Studt*, TzBfG, Bd. III, 2016, § 14 Rn. 49; Boecken/Joussen/*Boecken*, TzBfG, 6. Auflage 2019, § 14 Rn. 90; Meinel/Heyn/Herms/*Meinel*, TzBfG, 5. Auflage 2015, § 14 Rn. 176; auch BT-Drucks. 14/4374, S. 19.

608 BAG Urt. v. 24.2.2016 – 7 AZR 253/14, NZA 2016, 814 (818); Urt. v. 2.6.2010 – 7 AZR 85/09, NZA 2010, 1293 (1295); Urt. v. 23.6.2004 – 7 AZR 636/03, NZA 2004, 1333 (1335).

609 BAG Urt. v. 24.2.2016 – 7 AZR 253/14, NZA 2016, 814 (818); Urt. v. 23.6.2004 – 7 AZR 636/03, NZA 2004, 1333 (1335); Boecken/Joussen/*Boecken*, TzBfG, 6. Auflage 2019, § 14 Rn. 92; Meinel/Heyn/Herms/*Meinel*, TzBfG, 5. Auflage 2015, § 14 Rn. 184.

610 Einschränkend *Loth*, Prognoseprinzip und Vertragskontrolle im befristeten Arbeitsverhältnis, 2015, S. 147, der zufolge der tatsächliche Eintritt des Befristungszwecks unerheblich sei.

Rechtsprechung des BAG eine Vermutungsregelung anzustellen, wonach bei einer Befristungsdauer von sechs Monaten im Grundsatz von der Wirksamkeit der Prognose ausgegangen werden kann. Hingegen kann zum Zeitpunkt des Vertragsschlusses nicht von einer voraussichtlichen Eignungsfeststellung im Zeitraum der Befristungsdauer ausgegangen werden, wenn (1) die (fehlende) Eignung bereits feststeht bzw. eine hinreichende Beurteilungsgrundlage bereits vorliegt[611] oder der Befristungszeitraum von vornherein nicht ausreicht, um die Befähigung festzustellen. Dann bedarf es entweder (1) eines unbefristeten Arbeitsvertrags oder (2) einer längeren Befristungsdauer. Allerdings lässt das BAG auch mehrfache, einander folgende Erprobungsbefristungen zu, wenn die ursprüngliche Erprobungszeit für die Feststellung der Eignung nicht ausgereicht hat.[612] Dies spricht jedoch nicht zwingend gegen das Erfordernis einer Prognose hinsichtlich der Feststellung der Eignung des Arbeitnehmers, da auch bei der Erprobungsbefristung die Wirksamkeit der (ersten) Befristungsabrede aus der *ex-ante* Sicht zu beurteilen ist. Erkennt man die Notwendigkeit einer Prognose an, beschränkt sich diese im Rahmen von § 14 Abs. 1 S. 2 Nr. 5 TzBfG auf die voraussichtliche Feststellung der persönlichen und fachlichen Eignung des Arbeitnehmers. Die Erprobungsdauer bedarf hingegen keines eigenständigen sachlichen Grundes. Sie muss sich jedoch am Erprobungszweck, mithin am Sechs-Monate-Grundsatz orientieren.

f) § 14 Abs. 1 S. 2 Nr. 6 TzBfG: Gründe in der Person des Arbeitnehmers

Beruht die Befristungsabrede auf Gründen in der Person des Arbeitnehmers, ist zunächst nach der Sphäre, aus der sich der Grund ergibt, zu unterscheiden.[613] Unter die Norm fallen insbesondere Befristungen, die auf dem Wunsch des Arbeitnehmers beruhen. Erforderlich ist insofern, dass im Zeitpunkt des Vertragsschlusses objektive Anhaltspunkte dafür, dass der Arbeitnehmer gerade

---

611 So wohl auch BAG Urt. v. 24.2.2016 – 7 AZR 253/14, NZA 2016, 814 (818); Urt. v. 2.6.2010 – 7 AZR 85/09, NZA 2010, 1293 (1295); Urt. v. 23.6.2004 – 7 AZR 636/03, NZA 2004, 1333 (1335); Boecken/Düwell/Diller/Hanau/*Studt*, TzBfG, Bd. III, 2016, § 14 Rn. 51.

612 BAG Urt. v. 2.6.2010 – 7 AZR 85/09, NZA 2010, 1293 (1295); zustimmend Boecken/Düwell/Diller/Hanau/*Studt*, TzBfG, Bd. III, 2016, § 14 Rn. 53.

613 Unterschieden werden kann zwischen sozialen Gründen, objektiv feststehende und eine Befristung notwendigerweise bedingenden Gründen sowie dem Wunsch des Arbeitnehmers zur vorübergehenden Beschäftigung, vgl. Boecken/Düwell/Diller/Hanau/*Studt*, TzBfG, Bd. III, 2016, § 14 Rn. 56.

ein Interesse an einer nur vorübergehenden Beschäftigung hat, bestehen.[614] In Betracht kommt demzufolge, dass der Arbeitnehmer nur einen begrenzten Zeitraum arbeiten will oder nur vorübergehend arbeiten kann.[615] Ein sachlicher Grund ist dabei nur anzuerkennen, wenn der Arbeitnehmer auch bei einem Angebot auf Abschluss eines unbefristeten Arbeitsvertrags nur eine befristete Beschäftigung vereinbart hätte.[616] Hiermit ist jedoch keine Prognoseentscheidung verbunden, sondern vielmehr eine hypothetische Betrachtung, die keinen Zukunftsbezug aufweist. Hinsichtlich einer auf die Person des Beschäftigten gerichteten, etwaigen Prognoseentscheidung sind systematisch Überschneidungen zu Befristungen aufgrund der Eigenart der Arbeitsleistung nach § 14 Abs. 1 S. 2 Nr. 4 TzBfG festzustellen: Steht bereits im Zeitpunkt des Abschlusses der Befristungsabrede der objektive Wunsch des Arbeitnehmers, nur vorübergehend zu arbeiten, fest, verbleibt keine Ungewissheit in Bezug auf die nur temporäre Beschäftigungsmöglichkeit.[617] Dies ergibt sich auch aus der Zuweisung des Befristungsursache zur Sphäre des Arbeitnehmers: Da nicht entscheidend ist, ob der Arbeitgeber einen nur vorübergehenden oder doch dauerhaften Bedarf an der vereinbarten Arbeitsleistung hat, besteht insoweit bereits von vornherein keine Notwendigkeit einer Prognose. Vielmehr ist der Befristungsgrund der Arbeitnehmersphäre zuzurechnen. Aus der Sicht des Arbeitnehmers steht jedoch bereits bei Vertragsschluss fest, dass eine dauerhafte Beschäftigung nicht in Betracht kommt. Die individuellen Arbeitnehmerinteressen bedingen den Abschluss eines befristeten Vertrags aus sich heraus[618], ohne dass es einer prognostischen Wahrscheinlichkeitsbewertung bedarf. Demzufolge bestehen bei Vertragsschluss keine Unsicherheiten, die zum Schutze von Interessen einer Vertragspartei durch eine Prognoseentscheidung bewertet werden müssten.

---

614 BAG Urt. v. 18.1.2017 – 7 AZR 236/15, NZA 2017, 849 (852); Meinel/Heyn/Herms/*Meinel*, TzBfG, 5. Auiflage 2015, § 14 Rn. 191.

615 BAG Urt. v. 26.4.1985 – 7 AZR 316/84, Rn. 51, *juris*.

616 BAG Urt. v. 18.1.2017 – 7 AZR 236/15, NZA 2017, 849 (852); Urt. v. 11.2.2015 – 7 AZR 17/13, NZA 2015, 1066 (1069); Urt. v. 9.1.2005 – 7 AZR 115/04, NJOZ 2005, 3009 (3014); Urt. v. 5.6.2002 – 7 AZR 241/01, NZA 2003, 149 (151); Urt. v. 6.11.1997 – 7 AZR 909/95, NZA 1997, 1222 (1223).

617 Vgl. *Loth*, Prognoseprinzip und Vertragskontrolle im befristeten Arbeitsverhältnis, 2015, S. 147.

618 Boecken/Joussen/*Boecken*, TzBfG, 6. Auflage 2019, § 14 Rn. 98.

Ist die Ursache der Vertragsbefristung sozialer Natur – etwa eine Überbrückungsmaßnahme[619] – kann die Befristung auf den Sachgrund des § 14 Abs. 1 S. 2 Nr. 6 TzBfG nur gestützt werden, wenn ohne den sozialen Zweck das Arbeitsverhältnis überhaupt nicht, d.h. weder befristet noch unbefristet zustande gekommen wäre.[620] Hiermit geht allerdings auch keine zukunftsbezogene, mit Unsicherheiten behaftete Entscheidung einher. Vielmehr muss eine hypothetische Betrachtung über den Zustand, der zum Zeitpunkt des Vertragsschlusses bei Entfall des sozialen Grundes bestanden hätte, getroffen werden. Noch deutlicher wird die Entbehrlichkeit einer Prognoseentscheidung bei Altersgrenzen[621], da sich durch die Anknüpfung an das Alter des Arbeitnehmers das vertragsbeendigende Ereignis bereits zum Zeitpunkt des Vertragsschlusses sicher bestimmen lässt.[622] Vor diesem Hintergrund bedarf es bei Befristungen, deren sachliche Rechtfertigung auf § 14 Abs. 1 S. 2 Nr. 6 TzBfG gestützt wird, keiner Prognose über das voraussichtliche Eintreten des sachlichen Grundes. Dessen Existenz ergibt sich aus der Person des Arbeitnehmers heraus und steht bereits bei Vertragsschluss mit Sicherheit fest.

g) § 14 Abs. 1 S. 2 Nr. 7 TzBfG: Vergütung aus Haushaltsmitteln für befristete Beschäftigung

Eine befristete Beschäftigung des Arbeitnehmers ist nach § 14 Abs. 1 S. 2 Nr. 7 TzBfG möglich, wenn dieser aus Haushaltsmitteln vergütet wird, die haushaltsrechtlich für eine befristete Beschäftigung bestimmt sind und er auch entsprechend dieser Zwecksetzung beschäftigt wird. Ausweislich der Gesetzesbegründung ist eine auf diese Norm gestützte Befristungsabrede nur zulässig, wenn eine haushaltsrechtliche Zweckbestimmung der Mittel erfolgt und der

---

619 Vgl. dazu BAG Urt. v. 11.2.2015 – 7 AZR 17/13, NZA 2015, 1066; Urt. v. 17.1.2007 – 7 AZR 20/06, NZA 2007, 566; Urt. v. 7.7.1999 – 7 AZR 232/98, NZA 1999, 1335; *Koch*, NZA 1985, 345 (348).

620 BAG Urt. v. 24.8.2011 – 7 AZR 368/10, NJOZ 2012, 1223 (1225); Urt. v. 21.1.2009 – 7 AZR 630/07, NZA 2009, 727 (728); Urt. v. 7.7.1999 – 7 AZR 232/98, NZA 1999, 1335 (1335); Boecken/Joussen/*Boecken*, TzBfG, 6. Auflage 2019, § 14 Rn. 99; Meinel/Heyn/Herms/*Meinel*, TzBfG, 5. Auflage 2015, § 14 Rn. 196; MüKo/*Hesse*, TzBfG, Bd. IV, 7. Auflage 2016, § 14 Rn. 56.

621 Zur befristungs- und diskriminierungsrechtlichen Zulässigkeit BAG Urt. v. 11.2.2015 – 7 AZR 17/13, NZA 2015, 1066; ablehnend Boecken/Joussen/*Boecken*, TzBfG, 6. Auflage 2019, § 14 Rn. 98.

622 So im Ergebnis auch *Loth*, Prognoseprinzip und Vertragskontrolle im befristeten Arbeitsverhältnis, 2015, S. 147.

Arbeitnehmer zulasten genau dieser Mittel eingestellt und beschäftigt wird.[623] Konstellationen, in denen Haushaltsmittel für eine nur vorübergehende Beschäftigung vorgesehen sind, müssen von Sachverhalten unterschieden werden, bei denen Haushaltsmittel nur vorübergehend zur Verfügung stehen.[624] Letzteres mag nach der – auch schon vor Inkrafttreten des TzBfG anerkannten – Rechtsprechung des BAG auch eine befristete Beschäftigung des Arbeitnehmers rechtfertigen, allerdings ist die Befristungsabrede auf den Sachgrund des vorübergehenden betrieblichen Bedarfs nach § 14 Abs. 1 S. 2 Nr. 1 TzBfG zu stützen.[625] Fest steht, dass in diesem Fall der öffentliche Arbeitgeber zum Zeitpunkt des Vertragsschlusses prognostizieren muss, ob die Haushaltsmittel nur vorübergehend für die Beschäftigung des Arbeitnehmers zur Verfügung stehen.[626] Einer solchen Prognose bedarf es bei der Haushaltsmittelbefristung nach § 14 Abs. 1 S. 2 Nr. 7 TzBfG jedoch nicht, da die Mittel nicht vorübergehend bestehen, sondern diese eine nur vorübergehende Beschäftigung des Arbeitnehmers vorsehen.

Dass es nicht auf einen zeitlichen begrenzten Bestand der für die Beschäftigung verwendeten Haushaltsmittel ankommt, bedeutet allerdings keinen gänzlichen Entfall des Prognoseerfordernisses. Vielmehr bedarf es auch im Rahmen von § 14 Abs. 1 S. 2 Nr. 7 TzBfG in bestimmten Fällen einer Prognose, die aber in Anbetracht der haushaltsrechtlichen Zweckfestsetzung einen anderen Bezugspunkt aufweist: Besteht in der Dienststelle ein mit der stellenplanmäßigen Besetzung nicht mehr zu bewältigendes Arbeitsvolumen, mithin ein Mehrbedarf, muss der Arbeitgeber eine Prognose stellen. Diese ist jedoch anders als beim Sachgrund des § 14 Abs. 1 S. 2 Nr. 1 TzBfG nicht darauf bezogen, dass das Arbeitsvolumen nach Ablauf des befristeten Arbeitsvertrags wieder mit dem planmäßigen Personal abgedeckt werden kann.[627] Vielmehr genügt eine

---

623 BT-Drucks. 14/4374, S. 19.

624 Zutreffend Meinel/Heyn/Herms/*Meinel*, TzBfG, 5. Auflage 2015, § 14 Rn. 203; zweifelhaft *Loth*, Prognoseprinzip und Vertragskontrolle im befristeten Arbeitsverhältnis, 2015, S. 154, der zufolge auch bei § 14 Abs. 1 S. 2 Nr. 7 TzBfG der vorübergehende Bestand der Mittel zu prognostizieren sei; missverständlich auch Boecken/Düwell/Diller/Hanau/*Studt*, TzBfG, Bd. III, 2016, § 14 Rn. 66.

625 BAG Urt. v. 17.3.2010 – 7 AZR 640/08, NZA 2010, 633 (635); Urt. v. 16.10.2008 – 7 AZR 360/07, NZA 2009, 676 (678); vor Geltung des TzBfG bereits Urt. v. 7.7.1999 – 7 AZR 609/97, NZA 2000, 591 (592).

626 BAG Urt. v. 13.2.2013 – 7 AZR 225/11, NZA 2013, 777 (779); Urt. v. 17.3.2010 – 7 AZR 640/08, NZA 2010, 633 (635); Urt. v. 7.7.1999 – 7 AZR 609/97, NZA 2000, 591 (592); bestätigend Meinel/Heyn/Herms/*Meinel*, TzBfG, 5. Auflage 2015, § 14 Rn. 203.

627 BAG Urt. v. 14.2.2007 – 7 AZR 139/06, NZA 2008, 871 (873).

Prognose darüber, dass der Mehrbedarf an Arbeitskraft während der Dauer des befristeten Beschäftigungsverhältnisses voraussichtlich bestehen wird.[628]

Welche Anforderungen an diese Prognose zu stellen sind, hat der Siebte Senat bislang wenig konturiert. Grundsätzlich kann die Befristung nur nach § 14 Abs. 1 S. 2 Nr. 7 TzBfG gerechtfertigt werden, wenn die Vorschriften, mit denen die Haushaltsmittel ausgebracht werden, selbst die inhaltlichen Anforderungen für die im Rahmen der befristeten Arbeitsverträge auszuübenden Tätigkeiten oder die Bedingungen, unter denen diese ausgeführt werden, enthalten.[629] Es reicht nach der Rechtsprechung des BAG nicht aus, dass die Haushaltsmittel lediglich allgemein für befristete Beschäftigungsverhältnisse bereitgestellt werden. Wenn demzufolge mit Blick auf die Zweckbestimmung der Haushaltsmittel konkrete, tätigkeitsbezogene Darlegungs- und Konkretisierungspflichten statuiert werden, liegt es nahe, auch für die auf den Fortbestand des Mehrbedarfs gerichtete Prognose auf die jeweilige Tätigkeit des Beschäftigten abzustellen. Die Prognose darf sich deshalb nicht auf allgemeine Erwägungen zu einem erhöhten Arbeitsbedarf des öffentlichen Arbeitgebers beschränken. Vielmehr muss aus ihr hervorgehen, dass die dem Mehrbedarf zugrundeliegenden Tätigkeiten in ihrer konkreten Ausgestaltung voraussichtlich für die Dauer der Befristung zu bewältigen sein werden. Andere als die im Zeitpunkt des Vertragsschlusses prognostizierten Tätigkeiten bzw. Arbeitsinhalte, welche während der Befristungsdauer hinzutreten, sind für die Legitimierung der Befristung nicht geeignet, auch wenn der Mehrbedarf weiterhin besteht. Der Arbeitnehmer muss jedenfalls überwiegend entsprechend der haushaltsrechtlichen Zwecksetzung beschäftigt werden.[630]

6. Sachgrundübergreifende Wirksamkeitsvoraussetzungen der Prognose

Aus einer Gesamtschau der sachgrundspezifischen Prognosemaßstäbe können einige Grundsätze abstrahiert werden, die (zumindest) für jeden der positiv normierten Sachgründe Geltung beanspruchen. Fest steht zunächst, dass es für die Wirksamkeit der Prognose stets auf den Zeitpunkt des Vertragsschlusses

628 BAG Urt. v. 7.5.2008 – 7 AZR 198/07, NZA 2008, 880 (882 f.); Urt. v. 14.2.2007 – 7 AZR 139/06, NZA 2008, 871 (873); Boecken/Joussen/*Boecken*, TzBfG, 6. Auflage 2019, § 14 Rn. 110.

629 BAG Urt. v. 13.2.2013 – 7 AZR 225/11, NZA 2013, 777 (778); Urt. v. 17.3.2010 – 7 AZR 640/08, NJW 2010, 2232 (2235); Urt. v. 18.10.2006 – 7 AZR 419/05, NZA 2007, 332 (335).

630 BAG Urt. v. 13.2.2013 – 7 AZR 225/11, NZA 2013, 777 (778).

ankommt.[631] Nachträglich eintretende Umstände sind für die Wirksamkeit der Entscheidung unerheblich. Sie können allenfalls ein Indiz dafür sein, dass die Prognose unzutreffend war und der Sachgrund für die Befristung nur vorgeschoben ist.[632] Hinsichtlich der Prognosegrundlage gilt für alle Sachgründe gleichermaßen, dass diese aus den Tatsachen, die dem Arbeitgeber im Zeitpunkt des Abschlusses der Befristungsabrede bekannt sind, gebildet wird.

Nachforschungs- bzw. Informationsbeschaffungspflichten treffen den Arbeitgeber grundsätzlich nicht[633], auch wenn dies in Anbetracht der dem Arbeitsvertrag immanenten Informationsasymmetrie zu mitunter erheblichen Prognoserisiken führt. Die hinter dieser Wertung stehende *ratio* ist, dass die Aufhebung der arbeitgeberseitigen Informationsdefizite letztlich zu (vorvertraglichen) Aufklärungspflichten des Arbeitnehmers führen würde, solche dem Arbeitnehmer jedoch aufgrund der Sensibilität der betroffenen Rechtsgüter oder ggf. auch der Tatsache, dass das Informationsdefizit den Rechtskreis eines am Vertrag nicht beteiligten Dritten betrifft, nicht zumutbar sind. Exemplarisch ist hierfür das Dreipersonenverhältnis zwischen Vertreter, Vertretenem und Arbeitgeber bei der Vertretungsbefristung nach § 14 Abs. 1 S. 2 Nr. 3 TzBfG. Gleiches gilt jedoch auch bei Haushaltsmittelbefristungen, sofern ein mit den planmäßigen Stellen nicht zu bewältigender Mehrbedarf aufgrund von Arbeitsausfällen der Stammarbeitnehmer entsteht.

Unabhängig vom einzelnen Sachgrund sieht das BAG insgesamt davon ab, bei zunehmender Anzahl der befristeten Arbeitsverhältnisse gesteigerte Anforderungen an die Wirksamkeit der (letztvertraglichen) Prognose zu stellen.[634]

---

631 Exemplarisch BAG Urt. v. 27.7.2016 – 7 AZR 545/14, NZA 2016, 1531 (1533); Urt. v. 15.10.2014 – 7 AZR 893/12, NZA 2015, 362 (362); Urt. v. 4.12.2013 – 7 AZR 277/12, NZA 2014, 480 (482); Urt. v. 11.9.2013 – 7 AZR 107/12, NZA 2014, 150 (150); Urt. v. 17.3.2010 – 7 AZR 640/08, NZA 2010, 633 (634); Urt. v. 20.2.2008 – 7 AZR 950/06, NJOZ 2009, 671 (673); Urt. v. 25.8.2004 – 7 AZR 7/04, NZA 2005, 357 (358); auch. BT-Drucks. 14/4374, S. 19.

632 BAG Urt. v. 14.6.2017 – 7 AZR 597/15, NZA 2018, 40 (42); Urt. v. 8.6.2016 – 7 AZR 259/14, NZA 2016, 1463 (1466); Urt. v. 16.11.2005 – 7 AZR 81/05, NZA 2006, 784 (789).

633 BAG Urt. v. 13.6.2007 – 7 AZR 747/05, Rn. 14, *juris*; Urt. v. 4.6.2003 – 7 AZR 523/02, NZA-RR 2003, 621 (622); Urt. v. 6.10.2010 – 7 AZR 397/09, AP Nr. 79 zu § 14 TzBfG (Anm. *Maschmann*); wohl auch BeckOKArbrR/*Bayreuther*, TzBfG, 53. Ed. Stand 1.6.2019, § 14 Rn. 44; Boecken/Düwell/Diller/Hanau/*Studt*, TzBfG, Bd. III, 2016, § 14 Rn. 37; ErfK/*Müller-Glöge*, TzBfG, 19. Auflage 2019, § 14 Rn. 35; *Loth*, Prognoseprinzip und Vertragskontrolle im befristeten Arbeitsverhältnis, 2015, S. 149.

634 Nunmehr ständige Rspr., BAG Urt. v. 29.4.2015 – 7 AZR 310/13, NZA 2015, 928 (930); Urt. v. 19.2.2014 – 7 AZR 260/12, NZA-RR 2014, 408 (411); Urt. v. 13.2.2013 –

Konsequenterweise beschränkt sich die gerichtliche Überprüfung des sachlichen Grundes auf den letzten befristeten Arbeitsvertrag.[635] Dass diese Praxis sachgrundübergreifende Anwendung findet, ist auf die mangelnde Steuerbarkeit sowie fehlende Möglichkeiten der Einflussnahme des Arbeitgebers auf den Eintritt der prognostizierten Tatsache zurückzuführen: Wann etwa der erkrankte Stammarbeitnehmer voraussichtlich genesen wird, ist in der Regel für den Arbeitgeber ebenso wenig voraussehbar wie der Zeitpunkt, zu dem die Rolle des nach § 14 Abs. 1 S. 2 Nr. 4 TzBfG befristet beschäftigten Schauspielers wegen mangelnder Beliebtheit beim Publikum abgesetzt werden muss. Daraus ergibt sich, dass bei Mehrfachbefristungen auftretende, einander folgende Fehlprognosen nicht notwendigerweise einen zweckwidrigen Gebrauch der Möglichkeit zur Vertragsbefristung bedeuten. Gerade deshalb unterliegt die Prognose auch einer *ex-ante* Überprüfung.[636]

Allgemein gilt darüber hinaus, dass die Dauer der Befristung keiner eigenständigen Rechtfertigung bedarf.[637] Mit Blick auf die Prognose ist dies auch notwendig, da eine zuverlässige Prognostizierung des konkreten Zeitpunkts, zu dem der die nur vorübergehende Beschäftigung legitimierende Grund wegfällt, in tatsächlicher Hinsicht nicht möglich ist. Auch dies ist letztlich wiederum auf Informationsdefizite des Arbeitgebers sowie mangelnde Plan- und Steuerbarkeit des prognostizierten Umstands zurückzuführen. Losgelöst vom Prognoseprinzip berücksichtigt das BAG mit dieser Rechtsprechung auch die Vertragsfreiheit des Arbeitgebers, die Befristungsdauer hinter dem prognostizierten Zeitpunkt, zu dem der Bedarf voraussichtlich entfällt, zurückbleiben zu lassen.[638]

Mit Blick auf die Prognosewahrscheinlichkeit lässt sich für sämtliche Sachgrundbefristungen sagen, dass eine allgemeine Unsicherheit über den

---

7 AZR 225/11, NZA 2013, 777 (780); Urt. v. 18.7.2012 – 7 AZR 443/09, NZA 2012, 1351 (1353); zu Erhöhung der Anforderungen bei steigender Zahl befristeter Verträge umfassend Meinel/Heyn/Herms/*Meinel*, TzBfG, 5. Auflage 2015, § 14 Rn. 20.

635 BAG Urt. v. 24.2.2016 – 7 AZR 182/14, NZA 2016, 949 (950); Urt. v. 18.7.2012 – 7 AZR 443/09, NZA 2012, 1351 (1353); Urt. v. 22.4.2009 – 7 AZR 743/07, NZA 2009, 1143 (1144).

636 Hierzu Ascheid/Preis/Schmidt/*Backhaus*, TzBfG, 5. Auflage 2017, § 14 Rn. 50.

637 BAG Urt. v. 21.1.2009 – 7 AZR 630/07, NZA 2009, 727 (728); Urt. v. 7.11.2007 – 7 AZR 484/06, NZA 2008, 467 (469); Urt. v. 6.12.2000 – 7 AZR 262/99, NZA 2001, 721 (722); Ascheid/Preis/Schmidt/*Backhaus*, TzBfG, 5. Auflage 2017, § 14 Rn. 46; Meinel/Heyn/Herms/*Meinel*, TzBfG, 5. Auflage 2015, § 14 Rn. 35.

638 BAG Urt. v. 25.3.2009 – 7 AZR 34/08, NZA 2010, 34 (37); Urt. v. 21.2.2001 – 7 AZR 200/00, NZA 2001, 1382 (1383).

voraussichtlichen Bedarf an der Arbeitsleistung des Arbeitnehmers nicht ausreicht, um eine nur vorübergehende Beschäftigung zu legitimieren.[639] Auf der anderen Seite ist es jedoch bei keinem der sachlichen Gründe erforderlich, dass der Arbeitgeber mit abschließender Sicherheit über den voraussichtlichen Entfall des die Befristung rechtfertigenden Grundes urteilen kann. Die Eckpfeiler einer wirksamen Prognose sind somit bei sämtlichen Sachgründen identisch. Eine darüber hinausgehende Konkretisierung der Prognosewahrscheinlichkeit besteht jedoch nur für einzelne sachliche Gründe – etwa bei der Befristung nach § 14 Abs. 1 S. 2 Nr. 1 TzBfG, bei der eine „hinreichende Sicherheit" für den Entfall des Beschäftigungsbedarf notwendig ist.[640] Teilweise spricht der Siebte Senat auch von „einiger Sicherheit".[641] Fest steht deshalb, dass ein einheitlicher, sachgrundunabhängiger Wahrscheinlichkeitsgrad bislang fehlt. Stringent ist das jedoch nicht, da die dem Arbeitgeber zugängliche Tatsachengrundlage sowie die bereits genannten Informationsdefizite bei sämtlichen Sachgründen letztlich gleichermaßen ausgestaltet sind.[642] Abgesehen von Sonderfällen wie etwa der Abordnungsvertretung, bei der dem Arbeitgeber ein höheres Maß an Steuer- und Planbarkeit des Prognosebezugspunkts zuzusprechen ist[643], müssen die Anforderungen an die Wahrscheinlichkeit des Eintritts des Prognostizierten sachgrundübergreifend identisch sein. In der Konsequenz muss deshalb für alle Sachgründe – sofern sie eine Prognose erfordern – in Anlehnung an die

639 BAG Urt. v. 21.3.2017 – 7 AZR 222/15, NZA 2017, 631 (633); Urt. v. 15.5.2012 – 7 AZR 35/11, NZA 2012, 1366 (1368); Urt. v. 11.2.2004 – 7 AZR 362/03, NZA 2004, 978 (979); Urt. v. 5.6.2002 – 7 AZR 241/01, NZA 2003, 149 (151).

640 So bedarf es etwa bei der Befristung nach § 14 Abs. 1 S. 2 Nr. 1 TzBfG einer „hinreichenden Sicherheit", vgl. BAG Urt. v. 27.7.2016 – 7 AZR 545/14, NZA 2016, 1531 (1533); Urt. v. 15.10.2014 – 7 AZR 893/12, NZA 2015, 362 (362); Urt. v. 4.12.2013 – 7 AZR 277/12, NZA 2014, 480 (482); Urt. v. 11.9.2013 – 7 AZR 107/12, NZA 2014, 150 (150); Urt. v. 17.3.2010 – 7 AZR 640/08, NZA 2010, 633 (634); Urt. v. 20.2.2008 – 7 AZR 950/06, NJOZ 2009, 671 (673); Urt. v. 25.8.2004 – 7 AZR 7/04, NZA 2005, 357 (358); Boecken/Düwell/Diller/Hanau/*Studt*, TzBfG, Bd. III, 2016, § 14 Rn. 20; ErfK/*Müller-Glöge*, TzBfG, 19. Auflage 2019, § 14 Rn. 23; Meinel/Heyn/Herms/*Meinel*, TzBfG, 5. Auflage 2015, § 14 Rn. 88; BT-Drucks. 14/4374, S. 19.

641 BAG Urt. v. 28.3.2001 – 7 AZR 701/99, NZA 2002, 666 (668).

642 Auch das BAG fordert etwa bei der Vertretungsbefristung in vereinzelten Entscheidungen eine hinreichende Sicherheit des Bedarfsentfalls, s. BAG Urt. v. 10.7.2013 – 7 AZR 761/11, NZA 2014, 26 (30).

643 Vgl. BAG Urt. v. 12.4.2017 – 7 AZR 436/15, NJW 2017, 3464 (3464); 10.7.2013 – 7 AZR 833/11, NZA 2013, 1292 (1294); Urt. v. 16.1.2013 – 7 AZR 661/11, NZA 2013, 614 (616).

Rechtsprechung zur Befristung nach § 14 Abs. 1 S. 2 Nr. 1 TzBfG gelten, dass der prognostizierte Umstand mit „hinreichender Sicherheit“ eintreten wird.

7. Die gerichtliche Kontrolldichte im Rahmen der Entfristungsklage nach § 17 TzBfG

Jede Prognoseentscheidung ist ihrer Natur nach mit unvermeidbaren Restrisiken behaftet. Die Frage nach der gerichtlichen Kontrolldichte befristungsrechtlicher Prognosen stellt sich deshalb in gleichem Maße wie bei der kündigungsrechtlichen Negativprognose; nicht zuletzt, weil auch im befristeten Arbeitsverhältnis das Prognoseerfordernis dem Schutz der arbeitnehmerseitigen Rechtspositionen dient. Auch wenn das Befristungsrecht nach der Konzeption des TzBfG unabhängig von einer etwaigen Umgehung kündigungsschutzrechtlicher Vorschriften gilt[644], werden durch die gerichtliche Kontrolle von Befristungsabreden im Kern vergleichbare Güter geschützt: Ob der befristet beschäftigte Arbeitnehmer das Ausbleiben einer gefestigten Erwerbsgrundlage, die für die Existenzsicherung und den Schutz der Berufsausübung gerade notwendig ist[645], hinnehmen muss, richtet sich abseits der materiell-rechtlichen Vorgaben in erheblichem Maß nach Umfang und Intensität der richterlichen Überprüfung der Prognose. Ebenso wie das Sachgrund- und Prognoseerfordernis selbst trägt die gerichtliche Überprüfbarkeit der Prognose dazu bei, dass das Befristungsrecht eine Brücke zum Bestandsschutz des Arbeitnehmers gewährleistet. Entscheidend ist vor diesem Hintergrund auch bei der befristungsrechtlichen Prognose, ob dem Arbeitgeber ein – der gerichtlichen Prüfung entzogener – Beurteilungsspielraum zuzusprechen ist. Genau hiernach richtet sich, welche vertragliche Risikoverteilung mit Blick auf die Prognose besteht und wie effektiv die Rechtspositionen und Interessen des befristet Beschäftigten geschützt werden.

Fest steht: Spricht man dem Arbeitgeber einen (weiten) Beurteilungsspielraum bei der Prognoseentscheidung zu, müsste sich die richterliche Kontrolldichte konsequenterweise auf eine Evidenz- bzw. Missbrauchskontrolle beschränken. Mit Blick auf das Interesse des Arbeitnehmers an einer sicheren Erwerbs- und Existenzgrundlage würde sich das Schutzniveau dann jedoch im Wesentlichen nach der subjektiven Einschätzung des Arbeitgebers zum Zeitpunkt des

---

644 BAG Urt. v. 6.11.2003 – 2 AZR 690/02, NZA 2005, 218 (219); Ascheid/Preis/Schmidt/*Backhaus*, TzBfG, 5. Auflage 2017, § 14 Rn. 11; ErfK/*Müller-Glöge*, TzBfG, 19. Auflage 2019, § 14 Rn. 7; Meinel/Heyn/Herms/*Meinel*, TzBfG, 5. Auflage 2015, § 14 Rn. 3.

645 *Lange*, Die arbeitsrechtliche Befristungskontrolle als Angemessenheitskontrolle, 2009, S. 57; *Wank*, RdA 2010, 193 (197).

Vertragsschlusses richten. Im Rahmen der *ex-ante* Überprüfung der Prognose wäre es dem Arbeitgeber möglich, sich bis zur Grenze des (evidenten) Missbrauchs eines unbefristeten Arbeitsverhältnisses zu entledigen. *Loth* nimmt in diesem Zusammenhang eine Unterscheidung zwischen der Tatsachengrundlage der Prognose und der darauf basierenden Schlussfolgerung, d.h. dem Prognoseergebnis vor: Ob die für die Prognoseentscheidung herangezogenen Informationen ausreichend sind, um eine fundierte und möglichst fehlerfreie Prognose zu stellen, unterliege einer (umfassenden) richterlichen Kontrolle. Besteht eine ausreichende Informationsbasis, beschränke sich die Überprüfung der vom Arbeitgeber getroffenen Prognose auf eine „*Plausibilitätskontrolle*": Das Gericht müsse die Informationen nicht notwendigerweise wie der Arbeitgeber bewerten, solange die Schlüsse, die der Arbeitgeber aus der Tatsachengrundlage zieht, plausibel seien.[646] Folgt man dieser Bewertung, ist dem Arbeitgeber ein Beurteilungs- bzw. Einschätzungsspielraum zuzusprechen: Es können auf ein und derselben Tatsachengrundlage unterschiedliche Prognosen wirksam gestellt werden. Eine derartige Beschränkung der gerichtlichen Befristungskontrolle führt naturgemäß zu einer Senkung des befristungsrechtlichen Erwerbssicherungsschutzes. Es liegt zwar auf der Hand, dass der Umfang der richterlichen Wirksamkeitsprüfung die mit einer jeden Prognose verbundenen Unwägbarkeiten zu berücksichtigen hat. Diesem Umstand wird jedoch bereits durch die Beschränkung auf eine *ex-ante* Prüfung Rechnung getragen. Ein darüber hinausgehender Bewertungsspielraum bedarf mit Blick auf eine angemessene vertragliche Risikoverteilung und dem einer jeden Entfristungsklage zugrundeliegenden Bestandsschutzinteresse einer gesonderten Rechtfertigung.

In der Rechtsprechung des BAG finden sich unterschiedliche Auskonturierungen des für den jeweiligen Sachgrund anzuwendenden Kontrollmaßstabs. Eindeutig ist jedenfalls, dass der Siebte Senat eine über die *ex-ante* Prüfung hinausgehende, strengere Wirksamkeitskontrolle in keinem Fall anwendet. Dies äußert sich vor allem dadurch, dass nach der Judikatur des BAG auch bei Mehrfachbefristungen keine gesteigerten Anforderungen an den Sachgrund – und damit auch an die Prognose – zu stellen sind.[647] Nähme man erhöhte Anforderungen an das Vorliegen eines Sachgrundes mit zunehmender Anzahl befristeter

646 *Loth*, Prognoseprinzip und Vertragskontrolle im befristeten Arbeitsverhältnis, 2015, S. 346.

647 BAG Urt. v. 29.4.2015 – 7 AZR 310/13, NZA 2015, 928 (930); Urt. v. 19.2.2014 – 7 AZR 260/12, NZA-RR 2014, 408 (411); Urt. v. 13.2.2013 – 7 AZR 225/11, NZA 2013, 777 (780); Urt. v. 18.7.2012 – 7 AZR 443/09, NZA 2012, 1351 (1353).

Verträge an, entspräche dies einer eingeschränkten *ex-post* Überprüfung, da bei einer Berücksichtigung von Fehlprognosen stets Umstände herangezogen werden, die erst nach Abschluss der jeweiligen Befristungsabrede eingetreten und bekannt geworden sind. Richtigerweise ist deshalb immer eine *ex-ante* Prüfung geboten.

Ob diese einen dem Arbeitgeber zuzusprechenden Bewertungsspielraum umfasst, lässt sich zumindest der höchstrichterlichen Rechtsprechung nur schwerlich entnehmen. Zumindest bei der Abordnungsvertretung hat das BAG entschieden, dass der Arbeitgeber alle Umstände des Einzelfalls für die Prognose zu berücksichtigen und ggf. im Streitfall darzulegen hat. Erforderlich sei, „dass er berechtigterweise mit der Rückkehr der Stammkraft rechnen durfte".[648] Während ersteres lediglich die Notwendigkeit einer umfassenden, für die Prognoseerstellung ausreichenden Informationsgrundlage meint, betrifft letzteres den konkreten Inhalt der Prognoseentscheidung. Allerdings beschränkt sich das BAG auch hierbei auf die Feststellung, dass es Aufgabe des Tatrichters sei, eine Würdigung aller prognoserelevanten Umstände vorzunehmen.[649] Dies betrifft wiederum lediglich die der Prognose zugrundeliegenden Tatsachen, nicht jedoch die eigentliche Entscheidung des Arbeitgebers. Andererseits wird durch die Formulierung des Gerichts deutlich, dass eine reine Plausibilitätskontrolle nicht ausreicht. Dann nämlich wäre die Prognose des Arbeitgebers bereits rechtmäßig, wenn er „billigerweise" mit der Rückkehr der Stammkraft rechnen durfte. Ob von einer Rückkehr „berechtigterweise" ausgegangen werden konnte, kann konsequenterweise nur im Rahmen einer über die Plausibilitätskontrolle hinausgehenden richterlichen Kontrolle festgestellt werden. Freilich ist damit noch nicht gesagt, dass auch kein restlicher, ggf. geringfügiger Bewertungsspielraum besteht. Teilweise wird angeführt, dass nicht jeder Prognose notwendigerweise ein Beurteilungsspielraum immanent sei, es jedoch naheliege, dem Arbeitgeber eine Einschätzungsprärogative zukommen zu lassen.[650] Dem steht allerdings entgegen, dass die Rechtsprechung dann, wenn sich die Prognose *ex-post* als falsch erweist, den Arbeitgeber zu einer umfassenden Darlegung der Prognosegrundlage verpflichtet und prüft, ob diese einen „hinreichend sicheren Schluss" auf den Fortbestand des Befristungsgrundes erlaubt hat.[651] Ein subjektiver Bewertungsspielraum lässt sich dieser Formulierung nicht entnehmen. Vielmehr

648 BAG Urt. v. 16.1.2013 – 7 AZR 661/11, NZA 2013, 614 (616).
649 BAG Urt. v. 16.1.2013 – 7 AZR 661/11, NZA 2013, 614 (617).
650 ErfK/*Müller-Glöge*, TzBfG, 19. Auflage 2019, § 14 Rn. 18.
651 BAG Urt. v. 28.3.2001 – 7 AZR 701/99, NZA 2002, 666 (668).

spricht die Wortwahl des BAG für eine objektive, vollumfängliche Überprüfung der Prognose. Vor diesem Hintergrund sprechen sich sowohl *Backhaus* als auch *Studt* – wenn auch ohne weitere Begründung – gegen einen der gerichtlichen Kontrolle entzogenen Ermessensspielraum aus.[652] Zieht man die vor Geltung des TzBfG ergangene Rechtsprechung des BAG heran, bestätigt sich diese Einschätzung: In zwei Entscheidungen aus den Jahren 1982 und 1983 stellten der Zweite und Siebte Senat ausdrücklich fest, dass die Ungewissheit, die jeder prognostischen Wertung innewohnt, „dem Arbeitgeber keinen der gerichtlichen Kontrolle verschlossenen Spielraum [eröffnet]."[653] Sowohl die Systematik des TzBfG als auch die dem befristeten Arbeitsverhältnis zugrundeliegenden Parteiinteressen geben keinerlei Anlass, nunmehr eine der älteren Rechtsprechung entgegenstehenden Bewertung vorzuziehen. Die Ablehnung eines arbeitgeberseitigen Bewertungsspielraums entspricht zum einen der Judikatur zur kündigungsrechtlichen Negativprognose.[654] Zum anderen wird hierdurch erreicht, dass die Entscheidung über das befristungsrechtliche Schutzniveau nicht dem Belieben einer Vertragspartei überlassen wird. Auch die Gefahr, das Prognoseerfordernis auf eine rechtstatsächliche Billigkeitskontrolle zu reduzieren, spricht gegen einen Bewertungsspielraum des Arbeitgebers. *Summa summarum* besteht bei keinem Sachgrund ein der gerichtlichen Kontrolle entzogener Ermessensspielraum im Rahmen der Prognoseentscheidung.[655] Dies gilt sowohl für die der Prognose zugrundeliegenden Informationsbasis, als auch für den Inhalt der Prognoseentscheidung selbst.

8. Einordnung und Rechtsfolgen von Fehlprognosen

Die vom Arbeitgeber getroffene Prognoseentscheidung ist entweder wirksam oder unwirksam. Fehlprognosen können dabei in unterschiedlicher Form auftreten. Allerdings ist nicht jede Fehlprognose mit befristungsrechtlichen Folgen verbunden. Da eine Fehlprognose jedoch die Rechtspositionen bzw. Interessen

652 Ascheid/Preis/Schmdit/*Backhaus*, TzBfG, 5. Auflage 2017, § 14 Rn. 56; Boecken/Düwell/Diller/Hanau/*Studt*, TzBfG, Bd. III, 2016, § 14 Rn. 5.

653 BAG Urt. v. 17.2.1983 – 2 AZR 481/81, Rn. 32, *juris*; Urt. v. 14.01.1982 – 2 AZR 245/80, NJW 1982, 1475 (1475).

654 Auch hier besteht kein Bewertungsspielraum, vgl. BAG Urt. v. 20.11.2014 – 2 AZR 512/13, NZA 2015, 679 (681); ausführlich unter Gliederungspunkt C. IV. 3.

655 So im Ergebnis auch *Feuerborn*, Sachliche Gründe im Arbeitsrecht, 2003, S. 328; *Persch*, Kernfragen des Befristungsrechts, 2010, S. 263 f.

des Arbeitnehmers regelmäßig beeinträchtigt, ergibt sich wie im Kündigungsrecht[656] ein Bedürfnis nach arbeitnehmerschützenden Korrekturmechanismen:

a) *Die zwei Arten der Fehlprognose und deren Feststellungszeitpunkt*

Ob die Prognoseentscheidung falsch, mithin eine Fehlprognose ist, kann bei objektiver Betrachtung frühestens zum Zeitpunkt des Eintritts des prognostizierten Umstands festgestellt werden. Dieser wiederum ist dynamisch: Der vom Arbeitgeber prognostizierte Vertretungsbedarf etwa kann zwar über den Zeitpunkt des Ablaufs der Befristung hinaus fortbestehen, allerdings kann er auch bereits wenige Tage nach Abschluss des befristeten Arbeitsvertrags final entfallen. Gleiches gilt z.B. für den vorübergehenden betrieblichen Bedarf an der Arbeitsleistung oder etwa bei Vergütung aus Haushaltsmitteln für befristete Beschäftigung. Die objektive Feststellung der Richtig- bzw. Unrichtigkeit der Prognose erfolgt stets aus der *ex-post* Betrachtung. Dieser kommt jedoch keine materiell-rechtliche, sondern lediglich eine eingeschränkt prozessuale Bedeutung zu: Ob die Prognose aus der *ex-post* Perspektive falsch ist, hat allein Auswirkung auf die gerichtliche Darlegungs- und Beweislastverteilung.[657] Welcher Zeitpunkt hierfür maßgeblich ist, lässt das BAG bislang offen.[658] Unter Berücksichtigung des auf den Zeitraum des befristeten Vertragsverhältnisses beschränkten Bestandsschutzinteresses des Arbeitnehmers muss jede *ex-post* festgestellte Fehlprognose prozessual relevant sein, die zwischen Beginn des Arbeitsverhältnisses und Ablauf der Befristung auftritt. Stellt sich die Prognose erst nach Beendigung des befristeten Arbeitsvertrags als unzutreffend heraus, kann dies aufgrund des vorher endenden Prognosezeitraums auch in prozessualer Hinsicht nicht mehr von Bedeutung sein. Von der prozessrechtlich relevanten *ex-post* Fehlprognose ist die im Rahmen einer *ex-ante* Betrachtungsweise festgestellte Fehlprognose zu unterscheiden. Nur diese ist mit materiell-rechtlichen Rechtsfolgen verbunden. Entscheidend ist insoweit nicht die objektive, tatsächliche Falsifizierung der vom Arbeitgeber getroffenen Prognoseentscheidung. Maßgeblich ist vielmehr, ob die getroffene Prognose im Zeitpunkt des Abschlusses der Befristungsabrede unter Berücksichtigung der materiell-rechtlichen Bewertungsmaßstäbe wirksam gewesen ist:[659]

656 Hierzu unter Gliederungspunkt C. IV. 4.

657 S. unter Gliederungspunkt D. III. 9.

658 Vgl. BAG Urt. v. 28.3.2001 – 7 AZR 701/99, NZA 2002, 666 (668).

659 BAG Urt. v. 12.4.2017 – 7 AZR 436/15, NJW 2017, 3464 (3464); Urt. v. 29.4.2015 – 7 AZR 310/13, NZA 2015, 928 (929; Urt. v. 10.7.2013 – 7 AZR 833/11, NZA 2013, 1292 (1294); Urt. v. 16.1.2013 – 7 AZR 661/11, NZA 2013, 614 (617); Urt. v. 10.10.2012 –

b) *Auswirkungen einer ex-ante festgestellten Fehlprognose auf die Befristungsabrede*

Ergibt sich im Rahmen der *ex-ante* Betrachtung, dass der Arbeitgeber zum Zeitpunkt des Vertragsschlusses unter Berücksichtigung der von ihm zugrunde gelegten Umstände nicht damit rechnen durfte, dass ein vorübergehender Beschäftigungsbedarf mit hinreichender Sicherheit bestand, ist die Prognose falsch. Besteht keine wirksame Prognose, folgt daraus, dass die Befristung nicht durch einen sachlichen Grund i.S.v. § 14 Abs. 1 S. 1 TzBfG gerechtfertigt ist. Da die Befristung unwirksam ist, gilt der Arbeitsvertrag gem. § 16 S. 1 TzBfG als auf unbestimmte Zeit geschlossen – das Bestehen eines unbefristeten Arbeitsverhältnisses wird fingiert.[660] Da es für die Wirksamkeit der Prognose stets auf den Zeitpunkt des Vertragsschlusses ankommt, sind nachträglich eintretende Änderungen unerheblich. Dies gilt sowohl für prognosegünstige- als auch ungünstige Umstände.[661]

c) *Korrekturmechanismen bei ex-post festgestellten Fehlprognosen?*

Auch wenn die materiell-rechtliche Wirksamkeit der Prognose im Wege der *ex-ante* Überprüfung festgestellt wird, ergibt sich jedenfalls auf Arbeitnehmerseite auch dann ein Korrekturinteresse, wenn sich die Prognoseentscheidung *ex-post* als unzutreffend herausstellt. Mit Blick auf die grundsätzliche Notwendigkeit eines sachlichen Grundes stellt sich die Frage nach arbeitnehmerschützenden Korrekturmechanismen hier sogar in gesteigertem Maße, da sich das Prognostizierte objektiv nicht bewahrheitet hat. Anders als das Kündigungsrecht kennt das Befristungsrecht jedoch keinen gesonderten Arbeitnehmerschutz bei *ex-post* festgestellten Fehlprognosen: Die Befristung ist bei rechtswirksamen Prognosen, die sich später als unzutreffend herausstellen, nicht unwirksam – es wird kein unbefristetes Arbeitsverhältnis gesetzlich angeordnet. Dies gilt auch dann, wenn sich die Prognose bereits vor Ablauf der Befristungsabrede als objektiv falsch erweist. Anders als im Kündigungsrecht besteht kein befristungsrechtlicher Wiedereinstellungsanspruch. Insofern ist ein struktureller Systemunterschied

---

7 AZR 462/11, NZA-RR 2013, 185 (186); Urt. v. 6.10.2010 – 7 AZR 397/09, NZA 2011, 1155 (1157); Urt. v. 22.11.1995 – 7 AZR 252/95, NZA 1999, 878 (879; im Ergebnis auch *Feuerborn*, Sachliche Gründe im Arbeitsrecht, 2003, S. 327 f.; *Loth*, Prognoseprinzip und Vertragskontrolle im befristeten Arbeitsverhältnis, 2015, S. 161.

660 Meinel/Heyn/Herms/*Meinel*, TzBfG, 5. Auflage 2015, § 16 Rn. 3.

661 Ähnlich *Loth*, Prognoseprinzip und Vertragskontrolle im befristeten Arbeitsverhältnis, 2015, S. 161.

zwischen Kündigungs- und Befristungsrecht zu verzeichnen, welcher im Kern auf das Fehlen eines vollumfänglichen Bestandsschutzes im befristeten Arbeitsverhältnis zurückzuführen ist. Das BAG geht in diesem Zusammenhang einen weiteren Schritt: Nach Ablauf eines wirksam befristeten Arbeitsvertrags hat der Arbeitnehmer auch dann keinen Wiedereinstellungsanspruch, wenn sich entgegen der ursprünglichen Prognose des Arbeitgebers aufgrund neuer Umstände eine Möglichkeit zur Weiterbeschäftigung ergibt.[662] Zum einen soll die Befristungskontrolle nicht zu einem fiktiven Kündigungsschutzprozess umfunktioniert werden, zum anderen obliegt es der freien Entscheidung des Arbeitgebers, ob und für welchen Zeitraum er vorübergehenden Beschäftigungsbedarf abdeckt.[663]

9. Prozessuale Verteilung des Prognoserisikos

Bereits aufgrund der mit der Prognoseentscheidung verbundenen Unsicherheiten ist es neben der gerichtlichen Kontrolldichte von erheblicher Bedeutung, welche prognosebezogenen Anforderungen an die Darlegungs- und Beweislast im arbeitsgerichtlichen Prozess zu stellen sind. Im Ausgangspunkt gilt, dass der Arbeitgeber das Vorliegen einer wirksamen Prognose darzulegen und zu beweisen hat. Das folgt bereits daraus, dass die Prognose – als integraler Bestandteil des Sachgrundes – ein für den Arbeitgeber günstiger Umstand ist, da diese ihm ein Abweichen vom gesetzlichen Leitbild des unbefristeten Arbeitsverhältnisses ermöglicht.[664] Nach der Rechtsprechung des BAG kommt dem Arbeitgeber jedoch eine Erleichterung zugute, wenn sich die Prognose *ex-post* als zutreffend erweist: Ergibt sich aus der tatsächlichen Entwicklung nach Vertragsschluss, dass der Weiterbeschäftigungsbedarf nach Ablauf der Befristung entfallen ist, besteht eine ausreichende Vermutung dafür, dass die Prognose hinreichend fundiert erstellt worden ist.[665] Der Arbeitnehmer hat dann die Möglichkeit, durch Tatsachenvortrag diese Vermutung zu entkräften. Hat sich die Prognose hingegen *ex-post* nicht bestätigt, gelten die allgemeinen, zuvor genannten Grundsätze: Der

---

662 BAG Urt. v. 20.2.2002 – 7 AZR 600/00, NZA 2002, 896 (898).

663 BAG Urt. v. 20.2.2002 – 7 AZR 600/00, BB 2002, 1648 (Anm. *Maschmann*); zustimmend ErfK/*Müller-Glöge*, TzBfG, 19. Auflage 2019, § 14 Rn. 19a; *Loth*, Prognoseprinzip und Vertragskontrolle im befristeten Arbeitsverhältnis, 2015, S. 162; *Meinel/Bauer*, NZA 1999, 575 (577 f.); Meinel/Heyn/Herms/*Meinel*, TzBfG, 5. Auflage 2015, § 14 Rn. 67.

664 So auch BAG Urt. v. 14.12.2016 – 7 AZR 688/14, AP Nr. 148 zu § 14 TzBfG (Anm. *Joussen*).

665 BAG Urt. v. 17.4.2002 – 7 AZR 283/01, NJOZ 2003, 1367 (1372); Urt. v. 28.3.2001 – 7 AZR 701/99, NZA 2002, 666 (668).

Arbeitgeber muss die ihm bei Vertragsschluss bekannt gewesenen Tatsachen vortragen und darlegen, dass diese einen hinreichend sicheren Schluss auf den Entfall des Beschäftigungsbedarfs zum Ende der Befristung erlaubt haben.[666]

Dass das BAG bei der prozessualen Indizwirkung auf eine retrospektive Betrachtung zurückgreift, bedeutet keine grundlegende Abwendung von der *ex-ante* Überprüfung. Sie dient lediglich der Beweislastverteilung, losgelöst von der materiell-rechtlichen *ex-ante* Perspektive. Allerdings wird das Prognoserisiko auch nicht einseitig zulasten des Arbeitnehmers verschoben.[667] Dies ergibt sich bereits daraus, dass *ex-post* festgestellte Fehlprognosen zu eindeutig strengeren Anforderungen an die Darlegungs- und Beweislast des Arbeitgebers führen. Dabei werden nicht nur erhöhte Anforderungen an die Darlegung der Prognosegrundlage gestellt. Vielmehr muss auch die Richtigkeit der inhaltlichen Schlussfolgerung, d. h. die vom Arbeitgeber getroffene Prognoseentscheidung bewiesen werden. Vor diesem Hintergrund greift der Siebte Senat mit der Implementierung einer Indizwirkung nicht in die befristungsimmanente Risikoverteilung ein, sondern berücksichtigt lediglich den Umstand, dass jede Prognose mit unvermeidbaren Unsicherheiten behaftet ist. Dies ist gerade bei *ex-post* festgestellten Fehlprognosen konsequent und geboten, da die zum Zeitpunkt des Vertragsschlusses getroffene Prognose auch dann rechtmäßig sein kann, wenn sie sich im Nachhinein als eindeutig falsch herausstellt. Denkbar wäre zwar auch, dem Arbeitgeber – ungeachtet einer Verifizierung bzw. Falsifizierung seiner Prognoseentscheidung – nach den allgemeinen Grundsätzen die vollständige Darlegungs- und Beweislast aufzuerlegen. Damit wäre jedoch nicht hinreichend berücksichtigt, dass auch der Arbeitgeber regelmäßig keine Möglichkeiten zur Planbarkeit bzw. Steuerbarkeit des prognostizierten Umstands hat. Vor diesem Hintergrund wäre eine von der Judikatur des BAG abweichende Darlegungs- und Beweislastverteilung nur dort möglich, wo der Arbeitgeber etwa aufgrund seiner Organisationsmacht oder eines ihm vorbehaltenen Informationsvorsprungs in gesteigertem Maße Einfluss auf den Eintritt des Prognostizierten hat. Da eine derartige strukturelle Prognosenähe des Arbeitgebers letztlich bei keinem der Sachgründe des § 14 Abs. 1 S. 2 TzBfG pauschal angenommen werden kann, ist eine einheitliche Anwendung der vom BAG statuierten Indizwirkung

---

666 BAG Urt. v. 17.4.2002 – 7 AZR 283/01, NJOZ 2003, 1367 (1372); Urt. v. 28.3.2001 – 7 AZR 701/99, NZA 2002, 666 (668).

667 So aber *Loth*, Prognoseprinzip und Vertragskontrolle im befristeten Arbeitsverhältnis, 2015, S. 162.

konsequent, auch wenn in Ausnahmefällen eine prozessuale Privilegierung des Arbeitgebers hiermit einhergehen mag.

IV. Sonderfall: Die Kettenbefristung in Vertretungssituationen

Die Aneinanderreihung befristeter Arbeitsverträge – sog. Mehrfach- oder Kettenbefristungen – tritt in praktischer Hinsicht häufig bei Vertretungssituationen auf. Einer der wesentlichen Gründe hierfür ist, dass der vorübergehende Ausfall von (Stamm-)Arbeitskräften sowohl dem Zeitpunkt, dem Grunde und auch der Dauer nach vom Arbeitgeber überwiegend nicht antizipiert werden kann, da ein Vertretungsbedarf aus unterschiedlichsten Gründen und je nach Größe des Unternehmens fast alltäglich auftreten kann,[668] besteht für befristet Beschäftigte die Gefahr, für einen langen Zeitraum einer nur vorübergehend gesicherten Erwerbsgrundlage[669] ausgesetzt zu sein. Vor diesem Hintergrund ist danach zu fragen, ob und wie auf den sachlichen Grund des Vertretungsbedarfs gestützte Mehrfachbefristungen mit der Systematik des § 14 TzBfG in Einklang zu bringen sind. Den Ausgangspunkt hierfür bilden die Entscheidung des EuGH zum Fall *Kücük*[670] sowie die darauf aufbauende Judikatur des BAG zur Rechtsfigur des institutionellen Rechtsmissbrauchs.[671] Da das Prognoseerfordernis auch bei mehrfacher Sachgrundbefristung eines Arbeitnehmers uneingeschränkt gilt,[672] drängt sich zwangsläufig die Frage nach dem systematischen Verhältnis des institutionellen Rechtsmissbrauchs zur Prognoseentscheidung auf. Dieses soll nachfolgend im Fokus der Betrachtung stehen.

1. Die Grundsatzentscheidung des Siebten Senats zum Prüfungsgegenstand im Jahr 1986

Den für die heutige Judikatur zur Kettenbefristung entscheidenden Grundstein legte das BAG mit seinem Urteil vom 8.5.1985.[673] Vor dieser Entscheidung

668 So auch EuGH v. 26.1.2012 – C-586/10 – NZA 2012, 135 (137) (Kücük).

669 Vgl. *Schneider*, RdA 2015, 263 (263).

670 EuGH v. 26.1.2012 – C-586/10 – NZA 2012, 135 (Kücük).

671 Grundlegend BAG Urt. v. 18.7.2012 – 7 AZR 443/09, NZA 2012, 1351; Urt. v. 18.7.2012 – 7 AZR 783/10, NZA 2012, 1359; zuletzt BAG Urt. v. 17.5.2017 – 7 AZR 420/15, *juris*; Urt. v. 26.10.2016 – 7 AZR 140/15, NZA 2017, 463; Urt. v. 29.4.2015 – 7 AZR 310/13, NJW 2016, 185.

672 BAG Urt. v. 18.7.2012 – 7 AZR 443/09, NZA 2012, 1351 (1354); *Drosdeck/Bitsch*, NJW 2012, 977 (978); *Lakies*, ArbRAktuell 2014, 94 (94).

673 BAG Urt. v. 8.5.1985 – 7 AZR 191/84, NZA 1986, 569.

ging der Siebte Senat noch davon aus, dass bei mehreren aufeinander folgenden befristeten Verträgen der sachliche Grund des letzten Arbeitsverhältnisses nur dann die Befristungsabrede rechtfertige, wenn auch die vorangegangenen Befristungen sachlich gerechtfertigt waren oder die Vertragsparteien bei Abschluss des letzten befristeten Vertrags ein bis dahin eventuell bestehendes, unbefristetes Arbeitsverhältnis ausdrücklich oder konkludent aufgehoben haben.[674] Der Senat stellte durch seine bis dahin ergangene Rechtsprechung eine wirksamkeitsbezogene Konnexität zwischen der letzten und den vorangegangenen Befristungsabreden her. Nach seiner ursprünglichen Auffassung lag der hierfür maßgebliche Beweggrund darin, dass ein Arbeitnehmer, der sich erneut auf ein befristetes Arbeitsverhältnis einlasse, nicht ohne weiteres automatisch seine Rechtspositionen, die er ggf. durch die Unwirksamkeit einer vorherigen Befristung erlangt habe – nämlich einen unbefristeten Arbeitsvertrag – aufgeben wolle.[675]

Diese Wertung gab der Senat in der Folge auf: Schließen Arbeitnehmer und Arbeitgeber erneut einen befristeten Vertrag, liegt hierin grundsätzlich eine konkludente Aufhebung eines vorherigen, ggf. aufgrund unwirksamer Befristungsabreden zustande gekommenen unbefristeten Arbeitsverhältnisses.[676] Das Gericht bezweckte hiermit, Rechtsunsicherheiten über die tatsächlichen Vertragsverhältnisse bei ggf. jahrelanger befristeter Beschäftigung zu vermeiden. Zudem sollten auch Wertungswidersprüchen zum unbefristeten Arbeitsverhältnis vorgebeugt werden, da in diesem die Rechtsunwirksamkeit einer Kündigung innerhalb von drei Wochen vom Arbeitnehmer geltend zu machen ist – §§ 4, 7 KSchG.[677]In der Konsequenz beschränkt sich bei Mehrfachbefristungen die gerichtliche Kontrolle auf die Rechtswirksamkeit der letzten Befristungsabrede bzw. den für diese heranzuziehenden sachlichen Grund.[678] Für die Wirksamkeit der letzten Befristung war nach dieser Judikatur unerheblich, welche Gesamtdauer die befristete Beschäftigung aufwies und wie viele befristete Verträge hintereinander geschlossen wurden.

674 BAG Urt. v. 30.9.1981 – 7 AZR 467/79, BAGE 36, 235 (238); Urt. v. 19.8.1981 – 7 AZR 252/79, BAGE 36, 171 (176).
675 BAG Urt. v. 8.5.1985 – 7 AZR 191/84, NZA 1986, 569 (570).
676 BAG Urt. v. 8.5.1985 – 7 AZR 191/84, NZA 1986, 569 (570).
677 BAG Urt. v. 8.5.1985 – 7 AZR 191/84, NZA 1986, 569 (570).
678 BAG Urt. v. 8.5.1985 – 7 AZR 191/84, NZA 1986, 569 (570).

2. Vorüberlegungen zur Struktur des § 14 Abs. 1 S. 2 TzBfG und dem Prognoseerfordernis

Aus der Systematik des § 14 TzBfG folgt, dass die Sachgrundbefristung keiner ausdrücklich angeordneten Zeitbeschränkung unterliegt. Das TzBfG sieht für die Befristung aus sachlichem Grund weder explizite Bestimmungen zur Höchstzahl aufeinanderfolgender Befristungen vor, noch sind Regelungen zu Zeiträumen, in denen Sachgrundbefristungen einander folgen dürfen, vorzufinden. Ebenso wenig hat der Gesetzgeber Regelungen getroffen, denen zufolge eine bestimmte Dauer an befristeter Gesamtbeschäftigung oder eine Anzahl an Vertragsverlängerungen eine Zweckentfremdung der Sachgrundbefristung indizieren. Folgt man strikt dem Wortlaut des § 14 Abs. 1 S. 2 TzBfG, unterliegen Mehrfachbefristungen keiner gesonderten befristungsrechtlichen Kontrolle, sofern die einzelne Befristungsabrede durch einen sachlichen Grund gerechtfertigt ist. Entscheidend ist, dass § 14 Abs. 1 S. 2 TzBfG dem Wortlaut nach keinen wertungsmäßigen Konnex zwischen den einzelnen, einander folgenden Befristungen herstellt.

Gleiches gilt letztlich auch für die dem Sachgrund der Vertretung immanente Prognose: Nach der ständigen Rechtsprechung des BAG richtet sich die Wirksamkeit der Prognoseentscheidung des Arbeitgebers stets nach der letzten Befristungsabrede. Die an die Prognose zu stellenden Anforderungen ändern sich nach der Judikatur des Siebten Senats auch nicht bei zunehmender Anzahl aufeinander folgenden befristeten Arbeitsverhältnissen. Das Gericht überträgt die in § 14 Abs. 1 S. 2 TzBfG angelegte, rechtliche Unabhängigkeit der einzelnen Befristungsabreden somit auch auf die Prognose des Arbeitgebers. Der Prognosebezugspunkt bleibt deshalb bei Mehrfachbefristungen identisch: Maßgeblich ist, ob im Zeitpunkt des Abschlusses der Befristungsabrede davon ausgegangen werden kann, dass der Vertretungsbedarf voraussichtlich wieder Entfallen wird. Es muss zu erwarten sein, dass der Vertretene seine Arbeit wieder aufnimmt.[679] Die Anforderungen an die Wahrscheinlichkeit des Eintritts des prognostizierten

---

679 BAG Urt. v. 29.4.2015 – 7 AZR 310/13, NZA 2015, 928 (929; Urt. v. 10.10.2012 – 7 AZR 462/11, NZA-RR 2013, 185 (186); Urt. v. 6.10.2010 – 7 AZR 397/09, NZA 2011, 1155 (1157); BAG Urt. v. 22.11.1995 – 7 AZR 252/95, NZA 1999, 878 (879); Boecken/Düwell/Diller/Hanau/*Studt*, TzBfG, Bd. III, 2016, § 14 Rn. 37; Boecken/Joussen/*Boecken*, TzBfG, 6. Auflage 2019, § 14 Rn. 77; *Loth*, Prognoseprinzip und Befristungskontrolle im Arbeitsverhältnis, 2015, S. 152; Meinel/Heyn/Herms/*Meinel*, TzBfG, 5. Auflage 2015, § 14 Rn. 128; MüKo/*Hesse*, TzBfG, Bd. IV, 7. Auflage 2016, § 14 Rn. 125.

Bedarfsentfalls unterliegen insofern keiner graduellen Steigerung bei Mehrfachbefristungen. Dies gilt nicht zuletzt aufgrund der Tatsache, dass nach der mittlerweile ständigen Rechtsprechung des BAG auch ein dauerhafter Vertretungsbedarf keiner Sachgrundbefristung entgegensteht. Unwirksam ist die Befristung erst dann, wenn der Arbeitnehmer von vornherein nicht lediglich zur Vertretung eines bestimmten, vorübergehend an der Arbeitsleistung verhinderten Arbeitnehmers eingestellt wird, sondern bereits bei Vertragsschluss beabsichtigt ist, ihn für eine zum Zeitpunkt des Vertragsschlusses noch nicht absehbare Vielzahl von Vertretungsfällen auf Dauer zu beschäftigen.[680] Auch für die Tatsachengrundlage der Prognoseentscheidung gelten bei Mehrfachbefristungen die allgemeinen Grundsätze: Losgelöst von der Anzahl befristeter Vertragsverhältnisse und der Gesamtbefristungsdauer treffen den Arbeitgeber grundsätzlich keine Nachforschungs- bzw. Informationsbeschaffungspflichten im Rahmen der Prognoseerstellung.[681] Fest steht deshalb: Weder die Systematik des § 14 Abs. 1 TzBfG noch die durch die Rechtsprechung des BAG konturierten Prognoseanforderungen treffen Vorkehrungen, um einen Missbrauch von Mehrfachbefristungen bei Vertretungssituationen vorzubeugen.

3. Die *Kücük* Entscheidung des EuGH

Die der *Kücük* Entscheidung[682] zugrundeliegende Rechtsfrage wurde vom BAG im Vorabentscheidungsverfahren dem EuGH vorgelegt. Gegenstand des Ausgangsverfahrens war die Klage der Justizangestellten *Bianca Kücük*, die in einem Zeitraum von mehr als 11 Jahren in insgesamt 13 sich unmittelbar aneinander anschließenden, befristeten Arbeitsverträgen vom Land NRW beschäftigt wurde. Die Vorlage des BAG ergab sich aus dem Umstand, dass der Siebte Senat Zweifel an der Europarechtskonformität seiner bisherigen Rechtsprechung zur

---

680 BAG Urt. v. 24.6.2016 – 7 AZR 41/15, NZA 2017, 307 (309); Urt. v. 7.10.2015 – 7 AZR 944/13, NZA 2016, 354 (358); Urt. v. 13.2.2013 – 7 AZR 225/11, NZA 2013, 777 (780); Urt. v. 18.7.2012 – 7 AZR 443/09, NZA 2012, 1351 (1353); Beschl. v. 17.11.2010 – 7 AZR 443/09, NZA 2011, 34 (36); Urt. v. 25.3.2009 – 7 AZR 34/08, NZA 2011, 34 (36).

681 Grundlegend hierzu BAG Urt. v. 13.6.2007 – 7 AZR 747/05, Rn. 14, *juris*; Urt. v. 4.6.2003 – 7 AZR 523/02, NZA-RR 2003, 621 (622); Urt. v. 6.10.2010 – 7 AZR 397/09, AP Nr. 79 zu § 14 TzBfG (Anm. *Maschmann*); BeckOKArbrR/*Bayreuther*, TzBfG, 53. Ed. Stand 1.6.2019, § 14 Rn. 44; Boecken/Düwell/Diller/Hanau/*Studt*, TzBfG, Bd. III, 2016, § 14 Rn. 37; ErfK/*Müller-Glöge*, TzBfG, 19. Auflage 2019, § 14 Rn. 35; *Loth*, Prognoseprinzip und Vertragskontrolle im befristeten Arbeitsverhältnis, 2015, S. 149.

682 EuGH v. 26.1.2012 – C-586/10 – NZA 2012, 135 (Kücük).

Zulässigkeit von Mehrfachbefristungen hatte, insbesondere hinsichtlich deren Vereinbarkeit mit § 5 Nr. 1 der Rahmenvereinbarung über befristete Arbeitsverträge.[683] Nach der bis zu diesem Zeitpunkt ergangenen Rechtsprechung des Gerichts hatten weder die Anzahl befristeter Verträge, noch die Gesamtbefristungsdauer Auswirkungen auf die an die Befristungsabrede zu stellenden Wirksamkeitsanforderungen.[684] Das BAG bat vor diesem Hintergrund den EuGH zur Beantwortung der Frage, ob es mit § 5 Nr. 1 der Rahmenvereinbarung über befristete Arbeitsverträge vereinbar sei, § 14 Abs. 1 S. 2 Nr. 3 TzBfG dahin auszulegen und anzuwenden, dass ein die wiederholte Befristung eines Arbeitsvertrags rechtfertigender sachlicher Grund auch im Falle eines ständigen Vertretungsbedarfs gegeben ist, obwohl dieser Vertretungsbedarf auch durch eine unbefristete Einstellung des Arbeitnehmers gedeckt werden könnte, der Arbeitgeber sich aber vorbehält, jeweils neu zu entscheiden, wie er auf den konkreten Ausfall von Arbeitnehmern reagiert.[685]

Der EuGH stellte sodann fest, dass die Verlängerung bzw. der erneute Abschluss befristeter Arbeitsverträge zur Deckung eines Bedarfs, der kein zeitweiliger, sondern faktisch ständiger ist, grundsätzlich nicht mit den Vorgaben der Rahmenvereinbarung in Einklang zu bringen sei. Allerdings reiche hierfür nicht der bloße Umstand, dass befristete Arbeitsverhältnisse wegen eines ständigen oder wiederkehrenden Bedarfs geschlossen werden, nicht aus, da jeder einzelne Arbeitsvertrag für sich genommen einen nur vorübergehenden Bedarf abdecken könne.[686] Auch der EuGH stellt insofern auf das individuelle Vertragsverhältnis ab, nicht auf den Bedarf an vorübergehender Arbeitskraft insgesamt. Die nationalen Stellen seien aber dazu verpflichtet, stets alle Umstände des Einzelfalls zu prüfen. Daraus schlussfolgert der Gerichtshof: Auch wenn sich der sachliche Grund auf den zuletzt geschlossenen befristeten Arbeitsvertrag beziehe, müssten insbesondere die Anzahl sowie die Dauer der mit derselben Personen geschlossenen, aufeinanderfolgenden Verträge berücksichtigt werden, um eine missbräuchliche Verwendung befristeter Arbeitsverträge auszuschließen.[687]

---

683 EGB-UNICE-CEEP-Rahmenvereinbarung über befristete Arbeitsverträge, ABl. EG 1999 Nr. L 175 S. 47.

684 So auch noch BAG Beschl. v. 17.11.2010 – 7 AZR 443/09, NZA 2011, 34 (36).

685 BAG Beschl. v. 17.11.2010 – 7 AZR 443/09, NZA 2011, 34 (34).

686 EuGH v. 26.1.2012 – C-586/10 – NZA 2012, 135 (137) (Kücük).

687 EuGH v. 26.1.2012 – C-586/10 – NZA 2012, 135 (138) (Kücük).

4. Die Anschlussentscheidung des Siebten Senats/Einzug der Rechtsfigur des institutionellen Rechtsmissbrauchs in das Befristungsrecht

Unter Berücksichtigung der Wertungsmaßstäbe des EuGH nahm das BAG – zunächst am Sachgrund der Vertretung nach § 14 Abs. 1 S. 2 Nr. 3 TzBfG – eine strukturelle Neujustierung des Prüfungsmaßstabs bei Mehrfach- bzw. Kettenbefristungen vor: Im Ausgangspunkt bestätigt der Siebte Senat, dass auch bei Befristungsketten weder an den Sachgrund als solchen noch an die Prognose des Arbeitgebers strengere Anforderungen zu stellen sind. Da sich auch aus der Entscheidung des EuGH kein dahingehender Änderungsbedarf erkennen ließ, war die Beibehaltung der bisherigen Rechtsprechung auch konsequent. Die Anforderungen an die Substantiierung der Prognosegrundlage, den Prognosebezugspunkt sowie die Prognosewahrscheinlichkeit sind in der Folge auch nach Auffassung des BAG bei jeder Befristungsabrede gleichbleibend. Auch sei es nach wie vor zulässig, selbst bei ständigem Vertretungsbedarf auf befristete Arbeitsverhältnisse zurückzugreifen, soweit der einzelne befristete Arbeitsvertrag zum Zwecke der Deckung eines vorübergehenden Vertretungsbedarfs geschlossen wird.[688]

Für die bei Mehrfachbefristungen unionsrechtlich gebotene Missbrauchskontrolle entschied der Siebte Senat, dass auf nationaler Ebene die Rechtsfigur des institutionellen Rechtsmissbrauchs – als Ausprägung des Grundsatzes von Treu und Glauben nach § 242 BGB – heranzuziehen sei.[689] Rechtsmissbrauch – so das BAG – setze voraus, dass ein Vertragspartner eine an sich rechtlich zulässige Gestaltung in einer mit Treu und Glauben nicht vereinbaren Weise ausschließlich dazu verwende, sich zum Nachteil des Vertragspartners Vorteile zu verschaffen, „die nach Sinn und Zweck der Norm und des Rechtsinstituts nicht vorgesehen sind".[690] Konkret bedeutet dies: Nutzt der Arbeitgeber die Möglichkeit, die Befristung des Arbeitsvertrags mit einem der in § 14 Abs. 1 S. 2 TzBfG genannten Gründe zu rechtfertigen, nur um sich den Kosten und Risiken eines unbefristeten Arbeitsverhältnisses zu entledigen und gleichzeitig dem Arbeitnehmer trotz berechtigten Interesses eine dauerhafte Existenz- und

688 BAG Urt. v. 18.7.2012 – 7 AZR 443/09, NZA 2012, 1351 (1353 f.).

689 Zur Dogmatik und Genese des institutionellen Rechtsmissbrauchs *Dommermuth-Alhäuser*, Arbeitsrechtsmissbrauch, 2015, S. 60 ff.; *Schwarze*, RdA 2017, 302 (304 ff.); zur Abgrenzung zum individuellen Rechtsmissbrauch bei der sachgrundlosen Befristung *vom Stein*, NJW 2015, 369 (373).

690 BAG Urt. v. 18.7.2012 – 7 AZR 443/09, NZA 2012, 1351 (1356 f.).

Erwerbsgrundlage vorzuenthalten, wird das Rechtsinstitut der Sachgrundbefristung missbräuchlich verwendet.

Für die danach bei der Sachgrundbefristung vorzunehmende Missbrauchsprüfung konkretisierte das Gericht den Maßstab dahingehend, dass sämtliche Umstände des Einzelfalls zu berücksichtigen seien, wonach insbesondere (1) die Gesamtdauer der befristeten Verträge, (2) die Anzahl der Vertragsverlängerungen, (3) das Gleichbleiben bzw. der Wechsel des Arbeitsplatzes und der Arbeitsaufgaben, (4) die Laufzeiten der jeweiligen Verträge sowie (5) branchenspezifische Besonderheiten für die Gesamtbetrachtung heranzuziehen seien. Der Siebte Senat legte sich in dieser Entscheidung zwar noch nicht auf konkrete quantitative Angaben fest. Eine missbräuchliche Gestaltung des Arbeitsvertrags sei jedoch bei der im *Kücük* Fall gegebenen Gesamtbeschäftigungsdauer von elf Jahren mit insgesamt 13 Befristungsabreden indiziert, während bei einer Gesamtdauer von sieben Jahren und neun Monaten mit vier Befristungen keine Anhaltspunkte für einen Missbrauch vorlägen.[691]

5. Die Prüfung des institutionellen Rechtsmissbrauchs nach der aktuellen Judikatur des BAG

Angesichts der für eine praktische Anwendung ausgebliebenen Quantifizierung der Grenzen des institutionelle Rechtsmissbrauchs und der hierauf gerichteten Kritik in der Literatur[692] entwickelte das BAG in seiner Entscheidung vom 26.10.2016[693] ein dreistufiges Konzept – mitunter auch Befristungsampel genannt[694] – zur Missbrauchsprüfung bei Sachgrundbefristungen. Den Anknüpfungspunkt für die Grenzwertermittlung findet das Gericht in den Bestimmungen zur sachgrundlosen Befristung nach § 14 Abs. 2 TzBfG:

Auf der *ersten Stufe* besteht nach der Konzeption des Siebten Senats kein gesteigerter Anlass für eine Missbrauchskontrolle, wenn nicht mindestens das Vierfache einer der in § 14 Abs. 2 S. 1 TzBfG bestimmten Werte oder das Dreifache beider Werte überschritten wird. Daraus folgt: Einer Missbrauchskontrolle

---

691 BAG Urt. v. 18.7.2012 – 7 AZR 443/09, NZA 2012, 1351 (1357 f.).

692 Vgl. EuGH v. 26.1.2012 – C-586/10 – BB 2012, 1093 (Anm. *Maschmann*); BAG Urt. v. 18.7.2012 – 7 AZR 443/09, NJW 2013, 1254 (Anm. *Kock*); *Brose/Sagan*, NZA 2012, 308 (310); *Bruns*, NZA 2013, 769 (771); *Drosdeck/Bitsch*, NJW 2013, 1345 (1347); *Loth*, Prognoseprinzip und Befristungskontrolle im Arbeitsverhältnis, 2015, S. 301; *Persch*, BB 2013, 629 (633); *vom Stein*, NJW 2015, 369 (374).

693 BAG Urt. v. 26.10.2016 – 7 AZR 135/15, NZA 2017, 382.

694 *Schwarze*, RdA 2017, 302 (302).

bedarf es regelmäßig nicht, wenn die Arbeitsverträge nicht eine Gesamtdauer von sechs Jahren überschreiten und zudem nicht mehr als neun Vertragsverlängerungen vereinbart wurden. Anlass für eine Missbrauchskontrolle besteht hingegen, wenn die Gesamtdauer acht Jahre überschreitet oder mehr als zwölf Befristungsabreden geschlossen wurden.

Werden die Grenzwerte der ersten Stufe alternativ oder kumulativ überschritten, obliegt es dem Arbeitnehmer auf der *zweiten Stufe*, Umstände vorzutragen und darzulegen, die auf einen Rechtsmissbrauch der Sachgrundbefristung hindeuten können.

Auf der *dritten Stufe* der Missbrauchsprüfung wird eine missbräuchliche Inanspruchnahme der Möglichkeit zur Sachgrundbefristung indiziert, wenn die Grenzwerte der ersten Stufe in gravierendem Maße überschritten werden. Das BAG geht von einer Indizwirkung aus, wenn die Gesamtdauer zehn Jahre überschreitet oder mehr als 15 Befristungsabreden geschlossen wurden oder mehr als zwölf Vertragsverlängerungen bei einer Gesamtbeschäftigungsdauer von acht Jahren vorliegen. Werden diese Werte erreicht, hat der Arbeitgeber die Möglichkeit, besondere Umstände darzulegen, die den indizierten Rechtsmissbrauchs entkräften.[695]

6. Resonanz zum und Kritik am dreistufigen System der Missbrauchsprüfung

Das dreistufige Prüfungssystem der Rechtsmissbrauchskontrolle wurde im wissenschaftlichen Diskurs unterschiedlich aufgenommen. Die Regel-Obergrenzen bzw. Indizierungswerte des BAG wurden teilweise als notwendige Konkretisierung der bisherigen Judikatur begrüßt[696], mitunter jedoch auch als rechtsdogmatische Verfehlung oder gar unzulässige Rechtsfortbildung abgelehnt:

Insbesondere *Schwarze* moniert rechtstechnische Unzulänglichkeiten im Rahmen der Anwendung der Rechtsfigur des institutionellen Rechtsmissbrauchs. Der dreistufigen Missbrauchsprüfung des BAG fehle letztlich eine hinreichende Anbindung an die allgemeine zivilrechtliche Rechtsmissbrauchsdogmatik.[697] Den Ausführungen von *Schwarze* lassen sich zwei wesentliche Kritikpunkte

---

695 BAG Urt. v. 26.10.2016 – 7 AZR 135/15, NZA 2017, 382 (386); bestätigend Urt. v. 21.3.2017 – 7 AZR 369/15, NZA 2017, 706 (710).

696 BAG Urt. v. 17.5.2017 – 7 AZR 420/15, BB 2017, 2748 (Anm. *Möller*); Urt. v. 17.5.2017 – 7 AZR 420/15, GWR 2017, 419 (Anm. *Fuhlrott*); *Bader*, NJW 2017, 989 (990); *Kiel*, NZA-Beil. 2016, 72 (84).

697 *Schwarze*, RdA 2017, 302 (303).

entnehmen: Zunächst sei die „Befristungsampel" der Rechtsprechung letztlich in der Sprache des § 286 ZPO gefasst, mit der Folge, dass die einzelfallbezogene Missbrauchskontrolle rein beweisrechtlicher Natur sei. Auf die materiell-rechtliche Fragestellungen angewandt werde sie deshalb zur Leerformel: Schlussfolgerungen aus einer Einzelfallbetrachtung seien nur möglich, wenn klar ist, worauf sie sich (materiell-rechtlich) beziehen sollen. Da ein Missbrauch jedoch nicht bereits durch die einander gegenüberstehenden Gesichtspunkte „Dauerbeschäftigungsbedarf" und „Entfristungsinteresse" entstehe, entstünde mangels materiell-rechtlichen Bezugspunkts der Kontrolle eine zirkuläre Prüfung.[698] *Schwarze* zieht daraus den Schluss, dass die Sachgründe des § 14 TzBfG durch die Judikatur des BAG ihren tatbestandlichen Charakter verlören, da sie durch die nachgelagerte Einzelfallprüfung zu Regelbeispielen degradiert würden.[699] Insgesamt typisiere die Befristungsampel des Siebten Senats die in der Dogmatik zum allgemeinen zivilrechtlichen Rechtsmissbrauch anzufindende Fallgruppe des „groben (krassen) Missverhältnisses der Interessen". Der Rechtsprechung sei vor allem eine unklare Unterscheidung zwischen der Ermittlung der Tatsachen und deren Bewertung vorzuwerfen, was (wohl) zur zirkulären Prüfung des Rechtsmissbrauchs führe.[700]

Noch deutlicher wendet sich *Kock* gegen die Konzeption des BAG. Das Gericht versuche, die Prüfung des institutionellen Rechtsmissbrauchs „mit den Mitteln der Arithmetik" zu lösen. Zwar werde der Praxis dadurch eine handhabbare „Schablone" vorgegeben, allerdings sei diese weder mit der Dogmatik des institutionellen Rechtsmissbrauchs vereinbar, noch könne die Anknüpfung an die Grenzwerte zur sachgrundlosen Befristung rechtstechnisch überzeugen. Auch *Kock* moniert in der Konsequenz, dass das BAG die Missbrauchsprüfung lediglich auf die prozessuale Eben verlagere, ohne inhaltliche Konkretisierungen zu schaffen. Die Kritik richtet sich erneut an die Indizwirkung der Grenzwerte, da selbst diese letztlich nur Anhaltspunkte für eine missbräuchliche Befristung bieten, ohne dabei die materiell-rechtlichen Anforderungen darzulegen. Ein brauchbares Gesamtkonzept sei dementsprechend durch das „Case Law" des Siebten Senats nicht geschaffen worden.[701] Allerdings bietet *Kock* im Ergebnis keinen eigenen Gegenentwurf für die Missbrauchsprüfung – vielmehr verbleibt ein (erneuter) Appell an den Gesetzgeber.

---

698 *Schwarze*, RdA 2017, 302 (304).
699 *Schwarze*, RdA 2017, 302 (304).
700 *Schwarze*, RdA 2017, 302 (311).
701 BAG Urt. v. 17.5.2017 – 7 AZR 420/15, NJW 2017, 3737 (3741) (Anm. *Kock*).

Im Gegensatz hierzu wird die Implementierung eines konkreteren Stufensystems von anderen Autoren als notwendiger und praxisnaher Schritt zur Schaffung von einheitlichen Anhaltspunkten aufgefasst. Allerdings wird auch unter den befürwortenden Literaturstimmen Verbesserungsbedarf aufgezeigt. Insbesondere *Meinel* bemängelt eine zu strikte Orientierung an quantitativen Vorgaben im Rahmen der Missbrauchsprüfung. Die Gesamtdauer der Beschäftigung sowie die Anzahl befristeter Arbeitsverträge stünde im Fokus der richterlichen „Befristungsampel", ohne dass sie durch die Entscheidung des EuGH vorgegeben worden sei.[702] Wenn der Siebte Senat ausdrücklich sämtliche Umstände würdigen wolle, überzeuge es letztlich nicht, die Darlegungs- und Beweislast „holzschnittartig" nach dem dreistufigen Prüfungssystem zu verteilen. *Meinel* spricht sich deshalb für eine generelle Abstufung der Darlegungs- und Beweislast – entsprechend der Missbrauchsprüfung bei sachgrundloser Befristung – aus, welche dann im Hinblick auf sämtliche zu berücksichtigenden Umstände Geltung entfalten müsse.[703]

7. Bewertung der stufenweisen Prüfung institutionellen Rechtsmissbrauchs

Losgelöst von der Fragestellung, ob es einer nachgelagerten, an der Rechtsfigur des institutionellen Rechtsmissbrauchs orientierten Einzelfallprüfung überhaupt bedarf, verfängt die derzeitige Kritik am dreistufigen Prüfungssystem des BAG nur in Teilen. Verfehlt ist es jedenfalls, wenn dem Siebten Senat eine die Grenzen der richterlichen Gestaltungsmöglichkeiten überschreitende Rechtsfortbildung vorgeworfen wird. Das Gericht hat sich bewusst darauf beschränkt, den an § 14 Abs. 2 TzBfG orientierten Grenzwerten eine (beweisrechtliche) Indizwirkung zukommen zu lassen. Selbst bei einem Überschreiten der letzten Stufe kann die Befristungsabrede im konkreten Einzelfall wirksam sein. Die Indizwirkung schreibt deshalb kein neues Recht hinzu, sondern konkretisiert die bereits bestehende Sachgrundprüfung um die Vorgaben des EuGH zur einzelfallbezogenen Missbrauchsprüfung. Dass die indizielle Wirkung quantitativer Werte – vordergründig die Gesamtdauer des Beschäftigungsverhältnisses und die Anzahl befristeter Arbeitsverträge – schablonenartig bzw. ein ungeeigneter Versuch, die Einzelfallprüfung mit Mitteln der Arithmetik zu lösen sei, ist geradezu widersprüchlich: In seiner *Kücük* Entscheidung sah der Siebte Senat noch davon ab, zahlenmäßige Grenzwerte für Mehrfachbefristungen zu statuieren.

702 Meinel/Heyn/Herms/*Meinel*, TzBfG, 5. Auflage 2015, § 14 Rn. 58.
703 Meinel/Heyn/Herms/*Meinel*, TzBfG, 5. Auflage 2015, § 14 Rn. 58.

Genau dies wurde zu einem der zentralen Kritikpunkte in der Literatur. Das Gericht lasse den Rechtsanwender im Unklaren und verursache durch die Einzelfallprüfung erhebliche Rechtsunsicherheit.[704] Es ist vor diesem Hintergrund nur schwer nachvollziehbar, welchen Weg das BAG anstellte des jetzigen hätte beschreiten sollen. Dies gilt umso mehr, wenn kein rechtstechnischer Alternativvorschlag unterbreitet, sondern lediglich eine unzulängliche Umsetzung der Missbrauchsprüfung bemängelt wird.

Gewichtiger ist es hingegen, wenn die im Kern beweisrechtliche Natur der dreistufigen Missbrauchsprüfung hinterfragt wird. Der materiell-rechtliche Anknüpfungspunkt lässt sich der Formulierung des BAG nicht eindeutig entnehmen. Insofern ist es auch folgerichtig, wenn insbesondere *Schwarze* vor einer Degradierung der in § 14 Abs. 1 S. 2 TzBfG benannten Sachgründe zu „Regelbeispielen" warnt. Der Grund hierfür ist allerdings nicht in der nachgelagerten, stufenweisen Prüfung nach der Vorstellung des Siebten Senats zu sehen. Vielmehr ergibt sich die „Verwässerung" der normierten Sachgründe aus den Vorgaben des EuGH zur einzelfallbezogenen Würdigung sämtlicher Umstände, die auf einen Missbrauch der Vertragsbefristung schließen lassen. Es ist insofern ein systemimmanenter Mangel des § 14 Abs. 1 S. 2 TzBfG festzustellen: Der Gesetzgeber hat bei der Konzeptionierung der Sachgrundbefristung davon abgesehen, einen Konnex zwischen aufeinanderfolgenden Sachgrundbefristungen herzustellen und diesen einer eigenständigen materiell-rechtlichen Wirksamkeitskontrolle zu unterwerfen. Vielmehr ging er davon aus, dass bei Vorliegen eines Sachgrundes kein Missbrauch entstehen könne, die Interessen des Arbeitnehmers durch die Implementierung konkreter Befristungsgründe – ungeachtet der zwischen den Vertragsparteien bestehenden Historie – stets hinreichend berücksichtigt seien. Im Gegensatz dazu hat der Gesetzgeber bei der sachgrundlosen Befristung in § 14 Abs. 2 S. 1 TzBfG Angaben zur zulässigen Anzahl befristeter Verträge gemacht. Der Rückgriff des BAG auf die sachgrundlose Befristung ist deshalb konsequent, da dort der in § 14 Abs. 1 S. 2 TzBfG fehlende Konnex aufeinanderfolgender Arbeitsverträge berücksichtigt wurde. Insgesamt ist dem Siebten Senat weder die Implementierung von indiziell wirkenden Grenzwerten, noch der rechtstechnische Rückgriff auf die Bestimmungen zur sachgrundlosen

704 Vgl. nur EuGH v. 26.1.2012 – C-586/10 – BB 2012, 1093 (Anm. *Maschmann*); BAG Urt. v. 18.7.2012 – 7 AZR 443/09, NJW 2013, 1254 (Anm. *Kock*); *Brose/Sagan*, NZA 2012, 308 (310); *Bruns*, NZA 2013, 769 (771); *Drosdeck/Bitsch*, NJW 2013, 1345 (1347); *Loth*, Prognoseprinzip und Befristungskontrolle im Arbeitsverhältnis, 2015, S. 301; *Persch*, BB 2013, 629 (633); *vom Stein*, NJW 2015, 369 (374).

Befristung zum Vorwurf zu machen. Zutreffend ist letztlich nur, dass das dreistufige Prüfungsmodell trotz Schaffung von mehr Rechtssicherheit und Transparenz zur Folge haben könnte, dass künftig Arbeitsverhältnisse nicht mehr fortgeführt werden, wenn der rechtssichere Befristungsrahmen bereits ausgeschöpft ist.[705] Dahingehende personalwirtschaftliche Entscheidungen stehen dem Arbeitgeber jedoch von vornherein zu. Zudem verfolgt die Missbrauchskontrolle auch nicht den Erhalt befristeter Beschäftigungsverhältnisse, sondern die Vermeidung zweckwidriger Neubefristungen.

8. Systematisches Verhältnis der Missbrauchskontrolle zum Prognoseprinzip

a) *Ausgangspunkt: Zweistufige Prüfung der Sachgrundbefristung*

Mit Blick auf die Systematik der Sachgrundbefristung ergibt sich aus der Implementierung der Rechtsfigur des institutionellen Rechtsmissbrauchs eine zweigliedrige Wirksamkeitsprüfung. In einem ersten Schritt ist danach zu fragen, ob ein Sachgrund „an sich" vorliegt. Im zweiten Schritt gilt es, die individuelle Befristung auf eine rechtsmissbräuchliche Verwendung nach den Grundsätzen der „Befristungsampel" des BAG zu überprüfen.[706] Die zweistufige Wirksamkeitsprüfung kann mit demjenigen der außerordentlichen Kündigung nach § 626 BGB verglichen werden.[707] Im Befristungsrecht wirkt eine zweigliedrige Prüfung indes systemfremd und findet auch im Wortlaut des § 14 Abs. 1 S. 2 TzBfG keinerlei Anknüpfungspunkte. § 626 Abs. 1 BGB ordnet ausdrücklich die „Berücksichtigung aller Umstände des Einzelfalls" an und ist mithin relativ ausgestaltet.[708] Die Bestimmungen zur Sachgrundbefristung sehen jedoch eine objektiv-betriebsbezogene Betrachtung vor. Mit der ergänzenden Missbrauchskontrolle erlangen die materiell-rechtlichen Wirksamkeitsmaßstäbe einen subjektiven Einschlag.[709] Dies führt zu einer grundlegenden Systemverschiebung

---

705 Zutreffend *Kiel*, NZA-Beil. 2016, 72 (84).

706 Zur zweistufigen Vorgehensweise Ascheid/Preis/Schmidt/*Backhaus*, TzBfG, 5. Auflage 2017, § 14 Rn. 61f; Meinel/Heyn/Herms/*Meinel*, TzBfG, 5. Auflage 2015, § 14 Rn. 45; *Schwarze*, RdA 2017, 302 (302); zur Europarechtskonformität dieser Vorgehensweise *Rudnik*, Die Gesetzesumgehung in der Rechtsprechung des Bundesarbeitsgerichts, 2019, S. 281; s. auch *vom Stein*, NJW 2015, 369 (371).

707 So auch *Loth*, Prognoseprinzip und Befristungskontrolle im Arbeitsverhältnis, 2015, S. 252.

708 Ähnlich *Loth*, Prognoseprinzip und Befristungskontrolle im Arbeitsverhältnis, 2015, S. 252.

709 Vgl. *Bayreuther*, NZA 2013, 23 (24).

im Recht der Befristung aus sachlichem Grund. Es entspräche der im Gesetz angelegten Befristungsdogmatik eher, die einzelfallbezogene (Missbrauchs-) Kontrolle in die Sachgrundprüfung zu integrieren.

Ungeachtet der systematischen Zweifel steht jedenfalls fest, dass das befristungsrechtliche Prognoseerfordernis nach wie vor auf der ersten Prüfungsstufe zu verorten ist, der Missbrauchskontrolle vorgeschaltet. Zwar verfolgen Prognose und Missbrauchskontrolle im Ergebnis den Schutz der gleichen Rechtsgüter, jedoch weisen sie entgegengesetzte Bezugspunkte auf: Die Prognose richtet sich an die zukunftsbezogene Entwicklung des Vertragsverhältnisses und den die Befristung rechtfertigenden Grund. Die Missbrauchskontrolle hingegen trägt der Historie des Arbeitsverhältnisses Rechnung. Sie bildet das vergangenheitsbezogene Prüfungselement. Da bei Befristungsketten einer jeden Rechtsmissbrauchsprüfung Prognoseentscheidungen vorangegangen sind, drängt sich die Frage auf, ob die Missbrauchskontrolle als Ergänzung oder Korrektur des Prognoseprinzips bei Kettenbefristungen qualifiziert werden kann.

b) Bildung von Konnexität der einzelnen Befristungen durch die Missbrauchsprüfung

Sicher ist, dass die Prüfung des institutionellen Rechtsmissbrauchs nicht als Korrektiv des befristungsrechtlichen Prognoseprinzips verstanden werden kann. Die Vertragsbefristung ist nicht erst dann missbräuchlich, wenn auch die letztvertragliche bzw. die vorangegangenen Prognosen unwirksam gewesen sind. Vielmehr kommt es erst zur Prüfung des institutionellen Rechtsmissbrauchs, wenn für die letzte Befristungsabrede ein Sachgrund vorlag, die jüngste Prognose mithin rechtmäßig war.[710] Rechtstatsächlich ist insoweit auch unerheblich, ob im Verlauf der Befristungskette unwirksame Prognosen gestellt wurden. Gegenstand der Befristungskontrolle ist nur die letzte Vertragsbefristung. Die Missbrauchskontrolle ist deshalb gerade kein Rechtsinstrument, welches Fehlprognosen auf materieller Ebene ausgleichen soll. Das mit einer Fehlprognose einhergehende Bestandsschutzinteresse des Arbeitnehmers wird im Befristungsrecht ausschließlich durch die normative Anordnung eines unbefristeten Arbeitsvertrags nach § 16 S. 1 TzBfG befriedigt.

Nähert man sich dem Verhältnis von Missbrauchskontrolle und Prognoseerfordernis mit Blick auf die temporale Schutzrichtung, liegt es nahe, eine Ergänzungsfunktion des institutionellen Rechtsmissbrauchs anzunehmen. Diese ist maßgeblich darauf zurückzuführen, dass nur die letzte Befristungsabrede

710 So wohl auch *Kiel*, NZA-Beil. 2016, 72 (83).

Gegenstand der richterlichen Befristungskontrolle ist: Die Überprüfung der Rechtmäßigkeit der konkreten Prognoseentscheidung beschränkt sich auf den Sachgrund, welcher der letzten Befristung zugrunde liegt. Da nach der Rechtsprechung des BAG keine gesteigerten Anforderungen an die Prognose bei Mehrfachbefristungen zu stellen sind, unterliegt die vertragliche Prognosehistorie keinerlei Wirksamkeitskontrolle. Aufgrund der Tatsache, dass sich eine missbräuchliche Verwendung der Möglichkeit zur Befristung aus sachlichem Grund gerade aus der Vertragshistorie ergibt, ist es notwendig, retrospektiv ausgestaltete Prüfungsmaßstäbe zu implementieren. Wenn sich der Siebte Senat – wohl aus Gründen der praktischen Handhabung und Rechtssicherheit[711] – einer Anreicherung der Prognosegrundlage um die vergangenen Prognoseentscheidungen verwehrt, muss die Historie des Arbeitsverhältnisses an anderer Stelle Berücksichtigung finden. Die Rechtsfigur des institutionellen Rechtsmissbrauchs bildet vor diesem Hintergrund die Ergänzung der auf den letztvertraglichen Sachgrund beschränkten Prognose. In der Konsequenz kompensiert die Missbrauchskontrolle die bei der Sachgrundbefristung nach § 14 Abs. 1 S. 2 TzBfG fehlende Konnexität aufeinanderfolgender Vertragsbefristungen. Deutlich wird dies insbesondere dadurch, dass das BAG für die Bestimmung der Missbrauchsgrenzwerte auf die quantitativen Bestimmungen zur sachgrundlosen Befristung zurückgreift; nur dort hat der Gesetzgeber einen Konnex der einzelnen Vertragsbefristungen angeordnet.

c) Widerspruch zwischen Indizwirkung der dritten Missbrauchsstufe und Prognose

Nach der Konzeption des BAG betreffen Prognose und institutioneller Rechtsmissbrauch voneinander zu trennende Wirksamkeitselemente der Sachgrundbefristung. Während durch das Prognoseerfordernis vermieden werden soll, dass die Befristung zur Deckung eines in Wahrheit dauerhaft bestehenden Beschäftigungsbedarfs zweckentfremdet wird, soll die Kontrolle institutionellen Rechtsmissbrauchs in einer Gesamtschau des Beschäftigungsverhältnisses sicherstellen, dass ein einseitiger Gestaltungsmissbrauch durch den Arbeitgeber unterbleibt.[712] Folgt man dieser Differenzierung, muss der materiell-rechtliche Bezugspunkt der letztlich rein prozessual wirkenden Grenzwerte der Rechtsmissbrauchsprüfung ein anderer sein als derjenige der Prognose. Nach der Rechtsprechung des Siebten Senats wird auf der sog. dritten Stufe ein Gestaltungsmissbrauch

711 Vgl. *Kiel*, NZA-Beil. 2016, 72 (83).
712 Vgl. BAG Urt. v. 26.10.2016 – 7 AZR 135/15, NZA 2017, 382 (386).

vermutet, wenn durch die befristeten Verträge einer der Werte des § 14 Abs. 2 S. 1 TzBfG um mehr als das Fünffache überschritten wird oder beide Werte mehr als das jeweils Vierfache betragen, mithin (1) die Gesamtdauer des Arbeitsverhältnisses zehn Jahre überschreitet oder (2) mehr als 15 Vertragsverlängerungen vereinbart wurden oder (3) wenn mehr als zwölf Vertragsverlängerungen bei einer Gesamtdauer von mehr als acht Jahren vorliegen.[713] Das BAG nimmt in diesem Fall eine Umkehr der Darlegungs- und Beweislast vor mit der Folge, dass der Arbeitgeber Umstände, die gegen einen Missbrauch sprechen, vortragen kann. Das Gericht schweigt allerdings letztlich dazu, welche Tatsachen im Einzelfall gegen einen (indizierten) Gestaltungsmissbrauch sprechen können. Auffällig ist insofern, dass der Siebte Senat in den bislang hierzu ergangenen Entscheidungen maßgeblich auf die Natur des Beschäftigungsbedarfs abstellt: In seiner Grundsatzentscheidung vom 26.10.2016 führt das Gericht aus, dass die unveränderte Beschäftigung des Klägers an derselben Schule „nicht auf einen dauerhaften Beschäftigungsbedarf und damit auf einen Rechtsmissbrauch schließen [lässt]“.[714] Diese Argumentation des BAG ist nur schwer nachvollziehbar, da bereits durch das Prognoseerfordernis ausgeschlossen werden soll, dass der Arbeitnehmer zur Deckung eines dauerhaften Arbeitsbedarfs beschäftigt wird. Wenn die Missbrauchskontrolle als Ergänzung des Prognoseprinzips und zur Herstellung von Konnexität zwischen einzelnen Sachgrundbefristungen fungieren soll, muss ihr auch ein eigenständiger materiell-rechtlicher Wirksamkeitsmaßstab zukommen. Da das Gericht – zumindest in seiner Grundsatzentscheidung – auf das Ausbleiben eines dauerhaften Vertretungsbedarfs abstellt, bestätigt sich insoweit auch die zuvor genannte Kritik von *Schwarze*, dem zufolge der materiell-rechtliche Anknüpfungspunkt der indiziell wirkenden Missbrauchsgrenzen unklar sei.[715]

Abseits der Suche nach einem objektiven Dauerbeschäftigungsbedarf kommen auf der dritten Stufe auch andere Gründe, die gegen einen indizierten Missbrauch sprechen, in Betracht. Das BAG beschränkt sich insoweit auf die Feststellung, dass der Arbeitgeber die Möglichkeit habe, „die Annahme des indizierten Gestaltungsmissbrauchs durch den Vortrag besonderer Umstände zu entkräften“.[716] Welche Umstände jedoch materiell-rechtlich gegen einen institutionellen Rechtsmissbrauch sprechen, lässt der Siebte Senat offen. *Kiel* zufolge

713 BAG Urt. v. 26.10.2016 – 7 AZR 135/15, NZA 2017, 382 (387).
714 BAG Urt. v. 26.10.2016 – 7 AZR 135/15, NZA 2017, 382 (387).
715 *Schwarze*, RdA 2017, 302 (304).
716 BAG Urt. v. 26.10.2016 – 7 AZR 135/15, NZA 2017, 382 (387).

sprechen etwa längere zeitliche Unterbrechungen zwischen einzelnen Arbeitsverhältnissen gegen einen Gestaltungsmissbrauch. Gleiches gelte für den Fall, dass der Sachgrund der jeweiligen Befristungsabrede historisch betrachtet (stets) mit der Befristungsdauer in Einklang stand.[717] Ersteres mag zwar gegen eine missbräuchliche Verwendung der Möglichkeit zur Vertragsbefristung sprechen, allerdings werden die Vertragsparteien bei längeren Unterbrechungen die Grenzwerte der dritten Prüfungsstufe auch regelmäßig nicht überschreiten. Der Anwendungsbereich dieser Konstellation dürfte deshalb äußerst gering sein. Wenn darüber hinaus der Umstand, dass die in der Vergangenheit zugrunde gelegten Sachgründe stets im Einklang zur gewählten Befristungsdauer standen Berücksichtigung bei der Missbrauchsprüfung finden soll, ist auch dies zweifelhaft: Ob der sachliche Grund exakt bis zum Ende der Vertragsdauer oder darüber hinaus fortbestand, ist letztlich eine im Wege der *ex-post* Betrachtung vorgenommene Kontrolle der Prognose des Arbeitgebers. Mit anderen Worten: Je mehr Prognoseentscheidungen sich retrospektiv als unzutreffend herausstellen, desto eher ist ein Gestaltungsmissbrauch im Rahmen der letzten Vertragsbefristung anzunehmen. Die Argumentation überzeugt, allerdings lassen sich keine wesentlichen Unterschiede zu einer Anhebung der Wirksamkeitsanforderungen der Prognose bei zunehmender Anzahl an Befristungen feststellen. Vielmehr wäre es genauso möglich, die Wirksamkeitsanforderungen an die letztvertragliche Prognose unter Berücksichtigung von vorangegangenen *ex-post* Fehlprognosen zu erhöhen. Auch hier ließe sich eine Abstufung der Darlegungs- und Beweislast implementieren: Der Arbeitgeber trägt bei Befristungsketten in einem ersten Schritt zur Tatsachgrundlage seiner Prognose vor, woraufhin der Arbeitnehmer – ggf. unter Berücksichtigung von *ex-post* festgestellten vorherigen Fehlprognosen bzw. Inkongruenzen zwischen Sachgrund und Befristungsdauer – die Möglichkeit zur Entkräftigung der Prognoseentscheidung hat. In einem dritten Schritt könnte der Arbeitgeber wiederum die vom Arbeitnehmer vorgetragenen Umstände widerlegen.

Daraus ergibt sich: Die mitunter geäußerten Zweifel an einer rechtssicheren Handhabung gesteigerter Prognoseanforderungen[718] verfangen nur teilweise, da auch die indiziell wirkenden Grenzen der Missbrauchsprüfung einzelfallbezogene Rechtsunsicherheiten nicht auszuräumen vermögen. Eine abschließende Bezeichnung aller berücksichtigungsfähigen Faktoren kann auch die Kontrolle anhand der Rechtsfigur des institutionellen Rechtsmissbrauchs nicht leisten. Die

717 *Kiel*, NZA-Beil. 2016, 72 (83).
718 *Kiel*, NZA-Beil. 2016, 72 (83).

vom BAG beabsichtigte Herstellung von Konnexität zwischen den einzelnen Vertragsbefristungen kann auch im Rahmen der Anforderungen an die Prognose realisiert werden. Eine nach dem zuvor genannten Modell der abgestuften Darlegungs- und Beweislast ausgestaltete Prognoseüberprüfung steht auch nicht im Widerspruch zur Rechtsprechung, der zufolge allein die letzte Befristungsabrede Gegenstand der richterlichen Kontrolle ist. Durch eine *ex-post* Betrachtung der Prognosekette würde gerade nicht das rechtliche Schicksal vergangener Prognosen – und damit Sachgrundbefristungen – nachträglich geändert, sondern lediglich die Anforderungen an die letzte Prognose um eine Gesamtwürdigung des bisherigen Gesamtbeschäftigungsverhältnisses erweitert werden. Die für die Prüfung von Mehrfachbefristungen notwendige Herstellung eines materiell-rechtlichen inneren Zusammenhangs der einzelnen Befristungen ließe sich demzufolge gleichermaßen auf der Ebene der Prognose erreichen. Verglichen mit der rein prozessualen, mehrstufigen Missbrauchskontrolle hätte dies auch zum Vorteil, dass der materiell-rechtliche Anknüpfungspunkt der Beweislastverteilung eindeutig bestimmbar wäre.[719] Freilich lässt sich damit nur der dogmatische Widerspruch zwischen der dritten Stufe der Missbrauchsprüfung und der Prognose beheben. Ein Mehr an Rechtssicherheit kann jedoch letztlich nur durch eine Festsetzung starrer Höchstwerte für die Sachgrundbefristung realisiert werden. Da die Rechtsprechung dies auf keinem der rechtstechnisch möglichen Wege leisten kann, obliegt die Behebung des dem § 14 Abs. 1 S. 2 TzBfG systemimmanenten Mangel an Konnexität letztlich allein der Gesetzgebung.

9. Ergebnis zum Prognoseprinzip bei Kettenbefristungen

Zur Vermeidung von gestaltungsmissbräuchlichen Sachgrundbefristungen hat das BAG eine eigenständige, der Sachgrundprüfung nachgelagerte Missbrauchskontrolle in das System des § 14 Abs. 1 S. 2 TzBfG implementiert. Ob die letztvertragliche Befristungsabrede rechtsmissbräuchlich ist, wird von der Rechtsprechung erst dann überprüft, wenn die sonstigen Wirksamkeitsvoraussetzungen des Sachgrundes gegeben sind. Für die auf der ersten Stufe notwendige Prognose gehen hiermit – jedenfalls nach Auffassung des Siebten Senats – keine Besonderheiten einher. Das Gericht sieht bei Mehrfachbefristungen keine

719 Dies verkennt auch *Rudnik*, Die Gesetzesumgehung in der Rechtsprechung des Bundesarbeitsgerichts, 2019, S. 285, wonach eine zweistufige Sachgrundprüfung in Anlehnung an die Grundsätze zur außerordentlichen Kündigung nach § 626 Abs. 1 BGB vorzugswürdig sei, da auch dieser Lösungsansatz kein Mehr an Rechtssicherheit im Vergleich zu den indiziell wirkenden Grenzwerten der Rechtsprechung bietet.

Notwendigkeit für eine Modifikation der an die Prognose zu stellenden Anforderungen. Für die Herbeiführung einer materiell-rechtlichen Konnexität der einzelnen Vertragsbefristungen bedient sich die Rechtsprechung allein der Rechtsfigur des institutionellen Rechtsmissbrauchs nach § 242 BGB. Das Ergebnis hiervon ist eine prozessual wirkende, dreistufige Missbrauchsprüfung – sog. „Befristungsampel". Durch die Schaffung von indiziell wirkenden Höchstwerten soll der arbeitsrechtlichen Praxis eine rechtssichere Handhabe von Mehrfachbefristungen ermöglicht werden. Gleichwohl ist stets eine Würdigung aller Umstände des Einzelfalls notwendig, sodass auch in Beschäftigungsverhältnissen, die die Grenzwerte der dritten Stufe der Missbrauchsprüfung überschreiten, eine wirksame Sachgrundbefristung vorliegen kann.

Wenn das BAG jedoch hinsichtlich der zu berücksichtigenden Umstände letztlich allein auf das Ausbleiben eines dauerhaften Beschäftigungsbedarfs abstellt, werden die Grenzen zur Wirksamkeitsprüfung der Prognoseentscheidung fließend. Ob der Arbeitnehmer zur Deckung eines nur vorübergehenden Arbeitskräftebedarfs eingestellt wird, stellt gerade den Bezugspunkt der Prognose dar. Zwar nimmt die Rechtsprechung im Rahmen der Missbrauchskontrolle eine retrospektive Betrachtung des Gesamtbeschäftigungsverhältnisses vor. Dies kann jedoch gleichermaßen durch eine Anpassung der an die letztvertragliche Prognose zu stellenden Anforderungen erreicht werden. Die Systematik des § 14 Abs. 1 S. 2 TzBfG ermöglicht es, die von der Rechtsprechung beabsichtigte Konnexität einzelner Befristungsabreden in die Prognosegrundlage einfließen zu lassen. Eine Abstufung der Darlegungs- und Beweislast unter Berücksichtigung der Historie des gesamten Beschäftigungsverhältnisses wäre richterrechtlich möglich und dogmatisch stringent. Wann Befristungsketten – je nach Anzahl der Befristungsabreden und der Gesamtdauer des Arbeitsverhältnisses – gestaltungsmissbräuchlich sind, kann mangels normativer Höchstgrenzen nicht mit letzter Sicherheit beantwortet werden. Umso mehr ist es zu begrüßen, dass sich die Regierungsparteien CDU, CSU und SPD der Problematik angenommen haben und in ihrem Koalitionsvertrag nunmehr eine Beschränkung der Sachgrundbefristung auf eine maximale Gesamtbeschäftigungsdauer von fünf Jahren vorsehen.[720] Im Vergleich zur dritten Stufe der Missbrauchsprüfung bedeutet dies eine deutliche Einschränkung der durch die Sachgrundbefristung ermöglichten Beschäftigungsflexibilisierung. Andererseits werden die derzeit

720 Koalitionsvertrag zwischen CDU, CSU und SPD vom 7.2.2018, S. 52, abrufbar unter https://www.cdu.de/system/tdf/media/dokumente/koalitionsvertrag_2018.pdf?file=1

bestehenden Rechtsunsicherheiten sowie die damit verbundenen Transaktions- und Prozessrisiken beseitigt.

V. Ergebnis zur Prognoseentscheidung im Befristungsrecht

§ 14 Abs. 1 TzBfG ist als Einschränkung der in § 620 Abs. 1 BGB zum Ausdruck kommenden Vertragsabschlussfreiheit zu verstehen, legitimiert durch die Notwendigkeit einer dem Vertragsschluss vorstehenden Vertragsparität. Das befristungsrechtliche Prognoseprinzip bildet ein wesentliches Instrumentarium zur Herbeiführung dieser Parität: Das Flexibilisierungsinteresse des Arbeitgebers findet seine Grenzen dort, wo das Erwerbssicherungsinteresse des Arbeitnehmers beginnt. Durch das Prognoseerfordernis werden diese widerstreitenden Parteibegehren dahingehend austariert, dass der Bedarf an der Arbeitsleistung des Arbeitnehmers vorübergehender Natur sein muss. Das befristungsrechtliche Prognoseprinzip verfestigt insoweit auch das beschäftigungspolitische Leitbild des unbefristeten Arbeitsverhältnisses.

In Anbetracht der strukturellen Eigenarten von Zeitbefristung, Zweckbefristung sowie der auflösenden Bedingung sind an die Wirksamkeit der Prognose unterschiedliche Anforderungen zu stellen. Gleiches gilt für die in § 14 Abs. 1 S. 2 Nr. 1 – 8 TzBfG genannten sachlichen Gründe. Sie erfordern Modifikationen der Prognosegrundlage und des Prognosebezugspunkts. Bei einigen Sachgründen entfällt mangels Zukunftsbezogenheit die Notwendigkeit einer Prognose bereits von vornherein. Trotzdem bestehen sachgrundübergreifende, allgemeingültige Prognosemaßstäbe: Die Wirksamkeit der Prognoseentscheidung richtet sich stets nach den zum Zeitpunkt des Vertragsschlusses bestehenden Gegebenheiten. Nachträglich eintretende Umstände sind für die rechtliche Beurteilung unerheblich, ebenso wenig bestehen für den Arbeitgeber Nachforschungs- bzw. Informationsbeschaffungspflichten. Für sämtliche Befristungsgründe gilt auch gleichermaßen, dass die Dauer der Befristung keiner eigenständigen Rechtfertigung bedarf. Dies ist einerseits auf die Vertragsfreiheit des Arbeitgebers zurückzuführen, andererseits ist eine exakte Prognostizierung des konkreten Zeitpunkts, zu dem der die nur vorübergehende Beschäftigung legitimierende Grund wegfällt, regelmäßig nicht möglich. Die Rechtsprechung trägt insofern den Informationsdefiziten des Arbeitgebers sowie der – von einzelnen Ausnahmen wie etwa der Projektbefristung und Abordnungsvertretung abgesehen – mangelnden Plan- und Steuerbarkeit des prognostizierten Umstands Rechnung. Wenig Beachtung erhält bislang die Prognosewahrscheinlichkeit. In Anlehnung an die Rechtsprechung zur Befristung nach § 14 Abs. 1 S. 2 Nr. 1 TzBfG muss sachübergreifend gelten, dass der prognostizierte Umstand mit „hinreichender

Sicherheit“ eintreten wird. Ein anderer Wahrscheinlichkeitsgrad ist nur dann geboten, wenn dem Arbeitgeber ein erhöhtes Maß an Steuer- und Planbarkeit des Prognosebezugspunkts zuzusprechen ist.

Im Rahmen der Würdigung von Mehrfachbefristungen bedient sich das BAG der Rechtsfigur des institutionellen Rechtsmissbrauchs nach § 242 BGB. Die Schaffung einer der eigentlichen Sachgrundprüfung nachgelagerten Missbrauchskontrolle ist jedoch dogmatisch zweifelhaft und nicht zwingend notwendig. Das Kernanliegen des Siebten Senats ist die Schaffung materiell-rechtlicher Konnexität entlang der Befristungskette. Die indiziell wirkenden Höchstwerte der Rechtsprechung sind jedoch rein prozessualer Natur und geben keinen Aufschluss über die befristungsrechtlichen Wirksamkeitsmaßstäbe. Die beabsichtigte Konnexität einzelner Befristungsabreden sollte deshalb vielmehr bei der letztvertraglichen Prognosegrundlage verortet werden. Eine Abstufung der Darlegungs- und Beweislast unter Berücksichtigung der Historie des gesamten Beschäftigungsverhältnisses kann gleichermaßen für die Prognosekontrolle eingeführt werden, sodass es keiner systemfremden, nachgeschalteten Kontrolle eines Gestaltungsmissbrauchs bedarf. Fest steht, dass die im Koalitionsvertrag für die 19. Legislaturperiode beabsichtigte Normierung einer absoluten Höchstgrenze von fünf Jahren Gesamtbeschäftigungsdauer – sollte sie tatsächlich eingeführt werden – die insoweit bestehende Rechtsunsicherheit größtenteils beheben wird.

E. Prognostizierung der wirtschaftlichen Lage des Unternehmens im Recht der betrieblichen Altersversorgung – § 16 Abs. 1 BetrAVG

Neben der Negativprognose im Kündigungsrecht und dem befristungsrechtlichen Prognoseprinzip im Rahmen der Sachgrundbefristung besteht auch im Recht der betrieblichen Altersversorgung die Notwendigkeit einer Prognoseerstellung. Die Anpassungsprüfungspflicht des Arbeitgebers nach § 16 Abs. 1 BetrAVG verpflichtet diesen, grundsätzlich alle drei Jahre eine Anpassung der laufenden Versorgungsleistungen zu prüfen und ggf. vorzunehmen. § 16 Abs. 1 Hs. 2 BetrAVG statuiert ausdrücklich, dass hierbei insbesondere die Belange des Versorgungsempfängers sowie die wirtschaftliche Lage des Arbeitgebers zu berücksichtigen sind. Im Gegensatz zur retrospektiven Betrachtung der Arbeitnehmerbelange unterliegt die Beurteilung der wirtschaftlichen Konstitution des Arbeitgebers einer zukunftsbezogenen Analyse: Nach der ständigen Rechtsprechung des BAG umschreibt der Begriff der wirtschaftlichen Lage „die künftige Belastbarkeit des Arbeitgebers". Sie ist deshalb im Wege der Prognose zu ermitteln.[721]

Neben den für die Prognose maßgeblichen Tatsachengrundlagen und dem Prognosezeitpunkt soll im Folgenden der (richterlichen) Kontrolldichte ein besonderes Augenmerk gewidmet werden. Die betriebsrentenrechtliche Prognose ist insoweit ein Unikat, da sich der Gesetzgeber für eine ausdrückliche Normierung des Prüfungsmaßstabs, nämlich billiges Ermessen i.S.v. § 315 Abs. 1 BGB, entschieden hat. Darüber hinaus werden in einem weiteren Schritt die Vermutungsregelung des § 16 Abs. 2 BetrAVG sowie die Abdingbarkeit der

---

721 BAG Urt. v. 21.2.2017 – 3 AZR 455/15, AP Nr. 120 zu § 16 BetrAVG; Urt. v. 7.6.2016 – 3 AZR 193/15, DB 2016, 2062; Urt. v. 8.12.2015 – 3 AZR 348/14, DB 2016, 1021; Urt. v. 15.4.2014 – 3 AZR 51/12, NZA-RR 2015, 147; Urt. v. 25.4.2006 – 3 AZR 50/05, NZA-RR 2007, 310; Urt. v. 23.5.2000 – 3 AZR 83/99, NZA 2002, 554; *Beck*, ArbRAktuell 2015, 94 (95); *Beck*, ArbRAktuell 2014, 580 (581); *Cisch/Kruip*, NZA 2010, 540 (541); *Hinrichs/Menzel*, NZA 2014, 350 (352); KKBHB/*Huber*, BetrAVG, 8. Auflage 2018, § 16 Rn. 70; *Rolfs/Heikel*, NZA 2014, 1161 (1161); *Schlewing*, RdA 2010, 364 (365); *Simon/Rein*, NZA 2013, 169 (172); *Vogt*, NZA 2013, 1250 (1250).

Anpassungsprüfungspflicht entsprechend § 16 Abs. 3 BetrAVG auf ihre prognoserechtliche Dimension beleuchtet.

I. Die Anpassungsprüfungspflicht des Versorgungsschuldners nach § 16 BetrAVG

1. Normzweck: Ausgleich inflationsbedingter Abwertung der Betriebsrenten

Die in § 16 Abs. 1 BetrAVG statuierte Pflicht des Arbeitgebers zur Prüfung und ggf. Anpassung der Höhe laufender Versorgungsleistungen zielt darauf ab, einer inflationsbedingten, d.h. auf einen Anstieg der Verbraucherpreise zurückzuführenden, Entwertung der Betriebsrenten entgegenzuwirken.[722] Der Gesetzgeber hat sich zum Zwecke der Werterhaltung bewusst für eine Einschränkung des in der deutschen Wirtschaftsordnung prinzipiell geltenden Nominalwertprinzips entschieden.[723] Danach ist eine Währungseinheit grundsätzlich abstrakt und unabhängig von etwaigen Auf- bzw. Abwertungen der Kaufkraft geschuldet.[724] Die Ursache für diese Einschränkung ist in dem zeitlichen Auseinanderfallen von Arbeitnehmer- und Arbeitgeberleistung zu sehen. Da die Versorgungsempfänger zum Zeitpunkt des Erhalts ihrer laufenden Leistungen keine dem Kaufkraftverlust entgegenwirkende Arbeitskraft mehr einsetzen können, sind sie dem Risiko eines Werteverfalls einseitig ausgesetzt. Dieses Risiko soll durch die Anpassungsprüfungspflicht gemildert werden.[725] Die partielle Risikoabwälzung auf den Arbeitgeber findet ihre Rechtfertigung vor allem in dem Umstand, dass dieser weiterhin am Markt tätig ist und durch eigene Wertschöpfung inflationsbedingtem Wertverlust gegensteuern kann. Der Versorgungsempfänger hat im Gegensatz dazu nichts mehr einzusetzen, um seine erwirtschaftete Leistung der Altersversorgung vor einem Kaufkraftverfall zu bewahren.[726] Zwar ist es grundsätzlich der Autonomie der Vertragsparteien überlassen, Bestimmungen zum Ausgleich von Äquivalenzverschiebungen zu treffen.[727] Da die

722 Vgl. *Blomeyer*, RdA 2000, 279 (285); Blomeyer/Rolfs/Otto/*Rolfs*, BetrAVG, 7. Auflage 2018, § 16 Rn. 11; ErfK/*Steinmeyer*, BetrAVG, 19. Auflage 2019, § 16 Rn. 2; *Langohr-Plato*, BB 2002, 406 (407).

723 *Schlewing*, RdA 2010, 364 (365); zum Nominalwertprinzip unter dem Gesichtspunkt von Treu und Glauben *Stumpf*, Die wirtschaftliche Lage des Arbeitgebers, 1985, S. 12 f.

724 *Blomeyer*, RdA 2000, 279 (285); KKBHB/*Huber*, BetrAVG, 8. Auflage 2018, § 16 Rn. 2.

725 KKBHB/*Huber*, BetrAVG, 8. Auflage 2018, § 16 Rn. 2.

726 *Rößler*, NZA-RR 2007, 1 (1).

727 ErfK/*Steinmeyer*, BetrAVG, 19. Auflage 2019, § 16 Rn. 3.

Versorgungsleistungen vom Arbeitgeber noch zu erbringen sind, der Versorgungsempfänger hingegen seine Arbeitsleistung nicht mehr zurückziehen kann, ergibt sich bei Wertminderungen von Betriebsrenten ein strukturelles Ungleichgewicht der Verhandlungsmächte. Genau dieses rechtfertigt die normative Anordnung einer regelmäßigen Prüfung bzw. Anpassung des Betriebsrentenniveaus.

Die dogmatische Verortung der Norm bereitet mitunter Schwierigkeiten. Das BAG versteht die Anpassungsprüfungspflicht als Konkretisierung des Grundsatzes von Treu und Glauben, § 242 BGB.[728] Teilweise wird auch eine systematische Nähe zu den Bestimmungen über den Wegfall der Geschäftsgrundlage nach § 313 BGB angenommen.[729] Dies überzeugt jedoch aus mehreren Gesichtspunkten nicht: Anders als bei der Störung der Geschäftsgrundlage räumt § 16 Abs. 1 BetrAVG keiner Vertragspartei einen zur Disposition stehenden Anspruch ein. Auch bedarf es für die Kontrolle und Änderung des Betriebsrentenniveaus keiner situativen Erreichung eines Schwellenwerts im Sinne einer „Opfergrenze".[730] Die Prüfungspflicht besteht vielmehr losgelöst von einzelfallbezogenen Schwankungen der Kaufkraft. Zutreffend ist, dass die Norm wesentliche Elemente des Grundsatzes von Treu und Glauben aufweist. Sie als Ausfluss von § 242 BGB zu verstehen überzeugt auch vor dem Hintergrund der zuvor erwähnten Risikoumverteilung. Da Betriebsrenten nicht nur als Gegenleistung für erbrachte Arbeitsleistung, sondern auch zum Zwecke der Honorierung von Betriebstreue gewährt werden, kommt dem Vertrauensschutz des Versorgungsempfängers ein besonderer Stellenwert zu.[731] § 16 Abs. 1 BetrAVG schützt letztlich das Vertrauen des Versorgungsempfängers in die Aufrechterhaltung des Betriebsrentenniveaus. Die Anknüpfung an die Wertungen des § 242 BGB ist deshalb zutreffend.

2. Verpflichteter und Gegenstand der Anpassungsprüfungsverpflichtung

§ 16 Abs. 1 BetrAVG verpflichtet ausdrücklich den Arbeitgeber zur Vornahme der Prüfung und Anpassung laufender Leistungen. Die Formulierung ist missverständlich, da der Versorgungsempfänger regelmäßig nicht mehr in einem

728 BAG Urt. v. 24.3.1998 – 3 AZR 778/96, NZA 1998, 1059 (1060); zum Anwendungsausschluss des § 242 BGB ausführlich BAG Urt. v. 15.9.2015 – 3 AZR 839/13, NZA 2016, 235 (239).

729 Kritisch bis ablehnend diesbezüglich *Blomeyer*, RdA 2000, 279 (285).

730 Zutreffend *Blomeyer*, RdA 2000, 279 (285).

731 So auch BAG Urt. v. 15.5.2012 – 3 AZR 11/10, NZA-RR 2012, 433 (433).

Beschäftigungsverhältnis steht, mithin auch nicht mehr Arbeitnehmer ist.[732] In der Folge muss der Begriff dahingehend verstanden werden, dass der ursprüngliche Arbeitgeber des Rentenberechtigten gemeint ist. Die Verpflichtung trifft deshalb grundsätzlichen denjenigen, der als Partei des Arbeitsverhältnisses die Versorgungszusage erteilt oder die Versorgungsverpflichtung des (ursprünglichen) Arbeitgebers vollständig übernommen hat.[733] Unerheblich ist insoweit, ob der Verpflichtete zum Zeitpunkt der Anpassungsprüfung noch Inhaber des Unternehmens ist, da derjenige Arbeitgeber, der seinen Betrieb stilllegt oder veräußert, nach der Judikatur des BAG gegenüber dem Versorgungsempfänger mit seinem persönlichen Vermögen haftet.[734] Auch bei einer Konzerneinbindung verbleiben die in § 16 Abs. 1 BetrAVG statuierten Pflichten ausschließlich bei demjenigen, der die Versorgungszusage erteilt hat; der Konzern als solcher ist nicht „Arbeitgeber" i.S. der Norm.[735] Entsprechendes gilt bei einer mittelbaren Durchführung der betrieblichen Altersversorgung. Externe Versorgungsträger werden nicht verpflichtet, vielmehr verbleibt die Pflicht beim zusagenden Arbeitgeber. Besonderheiten gelten bei Rechtsnachfolgen wie etwa dem Betriebsübergang nach § 613a BGB oder einer Umwandlung.[736] Sofern hiermit für die Prognoseentscheidung bzw. die Ermittlung der wirtschaftlichen Lage gesonderte Anforderungen einhergehen, werden diese an entsprechender Stelle behandelt.

Gegenstand der Anpassungsprüfungspflicht sind ausweislich des Wortlauts laufende Leistungen der betrieblichen Altersversorgung. Umfasst werden mithin

---

732 Blomeyer/Rolfs/Otto/*Rolfs*, BetrAVG, 7. Auflage 2018, § 16 Rn. 47; KKBHB/*Huber*, BetrAVG, 8. Auflage 2018, § 16 Rn. 10.

733 BAG Urt. v. 21.2.2017 – 3 AZR 455/15, AP Nr. 120 zu § 16 BetrAVG, Rn. 34; Urt. v. 13.12.2016 – 3 AZR 342/15, NZA 2017, 1263 (1269); Urt. v. 15.9.2015 – 3 AZR 839/13, NZA 2016, 235 (238 f.); Urt. v. 14.7.2015 – 3 AZR 252/14, NZA-RR 2015, 539 (539); Urt. v. 10.3.2015 – 3 AZR 739/13, NZG 2015, 838 (840); Blomeyer/Rolfs/Otto/*Rolfs*, BetrAVG, 7. Auflage 2018, § 16 Rn. 47; ErfK/*Steinmeyer*, BetrAVG, 19. Auflage 2019, § 16 Rn. 9; KKBHB/*Huber*, BetrAVG, 8. Auflage 2018, § 16 Rn. 10.

734 BAG Urt. v. 9.11.1999 – 3 AZR 420/98, NZA 2000, 1057 (1058 f.); Urt. v. 23.10.1996 – 3 AZR 514/95, NZA 1997, 1111 (1111).

735 BAG Urt. v. 8.12.2015 – 3 AZR 348/14, Rn. 19, *juris*; Urt. v. 2.9.2014 – 3 AZR 952/12, AP Nr. 120 zu § 16 BetrAVG, Rn. 22; Urt. v. 10.2.2009 – 3 AZR 727/07, NZA 2010, 95 (97); ErfK/*Steinmeyer*, BetrAVG, 19. Auflage 2019, § 16 Rn. 31; KKBHB/*Huber*, BetrAVG, 8. Auflage 2018, § 16 Rn. 11; *Schlewing*, RdA 2010, 364 (365).

736 Grundlegend zur Anpassungsprüfung bei Betriebsübergangen BAG Urt. v. 28.7.2005 – 3 AZR 463/04, NJOZ 2006, 3104; weiterführend Urt. v. 17.6.2014 – 3 AZR 298/13, NJOZ 2016, 1653; zu den Pflichten bei einer Umwandlung BAG Urt. v. 11.3.2008 – 3 AZR 358/06, NZA 2009, 790.

regelmäßig wiederkehrende Leistungen, losgelöst davon, ob sie zeitlich unbegrenzt oder nur temporär gewährt werden.[737] Im Umkehrschluss sind einmalige Kapitalzahlungen – zu denen auch nach einem Auszahlungsplan ratierlich geleistete Kapitalteilbeträge zählen[738] – vom Anwendungsbereich der Vorschrift ausgenommen. Die zugrundeliegende *ratio* hierfür ist erneut in der Verteilung des Kaufkraft- bzw. Inflationsrisikos zu erblicken: Wird an den Versorgungsempfänger geleistet, hat es dieser selbst in der Hand, den Vermögenszufluss vor einer Entwertung zu schützen.[739] Ebenso wenig bezieht sich die Bestimmung auf die Dynamisierung von Versorgungsanwartschaften, da diese von vornherein keine laufenden Leistungen darstellen.[740] Anwartschaften verbürgen bedingte Ansprüche, deren Bedingung noch nicht eingetreten ist. Sie sind mithin keine tatsächlichen Zahlungen, was § 16 Abs. 1 BetrAVG jedoch voraussetzt.[741] Die Dynamisierung von Betriebsrentenanwartschaften ausgeschiedener Arbeitnehmer wird nunmehr in § 2a Abs. 2 BetrAVG eigenständig geregelt. Danach dürfen ausgeschiedene Arbeitnehmer mit Blick auf den Wert ihrer unverfallbaren Anwartschaften nicht schlechter gestellt werden als vergleichbare, nicht ausgeschiedene Arbeitnehmer. Der Gesetzgeber hat damit der sich aus der EU-Mobilitätsrichtlinie[742] ergebenden Verpflichtung zur Dynamisierung unverfallbarer, bislang statisch gebliebener Anwartschaften angenommen.

Sach- und Nutzungsleistungen unterliegen der Anpassungsprüfungspflicht nur in eingeschränktem Umfang, nämlich dann, wenn diese in Kapital- bzw. Geldzahlungen umgewandelt werden.[743] Letztere unterliegen dem allgemeinen Entwertungsrisiko und sind deshalb von § 16 Abs. 1 BetrAVG umfasst.[744] Das Risiko von Wertminderungen etwaiger Naturalleistungen ist hingegen vom Versorgungsempfänger zu tragen.[745] Für die Anwendbarkeit der

737 KKBHB/*Huber*, BetrAVG, 8. Auflage 2018, § 16 Rn. 5.

738 Vgl. *Rößler*, NZA-RR 2007, 1 (4).

739 So auch Blomeyer/Rolfs/Otto/*Rolfs*, BetrAVG, 7. Auflage 2018, § 16 Rn. 41; KKBHB/*Huber*, BetrAVG, 8. Auflage 2018, § 16 Rn. 8 mit Verweis auf § 2a BetrAVG

740 KKBHB/*Huber*, BetrAVG, 8. Auflage 2018, § 16 Rn. 8.

741 Vgl. Blomeyer/Rolfs/Otto/*Rolfs*, BetrAVG, 7. Auflage 2018, § 16 Rn. 43.

742 Richtlinie 2014/50/EU des Europäischen Parlaments und des Rats v. 16.4.2014, ABl. Nr. L 128/1.

743 BAG Urt. v. 11.8.1981 – 3 AZR 395/80, NJW 1982, 957 (957); Blomeyer/Rolfs/Otto/*Rolfs*, BetrAVG, 7. Auflage 2018, § 16 Rn. 36; KKBHB/*Huber*, BetrAVG, 8. Auflage 2018, § 16 Rn. 3 f.; *Schaub*, NJW 1978, 2076 (2077).

744 Blomeyer/Rolfs/Otto/*Rolfs*, BetrAVG, 7. Auflage 2018, § 16 Rn. 36.

745 *Schaub*, NJW 1978, 2076 (2077).

Anpassungsprüfungsverpflichtung ist es – sofern laufende Leistungen nach den genannten Maßstäben vorliegen – unerheblich, ob die Versorgungsleistungen unmittelbar vom Arbeitgeber oder mittelbar durch Hinzuziehung eines Dritten erbracht werden. Die Verpflichtung besteht unabhängig vom konkreten Durchführungsweg.[746]

3. Zukunftsbezogenheit der wirtschaftlichen Belange des Arbeitgebers/Einordnung als Prognose

Das zwischen Nominalwert und dem tatsächlichen Marktwert der laufenden Versorgungsleistungen bestehende Delta muss ausweislich des § 16 Abs. 1 BetrAVG nur so weit ausgeglichen werden, wie es die wirtschaftliche Lage des Arbeitgebers zulässt. Der Wortlaut der Norm erlaubt für sich genommen zunächst keinen Rückschluss auf ein zukunftsbezogenes Element der wirtschaftlichen Belange. Ein solches ergibt sich jedoch bei Betrachtung der rechtstatsächlichen Folgen von Betriebsrentenanpassungen: Die (wirtschaftlichen) Auswirkungen eines Teuerungsausgleichs treten grundsätzlich nach erfolgter Anpassung am Stichtag ein. Erst im Folgezeitraum führt die Erhöhung zu einem Geldabfluss im Unternehmen.[747] Die Zukunftsbezogenheit des Merkmals richtet sich insofern auch auf die zwischen Teuerungsausgleich und künftigem unternehmerischen Wertzuwachs bestehenden Interdependenzen. Die wirtschaftliche Substanz des Unternehmens muss zumindest erhalten bleiben[748], da ansonsten Kapitalabwanderung und der Verlust von Arbeitsplätzen drohen. Beides führt langfristig wiederum zu einer Gefährdung der Betriebsrenten. Auch das BAG hat diesbezüglich bereits früh festgestellt, dass die Kosten einer Anpassung aus den Erträgen eines Unternehmens und dessen Wertzuwachs finanzierbar sein müssen.[749] Letzteres ist zwangsläufig eine mit der künftigen wirtschaftlichen Entwicklung des Unternehmens zusammenhängenden Größe, die zum Zeitpunkt der Anpassungsentscheidung mit Unsicherheiten verbunden ist.

746 KKBHB/*Huber*, BetrAVG, 8. Auflage 2018, § 16 Rn. 9.

747 KKBHB/*Huber*, BetrAVG, 8. Auflage 2018, § 16 Rn. 70; zur zeitlich vorgelagerten Belastung durch die Erteilung einer Versorgungszusage als solche *Neef*, NZA 2003, 993 (994).

748 BAG Urt. v. 14.2.1989 – 3 AZR 191/87, NZA 1989, 844 (845); Urt. v. 23.4.1985 – 3 AZR 156/83, NZA 1985, 496 (497); bestätigend KKBHB/*Huber*, BetrAVG, 8. Auflage 2018, § 16 Rn. 72, *Langohr-Plato*, BB 2002, 406 (410).

749 BAG Urt. v. 23.4.1985 – 3 AZR 156/83, NZA 1985, 496 (497); *Simon/Rein*, NZA 2013, 169 (170); *Schlewing*, RdA 2010, 364 (365).

Die mit der Ermittlung der wirtschaftlichen Lage des Versorgungsschuldners einhergehende Notwendigkeit einer Prognoseerstellung wurde in der Rechtsprechung zunächst nicht ausdrücklich formuliert. In einer Grundsatzentscheidung zur Konkretisierung des Begriffs der „wirtschaftlichen Belange“ aus dem Jahr 1985 stellte der Dritte Senat sodann erstmals explizit fest, dass § 16 BetrAVG „eine Prognose [verlange], wie sie der Betriebswirtschaftslehre nicht fremd ist und auch in anderen Zusammenhängen [...] gefordert wird.“[750] Nach nunmehr ständiger Rechtsprechung umschreibt die Begrifflichkeit „die künftige Belastbarkeit des Arbeitgebers und setzt eine Prognose voraus“.[751] Entscheidend ist für das Ergebnis der Anpassungsentscheidung, ob unter Berücksichtigung aller relevanten Kriterien davon ausgegangen werden kann, dass das Unternehmen die wirtschaftliche Konstitution und Kaufkraft für die Realisierung der Anpassungsbelastung aufweist.[752] Ungeachtet der konkreten, nachfolgend noch zu erläuternden Bemessungsmaßstäben für diese Entscheidung wird deutlich, dass es sich um eine künftige Mehrbelastung des Versorgungsschuldners handelt. Ob dieser die Mehrbelastung ohne substantielle Gefährdung des Unternehmens tragen kann, hängt im Wesentlichen von der zukünftigen Ertrags- und Subtanzlage ab. Der Teuerungsausgleich muss nicht aus der vorhandenen Substanz des Unternehmens finanziert werden.[753] Die künftige Ertrags- und Kapitallage ist wiederum mit unvermeidbaren Unsicherheiten behaftet. Daraus ergeben sich die zwei Kernelemente einer jeden Prognose, nämlich die Zukunftsbezogenheit der Entscheidung sowie die Unsicherheit hinsichtlich des Eintritts der zugrunde gelegten Tatsachenannahmen. Die Anpassungsentscheidung im Rahmen des § 16 Abs. 1 BetrAVG ist in der Konsequenz als Prognose zu qualifizieren.

4. Allgemeine Wirksamkeitsmaßstäbe der Arbeitgeberprognose

Gleichlaufend zur Negativprognose im Kündigungsrecht und dem Prognoseprinzip bei der Sachgrundbefristung nach § 14 Abs. 1 TzBfG ist auch die

750 BAG Urt. v. 23.4.1985 – 3 AZR 156/83, NZA 1985, 496 (497).

751 BAG Urt. v. 21.2.2017 – 3 AZR 455/15, AP Nr. 120 zu § 16 BetrAVG; Urt. v. 21.8.2013 – 3 AZR 750/11, NZA-RR 2014, 112 (112); Urt. v. 28.5.2013 – 3 AZR 125/11, NZA-RR 2013, 598 (601); Urt. v. 11.10.2011 – 3 AZR 527/09, NZA-RR 2012, 454 (458); Urt. v. 30.11.2010 – 3 AZR 754/08, NZA-RR 2011, 593 (598); LAG Niedersachsen Urt. v. 24.11.2016 – 4 Sa 50/16, NZA-RR 2017, 144 (146); ähnlich LAG Berlin-Brandenburg Urt. v. 6.3.2012 – 7 Sa 1948/11, NZA-RR 2012, 652 (654); LAG Köln Urt. v. 8.12.1995 – 13 Sa 757/95, NZA-RR 1996, 224 (224 f.).

752 Ähnlich KKBHB/*Huber*, BetrAVG, 8. Auflage 2018, § 16 Rn. 70.

753 Zur Maßgeblichkeit der künftig zu erzielenden Erträgen *Götz*, NZA 1986, 351 (352).

Prognoseentscheidung im Rahmen der Anpassungsprüfung bzw. Anpassungsentscheidung nach § 16 Abs. 1 BetrAVG in einzelne Wirksamkeitsbestandteile zu unterteilen. Abseits des maßgeblichen Zeitpunkts, dem zugrunde zu legenden Anpassungszeitraum sowie des Bezugspunkts der Prognose, bildet die Prognosegrundlage das Kernstück des § 16 Abs. 1 BetrAVG. Die für die Ermittlung der künftigen wirtschaftlichen Lage des Versorgungsschuldners heranzuziehenden Tatsachen sind für das Ergebnis der Anpassungsprüfung von entscheidender Bedeutung und stehen konsequenterweise im Fokus der (höchstrichterlichen) Rechtsprechung. Vor diesem Hintergrund wird nachfolgend dem Verfahren zur Bestimmung der künftigen wirtschaftlichen Lage des Arbeitgebers ein besonderes Augenmerk gewidmet.

a) Die Zweigliedrigkeit des Anpassungsverfahrens

Das Anpassungsverfahren nach § 16 Abs. 1 BetrAVG erfolgt – so ordnet es bereits der Wortlaut der Vorschrift an[754] – in zwei voneinander zu trennenden Schritten. Der Versorgungsschuldner ist in einem ersten Schritt verpflichtet, eine etwaige Anpassung der laufenden Leistungen zu überprüfen. Nur dann, wenn sich aus einer Gesamtschau der Belange des Versorgungsempfängers und der wirtschaftlichen Konstitution des Unternehmens die Notwendigkeit sowie die finanzielle Möglichkeit für eine (positive) Anpassung ergibt, muss in einem zweiten Schritt eine Anpassungsentscheidung vorgenommen werden. Dabei ist das Anpassungsverfahren grundsätzlich für jeden einzelnen Versorgungsberechtigten getrennt nach dem individuellen Leistungsbeginn durchzuführen und die genaue Inflationsrate für den maßgeblichen Zeitraum zu ermitteln.[755] Entscheidend ist, dass § 16 Abs. 1 BetrAVG keine obligatorische Anpassungsverpflichtung statuiert.[756] Geschuldet ist im Ausgangspunkt nur die Prüfung einer Anpassung der Versorgungsleistungen.

In jüngeren Entscheidungen hat das BAG allerdings deutlich gemacht, dass seiner Auffassung zufolge sowohl der Zweck von Versorgungsleistungen sowie der Zweck des BetrAVG dafür sprechen, dass die in § 16 Abs. 1 BetrAVG vorgeschriebene Anpassung vorzunehmen ist, soweit der Versorgungsschuldner leistungsfähig ist. Nach der nunmehr ständigen Rechtsprechung des Dritten Senats

754 Vgl. *Rößler*, NZA-RR 2007, 1 (5).

755 KKBHB/*Huber*, BetrAVG, 8. Auflage 2018, § 16 Rn. 28; zur Möglichkeit der Bündelung aller in einem Betrieb anfallenden Prüfungstermine zu einem einheitlichen jährlichen Termin BAG Urt. v. 11.10.2011 – 3 AZR 732/09, NZA 2012, 337 (339).

756 *Langohr-Plato*, NZA 2013, 994 (994).

sei die Anpassung der Regelfall, eine Nichtanpassung hingegen die Ausnahme.[757] Diesem Verständnis liegt letztlich ein Vorrang des Werterhaltungsinteresses des Versorgungsempfängers zugrunde. Ob ein derartiges Stufenverhältnis zwischen Arbeitgeber- und Versorgungsempfängerbelangen tatsächlich in § 16 Abs. 1 BetrAVG angeordnet wird, ist durchaus zweifelhaft. Die Norm erwähnt die Parteibelange gleichermaßen und verlangt für die Prüfung eine Abwägung der beiderseitigen Interessen.[758] Bedeutung erlangt die Fragestellung im Wesentlichen für die Konkretisierung des Prüfungsmaßstabs, welcher der Ermessensprüfung zugrunde zu legen ist. Fest steht jedenfalls, dass eine unterschiedliche Gewichtung der Rentner- und Arbeitgeberinteressen nicht darüber hinwegtäuschen darf, dass letzterer nur zur Anpassungsprüfung, nicht hingegen zur obligatorischen Anpassung von Versorgungsleistungen verpflichtet ist.[759] In der Konsequenz sieht § 16 Abs. 1 BetrAVG keine Vermutungsregelung dafür, dass der Arbeitgeber zur Anhebung der laufenden Leistungen in der Lage ist, vor. Auch der Umstand, dass der Arbeitgeber bei einer Ablehnung der Anpassung aufgrund der Gefahr einer übermäßigen wirtschaftlichen Belastung die Darlegungs- und Beweislast hierfür trägt[760], führt über das Fehlen einer obligatorischen Rentenanpassungsverpflichtung nicht hinweg.

b) Anpassungszeitpunkt

Ob die laufenden Leistungen der betrieblichen Altersversorgung anzupassen sind, hat der Arbeitgeber gem. § 16 Abs. 1 BetrAVG alle drei Jahre zu prüfen. Für die erste Anpassungsprüfung ist insofern auf denjenigen Zeitpunkt abzustellen, zu dem sämtliche Voraussetzungen für die Gewährung bzw. Inanspruchnahme der Versorgungsleistungen bestehen.[761] Auf die effektive Zahlung kommt es

---

757 BAG Urt. v. 21.10.2014 – 3 AZR 1027/12, NZA-RR 2015, 90 (95); Urt. v. 26.5.2009 – 3 AZR 369/07, NZA 2010, 641 (643); Urt. v. 11.3.2008 – 3 AZR 358/06, NZA 2009, 790 (795).

758 Zutreffend Blomeyer/Rolfs/Otto/*Rolfs*, BetrAVG, 7. Auflage 2018, § 16 Rn. 127; wohl auch *Langohr-Plato*, NZA 2013, 994 (994).

759 So wohl auch die neuere Rechtsprechung des Dritten Senats, wonach unabhängig von der Tragweite des Regel-Ausnahme-Verhältnisses die Anpassungsprüfungs- und Entscheidungspflicht für sich genommen nicht bereits einer Zahlungsverpflichtung gleichstehen, BAG Urt. v. 21.10.2014 – 3 AZR 1027/12, NZA-RR 2015, 90 (95).

760 BAG Urt. v. 28.5.2013 – 3 AZR 125/11, NZA-RR 2013, 598 (603); Urt. v. 11.10.2011 – 3 AZR 527/09, NZA 2012, 454 (459); Blomeyer/Rolfs/Otto/*Rolfs*, BetrAVG, 7. Auflage 2018, § 16 Rn. 348; KKBHB/*Huber*, BetrAVG, 8. Auflage 2018, § 16 Rn. 80.

761 *Rößler*, NZA-RR 2007, 1 (4).

hingegen nicht an.[762] Im Ausgangspunkt verpflichtet die Anpassungsprüfungspflicht den Arbeitgeber dazu, für jeden Versorgungsschuldner individuell eine etwaige Anpassung des Rentenniveaus zu überprüfen. In Betrieben, in denen eine große Anzahl an Betriebsrentnern besteht, würde ein Abstellen auf den individuellen Begründungszeitpunkt zwangsläufig mit einem hohen Verwaltungsaufwand und betriebswirtschaftlichen Ineffizienzen verbunden sein.[763] Es ist vor diesem Hintergrund anerkannt, dass der Versorgungsschuldner die jährlich anfallenden Prüfungspflichten zu einem gemeinsamen Termin zusammenfassen kann.[764] Änderungen entstehen dadurch nur für den ersten Anpassungstermin, da im Folgezeitraum der reguläre Dreijahresturnus angewendet werden muss. Darüber hinaus lässt das BAG auch eine Bündelung aller in einem Unternehmen anfallender Prüfungstermine – unabhängig vom Jahr des Rentenbeginns[765] – zu, wenn sich durch den gemeinsamen Stichtag die erste Anpassungsprüfung nicht um mehr als sechs Monate verzögert.[766] Konkret bedeutet dies, dass sämtliche, mithin auch neue Versorgungsempfänger, die bislang weniger als drei Jahre Betriebsrenten beziehen, berücksichtigt werden können. Mit Blick auf die in der Leistungsphase insgesamt gewährten Betriebsrenten entstehen hierdurch auch auf der Seite der Leistungsempfänger keinerlei Nachteile. Vielmehr genießen die Versorgungsempfänger regelmäßig finanzielle Vorteile, da die erstmalige Anpassung zu einem früheren als dem gesetzlichen vorgesehenen Prüfungstermin stattfindet.[767] Die Implementierung einer gesamtunternehmerischen Terminbündelung führt deshalb auf Arbeitgeberseite zu Kosteneinsparungen, während gleichzeitig ein höherer Teuerungsausgleich auf Empfängerseite erfolgt.

---

762 ErfK/*Steinmeyer*, BetrAVG, 19. Auflage 2019, § 16 Rn. 10; *Rößler*, NZA-RR 2007, 1 (4).

763 So auch *Simon/Rein*, NZA 2013, 169 (170).

764 BAG Urt. v. 21.2.2017 – 3 AZR 455/15, AP Nr. 120 zu § 16 BetrAVG, Rn. 27; Urt. v. 21.4.2015 – 3 AZR 102/14, NJOZ 2015, 1525 (1527); KKBHB/*Huber*, BetrAVG, 8. Auflage 2018, § 16 Rn. 31; *Langohr-Plato*, NZA 2013, 994 (995); *Simon/Rein*, NZA 2013, 169 (170); auch in der gesetzlichen Rentenversicherung ist ein Stichtagstermin für sämtliche Rentenberechtigte vorgesehen, vgl. § 65 SGB VI.

765 Vgl. *Langohr-Plato*, NZA 2013, 994 (995).

766 BAG Urt. v. 21.4.2015 – 3 AZR 102/14, NJOZ 2015, 1525 (1527).

767 BAG Urt. v. 21.4.2015 – 3 AZR 102/14, NJOZ 2015, 1525 (1527); Blomeyer/Rolfs/Otto/*Rolfs*, BetrAVG, 7. Auflage 2018, § 16 Rn. 79; KKBHB/*Huber*, BetrAVG, 8. Auflage 2018, § 16 Rn. 34; *Langohr-Plato*, NZA 2013, 994 (995); *Simon/Rein*, NZA 2013, 169 (170).

c) Prognosebezugspunkt und Zeitraum, für den Prognose zu stellen ist

Bezugspunkt der Prognose ist die wirtschaftliche Lage des Versorgungsschuldners, die voraussichtlich im Zeitraum nach der Anpassungsprüfung bzw. Anpassungsentscheidung bestehen wird. Maßgebend sind die Erträge des Unternehmens sowie dessen (eventueller) Wertzuwachs.[768] Gegenstand der Prognose ist im Umkehrschluss nicht die künftige Substanz des Unternehmens. Die geschuldeten Versorgungsleistungen müssen nicht im Wege der Auszehrung bestehender Vermögenswerte gewährleistet werden. Die Prognose muss letztlich eine Gesamtbeurteilung der wirtschaftlichen Lage insgesamt darstellen, sodass einzelne negative Positionen nicht außer Betracht gelassen werden dürfen.[769] § 16 Abs. 1 BetrAVG verpflichtet den Arbeitgeber demnach nicht bereits dann zur Anpassung der laufenden Leistungen, wenn einzelne positive Bilanzposten den Umfang der Anpassungslast übersteigen.[770]

Erheblich ist darüber hinaus, für welchen Zeitraum der Prognosebezugspunkt zu ermitteln ist. Der temporäre Rahmen ist mit Blick auf den Zweck der Prognose zu ermitteln. Auch wenn mitunter von der Notwendigkeit einer „langfristigen Prognose“[771] gesprochen wird, fordert § 16 Abs. 1 BetrAVG keine hypothetische Betrachtung sämtlicher künftiger Geschäftsjahre. Bereits in Anbetracht der Tatsache, dass die zukünftige Umsatz- bzw. Gewinnentwicklung eines Unternehmens unter Berücksichtigung aller makro- und mikroökonomischen Faktoren selbst für das laufende Geschäftsjahr nur schwer bestimmbar sind, muss sich die Prognose auf einen konkreten Zeitraum beschränken. Sinn und Zweck der Anpassungsprüfungspflicht ist die Feststellung, ob und ggf. in welchem Maße der Kaufkraftverlust des Versorgungsempfängers durch den Arbeitgeber ausgeglichen werden kann. Da dieser ohnehin nach Ablauf von drei Jahren erneut festgestellt wird, kann für die Reichweite der zu erstellenden Prognose kein darüber hinausgehender Zeitraum gelten. Zu ermitteln ist deshalb die voraussichtliche wirtschaftliche Lage innerhalb der nächsten drei Jahre ab Anpassungsstichtag.[772] Insofern kann keine punktuelle Prognose bezogen auf den

768 BAG Urt. v. 14.2.1989 – 3 AZR 191/87, NZA 1989, 844 (844); Urt. v. 23.4.1985 – 3 AZR 156/83, NZA 1985, 496 (497); *Simon/Rein*, NZA 2013, 169 (170); *Schlewing*, RdA 2010, 364 (365).

769 KKBHB/*Huber*, BetrAVG, 8. Auflage 2018, § 16 Rn. 70.

770 BAG Urt. v. 14.2.1989 – 3 AZR 191/87, NZA 1989, 844 (844).

771 Blomeyer/Rolfs/Otto/*Rolfs*, BetrAVG, 7. Auflage 2018, § 16 Rn. 171.

772 So im Ergebnis auch BAG Urt. v. 21.2.2017 – 3 AZR 455/15, AP Nr. 120 zu § 16 BetrAVG, Rn. 32; Urt. v. 7.6.2016 – 3 AZR 193/15, Rn. 24, *juris*; Urt. v. 21.4.2015 –

nächsten Anpassungstermin gemeint sein, sondern vielmehr eine Betrachtung des dreijährigen Zeitraums insgesamt. Dies gilt bereits aus dem Grund, dass der Arbeitgeber über den gesamten Zeitraum hinweg zur Gewährung der laufenden Leistungen verpflichtet ist. Ebenso ließe eine streng auf den nächsten Prüfungszeitpunkt beschränkte Betrachtung die zwischenzeitliche Ertragsschwankung und Marktvolatilität außer Betracht. Die Prognose muss vor diesem Hintergrund eine Gesamtschau der Unternehmensentwicklung innerhalb der nächsten drei Jahre abzeichnen.

d) Unterscheidung zwischen Prüfungszeitraum und Zeitraum der Prognosegrundlage

Dem Wortlaut des § 16 Abs. 1 BetrAVG kann nicht unmittelbar entnommen werden, welche beiden Zeitpunkte für die Ermittlung des auszugleichenden Kaufkraftverlustes maßgeblich sind. Wichtig ist zunächst, dass dieser Zeitraum allein für die Ermittlung des Gegenstands der Anpassungsprüfung relevant ist. Der für die retrospektive Betrachtung heranzuziehende Prüfungszeitraum ist nicht zwangsläufig mit derjenigen Zeitspanne identisch, die für die Bildung der Prognosegrundlage im Rahmen der Ermittlung der wirtschaftlichen Belange des Arbeitgebers maßgeblich ist.

aa) Prüfungszeitraum für den retrospektiv eingetretenen Kaufkraftverlust

Insoweit kommen verschiedene Stichtage in Betracht. Denkbar wäre, dass erstmalig auf den Zeitraum zwischen Rentenbeginn und Anpassungsprüfung abgestellt wird und im Folgezeitraum die jeweils nächste Prüfung maßgeblich ist. Ebenso deckt der Wortlaut ein Verständnis dahingehend, dass die jeweils zu den Stichtagen bestehenden Verhältnisse entscheidend sind, mithin eine punktuelle Betrachtung notwendig ist.[773] Zuletzt deckt der Gesetzeswortlaut auch eine Auslegung, nach der die zwischen Rentenbeginn und jeweiligem Prüfungstermin insgesamt stattfindende Wertentwicklung heranzuziehen ist. Die Anwendung des korrekten Zeitraums ist von erheblicher Bedeutung, da der dem Arbeitgeber zugeschriebene Ermessensspielraum nicht den heranzuziehenden Prüfungszeitraum umfasst, sondern vielmehr auf die Abwägung der Interessen der

---

3 AZR 102/14, NJOZ 2015, 1525 (1528); BeckOKArbR/*Molkenbur*, BetrAVG, 53. Ed. Stand 1.9.2019, § 16 Rn. 17.

773 So wohl auch Blomeyer/Rolfs/Otto/*Rolfs*, BetrAVG, 7. Auflage 2018, § 16 Rn. 83.

Vertragsparteien beschränkt ist.[774] Eine auf unzutreffendem Prüfungszeitraum basierende Anpassung ist demzufolge rechtsfehlerhaft.

Unterschieden werden muss zunächst zwischen dem für die erstmalige Anpassungsprüfung heranzuziehenden Zeitraum und demjenigen für anschließende Prüfungstermine. Für die erste Anpassungsprüfung geht das BAG in ständiger Rechtsprechung davon aus, dass die im Zeitraum zwischen Rentenbeginn und Anpassungsstichtag erfolgte Wertentwicklung entscheidend ist.[775] Berücksichtigt man die Bestimmungen des § 16 Abs. 2 BetrAVG, ist das im gesamten Zeitraum entstandene Delta maßgeblich. Die im Verlauf des Prüfungszeitraums anfallende Volatilität ist insofern unbeachtlich und muss nicht etwa im Wege der Bildung eines Median ausgeglichen werden. Ebenso wenig ist die in der Anwartschaftszeit stattfindende Dynamik zu berücksichtigen. Dies gilt umso mehr, da der Gesetzgeber mittlerweile die Anpassung der Anwartschaften an Wertveränderungen eigenständig in § 2a Abs. 2 BetrAVG geregelt hat. Eine doppelte Berücksichtigung dieses Zeitraums stünde im Widerspruch zu Sinn und Zweck der Anpassungsprüfungspflicht.

Für den Folgezeitraum, d.h. für an die erste Anpassungsprüfung anknüpfende Folgetermine lehnt der Dritte Senat eine Beschränkung auf den letzten Anpassungszeitraum ab. Stattdessen sind auch hier die zwischen Renteneintritt und dem jeweiligen Anpassungsstichtag eingetretene Änderung der Teuerungsrate sowie die Nettolohnentwicklung maßgeblich.[776] Unzureichende Anpassungen aus Zeiträumen vor den letzten drei Jahren sind mit Wirkung für die Zukunft auszugleichen.[777] Gleichwohl können überobligatorische Anpassungen auch später berücksichtigt werden. Entscheidend ist stets der seit Rentenbeginn eingetretene Kaufkraftverlust.[778]

---

774 BAG Urt. v. 18.3.2014 – 3 AZR 249/12, NZA 2014, 1026 (1028); Urt. v. 25.4.2006 – 3 AZR 159/05, NZA-RR 2007, 376 (378); wohl auch KKBHB/*Huber*, BetrAVG, 8. Auflage 2018, § 16 Rn. 36; *Langohr-Plato*, NZA 2013, 994 (995).

775 BAG Urt. v. 10.2.2009 – 3 AZR 610/07, NZA-RR 2010, 42 (44); Urt. v. 30.8.2005 – 3 AZR 395/04, NZA-RR 2006, 485 (487).

776 BAG Urt. v. 18.3.2014 – 3 AZR 249/12, NZA 2014, 1026 (1028); Urt. v. 10.2.2009 – 3 AZR 610/07, NZA-RR 2010, 42 (44); Urt. v. 21.8.2007 – 3 AZR 330/06, NZA-RR 2008, 198 (200).

777 BAG Urt. v. 10.2.2009 – 3 AZR 610/07, NZA-RR 2010, 42 (44); Urt. v. 21.8.2007 – 3 AZR 330/06, NZA-RR 2008, 198 (200).

778 BAG Urt. v. 28.4.1992 – 3 AZR 356/91, NZA 1993, 74 (75 f.); Blomeyer/Rolfs/Otto/*Rolfs*, BetrAVG, 7. Auflage 2018, § 16 Rn. 91.

bb) Der für die Prognosegrundlage heranzuziehende Zeitraum

Zwar ist die wirtschaftliche Lage des Arbeitgebers eine zukunftsbezogene Größe, jedoch ist für die Substantiierung der konkreten Prognoseentscheidung eine Zugrundelegung der retrospektiv bestandenen wirtschaftlichen Konstitution des Unternehmens erforderlich. Die Beurteilungsgrundlage ist mithin die bisherige wirtschaftliche Lage, die vor dem Anpassungsstichtag bestand, sofern aus dieser Schlüsse für die künftige Entwicklung der Ertrags- und Subtanzlage gezogen werden können.[779] Anders als bei sonstigen Prognosen im Arbeitsrecht nimmt das BAG für die Prognosegrundlage bei § 16 Abs. 1 BetrAVG eine temporale Konkretisierung der Beurteilungsgrundlage vor: In ständiger Rechtsprechung verlangt der Dritte Senat die Auswertung eines Regelzeitraums von mindestens drei Jahren. Dieser stellt allerdings nur den Mindestzeitraum dar, sodass in Ausnahmefällen auch auf einen längeren Zeitraum vor Anpassungsstichtag abzustellen ist.[780]

Zur Bestimmung derjenigen Situationen, in denen ein Abweichen von der Dreijahresregel geboten ist, rekurriert das BAG wiederum auf die spätere tatsächliche Entwicklung der wirtschaftlichen Lage. Letztlich bedeutet dies, dass das Gericht eine *ex-post* Betrachtung der zuletzt gestellten Prognose vornimmt, anhand derer ggf. Modifikationen des Beurteilungszeitraums für die in Rede stehende Prognose erfolgen. In den Worten des Dritten Senats bedarf es eines längeren Beurteilungszeitraums, wenn die spätere tatsächliche Entwicklung der wirtschaftlichen Lage „zu berechtigten Zweifeln an der Vertretbarkeit der Prognose des Arbeitgebers führt".[781] Ob hiermit eine vollumfängliche *ex-post* Kontrolle der vorherigen Prognose einhergeht, lässt das BAG freilich unbeantwortet. Die bisherige Judikatur vermittelt jedenfalls den Eindruck, dass es nicht mehr

---

779 Ähnlich BAG Urt. v. 21.2.2017 – 3 AZR 455/15, AP Nr. 120 zu § 16 BetrAVG, Rn. 27; Urt. v. 7.6.2016 – 3 AZR 193/15, *juris*; Urt. v. 8.12.2015 – 3 AZR 348/14, *juris*; Urt. v. 15.4.2014 – 3 AZR 51/12, NZA-RR 2015, 147; Blomeyer/Rolfs/Otto/*Rolfs*, BetrAVG, 7. Auflage 2018, § 16 Rn. 171; KKBHB/*Huber*, BetrAVG, 8. Auflage 2018, § 16 Rn. 70.

780 BAG Urt. v. 21.2.2017 – 3 AZR 455/15, AP Nr. 120 zu § 16 BetrAVG, Rn. 27; Urt. v. 7.6.2016 – 3 AZR 193/15, *juris*; Urt. v. 8.12.2015 – 3 AZR 348/14, *juris*; Urt. v. 15.4.2014 – 3 AZR 51/12, NZA-RR 2015, 147; Urt. v. 28.5.2013 – 3 AZR 125/11, NZA-RR 2013, 598; Urt. v. 11.10.2011 – 3 AZR 527/09, NZA-RR 2012, 454; Urt. v. 30.11.2010 – 3 AZR 754/08, NZA-RR 2011, 593.

781 BAG Urt. v. 21.2.2017 – 3 AZR 455/15, AP Nr. 120 zu § 16 BetrAVG, Rn. 27; Urt. v. 7.6.2016 – 3 AZR 193/15, *juris*; Urt. v. 8.12.2015 – 3 AZR 348/14, *juris*; Urt. v. 15.4.2014 – 3 AZR 51/12, NZA-RR 2015, 147; Urt. v. 28.5.2013 – 3 AZR 125/11, NZA-RR 2013, 598; Urt. v. 25.4.2006 – 3 AZR 50/05, NZA-RR 2007, 310.

als einer Plausibilitätskontrolle bedarf.[782] Entscheidend ist letztlich, dass der für die Prognosegrundlage gewählte Zeitraum einen repräsentativen Eindruck der wirtschaftlichen Konstitution des Versorgungsschuldners vermitteln muss. Vor diesem Hintergrund wird eine Änderung des Zeitraums jedenfalls dann geboten sein, wenn in den letzten drei Jahren eine – im Vergleich zur Gesamthistorie des Unternehmens – atypische Entwicklung der wirtschaftlichen Lage zu verzeichnen ist. Die Interessenlage ist insofern vergleichbar zu derjenigen, die den Bestimmungen des § 89b HGB zum Ausgleichsanspruch des Handelsvertreters zugrunde liegt. Dort gilt für die Bemessungsgrundlage grundsätzlich ein Zeitraum von zwölf Monaten, welcher jedoch bei einem untypischen Verlauf der Umsatzentwicklung im letzten Jahr auf einen längerfristigen, repräsentativeren Jahresdurchschnitt erweitert wird.[783]

e) *Prognosewahrscheinlichkeit*

Ebenso wie bei der Negativprognose im Kündigungsrecht und dem befristungsrechtlichen Prognoseprinzip ist auch bei der Prognose des § 16 Abs. 1 BetrAVG die einzufordernde Wahrscheinlichkeit von erheblicher Bedeutung, da diese in substantiellen Maße über das Niveau der an die Anpassungsprüfung zu stellenden Anforderungen entscheidet. Die Frage der Prognosewahrscheinlichkeit darf freilich nicht mit dem Kontrollmaßstab des billigen Ermessens vermengt werden. Zwar räumt die Norm dem Versorgungsschuldner einen Beurteilungs- bzw. Ermessensspielraum hinsichtlich des konkreten Inhalts seiner Anpassungsentscheidung ein[784], allerdings steht es ihm nicht zu, über den materiell-rechtlichen Wahrscheinlichkeitsgrad der Prognose zu disponieren.[785] Auch ein Blick in die Rechtsprechung bestätigt dies: Der Beurteilungsspielraum des Arbeitgebers beschränkt sich – so der Dritte Senat – auf die „Einschätzung der wirtschaftlichen Lage des Unternehmens“.[786]

---

782 So zumindest BAG Urt. v. 25.4.2006 – 3 AZR 50/05, NZA-RR 2007, 310 (316 f.).

783 Vgl. BGH Urt. v 23.11.2011 – VIII ZR 203/10, NJW-RR 2012, 674 (678); Urt. v. 2.7.1987 – I ZR 188/85, NJW-RR 1988, 42 (44); MüKo/*von Hoyningen-Huene*, HGB, Bd. I, 4. Auflage 2016, § 89b Rn. 131; Martinek/Semler/Flohr/*van der Moolen*, Vertriebsrecht, 4. Auflage 2016, § 27 Rn. 83.

784 Blomeyer/Rolfs/Otto/*Rolfs*, BetrAVG, 7. Auflage 2018, § 16 Rn. 247; *Langohr-Plato*, NZA 2013, 994 (995); s. hierzu ausführlich unter Gliederungspunkt E. I. 7.

785 Insoweit missverständlich *Langohr-Plato*, BB 2002, 406 (406), dem zufolge auch die „Prüfungsparameter“ einem Ermessensspielraum unterliegen.

786 BAG Urt. v. 25.4.2006 – 3 AZR 50/05, NZA-RR 2007, 310 (310).

Das BAG hat sich bislang keinem einheitlichen Wahrscheinlichkeitsgrad verschrieben. In einer älteren Entscheidung führte der Dritte Senat aus, dass eine Anpassung unterbleiben könne, wenn der Versorgungsschuldner „mit einiger Wahrscheinlichkeit" nicht in der Lage sein wird, den Kaufkraftverlust durch die Erträge seines Unternehmens und eventuellem Wertezuwachs zu finanzieren.[787] In seiner jüngeren Rechtsprechung hat das Gericht hingegen mehrfach formuliert, dass ein Teuerungsausgleich unterbleiben darf, wenn es dem Arbeitgeber „mit hinreichender Wahrscheinlichkeit" nicht möglich sein wird, diesen aus seinen Erträgen und Vermögenszuwächsen aufzubringen.[788] Fest steht damit jedenfalls, dass für die Prognose des Arbeitgebers keine „Gewissheit" i.S. des § 286 ZPO verlangt wird.[789] Anders als etwa im Kündigungsrecht bedarf es auch eines einheitlichen Wahrscheinlichkeitsgrades, da die Entwicklung der wirtschaftlichen Lage stets der Einfluss- und Organisationssphäre des Versorgungsempfängers entzogen ist. Der in neueren Entscheidungen verwendete Grad einer „hinreichenden Wahrscheinlichkeit" entspricht auch der aktuellen Judikatur zur befristungsrechtlichen Prognose.[790] Letztlich verbleibt den Gerichten allein die Möglichkeit, den geforderten Wahrscheinlichkeitsgrad durch Abgrenzungen zu konturieren. Bloße Mutmaßungen über den voraussichtlichen Verlauf der Gewinn- und Ertragslage können mit Blick auf den von der Rechtsprechung aufgestellten Grundsatz des vollständig zu gewährenden Teuerungsausgleichs nicht ausreichen. Aus der Natur der Prognose ergibt jedoch, dass ebenso wenig eine überwiegende Wahrscheinlichkeit oder gar Sicherheit für den Eintritt der prognostizierten Wirtschaftslage gewährleistet werden kann. Entscheidend ist letztlich der – wohl auch seitens des BAG anerkannte – Konnex zwischen Prognosewahrscheinlichkeit und Prognosegrundlage. In den Worten des Dritten Senats kann die wirtschaftliche Lage des Arbeitgebers „nur auf der Grundlage festgestellter aussagekräftiger Daten"[791] beurteilt werden. Erfolgt die Prognoseentscheidung auf dieser Grundlage, wird regelmäßig auch eine hinreichende Wahrscheinlichkeit für den Eintritt des Prognostizierten gegeben sein.

---

787 BAG Urt. v. 14.2.1989 – 3 AZR 191/87, NZA 1989, 844 (844).

788 BAG Urt. v. 21.2.2017 – 3 AZR 455/15, AP Nr. 120 zu § 16 BetrAVG, Rn. 32; Urt. v. 7.6.2016 – 3 AZR 193/15, Rn. 24, *juris*; Urt. v. 21.4.2015 – 3 AZR 102/14, NJOZ 2015, 1525 (1528).

789 Zum Beweis nach § 286 ZPO BGH Urt. v. 17.2.1970 – III ZR 139/67, NJW 1970, 946 (948); Musielak/Voit/*Foerste*, ZPO, 16. Auflage 2019, § 286 Rn. 19.

790 S. dazu unter Gliederungspunkt D. III. 6.

791 BAG Urt. v. 21.2.2017 – 3 AZR 455/15, AP Nr. 120 zu § 16 BetrAVG, Rn. 75.

f) Berücksichtigung der tatsächlichen Entwicklung nach Anpassungsstichtag?

Da es für die Wirksamkeit der Prognose auf die Verhältnisse, die im Zeitpunkt der Anpassungsentscheidung bestehen, ankommt, kann die später eintretende, tatsächliche Entwicklung der wirtschaftlichen Lage im Ausgangspunkt nicht für die Verifizierung bzw. Falsifizierung der Prognose herangezogen werden.[792] Auch das BAG stellt für die Beurteilung allein auf den Anpassungstermin ab. Das Gericht lässt die spätere Entwicklung jedoch nicht kategorisch außer Betracht, sondern unterscheidet: Veränderungen, die nach dem Stichtag bis zur letzten mündlichen Verhandlung der Tatsacheninstanz eintreten, können für die Überprüfung der Anpassungsentscheidung berücksichtigt werden, wenn und soweit sie zum Anpassungsstichtag bereits vorhersehbar waren. Unerwartete Veränderungen der wirtschaftlichen Lage können hingegen erst bei der nächsten Anpassungsprüfung Berücksichtigung finden.[793] Auswirkungen hat diese Rechtsprechung vor allem auf die Darlegungs- und Beweislast: Je günstiger sich die wirtschaftliche Lage entwickelt, desto genauer und sorgfältiger muss der Arbeitgeber vortragen, dass seine frühere negative Einschätzung nicht zu beanstanden ist.[794]

Die Einbeziehung der nach dem Anpassungsstichtag tatsächlich stattfindenden Entwicklung des Unternehmens in die Wirksamkeitsprüfung der Entscheidung ist mit Blick auf die Systematik der sonstigen arbeitsrechtlichen Prognosen eine Einzelerscheinung. Sowohl im Kündigungs- als auch Befristungsrecht haben nach dem Zeitpunkt der Prognoseentscheidung auftretende Umstände grundsätzlich keinerlei Bedeutung für die Wirksamkeit derselben oder die prozessuale Darlegungs- und Beweislast.[795] Sie werden allenfalls als Indizien dafür, dass die Prognose richtig bzw. falsch war, herangezogen.[796] Zwar durchbricht der

---

792 Zutreffend Blomeyer/Rolfs/Otto/*Rolfs*, BetrAVG, 7. Auflage 2018, § 16 Rn. 173; KKBHB/*Huber*, BetrAVG, 8. Auflage 2018, § 16 Rn. 71.

793 BAG Urt. v. 21.2.2017 – 3 AZR 455/15, AP Nr. 120 zu § 16 BetrAVG, Rn. 30; Urt. v. 7.6.2016 – 3 AZR 193/15, Rn. 23, *juris*; Urt. v. 21.4.2015 – 3 AZR 102/14, NJOZ 2015, 1525 (1527); Urt. v. 21.10.2014 – 3 AZR 1027/12, NZA-RR 2015, 90 (91 f.); Urt. v. 11.10.2011 – 3 AZR 527/09, NZA 2012, 454 (458); Urt. v. 30.11.2010 – 3 AZR 754/08, NZA-RR 2011, 593 (598).

794 BAG Urt. v. 21.10.2014 – 3 AZR 1027/12, NZA-RR 2015, 90 (91 f.)

795 S. hierzu ausführlich bei den Gliederungspunkten C. IV. 4. und D. III. 9.

796 So insbesondere für die befristungsrechtliche Prognose im Rahmen von § 14 Abs. 1 TzBfG, vgl. BAG Urt. v. 14.6.2017 – 7 AZR 597/15, NZA 2018, 40 (42); Urt. v. 8.6.2016 – 7 AZR 259/14, NZA 2016, 1463 (1466); Urt. v. 16.11.2005 – 7 AZR 81/05, NZA 2006, 784 (789).

Dritte Senat mit diesem Verständnis nicht den Grundsatz der *ex-ante* Betrachtung, jedoch ist äußerst fraglich, wann wirtschaftliche Entwicklungen „vorhersehbar“ im Sinne der Rechtsprechung sein sollen. Eine Konkretisierung des deutlich weit gefassten Begriffs ist bislang ausgeblieben. Bereits aufgrund der Notwendigkeit einer rechtssicheren Handhabung des Errechnungs- und Beurteilungszeitraums ist es geboten, nachträglichen Entwicklungen des Unternehmens allenfalls eine indizielle Wirkung zukommen zu lassen. Anderweitig bestünde die Gefahr, durch die Hintertür der „Vorhersehbarkeit“ nachträgliche Umstände dem eigentlichen Beurteilungszeitraum gleichzusetzen, ohne dass der Arbeitgeber diese zum Zeitpunkt der Anpassungsentscheidung zuverlässig hätte quantifizieren können. Auch darf hierdurch nicht der normativ vorgesehene Kontrollmaßstab – billiges Ermessen – unterwandert werden. Die Rechtsprechung des Dritten Senats ist dementsprechend restriktiv anzuwenden.

5. Parameter für die Ermittlung der wirtschaftlichen Lage

Die voraussichtliche künftige wirtschaftliche Belastbarkeit des Versorgungsschuldners entscheidet darüber, ob und ggf. in welchem Umfang ein Teuerungsausgleich vorzunehmen ist. Mit Blick auf die Rechtsprechung des BAG zur Gewichtung der Belange von Arbeitgeber und Versorgungsempfänger[797] stellt die wirtschaftliche Lage – als Bezugspunkt der Prognose – ein „Dämpfungselement“ innerhalb der Anpassungsprüfung dar.[798] Grund hierfür ist, dass die Rechtsprechung den vom Betriebsrentner erlittenen Kaufkraftverlust stärker gewichtet als die wirtschaftliche Entwicklung des Arbeitgeberunternehmens. *Blomeyer* und *Rolfs* haben bereits auf die Unvereinbarkeit dieser Wertung mit dem Wortlaut des § 16 Abs. 1 BetrAVG hingewiesen.[799] Die Belange wurden vom Gesetzgeber gleichwertig statuiert, zumal auch nicht die „schlechte wirtschaftliche Lage“ oder gar Notlage des Arbeitgebers erwähnt werden.[800] Für die rechtliche Bewertung der richterlich entwickelten Konkretisierung der Bestimmungsfaktoren der wirtschaftlichen Lage ist dies im Blick zu behalten. Wenn das

797 Zum Regelfall der Anpassung BAG Urt. v. 21.10.2014 – 3 AZR 1027/12, NZA-RR 2015, 90 (95); Urt. v. 26.5.2009 – 3 AZR 369/07, NZA 2010, 641 (643); Urt. v. 11.3.2008 – 3 AZR 358/06, NZA 2009, 790 (795).

798 Explizit *Blomeyer*, NZA 1985, 1 (5); bestätigend Blomeyer/Rolfs/Otto/*Rolfs*, BetrAVG, 7. Auflage 2018, § 16 Rn. 160.

799 *Blomeyer*, NZA 1985, 1 (5); bestätigend Blomeyer/Rolfs/Otto/*Rolfs*, BetrAVG, 7. Auflage 2018, § 16 Rn. 160.

800 Blomeyer/Rolfs/Otto/*Rolfs*, BetrAVG, 7. Auflage 2018, § 16 Rn. 160; im Ergebnis auch *Simon/Rein*, NZA 2013, 169 (172).

BAG etwa davon ausgeht, dass der Arbeitgeber im Falle einer „Eigenkapitalauszehrung“ nicht zur Anpassung laufender Leistungen verpflichtet ist[801], bedeutet dies unter Berücksichtigung der zuvor genannten Gewichtung, dass der Arbeitgeber nach erfolgter Wiederherstellung der Vermögenssubstanz zur Anpassung grundsätzlich verpflichtet ist. Mit dem Wortlaut des § 16 Abs. 1 BetrAVG ist ein solches Verständnis nur noch schwer vereinbar. Ungeachtet dessen bedarf es einer Auseinandersetzung mit den – weitestgehend einheitlich anerkannten – Faktoren, die zur Bestimmung der voraussichtlichen Belastbarkeit des Versorgungsschuldners herangezogen werden. Im Fokus soll insofern die aktuelle Judikatur zur Sicherung von angemessener Eigenkapitalrendite sowie Eigenkapitalausstattung stehen.

a) Grundsätzliches zu den Bestimmungsfaktoren

Durch die richterliche Konkretisierung des weitgefassten Begriffs der „wirtschaftlichen Lage“ haben sich mit Blick sowohl auf die bilanzielle Konstitution des Unternehmens, als auch dessen Zahlungsströme verschiedene Schwerpunktsetzungen gebildet. Wesentlich ist insofern, dass die mit einer Betriebsrentenanpassung einhergehende Mehrbelastung nicht durch vorhandene Unternehmenswerte, sondern künftige Kapital- und Ertragszuwächse finanziert werden soll. Ein Teuerungsausgleich soll in der Konsequenz ausschließlich durch künftige Wert- und Ertragssteigerungen erbracht werden.[802] Für die Bestimmung der voraussichtlichen wirtschaftlichen Lage ist zwingend eine Gesamtbetrachtung aller Indikatoren geboten. Aufgrund der Notwendigkeit einer einheitlichen[803] und (weitestgehend) rechtssicheren Determinierung beschränkt sich die diesbezüglich ergangene Rechtsprechung jedoch nicht auf eine kursorische Gesamtschau der Umsatz- und Gewinnstruktur. Vielmehr ist im Kern auf zwei bilanziell einsehbare Unternehmenskennzahlen abzustellen – die Eigenkapitalrentabilität und Eigenkapitalausstattung.[804] Auch wenn Besonderheiten des einzelnen Unternehmens Berücksichtigung finden müssen, bestimmt sich bei

---

801 BAG Urt. v. 21.10.2014 – 3 AZR 1027/12, NZA-RR 2015, 90 (92).

802 Grundlegend BAG Urt. v. 17.4.1996 – 3 AZR 56/95, NZA 1997, 155 (156); Blomeyer/Rolfs/Otto/*Rolfs*, BetrAVG, 7. Auflage 2018, § 16 Rn. 169; KKBHB/*Huber*, BetrAVG, 8. Auflage 2018, § 16 Rn. 73; *Neef*, NZA 2003, 993 (993).

803 Zur Einheitlichkeit der Bewertungsmaßstabs BAG Urt. v. 21.2.2017 – 3 AZR 455/15, Rn. 33, *juris*.

804 St. Rspr., BAG Urt. v. 21.4.2015 – 3 AZR 11/14, Rn. 23, *juris*; Urt. v. 11.11.2014 – 3 AZR 116/13, Rn 30, *juris*; Urt. v. 28.5.2013 – 3 AZR 125/11, NZA-RR 2013, 598 (601); Urt. v. 10.11.2011 – 3 AZR 527/09, NZA-RR 2012, 454 (458); Urt. v. 30.11.2010 –

Zugrundelegung der Rechtsprechung des BAG die Pflicht zur Anpassung letztlich danach, ob die von den Gerichten entwickelten Mindestwerte zur Eigenkapitalrendite und -Ausstattung vom Versorgungsschuldner in der Vergangenheit erreicht worden sind:

b) Gewährung einer angemessenen (künftigen) Eigenkapitalverzinsung

Damit das Unternehmen des Versorgungsschuldners fortlaufend zur Gewährung betrieblicher Altersversorgung imstande ist, muss es seine Marktposition behaupten und Wettbewerbsfähigkeit beibehalten können.[805] Nicht zuletzt stellt die Konkurrenzfähigkeit eine notwendige Voraussetzung für die kontinuierliche Absicherung der im Unternehmen vorhandenen Arbeitsplätze voraus.[806] Auf der Seite der Kapitalgeber ist vor diesem Hintergrund eine angemessene Eigenkapitalrendite- bzw. Verzinsung unerlässlich, um eine Abwanderung von Investoren zu verhindern.[807] Nur dann, wenn mit Risiken verbundenes, investiertes Kapital rentabel ist, kann mit einem Verbleib der Eigenkapitalgeber gerechnet werden. Die Unabdingbarkeit einer gewissen Rentabilität besteht grundsätzlich – und vorbehaltlich einiger Abweichungen mit Blick auf den von der Rechtsprechung zugebilligten Risikozuschlag – auch bei nicht mehr werbenden Unternehmen, insbesondere Rentner- und Abwicklungsgesellschaften.[808]

aa) Kennzahlen zur Bestimmung der Eigenkapitalrentabilität und Angemessenheit

Die (unbereinigte) Eigenkapitalrentabilität ergibt sich grundsätzlich aus dem prozentualen Verhältnis von Gewinn bzw. Jahresüberschuss zum Eigenkapital. Das BAG schützt die Wettbewerbsfähigkeit des Versorgungsschuldners, indem

---

3 AZR 754/08, NZA-RR 2011, 593 (598); Urt. v. 10.2.2009 – 3 AZR 727/07, NZA 2010, 95 (97); Urt. v. 17.4.1996 – 3 AZR 56/95, NZA 1997, 155 (156).

805 So im Ergebnis auch die Rechtsprechung, BAG Urt. v. 21.4.2015 – 3 AZR 11/14, Rn. 23, *juris*; Urt. v. 11.11.2014 – 3 AZR 116/13, Rn 30, *juris*; Urt. v. 17.4.1996 – 3 AZR 56/95, NZA 1997, 155 (158); Urt. v. 23.4.1985 – 3 AZR 156/83, NZA 1985, 496 (498); übereinstimmend Blomeyer/Rolfs/Otto/*Rolfs*, BetrAVG, 7. Auflage 2018, § 16 Rn. 191; KKBHB/*Huber*, BetrAVG, 8. Auflage 2018, § 16 Rn. 75; *Simon/Rein*, NZA 2013, 169 (172 f.).

806 Vgl. Blomeyer/Rolfs/Otto/*Rolfs*, BetrAVG, 7. Auflage 2018, § 16 Rn. 191.

807 *Simon/Rein*, NZA 2013, 169 (172 f.).

808 BAG Urt. v. 11.7.2017 – 3 AZR 691/16, NZA 2017, 1388 (1390); Urt. v. 17.6.2014 – 3 AZR 298/13, DStR 2014, 2350 (2353); Urt. v. 26.10.2010 – 3 AZR 502/08, NZA-RR 2011, 336 (336).

den Kapitalgebern des Unternehmens eine angemessene Eigenkapitalverzinsung zugesichert wird, bevor Versorgungsanpassungen vom Arbeitgeber abverlangt werden. Inwieweit sich bevorstehende Anpassungslasten auf die künftige, bis zum nächsten Anpassungsstichtag voraussichtlich eintretende Eigenkapitalverzinsung auswirken, lässt die Rechtsprechung bei einer ungenügenden Eigenkapitalrendite unbeachtet.[809]

Für die Bestimmung der „angemessenen" Verzinsung i.S. der Rechtsprechung erfolgt ein Rückgriff auf einen Basiszins sowie einen Risikozuschlag, der sich aus der Ungewissheit der Eigenkapitalentwicklung rechtfertigt. Den Ausgangspunkt für die der Verzinsung zugrundeliegende Größe bildet der handelsrechtliche Jahresabschluss des Unternehmens: Entsprechend der zuvor genannten Rechengröße der Eigenkapitalrentabilität ist das erzielte Betriebsergebnis (nach Ertragssteuerbelastung)[810] in Verhältnis zum eingebrachten Eigenkapital zu setzen.[811] Der Dritte Senat betont in diesem Zusammenhang die Notwendigkeit einer einheitlichen Kennzahlverwendung: Da jeder Versorgungsschuldner über die für die Berechnung heranzuziehenden Abschlüsse verfügen muss und allgemeingültige Rechnungsregeln anzuwenden sind, sind diejenigen des HGB heranzuziehen.[812] Mit Blick auf den vom BAG veranschlagten Basiszins greift das Gericht in ständiger Rechtsprechung auf die Umlaufrendite öffentlicher Anleihen zurück. Diese wird um einen Risikozuschlag i.H.v. 2 % ergänzt.[813] Etwas anderes gilt nach der Rechtsprechung des BAG für Versorgungsschuldner, die kein werbendes Unternehmen (mehr) betreiben. Bei Rentner- und Abwicklungsgesellschaften verzichtet der Dritte Senat auf einen Risikozuschlag, da diese nicht dem wirtschaftlichen Verlustrisiko ausgesetzt sind, welches gerade die *ratio* des Zuschlags bildet.[814] Erreicht die Eigenkapitalrentabilität den aus Basiszins und Risikozuschlag gebildeten Wert nicht, kann eine Anpassung unterbleiben. Das

809 BAG Urt. v. 21.4.2015 – 3 AZR 11/14, Rn. 23, *juris*; Urt. v. 11.11.2014 – 3 AZR 116/13, Rn 30, *juris*.

810 Klarstellend *Simon/Rein*, NZA 2013, 169 (173).

811 BAG Urt. v. 21.4.2015 – 3 AZR 11/14, Rn. 23, *juris*; Urt. v. 11.11.2014 – 3 AZR 116/13, Rn 30, *juris*.

812 BAG Urt. v. 21.4.2015 – 3 AZR 11/14, Rn. 23, *juris*; Urt. v. 11.11.2014 – 3 AZR 116/13, Rn 30, *juris*; befürwortend auch *Neef*, NZA 2003, 993 (996).

813 BAG Urt. v. 21.4.2015 – 3 AZR 11/14, Rn. 26, *juris*; Urt. v. 11.11.2014 – 3 AZR 116/13, Rn 38, *juris*

814 BAG Urt. v. 11.7.2017 – 3 AZR 691/16, NZA 2017, 1388 (1390); Urt. v. 17.6.2014 – 3 AZR 298/13, DStR 2014, 2350 (2353); Urt. v. 26.10.2010 – 3 AZR 502/08, NZA-RR 2011, 336 (336).

Unternehmen hat in diesem Fall nicht die notwendige Rentabilität, um erhöhte Anpassungslasten aus eigenen Wertzuwächsen zu finanzieren.[815] Übersteigt die Eigenkapitalverzinsung hingegen die seitens der Rechtsprechung angesetzte Rendite, ist eine (anteilige) Anpassung grundsätzlich geboten.[816]

bb) Alternative Berechnungsmethoden

Die vom BAG verwendeten Richtwerte zur Konkretisierung des Begriffs der „angemessenen Eigenkapitalverzinsung" werden in einigen Teilen der Literatur als veraltet und änderungsbedürftig betrachtet.[817] Mit Blick auf die durch das Bilanzrechtsmodernisierungsgesetz vom 25.5.2009 (BilMoG) eingetretene Neuregelung des § 253 Abs. 2 HGB werden alternative Berechnungsmethoden vorgeschlagen. Konkret wird eine markt- und laufzeitorientierte Renditenbestimmung anhand der Rückstellungsabzinsungsverordnung diskutiert.[818] Problematisch ist insofern bereits, dass § 253 Abs. 2 HGB auf den abstrahierten Barwert abstellt.[819] Der Dritte Senat hat sich zur zwischenzeitlichen Kritik ausdrücklich in seiner Entscheidung vom 11.11.2014 geäußert und im Ergebnis seine bisherige Rechtsprechung beibehalten: Das Gericht räumte zwar ein, dass die Zinssätze nach der Rückstellungsabzinsungsverordnung leicht einsehbar seien und deshalb die für die Bestimmung der Kapitalverzinsung notwendige Transparenz ermöglichen. Dies sei bei dem Zinssatz für Anleihen der öffentlichen Hand jedoch gleichermaßen gegeben. Für die Konkretisierung der „Angemessenheit" der Eigenkapitalrendite sei sie jedoch nicht brauchbar, da die Verordnung nur die tatsächlich zu erwartende, durch die Rückstellung von Betriebsrentenverpflichtungen veranlasste Belastung eines Unternehmens wiedergebe.[820] Dies ist zwar im Ausgangspunkt zutreffend, allerdings bleibt im Ergebnis unklar, aus welchem Grund der Wert der Abzinsung für eine Begriffskonkretisierung ungeeignet

---

815 KKBHB/*Huber*, BetrAVG, 8. Auflage 2018, § 16 Rn. 76.

816 Zu einer ggf. anzustellenden Liquiditätsprüfung bei einer überschießenden Rendite KKBHB/*Huber*, BetrAVG, 8. Auflage 2018, § 16 Rn. 77.

817 Teilweise wird der Rückgriff auf die Umsatzrendite und einen Risikozuschlag kategorisch abgelehnt, da § 16 BetrAVG auf das individuelle Unternehmen abstellt und die Risiken in der Privatwirtschaft von vornherein höher ausfallen, *Neef*, NZA 2003, 993 (996).

818 Ausführlich *Hinrichs/Mendel*, NZA 2014, 350 (353); *Simon/Rein*, NZA 2013, 169 (174); *Weppler/Stöckler*, BB 2013, 1067 (1070); Höfer/de Groot/Küpper/Reich/*Höfer*, Betriebrentenrecht, Bd. I, 24. EL. Stand März 2019, BetrAVG, § 16 Rn 220.1 ff.

819 *Hinrichs/Mendel*, NZA 2014, 350 (353).

820 BAG Urt. v. 11.11.2014 – 3 AZR 116/13, Rn. 39 ff., *juris*.

sein soll. Unterschreitet die Eigenkapitalrendite den nach der Rückstellungsabzinsungsverordnung ermittelten Wert für die Höhe der aufgrund von Altersversorgungsverpflichtungen gebildeten Rückstellungen, kann die Rendite nicht „angemessen" i.S. der Rechtsprechung sein. Vielmehr steht dann fest, dass künftige (angepasste) Versorgungsleistungen nicht aus den Ertrags- bzw. Gewinnzuwächsen des Unternehmens finanziert werden können. Freilich führt dies nicht darüber hinweg, dass bei einer Anknüpfung an § 253 Abs. 2 BGB auf eine Barwertbetrachtung zurückgegriffen wird. Andererseits gibt die Umlauf- bzw. Sekundärmarktrendite nur einen Teilausschnitt des Renditenmarktes, nämlich denjenigen erster Bonität wieder. Darüber hinaus verdeutlicht die Dynamisierung des vom BAG zugebilligten Risikozuschlags, dass die Umlaufrendite öffentlicher Anleihen für sich genommen nicht in jedem Marktumfeld bzw. nicht in jeder Konjunkturphase zuverlässige Aussagen über die von Kapitalgebern billigerweise zu erwartende Eigenkapitalrendite treffen kann.[821] Vor dem Hintergrund der jüngsten Bestätigung der bisherigen Judikatur wird eine Neujustierung jedoch allenfalls für die Höhe des Risikozuschlags wahrscheinlich sein. Eine grundlegende Abkehr von der bisherigen Wertermittlung scheidet – trotz der zuvor genannten Gründe – aus.

c) *Sicherstellung einer ausreichenden (künftigen) Eigenkapitalausstattung*

Die Anpassung der Betriebsrenten darf nicht zur Folge haben, dass das Unternehmen des Versorgungsschuldners langfristig geschwächt wird.[822] § 16 Abs. 1 BetrAVG verpflichtet den Arbeitgeber deshalb nicht, Eingriffe in die vorhandene Vermögenssubtanz zum Zwecke des Ausgleichs von Kaufkraftverlust vorzunehmen. Mit Blick auf die Arbeitgeberinteressen steht vor allem die Aufrechterhaltung der Wettbewerbsfähigkeit im Vordergrund.[823] Die Rechtsprechung betont zudem, dass Betriebsrentenanpassungen nicht zur Gefährdung von im

---

821 Zur Notwendigkeit bzw. einer ggf. vorzunehmenden Anpassung des Risikozuschlags bei einem Rückgriff auf die Rückstellungsabzinsungsverordnung *Simon/Rein*, NZA 2013, 169 (174).

822 Vgl. Blomeyer/Rolfs/Otto/*Rolfs*, BetrAVG, 7. Auflage 2018, § 16 Rn. 169; KKBHB/*Huber*, BetrAVG, 8. Auflage 2018, § 16 Rn. 72 f.

823 S. nur BAG Urt. v. 21.4.2015 – 3 AZR 11/14, Rn. 23, *juris*; Urt. v. 11.11.2014 – 3 AZR 116/13, Rn 30, *juris*; Urt. v. 28.5.2013 – 3 AZR 125/11, NZA-RR 2013, 598 (601); Urt. v. 10.11.2011 – 3 AZR 527/09, NZA-RR 2012, 454 (458); Urt. v. 30.11.2010 – 3 AZR 754/08, NZA-RR 2011, 593 (598); Urt. v. 10.2.2009 – 3 AZR 727/07, NZA 2010, 95 (97); Blomeyer/Rolfs/Otto/*Rolfs*, BetrAVG, 7. Auflage 2018, § 16 Rn. 169; *Langohr-Plato*, NZA 2013, 994 (996).

Unternehmen bestehenden Arbeitsverhältnissen führen dürfen. Die Interessen der aktiven Belegschaft sind insoweit vorrangig vor denjenigen der Versorgungsempfänger.[824] Der Dritte Senat verbucht diese Überlegungen unter dem Prinzip, dass der Versorgungsschuldner nicht zur „Auszehrung" seines Eigenkapitals verpflichtet ist.[825] Auch wenn insoweit eine retrospektive Betrachtung der vergangenen bzw. zum Zeitpunkt der Anpassungsprüfung bestehenden Eigenkapitalausstattung vorgenommen wird, handelt es sich trotzdem um eine zukunftsbezogene Sicherung der Unternehmenssubstanz. Die von der Rechtsprechung entwickelten Bestimmungsfaktoren bilden dementsprechend die Prognosegrundlage für die künftig zu erwartende Kapitalausstattung.

Da Kapitalrücklagen nicht zur Deckung des angefallenen Kaufkraftverlustes herangezogen werden müssen, sprechen die Gerichte dem Arbeitgeber eine Art „Schonfrist" zu, innerhalb derer er von einer Anpassung absehen und für eine ausreichende Kapitalausstattung sorgen kann. Dies steht in unmittelbaren Zusammenhang zur Risikovorsorge, welche das BAG weitestgehend als einen der Betriebsrentenanpassung vorstehenden Belang versteht. Der Versorgungsschuldner muss mit Blick auf § 16 Abs. 1 BetrAVG weder Liquiditätsengpässe noch Kapitalaufzehrungen durch die Aufnahme neuen Fremdkapitals ausgleichen.[826] Wann von einer „Gesundung" des Eigenkapitals noch nicht ausgegangen werden kann, bestimmt das BAG unter Rückgriff auf die bilanzielle Konstitution des Unternehmens: Hat das vorhandene Eigenkapital die Summe von gezeichnetem Kapital gem. § 272 Abs. 1 S. 1 HGB und zusätzlich gebildeten Kapitalrücklagen i.S.v. § 272 Abs. 2 HGB noch nicht erreicht, ist die Substanz der Unternehmens weiterhin gefährdet; eine Anpassung darf dann (noch) unterbleiben.[827] Unerheblich ist, ob die Vermögenssubstanz des Unternehmens langsam über einen länger andauernden Zeitraum oder kurzfristig, ggf. sogar schlagartig in einer kurzen Zeitspanne geschmälert wurde.[828] Die Interessen des

824 *Reichenbach/Dreger*, BB 2010, 2306 (2306).

825 BAG Urt. v. 21.10.2014 – 3 AZR 1027/12, NZA-RR 2015, 90 (92); Urt. v. 30.11.2010 – 3 AZR 754/08, NZA-RR 2011, 593 (599); Urt. v. 23.1.2001 – 3 AZR 287/00, NZA 2002, 560 (562).

826 In diesem Sinne auch BAG Urt. v. 11.12.2012 – 3 AZR 615/10, NJOZ 2013, 1056 (1060).

827 BAG Urt. v. 21.10.2014 – 3 AZR 1027/12, NZA-RR 2015, 90 (92); Urt. v. 11.12.2012 – 3 AZR 615/10, NJOZ 2013, 1056 (1060); Urt. v. 30.11.2010 – 3 AZR 754/08, NZA-RR 2011, 593 (599); Urt. v. 18.2.2003 – 3 AZR 172/02, BB 2003, 2292 (2294); weiterführend *Matthießen*, NZA 2016, 278 (280).

828 BAG Urt. v. 23.1.2001 – 3 AZR 287/00, NZA 2002, 560 (563).

Arbeitgebers an einer Wiedererlangung der notwendigen Eigenkapitalausstattung sind in beiden Situationen gleichermaßen zu berücksichtigen. Im betriebsrentenrechtlichen Kontext versteht das BAG unter dem Begriff des Eigenkapitals sowohl das gezeichnete Kapitel i.S. des § 272 Abs. 1 S. 1 HGB, als auch Kapitalrücklagen, die zur Rekonstitution des aufgezehrten Stammkapitals gebildet worden sind – etwa Zuzahlungen der Gesellschafter in das Eigenkapital gem. § 272 Abs. 2 Nr. 4 HGB.[829] Insgesamt sind entsprechend des handelsrechtlichen Eigenkapitalbegriffs i.S. des § 266 Abs. 3 lit. a HGB Gewinnrücklagen, Gewinn- bzw. Verlustvorträge sowie bilanzielle Jahresüberschüsse- bzw. Defizite zum Stammkapital hinzuzuzählen.[830]

Mit Blick auf die zeitliche Betrachtung der Eigenkapitalausstattung des Unternehmens ist an die Rechtsprechung zu den Bestimmungsfaktoren der Eigenkapitalverzinsung anzuknüpfen.[831] Das BAG trägt dem Umstand, dass das Eigenkapital im Verlaufe eines Geschäftsjahres (wesentlichen) Schwankungen unterliegen kann, Rechnung: Abzustellen ist nicht auf das Eigenkapital, welches bei Anfang und Ende des Geschäftsjahres bestanden hat, sondern auf einen Durchschnittswert. Diesen bildet die Rechtsprechung aus dem Mittelwert von Eigenkapital zu Beginn und Ende des jeweiligen Geschäftsjahres.[832] Im Ausgangspunkt ist die Errechnung eines solchen Durchschnittswerts zwar zutreffend, allerdings muss dem Versorgungsschuldner darüber hinaus die Möglichkeit zum detaillierteren Nachweis seiner Eigenkapitalausstattung ermöglicht werden. Ungeachtet des Umstands, dass Unternehmen in Deutschland nur jährlich zur Offenlegung ihrer finanziellen Konstitution verpflichtet sind, muss es dem Versorgungsschuldner möglich sein, erhebliche Schwankungen im Eigenkapital umfassend darzulegen. Je nach Art der vom Unternehmen durchgeführten Marktaktivitäten kann das Eigenkapital im Verlauf eines Geschäftsjahres

829 BAG Urt. v. 23.1.2001 – 3 AZR 287/00, NZA 2002, 560 (563); Blomeyer/Rolfs/Otto/*Rolfs*, BetrAVG, 7. Auflage 2018, § 16 Rn. 189.

830 Vgl. *Hinrichs/Menzel*, NZA 2014, 350 (352); KKBHB/*Huber*, BetrAVG, 8. Auflage 2018, § 16 Rn. 75; *Simon/Rein*, NZA 2013, 169 (174).

831 Grundlegend BAG Urt. v. 23.5.2000 – 3 AZR 146/99, NZA 2001, 1251 (1253); in der Folge auch Urt. v. 11.10.2011 – 3 AZR 528/09, Rn. 36, *juris*; Urt. v. 30.10.2010 – 3 AZR 754/08, NZA-RR 2011, 593 (599); LAG Köln, Urt. v. 1.12.2011 – 7 Sa 88/11, Rn. 61, *juris*.

832 BAG Urt. v. 11.10.2011 – 3 AZR 528/09, Rn. 36, *juris*; Urt. v. 30.10.2010 – 3 AZR 754/08, NZA-RR 2011, 593 (599); Urt. v. 23.5.2000 – 3 AZR 146/99, NZA 2001, 1251 (1253); LAG Köln, Urt. v. 1.12.2011 – 7 Sa 88/11, Rn. 61, *juris*; *Simon/Rein*, NZA 2013, 169 (173).

schweren Schwankungen unterliegen – zu denken ist etwa an saisonabhängige Unternehmen. Der von der Rechtsprechung ermittelte Durchschnittswert ist nicht stets dazu geeignet, die im Geschäftsjahr eintretenden Schwankungen hinreichend abzubilden. Da die Versorgungsleistungen jedoch fortwährend im Verlaufe des bis zum nächsten Anpassungstermin anstehenden Zeitraums gewährt werden, müssen die unterjährigen Eigenkapitalschwankungen ggf. quartals- oder sogar monatsweise bestimmt werden. Nur so wird verhindert, dass Versorgungsanpassungen trotz unterjähriger Kapitalauszehrung – welche u.U. die Gefahr von Überschuldung oder Liquiditätsengpässen nach sich zieht – stattfinden. Die bisherige Rechtsprechung zur Bildung eines Durchschnittswerts für das jeweilige Geschäftsjahr ist deshalb als Regelfall zu verstehen. Der Nachweis über eine durchschnittlich niedrigere Eigenkapitalausstattung durch Hinzuziehung von Werten, die sich aus kürzeren Prüfungsintervallen ergeben, muss dem Arbeitgeber trotzdem möglich sein.

Ob darüber hinaus durch eine strikte Orientierung am Stammkapital des Unternehmens eine Vermögensauszehrung ausreichend verhindert werden kann, wird mitunter bezweifelt. In betriebswirtschaftlicher Hinsicht erlaubt der absolute Wert des Eigenkapitals nicht zwangsläufig eine zuverlässige Aussage über die (kurz- und mittelfristige) wirtschaftliche Konstitution des Unternehmens. Vor diesem Hintergrund werden teilweise Überlegungen zur Heranziehung weiterer Bestimmungsfaktoren, insbesondere der Eigenkapitalquote angestellt.[833] Doch auch eine Betrachtung des Verhältnisses zwischen Eigen- und Gesamtkapital führt nicht unbedingt zu einer aussagekräftigen Bewertung der (künftigen) wirtschaftlichen Lage des Versorgungsschuldners. Die branchenüblichen Eigenkapitalquoten unterscheiden sich in mitunter erheblichem Maße.[834] Ob die Vermögenssubstanz des Unternehmens erhalten bleibt, lässt sich letztlich nur durch eine Hinzuziehung weiterer Faktoren beantworten. Mit Blick auf die künftige Substanz sollte die Investitionsquote des Unternehmens Berücksichtigung finden. Diese gibt das Verhältnis zwischen den prozentual auf das Anlagevermögen fallenden Investitionen im Verhältnis zum gesamten Anlagevermögen an.[835] Ebenso ist das Working Capital, also die Differenz zwischen Umlaufvermögen und kurzfristigen Verbindlichkeiten[836] zu berücksichtigen.

---

833 Insbesondere Blomeyer/Rolfs/Otto/*Rolfs*, BetrAVG, 7. Auflage 2018, § 16 Rn. 190; *Neef*, NZA 2003, 993 (997); *Simon/Rein*, NZA 2013, 169 (174).

834 So auch *Neef*, NZA 2003, 993 (997); *Simon/Rein*, NZA 2013, 169 (174).

835 *Heesen/Gruber*, Bilanzanalyse und Kennzahlen, 6. Auflage 2017, S. 179 ff.

836 Zu den Kennzahlen des Working Capital Managements ausführlich *Gladen*, Performance Measurement, 6. Auflage 2014, S. 73 ff.

Fällt dieses Ergebnis negativ aus, besteht die Gefahr von Liquiditätsengpässen und deshalb im Ergebnis auch eine Wahrscheinlichkeit für eine weitere Kapitalauszehrung. Aus dem gleichen Grund gilt es auch, Liquiditätskennzahlen mit einzubeziehen.[837]

Soll dem Versorgungsschuldner eine gesunde Vermögenssubstanz zuerkannt werden, ist letztlich eine Berücksichtigung sämtlicher betriebswirtschaftlicher bzw. bilanzieller Faktoren unumgänglich. Weder die Differenz zwischen vorhandenem Eigenkapital und gezeichnetem Kapital und Kapitalrücklagen, noch die Eigenkapital- bzw. Investitionsquote ermöglichen für sich genommen zuverlässige Aussagen über die (künftige) Kapitalstruktur des Unternehmens. Eine einzelfallorientiere Wertung aller Umstände würde freilich zu mehr Rechtsunsicherheit und Berechnungsaufwand führen. Andererseits darf der richterlich entwickelte Regelfall der Anpassungsverpflichtung nicht dazu führen, dass Arbeitgeber trotz mangelhafter Kapitalausstattung bzw. Kapitalallokation zur Versorgungsanpassung verpflichtet werden. Eine umfassendere Bewertung der Eigenkapitalausstattung und Kapitalallokation ist deshalb notwendig.

d) Bereinigung des Jahresendergebnisses um bilanziell notwendige Korrekturen

Das nach den Vorschriften des HGB zu errechnende Jahresergebnis kann nicht uneingeschränkt zur Bestimmung der künftigen wirtschaftlichen Lage herangezogen werden. In einigen Situationen ist das Betriebsergebnis für die Belange des § 16 BetrAVG zu modifizieren. Dies ist letztlich auf die unterschiedliche Ausrichtung von Prognose und Bilanz zurückzuführen: Während die Prognose eine zukunftsorientierte Größe ist, gibt die Bilanz des Unternehmens Aufschluss über die betriebswirtschaftliche Konstitution, die zum Zeitpunkt ihrer Erstellung bestand. Die Rechtsprechung nimmt deshalb „betriebswirtschaftlich gebotene“[838] Korrekturen des nach den handelsrechtlichen Vorschriften ermittelten Jahresendergebnisses vor. Ungeachtet des im Einzelnen korrigierten Bilanzpostens ist dabei allen Modifikationen gemeinsam, dass sie einen

---

837 Zu den Liquiditätskennzahlen ersten bis dritten Grades *Becker/Peppmeier*, Investition und Finanzierung, 8. Auflage 2018, S. 14 ff.; *Heesen/Gruber*, Bilanzanalyse und Kennzahlen, 6. Auflage 2017, S. 163 ff; *Nickenig*, Die Bilanz im Unternehmen, 2018, S. 27 f.

838 Ausdrücklich BAG Urt. v. 21.2.2017 – 3 AZR 455/15, NZA-RR 2018, 200 (205); Urt. v. 7.6.2016 – 3 AZR 193/15, Rn. 29, *juris*; Urt. v. 21.4.2015 – 3 AZR 102/14, NJOZ 2015, 1525 (1528); Urt. v. 21.10.2014 – 3 AZR 1027/12, NZA-RR 2015, 90 (92); Urt. v. 15.4.2014 – 3 AZR 51/12, NZA-RR 2015, 147 (151).

Ausnahmecharakter aufweisen.[839] Mangels Kontinuität können sie dementsprechend nicht in die Prognosegrundlage einbezogen werden. Konkret lässt der Dritte Senat außerordentliche Erträge bzw. Verluste sowie betriebswirtschaftliche überhöhte Abschreibungen außer Betracht. Ganz grundsätzlich gilt, dass bilanzierte Vermögenspositionen auszuklammern sind, wenn und soweit sie auf Entwicklungen bzw. Umständen beruhen, die weder kontinuierlich fortwirken, noch voraussichtlich erneut eintreffen werden.[840] In älteren Entscheidungen legte das BAG noch eine Hinzurechnung von in Rückstellungen gebildeten Nettoüberschüssen nahe.[841] Rücklagen und stille Reserven bedürfen allerdings keiner vorzeitigen Korrektur, da sie sowieso im Zeitpunkt ihrer Auflösung einer (künftigen) Anpassung zugutekommen werden.[842]

e) Abzug von künftigen Investitionsvorhaben?

Ein starres und uneingeschränktes Abstellen auf den derzeitigen bzw. im letzten Anpassungszeitraum erzielten Eigenkapitalbestand stünde im Spannungsverhältnis zur Zukunftsbezogenheit der „wirtschaftlichen Lage" i.S. des § 16 Abs. 1 BetrAVG. Auch mit Blick auf die Dynamik werbender Unternehmen darf nicht außer Acht gelassen werden, dass wirtschaftliche Entscheidungen und deren finanzielle Auswirkungen auf das Vermögen des Unternehmens oftmals nicht zeitgleich realisiert werden. Wenn die Rechtsprechung die Bedeutung von langfristiger Wettbewerbsfähigkeit und Marktbehauptung des Versorgungsschuldners wiederkehrend betont,[843] muss dies auch Folgen für die rechtliche Würdigung geplanter Investitionen haben. Das BAG erlaubt vor diesem Hintergrund im Rahmen der Ermittlung der wirtschaftlichen Lage des Arbeitgebers einen wertemäßigen Abzug geplanter Investitionen, sofern es sich um einen „absehbaren Investitionsbedarf" handelt.[844]

---

839 BAG Urt. v. 21.2.2017 – 3 AZR 455/15, NZA-RR 2018, 200 (205).

840 BAG Urt. v. 21.2.2017 – 3 AZR 455/15, NZA-RR 2018, 200 (205); Urt. v. 7.6.2016 – 3 AZR 193/15, Rn. 29, *juris*; Urt. v. 21.4.2015 – 3 AZR 102/14, NJOZ 2015, 1525 (1528); Urt. v. 21.10.2014 – 3 AZR 1027/12, NZA-RR 2015, 90 (92).

841 BAG Urt. v. 23.4.1985 – 3 AZR 156/83, NZA 1985, 496 (497); wohl auch Urt. v. 23.4.1985 – 3 AZR 548/82, 499 (500).

842 Blomeyer/Rolfs/Otto/*Rolfs*, BetrAVG, 7. Auflage 2018, § 16 Rn. 178.

843 BAG Urt. v. 21.4.2015 – 3 AZR 11/14, Rn. 23, *juris*; Urt. v. 11.11.2014 – 3 AZR 116/13, Rn 30, *juris*; Urt. v. 17.4.1996 – 3 AZR 56/95, NZA 1997, 155 (158); Urt. v. 23.4.1985 – 3 AZR 156/83, NZA 1985, 496 (498).

844 BAG Urt. v. 23.5.2000 – 3 AZR 83/99, NZA 2002, 554 (557); Urt. v. 17.4.1996 – 3 AZR 56/95, NZA 1997, 155 (158); einschränkend Blomeyer/Rolfs/Otto/*Rolfs*, BetrAVG, 7. Auflage 2018, § 16 Rn. 197, wonach eine Berücksichtigung nur dann

Für die anzustellende Prognose geht hiermit eine Erweiterung der Prognosegrundlage einher. Grundsätzlich ist für die Substantiierung der Prognoseentscheidung eine retrospektive Bestandsaufnahme der in der Vergangenheit vorgelegenen wirtschaftlichen Lage des Unternehmens erforderlich.[845] Ist jedoch bereits zum Zeitpunkt der Anpassungsprüfung ersichtlich, dass im Folgezeitraum Investitionen vermögenswirksam getätigt werden, sind diese Teil der Entscheidungsgrundlage. Ein Widerspruch entsteht hierdurch freilich nicht, da die Beurteilung der wirtschaftlichen Lage des Arbeitgebers von vornherein zukunftsorientiert zu erfolgen hat. Da allerdings ein Teuerungsausgleich nach der Rechtsprechung des Dritten Senats grundsätzlich vollständig vorzunehmen ist, sind an den Begriff der „Absehbarkeit" konsequenterweise hohe Anforderungen zu stellen. Andernfalls ergäbe sich für den Versorgungsschuldner die Möglichkeit, künftige Investitionen zu berücksichtigen, die im Zeitpunkt der Anpassungsprüfung bloß in Erwägung gezogen und noch nicht final eingeplant worden sind.

f) Einordnung der Grenzwerte zur Eigenkapitalrendite und Eigenkapitalausstattung in die Systematik der Prognoseentscheidung

Die Judikatur zur eigenkapitalbezogenen Konturierung des Rechtsbegriffs der „wirtschaftlichen Lage des Arbeitgebers" hat eine Einschränkung der grundsätzlichen Anpassungsverpflichtung zur Folge: Eine angemessene Eigenkapitalverzinsung sowie eine hinreichende Eigenkapitalausstattung genießen mit Blick auf den regelmäßig zu erbringenden (vollständigen) Teuerungsausgleich Vorrang. Bleibt die Eigenkapitalrendite unter dem durch die Umlaufrendite öffentlicher Anleihen zzgl. des Risikozuschlags ermittelten Wert, kann der Versorgungsschuldner von einer Anpassung absehen.[846] Die gleiche Rechtsfolge bewirkt eine unzureichende, nach den zuvor genannten bilanziellen Grundsätzen zu bestimmende Eigenkapitalausstattung. Da eine Auszehrung der vorhandenen

---

nicht treuwidrig ist, wenn der Arbeitgeber zuvor Rücklagen in Höhe des erforderlichen Investitionsbedarf gebildet hat.

845 BAG Urt. v. 21.2.2017 – 3 AZR 455/15, AP Nr. 120 zu § 16 BetrAVG, Rn. 27; Urt. v. 7.6.2016 – 3 AZR 193/15, *juris*; Urt. v. 8.12.2015 – 3 AZR 348/14, *juris*; Urt. v. 15.4.2014 – 3 AZR 51/12, NZA-RR 2015, 147.

846 BAG Urt. v. 21.4.2015 – 3 AZR 11/14, Rn. 23, *juris*; Urt. v. 11.11.2014 – 3 AZR 116/13, Rn 30, *juris*; Urt. v. 28.5.2013 – 3 AZR 125/11, NZA-RR 2013, 598 (601); Urt. v. 10.11.2011 – 3 AZR 527/09, NZA-RR 2012, 454 (458); Urt. v. 30.11.2010 – 3 AZR 754/08, NZA-RR 2011, 593 (598); Urt. v. 10.2.2009 – 3 AZR 727/07, NZA 2010, 95 (97); *Rößler*, NZA-RR 2007, 1 (6).

Vermögenswerte des Unternehmens unterbleiben soll, kann auch bei einer defizitären Eigenkapitalausstattung eine Betriebsrentenerhöhung unterbleiben.[847] Die Grenzwerte zur Eigenkapitalrendite und Eigenkapitalausstattung bilden vor diesem Hintergrund eine Untergrenze, deren Unterschreitung unmittelbare Auswirkung auf den Inhalt der Anpassungsentscheidung hat. Zu berücksichtigen ist dabei, dass die Wertermittlung der Eigenkapitalrendite und Eigenkapitalausstattung ein integraler Bestandteil der Prognosegrundlage ist. Hinsichtlich des Bezugspunkts der Prognose – also der künftigen wirtschaftlichen Lage des Arbeitgebers bis zum nächsten Anpassungstermin – bewirkt die richterliche Statuierung der eigenkapitalbezogenen Grenzwerte im Ergebnis eine unwiderlegliche Vermutung dafür, dass die zukünftige wirtschaftliche Konstitution des Unternehmens bei einer alternativen bzw. kumulativen Grenzwertunterschreitung keinen Ausgleich des zwischenzeitlichen Kaufkraftverlustes ermöglichen wird.[848] Insoweit bestehen strukturelle Parallelen zu § 16 Abs. 2 Nr. 1 und 2 BetrAVG, da auch dort die Konkretisierung des Anpassungsmaßstabs im Wege einer Vermutungsregelung erfolgt.[849] Diese Vermutungsregelung führt freilich nicht dazu, dass eine anderslautende Anpassungsentscheidung rechtsfehlerhaft wäre. Dem Versorgungsschuldner bleibt es unbenommen, auch im Falle der Unterschreitung der Grenzwerte eine (anteilige) Anpassung der laufenden Leistungen vorzunehmen. Da die Rechtsprechung bei unzureichender Rendite bzw. Kapitalausstattung ein Ausbleiben von Leistungsanpassungen billigt, bedeutet dies hinsichtlich des Prüfungsmaßstabs nach § 16 Abs. 1 BetrAVG, dass die Anpassungsentscheidung des Arbeitgebers dem billigen Ermessen entspricht.

---

847 BAG Urt. v. 21.4.2015 – 3 AZR 11/14, Rn. 23, *juris*; Urt. v. 11.11.2014 – 3 AZR 116/13, Rn 30, *juris*; Urt. v. 28.5.2013 – 3 AZR 125/11, NZA-RR 2013, 598 (601); Urt. v. 10.11.2011 – 3 AZR 527/09, NZA-RR 2012, 454 (458); Urt. v. 30.11.2010 – 3 AZR 754/08, NZA-RR 2011, 593 (598); Urt. v. 10.2.2009 – 3 AZR 727/07, NZA 2010, 95 (97); *Rößler*, NZA-RR 2007, 1 (6).

848 Konnte das Unternehmen in der Vergangenheit eine angemessene Rendite erzielen und eine ausreichende Eigenkapitalausstattung beibehalten, ist im Umkehrschluss anzunehmen, dass dies auch künftig bis zum nächsten Anpassungstermin möglich sein wird, vgl. Blomeyer/Rolfs/Otto/*Rolfs*, BetrAVG, 7. Auflage 2018, § 16 Rn. 195.

849 Im Ergebnis auch ErfK/*Steinmeyer*, BetrAVG, 19. Auflage 2019, § 16 Rn. 20, der die Norm nicht als Fiktion, sondern als Anordnung einer Vermutungsregelung versteht.

6. Anerkennung eines Berechnungsdurchgriffs im Konzernverhältnis bei Bestehen eines Beherrschungsvertrags

Für die Ermittlung der wirtschaftlichen Lage ist im Grundsatz auf das Unternehmen des Versorgungsschuldners abzustellen. Besondere Probleme bereitet die Vermögens- und Ertragsbestimmung allerdings, wenn der Arbeitgeber in eine Konzernstruktur eingebunden ist. Zwar ändert die Einbindung nichts an der Person des Versorgungs- bzw. Anpassungsschuldners[850], jedoch können sich durch einen beherrschenden Einfluss der Konzernobergesellschaft betriebsrentenrechtlich zu berücksichtigende Besonderheiten ergeben. Diese können einen Berechnungsdurchgriff, d.h. ein Abstellen auf die wirtschaftliche Lage des herrschenden Unternehmens, legitimieren.[851] Teleologisch ergibt sich die Notwendigkeit eines solchen Durchgriffs aus der Gefahr, dass das herrschende Unternehmen Weisungen an den Versorgungsschuldner ausspricht, welche sich nachteilig auf die Ausgleichsinteressen der Versorgungsempfänger auswirken.[852]

a) *Kehrtwende des BAG zum Berechnungsdurchgriff mit Urteil vom 10.3.2015*

Dass in Konzernstrukturen eingebundene Unternehmen mit Blick auf die Anpassungsprüfungsverpflichtung aus § 16 Abs. 1 BetrAVG nicht isoliert betrachtet werden können, befand das BAG bereits in einem grundlegenden Urteil aus dem Jahr 1981.[853] Zu diesem Zeitpunkt sprach der Dritte Senat allerdings noch nicht von einem Berechnungsdurchgriff, vielmehr gäbe es „Zurechnungstatbestände“[854], die ggf. ein Abstellen auf die Konzernmutter rechtfertigen. In der darauffolgenden Rechtsprechung verfestigte das Gericht dann seine Grundwertung, der zufolge konzernverbundene Unternehmen besondere Gefahrenlagen für Betriebsrentner bergen.[855] Wird der Versorgungsschuldner im Wege eines Beherrschungsvertrags fremdbestimmt, kann der Konzern ein Interesse daran haben, dem beherrschten Unternehmen (wirtschaftliche) Risiken aufzuerlegen,

850 *Wutte*, Betriebsrentenanpassung im Konzern, 2016, S. 9.

851 Rechtstechnisch erfolgt insoweit eine normative Zurechnung am Wortlaut des § 16 Abs. 1 BetrAVG, *in concreto* anhand des Begriffs der „wirtschaftlichen Lage“, BAG Urt. v. 10.3.2015 - 3 AZR 739/13, NZA 2015, 1187 (1191).

852 Vgl. auch BGH Urt. v. 27.9.2016 - II ZR 57/15, NJW-RR 2016, 1372 (1373).

853 BAG Urt. v. 19.5.1981 – 3 AZR 308/80, NJW 1982, 350.

854 BAG Urt. v. 19.5.1981 – 3 AZR 308/80, NJW 1982, 350 (350).

855 BAG Urt. v. 10.3.2015 – 3 AZR 739/13, NZA 2015, 1187 (1190); Urt. v. 4.10.1994 – 3 AZR 910/93, NZA 1995, 368 (371).

welche das Unternehmen ansonsten niemals eingegangen wäre.[856] Die damit einhergehende erhöhte Wahrscheinlichkeit wirtschaftlicher Einbußen steht im Spannungsverhältnis zur Aufrechterhaltung der Betriebsrentenwerte.

In zwei Entscheidungen aus den Jahren 2009[857] und 2014[858] ging der Dritte Senat noch davon aus, dass die Existenz eines Beherrschungsvertrags ohne das Hinzutreten weiterer Umstände unwiderlegbar vermuten lasse, dass ein Berechnungsdurchgriff im Rahmen der Anpassungsprüfung zu erfolgen habe. Die Rechtsprechung nahm insoweit an, dass sich die konzernspezifische Gefahrenlage immer realisiert. Negative Anpassungsentscheidungen konnte der Versorgungsschuldner nicht damit begründen, dass seine unzulängliche wirtschaftliche Lage nicht durch Weisungen des beherrschenden Unternehmens bedingt sei. Das BAG rekurrierte für diese Lösung auf die gesellschaftsrechtlichen Bestimmungen zur Verlustübernahme sowie zum Gläubigerschutz nach §§ 302, 303 AktG.[859]

Die Rechtsprechung des Dritten Senats erfuhr daraufhin deutliche Kritik, die sich sowohl an die Legitimation der Vermutungsregelung, als auch an die Unvereinbarkeit der Lösung mit dem gesellschaftsrechtlichen Trennungsprinzip richtete.[860] Mit seinem Urteil vom 10.3.2015 modifizierte das Gericht deshalb Grund und Reichweite des Berechnungsdurchgriffs[861]: Nach der jüngsten Judikatur wird eine Realisierung der dem Beherrschungsvertrag immanenten Gefahrenlage nicht (mehr) unwiderlegbar vermutet. Sind Weisungen, die potentielle Gefährdungslagen für die Interessen des Versorgungsempfängers beinhalten, nicht erfolgt und hat sich die wirtschaftliche Lage des Versorgungsschuldners nicht durch derartige Weisungen verschlechtert, bedarf es keines Durchgriffes auf des beherrschende Unternehmen. Vielmehr erfolgt nunmehr eine prozessuale Umverteilung der Darlegungs- und Beweislast, im Rahmen derer die Verwirklichung einer konkreten Gefahrenlage festzustellen ist.[862] Danach obliegt es

---

856 BAG Urt. v. 10.3.2015 – 3 AZR 739/13, NZA 2015, 1187 (1191).

857 BAG Urt. v. 26.5.2009 – 3 AZR 369/07, NZA 2010, 641.

858 BAG Urt. v. 17.6.2014 – 3 AZR 298/13, NJOZ 2016, 1653.

859 BAG Urt. v. 26.5.2009 – 3 AZR 369/07, NZA 2010, 64 (644); BAG Urt. v. 17.6.2014 – 3 AZR 298/13, NJOZ 2016, 1653 (1661 f.).

860 Ablehnend insbesondere Blomeyer/Rolfs/Otto/*Rolfs*, BetrAVG, 7. Auflage 2018, § 16 Rn. 221; *Cisch/Bleeck/Karst*, BB 2014, 1141 (1149); *Cisch/Kruip*, NZA 2010, 540 (541 ff.); *Langohr-Plato*, NZA 2013, 994 (998 f.); *Preu/Novara*, NZA 2011, 1263 (1264 ff.); *Rolfs/Heikel*, NZA 2014, 1161 (1163 f.); *Schäfer*, ZIP 2010, 2025 (2027 f.); wohl auch *Diller/Beck*, DB 2011, 1052 (1053).

861 BAG Urt. v. 10.3.2015 – 3 AZR 739/13, NZA 2015, 1187.

862 BAG Urt. v. 10.3.2015 – 3 AZR 739/13, NZA 2015, 1187.

dem Betriebsrentner, in einem ersten Schritt darzulegen, dass die tatbestandlichen Voraussetzungen für einen Berechnungsdurchgriff gegeben sind. Dem BAG zufolge reicht dafür aus, dass der Versorgungsempfänger das Bestehen eines Beherrschungsvertrags nachweist; was wiederum aufgrund der Pflicht zur Eintragung in das Handelsregister nach § 294 Abs. 1 AktG keinerlei Schwierigkeiten bereitet. Auch mit Blick auf die Gefahrverwirklichung reicht deren pauschale Behauptung auf der ersten Stufe aus.[863] In einem zweiten Schritt obliegt es dann dem Versorgungsschuldner, ausführlich zu den erteilten Weisungen vorzutragen und deren Einfluss auf die wirtschaftliche Lage des Unternehmens darzustellen. Trägt der Arbeitgeber vor, dass keine Weisungen erfolgt seien, bedarf es zudem eines Vortrags zur *ratio* des Beherrschungsvertrags. In einem dritten und letzten Schritt kann sich der Betriebsrentner dann nochmals zum Vortrag des Arbeitgebers erklären. Hat letzterer auf der zweiten Stufe nichts vorgetragen, gilt die auf der ersten Stufe erklärte Behauptung einer Gefahrenlage als zugestanden i.S.v. § 138 Abs. 3 ZPO.[864]

b) Plausibilitätserwägungen zur prozessualen Feststellung der konzerntypischen Gefahrenlage

Die Neujustierung des Dritten Senats zum Berechnungsdurchgriff stellt durch die Erweiterung der tatbestandlichen Voraussetzungen sicher, dass Betriebsrentner nicht allein aufgrund der Konzernzugehörigkeit des Versorgungsschuldners bessergestellt werden. Der geschaffene Interessenausgleich geht jedoch zugleich mit Unzulänglichkeiten hinsichtlich der prozessualen Durchsetzung einher: Im Ausgangspunkt ist es konsequent und notwendig, das Bestehen einer konzerntypischen Gefahrenlage an weitere, neben einem Beherrschungsvertrag vorliegende Merkmale zu knüpfen. Die bislang pauschalierte Annahme einer stetigen Gefahr für die Interessen der Betriebsrentner des beherrschten Unternehmens trug den individuellen Weisungsstrukturen des einzelnen Konzerns nicht Rechnung und führte auch dort, wo der Versorgungsschuldner keine konzernbedingten Zusatzrisiken eingegangen ist, zu einer Verschiebung der wirtschaftlichen Berechnungsgrundlage.

Da mit Blick auf die konkrete Weisungsausübung der Konzernmutter regelmäßig Informationsdefizite auf Seiten des Versorgungsempfängers auftreten, ist auch eine Umverteilung der Darlegungs- und Beweislast geboten. Diese geht aber weit über das, was notwendig ist, hinaus und schafft neuen Nährboden für eine

863 Äußerst kritisch dazu *Wutte*, Betriebsrentenanpassung im Konzern, 2016, S. 37.
864 Ausführlich BAG Urt. v. 10.3.2015 – 3 AZR 739/13, NZA 2015, 1187 (1191 f.).

pauschale Annahme konzernbedingter Gefährdungslagen. Die Beweisbelastung des Betriebsrentners wird auf ein Minimum reduziert, indem bereits der Nachweis über das Bestehen eines Beherrschungsvertrags ausreicht, um den Arbeitgeber zu umfassender Darlegung und Beweis von Negativtatsachen zu zwingen.[865] Entgegen der älteren Rechtsprechung[866] bedarf es auf Seiten des Versorgungsempfängers nicht einmal mehr einer beispielhaften Darstellung von konzernbedingten Eingriffen in das Unternehmen des Arbeitgebers, die zu Einbußen in der wirtschaftlichen Lage des Versorgungsschuldners geführt haben (könnten). *Schäfer* merkt vor diesem Hintergrund zu Recht an, dass der Dritte Senat mit seiner derzeitigen Lösung „Vermutungskaskaden" auslöst, die im Ergebnis auf eine Erfolgshaftung des konzerngebundenen Versorgungsschuldners hinauslaufen.[867] Auch *Wutte* zufolge sei der Weg des BAG inkonsistent, da er dem beherrschten Arbeitgeber einen „kaum je zu erbringenden Vortrag über Negativtatsachen" abverlange.[868] Auch sei nicht ersichtlich, wie eine ggf. bestehende Weisungsfreiheit als Negativtatsache überhaupt dargelegt werden könne.[869] Der Rechtsprechung ist insoweit zuzugestehen, dass der Versorgungsschuldner aufgrund der Informationsasymmetrie des Versorgungsverhältnisses üblicherweise mehr Vortrag zu konzerninternen Weisungsstruktur leisten kann, als es dem Betriebsrentner möglich ist. Auch kann es – entsprechend der älteren Rechtsprechung des Dritten Senats – für die Ablehnung eines Berechnungsdurchgriffs nicht ausreichen, dass der Versorgungsschuldner die vom Anspruchssteller beispielhaft genannten Eingriffe im Konzerngeflecht widerlegt bzw. nachweist, dass er auch ohne diese Eingriffe nicht zur Versorgungsanpassung imstande gewesen wäre. Vielmehr muss er – und insoweit ist der aktuellen Judikatur beizupflichten – umfassend darlegen und beweisen, dass die tatsächlich erfolgten Weisungen keine Eingriffe zulasten der Betriebsrentner gewesen sind. Die „Vermutungskaskade" über Negativtatsachen kann dadurch in einen positiven Tatsachennachweis umgekehrt werden: Der Arbeitgeber hat nicht das vollständige Ausbleiben von schädigenden Eingriffen, sondern vielmehr die Unschädlichkeit der tatsächlich erfolgten konzerngebundenen Weisungen nachzuweisen. Auch die Ausführungen des BAG bestätigen diese Sichtweise, da sich der „vollständig und wahrheitsgemäß" zu erbringende Sachvortrag des Arbeitgebers auf die

865 Ähnlich *Schäfer*, NZG 2016, 1321 (1323).
866 BAG Urt. v. 4.10.1994 – 3 AZR 910/93, NZA 1995, 368 (372).
867 *Schäfer*, NZG 2016, 1321 (1323 f.).
868 *Wutte*, Betriebsrentenanpassung im Konzern, 2016, S. 133.
869 *Wutte*, Betriebsrentenanpassung im Konzern, 2016, S. 134.

Folgen der „erteilten Weisungen des herrschenden Unternehmens“ bezieht.[870] Vor dem Hintergrund, dass der Betriebsrentner im Ausgangspunkt die Voraussetzungen für einen Berechnungsdurchgriff nachzuweisen hat, sollte die Darlegungs- und Beweislast auf der ersten Stufen nicht auf das Bestehen eines Beherrschungsvertrags beschränkt, sondern um die Darlegung bzw. den Beweis exemplarischer konzernbedingter Eingriffe in die wirtschaftliche Lage des Versorgungsschuldners erweitert werden. Insofern verdient die Kritik im Schrifttum Zustimmung.[871] Denn nur dann resultiert aus der Informationsasymmetrie des Vertragsverhältnisses heraus eine Notwendigkeit für die Abstufung und Umverteilung der weiteren Darlegungs- und Beweisbelastung.

c) *Die Reichweite des Berechnungsdurchgriffs im Kontext der zukunftsbezogenen Prognoseentscheidung*

Der Berechnungsdurchgriff bei Konzerngebundenheit des Arbeitgebers kann in seiner Reichweite Einschränkungen unterliegen, die sich aus der Zukunftsbezogenheit der Ermittlung der wirtschaftlichen Belange i.S. des § 16 Abs. 1 BetrAVG ergeben. Der Durchgriff auf das herrschende Unternehmen bedeutet im Ausgangspunkt eine Verschiebung des Anknüpfungspunktes der Prognosegrundlage. Auch für den Berechnungsdurchgriff müssen die allgemeinen Wertungen des BAG zur Prognoseerstellung gelten: Grundlage der Prognose ist regelmäßig die bisherige, in der Vergangenheit erfolgte wirtschaftliche Entwicklung des Unternehmens, soweit daraus Rückschlüsse auf die künftige Entwicklung gezogen werden können.[872] Liegen die tatbestandlichen Voraussetzungen für einen Berechnungsdurchgriff vor, ist dieser also nur dann und nur insoweit geboten, wie auch künftig von einer konzerntypischen Gefahrenlage ausgegangen werden kann. Auch die Rechtsprechung berücksichtigt bei der Beurteilung der künftigen wirtschaftlichen Lage nicht ausschließlich die in der Vergangenheit vollzogene Unternehmensentwicklung, sondern bezieht auch zukünftige Veränderungen in die Prognoseerstellung mit ein, soweit diese tatsächlich vorhersehbar

---

870 BAG Urt. v. 10.3.2015 – 3 AZR 739/13, NZA 2015, 1187 (1192).

871 Zur überobligatorischen Herabstufung der Darlegungs- und Beweislast des Anspruchsstellers *Schäfer*, NZG 2016, 1321 (1323 f.); *Wutte*, Betriebsrentenanpassung im Konzern, 2016, S. 133.

872 BAG Urt. v. 21.2.2017 – 3 AZR 455/15, NZA-RR 2018, 200 (204); Urt. v. 15.4.2014 – 3 AZR 51/12, NZA-RR 2015, 147 (150); Urt. v. 28.5.2013 – 3 AZR 125/11, NZA-RR 2013, 598 (601); Urt. v. 11.10.2011 – 3 AZR 527/09, NZA 2012, 454 (458); Urt. v. 30.11.2010 – 3 AZR 754/08, NZA-RR 2011, 593 (598); Urt. v. 31.7.2007 – 3 AZR 810/05, NJOZ 2010, 172 (173).

sind.[873] Unerheblich ist, ob sich die Veränderungen bis zum aktuellen Anpassungsstichtag bereits ausgewirkt haben.[874] Für den bei Konzerngebundenheit ggf. notwendigen Berechnungsdurchgriff bedeutet das, dass ein Abstellen auf das beherrschende Unternehmen nicht mehr erfolgen darf, wenn bereits zum Anpassungsstichtag künftige Entwicklungen vorhersehbar sind, die eine konzernbedingte Gefährdungslage ausschließen.

Die Erweiterung der Prognosegrundlage um künftige, vorhersehbare Entwicklungen darf auch im Kontext des Berechnungsdurchgriffs freilich nicht dazu führen, dass bloße wirtschaftliche Erwägungen bzw. vage Unternehmensplanungen zu einer Abänderung der Prognosegrundlage führen. Ist nach den o.g. Grundsätzen der Rechtsprechung feststellbar, dass eine konzernbedingte Gefährdungslage im letzten Anpassungsprüfungszeitraum bestand, kann regelmäßig davon ausgegangen werden, dass auch innerhalb der nächsten drei Jahre betriebsrentengefährdende Eingriffe in die wirtschaftliche Lage des Unternehmens des Versorgungsschuldners eintreten werden, ein Berechnungsdurchgriff mithin notwendig ist.[875] An den Begriff der Vorhersehbarkeit sind in Anbetracht des Regel-Ausnahme-Verhältnisses von Anpassung und Nichtanpassung erhöhte Anforderungen zu stellen.[876] Ein Verzicht auf den Berechnungsdurchgriff ist jedenfalls möglich, wenn eine Beendigung des Konzerneinflusses für den nächsten Anpassungszeitraum mit hoher Wahrscheinlichkeit eintreten wird. Dies ist etwa der Fall, wenn zum Zeitpunkt der Anpassungsprüfung die Kündigung des Beherrschungsvertrags oder die Veräußerung der Gesellschaftsanteile feststeht.[877] Abzustellen ist auf die tatsächliche künftige Einflussnahme: Wurde der Beherrschungsvertrag bereits vor dem Anpassungsstichtag wirksam beendet, ist ein Berechnungsdurchgriff trotzdem möglich, wenn eine vorherige

---

873 BAG Urt. v. 10.2.2015 – 3 AZR 37/14, NZA-RR 2015, 318 (320); Urt. v. 15.4.2014 – 3 AZR 51/12, NZA-RR 2015, 147 (150); Urt. v. 11.12.2012 – 3 AZR 615/10, NJOZ 2013, 1056 (1059); Urt. v. 11.10.2011 – 3 AZR 527/09, NZA 2012, 454 (458); Urt. v. 30.11.2010 – 3 AZR 754/08, NZA-RR 2011, 593 (598); nicht vorhersehbare, veränderte Rahmenbedingungen sind hingegen nicht berücksichtigungsfähig, ausdrücklich BAG Urt. v. 17.4.1996 – 3 AZR 56/95, NZA 1997, 155 (157); Urt. v. 17.10.1995 – 3 AZR 881/94, NZA 1996, 1038 (1039).

874 BAG Urt. v. 31.7.2007 – 3 AZR 810/05, NJOZ 2010, 172 (173).

875 Ähnlich *Wutte*, Betriebsrentenanpassung im Konzern, 2016, S. 126, dem zufolge bei Einflussnahme in der Vergangenheit auch eine Fortwirkung für den künftigen Anpassungszeitraum anzunehmen ist.

876 Zur restriktiven Anwendung der Rechtsprechung ausführlich unter Gliederungspunkt E. I. 4. f).

877 So wohl auch *Wutte*, Betriebsrentenanpassung im Konzern, 2016, S. 126.

Einflussnahme auch für den Zeitraum nach Beendigung des Vertrags betriebsrentenschädliche Auswirkungen auf das Unternehmen des bis dahin konzerngebundenen Versorgungsschuldners haben wird.[878] Festzuhalten bleibt, dass die Entscheidung über ein Abbedingen des Berechnungsdurchgriffs im Rahmen der Prognose nur anhand der individuellen, konzerninternen Situation beurteilt werden kann. Dass eine nicht nur formale, sondern auch tatsächliche Einflussnahme der beherrschenden Gesellschaft künftig nicht mehr stattfinden wird, hat der Versorgungsschuldner im Zweifel darzulegen und zu beweisen.

d) Abstellen auf das Vermögen des Treuhänders bei Verwendung eines Contractual Trust Arrangement (CTA)?

Entsprechend der Möglichkeit bzw. Notwendigkeit eines Berechnungsdurchgriffs bei Konzerngebundenheit des Versorgungsschuldners stellt sich die Frage nach einer Verschiebung der Prognosegrundlage, wenn der Arbeitgeber zur Ausfinanzierung und Sicherung von Pensionslasten Vermögen auf einen Dritten überträgt. Dies geschieht oftmals im Wege des Abschlusses eines Treuhandvertrags, sog. Contractual Trust Arrangement (CTA). Hierbei handelt es sich um ein Modell zur Übertragung von Sicherungsvermögen an einen externen, rechtlich eigenständigen Treuhänder zum Zwecke der Sicherung von betriebsrentenrechtlichen Ansprüchen der Versorgungsberechtigten im Falle einer Insolvenz des Arbeitgebers.[879] Der Abschluss eines CTA stellt einen Treuhandvertrag zwischen Arbeitgeber und dem Pension Trust bzw. Treuhänder dar, der vordergründig eine wirtschaftliche Trennung von Kapitalwerten ermöglicht, insbesondere eine bilanzielle Verrechnung von Pensionsrückstellungen und Kapitalwerten.[880] Die vom CTA umfassten Vermögenswerte sind dem Zugriff aller übrigen Gläubiger des Treugebers entzogen und dienen ausschließlich der Erfüllung von Schulden aus Altersversorgungsverpflichtungen.[881] Bei Verwendung eines CTA findet in tatsächlicher Hinsicht ein Abfluss der gebildeten Vermögensgegenstände statt. Der Treuhänder hat die an ihn übertragenen Vermögenswerte – sowohl das Treuhandvermögen als Aktiva, als auch die Pensionsrückstellungen auf der

878 *Wutte*, Betriebsrentenanpassung im Konzern, 2016, S. 126.

879 *Beck*, ArbRAktuell 2018, 143 (144).

880 Vgl. *Stiefermann*, NZA-Beil. 2008, 26 (28).

881 Da die Realisierung der versprochenen Versorgungsleistung von der wirtschaftlichen Leistungsfähigkeit des Arbeitgebers abhängig ist, besteht für diese Durchführungsform auch Insolvenzschutz nach § 7 Abs. 1 S. 1, vgl. BeckOKArbR/*Clemens*, BetrAVG, 53. Ed. Stand 1.9.2019, § 1 Rn. 33.

Passivseite – bilanziell in Ansatz zu bringen.[882] Da das Vermögen in diesem Fall dem Treuhänder zusteht und dem Versorgungsschuldner lediglich zugerechnet wird, ist klärungsbedürftig, ob im Rahmen des § 16 Abs. 1 BetrAVG allein auf die wirtschaftliche Konstitution des Pension Trusts abgestellt werden muss.

Das BAG ist in jüngeren Entscheidungen einer Verschiebung der Grundlage für die Prognose bei Bestehen eines CTA klar entgegengetreten.[883] Losgelöst von der Möglichkeit eines Durchgriffs auf das Vermögen des Treuhänders ist nach der Rechtsprechung des Dritten Senats auch bei einer Auslagerung des Vermögens nur der Arbeitgeber Schuldner der Anpassungsprüfung nach § 16 Abs. 1 BetrAVG. Zwar haben die Versorgungsberechtigten üblicherweise im treuhandvertraglich geregelten Sicherungsfall (z.B. Insolvenz des Treugebers) einen eigenen Anspruch gegen den Treuhänder auf Befriedigung ihrer Versorgungsansprüche aus einem echten Vertrag zugunsten Dritte i.S.v. § 328 BGB. Abseits des Sicherungsfalles bestehen jedoch keinerlei vertragliche Ansprüche des Betriebsrentners gegenüber dem Treuhänder.[884] Letzterer wird im Regelfall auch nicht im Verhältnis zum Treugeber eine vertragliche Verpflichtung übernommen haben, der zufolge er mit seinem Planvermögen und seinen Erträgen innerhalb der Anpassungsprüfungspflicht für die Versorgungsschuld des Arbeitgebers einzustehen hat.[885] Hinzu kommt, dass auch im Sicherungsfall kein originärer Versorgungsanspruch, sondern allein das Recht zur Befriedigung aus der Sicherungstreuhand des CTA besteht.[886] Die Anpassungsprüfungspflicht trifft also stets und ausschließlich den Versorgungsschuldner.[887] Als alleiniger Verpflichteter kommt es für die Bestimmung der wirtschaftlichen Lage des Versorgungsschuldners auch nur auf dessen wirtschaftliche Lage an.[888] Im Regelfall ist die treuhänderische Abrede so ausgestaltet, dass der Arbeitgeber keinen

---

882 Zur betriebsrentenrechtlichen Bewertung der bilanziellen Ausweisung BAG Urt. v. 15.4.2014 – 3 AZR 51/12, NZA-RR 2015, 147 (154); weiterführend *Neufeld*, BB 2017, 1661 (1663 f.).

883 BAG Urt. v. 21.2.2017 – 3 AZR 455/15, NZA-RR 2018, 200 (208)Urt. v. 15.4.2014 – 3 AZR 51/12, NZA-RR 2015, 147 (154).

884 BAG Urt. v. 15.4.2014 – 3 AZR 51/12, NZA-RR 2015, 147 (154); zustimmend *Diller*, ArbRAktuell 2014, 248 (248).

885 Ähnlich BAG Urt. v. 21.2.2017 – 3 AZR 455/15, NZA-RR 2018, 200 (208).

886 Zutreffend *Neufeld*, BB 2017, 1661 (1664); wohl auch *Diller*, ArbRAktuell 2014, 248 (248).

887 So auch *Beck*, ArbRAktuell 2018, 143 (144); *Cisch/Bleeck/Karst*, BB 2015, 1138 (1147); *Diller*, ArbRAktuell 2014, 248 (248); *Neufeld*, BB 2017, 1661 (1664).

888 Ausdrücklich BAG Urt. v. 21.2.2017 – 3 AZR 455/15, NZA-RR 2018, 200 (208); BAG Urt. v. 15.4.2014 – 3 AZR 51/12, NZA-RR 2015, 147 (154).

direkten Zugriff auf das übertragene Vermögen hat, sondern allenfalls eine Rückübertragung unter engen Voraussetzungen möglich ist.[889] Das muss für die Bestimmung der Berechnungsgrundlage der Anpassungsprüfung berücksichtigt werden. Auch eine Rückübertragung wird jedoch nur dann verlangt werden können, wenn die Versorgungsverpflichtung erloschen ist oder das bestehende Vermögen des Treuhänders der Höhe nach die zu deckenden Versorgungsverpflichtungen übersteigt.[890] Im Ergebnis steht deshalb fest: Die wirtschaftliche Lage des CTA bzw. des Treuhänders findet im Rahmen des § 16 Abs. 1 BetrAVG keine Berücksichtigung.[891] Eine Verschiebung der Prognosegrundlage – wie es das BAG bei Konzerngebundenheit des Arbeitgebers bei Bestehen einer konzerntypischen Gefahrenlage anordnet – erfolgt vor diesem Hintergrund nicht.

7. Überprüfung anhand billigen Ermessens – Bedeutung für die Prognoseentscheidung

Entsprechend der ausdrücklichen Anordnung in § 16 Abs. 1 BetrAVG hat der Arbeitgeber über die Anpassung nach „billigem Ermessen" zu entscheiden. Über den mit der Formulierung verbundenen, rechtlichen Anknüpfungspunkt – denkbar wäre etwa § 315 BGB[892] –besteht mitunter Uneinigkeit, allerdings herrscht weitestgehend Konsens darüber, dass dem Versorgungsschuldner ein gewisser Spielraum einzuräumen ist.[893] Sowohl der Wortlaut des ersten Absatzes, als auch der Zweck der Anpassungsprüfungspflicht legen ein Verständnis nahe, wonach sich der zuerkannte Ermessensspielraum allein auf den Ausgang der Anpassungsentscheidung, nicht hingegen auch auf die Anpassungsprüfung bezieht.

---

889 BAG Urt. v. 21.2.2017 – 3 AZR 455/15, NZA-RR 2018, 200 (208).

890 BAG Urt. v. 21.2.2017 – 3 AZR 455/15, NZA-RR 2018, 200 (208).

891 BAG Urt. v. 21.2.2017 – 3 AZR 455/15, NZA-RR 2018, 200 (208); BAG Urt. v. 15.4.2014 – 3 AZR 51/12, NZA-RR 2015, 147 (154); *Beck*, ArbRAktuell 2018, 143 (144); *Cisch/Bleeck/Karst*, BB 2015, 1138 (1147); *Diller*, ArbRAktuell 2014, 248 (248); *Neufeld*, BB 2017, 1661 (1664).

892 Vgl. Blomeyer/Rolfs/Otto/*Rolfs*, BetrAVG, 7. Auflage 2018, § 16 Rn. 245, der sich gegen ein wortwörtliches Verständnis der Formulierung ausspricht; eine Anknüpfung an § 315 Abs. 3 S. 1, 2 BGB bejahend *Simon/Rein*, NZA 2013, 169 (171).

893 Für einen Bewertungsspielraum *Beck*, ArbRAktuell 2018, 143 (143); *ders.*, ArbRAktuell 2014, 580 (581); Blomeyer/Rolfs/Otto/*Rolfs*, BetrAVG, 7. Auflage 2018, § 16 Rn. 245; ErfK/*Steinmeyer*, 19. Auflage 2019, BetrAVG, § 16 Rn. 35 f.; KKBHB/*Huber*, BetrAVG, 8. Auflage 2018, § 16 Rn. 101; *Matthießen*, NZA 2016, 278 (279); wohl auch *Thüsing/Granetzny*, NZG 2010, 449 (452).

Missverständlich ist insofern, dass § 16 BetrAVG die zu berücksichtigenden Belange dem Wortlaut nach nicht abschließend regelt („insbesondere"). Dem Versorgungsschuldner soll kein Entscheidungsspielraum hinsichtlich der Bewertungsfaktoren, die er im Rahmen der Anpassungsprüfung berücksichtigt, zugesprochen werden. Die Belange des Betriebsrentners sowie die wirtschaftliche Lage des Unternehmens sind vom Anpassungsverpflichteten stets und ausschließlich anhand der gesetzlichen bzw. richterlich fortentwickelten Grundsätze zu bestimmen.[894] Ein Ermessensspielraum besteht deshalb nur für die einzelfallbezogene Gewichtung der – im Übrigen einheitlich zu ermittelnden – Belange der Parteien innerhalb der Anpassungsentscheidung. Diese sind wiederum nicht frei und der richterlichen Nachprüfung entzogen. Vielmehr handelt es sich um gebundenes Ermessen i.S. einer der gerichtlichen Kontrolle zugänglichen Entscheidung.[895] Ob ein solcher Bewertungsspielraum rechtstatsächlich besteht, ist allerdings äußerst zweifelhaft. Die Rechtsprechung des Dritten Senats zeigt eine deutliche Tendenz hin zur festen Regulierung der Anpassungsentscheidung anhand der Maßstäbe zur Bestimmung der wirtschaftlichen Lage des Arbeitgebers. Konkret bedeutet dies, dass der Versorgungsschuldner bei Erreichen einer angemessenen Eigenkapitalrendite und -ausstattung keinerlei erkennbaren Spielraum für den Ausgang seiner Anpassungsentscheidung haben wird. Die Ursache hierfür liegt nicht zuletzt in dem vom BAG entwickelten wertungsmäßigen Vorrang der Versorgungsempfängerbelange.

Das – zumindest nach der gesetzlichen Konzeption eingeräumte – Ermessen führt nicht dazu, dass der Arbeitgeber bei der Prognose der künftigen wirtschaftlichen Lage existierende Unsicherheiten beliebig berücksichtigen bzw. unberücksichtigt lassen kann. Die Ermittlung der voraussichtlichen wirtschaftlichen Lage des Versorgungsschuldners ist ein integraler Bestandteil der Anpassungsprüfung, auf die sich der Bewertungsspielraum gerade nicht erstreckt. Sofern auch für den Vorgang der Anpassungsprüfung Bewertungsspielräume anerkannt werden, erfolgt dies ohne weitere dogmatische Begründung.[896] Ein Ermessen ist für die Ermittlung der wirtschaftlichen bzw. bilanziellen Bewertungsfaktoren nur schwerlich vorstellbar. Insbesondere bestünde die Gefahr einer uneinheitlichen Unternehmensbewertung, welche mit dem in allen Fällen gleichermaßen

894 So auch ErfK/*Steinmeyer*, BetrAVG, 19. Auflage 2019, § 16 Rn. 36.

895 Blomeyer/Rolfs/Otto/*Rolfs*, BetrAVG, 7. Auflage 2018, § 16 Rn. 247.

896 *Langohr-Plato*, BB 2002, 406 (406), dem zufolge auch die innerhalb der Anpassungsprüfung heranzuziehenden Parameter einem Ermessensspielraum des Versorgungsschuldners unterliegen.

bestehenden Interesse des Versorgungsempfängers an einem Ausgleich des erlittenen Kaufkraftverlustes unvereinbar ist. Auch das BAG betont die Notwendigkeit eines einheitlichen Bewertungsverfahrens.[897] § 16 Abs. 1 BetrAVG muss deshalb dahingehend verstanden werden, dass die auf einer einheitlichen Anpassungsprüfung basierende Interessenlage der Versorgungsparteien einem der Anpassungsentscheidung inbegriffenen Ermessensspielraum unterliegen.

Richtigerweise ist zwischen den einer jeden Prognose inhärenten Unsicherheiten und der Möglichkeit zur einzelfallbezogenen Gewichtung aller Parteibelange im Rahmen der Anpassungsentscheidung zu unterscheiden.[898] Der von § 16 Abs. 1 BetrAVG vorgesehene Bewertungsspielraum hat mit Blick auf die Prognose nicht zur Folge, dass der Arbeitgeber über den materiell-rechtlich einzufordernden Wahrscheinlichkeitsgrad oder die Tatsachengrundlage seiner Prognoseentscheidung disponieren kann. Die Existenz eines Ermessensspielraums bedeutet ebenso wenig eine Herabsenkung der materiell-rechtlichen Anforderungen, die an die Prognose zu stellen sind. Im Ergebnis besteht deshalb für das richterliche Nachvollziehen der prognostizierten wirtschaftlichen Lage kein Bewertungsspielraum des Versorgungsschuldners, der sich einer gerichtlichen Kontrolle entzieht. Das Ermessen des Arbeitgebers bezieht sich ausschließlich auf die einzelfallbezogene Gewichtung der Belange des Versorgungsempfängers und seiner eigenen wirtschaftlichen Konstitution.

8. Die Vermutungsregelung aus § 16 Abs. 2 BetrAVG: Bedeutung für die Prognose innerhalb der Anpassungsprüfungsverpflichtung

Die Anpassungsprüfungsverpflichtung aus § 16 Abs. 1 BetrAVG gilt gem. § 16 Abs. 2 Nr. 1, 2 BetrAVG als erfüllt, wenn die Anpassung nicht geringer ist als (1) der Anstieg des Verbraucherpreisindexes für Deutschland oder (2) der Anstieg der Nettolöhne vergleichbarer Arbeitnehmergruppen des Unternehmens des Versorgungsverpflichteten. Die Norm statuiert eine unwiderlegbare Vermutung[899] für die Rechtmäßigkeit der Anpassungsprüfung sowie Anpassungsentscheidung. Das in Absatz 1 formulierte Ermessen des Arbeitgebers wird durch die Bestimmung nicht aufgehoben, vielmehr wird bei einer nach den Maßstäben des § 16 Abs. 2 BetrAVG vorgenommenen Anpassung der Versorgungsleistungen

897 BAG Urt. v. 21.4.2015 – 3 AZR 11/14, Rn. 23, *juris*; Urt. v. 11.11.2014 – 3 AZR 116/13, Rn 30, *juris*.

898 So wohl auch ErfK/*Steinmeyer*, 19. Auflage 2019, BetrAVG, § 16 Rn. 36.

899 Vgl. Blomeyer/Rolfs/Otto/*Rolfs*, BetrAVG, 7. Auflage 2018, § 16 Rn. 130; KKBHB/*Huber*, BetrAVG, 8. Auflage 2018, § 16 Rn. 39.

unwiderlegbar vermutet, dass der Versorgungsschuldners nach billigem Ermessen entschieden hat. Es bedarf insofern keiner weitergehenden inhaltlichen Prüfung der Anpassungsentscheidung.[900] Die Vermutungsregelung knüpft im Kern allein an die retrospektiv zu bestimmenden Belange des Versorgungsempfängers an, da sowohl der Verbraucherpreisindex, als auch die Nettolöhne vergleichbarer Arbeitnehmergruppen[901] Bewertungsfaktoren zur Feststellung des zwischenzeitlich eingetretenen Kaufkraftverlustes sind. Die wirtschaftlichen Belange des Arbeitgebers werden in § 16 Abs. 2 BetrAVG nicht genannt. Dies bestätigt in systematischer Hinsicht die Grundwertung des BAG, der zufolge die wirtschaftlichen Belange i.S. von § 16 Abs. 1 BetrAVG Dämpfungscharakter haben und dem regelmäßig vorzunehmenden, vollständigen Teuerungsausgleich ausnahmsweise entgegenstehen können. Für die grundsätzlich im Rahmen der Anpassungsprüfungspflicht anzustellende Prognose bedeutet die Vermutungsregelung aus § 16 Abs. 2 BetrAVG, dass eine solche nicht mehr notwendig ist. Rechtstatsächlich ist die Prognostizierung der Belange des Arbeitgebers von vornherein nur dann relevant, wenn kein vollständiger Ausgleich des ermittelten Kaufkraftverlustes erfolgt ist. Ein solcher wird in den Fällen des § 16 Abs. 2 Nr. 1, 2 BetrAVG aber gerade vermutet. Ob die Pflicht zur Prüfung der wirtschaftlichen Lage des Arbeitgebers entfällt oder eine ordnungsgemäße Ermittlung und Bewertung unwiderlegbar vermutet wird, kann dahinstehen. Da Absatz 2 allein auf den Anpassungsbedarf der Betriebsrentner abstellt, liegt es nahe, einen ungeschriebenen Verzicht auf die Ermittlung der wirtschaftlichen Belange des Arbeitgebers in die Bestimmung hineinzulesen. Anders als in § 16 Abs. 3 BetrAVG entfällt demzufolge nicht die Pflicht zur Anpassungsprüfung insgesamt, sondern nur die Pflicht zur prognostischen Ermittlung der wirtschaftlichen Belange des Versorgungsschuldners. Vor diesem Hintergrund kann eine Prognose dann, wenn die Anpassungsentscheidung das Niveau einer der Vergleichsmaßstäbe aus § 16 Abs. 2 Nr. 1, 2 BetrAVG erreicht[902], unterbleiben.

---

900 BAG Urt. v. 30.8.2005 – 3 AZR 395/04, NZA-RR 2006, 485 (489); Urt. v. 20.5.2003 – 3 AZR 179/02, NJOZ 2004, 2832 (2837); Urt. v. 9.11.1999 – 3 AZR 432/98, NZA 2001, 221 (226); KKBHB/*Huber*, BetrAVG, 8. Auflage 2018, § 16 Rn. 39.

901 Zur wirtschaftlichen Gegenüberstellung und dem Verwaltungsaufwand bei einer Anpassung nach der Nettolohnentwicklung und Verbraucherpreisindex *Reichenbach/Dreger*, BB 2010, 2306 (2307).

902 Zum Alternativverhältnis von Inflations- und Nettoeinkommensanstieg KKBHB/*Huber*, BetrAVG, 8. Auflage 2018, § 16 Rn. 38; *Langohr-Plato*, NZA 2013, 994 (995); *ders.*, BB 2002, 406 (406); rechtstatsächlich bedeutet dieses Alternativverhältnis, dass nicht immer ein vollständiger Inflationsausgleich stattzufinden hat, wenn und soweit die Nettolöhne vergleichbarer Arbeitnehmer hinter dem Anstieg zurückbleiben, vgl.

9. Entfall der Pflicht zur Anpassungsprüfung und damit auch Prognoseerstellung nach § 16 Abs. 3 BetrAVG

§ 16 Abs. 3 Nr. 1–3 BetrAVG ermöglicht den Parteien des Versorgungsverhältnisses, die nach Abs. 1 bestehende Anpassungsprüfungspflicht abzubedingen, indem eine Anpassungsgarantie bzw. Garantieanpassung[903] vereinbart wird.[904] Der Gesetzgeber hat hierfür drei abschließende Garantiemöglichkeiten geschaffen. Nach § 16 Abs. 3 Nr. 1 BetrAVG besteht für den Arbeitgeber die Möglichkeit, die laufenden Leistungen jährlich um 1 % zu erhöhen, sodass der Versorgungsempfänger für den (hypothetischen) Anpassungsprüfungszeitraum von drei Jahren eine gesicherte Leistungsanhebung von 3,03 % erhält.[905] Daneben besteht die Option, die betriebliche Altersversorgung über eine Direktversicherung oder Pensionskasse abzuwickeln und dabei sämtliche Überschussanteile zur Erhöhung der laufenden Versorgungsleistungen zu verwenden. In diesem Fall sind sämtliche Gewinne aus dem Rentenbestand zugunsten der Leistungsempfänger zu verwenden.[906] Zuletzt können Arbeitgeber und Betriebsrentner nach § 16 Abs. 3 Nr. 3 BetrAVG eine Beitragszusage mit Mindestleistung i.S. von § 1 Abs. 2 Nr. 2 BetrAVG vereinbaren und sich dadurch der Anpassungsprüfungsverpflichtung entledigen. Die Norm gilt auch für Anpassungsgarantien, bei denen die Beitragszusage mit Mindestleistung im Wege der Entgeltumwandlung finanziert wird.[907]

Mit Blick auf die Parteiinteressen ergeben sich aus einer garantierten Anpassung naturgemäß beiderseitige Vor- und Nachteile. Grundsätzlich hat der Gesetzgeber mit § 16 Abs. 3 Nr. 1 BetrAVG das Interesse des Betriebsrentners an der Beibehaltung des ursprünglichen Versorgungsniveaus mit den wirtschaftlichen Interessen des Arbeitgebers selbst abgewogen und Mindestvoraussetzungen

---

grundlegend BAG Urt. v. 15.9.1977 – 3 AZR 654/76, NJW 1977, 2370 (2374); darauffolgend BAG Urt. v. 19.6.2012 – 3 AZR 408/10, NZA-RR 2013, 426 (428); *Reichenbach/Dreger*, BB 2010, 2306 (2307); *Rößler*, NZA-RR 2007, 1 (6).

903 Die Begrifflichkeiten unterscheiden sich mitunter, vgl. BAG Urt. v. 11.10.2011 – 3 AZR 527/09, NZA 2012, 454 (460); KKBHB/*Huber*, BetrAVG, 8. Auflage 2018, § 16 Rn. 109 ff.

904 Zu den zulässigen Rechtsgrundlagen einer solchen Anpassungsgarantie Blomeyer/Rolfs/Otto/*Rolfs*, BetrAVG, 7. Auflage 2018, § 16 Rn. 295 ff.

905 Vgl. Blomeyer/Rolfs/Otto/*Rolfs*, BetrAVG, 7. Auflage 2018, § 16 Rn. 292.

906 ErfK/*Steinmeyer*, BetrAVG, 19. Auflage 2019, § 16 Rn. 57; KKBHB/*Huber*, BetrAVG, 8. Auflage 2018, § 16 Rn. 112 ff.

907 KKBHB/*Huber*, BetrAVG, 8. Auflage 2018, § 16 Rn. 117; zum Verhältnis zu § 1b Abs. 5 Nr. 1 BetrAVG *Blomeyer*, DB 2001, 1413 (1414).

für eine einzelfallunabhängige, von der wirtschaftlichen Lage des Versorgungsschuldners losgelösten Anpassung geschaffen.[908] Für den Versorgungsschuldner bewirkt die Anpassungsgarantie eine Senkung der mit einer Anpassungsprüfungspflicht einhergehenden Verwaltungskosten. Auch besteht für ihn abschließende Kalkulationssicherheit[909] und damit ein Mehr an betriebswirtschaftlicher Planungsmöglichkeit. Ebenso sind weder Betriebsrentner noch Arbeitgeber den mit einer einzelfallabhängigen Anpassungsprüfung einhergehenden Rechtsunsicherheiten ausgesetzt.[910] Gleichzeitig birgt eine garantierte Mindestanpassung nach § 16 Abs. 3 Nr. 1 BetrAVG die Gefahr, eine Anhebung der Versorgungsleistungen auch dann vornehmen zu müssen, wenn die schlechte wirtschaftliche Lage des Unternehmens dies bei einer Anpassungsprüfung nach § 16 Abs. 1 BetrAVG verhindert hätte.[911] Für den Versorgungsempfänger bedeutet eine Anpassungsgarantie wiederum, dass das Niveau der laufenden Leistungen auch bei schlechter wirtschaftlicher Konstitution des Arbeitgebers erfolgt. Andererseits kann die Anpassungsgarantie auch dazu führen, dass der eingetretene Kaufkraftverlust nicht vollständig ausgeglichen wird. In diesen Fällen „erkauft" sich der Betriebsrentner mit der Anpassungsgarantie seine Unabhängigkeit vom wirtschaftlichen Risiko des Versorgungsschuldners.

Wird eine vertragliche Mindestanpassung wirksam vereinbart, entfällt die Pflicht zur Anpassungsprüfung nach § 16 Abs. 1 BetrAVG vollständig.[912] Die wirtschaftlichen Belange des Versorgungsschuldners können der Pflicht zur Mindestanpassung im Rahmen von § 16 Abs. 3 Nr. 1–3 BetrAVG nicht entgegengehalten werden[913], sodass es bereits keiner Ermittlung dergleichen bedarf. Vor diesem Hintergrund ist auch die Erstellung einer Prognose nicht notwendig. Insoweit besteht zwischen der Vermutungsregelung aus § 16 Abs. 2 BetrAVG und der Pflicht zur Mindestanpassung nach § 16 Abs. 3 BetrAVG keinerlei

---

908 BAG Urt. v. 11.10.2011 – 3 AZR 527/09, NZA 2012, 454 (460); *Reichenbach/Dreger*, BB 2010, 2306 (2307).

909 So auch BAG Urt. v. 11.10.2011 – 3 AZR 527/09, NZA 2012, 454 (460); *Höfer*, BB 1998, 2362 (2362); *Langohr-Plato*, BB 2002, 406 (406 f.); *Rößler*, NZA-RR 2007, 1 (7).

910 BT-Drucks. 13/8011, S. 73; bestätigend BAG Urt. v. 11.10.2011 – 3 AZR 527/09, NZA 2012, 454 (460).

911 Auch bei schlechter wirtschaftlicher Lage ist der Versorgungsschuldner zur Rentenanpassung verpflichtet, vgl. BAG Urt. v. 11.10.2011 – 3 AZR 527/09, NZA 2012, 454 (460); KKBHB/*Huber*, BetrAVG, 8. Auflage 2018, § 16 Rn. 111.

912 Blomeyer/Rolfs/Otto/*Rolfs*, BetrAVG, 7. Auflage 2018, § 16 Rn. 300.

913 BAG Urt. v. 11.10.2011 – 3 AZR 527/09, NZA 2012, 454 (460); KKBHB/*Huber*, BetrAVG, 8. Auflage 2018, § 16 Rn. 111.

Unterschied. Verschieden ist allein die Ursache des Entfalls einer Prognoseentscheidung: Während § 16 Abs. 2 BetrAVG dem Versorgungsschuldner die Ermittlung und Bewertung der wirtschaftlichen Lage seines Unternehmens weiterhin ermöglicht, eine Darlegung jedoch nicht notwendig ist, muss der Arbeitgeber bei Zusage einer Rentenanpassungsgarantie stets und losgelöst von seiner wirtschaftlichen Konstitution die vertraglich zugesicherte Erhöhung vornehmen.

II. Ergebnis zur Prognoseentscheidung im Recht der betrieblichen Altersversorgung

Dem betriebsrentenrechtlichen Prognoseerfordernis kommt im Rahmen der Bestimmung der „wirtschaftlichen Lage" i.S. von § 16 Abs. 1 BetrAVG maßgebende Bedeutung für den Ausgang der Anpassungsprüfung zu. Die Notwendigkeit einer Prognostizierung ergibt sich dabei aus dem Umstand, dass der vom Versorgungsschuldner vorzunehmende Teuerungsausgleich nicht aus bereits vorhandenem Vermögen seines Unternehmens, sondern künftigen Erträgen und Substanzzuwächsen realisiert werden soll. Die Zukunftsbezogenheit lässt sich auch in betriebswirtschaftlicher Hinsicht verfestigen, da die zum Zwecke der Wiederherstellung des ursprünglichen Betriebsrentenniveaus getätigte Leistungsanpassung erst im Zeitraum nach dem Anpassungsstichtag zu Geldabflüssen im Unternehmen führt.

Mit Blick auf die tatbestandlichen Merkmale der betriebsrentenrechtlichen Prognose lässt sich ebenso wie beim kündigungs- und befristungsrechtlichen Prognoseprinzip eine Unterteilung vornehmen. Auch innerhalb des § 16 Abs. 1 BetrAVG kommt es für die Determinierung des Prognoseinhalts auf die tatsächlichen Gegebenheit zum Zeitpunkt der Anpassungsprüfung an. Hinsichtlich der Prognosegrundlage ist – und insoweit bestehen erneut Überschneidungen zur Prognose im Kündigungs- und Befristungsrecht – retrospektiv auf die in der Vergangenheit eingetretene Entwicklung, *in concreto* auf den zwischenzeitlich eingetretenen Kaufkraftverlust abzustellen. Insoweit benennt das BAG auch einen genauen Betrachtungszeitraum: Regelmäßig ist eine Auswertungszeitspanne von mindestens drei Jahren zu veranschlagen.

Eines der wesentlichen Alleinstellungsmerkmale des betriebsrentenrechtlichen Prognosetatbestands dürfte die Einbeziehung der nach dem Anpassungsstichtag tatsächlich stattfindenden Entwicklung des Unternehmens darstellen. Im Kündigungs- und Befristungsrecht haben nach dem Zeitpunkt der Prognoseentscheidung auftretende Umstände keinerlei Bedeutung für die Wirksamkeit derselben. Auch hinsichtlich der Verteilung der Darlegungs- und Beweislast im

Prozess sind nachträgliche Entwicklungen in diesen Teilrechtsgebieten unerheblich. Sie werden allenfalls als Indizien dafür, dass die Prognose richtig bzw. falsch war, herangezogen. Die Rechtsprechung des Dritten Senats ist indes nicht als Abkehr vom Prinzip der *ex-ante* Betrachtung zu verstehen. Fraglich bleibt dennoch, wann wirtschaftliche Entwicklungen „vorhersehbar" im Sinne der Rechtsprechung, mithin von Bedeutung für die Wirksamkeit der Prognose sein sollen. Insofern bleibt das BAG dem Rechtsanwender eine Konkretisierung schuldig. Da die von § 16 Abs. 1 BetrAVG vorausgesetzte Errechnung der wirtschaftlichen Lage bereits für sich genommen regelmäßig äußerst komplex ist, sollten nach dem Anpassungsstichtag eintretende, wirtschaftliche Entwicklungen allenfalls von indizieller Bedeutung sein. Vermieden werden muss, dass durch die Hintertür der „Vorhersehbarkeit" nachträgliche Umstände dem grundsätzlich retrospektiv ausgestalteten Berechnungszeitraum hinzuaddiert werden, ohne dass der Versorgungsschuldner derartige Veränderungen zum Zeitpunkt der Anpassungsentscheidung zuverlässig hätte quantifizieren können. Konsequenterweise ist die diesbezügliche Judikatur des Dritten Senats restriktiv anzuwenden.

Den weitaus wichtigsten Eckpfeiler zur Bestimmung der wirtschaftlichen Lage bzw. der Prognosegrundlage bildet freilich die Judikatur zur Eigenkapitalrendite und Eigenkapitalausstattung. Hat das Unternehmen des Versorgungsschuldners die seitens der Rechtsprechung vorgegebenen Grenzwerte in der Vergangenheit nicht erreicht, kann grundsätzlich ein Teuerungsausgleich unterbleiben. Der Fokus auf die Eigenkapitalentwicklung ist zwar im Ausgangspunkt notwendig und geboten, allerdings entsteht dadurch gleichzeitig die Gefahr, branchen- bzw. unternehmensspezifische Besonderheiten außer Acht zu lassen. Man wird bereits aufgrund der Tatsache, dass die branchenübliche Eigenkapitalquote in den jeweiligen Marktsektoren mitunter erheblich divergiert, anderweitige Parameter für die Unternehmensbewertung heranziehen müssen. Gerade hinsichtlich der Entwicklung der Kapitalsubstanz sollten zusätzliche Kennzahlen wie etwa die Investitionsquote, das Working Capital sowie ggf. Liquiditätskennzahlen hinzugezogen werden. Nur so kann vermieden werden, dass der Arbeitgeber trotz mangelhafter Kapitalallokation zur Anpassung der Versorgungsleistungen verpflichtet wird.

Die Kennzahlen der Eigenkapitalrendite und Eigenkapitalausstattung haben in ihrer Eigenschaft als Untergrenze unmittelbare Auswirkung auf den Inhalt der Anpassungsentscheidung: Als maßgebliche Bewertungsfaktoren für die Grundlage der Prognose bewirkt die richterliche Statuierung der Grenzwerte letztlich eine unwiderlegbare Vermutung dafür, dass die zukünftige wirtschaftliche Konstitution des Unternehmens bei einer alternativen bzw. kumulativen

Grenzwertunterschreitung keinen Ausgleich des zwischenzeitlichen Kaufkraftverlustes hergeben wird.

Von besonderer Bedeutung ist nicht zuletzt die Reichweite des im Wortlaut des § 16 Abs. 1 BetrAVG angelegten Bewertungsspielraums. Für die vom Arbeitgeber zu erstellende Prognose hat dieser gerade nicht zur Folge, dass über den materiell-rechtlich einzufordernden Wahrscheinlichkeitsgrad oder die Tatsachengrundlage der Prognoseentscheidung disponiert werden kann. Ebenso wenig geht mit der Statuierung eines Bewertungsspielraums eine Herabsenkung der materiell-rechtlichen Anforderungen, die an die Prognose zu stellen sind, einher. Vielmehr beschränkt sich das Ermessen auf den Inhalt der Anpassungsentscheidung. Hingegen ist die Ermittlung der künftigen wirtschaftlichen Lage des Versorgungsschuldners ein integraler Bestandteil der Anpassungsprüfung, auf die sich der Bewertungsspielraum eben nicht erstreckt.

F. Prognoseentscheidungen im Betriebsverfassungsrecht

Abseits des Individualarbeitsrechts und des Rechts der betrieblichen Altersversorgung sind Prognoseentscheidungen auch Gegenstand des Betriebsverfassungsrechts. Im Vordergrund stehen insofern die prognostischen Elemente der Personalbedarfs und -Bestandsplanung im Rahmen von § 92 Abs. 1 S. 1 BetrVG. Danach hat der Arbeitgeber den Betriebsrat über die Personalplanung, insbesondere über den gegenwärtigen und künftigen Personalbedarf sowie daraus resultierende (Beschäftigungs-)Maßnahmen zu unterrichten. Bereits die Begrifflichkeit der Vorschrift („künftig“) lässt erkennen, dass es unter anderem um die in der Zukunft voraussichtlich bestehende Personalstruktur des Betriebs geht. Da diese von Natur aus dynamisch und mit nicht vorhersehbaren Unwägbarkeiten verbunden ist, bedarf es auch bei § 92 Abs. 1 BetrVG einer Prognose.[914]

Darüber hinaus hat der Betriebsrat selbst eine Prognose zu erstellen, wenn er von seinem Zustimmungsverweigerungsrecht nach § 99 Abs. 2 Nr. 6 BetrVG Gebrauch machen will: Die Zustimmung zur personellen Einzelmaßnahme kann danach versagt werden, wenn eine Prognose ergibt, dass der in Aussicht genommene Bewerber bzw. Arbeitnehmer künftig aufgrund gesetzwidrigen Verhaltens oder Verstoßes gegen die in § 75 Abs. 1 BetrVG niedergelegten Grundsätze den Betriebsfrieden stören wird.[915] Auch wenn insoweit regelmäßig in der Vergangenheit liegende Zustände bzw. Handlungen zur Grundlage der Entscheidung gemacht werden,[916] handelt es sich bei der Vorschrift um eine zukunftsorientierte, den Betriebs- und Belegschaftsfrieden fortwährend aufrechterhaltende Schutznorm.[917] Es bedarf vor diesem Hintergrund stets einer Prognostizierung des künftigen Verhaltens des Betroffenen.

---

914 Zur Einordnung der Vorschrift als Prognosetatbestand *Kadel*, BB 1993, 797 (797); Richardi/*Thüsing*, BetrVG, 16. Auflage 2018, § 92 Rn. 6f.

915 BAG Beschl. v. 16.11.2004 – 1 ABR 48/03, NZA 2005, 775 (778); *Fitting*, BetrVG, 29. Auflage 2018, § 99 Rn. 253a; ErfK/*Kania*, BetrVG, 19. Auflage 2019, § 99 Rn. 36; Richardi/*Thüsing*, BetrVG, 16. Auflage 2018, § 99 Rn. 273; *Schwering*, Das AGG als Aufgabe und Instrument des Betriebsrats, 2010, S. 220; ein Prognoseerfordernis wohl auch anerkennend BAG Beschl. v. 21.7.2009 – 1 ABR 35/08, AP AÜG § 3 Nr. 4 (Anm. *Boemke*).

916 Vgl. *Fitting*, BetrVG, 29. Auflage 2018, § 99 Rn. 253a.

917 Zur Schutzfunktion der Norm BAG Beschl. v. 9.3.2011 – 7 ABR 137/09, NZA 2011, 871 (873); *Fitting*, BetrVG, 29. Auflage 2018, § 99 Rn. 253.

Die nachfolgende Betrachtung fokussiert sich zunächst auf diejenigen Prognosen, die im Rahmen der Erstellung der Personalbestands- und Personalbedarfsplanung regelmäßig vorzunehmen sind. Vorab erfolgt zunächst eine Einordnung des Unterrichtungs- und partiellen Beratungstatbestands in die Systematik der arbeitsrechtlichen Prognosen. Ein besonderes Augenmerk soll dabei der gerichtlichen Prüfbarkeit bzw. Kontrolldichte gewidmet werden. Im Anschluss gilt es, die mit einer im Rahmen der Personalplanung eingetretenen Fehlprognose einhergehenden Rechtsfolgen zu beleuchten. Zu bedenken ist insoweit, dass der Regelungsgehalt des § 92 Abs. 1 BetrVG im Kern rein kollektivarbeitsrechtlicher Natur ist und potentielle Auswirkungen auf einzelne Beschäftigungsverhältnisse nur mittelbare Folge der Planungsentscheidung sind. Im Anschluss hieran erfolgt eine Auseinandersetzung mit der innerhalb des Zustimmungsverweigerungstatbestands des § 99 Abs. 2 Nr. BetrVG zu erstellenden Prognose. In Anbetracht der Tatsache, dass die Bestimmung innerhalb der Rechtsprechung des BAG bislang nur wenig Beachtung erfahren hat[918], ist eine detaillierte Beleuchtung aller tatbestandlichen Merkmale der Prognose geboten.

I. Prognose innerhalb der Personalplanung nach § 92 Abs. 1 BetrVG

Der Begriff der „Personalplanung“ wird im BetrVG vom Gesetzgeber vorausgesetzt, ohne dabei eine konkrete Begriffsbestimmung vorzugeben. In betriebswirtschaftlicher Hinsicht muss die Personalplanung zunächst als integraler Bestandteil der Unternehmensplanung verstanden werden. Daraus folgt, dass mit Blick auf die systematische Verortung stets der Konnex zu anderen Wirkbereichen eines Unternehmens, insbesondere zu den Bereichen Investition und Finanzierung, Rationalisierung und Produktionsplanung beachtet werden muss.[919] Im betriebsverfassungsrechtlichen Kontext ist unter Personalplanung jede abstrakte Planung des gegenwärtigen und künftigen Personalbedarfs in quantitativer, als auch qualitativer Hinsicht sowie dessen Deckung und den Einsatz der personellen Kapazitäten zu verstehen.[920] Dass sie abstrakt ist, führt

918 Im Wesentlichen BAG Beschl. v. 16.11.2004 – 1 ABR 48/03, NZA 2005, 775.

919 BAG Beschl v. 19.06.1984 – 1 ABR 6/83, NZA 1984, 329 (329); differenzierend Richardi/*Thüsing*, BetrVG, 16. Auflage 2018, § 92 Rn. 4, wonach die Personalplanung grundsätzlich „abgeleitete“ Planung ist, sodass der Betriebsrat nicht über Planungsentscheidungen aus anderen Unternehmensbereichen zu unterrichten ist; dem zustimmend GK-BetrVG/*Raab*, Bd. II, 11. Auflage 2018, § 92 Rn. 9.

920 *Fitting*, BetrVG, 29. Auflage 2018, § 92 Rn. 9; GK-BetrVG/*Raab*, Bd. II, 11. Auflage 2018, § 92 Rn. 9.

allerdings nicht darüber hinweg, dass es sich um einen Prozess zukunftsbezogener Orientierungsgewinnung handelt.[921] Mit anderen Worten: Jede personelle Planung muss letztlich auf eine personalpolitische Entscheidung gerichtet sein. Die Personalplanung wird vor diesem Hintergrund regelmäßig in verschiedene Bereiche unterteilt: Auf der ersten Stufe steht die Personalbedarfsplanung, die zum Zwecke der Ermittlung des Nettopersonalbedarfs auch die Personalbestandsplanung miteinbezieht. Darüber hinaus zählen zur Personalplanung i.S.v. § 92 BetrVG die Personaldeckungs- bzw. Personalbeschaffungsplanung, die Personalentwicklungsplanung sowie die Personaleinsatzplanung.[922] Mitunter wird auch die Personalkontrollplanung zum Tatbestand des § 92 Abs. 1 BetrVG gerechnet.[923] Die innerhalb der allgemeinen Personalplanung anzustellenden Prognosen beschränken sich auf die Elemente der Personalbedarfsplanung, wobei insbesondere im Rahmen der Personalbestandsplanung Prognostizierungen regelmäßig notwendig werden.

1. Erfordernis einer Prognose aufgrund der Zukunftsbezogenheit der Personalbedarfsplanung

Die Personalbedarfsplanung verfolgt die Bestimmung des gegenwärtigen und künftigen, quantitativen und qualitativen Bedarfs an Arbeitskräften unter Berücksichtigung der aktuellen Situation des Betriebs sowie der Planziele des Unternehmens.[924] Unter Berücksichtigung des gegenwärtigen und künftigen Bestands sowie den im Planungszeitraum zu erwartenden Bestandsänderungen kommt insbesondere *Thüsing* zu dem Ergebnis, dass eine Prognose über die Entwicklung des Bruttopersonalbedarfs und die bereits vorhandenen

---

921 Ausdrücklich Richardi/*Thüsing*, BetrVG, 16. Auflage 2018, § 92 Rn. 5.

922 BAG Beschl. v. 8.11.2016 – 1 ABR 64/14, NZA 2017, 942 (943); Beschl. v. 23.3.2010 – 1 ABR 81/08, NZA 2010, 811 (813); Beschl. v. 6.11.1990 – 1 ABR 60/89, NZA 1991, 358; *Fitting*, BetrVG, 29. Auflage 2018, § 92 Rn. 9; *Fracke*, Die betriebliche Weiterbildung, 2003, S. 96; GK-BetrVG/*Raab*, Bd. II, 11. Auflage 2018, § 92 Rn. 12; *Hützen/Maiß*, ArbRAktuell 2017, 299 (300).

923 Befürwortend DKKW/*Homburg*, BetrVG, 16. Auflage 2018, § 92 Rn. 41; *Fitting*, BetrVG, 29. Auflage 2018, § 92 Rn. 9; Richardi/*Thüsing*, BetrVG, 16. Auflage 2018, § 92 Rn. 14; ablehnend GK-BetrVG/*Raab*, Bd. II, 11. Auflage 2018, § 92 Rn. 18; HWGNRH/*Rose*, BetrVG, 10. Auflage 2018, § 92 Rn. 66; vermittelnd unter Beschränkung auf geplante konkrete Maßnahme *Hunold*, DB 1976, 98 (100).

924 Ähnlich BAG Beschl. v. 31.5.1983 – 1 ABR 6/80, NZA 1984, 49 (49); *Fitting*, BetrVG, 29. Auflage 2018, § 92 Rn. 11; GK-BetrVG/*Raab*, Bd. II, 11. Auflage 2018, § 92 Rn. 13; Richardi/*Thüsing*, BetrVG, 16. Auflage 2018, § 92 Rn. 6.

Deckungsmöglichkeiten erforderlich ist.[925] Auch das BAG spricht – zumindest hinsichtlich des künftigen Bedarfs an zusätzlichen (externen) Arbeitskräften – von einem „prognostizierten Personalbedarf".[926] Ohne ausdrücklich von einer Prognose zu sprechen, geht auch *Fitting* davon aus, dass eine Gegenüberstellung des zukünftigen, voraussichtlichen Personalbedarfs mit dem aktuellen Bestand, mithin eine „Bestandsaufnahme von Soll und Ist" unter Berücksichtigung von bereits erkennbaren künftigen Veränderungen vorzunehmen ist.[927] Ein derartiger Vergleich setzt allerdings notwendigerweise Überlegungen zum künftig bestehenden Personalbedarf voraus. Da dieser – insbesondere in Anbetracht der zwischenzeitlich eintretenden Veränderungen im Personalbestand – zwingend mit unausweichlichen Unsicherheiten verbunden ist, bedarf es für eine Gegenüberstellung im Zeitpunkt der Entscheidung über den Personalbedarf immer einer Prognose.

2. Partielle Zukunftsbezogenheit der Personalbestandsplanung und damit einhergehende Notwendigkeit einer Prognose

Die Durchführung der Personalbedarfsplanung ist nur möglich, wenn der gegenwärtige Personalbestand erfasst wird. Die Personalbestandsplanung steht deshalb in engem Zusammenhang zur Personalbedarfsplanung. Sie bildet darüber hinaus auch die Brücke zur Personalbeschaffungs- bzw. Personaldeckungsplanung, soweit sich aus einem Abgleich von Personalbedarf und Personalbestand ein Defizit an Arbeitskräften ergibt.[928] Personalbestandsplanung meint daher die Ermittlung des Nettopersonalbedarfs, die dadurch erfolgt, dass vorhandene Personaldeckungsmöglichkeiten in Abzug zum im Rahmen der Personalbedarfsplanung festgestellten Bruttopersonalbedarf gebracht werden.[929] Da es um den gegenwärtigen Bestand geht, liegt der Personalbestandsplanung im Ausgangspunkt eine Festsetzung der aktuell im Betrieb vorhandenen quantitativen und qualitativen Arbeitskraft zugrunde. Insoweit geht es zunächst einmal um die Bestimmung des *status quo*. Sie kann sich in der Folge allerdings nicht hierauf beschränken, da auch das bereits vorhandene Personal einer stetigen (Weiter-) Entwicklung unterliegt. In Anbetracht der Zukunftsbezogenheit der Personalbedarfsplanung muss deshalb auch innerhalb der Personalbestandsplanung

925 Richardi/*Thüsing*, BetrVG, 16. Auflage 2018, § 92 Rn. 6.
926 BAG Beschl. v. 6.11.1990 – 1 ABR 60/89, NZA 1991, 358 (360).
927 *Fitting*, BetrVG, 29. Auflage 2018, § 92 Rn. 11.
928 Richardi/*Thüsing*, BetrVG, 16. Auflage 2018, § 92 Rn. 10.
929 Richardi/*Thüsing*, BetrVG, 16. Auflage 2018, § 92 Rn. 8.

antizipiert werden, welche qualitativen und quantitativen Arbeitskräfte künftig zur Disposition des Arbeitgebers stehen werden. In der Konsequenz muss im Anschluss an die Feststellung des *status quo* prognostiziert werden, welche Kenntnisse und Fähigkeiten bereits vorhandenes Personal künftig voraussichtlich aufweisen wird.[930] In ihrer zeitlichen Dimension ist die Personalbestandsplanung demzufolge zweigeteilt und umfasst sowohl die gegenwärtige, als auch zukünftige Konstitution der im Betrieb vorhandenen Arbeitskräfte. Es besteht insofern eine partielle Zukunftsbezogenheit dieses Teilbereichs der Personalplanung. Mit der Notwendigkeit, im Zeitpunkt der Planungsentscheidung bereits die zukünftige qualitative – und sofern möglich auch quantitative – Arbeitskraft des vorhandenen Personals zu antizipieren geht das Erfordernis einer Prognoseentscheidung einher.

3. Unterrichtung und partielle Beratung über den prognostizierten Personalbedarf/Personalbestand

a) *Reichweite der Unterrichtungspflicht bei der Planung künftigen Personalbedarfs*

§ 92 BetrVG statuiert für die Bereiche der Personalplanung eine Unterrichtungs- und Beratungspflicht des Arbeitgebers. Ob die Beratungspflicht als umfassend i.S. einer Deckungsgleichheit mit der Unterrichtungspflicht zu verstehen ist, mag bereits aufgrund des entgegenstehenden Wortlauts der Norm bezweifelt werden. Die Pflicht zur Beratung mit dem Betriebsrat beschränkt sich richtigerweise auf die Planungsentscheidungen und erstreckt sich nicht auf die Planungsgrundlage.[931] Hieran vermag sich auch nichts zu ändern, wenn der Betriebsrat die Initiative zur Beratung über die Personalentscheidungsgrundlagen, insbesondere die Personalbedarfsplanung ergreift.[932] Gerade mit Blick auf den zu prognostizierenden Personalbedarf ist entscheidend, dass sich aus der Ermittlung

---

930 Richardi/*Thüsing*, BetrVG, 16. Auflage 2018, § 92 Rn. 8.

931 Im Ergebnis auch BAG Beschl. v. 6.11.1990 – 1 ABR 60/89, NZA 1991, 358 (362); ErfK/*Kania*, BetrVG, 19. Auflage 2019, § 92 Rn. 9; GK-BetrVG/*Raab*, Bd. II, 11. Auflage 2018, § 92 Rn. 33 f.; differenzierend HWGNRH/*Rose*, BetrVG, 10. Auflage 2018, § 92 Rn. 83; Richardi/*Thüsing*, BetrVG, 16. Auflage 2018, § 92 Rn. 35; eine Deckungsgleichheit von Unterrichtungs- und Beratungsrecht befürwortend *Bonin*, AuR 2004, 312 (325); *Fitting*, BetrVG, 29. Auflage 2018, § 92 Rn. 35; *Zwanziger*, AuR 2010, 459 (459 f.); wohl auch DKKW/*Homburg*, BetrVG, 16. Auflage 2018, § 92 Rn. 46.

932 Richardi/*Thüsing*, BetrVG, 16. Auflage 2018, § 92 Rn. 8.; ausdrücklich befürwortend jedoch *Fitting*, BetrVG, 29. Auflage 2018, § 92 Rn. 35.

des künftigen Bedarfs an (quantitativer und qualitativer) Arbeitskraft für sich genommen noch keine konkreten personellen Maßnahmen ergeben können.[933] Dies kann erst unter Berücksichtigung des Nettopersonalbedarfs der Fall sein, sodass gewichtige Argumente dafür sprechen, die Beratungspflicht des Arbeitgebers im Rahmen der Personalbestandsplanung beginnen zu lassen.[934]

Hinsichtlich der Pflicht zur Unterrichtung des Betriebsrats ist mit Blick auf den prognostizierten Bruttopersonalbedarf umfassend Auskunft zu geben.[935] Unterschiedlich wird allerdings beurteilt, ob auch wirtschaftliche Planungen des Arbeitgebers, die in Zusammenhang zum prognostizierten Personalbedarf stehen, vom Unterrichtungstatbestand erfasst werden.[936] Insoweit bedarf es einer konkreten Unterscheidung anhand der zwischen dem prognostizierten Personalbedarf und den betriebs- oder volkswirtschaftlichen Erwägungen bestehenden Konnektivität: Es liegt auf der Hand, dass Erwägungen zum künftigen Bedarf an Arbeitskräften in aller Regel nicht losgelöst von sonstigen unternehmerischen Erwägungen wie etwa der Investitionsplanung oder Rationalisierungsmaßnahmen betrachtet werden können. Dies allein kann jedoch nicht die Unterrichtungspflicht auslösen. Diese besteht nur dann, wenn der Arbeitgeber den prognostizierten Personalbedarf gerade auf die vorgelagerte, wirtschaftliche Planung stützt.[937] Allein in diesem Fall erwächst die wirtschaftliche Planung des Arbeitgebers zur Prognosegrundlage der Personalbedarfsplanung.

Wenig Bedeutung wird bislang der Frage nach einer Informierung über die Wahrscheinlichkeit des prognostizierten Personalbedarfs gewidmet. Der Umfang der Unterrichtungspflicht muss insofern zunächst anhand des

---

933 BAG Beschl. v. 6.11.1990 – 1 ABR 60/89, NZA 1991, 358 (362).

934 So wohl auch Richardi/*Thüsing*, BetrVG, 16. Auflage 2018, § 92 Rn. 35.

935 Zur Erstreckung der Unterrichtungspflicht auf sämtliche Bereiche der Personalplanung BAG Beschl. v. 8.11.2016 – 1 ABR 64/14, NZA 2017, 942 (943); Beschl. v. 23.3.2010 – 1 ABR 81/08, NZA 2011, 811 (813); Beschl. v. 14.1.2014 – 1 ABR 49/12, NZA-RR 2014, 356 (357); Beschl. v. 6.11.1990 – 1 ABR 60/89, NZA 1991, 358 (360); Beschl. v. 19.6.1984 – 1 ABR 6/83, NZA 1984, 329 (329); *Fitting*, BetrVG, 29. Auflage 2018, § 92 Rn. 23; HWGNRH/*Rose*, BetrVG, 10. Auflage 2018, § 92 Rn. 75; Richardi/*Thüsing*, BetrVG, 16. Auflage 2018, § 92 Rn. 24.

936 BAG Beschl. v. 19.6.1984 – 1 ABR 6/83, NZA 1984, 329 (329); GK-BetrVG/*Raab*, Bd. II, 11. Auflage 2018, § 92 Rn. 26; wohl einschränkend *Fitting*, BetrVG, 29. Auflage 2018, § 92 Rn. 27; differenzierend Richardi/*Thüsing*, BetrVG, 16. Auflage 2018, § 92 Rn. 29; ein Einbeziehen der wirtschaftlichen Planung ablehnend HWGNRH/*Rose*, BetrVG, 10. Auflage 2018, § 92 Rn. 82.

937 Ähnlich Richardi/*Thüsing*, BetrVG, 16. Auflage 2018, § 92 Rn. 29.

Prognosezeitraums determiniert werden.[938] Allgemein gilt, dass der Arbeitgeber über den Grad der Wahrscheinlichkeit, mit dem der antizipierte Bruttopersonalbedarf künftig bestehen wird, mit zunehmender Länge des Planungszeitraums weniger dezidiert Auskunft erteilen kann.[939] Ist die Personalbedarfsplanung auf einen kurzfristigen Zeitraum beschränkt, wird es regelmäßig leichter fallen, über die Prognosewahrscheinlichkeit zu informieren. Wenn etwa marktwirtschaftliche Einflussfaktoren mit an Sicherheit grenzender Wahrscheinlichkeit in naher Zukunft eintreten und hieraus Folgeeffekte für den Personalbedarf entstehen, ist der Arbeitgeber zur Informierung des Betriebsrats verpflichtet, sofern konkrete Maßnahmen mit der Änderung einhergehen. Gleiches gilt, wenn der prognostizierte Personalbedarf aufgrund bereits feststehender Produktionskoeffizienten konkret bestimmbar ist.[940] Handelt es sich hingegen um eine langfristige Personalplanung, die zum Zeitpunkt der Unterrichtung noch (konjunkturelle, produktionsbezogene o.ä.) Unwägbarkeiten und Informationsdefizite mit sich bringt, erfüllt der Arbeitgeber bereits dann seine Pflicht zur Unterrichtung, wenn er diese und die daraus resultierende Ungewissheit der Bedarfsprognose darstellt.

b) Unterrichtung und Beratung über Planung des künftigen Personalbestands

Die Beratungspflicht des Arbeitgebers beginnt wie zuvor erörtert erst im Rahmen der Personalbestandsplanung. Nur unter Berücksichtigung des aus der Personalbestandsplanung zu errechnenden Nettopersonalbedarfs können konkrete Maßnahmen entstehen, die zum Gegenstand der Beratung mit dem Betriebsrat werden. Mithin ist erst im Falle einer beabsichtigten Personalfreisetzung bzw. Personalbeschaffung zu beraten.[941] Da die Personalbestandsplanung mehrdimensional ist,[942] bedarf es hinsichtlich der anzustellende Prognose einer genaueren Aufschlüsselung der Prognosebezugspunkte: Der Arbeitgeber kann sich im Rahmen seiner Unterrichtungspflicht nicht auf allgemeine Erwägungen

938 Vgl. *Fitting*, BetrVG, 29. Auflage 2018, § 92 Rn. 10.

939 Zu den Bestimmungsfaktoren bei den unterschiedlichen Planungsperioden *Schreiber*, Integrierter Prozess der Personalfreistellungsplanung, 1992, S. 161.

940 Zur Erheblichkeit des Planungszeitraums ausführlich *Schreiber*, Integrierter Prozes der Personalfreistellungsplanung, 1992, S. 161.

941 Richardi/*Thüsing*, BetrVG, 16. Auflage 2018, § 92 Rn. 35; a.A. *Fitting*, BetrVG, 29. Auflage 2018, § 92 Rn. 35.

942 *Fitting*, BetrVG, 29. Auflage 2018, § 92 Rn. 11.

über die künftige Entwicklung des Personalbestands und den dadurch möglicherweise entstehenden Beschaffungs- bzw. Freisetzungsbedarf beschränken. Notwendig ist vielmehr eine Differenzierung hinsichtlich der Zahl zukünftig benötigter Arbeitskräfte, den erforderlichen Qualifikationen, des voraussichtlichen Zeitpunktes sowie der Dauer des künftigen Bedarfs.[943] Materielle Wirksamkeitsanforderungen an die Prognose gehen – wie es im Kündigungs- oder Befristungsrecht der Fall ist – damit freilich nicht einher. Die Pflicht zur Unterrichtung wird allerdings regelmäßig die Tatsachengrundlage, aufgrund derer der Arbeitgeber seine Prognose über den künftigen Personalbestand erstellt, beinhalten. Dies gilt zum einen für in der Vergangenheit liegende Entwicklungen im Personalbestand. Zum anderen müssen auch diejenigen Tatsachengrundlagen, die zwar anderen Unternehmensbereichen zuzurechnen sind (z.B. Investitions- und Finanzierungsplanung oder Wertschöpfungsmanagement), jedoch durch die Planungsentscheidung des Arbeitgebers zur Grundlage der Prognose erstarken, in die Unterrichtung einbezogen werden.

Zu differenzieren ist hingegen erneut bei der Prognosewahrscheinlichkeit: Ob der Arbeitgeber zum Zeitpunkt der Unterrichtung über die Sicherheit, mit der die voraussichtliche Entwicklung des Personalbestands sowie den daraus resultierenden Personaldefiziten bzw. Personalüberhängen überhaupt Auskunft erteilen kann, richtet sich vordergründig nach dem anvisierten Planungszeitraum. Zwar ist es für die Beteiligungsrechte aus § 92 BetrVG unerheblich, ob die Planung kurz- oder langfristig erfolgt[944], jedoch wird eine dezidierte Aussage über die Wahrscheinlichkeit prognostizierter Personalfreisetzungs- und Personalbeschaffungsmaßnahmen mit zunehmendem Planungszeitraum oftmals mit erheblichen Schwierigkeiten verbunden sein. Die Pflicht zur Unterrichtung über den prognostizierten Personalbestand muss dementsprechend im Lichte des Planungszeitraums betrachtet und ggf. inhaltlich eingeschränkt werden.[945] Die äußerste Grenze der Unterrichtung über den Grad der Wahrscheinlichkeit, mit dem die vom Arbeitgeber prognostizierte Entwicklung eintreten wird, bildet insofern die reine Erkundung möglicher Personalerweiterungen bzw. –Reduzierungen. In diesem Fall liegt bereits keine Personalplanung i.S. der Norm vor, da der Arbeitgeber nur Handlungsspielräume auslotet, die ihm bei

943 *Fitting*, BetrVG, 29. Auflage 2018, § 92 Rn. 12; *Schreiber*, Integrierter Prozess der Personalfreistellungsplanung, 1992, S. 161.

944 *Fitting*, BetrVG, 29. Auflage 2018, § 92 Rn. 10.

945 Ähnlich HWGNRH/*Rose*, BetrVG, 10. Auflage 2018, § 92 Rn. 76 ff.

Zugrundelegung verschiedener Personalentwicklungsszenarien eröffnet würden.[946] Auch die Prognostizierung von Wirtschaftlichkeit und Effizienz unterschiedlicher Arbeitsabläufe bzw. Arbeitskraftallokationen fällt noch nicht unter den Unterrichtungstatbestand.[947] Dies gilt jedenfalls, soweit hieraus noch keine Planung einer Personalreduzierung resultiert.[948] Es handelt sich in der Konsequenz bei einer reinen Auswertung verschiedener Alternativen einer künftigen Personalbestandsänderung um das Vorstadium der Personalplanung, welches frei von jeglicher Mitwirkung des Betriebsrats ist.

c) *Zeitpunkt der Unterrichtung über bedarfs- und bestandserhebliche Prognosen*

Die Personalbedarfs- und Personalbestandsplanung ist oftmals kontinuierlicher bzw. zyklischer Natur.[949] Ausweislich des Wortlauts des § 92 Abs. 1 S. 1 BetrVG ist der Arbeitgeber daran gehalten, den Betriebsrat „rechtzeitig“ zu unterrichten. Die Unterrichtungspflicht beinhaltet demnach eine temporale Komponente. Wann eine Unterrichtung rechtzeitig erfolgt, ist je nach Art und Konkretheit der Planung mitunter schwierig zu ermitteln.[950] Da eine verspätete bzw. unvollständige Erfüllung der Informationspflichten zu einer bußgeldbewerten Ordnungswidrigkeit gem. § 121 Abs. 1 BetrVG führen kann, ist die Frage der Rechtzeitigkeit auch in praktischer Hinsicht von erheblicher Bedeutung.[951] Grundsätzlich ist für den Zeitpunkt der Unterrichtung auf Sinn und Zweck der

---

946 So auch das BAG für den Fall, dass der Arbeitgeber nur Möglichkeiten der Personalerweiterung und Personalreduzierung erkundet, BAG Beschl. v. 6.11.1990 – 1 ABR 60/89, NZA 1991, 358 (360); Beschl. v. 27.6.1989 – 1 ABR 19/88, NZA 1989, 929 (930); Beschl. v. 19.6.1984 – 1 ABR 6/83, NZA 1984, 329 (330); klarstellend auch Richardi/*Thüsing*, BetrVG, 16. Auflage 2018, § 92 Rn. 24, wonach eine Unterrichtung stattzufinden hat, wenn Ermittlungen über den gegenwärtigen und Überlegungen zum künftigen Personalbedarf zu Fragen über konkrete personelle Maßnahmen führen; großzügig auch HWGNRH/*Rose*, BetrVG, 10. Auflage 2018, § 92 Rn. 70f.

947 GK-BetrVG/*Raab*, Bd. II, 11. Auflage 2018, § 92 Rn. 22.

948 BAG Beschl. v. 19.6.1984 – 1 ABR 6/83, NZA 1984, 329 (330).

949 BAG Beschl. v. 17.3.1987 – 1 ABR 59/85, NZA 1987, 747 (750); s. auch GK-BetrVG/*Raab*, Bd. II, 11. Auflage 2018, § 92 Rn. 24 f.

950 Vgl. *Fitting*, BetrVG, 29. Auflage 2018, § 92 Rn. 28.

951 Zu den Rechtsfolgen bei Verletzung der Unterrichtungspflichten *Fitting*, BetrVG, 29. Auflage 2018, § 92 Rn. 45; GK-BetrVG/*Raab*, Bd. II, 11. Auflage 2018, § 92 Rn. 48 f.; HWGNRH/*Rose*, BetrVG, 10. Auflage 2018, § 92 Rn. 114 f.; Richardi/*Thüsing*, BetrVG, 16. Auflage 2018, § 92 Rn. 50 f.

Informierung des Betriebsrats abzustellen. Dieser soll die Möglichkeit haben, auf das beabsichtigte Planungsergebnis des Arbeitgebers noch Einfluss nehmen zu können.[952] Steht der Plan bereits final fest und fand bereits seinen endgültigen Abschluss – etwa in Gestalt einer konkreten Einführung oder Umsetzung von Maßnahmen –, entfällt die Möglichkeit zur Einflussnahme, sodass die Informierung zu einem früheren Zeitpunkt stattzufinden hat. Andererseits muss die Unterrichtung auch nicht notwendigerweise zu Beginn der Planungsphase erfolgen. Eine Informierung des Betriebsrats ist mit Blick auf das Telos der Verpflichtung erst sinnvoll, wenn die Konkretisierung der Planung so weit fortgeschritten ist, dass die wesentlichen Ergebnisse und daraus ggf. entstehende Maßnahmen in ihren Grundzügen erkennbar und bei entsprechender Offenlegung auch nachvollziehbar sind.[953]

Bei der Unterrichtung über im Rahmen der Personalbedarfs- und Personalbestandsplanung entstandenen Prognosen muss vor diesem Hintergrund zwischen den einzelnen Phasen der Prognoseerstellung unterschieden werden: Hat der Arbeitgeber lediglich die Tatsachengrundlage für die Erstellung einer Prognose über den künftigen Personalbedarf und Personalbestand ermittelt und festgestellt, besteht noch keine Pflicht zur Informierung des Betriebsrats. Das bloße Bestehen einer Prognosegrundlage reicht für sich genommen noch nicht aus, um konkrete Planungsergebnisse und Maßnahmen in ihren Grundzügen abzusehen. Die für die Erstellung der Prognose herangezogene Tatsachengrundlage bietet dem Arbeitgeber regelmäßig einen Bewertungsspielraum, sodass unterschiedliche Prognosen aufgrund derselben Grundlage gestellt werden können. Die Planung erreicht dementsprechend erst dann das unterrichtungspflichtige Stadium, wenn der Arbeitgeber auf der Grundlage der von ihm ermittelten Informationen eine konkrete Prognostizierung des voraussichtlichen, künftigen Personalbedarfs und Personalbestands vornimmt.[954] Ein anderweitiges Ergebnis würde dazu führen, dass der Betriebsrat mitunter über Projekte informiert wird, die letztlich nicht verwirklicht werden oder im Nachgang zur Unterrichtung

---

952 *Fitting*, BetrVG, 29. Auflage 2018, § 92 Rn. 29; *Fracke*, Die betriebliche Weiterbildung, 2003, S. 96; eine entsprechende Anwendung des § 90 Abs. 2 S. 1 BetrVG befürwortend Richardi/*Thüsing*, BetrVG, 16. Auflage 2018, § 92 Rn. 40.

953 Ähnlich GK-BetrVG/*Raab*, Bd. II, 11. Auflage 2018, § 92 Rn. 24.

954 Vgl. HWGNRH/*Rose*, BetrVG, 10. Auflage 2018, § 92 Rn. 73, wonach eine Unterrichtungspflicht erst besteht, wenn die Überlegungen des Arbeitgebers über Personalplanungsmaßnahmen konkretisiert und abgeschlossen sind.

noch inhaltlichen Änderungen unterliegen.[955] Etwas anderes mag allenfalls gelten, wenn die Tatsachengrundlage so eindeutig ist, dass nach den Denkgesetzen oder allgemeinen Erfahrungssätzen nur eine bestimmte Prognoseentscheidung in Betracht kommt.

Daraus folgt: Auch hinsichtlich der Unterrichtung über den prognostizierten künftigen Personalbedarf sowie Personalbestand muss der Betriebsrat vor der Planungsumsetzung informiert werden. Die Prognose ist demzufolge mitzuteilen, bevor sie in das Ausführungsstadium der Planung mündet.[956] Da § 92 Abs. 1 S. 1 BetrVG ausdrücklich von einer Unterrichtung „über" und nicht „während" der Personalplanung spricht, muss der Inhalt der Prognose zumindest in seinen wesentlichen Grundzügen ersichtlich sein.[957] Das bloße Erstellen einer (personalwirtschaftlichen) Informationsgrundlage für eine noch zu treffende Prognose reicht für sich genommen noch nicht aus, um dem Betriebsrat eine konstruktive Einflussnahme auf die Planungsvorhaben des Arbeitgebers zu ermöglichen. Der prognostizierte Personalbedarf und Personalbestand muss in der Konsequenz feststehen. Erst ab diesem Moment besteht die Pflicht zur Unterrichtung.

4. Einordnung von Fehlprognosen sowie verspäteten und unzureichenden Prognosen

Kommt der Arbeitgeber seiner Pflicht zur Unterrichtung über den künftigen, voraussichtlichen Personalbedarf sowie Personalbestand i.R. des § 92 Abs. 1 BetrVG gar nicht, verspätet oder nur unzureichend nach, kann dies zu unterschiedlichen Rechtsfolgen führen. Gleiches gilt, wenn er seine Pflicht zur Beratung über den voraussichtlichen Nettopersonalbestand verletzt. Hinsichtlich der vom Arbeitgeber gestellten Prognosen ist mit Blick auf in Betracht kommende Rechtsfolgen zwischen Fehlprognosen und fehlerhafter Unterrichtung i.S.v. verspäteten, unzureichenden und wahrheitswidrigen Prognosen zu unterscheiden:

a) Existenz von Rechtsfolgen bei Fehlprognosen?

Wie jede arbeitsrechtliche Prognose kann sich auch die innerhalb der Personalbedarfs- und Personalbestandsplanung erstellte Prognoseentscheidung als falsch herausstellen. Auch bei betriebsverfassungsrechtlichen Prognosen muss in

---

955 Deshalb ist auch ein Verzicht auf angedachte Maßnahmen nicht mitzuteilen, vgl. HWGNRH/*Rose*, BetrVG, 10. Auflage 2018, § 92 Rn. 74.

956 Anders wohl ErfK/*Kania*, BetrVG, 19. Auflage 2019, § 92 Rn. 8, wonach der Betriebsrat „in einem möglichst frühen Stadium" zu unterrichten sei.

957 GK-BetrVG/*Raab*, Bd. II, 11. Auflage 2018, § 92 Rn. 24.

diesem Zusammenhang terminologisch differenziert werden: Die Personalprognose kann sich entweder im Rahmen einer *ex-post* oder *ex-ante* Betrachtung als unzutreffend erweisen. Ist die Prognose im Nachgang unter Berücksichtigung der seit dem Zeitpunkt der Unterrichtung bzw. Beratung eingetretenen Entwicklung als fehlerhaft zu qualifizieren, kann hierdurch keinerlei Rechtsfolge ausgelöst werden. Für die ordnungsgemäße Erfüllung der Unterrichtungs- und Beratungspflichten des Arbeitgebers kommt es allein auf diejenigen Informationen an, die im Zeitpunkt des Herantretens an den Betriebsrat vorlagen.[958] Nachträglich eintretende, die Planung u.U. ändernde Umstände können allenfalls Gegenstand einer erneuten Unterrichtung bzw. Beratung werden.[959]

Auch aus einer im Wege der *ex-ante* Sichtweise festgestellten Fehlprognose kann grundsätzlich keine unmittelbare Rechtsfolge hergeleitet werden. Die Unterrichtungspflicht des Arbeitgebers erstreckt sich sowohl bei der Personalbedarfs- als auch –Bestandsplanung ausschließlich auf die Informierung über die von ihm getroffene Prognose sowie deren Tatsachengrundlage. Ob der jeweilige Inhalt der Prognoseentscheidung – ungeachtet des anzusetzenden Kontrollmaßstabs – mit der herangezogenen Informationsgrundlage vereinbar ist, ist für die Erfüllung der Unterrichtungsverpflichtung nicht von Bedeutung. Auch wirken sich Fehlprognosen nicht auf personelle Einzelmaßnahmen, die auf die (Fehl-)Planung zurückzuführen sind, aus.[960] Ein anderes Ergebnis würde dazu führen, dass der Betriebsrat über die Unterrichtung hinaus zur personalwirtschaftlichen Kontrollinstanz des Arbeitgebers erstarkt. Abweichend von diesem Grundsatz ist die Existenz betriebsverfassungsrechtlicher Rechtsfolgen nur denkbar, wenn und soweit der Arbeitgeber den Betriebsrat über die

---

958 Auch das BAG nimmt an, dass es für das tatbestandliche Vorliegen einer Personalplanung nicht auf deren objektive Richtigkeit ankommt, da eine solche bereits aufgrund der Unsicherheiten einer jeden Planung „kaum jemals *ex ante* feststellbar sein dürfte", BAG Beschl. v. 6.11.1990 – 1 ABR 60/89, NZA 1991, 358 (360).

959 Dies ergibt sich auch aus dem Grundsatz der Kontinuität der Personalplanung, vgl. BAG Beschl. v. 17.3.1987 – 1 ABR 59/85, NZA 1987, 747 (750); ähnlich *Fitting*, BetrVG, 29. Auflage 2018, § 92 Rn. 30, dem zufolge Entscheidungsschritte aufgrund von Änderungen ggf. mehrfach durchlaufen werden müssen.

960 Vgl. BeckOKArbR/*Mauer*, BetrVG, 53. Ed. Stand 1.9.2019, § 92 Rn. 7; ErfK/*Kania*, BetrVG, 19. Auflage 2019, § 92 Rn. 12; *Fitting*, BetrVG, 29. Auflage 2018, § 92 Rn. 45; GK-BetrVG/*Raab*, Bd. II, 11. Auflage 2018, § 92 Rn. 49, wonach sich auch kein allgemeiner Unterlassungsanspruch nach § 2 Abs. 1 i.V.m. § 92 begründen lässt; Richardi/*Thüsing*, BetrVG, 16. Auflage 2018, § 92 Rn. 51.

Prognosegrundlage wahrheitswidrig bzw. unvollständig informiert.[961] In diesem Fall handelt er ordnungswidrig, sodass eine Geldbuße i.H.v. bis zu 10.000 € gem. § 121 Abs. 1, 2 BetrVG verhängt werden kann. Rechtstheoretisch ist es dann allerdings unerheblich, ob sich die Prognose bei einer *ex-ante* Betrachtung als richtig oder falsch herausstellt. In Betracht kommt eine bußgeldbewährte Handlung auch dann, wenn die Prognose *ex-ante* zwar als zutreffend einzustufen ist, die der Entscheidung zugrunde gelegte Tatsachengrundlage jedoch wahrheitswidrig oder unvollständig kommuniziert wurde.

b) *Betriebsverfassungsrechtliche Folgen verspäteter, unzureichender und wahrheitswidriger Prognosen*

Auch dann, wenn die vom Arbeitgeber erstellte Prognose zwar sowohl aus der *ex-post*, als auch *ex-ante* Perspektive zutreffend und somit keine Fehlprognose im zuvor dargestellten Sinne war, können betriebsverfassungsrechtliche Folgen eintreten. Dies nämlich dann, wenn der Arbeitgeber den Betriebsrat über die von ihm getroffene Prognoseentscheidung nicht, wahrheitswidrig, unvollständig oder verspätet unterrichtet. In diesen Konstellationen verletzt er seine aus § 92 Abs. 1 S. 1 BetrVG resultierenden Informierungspflichten.

Verstößt er gegen die Pflicht zur Unterrichtung über die im Rahmen der Personalbedarfs- und Personalbestandsplanung erstellte Prognose sogar in grober Weise, kommt ein Verfahren gegen den Arbeitgeber nach § 23 Abs. 3 BetrVG in Betracht. Danach kann der Betriebsrat im Ergebnis die zwangsweise Vornahme der Mitteilung über personalplanungsbezogene Prognosen arbeitsgerichtlich beantragen.[962] Freilich bedarf es hierfür eines groben Verstoßes gegen die aus § 92 Abs. 1 BetrVG erwachsenden Verpflichtungen. „Grob" i.S.d. Norm ist ein Verstoß jedenfalls, wenn der Arbeitgeber in erheblichem Maße objektiv mehrfach oder offenkundig entgegen seiner Pflichten gehandelt hat.[963] Davon kann

---

961 Allgemein dazu *Fitting*, BetrVG, 29. Auflage 2018, § 92 Rn. 45; GK-BetrVG/*Raab*, Bd. II, 11. Auflage 2018, § 92 Rn. 49; Richardi/*Thüsing*, BetrVG, 16. Auflage 2018, § 92 Rn. 50 f.

962 Ausführlich zum Erkenntnis- und Vollstreckungsverfahren i.R.v. § 23 Abs. 3 BetrVG HWGNRH/*Huke*, BetrVG, 10. Auflage 2018, § 23 Rn. 71 ff.

963 BAG Beschl v. 18.3.2014 – 1 ABR 77/12, NZA 2014, 987 (988); v. 7.2.2012 – 1 ABR 77/10, NZA-RR 2012, 359 (360); v. 19.1.2010 – 1 ABR 55/08, NZA 2010, 659 (662); v. 29.4.2004 – 1 ABR 30/02, NZA 2004, 670 (678); v. 28.5.2002 – 1 ABR 32/01, NZA 2003, 166 (169); v. 29.2.2000 – 1 ABR 4/99, NZA 2000, 1066 (1068); v. 16.7.1991 – 1 ABR 69/90, NZA 1992, 70 (72); *Fitting*, BetrVG, 29. Auflage 2018, § 23 Rn. 59 ff.; HWGNRH/*Huke*, BetrVG, 10. Auflage 2018, § 23 Rn. 65; Richardi/*Thüsing*, BetrVG,

zumindest ausgegangen werden, wenn der Arbeitgeber die von ihm erstellte Prognose gänzlich nicht bzw. offensichtlich wahrheitswidrig mitteilt. Gibt er hingegen unzureichend Auskunft über den prognostizierten Bedarf und Bestand, kommt ein grober Verstoß grundsätzlich erst bei mehrfacher unzulänglicher Unterrichtung in Betracht.[964]

Ebenso handelt der Arbeitgeber bei fehlerhafter Informierung über die Personalbedarfs- und Personalbestandsprognosen ordnungswidrig gem. § 121 Abs. 1 BetrVG, was wiederum mit Bußgeld geahndet werden kann, § 121 Abs. 2 BetrVG. Ebenso wie im Falle einer im Wege der *ex-ante* Betrachtungsweise festgestellten Fehlprognose sind verspätet, unzureichend oder wahrheitswidrig an den Betriebsrat mitgeteilte Prognosen für das rechtliche Schicksal hierauf beruhender Einzelpersonalmaßnahmen unbeachtlich.[965] Der Unterrichtungspflicht des Arbeitgebers kommt insoweit eine beschränkte Reichweite zu. Insbesondere schlägt eine Verletzung der Pflicht zur Informierung nicht auf das individualvertragliche Arbeitsverhältnis durch. Insofern besteht ein kategorischer Unterschied zu den Prognosen des Kündigungs- und Befristungsrechts.

Sowohl für den Bußgeldtatbestand des § 121 Abs. 1 BetrVG, als auch das Verfahren nach § 23 Abs. 3 BetrVG kommt nicht nur eine fehlerhafte Unterrichtung über den Inhalt der Prognose, sondern auch die Informationsbasis, die der Arbeitgeber zur Prognosegrundlage macht, in Betracht. Letzteres gilt bereits in Anbetracht des Umstands, dass die Pflicht zur Informierung des Betriebsrats nicht auf die isolierte Mitteilung des Ergebnisses und der Tatsachengrundlage der Prognosen beschränkt ist. Vielmehr soll der Betriebsrat auch die Möglichkeit haben, die Erwägungsgründe, die der Arbeitgeber im Vorfeld der Prognoseentscheidung angeführt hat, nachzuvollziehen. Nur so kann auch eine ordnungsgemäße Beratung über die Personalbestandsplanung gewährleistet werden. Die Unterrichtungspflicht bezieht sich demzufolge auch auf den zwischen

---

16. Auflage 2018, § 23 Rn. 25; das Erfordernis einer „Offensichtlichkeit" ablehnend GK-BetrVG/*Oetker*, Bd. I, 11. Auflage 2018, § 23 Rn. 226.

964 Zwar reicht nach der Rechtsprechung des BAG auch ein einmaliger Verstoß u.U. aus, um eine Wiederholungsgefahr zu indizieren und damit „Grobheit" herbeizuführen, allerdings ist nach der Judikatur des ersten Senats bei leichteren Verstößen entscheidend auf die tatsächliche Wiederholung abzustellen, vgl. BAG Beschl. v. 14.11.1989 – 1 ABR 87/88, NZA 1990, 357 (358); v. 16.7.1991 – 1 ABR 69/90, NZA 1992, 70 (72); einschränkend Richardi/*Thüsing*, BetrVG, 16. Auflage 2018, § 23 Rn. 25, wonach leichte Verstöße erst dann durch Wiederholung zu „groben" Verstößen werden, wenn sie sich auf die gleiche Pflicht beziehen.

965 S. hierzu oben unter Gliederungspunkt F. I. 4. a).

Prognosegrundlage und Prognoseinhalt bestehenden Kausalzusammenhang, sodass eine diesbezüglich fehlerhaft stattfindende Informierung auch als „unzureichende“ Auskunft i.S.v. § 121 Abs. 1 BetrVG zu verstehen ist.

5. Richterliche Überprüfbarkeit unter Berücksichtigung des Umfangs der Betriebsratsbeteiligung

Ebenso wie im Kündigungs- und Befristungsrecht ist auch bei betriebsverfassungsrechtlichen Prognosetatbeständen von erheblicher Bedeutung, welche Kontrolldichte innerhalb der richterlichen Prüfbarkeit der vom Arbeitgeber getroffenen Prognose anzusetzen ist. In materiell-rechtlicher Hinsicht muss grundsätzlich gefragt werden, ob und ggf. in wieweit dem Ersteller der Prognose ein Ermessens- bzw. Entscheidungsspielraum zuzusprechen ist. Insbesondere *Preis* hat insofern festgestellt, dass die Rechtsordnung einen Ermessensspielraum regelmäßig nur gewährt, wenn die richterliche Überprüfung atypischer, schwer erfassbarer Sachverhalte in Frage steht und der Prognoseersteller eine spezifische Beurteilungskompetenz aufweist.[966] Danach ist maßgeblich, dass der Entscheidungsträger nicht nur über einen tatsachenbezogenen Informationsvorsprung verfügt, sondern auch eine gesteigerte Expertise für die Bewertung desgleichen innehat.

Freilich muss auch in diesem Zusammenhang die bereichsspezifische Ausformung der Prognose – und damit insbesondere der Kontext, in dem sie erstellt wird – Berücksichtigung finden: Ob der Arbeitgeber überhaupt eine Prognostizierung des künftigen Personalbedarfs und Personalbestands vornimmt oder vielmehr im Vorstadium der Personalplanung lediglich Handlungsspielräume erörtert und bewertet, unterliegt einer vollumfänglichen Kontrolle durch die Gerichte.[967] Für die richterliche Prüfung der Anwendbarkeit des § 92 Abs. 1 BetrVG kommt es dabei nicht auf die objektive Richtigkeit der Personalplanung an. In Anbetracht der einer jeden Planung immanenten Unsicherheiten nimmt das BAG eine *ex-ante* Überprüfung der vom Arbeitgeber getätigten Handlungen vor und bewertet anhand diesen Maßstabs, ob eine Personalplanung im betriebsverfassungsrechtlichen Sinne zum maßgeblichen Zeitpunkt erfolgte.[968] Damit ist allerdings noch nichts über die Kontrolle der inhaltlichen Richtigkeit

966 *Preis*, Prinzipien des Kündigungsrechts bei Arbeitsverhältnissen, 1987, S. 338.

967 BAG Beschl. v. 6.11.1990 – 1 ABR 60/89, NZA 1991, 358 (360); Beschl. v. 27.6.1989 – 1 ABR 19/88, NZA 1989, 929 (930); Beschl. v. 19.6.1984 – 1 ABR 6/83, NZA 1984, 329 (330).

968 BAG Beschl. v. 6.11.1990 – 1 ABR 60/89, NZA 1991, 358 (360).

der Prognose gesagt. Das Maß richterlicher Überprüfbarkeit muss dabei in Zusammenhang mit dem Telos des § 92 Abs. 1 S. 1, 2 BetrVG betrachtet werden: Sinn und Zweck der Unterrichtungs- und Beratungsrechte des Betriebsrats sind zum einen die Sicherstellung einer frühestmöglichen Informierung über die personelle Situation und Entwicklung im Betrieb, zum anderen die Prävention von Härten für einzelne Arbeitnehmer.[969] Vor allem aber soll der Betriebsrat die allgemeine Personalwirtschaft des Arbeitgebers besser durchschauen bzw. nachvollziehen können.[970] Eine hierüber hinausgehende Involvierung des Betriebsrats ist nicht vorgesehen. Im Umkehrschluss bedeutet dies, dass der Betriebsrat gerade nicht zur eigenständigen Gestaltung der künftigen Personalstruktur und Personalwirtschaft befugt ist. Dies gilt umso mehr für das personalwirtschaftliche Kernelement der Personalbedarfsplanung, da ihm insoweit von vornherein nur ein Recht zur Unterrichtung eingeräumt wird.[971]

Daraus ist zu schlussfolgern: Die richterliche Kontrolldichte ist im Grundsatz anhand der Zweckbestimmung der Prognose zu definieren. Bezweckt die Prognose den Schutz besonders hochrangiger, gar grundrechtlich geschützter Rechtspositionen, kann kein Raum für einen Bewertungsspielraum des Entscheidungsträgers verbleiben.[972] Die im Rahmen der Personalbedarfs- und Personalbestandsplanung erstellten Arbeitgeberprognosen sind jedoch im Kontext der beschränkten Beteiligungsrechte des Betriebsrats zu sehen. Anders als im Kündigungs- und Befristungsrecht ist der Adressat der Prognose nicht selbst und unmittelbar von ihrem Ausgang betroffen. Da auch im Anschluss an die Prognostizierung des künftigen Personalbedarfs und Personalbestands erfolgende personelle Einzelmaßnahmen in ihrem rechtlichen Schicksal unabhängig von der Rechtmäßigkeit der Unterrichtung und Beratung nach § 92 Abs. 1 S. 1, 2 BetrVG sind, entfällt bereits im Lichte der in Rede stehenden Rechtsgüter die

---

969 BT-Drucks. VI/1786, S. 50.

970 BT-Drucks. VI/1786, S. 50.

971 BAG Beschl. v. 6.11.1990 – 1 ABR 60/89, NZA 1991, 358 (362); ErfK/*Kania*, BetrVG, 19. Auflage 2019, § 92 Rn. 9; GK-BetrVG/*Raab*, Bd. II, 11. Auflage 2018, § 92 Rn. 33 f.; HWGNRH/*Rose*, BetrVG, 10. Auflage 2018, § 92 Rn. 97; Richardi/*Thüsing*, BetrVG, 16. Auflage 2018, § 92 Rn. 35; eine Erstreckung des Beratungsrechts auf den Bereich der Personalbedarfsplanung bejahend *Bonin*, AuR 2004, 312 (325); *Fitting*, BetrVG, 29. Auflage 2018, § 92 Rn. 35; *Zwanziger*, AuR 2010, 459 (459 f.); wohl auch DKKW/*Homburg*, BetrVG, 16. Auflage 2018, § 92 Rn. 46.

972 So im Ergebnis auch *Preis*, Prinzipien des Kündigungsrechts bei Arbeitsverhältnissen, 1987, S. 338; für die Prognosen im Kündigungs- und Befristungsrecht ausführlich unter Gliederungspunkten C. IV. 3. und D. III. 7.

Notwendigkeit einer umfassenden richterlichen Kontrolle der Prognose. Da der Betriebsrat in der allgemeinen Personalplanung nur beschränkt beteiligt wird, darf sich auch die gerichtliche Prüfung der erstellten Prognosen nicht auf deren Inhalt erstrecken. Ob der vom Arbeitgeber prognostizierte Bedarf an Arbeitskräften sowie die Entwicklung des bereits vorhandenen Personals in wirtschaftlicher Hinsicht sinnvoll bzw. plausibel sind, kann nicht der richterlichen Prüfung unterliegen. Es bedarf auch keiner Kontrolle der für die Prognose herangezogenen Tatsachengrundlage. Die Beschränkungen der Betriebsratsbeteiligung dürfen nicht durch eine überschießende gerichtliche Kontrolle verwässert werden. Zudem ist auch im Kündigungsrecht anerkannt, dass die im Zusammenhang mit dem Ausspruch von betriebsbedingten Kündigungen erstellten Prognosen zwar einer gerichtlichen Überprüfung zugänglich sind, nicht hingegen die der Prognose zugrundeliegende unternehmerische Entscheidung. Diese kann vielmehr bis zur Grenze der offensichtlichen Unsachlichkeit, Unvernunft oder Willkür frei getroffen werden.[973] Ob und in welchem Umfang der Arbeitgeber künftig Personal für die Verrichtung der anfallenden Arbeiten benötigt und wie sich der bisherige Personalbestand voraussichtlich entwickeln wird, sind Gesichtspunkte, die zum Kernbestand der (grundrechtlich geschützten) unternehmerischen Entscheidungs- und Handlungsfreiheit zählen.[974] Sie bedürfen vor diesem Hintergrund keiner richterlichen Kontrolle. Etwas anderes gilt hingegen für die Frage, ob der Arbeitgeber eine Prognose im Rahmen der Personalplanung i.S.v. § 92 Abs. 1 BetrVG getroffen hat. Die Abgrenzung zum beteiligungsfreien Vorstadium unterliegt einer umfassenden richterlichen Prüfung.

---

973 BAG Urt. v. 31.7.2014 – 2 AZR 422/13, NZA 2015, 101 (103); Urt. v. 20.6.2013 – 2 AZR 379/12, NZA 2014, 139 (141); Urt. v. 24.5.2012 – 2 AZR 124/11, NZA 2012, 1223 (1225); Urt. v. 23.2.2012 – 2 AZR 548/10, NZA 2012, 852 (854); Urt. v. 16.12.2010 – 2 AZR 770/09, NZA 2011, 505 (506); Urt. v. 10.7.2008 – 2 AZR 1111/06, NZA 2009, 312 (314); Urt. v. 29.3.2007 – 2 AZR 31/06, NZA 2007, 855 (857); Urt. v. 18.10.2006 – 2 AZR 434/05, NZA 2007, 552 (555); Ascheid/Preis/Schmidt/*Kiel*, KSchG, 5. Auflage 2017, § 1 Rn. 455; BeckOKArbR/*Rolfs*, KSchG, 53. Ed. Stand 1.9.2019, § 1 Rn. 353; ErfK/*Oetker*, KSchG, 19. Auflage 2019, § 1 Rn. 240a; *Hunold*, NZA-RR 2013, 57 (57); MHdBArbR/*Kreft*, Bd. II, 4. Auflage 2018, § 115 Rn. 27; *Reuter*, RdA 2004, 161 (161); *Schrader/Siebert*, NZA-RR 2013, 113 (114); für die betriebsbedingte Änderungskündigung *Herbert/Oberrath*, NJW 2008, 3177 (3179).

974 So auch für die Personalbedarfsplanung BAG Beschl. v. 6.11.1990 – 1 ABR 60/89, NZA 1991, 358 (362).

II. Prognose innerhalb des Zustimmungsverweigerungstatbestands nach § 99 Abs. 2 Nr. 6 BetrVG

§ 99 BetrVG verleiht dem Betriebsrat ein Mitbestimmungsrecht bei den wichtigsten personellen Einzelmaßnahmen; namentlich der Einstellung, Eingruppierung, Umgruppierung sowie Versetzung. Die in § 99 Abs. 1 S. 1, 2 BetrVG statuierten Unterrichtungs- und Vorlagepflichten dienen dem Betriebsrat unter anderem dazu, prüfen zu können, ob einer der in § 99 Abs. 2 BetrVG geregelten Zustimmungsverweigerungsgründe einschlägig ist.[975] Absatz 2 der Norm beinhaltet einen – bis auf wenige Ausnahmen abschließenden[976] – Katalog mit Gründen, aus denen die Zustimmung zur personellen Einzelmaßnahme verweigert werden kann. § 99 Abs. 2 Nr. 6 BetrVG sieht insofern vor, dass der Betriebsrat seine Zustimmung verweigern kann, wenn eine durch Tatsachen begründete Besorgnis besteht, dass der durch die Einzelmaßnahme Betroffene durch gesetzwidriges Verhalten oder durch grobe Verletzung der in § 75 Abs. 1 BetrVG bestimmten Grundsätze über die Behandlung von Betriebsangehörigen den Betriebsfrieden stören werde. Als eine auf die Sicherung des künftigen Betriebs- und Belegschaftsfriedens gerichtete Schutznorm[977] beinhaltet § 99 Abs. 2 Nr. 6 BetrVG prognostische Elemente. Ebenso wie bei dem im Rahmen der allgemeinen Personalplanung nach § 92 Abs. 1 BetrVG bestehenden Prognoseerfordernis bedarf es auch hier einer Einordnung in die prognoserechtliche Systematik. Zu berücksichtigen ist dabei insbesondere der betriebsverfassungsrechtliche Kontext, also die Einbettung in einen Zustimmungsverweigerungstatbestand.

---

975 BAG Beschl. v. 21.2.2017 – 1 ABR 62/12, NZA 2017, 662 (664); Beschl. v. 14.4.2015 – 1 ABR 58/13, NZA 2015, 1081 (1082); Beschl. v. 30.9.2014 – 1 ABR 32/13, NZA 2015, 370 (371); Beschl. v. 9.10.2013 – 7 ABR 1/12, NZA 2014, 156 (159); Beschl. v. 29.6.2011 – 7 ABR 24/10, NZA-RR 2012, 18 (21); Beschl. v. 12.1.2011 – 7 ABR 25/09, NZA 2011, 1304 (1307); Beschl. v. 6.10.2010 – 7 ABR 80/09, NZA 2012, 50 (53); Beschl. v. 5.5.2010 – 7 ABR 70/08, NJOZ 2010, 2612 (2615); Beschl. v. 14.12.2004 – 1 ABR 55/03, NZA 2005, 827 (829); Beschl. v. 3.10.1989 – 1 ABR 73/88, NZA 1990, 231 (232); *Fitting*, BetrVG, 29. Auflage 2018, § 99 Rn. 162; GK-BetrVG/*Raab*, Bd. II, 11. Auflage 2018, § 99 Rn. 136.

976 Die Rechtsprechung geht davon aus, dass eine Erweiterung der Verweigerungstatbestände durch eine freiwillige Betriebsvereinbarung möglich ist, vgl. BAG Beschl. v. 23.8.2016 – 1 ABR 22/14, NZA 2017, 194 (194); zustimmend *Fitting*, BetrVG, 29. Auflage 2018, § 99 Rn. 187; kritisch Richardi/*Thüsing*, BetrVG, 16. Auflage 2018, § 99 Rn. 8.

977 BAG Beschl. v. 9.3.2011 – 7 ABR 137/09, NZA 2011, 871 (873); *Fitting*, BetrVG, 29. Auflage 2018, § 99 Rn. 253.

Nachfolgend soll im Anschluss an Überlegungen zur Notwendigkeit einer Prognoseentscheidung vor allem eine Auseinandersetzung mit den einzelnen Bestandteilen der Prognose erfolgen. Da sich die Entscheidung darüber, ob die Zustimmung nach § 92 Abs. 2 Nr. 6 BetrVG zu verweigern ist, auch unmittelbar auf das rechtliche Schicksal der betroffenen Person auswirkt, soll insoweit auch der Kontext zu den regelmäßig betroffenen Individualrechtsgütern hergestellt werden.[978]

1. Erfordernis einer Prognose: Zukunftsbezogene Bewertung des voraussichtlichen Verhaltens des Betroffenen

Der Verweigerungsgrund des § 99 Abs. 2 Nr. 6 BetrVG verlangt tatbestandlich das Vorliegen von in der Vergangenheit liegenden Tatsachen, welche die Annahme rechtfertigen, dass der Bewerber bzw. Arbeitnehmer künftig den Betriebsfrieden stören wird, indem er sich entweder gesetzeswidrig verhält oder gegen die in § 75 Abs. 1 BetrVG niedergelegten Grundsätze verstößt. Der Zustimmungsverweigerungsgrund setzt insofern eine zweiteilige Prüfung voraus: Zunächst erfolgt eine retrospektive Betrachtung des in der Vergangenheit bestandenen Zustands. Insbesondere bedarf es einer Veranschaulichung des vergangenen Verhaltens des Betroffenen. Ergeben sich aus dieser Betrachtung Anhaltspunkte für ein rechtswidriges Verhalten, muss in einem zweiten Schritt geprüft werden, ob auch künftig von einem derartigen (Fehl-)Verhalten des Bewerbers bzw. Arbeitnehmers ausgegangen werden kann. Der Verweigerungsgrund greift demzufolge erst, wenn für die Zukunft mit einer Störung des Betriebs- bzw. Belegschaftsfriedens gerechnet werden muss. Ein in der Vergangenheit liegendes Fehlverhalten reicht für sich genommen nicht aus, um die Zustimmung zu verweigern.[979] Dies gilt umso mehr, wenn die betroffene Person ein Bewerber ist: Vor der Einstellung einer Person wird regelmäßig schon gar keine Störung des Betriebsfriedens eintreten können.[980] Auch wenn es in einigen Konstellationen möglich ist,

---

978 Zum Schutzzweck der Norm BAG Beschl. v. 8.12.2009 – 1 ABR 41/09, NZA 2010, 665 (667); Beschl. v. 25.1.2005 – 1 ABR 59/03, NZA 2005, 945 (946); Urt. v. 5.4.2001 – 2 AZR 580/99, NZA 2001, 893 (896); DKKW/*Bachner*, BetrVG, 16. Auflage 2018, § 99 Rn. 5; *Fitting*, BetrVG, 29. Auflage 2018, § 99 Rn. 3; GK-BetrVG/*Raab*, Bd. II, 11. Auflage 2018, § 99 Rn. 5.

979 BAG Beschl. v. 16.11.2004 – 1 ABR 48/03, NZA 2005, 775 (778); wohl auch Beschl. v. 21.7.2009 – 1 ABR 35/08, AP AÜG § 3 Nr. 4 (Anm. *Boemke*); Richardi/*Thüsing*, BetrVG, 16. Auflage 2018, § 99 Rn. 269.

980 GK-BetrVG/*Raab*, Bd. II, 11. Auflage 2018, § 99 Rn. 227.

Rückschlüsse aus vergangenen Störungen zu ziehen[981], kann im Regelfall nicht mit abschließender Sicherheit beurteilt werden, ob auch künftig derartige Beeinträchtigungen des Betriebsfriedens zu befürchten sind. Vor diesem Hintergrund bedarf es innerhalb von § 99 Abs. 2 Nr. 6 BetrVG einer zukunftsorientierten Bewertung des voraussichtlichen Verhaltens des Betroffenen unter Berücksichtigung der Unsicherheiten, die dieser Entscheidung inhärent sind. Demzufolge muss der Betriebsrat eine Prognose über das künftige Verhalten der Person und den damit ggf. einhergehenden Auswirkungen erstellen.

2. Blickwinkel für die Prüfung des Verweigerungsgrundes – *ex-ante* Betrachtung?

Rechtsprechung und Literatur halten sich bislang hinsichtlich der Sichtweise, aus der heraus die Rechtmäßigkeit der erstellten Prognose zu prüfen ist, bedeckt. Der Erste Senat stellte in der Vergangenheit lediglich fest, dass es für die Beurteilung der Prognoseentscheidung nicht auf die subjektive Sichtweise des Betriebsrats, sondern eine objektive Betrachtung der Tatsachen ankommt.[982] Damit ist allerdings nur die Frage des personalen Blickwinkels, nicht hingegen die der temporalen Sichtweise beantwortet. Wie auch im Kündigungsrecht, Befristungsrecht sowie dem Recht der betrieblichen Altersversorgung kommen insofern zwei Möglichkeiten in Betracht – eine *ex-post* oder *ex-ante* Betrachtungsweise. Gegen die Annahme eines *ex-post* Blickwinkels spricht zunächst der systematische Vergleich zur Prognose innerhalb der Personalplanung nach § 92 Abs. 1 BetrVG. Dort geht das BAG ausdrücklich von einer *ex-ante* Sichtweise aus[983], sodass in der Folge Umstände, die erst nach der Informierung des Betriebsrats zum Vorschein treten, allenfalls Gegenstand einer erneuten Unterrichtung bzw. Beratung sein können.[984] Auch Sinn und Zweck des Verweigerungsgrundes sprechen gegen eine *ex-post* Betrachtung: Das Recht zur Verweigerung der Zustimmung soll gerade den künftigen Betriebs- und Belegschaftsfrieden

---

981 Zur Relevanz des Zeitraums, der zwischen dem letzten Fehlverhalten und der Entscheidung über die Prüfung des Zustimmungsverweigerungsrechts liegt *Fitting*, BetrVG, 29. Auflage 2018, § 99 Rn. 253a.

982 BAG Beschl. v. 16.11.2004 – 1 ABR 48/03, NZA 2005, 775 (778); bestätigend *Fitting*, BetrVG, 29. Auflage 2018, § 99 Rn. 253; GK-BetrVG/*Raab*, Bd. II, 11. Auflage 2018, § 99 Rn. 227; Richardi/*Thüsing*, BetrVG, 16. Auflage 2018, § 99 Rn. 273.

983 BAG Beschl. v. 6.11.1990 – 1 ABR 60/89, NZA 1991, 358 (360).

984 Dies gilt bereits aufgrund des Kontinuitätsprinzips der Personalplanung, vgl. BAG Beschl. v. 17.3.1987 – 1 ABR 59/85, NZA 1987, 747 (750); *Fitting*, BetrVG, 29. Auflage 2018, § 92 Rn. 30.

gewährleisten.[985] § 99 Abs. 2 Nr. 6 BetrVG kommt dementsprechend ein präventiver Schutzcharakter zu. Gleiches gilt für die kündigungsrechtliche Prognose, bei der die Notwendigkeit einer *ex-ante* Betrachtung unbestritten ist.[986] Insofern bestehen auch Überschneidungen zwischen dem Rechtscharakter der Kündigung als Gestaltungsrecht und dem Zustimmungsverweigerungsrecht des Betriebsrats: Beide Rechtsinstitute müssen aufgrund ihrer Einseitigkeit Rechtssicherheit gewährleisten. Die abschließende Funktion der Zustimmungsverweigerung verdeutlicht auch der Umstand, dass der Betriebsrat hinsichtlich der in Betracht kommenden Verweigerungsgründe auf diejenigen beschränkt ist, welche er dem Arbeitgeber mitteilt. Neue Gründe kann er in einem anschließenden Zustimmungsersetzungsverfahren grundsätzlich nicht mehr anführen.[987] Hinge die Rechtmäßigkeit der Zustimmungsverweigerung von nachträglich eintretenden Umständen ab, entstünde ein Schwebezustand, der nicht zuletzt für den Betroffenen der personellen Einzelmaßnahme unzumutbar wäre.[988]

Äußerst fraglich ist allerdings, wie die Rechtsprechung des BAG zum Zustimmungsersetzungsverfahren nach § 99 Abs. 4 BetrVG mit dem Prognoseerfordernis aus § 99 Abs. 2 Nr. 6 BetrVG in Einklang zu bringen ist. Das Gericht geht davon aus, dass Gegenstand des Verfahrens nicht sei, ob die Maßnahme im Zeitpunkt der Antragstellung durch den Arbeitgeber zulässig war, sondern vielmehr auf den Zeitpunkt der gerichtlichen Entscheidung abgestellt werden müsse. Daraus sei zu schlussfolgern, dass Veränderungen tatsächlicher Art bis zum Schluss der Anhörung vor dem Landesarbeitsgericht Berücksichtigung

---

985 Gerade deshalb reicht ein in der Vergangenheit liegendes Fehlverhalten für sich genommen nicht aus, um den Zustimmungsverweigerungsgrund zu realisieren, vgl. BAG Beschl. v. 16.11.2004 – 1 ABR 48/03, NZA 2005, 775 (778).

986 BAG Urt. v. 29.6.2017 – 2 AZR 302/16, NJW 2017, 3018 (3020); Urt. v. 2.3.2017 – 2 AZR 698/15, NZA 2017, 1051 (1055); Urt. v. 15.8.1984 – 7 AZR 536/82, NZA 1985, 357 (358); BeckOKArbR/*Rolfs*, KSchG, 53. Ed. Stand 1.9.2019, § 1 Rn. 164 f.; ErfK/*Oetker*, KSchG, 19. Auflage 2019, § 1 Rn. 118; MüKo/*Hergenröder*, KSchG, Bd. IV, 7. Auflage 2016, § 1 Rn. 313; *Preis*, Prinzipien des Kündigungsrechts bei Arbeitsverhältnissen, 1987, S. 351.

987 Dies gilt bereits aufgrund der Wochenfrist des § 99 Abs. 3 BetrVG; zur Beschränkung auf die angegebenen Verweigerungsgründe BAG Beschl. v. 17.11.2010 – 7 ABR 120/09, NZA-RR 2011, 415 (418); GK-BetrVG/*Raab*, Bd. II, 11. Auflage 2018, § 99 Rn. 171; Richardi/*Thüsing*, BetrVG, 16. Auflage 2018, § 99 Rn. 295; differenzierend *Fitting*, BetrVG, 29. Auflage 2018, § 99 Rn. 291.

988 Zum Gedanken des Schwebezustands grundlegend *Preis*, Prinzipien des Kündigungsrechts bei Arbeitsverhältnissen, 1987, S. 344 f.; zur Gewissheit über Rechtsfolgen bei einseitig herbeigeführter Beendigungswirkung auch *v. Stebut*, NJW 1985, 289 (292 f.).

finden können.[989] Für die gerichtliche Überprüfung der Prognose des Betriebsrats wären demnach auch Umstände heranzuziehen, die erst nach Erstellung der Prognose eingetreten sind. Die Prognosegrundlage würde mithin um Informationen erweitert, die dem Betriebsrat zum Entscheidungszeitpunkt noch nicht vorlagen. Die Konsequenz wäre eine *ex-post* Betrachtung der Prognose. Eine solche ist jedoch zum einen aus den bereits dargestellten Überlegungen zum Rechtscharakter des Zustimmungsverweigerungsrechts abzulehnen. Darüber hinaus kann sie nur schwerlich mit den Anforderungen, die bei § 99 Abs. 2 Nr. 6 BetrVG an die Begründung der Zustimmungsverweigerung zu stellen sind, in Einklang gebracht werden: Anders als bei den übrigen Verweigerungstatbeständen verlangt das BAG für die in § 99 Abs. 2 Nr. 3 und 6 BetrVG normierten Verweigerungsgründe die Angabe konkreter Tatsachen, auf die sich die Entscheidung des Betriebsrats stützt.[990] Dieses Wirksamkeitserfordernis liefe jedoch weitestgehend leer, ließe man auch später eintretende Tatsachen in die Prüfung der Prognose miteinfließen. Der Betriebsrat könnte sich vielmehr auf Vermutungen beschränken und darauf spekulieren, dass bis zum Zeitpunkt der letzten Anhörung Umstände eintreten werden, die für die Besorgnis einer Störung des Betriebsfriedens ausreichen. Dieses Ergebnis ist mit dem Grundsatz der objektiven Betrachtung der Prognose[991] unvereinbar. Die Rechtsprechung des BAG ist vor diesem Hintergrund jedenfalls für den Prognosetatbestand aus § 99 Abs. 2 Nr. 6 BetrVG abzulehnen. Richtigerweise muss für die Beurteilung der Prognose auf den Zeitpunkt abgestellt werden, in dem die Zustimmungsverweigerung dem Arbeitgeber zugeht. In der Konsequenz gilt auch für § 99 Abs. 2 Nr. 6 BetrVG eine *ex-ante* Betrachtung der Prognoseentscheidung.

989 BAG Urt. v. 22.4.2010 – 2 AZR 491/09, NZA 2010, 1235 (1236 f.); Urt. v. 16.1.2007 – 1 ABR 16/06, NJOZ 2007, 5811 (5816); Beschl. v. 25.1.2005 – 1 ABR 61/03, NZA 2005, 1199 (1199); Beschl. v. 12.11.2002 – 1 ABR 1/02, NZA 2003, 513 (514).

990 BAG Beschl. v. 30.9.2014 – 1 ABR 32/13, NZA 2015, 370 (372); Beschl. v. 9.10.2013 – 7 ABR 1/12, NZA 2014, 156 (159 f.); Beschl. v. 10.10.2012 – 7 ABR 42/11, NJOZ 2013, 1954 (1959); Beschl. v. 19.4.2012 – 7 ABR 52/10, NJOZ 2012, 2078 (2082); Beschl. v. 9.12.2008 – 1 ABR 79/07, NZA 2009, 627 (630); Beschl. v. 11.6.2002 – 1 ABR 43/01, NZA 2003, 226 (228).

991 BAG Beschl. v. 16.11.2004 – 1 ABR 48/03, NZA 2005, 775 (778).

3. Anforderungen an die Informationsgrundlage des Betriebsrats und die damit einhergehende Kontrolldichte der Arbeitsgerichte

Die Prognose ist vom Betriebsrat auf der Grundlage von objektiven Gegebenheiten zu erstellen.[992] Bereits der Wortlaut des Verweigerungsgrundes statuiert, dass die Besorgnis eines rechtswidrigen Verhaltens durch „Tatsachen begründet" sein muss. Die Wirksamkeit der Prognose hängt demzufolge nicht allein vom Inhalt dergleichen ab. Vielmehr bedarf es auch einer hinreichenden Tatsachengrundlage, auf deren Basis sich die Prognose verfestigen lässt. Fest steht insoweit, dass ein auf reine Vermutungen gestützter Verdacht ebenso wenig für eine Verweigerung ausreicht, wie allgemeine Werturteile über die Person bzw. Charaktereigenschaften des Betroffenen.[993] Gleichermaßen kann jedoch mit Blick auf den präventiven Schutzzweck des § 99 Abs. 2 Nr. 6 BetrVG nicht zwingend erforderlich sein, dass sich der Betroffene bereits in der Vergangenheit gesetzeswidrig verhalten bzw. gegen die Grundsätze des § 75 Abs. 1 BetrVG verstoßen hat.[994] Ist ein derartiges Fehlverhalten hingegen bereits eingetreten, kann dies zur Verfestigung der Prognosegrundlage herangezogen werden.[995] In diesem Fall stützt sich die Prognose auf die Annahme einer Wiederholungsgefahr.[996]

Schwierigkeiten birgt vor diesem Hintergrund die Prognoseerstellung, wenn zwar noch kein rechtswidriges Fehlverhalten in der Vergangenheit auftrat, der Betriebsrat jedoch Situationen bzw. Verhaltensmuster des Betroffenen anführt, auf deren Grundlage er Befürchtungen künftigen Fehlverhaltens äußert. Auf der einen Seite verlangt die Rechtsprechung nicht zwingend ein in der Vergangenheit liegendes Fehlverhalten[997], auf der anderen Seite gehen Stimmen in der Literatur davon aus, dass bei einem bislang rechtmäßigen Verhalten regelmäßig keine negative Prognose erstellt werden könne.[998] Nach diesen Maßstäben wäre zu

992 BAG Beschl. v. 16.11.2004 – 1 ABR 48/03, NZA 2005, 775 (778); bestätigend *Fitting*, BetrVG, 29. Auflage 2018, § 99 Rn. 253; GK-BetrVG/*Raab*, Bd. II, 11. Auflage 2018, § 99 Rn. 227; Richardi/*Thüsing*, BetrVG, 16. Auflage 2018, § 99 Rn. 273.

993 BAG Beschl. v. 16.11.2004 – 1 ABR 48/03, NZA 2005, 775 (778); GK-BetrVG/*Raab*, Bd. II, 11. Auflage 2018, § 99 Rn. 227; Richardi/*Thüsing*, BetrVG, 16. Auflage 2018, § 99 Rn. 273.

994 Ausdrücklich BAG Beschl. v. 16.11.2004 – 1 ABR 48/03, NZA 2005, 775 (778).

995 Vgl. BAG Beschl. v. 16.11.2004 – 1 ABR 48/03, NZA 2005, 775 (778); GK-BetrVG/*Raab*, Bd. II, 11. Auflage 2018, § 99 Rn. 227; Richardi/*Thüsing*, BetrVG, 16. Auflage 2018, § 99 Rn. 273.

996 Ähnlich GK-BetrVG/*Raab*, Bd. II, 11. Auflage 2018, § 99 Rn. 227.

997 BAG Beschl. v. 16.11.2004 – 1 ABR 48/03, NZA 2005, 775 (778).

998 Insbesondere GK-BetrVG/*Raab*, Bd. II, 11. Auflage 2018, § 99 Rn. 227.

schlussfolgern: Ist bis zum Zeitpunkt der Entscheidung des Betriebsrats ein tatsächliches Fehlverhalten ausgeblieben, ist zu vermuten, dass der Betriebsrat die Prognose auf sein eigenes, subjektives Empfinden stützt, die Entscheidung mithin den Anforderungen des Verweigerungsgrundes nicht gerecht wird. In Anbetracht des rein präventiven Charakters der Norm kann dies nicht gewollt sein. Auch wenn der Betroffene bislang kein den Betriebsfrieden störendes Fehlverhalten aufgewiesen hat, muss eine Verweigerung der Zustimmung möglich sein, sofern Umstände, die auf eine künftige Störung hindeuten, vorliegen. Es bedarf insofern nicht zwangsläufig eines arbeitsvertragswidrigen Verhaltens oder Ereignisses, das eine Abmahnung bzw. Kündigung gerechtfertigt hätte. Dann nämlich läge bereits ein „gesetzeswidriges Verhalten" i.S. der Norm vor. Der (vermeintliche) Widerspruch zwischen dem Verbot einer rein subjektiven Einschätzung des Betriebsrats und der Wertung, dass die Tatsachengrundlage der Prognose nicht zwingend gesetzeswidriges oder gegen § 75 Abs. 1 BetrVG verstoßendes Verhalten sein muss, kann letztlich nur über die Anerkennung eines Bewertungsspielraums des Betriebsrats aufgelöst werden: § 99 Abs. 2 Nr. 6 BetrVG spricht ausdrücklich von Tatsachen, die eine „Besorgnis" begründen. Bereits terminologisch handelt es sich um eine Voraussetzung, die sich nicht von der subjektiven Perspektive des Entscheidungsträgers trennen lässt. Auch die Ausgestaltung des Zustimmungsverweigerungstatbestands spricht für einen Beurteilungsspielraum: Ermessensspielräume sind dort zu gewähren, wo der Entscheidungsträger über eine spezifische Sachkompetenz verfügt und die richterliche Erfassung des Sachverhalts besondere Schwierigkeiten birgt.[999] Der Betriebsrat weist regelmäßig tiefgehende Kenntnisse über die personalen Umstände innerhalb des Betriebs und deren Entwicklungen auf, sodass ein deutlicher Informationsvorsprung besteht. Der Ermessensspielraum kann in der Folge auch nur einer eingeschränkten richterlichen Kontrolle unterliegen, die sich auf eine Missbrauchsprüfung beschränkt. Dies führt freilich nicht darüber hinweg, dass die Einschätzung des Betriebsrats durch Tatsachen substantiiert werden muss.[1000] Der dem Gremium zuzusprechende Spielraum entledigt es folglich nicht von der Pflicht zur Darlegung der Informationen, die zu der konkreten Besorgnis

999 Grundlegend *Preis*, Prinzipien des Kündigungsrechts bei Arbeitsverhältnissen, 1987, S. 338; hierzu auch bei Gliederungspunkt G. VIII. 1.

1000 Vgl. GK-BetrVG/*Raab*, Bd. II, 11. Auflage 2018, § 99 Rn. 227; Richardi/*Thüsing*, BetrVG, 16. Auflage 2018, § 99 Rn. 273, wonach eine Pflicht zur Benennung von Tatsachen weiterhin besteht, obwohl der Tatbestand nicht mehr wie § 61 Abs. 3 lit. d des BetrVG i.d.F. vom 11.10.1952 (BGBl. I, S. 681) von „bestimmten" Tatsachen spricht.

führen. Eine abstrakte, allgemeingültige Formel dafür, wann Lebenssachverhalte zu einer „Besorgnis" i.S.v. § 99 Abs. 2 Nr. 6 BetrVG führen, kann letztlich nicht ausgemacht werden.[1001] Entscheidend ist eine umfassende Betrachtung der Prognosegrundlage unter Berücksichtigung der im Betrieb tätigen Belegschaft. Für außerbetriebliche Ereignisse gilt jedenfalls, dass diese nur dann eine taugliche Prognosegrundlage darstellen, wenn sie in die innerbetriebliche Struktur hineinwirken.[1002] Die Grenze des Ermessensspielraums ist dort zu ziehen, wo das für die Tatsachengrundlage herangezogene Verhalten nicht vom Gesetz selbst missbilligt wird. Die Belegschaft soll gerade nicht von jedwedem subjektiv missliebigen Verhalten geschützt werden.[1003]

4. Prognosewahrscheinlichkeit im Lichte der geschützten Rechtsgüter

§ 99 BetrVG zielt vordergründig auf den Schutz der im Betrieb tätigen Belegschaft ab.[1004] Der Zustimmungsverweigerungstatbestand aus § 99 Abs. 2 Nr. 6 BetrVG soll insoweit vor allem den Betriebsfrieden wahren. Die Norm schützt demzufolge in erster Linie Kollektivrechtsgüter. Verkannt werden darf allerdings nicht, dass gerade in Fällen der Eingruppierung und Umgruppierung die Mitbestimmung des Betriebsrats einen Ausgleich zwischen kollidierenden Individualinteressen innerhalb vorhandenen Belegschaft sicherstellen soll.[1005] Andererseits ist es hingegen nicht Aufgabe des Betriebsrats, im Rahmen der Wahrnehmung seines Zustimmungsverweigerungsrechts Personen zu schützen, die (noch) nicht Teil der Belegschaft im Betrieb sind. § 99 BetrVG schützt gerade nicht den von der Maßnahme betroffenen Bewerber. Auch der Wortlaut von § 99 Abs. 2 Nr. 4 BetrVG macht dies deutlich, indem ausdrücklich vom „Arbeitnehmer",

---

1001 Zu beispielhaften Verhaltensweisen, die eine Verweigerung der Zustimmung (nicht) rechtfertigen können *Fitting*, BetrVG, 29. Auflage 2018, § 99 Rn. 257 unter Bezugnahme auf *Däubler*, NJW 2000, 3691 (3691); HWGNRH/*Huke*, BetrVG, 10. Auflage 2018, § 99 Rn. 225; Richardi/*Thüsing*, BetrVG, 16. Auflage 2018, § 99 Rn. 272.

1002 *Däubler*, NJW 2000, 3691 (3691); *Fitting*, BetrVG, 29. Auflage 2018, § 99 Rn. 257; HWGNRH/*Huke*, BetrVG, 10. Auflage 2018, § 99 Rn. 226; *Lansnicker/Schwirtzek*, DB 2001, 865 (867); *Polzer/Powietzka*, NZA 2000, 970 (972 ff.).

1003 So im Ergebnis *Fitting*, BetrVG, 29. Auflage 2018, § 99 Rn. 254; wohl auch Richardi/*Thüsing*, BetrVG, 16. Auflage 2018, § 99 Rn. 273.

1004 BAG Beschl. v. 25.1.2005 – 1 ABR 59/03, NZA 2005, 945 (946); Beschl. v. 22.4.1997 – 1 ABR 74/96, NZA 1997, 1297 (1299); GK-BetrVG/*Raab*, Bd. II, 11. Auflage 2018, § 99 Rn. 5.

1005 Richardi/*Thüsing*, BetrVG, 16. Auflage 2018, § 99 Rn. 11.

nicht von Bewerber gesprochen wird.[1006] Allein § 99 Abs. 2 Nr. 6 BetrVG nennt den „Bewerber“ *expressis verbis*, ohne jedoch eine schützende Wirkung für dessen Individualrechtsgüter zu erzeugen. In der Konsequenz besteht innerhalb der Prognoseerstellung keine Notwendigkeit, kollidierende Rechtsgüter von Belegschaft und Betroffenen in Ausgleich zu bringen. Anders als die Prognosetatbestände im Kündigungs- und Befristungsrecht stellt die Prognose im Rahmen von § 99 Abs. 2 Nr. 6 BetrVG kein einfachgesetzliches Instrumentarium zum Schutze von (grundrechtlich geschützten) Individualinteressen des Prognoseadressaten dar.[1007] Es handelt sich vielmehr um ein Dreiecksverhältnis zwischen Betriebsrat, Betroffenem und Belegschaft. Missverständlich ist es deshalb, wenn für eine Anwendung „strenger Anforderungen“ plädiert wird, weil eine Verweigerung der Zustimmung die Interessen des betroffenen Arbeitnehmers erheblich beeinträchtigen könne.[1008] Dies birgt die Gefahr, den Blick für die tatsächliche Schutzrichtung des Verweigerungstatbestands zu vernachlässigen.

Auch wenn § 99 Abs. 2 Nr. 6 BetrVG nicht den Schutz der Rechtsgüter des Betroffenen bezweckt, sind diese für die zu erstellende Prognose trotzdem von gewisser Bedeutung. Das Interesse des Arbeitnehmers bzw. Bewerbers an der Zustimmung des Betriebsrats muss jedenfalls bei dem Grad der Wahrscheinlichkeit, mit dem die Prognose eintreten wird, Berücksichtigung finden. Grund hierfür ist, dass die Tatsachengrundlage der Prognoseentscheidung in temporaler Hinsicht unterschiedlich sein kann. Von maßgeblicher Bedeutung für die Prognosewahrscheinlichkeit ist, wie weit das vergangene Fehlverhalten des Betroffenen zurückliegt und ob in der Zwischenzeit Umstände eingetreten sind, die eine Wiederholungsgefahr entkräften. So geht insbesondere *Fitting* davon aus, dass die Prognose des Betriebsrats nicht substantiiert werden kann, wenn Fehlverhalten längere Zeit zurückliegen und der Betroffene sich bis zum Zeitpunkt der Entscheidung nichts mehr hat zuschulden kommen lassen bzw. sich mittlerweile von seinen vergangenen Verfehlungen glaubwürdig distanziert

---

1006 Zutreffend GK-BetrVG/*Raab*, Bd. II, 11. Auflage 2018, § 99 Rn. 5; anders hingegen DKKW/*Bachner*, BetrVG, 16. Auflage 2018, § 99 Rn. 4; offenlassend Richardi/*Thüsing*, BetrVG, 16. Auflage 2018, § 99 Rn. 11.

1007 Hierzu bereits unter Gliederungspunkt B. III. 1. d) bb).

1008 So jedenfalls GK-BetrVG/*Raab*, Bd. II, 11. Auflage 2018, § 99 Rn. 227; HWGNRH/*Huke*, BetrVG, 10. Auflage 2018, § 99 Rn. 225; fraglich auch Düwell/*Kreuder*/*Matthiessen-Kreuder*, BetrVG, 5. Auflage 2018, § 99 Nr. 74, wonach an der Wahrscheinlichkeit „keine Zweifel bestehen“ dürfen.

hat.[1009] Auch die Judikatur des Ersten Senats des BAG lässt erkennen, dass die Wahrscheinlichkeit einer Wiederholungsgefahr regelmäßig abnimmt, wenn das frühere Fehlverhalten auf einer besonderen, künftig nicht mehr ohne weiteres zu erwartenden betrieblichen Situationen beruhte.[1010]

Daraus lässt sich schlussfolgern: Grundsätzlich sind an die Wahrscheinlichkeit des prognostizierten Fehlverhaltens höhere Anforderungen zu stellen, wenn das zur Tatsachengrundlage erhobene, vergangene Verhalten bereits länger zurückliegt. Dass ein Fehlverhalten auch künftig erneut eintreten wird, muss darüber hinaus umso wahrscheinlicher sein, wenn der Betroffene in der Zeit nach seinem vergangenen gesetzeswidrigen Verhalten eine deutliche Abkehr von seiner Verfehlung erkennen lässt. Berücksichtigt der Betriebsrat dies in seiner Prognosefindung nicht, liegt die Annahme nahe, dass die Prognose auf der Grundlage des subjektiven Empfindens des Gremiums erstellt worden ist. Nur in dieser Hinsicht finden also die Individualrechtsgüter des Betroffenen Berücksichtigung innerhalb der Prognoseanforderungen.

5. Kausalitätserfordernis zwischen Fehlverhalten und Prognosebezugspunkt

Der Betriebsrat kann die Zustimmung nicht bereits dann verweigern, wenn ein künftiges gesetzeswidriges oder gegen die Grundsätze des § 75 Abs. 1 BetrVG verstoßendes Verhalten prognostizierbar ist. Entscheidend ist, dass der Betriebsfrieden durch die in Frage stehende Maßnahme gestört wird. Der Wortlaut des § 99 Abs. 2 Nr. 6 BetrVG verlangt, dass der Betriebsfrieden gerade „durch" das Fehlverhalten des Betroffenen künftig voraussichtlich beeinträchtigt wird. Notwendig ist demzufolge ein Kausalzusammenhang zwischen dem prognostizierten Fehlverhalten und der antizipierten Störung des Betriebs- und Belegschaftsfriedens.[1011] Demzufolge reicht es für eine Verweigerung der Zustimmung nicht aus, wenn zwar von künftigen Verfehlungen des Arbeitnehmers bzw. Bewerbers ausgegangen werden kann, der Betriebsfrieden jedoch tatsächlich nicht hierdurch, sondern durch anderweitige, nicht zu berücksichtigende

---

1009 *Fitting*, BetrVG, 29. Auflage 2018, § 99 Rn. 253a; HWGNRH/*Huke*, BetrVG, 10. Auflage 2018, § 99 Rn. 225; zu letzterem wohl auch BAG Beschl. v. 16.11.2004 – 1 ABR 48/03, NZA 2005, 775 (778).

1010 BAG Beschl. v. 16.11.2004 – 1 ABR 48/03, NZA 2005, 775 (778).

1011 BAG Beschl. v. 16.11.2004 – 1 ABR 48/03, NZA 2005, 775 (778); GK-BetrVG/*Raab*, Bd. II, 11. Auflage 2018, § 99 Rn. 228; wohl auch HWGNRH/*Huke*, BetrVG, 10. Auflage 2018, § 99 Rn. 226.

Umstände wie etwa subjektive Vorbehalte der Belegschaft gegen die Person des Betroffenen gestört wird.[1012]

Die Bestimmung des Kausalzusammenhangs kann im Einzelnen jedoch erhebliche Schwierigkeiten bereiten: Die politische Überzeugung eines Bewerbers etwa ist grundsätzlich keine taugliche Prognosegrundlage.[1013] Verwirklicht der Arbeitnehmer außerdienstlich Körperverletzungen oder Sachbeschädigungen, ohne dass dies in Zusammenhang zur politischen Gesinnung steht, kann letztere nicht für die Verweigerung der Zustimmung herangezogen werden. Dann nämlich lasst sich nicht mit Sicherheit feststellen, ob die ablehnende Haltung der Belegschaft auf das gesetzeswidrige Verhalten des Arbeitnehmers oder allein dessen politischer Gesinnung zurückzuführen ist. Die Anforderungen an den Kausalzusammenhang dürfen jedoch mit Blick auf den weitreichenden Schutzzweck der Norm auch nicht überspannt werden. Entscheidend für den Kausalzusammenhang ist in diesen Konstellationen, dass das gesetzeswidrige Verhalten des Arbeitnehmers gerade aus der – grundsätzlich für eine Verweigerung untauglichen – politischen Gesinnung des Betroffenen heraus erwächst. Die Eigenschaften des Betroffenen müssen demzufolge auf das Fehlverhalten „durchschlagen". Nur so kann davon ausgegangen werden, dass eine etwaige Störung des Betriebsfriedens nicht lediglich aufgrund der Person des Arbeitnehmers bzw. Bewerbers seitens des Betriebsrats befürchtet wird.

6. Rechtsfolgen einer Fehlprognose für die Zustimmungsverweigerung

Nach § 99 Abs. 3 S. 1 BetrVG hat der Betriebsrat im Falle der Zustimmungsverweigerung diese unter Angabe von Gründen innerhalb einer Woche nach Unterrichtung durch den Arbeitgeber schriftlich mitzuteilen. Die Verweigerung ist nur dann wirksam, wenn Wochenfrist und Schriftform eingehalten wurden und der Betriebsrat Gründe für das Ausbleiben seiner Zustimmung angibt.[1014] Fehlt es an einer ordnungsgemäßen Begründung, tritt nach § 99 Abs. 3 S. 2 BetrVG eine

---

1012 Das zu befürchtende Verhalten muss zwingend vom Gesetzgeber missbilligt werden, vgl. *Fitting*, BetrVG, 29. Auflage 2018, § 99 Rn. 254; im Ergebnis auch GK-BetrVG/*Raab*, Bd. II, 11. Auflage 2018, § 99 Rn. 227; Richardi/*Thüsing*, BetrVG, 16. Auflage 2018, § 99 Rn. 273.

1013 *Fitting*, BetrVG, 29. Auflage 2018, § 99 Rn. 254; GK-BetrVG/*Raab*, Bd. II, 11. Auflage 2018, § 99 Rn. 228; HWGNRH/*Huke*, BetrVG, 10. Auflage 2018, § 99 Rn. 227; Richardi/*Thüsing*, BetrVG, 16. Auflage 2018, § 99 Rn. 273.

1014 Richardi/*Thüsing*, BetrVG, 16. Auflage 2018, § 99 Rn. 282.

Fiktion der Zustimmung ein.[1015] Grundsätzlich kommt der Betriebsrat seiner Begründungspflicht bereits nach, wenn es als „möglich erscheint, dass mit der von ihm angegebenen Begründung einer der in § 99 Abs. 2 BetrVG aufgeführten Verweigerungsgründe geltend gemacht wird."[1016] Für die in § 99 Abs. 2 Nr. 3 und 6 BetrVG normierten Verweigerungsgründe verlangt die Rechtsprechung darüber hinaus eine Angabe konkreter Tatsachen, auf die sich die Entscheidung des Betriebsrats stützt.[1017] Die gesteigerten Anforderungen ergeben sich bei diesen Tatbeständen unmittelbar aus dem Wortlaut der Bestimmungen, wonach eine „durch Tatsachen begründete Besorgnis" bestehen muss. Ob die Tatsachenangaben des Betriebsrats eine Verweigerung der Zustimmung nach § 99 Abs. 2 Nr. 6 BetrVG legitimieren, entscheidet das Arbeitsgericht im Zustimmungsersetzungsverfahren, § 99 Abs. 4 BetrVG. Kommt das Gericht zu dem Entschluss, dass – bei *ex-ante* Betrachtung – nicht prognostiziert werden konnte, dass der von der Einzelmaßnahme betroffene voraussichtlich den Betriebsfrieden durch gesetzeswidriges Verhalten stören werde, wurde die Zustimmung nicht wirksam verweigert, sodass diese nach § 99 Abs. 3 S. 2 BetrVG fingiert wird.[1018] Auf zivilrechtlicher Ebene ist die beabsichtigte Maßnahme des Arbeitgebers im Falle einer Fehlprognose zunächst schwebend unwirksam, solange weder eine Zustimmung des Betriebsrats vorliegt, noch eine wirksame Ersetzung erfolgt ist.[1019] Fehlprognosen wirken sich demnach – sofern keine anderweitigen Verweigerungsgründe bestehen und vorgebracht wurden – unmittelbar auf das rechtliche Schicksal der personellen Einzelmaßnahme, mithin auf die individualarbeitsrechtliche Stellung des betroffenen Arbeitnehmers bzw. Bewerbers aus. Hierin besteht dann auch der maßgebliche Unterschied zu fehlerhaften Prognosen innerhalb der allgemeinen Personalplanung i.S.v. § 92 BetrVG.[1020]

1015 BAG Beschl. v. 13.5.2014 – 1 ABR 9/12, NZA-RR 2015, 23 (25).

1016 BAG Beschl. v. 13.5.2014 – 1 ABR 9/12, NZA-RR 2015, 23 (25); ähnlich Beschl. v. 10.3.2009 – 1 ABR 93/07, NZA 2009, 622 (624).

1017 BAG Beschl. v. 30.9.2014 – 1 ABR 32/13, NZA 2015, 370 (372); Beschl. v. 9.10.2013 – 7 ABR 1/12, NZA 2014, 156 (159 f.); Beschl. v. 10.10.2012 – 7 ABR 42/11, NJOZ 2013, 1954 (1959); Beschl. v. 19.4.2012 – 7 ABR 52/10, NJOZ 2012, 2078 (2082); Beschl. v. 9.12.2008 – 1 ABR 79/07, NZA 2009, 627 (630); Beschl. v. 11.6.2002 – 1 ABR 43/01, NZA 2003, 226 (228).

1018 Zur Differenzierung zwischen der rechtlichen Fehleinschätzung, konkret einer fehlenden „Besorgnis" und tatsächlichen Fehleinschätzungen *Boemke*, ZfA 1992, 473 (501 f).

1019 *Fitting*, BetrVG, 29. Auflage 2018, § 99 Rn. 277e; grundlegend *Boemke*, ZfA 1992, 473 (495).

1020 S. hierzu unter Gliederungspunkt F. I. 4. a).

III. Ergebnis zu den betriebsverfassungsrechtlichen Prognosen

Das Betriebsverfassungsrecht weist Prognosetatbestände innerhalb der Personalplanungsvorschrift des § 92 Abs. 1 BetrVG und der Mitbestimmung bei personellen Einzelmaßnahmen entsprechend § 99 BetrVG, konkret im Rahmen des Zustimmungsverweigerungsgrundes nach § 99 Abs. 2 Nr. 6 BetrVG auf. Zwar sind beide Bestimmungen dem Kontext der Personalwirtschaft beizuordnen, allerdings sind sie sowohl mit Blick auf die an die Prognose zu stellenden Anforderungen, als auch deren Rechtsfolge in weiten Teilen verschieden. Gemeinsam ist den betriebsverfassungsrechtlichen Prognosen im Ausgangspunkt, dass sie zwingend im Kontext des konkreten Beteiligungsrechts zu bewerten sind. Sowohl in der Mitwirkung bei der allgemeinen Personalplanung als auch der Mitbestimmung bei personellen Einzelmaßnahmen ist – wie auch im Kündigungs- und Befristungsrecht sowie dem Recht der betrieblichen Altersversorgung – eine *ex-ante* Betrachtung der Prognosetatbestände vorzunehmen. Für die ordnungsgemäße Erfüllung der Unterrichtungs- und Beratungspflichten des Arbeitgebers kommt es also auf diejenigen Informationen an, die im Zeitpunkt des Herantretens an den Betriebsrat vorlagen. Für die Mitwirkung innerhalb des § 92 Abs. 1 BetrVG sind später eintretende, planungserhebliche Umstände nur bei einer erneuten Unterrichtung bzw. Beratung von Bedeutung. Auch bei dem Zustimmungsverweigerungsgrund nach § 99 Abs. 2 Nr. 6 BetrVG ist danach zu fragen, ob der Betriebsrat unter Berücksichtigung der zum Zeitpunkt der Entscheidung vorgelegenen Informationsgrundlage eine künftige Störung des Betriebsfriedens prognostizieren konnte; ungeachtet des Verhaltens, welches der Betroffene im Nachgang der Entscheidung aufweist.

Darüber hinaus sind bei den betriebsverfassungsrechtlichen Prognosen Besonderheiten hinsichtlich der richterlichen Kontrolldichte zu verzeichnen. Für § 92 Abs. 1 BetrVG gilt: Ob der künftige Personalbedarf und Personalbestand überhaupt prognostiziert wird oder vielmehr im Vorstadium der Personalplanung Handlungsmöglichkeiten durch den Arbeitgeber eruiert werden, unterliegt der richterlichen Überprüfung. Nicht kontrollfähig ist hingegen die inhaltliche Richtigkeit bzw. Plausibilität der Personalprognosen. Der Betriebsrat soll (nur) über die Prognosen des Arbeitgebers unterrichtet werden sowie – beschränkt auf die Personalbestandsplanung – sein Beratungsrecht wahrnehmen können. Eine richterliche Inhaltsprüfung der Prognosen würde die beschränkte Beteiligung des Betriebsrats konterkarieren und das Gremium zum Mitentscheidungsträger der unternehmerischen Personalwirtschaft aufstufen. Weitreichender ist hingegen die gerichtliche Prüfbarkeit der Prognose, die der Betriebsrat für den Zustimmungsverweigerungsgrund aus § 99 Abs. 2 Nr. 6 BetrVG zu erstellen hat.

Es bedarf einer objektiven Tatsachengrundlage, die das Gericht auch umfassend kontrollieren kann. Die richterliche Kontrolle findet allerdings ihre Grenze bei dem Beurteilungsspielraum, welcher dem Betriebsrat zuzusprechen ist, insbesondere wenn kein vergangenes Fehlverhalten zur Substantiierung der Prognose herangezogen werden kann: Eine „Besorgnis" i.S.v. § 99 Abs. 2 Nr. 6 BetrVG kann auch bestehen, wenn kein gesetzeswidriges Verhalten in der Vergangenheit vorlag. Es bedarf in diesen Konstellationen einer Einschätzung des Betriebsrats anhand objektiver Umstände, die letztlich nur einer richterlichen Missbrauchskontrolle zugänglich ist. Entscheidend für die Gewährung eines Entscheidungsspielraums sind der Informationsvorsprung des Betriebsrats sowie seine besondere Sachverhaltsnähe.

Trifft der Arbeitgeber eine Prognose, die bei einer *ex-ante* Betrachtung fehlerhaft war, ergeben sich im Rahmen von § 92 Abs. 1 BetrVG andere Rechtsfolgen als bei § 99 Abs. 1, 2 BetrVG. Ob die Prognoseentscheidung inhaltlich zutreffend oder plausibel ist, hat für die Rechtmäßigkeit von Unterrichtung und Beratung innerhalb des § 92 Abs. 1 BetrVG keinerlei Bedeutung. Entscheidend ist nur, ob die Prognose wahrheitsgemäß, vollständig und rechtzeitig mitgeteilt wurde. Insbesondere haben Fehlprognosen keine Folgewirkungen für das rechtliche Schicksal personeller Einzelmaßnahmen, die der Arbeitgeber im Anschluss an die Personalplanung vornimmt. Anders ist dies für die vom Betriebsrat zu erstellende Prognose innerhalb des Zustimmungsverweigerungstatbestands aus § 99 Abs. 2 Nr. 6 BetrVG. Stellt sich die Prognose einer künftigen Störung des Betriebsfriedens als rechtsfehlerhaft heraus, besteht der Zustimmungsverweigerungsgrund nicht, sodass die Verweigerung der Zustimmung unbeachtlich ist. Die Zustimmung zur personellen Einzelmaßnahme gilt dann als erteilt. In der Konsequenz haben Fehlprognosen innerhalb des § 99 BetrVG unmittelbare Auswirkung auf das rechtliche Schicksal des Individualarbeitsverhältnisses, während fehlerhaft erstellte Personalplanungsprognosen – soweit sie dem Betriebsrat ordnungsgemäß mitgeteilt werden – keinerlei Rechtsfolgen mit sich bringen. Der Blick auf die Rechtsfolgenseite macht deutlich, dass betriebsverfassungsrechtliche Prognosetatbestände zwingend im Kontext der jeweiligen Beteiligungsrechte zu bewerten sind. Die an die Prognose zu stellenden Anforderungen richten sich insofern auch und insbesondere nach den betroffenen Rechtsgütern. Hat die Prognose Auswirkung auf die rechtliche Bewertung individualarbeitsrechtlicher Positionen und Interessen, ergeben sich im Betriebsverfassungsrecht höhere Wirksamkeitsmaßstäbe als bei Prognosetatbeständen, die allein dem Schutze des betrieblichen Kollektivs dienen.

G. Teilrechtsgebietsübergreifende Betrachtung: Abstraktion allgemeiner, übergeordneter Bewertungsmaßstäbe arbeitsrechtlicher Prognosen

Die vorstehende Betrachtung der bereichsspezifischen Prognosen des Arbeitsrechts zeigt, dass Inhalt und Anforderungen der zukunftsbezogenen Entscheidungen mitunter in erheblichem Umfang divergieren. Teilweise resultiert dies bereits aus den grundlegend verschiedenen Lebensbereichen, welche die jeweiligen Prognosetatbestände regeln. Gleichermaßen muss berücksichtigt werden, dass arbeitsrechtliche Prognosen nicht nur in individualrechtlichen, sondern auch kollektivrechtlichen Regelungskomplexen vorzufinden sind. Auch wenn die Bezugspunkte der arbeitsrechtlichen Prognosen in ihrer teilrechtsgebietsspezifischen Ausprägung andere sind, lassen sich dennoch strukturelle bzw. systematische Überschneidungen feststellen. Diese sollen nachstehend über die einzelnen Teilgebiete des Arbeitsrechts hinaus abstrahiert und systematisiert werden. Den Ausgangspunkt hierfür bildet die Wesensart der Prognose als zukunftsbezogene, mit tatsächlichen Unsicherheiten behaftete Entscheidung. Welche allgemeingültigen Bewertungsmaßstäbe bestehen, darf dabei nicht nur anhand der Anforderungen, die an die tatbestandlichen Merkmale einer Prognose zu stellen sind, ausgemacht werden. Vielmehr bedarf es auch und insbesondere einer rechtsgüterbezogenen Analyse der arbeitsrechtlichen Prognosen. Nicht zuletzt betreffen Prognoseentscheidungen regelmäßig grundrechtlich geschützte Rechtspositionen verschiedener Akteure des Arbeitsrechts:

I. Einheitliche *ex-ante* Betrachtung

1. Geltung für die arbeitsrechtlichen Prognoseentscheidungen

Die Rechtmäßigkeit der kündigungsrechtlichen Negativprognose muss im Wege der *ex-ante* Sichtweise ermittelt werden.[1021] Umstände, die nach dem Zeitpunkt

1021 BAG Urt. v. 19.10.2017 – 8 AZR 845/15, NZA 2018, 436 (438); Urt. v. 15.12.2016 – 2 AZR 42/16, NZA 2017, 703 (703); Urt. v. 19.11.2015 – 2 AZR 217/15, NZA 2016, 540 (542); Urt. v. 20.11.2014 – 2 AZR 651/13, NZA 2015, 294 (296); Urt. v. 11.7.2013 – 2 AZR 994/12, NZA 2014, 250 (251); Urt. v. 15.8.1984 – 7 AZR 536/82, NZA 1985, 357 (358); ErfK/*Oetker*, KSchG, 19. Auflage 2019, § 1 Rn. 118; *Preis*, Prinzipien des Kündigungsrechts bei Arbeitsverhältnissen, 1987, S. 340.

des Zugangs der Kündigungserklärung eintreten, sind für die Beurteilung der Prognosewirksamkeit nicht von Bedeutung.[1022] Auch bei denjenigen Sachgrundbefristungstatbeständen aus § 14 Abs. 1 TzBfG, die eine Prognose erforderlich machen, ist die Überprüfung der Prognose, der zufolge der Beschäftigungsbedarf nicht über die Dauer des befristeten Beschäftigungsverhältnisses hinaus bestehen wird, aus dem *ex-ante* Blickwinkel zu vollziehen.[1023] Dies gilt nicht nur für kalendermäßige Befristungsabreden, sondern auch gleichermaßen für Zweckbefristungen.[1024] Auch für die innerhalb des § 16 Abs. 1 BetrAVG zu erstellende Prognose sind allein die Verhältnisse, die im Zeitpunkt der Anpassungsentscheidung bestehen, maßgeblich. Grundsätzlich ist die tatsächliche Entwicklung der wirtschaftlichen Lage im Folgezeitraum nicht für die Verifizierung bzw. Falsifizierung der Prognose heranzuziehen.[1025] Freilich verwässert das BAG die im Ausgangspunkt anzusetzende *ex-ante* Betrachtung, wenn dem Dritten Senat zufolge Veränderungen, die nach dem Stichtag bis zur letzten mündlichen Verhandlung der Tatsacheninstanz eintreten, bei einer richterlichen Überprüfung der Anpassungsentscheidung unter bestimmten Umständen berücksichtigt werden können. Notwendig ist allerdings auch hierbei, dass derartige Umstände am Anpassungsstichtag bereits „vorhersehbar" waren.[1026] Da die Vorhersehbarkeit der künftigen Entwicklung gerade Bestandteil der Prognose ist und nur in Anknüpfung an die zum Zeitpunkt der Anpassungsentscheidung bestehende Tatsachengrundlage bewertet werden kann, handelt es sich letztlich nicht um eine *ex-post* Betrachtung der wirtschaftlichen Lage. Zuletzt gilt auch im Betriebsverfassungsrecht der Grundsatz der *ex-ante* Sichtweise: Für § 92 BetrVG ist sowohl bei der Frage, ob die Prognose des Arbeitgebers im

---

1022 BAG Urt. v. 15.8.1984 – 7 AZR 536/82, NZA 1985, 357 (358); Ascheid/Preis/Schmidt/*Vossen*, KSchG, 5. Auflage 2017, § 1 Rn. 70; Boecken/Düwell/Diller/Hanau/*Kerwer*, KSchG, Bd. III, 2016, § 1 Rn. 768; ErfK/*Oetker*, KSchG, 19. Auflage 2019, § 1 Rn. 118; *Preis*, Prinzipien des Kündigungsrechts bei Arbeitsverhältnissen, 1987, S. 340.

1023 BAG Urt. v. 12.4.2017 – 7 AZR 436/15, NZA 2017, 1253 (1253); Urt. v. 21.3.2017 – 7 AZR 222/15, NZA 2017, 631; Ascheid/Preis/Schmidt/*Backhaus*, TzBfG, 5. Auflage 2017, § 14 Rn. 50; ErfK/*Müller-Glöge*, TzBfG, 19. Auflage 2019, § 14 Rn. 10.

1024 BAG Urt. v. 15.5.2012 – 7 AZR 35/11, NZA 2012, 1366 (1368).

1025 Zutreffend Blomeyer/Rolfs/Otto/*Rolfs*, BetrAVG, 7. Auflage 2018, § 16 Rn. 173; KKBHB/*Huber*, BetrAVG, 8. Auflage 2018, § 16 Rn. 71.

1026 BAG Urt. v. 21.2.2017 – 3 AZR 455/15, AP Nr. 120 zu § 16 BetrAVG, Rn. 30; Urt. v. 7.6.2016 – 3 AZR 193/15, Rn. 23, *juris*; Urt. v. 21.4.2015 – 3 AZR 102/14, NJOZ 2015, 1525 (1527); Urt. v. 21.10.2014 – 3 AZR 1027/12, NZA-RR 2015, 90 (91 f.); Urt. v. 11.10.2011 – 3 AZR 527/09, NZA 2012, 454 (458); Urt. v. 30.11.2010 – 3 AZR 754/08, NZA-RR 2011, 593 (598).

Rahmen einer Personalplanung erfolgte, als auch bei der Prüfung der ordnungsgemäßen Unterrichtung des Betriebsrats auf den Zeitpunkt abzustellen, zu dem der Arbeitgeber an den Betriebsrats herantritt und über den voraussichtlichen Personalbedarf und Personalbestand informiert.[1027] Bei der Prüfung des Zustimmungsverweigerungsrechts nach § 99 Abs. 2 Nr. 6 BetrVG muss – anders als bei den anderen Verweigerungsgründen[1028] – ebenfalls eine *ex-ante* Betrachtung erfolgen, sodass nachträglich eintretende Umstände für die Wirksamkeit der Verweigerung nicht berücksichtigt werden.

Eine Anwendbarkeit der *ex-post* Sichtweise lässt sich vor diesem Hintergrund für keine der arbeitsrechtlichen Prognosen feststellen. Blickt man auf die Verteilung des Fehlprognoserisikos, würde eine *ex-post* Beurteilung in sämtlichen denkbaren Konstellationen zu einer einseitigen Verlagerung des Risikos auf den Ersteller der Prognose führen. Dies würde zum einen die einer jeden Prognose immanenten Informationsdefizite verkennen. Zum anderen entstünde neuer Raum für Zufallsergebnisse, da auch der konkrete Ausgang einer *ex-post* Prüfung von dem Zeitpunkt, zu dem sie durchgeführt wird, abhängt. Für die Kontrolle der kündigungs- und befristungsrechtlichen Prognosen etwa stünde die Entscheidung über die Wirksamkeit der Prognoseentscheidung in unmittelbarer Abhängigkeit zum Zeitpunkt der Durchführung des Kündigungsschutz- bzw. Entfristungsprozesses.[1029] Darüber hinaus steht auch das Bedürfnis nach sofortiger Rechtssicherheit einer Berücksichtigung nachträglicher Veränderungen entgegen. Dies gilt nicht nur für das Kündigungs- und Befristungsrecht, wo sowohl Arbeitnehmer, als auch Arbeitgeber ein Interesse daran haben können, zuverlässig Dispositionen für den Zeitraum nach Beendigung des Beschäftigungsverhältnisses treffen zu können. Auch für die im Rahmen von § 16 Abs. 1 BetrAVG anzustellende Prognose wäre eine *ex-post* Bewertung mit unwägbaren Schwebezuständen verbunden. Wären nach der Anpassungsentscheidung eintretende

---

1027 Für die Abgrenzung zwischen Vorstadium und beteiligungspflichtiger Personalplanung BAG Beschl. v. 6.11.1990 – 1 ABR 60/89, NZA 1991, 358 (360).

1028 Eine Berücksichtigung von Umständen, die nach Verweigerung der Zustimmung eintreten, ist im Übrigen für die Verweigerungstatbestände des § 99 Abs. 2 BetrVG anerkannt, vgl. BAG Urt. v. 22.4.2010 – 2 AZR 491/09, NZA 2010, 1235 (1236 f.); Urt. v. 16.1.2007 – 1 ABR 16/06, NJOZ 2007, 5811 (5816); Beschl. v. 25.1.2005 – 1 ABR 61/03, NZA 2005, 1199 (1199); Beschl. v. 12.11.2002 – 1 ABR 1/02, NZA 2003, 513 (514).

1029 Für das Kündigungsrecht *Preis*, Prinzipien des Kündigungsrechts bei Arbeitsverhältnissen, 1987, S. 340; zur Begrifflichkeit des Entfristungsprozesses Ascheid/Preis/Schmidt/*Backhaus*, TzBfG, 5. Auflage 2017, § 17 Rn. 18.

Änderungen der wirtschaftlichen Lage des Unternehmens schrankenlos zu berücksichtigen, könnte eine *ex-post* Überprüfung der Prognose erst nach Ablauf des gesamten Anpassungszeitraums, mithin nach drei Jahren vollzogen werden.[1030] Zuletzt muss berücksichtigt werden, dass in materiell-rechtlicher Hinsicht schlichtweg keinerlei Anhaltspunkte dafür, wann eine *ex-post* Prüfung denn vorzunehmen wäre, existieren. Eine Verifizierung wäre in der Konsequenz nie möglich, vielmehr bestünde immer Anlass für die Annahme einer Falsifizierung, sobald Umstände eintreten, die der ursprünglichen Prognoseentscheidung zuwiderlaufen. Insgesamt besteht in jeder Regelungsmaterie des Arbeitsrechts die Notwendigkeit einer *ex-ante* Betrachtungsweise – sowohl mit Blick auf die vertragliche Risikoverteilung, als auch aus Gründen der Rechtssicherheit.

2. Ein bestätigender Blick auf Prognosen in anderen Rechtsgebieten/ Parallelen zum Aufwendungsersatzanspruch

Prognoseentscheidungen sind nicht nur im Arbeitsrecht anzutreffen. Auch in anderen Rechtsgebieten bedarf es prognostischer Bewertungen hinsichtlich des künftiges Eintritts bestimmter Umstände oder Ereignisse. Dabei stellt sich gleichermaßen die Frage, aus welcher Sichtweise heraus die Rechtmäßigkeit einer jeden Prognose zu beurteilen ist. Aus dem allgemeinen Zivilrecht sei an dieser Stelle die Bestimmung aus § 323 Abs. 4 BGB erwähnt, wonach der Gläubiger bereits vor Eintritt der Fälligkeit zurücktreten kann, wenn offensichtlich ist, dass die Voraussetzungen des Rücktritts eintreten werden. Die hiermit verbundene Prognoseentscheidung[1031] ist aus der *ex-ante* Sicht zu bewerten: Stellt sich im Nachhinein heraus, dass der Schuldner den Vertrag ohne Störung hätte erfüllen können, bedeutet dies nicht zwangsläufig, dass eine Nichterfüllung nicht hätte offensichtlich bevorstehen können.[1032] Auch bei der Prognostizierung entgangenen Gewinns nach § 252 S. 2 BGB ist die *ex-ante* Betrachtung maßgeblich.[1033] Abseits des Zivilrechts bedarf es vor allem im Polizei- und Ordnungsrecht im Rahmen des konkreten Gefahrenbegriffs einer Prognose, namentlich über die

1030 Zum Anpassungszeitraum BAG Urt. v. 21.2.2017 – 3 AZR 455/15, AP Nr. 120 zu § 16 BetrAVG, Rn. 32; Urt. v. 7.6.2016 – 3 AZR 193/15, Rn. 24, *juris*; Urt. v. 21.4.2015 – 3 AZR 102/14, NJOZ 2015, 1525 (1528); BeckOKArbR/*Molkenbur*, BetrAVG, 53. Ed. Stand 1.9.2018, § 16 Rn. 17.

1031 Zu dem Grad an Wahrscheinlichkeit i.R.v. § 323 Abs. 4 BGB *Neuer*, ZfPW 2018, 257 (261).

1032 BeckOK/*Schmidt*, BGB, 51. Ed. Stand 1.8.2019, § 323 Rn. 7; MüKo/*Ernst*, BGB, Bd. III, 8 Auflage 2019, § 323 Rn. 136; Staudinger/*Otto*, BGB, 2015, § 323 Rn. B 89.

1033 BeckOK/*Flume*, BGB, 51. Ed. Stand 1.8.2019, § 252 Rn. 14.

hinreichende Wahrscheinlichkeit eines künftigen Schadenseintritts. Auch hier ist das Bestehen einer konkreten Gefahr auf der Primärebene aus der *ex-ante* Sichtweise der Polizeibeamten zu beurteilen.[1034] Zuletzt gilt ebenso für das Strafrecht, dass Verhaltensnormen *ex-ante* zu formulieren sind.[1035] Exemplarisch sei § 315c StGB – Gefährdung des Straßenverkehrs – genannt, dessen Tatbestand eine Gefahrenprognose erfordert, die gleichermaßen aus der *ex-ante* Sicht zu überprüfen ist.[1036] Die spätere Entwicklung, *in concreto* ein tatsächlich eingetretener Schaden, erlaubt auch im strafrechtlichen Kontext regelmäßig keinerlei Rückschluss auf die zu prognostizierende Gefahr. Damit wird klar: Der im Arbeitsrecht einheitliche aufzufindende *ex-ante* Grundsatz ist keine arbeitsrechtsspezifische Besonderheit, sondern entspricht demjenigen Verständnis von Prognosetatbeständen, das in der gesamten Rechtsordnung vorherrscht. Allgemein stützt sich dabei die Notwendigkeit der *ex-ante* Sichtweise auf die der Prognose inhärenten Zukunftsbezogenheit sowie auf Gesichtspunkte der Risikoverteilung. Der Risikosphäre des Betroffenen sollen nur Unwägbarkeiten, die bei objektiver Betrachtungsweise auch von einem Dritten im Zeitpunkt der Prognoseerstellung hätten erkannt werden können, zugerechnet werden. Er muss jedoch nicht probhetisch sein.

Unter dem Gesichtspunkt der Risikoverteilung ergibt sich für das *ex-ante* Prinzip zudem eine strukturelle Parallele zu den Aufwendungsersatzansprüchen des Zivilrechts. Das BGB regelt an verschiedenen Stellen den Ersatz von Aufwendungen und beschränkt den Anspruchsumfang dabei regelmäßig auf das, was erforderlich ist. Der Erforderlichkeitsbegriff wird in diesem Zusammenhang ebenfalls aus der *ex-ante* Perspektive, mithin im Rahmen einer Betrachtung zum Zeitpunkt vor bzw. bei Durchführung einer Maßnahme beurteilt.[1037] Dies

---

1034 BVerwG Urt. v. 28.3.2012 – 6 C 12/11, NJW 2012, 2676 (2679); OVG Bremen Urt. v. 21.2.2018 – 2 LC 139/17, NVwZ 2018, 913 (917); OVG Lüneburg Urt. v. 24.2.2014 – 11 LC 228/12, NVwZ-RR 2014, 552 (554); VG Aachen Beschl. v. 19.4.2018 – 6 L 673/18, *juris*; *Krugmann*, NVwZ 2006, 152 (156); *Poscher/Rusteberg*, JuS 2011, 984 (987); *Schenke*, JuS 2018, 505 (506); *Voßkuhle*, JuS 2007, 908 (908).

1035 MüKo/*Hardtung*, StGB, Bd. IV, 3. Auflage 2017, § 228 Rn. 27.

1036 BGH Urt. v. 30.3.1995 – 4 StR 725/94, NJW 1995, 3131 (3131); BeckOK/*Kudlich*, StGB, 43. Ed. Stand 1.8.2018, § 315c Rn. 59; Lackner/Kühl/*Heger*, StGB, 29. Auflage 2018, § 315c Rn. 22; MüKo/*Pegel*, StGB, Bd. V, 3. Auflage 2017, § 315c Rn. 99.

1037 Allgemein hierzu Messerschmidt/Voit/*Moufang/Koos*, Privates Baurecht, 3. Auflage 2018, § 637 BGB Rn. 17; im Ergebnis ebenso BGH Urt. v. 7.3.2013 – VII ZR 119/10, NJW 2013, 1528 (1528); Urt. v. 31.1.1991 – VII ZR 63/90, NJW-RR 1991, 789 (789), wonach der Kostenersatzanspruch des Bauherrn bei Mängelbeseitigung

gilt beispielhaft für den Aufwendungsersatz bei eigener Mängelbeseitigung im Werkvertragsrecht nach § 637 Abs. 1 BGB.[1038] Gleiches ergibt sich bei dem mit der Reform der kaufrechtlichen Mängelhaftung neu eingefügten § 445a Abs. 1 BGB, wonach auch bei Fehlschlag der Nacherfüllung der Verkäufer von seinem Lieferanten Ersatz der Aufwendungen, die er *ex-ante* für erforderlich halten durfte, verlangen kann.[1039] Auch der Aufwendungsersatzanspruch des Mieters bei eigener Vornahme der Mängelbeseitigung nach § 536a Abs. 2 BGB bemisst den Anspruchsumfang anhand der Erforderlichkeit, die wiederum aus der *ex-ante* Sichtweise eines sorgfältig und verständig prüfenden Mieters zu bestimmen ist.[1040] Nicht zuletzt gilt auch für § 670 BGB allgemein, dass bei fehlender objektiven Verhältnismäßigkeit auch dann Aufwendungen bzw. Kosten ersatzfähig sind, wenn sie bei subjektiv-objektiver Betrachtungsweise aus Sicht des sorgfältig prüfenden Beauftragten im Zeitpunkt der Aufwendung *ex-ante* für angemessen gehalten werden durften.[1041] Die *ratio* der *ex-ante* Überprüfung ist sowohl bei den zuvor exemplarisch genannten, als auch bei den sonstigen Aufwendsersatzansprüchen des Zivilrechts identisch. Bezweckt wird eine Reduzierung des Kostenrisikos für den Gläubiger: Dieser soll nicht das Risiko dafür, dass sich bei *ex-post* Betrachtung ein anderer Weg – etwa eine andere Form der Mängelbeseitigung – als günstiger erweist, tragen.[1042] Das Recht zur Tätigung eigener Aufwendungen auf Kosten der anderen Vertragspartei würde rechtstatsächlich erheblichen Hemmungen begegnen, hätte der Anspruchssteller bei nachträglicher Feststellung einer kostengünstigeren Alternative das vollständige Risiko zu übernehmen. Die partielle Verlagerung des Kostenrisikos auf den

---

auf das gerichtet ist, was ein „vernünftiger, wirtschaftlich denkender Bauherr" im Zeitpunkt der Mängelbeseitigung aufwenden konnte und musste.

1038 BeckOK/*Voit*, BGB, 51. Ed. Stand 1.2.2019, § 637 Rn. 9; Messerschmidt/Voit/*Moufang/Koos*, Privates Baurecht, 3. Auflage 2018, § 637 BGB Rn. 17; im Ergebnis wohl auch Palandt/*Sprau*, BGB, 78. Auflage 2019, § 637 Rn. 6, wonach Erforderlichkeit besteht, wenn die Aufwendungen geeignet und Erfolg versprechend sind.

1039 BeckOK/*Faust*, BGB, 51. Ed. Stand 1.8.2019, § 445a Rn. 20; Jauernig/*Berger*, BGB, 17. Auflage 2018, § 445a Rn. 3.

1040 BGH Urt. v. 21.4.2010 – VIII ZR 131/09, NZM 2010, 507 (508); BeckOK/*Wiederhold*, BGB, 51. Ed. Stand 1.8.2019, § 536a Rn. 41; Jauernig/*Teichmann*, BGB, 17. Auflage 2018, § 536a Rn. 2; MüKo/*Häublein*, BGB, Bd. IV, 7. Auflage 2016, § 536a Rn. 27.

1041 BGH Urt. v. 8.5.2012 – XI ZR 61/11, NJW 2012, 2337 (2338); Urt. v. 19.9.1985 – IX ZR 16/85, NJW 1986, 310 (313); MüKo/*Schäfer*, BGB, Bd. V/2, 7. Auflage 2017, § 670 Rn. 26; *Schwarze*, RdA 2013, 140 (142).

1042 MüKo/*Häublein*, BGB, Bd. IV, 7. Auflage 2016, § 536a Rn. 27.

Anspruchsgegner findet ihren Ausgleich wiederum in den Anforderungen, die an das Auswahlverhalten des Gläubigers gestellt werden. Dieser muss mit der im Verkehr erforderlichen Sorgfalt i.S. einer wirtschaftlich vernünftig handelnden Person Aufwendungen tätigen.[1043] Der Gedanke der angemessenen Risikoverteilung lässt sich gleichermaßen für die arbeitsrechtlichen Prognosen fruchtbar machen, da auch hier der Prognoseersteller nicht das Risiko für sämtliche, mitunter völlig unvorhersehbaren Entwicklungen der Zukunft übernehmen soll. Die *ex-ante* Sichtweise ist vor diesem Hintergrund immer dann, wenn Merkmale einer Norm in tatsächlicher Hinsicht einen Zukunftsbezug aufweisen und die einseitige Risikotragung weder vertraglich vorgesehen, noch normativ geboten ist, erforderlich.

II. Maßgeblicher Zeitpunkt für die Wirksamkeit der Prognose: Moment der Rechtsfolgenauslösung

Bei der kündigungsrechtlichen Negativprognose ist für die Wirksamkeit der Prognoseentscheidung auf den Zeitpunkt des Zugangs der Kündigungserklärung abzustellen.[1044] Die Wirksamkeit einer im Rahmen der Sachgrundbefristung nach § 14 Abs. 1, 2 TzBfG erstellten Arbeitgeberprognose beurteilt sich nach den objektiven Umständen, die im Zeitpunkt des Vertragsabschlusses vorlagen.[1045] Für die Rechtmäßigkeit der Prognose der wirtschaftlichen Lage des Arbeitgebers nach § 16 Abs. 1 BetrAVG kommt es grundsätzlich auf die im Zeitpunkt der Anpassungsentscheidung bzw. zum Anpassungsstichtag bestehenden

---

1043 Vgl. zu diesem Maßstab BGH Urt. v. 21.4.2010 – VIII ZR 131/09, NZM 2010, 507 (508).

1044 BAG Urt. v. 18.6.2015 – 2 AZR 256/14, NZA 2016, 287 (291); Urt. v. 19.11.2015 – 2 AZR 217/15, NZA 2016, 540 (543); Urt. v. 24.5.2012 – 2 AZR 206/11, NZA 2013, 137 (139). Urt. v. 29.4.1999 – 2 AZR 431/98, NZA 1999, 978 (980); Urt. v. 6.9.1989 – 2 AZR 19/89, NZA 1990, 307 (307); Urt. v. 9.4.1987 – 2 AZR 210/86, NZA 1987, 811 (812); Urt. v. 15.8.1984 – 2 AZR 536/82, NZA 1985, 357 (358); Urt. v. 26.5.1977 – 2 AZR 201/76, NJW 1978, 603 (604).

1045 BAG Urt. v. 27.7.2016 – 7 AZR 545/14, NZA 2016, 1531 (1533); Urt. v. 15.10.2014 – 7 AZR 893/12, NZA 2015, 362 (362); Urt. v. 4.12.2013 – 7 AZR 277/12, NZA 2014, 480 (482); Urt. v. 11.9.2013 – 7 AZR 107/12, NZA 2014, 150 (150); Urt. v. 17.3.2010 – 7 AZR 640/08, NZA 2010, 633 (634); Urt. v. 20.2.2008 – 7 AZR 950/06, NJOZ 2009, 671 (673); Urt. v. 25.8.2004 – 7 AZR 7/04, NZA 2005, 357 (358); Boecken/Düwell/Diller/Hanau/*Studt*, TzBfG, Bd. III, 2016, § 14 Rn. 20; ErfK/*Müller-Glöge*, TzBfG, 19. Auflage 2019, § 14 Rn. 25; Meinel/Heyn/Herms/*Meinel*, TzBfG, 5. Auflage 2015, § 14 Rn. 88; BT-Drucks. 14/4374, S. 19.

Informationen über die (bisherige) wirtschaftliche Entwicklung des Unternehmens an.[1046] Prognostiziert der Arbeitgeber den voraussichtlichen Personalbedarf und Personalbestand innerhalb einer Personalplanung, sind Unterrichtung über und Beratung mit dem Betriebsrat zur künftigen Personalstruktur nicht mit materiell-rechtlichen Anforderungen an die erstellte Prognose verbunden. Vielmehr kommt es nur auf die Rechtzeitigkeit der Betriebsratsbeteiligung an. Vor diesem Hintergrund bedarf es auch keiner Wirksamkeitsprüfung der Prognose, sodass sich die Frage nach dem maßgeblichen Zeitpunkt nicht stellt. Anders ist dies bei der Prognose, die der Betriebsrat für die Ausübung seines Zustimmungsverweigerungsrechts zu einer personellen Einzelmaßnahme nach § 99 Abs. 2 Nr. 6 BetrVG erstellt: Hierbei ist die Wirksamkeit nach den Verhältnissen zu bestimmen, die im Zeitpunkt des Zugangs der Zustimmungsverweigerung beim Arbeitgeber vorlagen.[1047]

Daraus ergibt sich: Für die Beurteilung der Wirksamkeit arbeitsrechtlicher Prognosen ist nicht auf den Zeitpunkt der richterlichen Prüfung abzustellen. Auch ist nicht von Bedeutung, ob die Prognose zum Zeitpunkt ihrer Erklärung durch den Entscheidungsträger den spezifischen Bewertungsmaßstäben entsprochen hat. Vielmehr ist der Zeitpunkt maßgeblich, zu dem die mit der Prognose verbundene Rechtsfolge eintritt.

Für die kündigungsrechtliche Negativprognose gilt dies bereits aufgrund des Umstands, dass die Kündigung als Gestaltungserklärung einseitig auf die Rechtslage einwirkt, sodass es auf der Seite des Prognoseadressaten einer abschließenden Rechtssicherheit bedarf. Im Befristungsrecht bemisst sich die Prognosewirksamkeit anhand der Verhältnisse, die im Zeitpunkt des Vertragsschlusses vorlagen. Dementsprechend fällt auch im Befristungsrecht die Rechtmäßigkeitsprüfung der Prognose auf den Zeitpunkt, in dem die Prognose auf

---

1046 BAG Urt. v. 15.4.2014 – 3 AZR 51/12, NZA-RR 2015, 147 (150); Urt. v. 28.5.2013 – 3 AZR 125/11, NZA-RR 2013, 598 (601); Urt. v. 11.10.2011 – 3 AZR 527/09, NZA 2012, 454 (458); Urt. v. 30.11.2010 – 3 AZR 754/08, NZA-RR 2011, 593 (598); 23.5.2000 – 3 AZR 83/99, NZA 2002, 554 (556); Blomeyer/Rolfs/Otto/*Rolfs*, BetrAVG, 7. Auflage 2018, § 16 Rn. 172; KKBHB/*Huber*, BetrAVG, 8. Auflage 2018, § 16 Rn. 70; wohl auch ErfK/*Steinmeyer*, BetrAVG, 19. Auflage 2019, § 16 Rn. 29.

1047 Hierzu ausführlich unter Gliederungspunkt F. II. 2.; dies gilt nur für die Prognose nach § 99 Abs. 2 Nr. 6 BetrVG, im Übrigen können Tatsachen bis zum Zeitpunkt der letzten Anhörung vor dem LAG berücksichtigt werden, vgl. BAG Urt. v. 22.4.2010 – 2 AZR 491/09, NZA 2010, 1235 (1236 f.); Urt. v. 16.1.2007 – 1 ABR 16/06, NJOZ 2007, 5811 (5816); Beschl. v. 25.1.2005 – 1 ABR 61/03, NZA 2005, 1199 (1199); Beschl. v. 12.11.2002 – 1 ABR 1/02, NZA 2003, 513 (514).

die rechtliche Stellung des Adressaten einwirkt, indem das befristete Beschäftigungsverhältnis Wirksamkeit entfaltet. Gleiches gilt auch für die Prognose in der betrieblichen Altersversorgung: Nimmt der Arbeitgeber die Anpassungsentscheidung vor, hat diese unmittelbare Auswirkung auf die Versorgungsleistungen, die der Versorgungsempfänger – als Adressat der Prognose – bis zum nächsten Anpassungsstichtag erhält. Zuletzt fällt auch im Rahmen von § 99 Abs. 2 Nr. 6 BetrVG der maßgebliche Zeitpunkt für die Wirksamkeit der Prognose auf den Moment, in dem durch den Zugang der Zustimmungsverweigerung die betriebsverfassungsrechtliche Rechtsfolge des Beteiligungsrechts ausgelöst wird: Geht die Verweigerung der Zustimmung zur personellen Einzelmaßnahme dem Arbeitgeber form- und fristgerecht sowie ordnungsgemäß begründet zu, entsteht mit Blick auf die beabsichtigte Maßnahme ein betriebsverfassungsrechtliches Beschäftigungsverbot.[1048] Da dieses auch Vorrang vor der individualvertraglichen Beschäftigungspflicht des Arbeitgebers genießt,[1049] entspricht der für die Prognose entscheidende Wirksamkeitszeitpunkt mittelbar auch dem Zeitpunkt, zu dem auf individualarbeitsrechtlicher Ebene auf das Vertragsverhältnis eigenwirkt wird.

Der maßgebliche Grund dafür, dass die Rechtswirksamkeit arbeitsrechtlicher Prognosen allgemein zum Zeitpunkt der Auslösung ihrer Rechtsfolgen festzustellen ist, liegt in der Einseitigkeit einer jeden Prognoseentscheidung. Diese kann naturgemäß nur von einer Partei des Vertragsverhältnisses getroffen werden. Hieraus resultiert eine Schutzbedürftigkeit des Prognoseadressaten, die zwar nicht bereits mit Erklärung der Prognose, allerdings spätestens mit Auslösung der Rechtsfolge des Prognosetatbestands entsteht. Führt man diese Bewertung mit dem allgemeingültigen *ex-ante* Betrachtungsmaßstab zusammen, kann konsequenterweise auch kein späterer Zeitpunkt für die Wirksamkeit heranzuziehen sein: Auch der Ersteller der Prognose ist insoweit schutzbedürftig, als dass ihm nachträglich eintretende Umstände nicht schrankenlos zulasten gelegt werden dürfen. Das Prognoserisiko findet nur dann eine angemessene Verteilung auf die Betroffenen, wenn sich das Risiko einer Fehlprognose auf die Informationsgrundlage, die dem Entscheidungsträger im Zeitpunkt der Prognoseerstellung

---

1048 BAG Urt. v. 21.2.2017 – 1 AZR 367/15, NZA 2017, 740 (742); Urt. v. 5.4.2001 – 2 AZR 580/99, NZA 2001, 893 (897); Urt. v. 2.7.1980 – 5 AZR 1241/79, NJW 1981, 703 (703); *Czerny*, Personelle Einzelmaßnahmen, 2014, S. 51; GK-BetrVG/*Raab*, Bd. II, 11. Auflage 2018, § 99 Rn. 176; Richardi/*Thüsing*, BetrVG, 16. Auflage 2018, § 99 Rn. 330.

1049 GK-BetrVG/*Raab*, Bd. II, 11. Auflage 2018, § 99 Rn. 176; *Raab*, ZfA 1995, 479 (515); i.E. auch *Czerny*, Personelle Einzelmaßnahmen, 2014, S. 51.

zugänglich war, beschränkt.[1050] Die allgemeine Maßgeblichkeit des Zeitpunkts der Rechtsfolgenauslösung ergibt sich im Ergebnis also aus einem Zusammenspiel der verschiedenartigen Schutzbedürfnisse von Entscheidungsträger, Prognoseadressaten und – wie etwa für § 99 Abs. 2 Nr. 6 BetrVG – ggf. betroffenen Dritten.

III. Vorhersehbarkeit der Entwicklung nach Prognoseentscheidung ist materiell-rechtlich unbeachtlich

Aus dem Grundsatz der *ex-ante* Betrachtung folgt unmittelbar, dass die tatsächliche Entwicklung des Prognostizierten nach Rechtsfolgenauslösung für die Wirksamkeit der Prognoseentscheidung nicht von Bedeutung ist. Freilich schließt dies eine Korrektur von fehlerhaften Prognosen nicht aus. Eine solche erfolgt allerdings nicht durch ein nachträgliches Einwirken auf die ursprüngliche Prognose als solche, sondern vielmehr durch anderweitige, der Prognose nachgelagerte Korrekturmechanismen.[1051] Nachträgliche Veränderungen – egal ob zugunsten oder zuungunsten des Prognoseerstellers – sind auch dann nicht zu berücksichtigen, wenn sie bereits im Zeitpunkt der Prognoseerstellung bzw. deren Rechtsfolgenauslösung vorhersehbar waren. Dies gilt für die Prognosetatbestände des Individualarbeitsrechts und Betriebsverfassungsrechts gleichermaßen.[1052]

Einer Klarstellung bedarf es insoweit für die Judikatur des Dritten Senats zu § 16 Abs. 1 BetrAVG: Auch wenn der Anpassungsstichtag für die Beurteilung der Prognose maßgeblich ist, soll nach Auffassung des BAG die wirtschaftliche Entwicklung im Folgezeitraum berücksichtigungsfähig sein, wenn und soweit

---

1050 Ähnlich zur Negativprognose im Kündigungsrecht *Preis*, Prinzipien des Kündigungsrechts bei Arbeitsverhältnissen, 1987, S. 341 ff., der insofern von einer gerechten Verteilung der Prozessrisiken spricht.

1051 So etwa im Kündigungsrecht durch den Wiedereinstellungsanspruch, s. Gliederungspunkt C. IV. 4.

1052 Zu § 1 KSchG vgl. BAG Urt. v. 15.8.1984 – 7 AZR 536/82, NZA 1985, 357 (358); Ascheid/Preis/Schmidt/*Vossen*, KSchG, 5. Auflage 2017, § 1 Rn. 70; Boecken/Düwell/Diller/Hanau/*Kerwer*, KSchG, Bd. III, 2016, § 1 Rn. 768; ErfK/*Oetker*, KSchG, 19. Auflage 2019, § 1 Rn. 118; *Preis*, Prinzipien des Kündigungsrechts bei Arbeitsverhältnissen, 1987, S. 340; für § 14 Abs. 1 TzBfG vgl. BAG Urt. v. 14.6.2017 – 7 AZR 597/15, NZA 2018, 40 (42); Urt. v. 8.6.2016 – 7 AZR 259/14, NZA 2016, 1463 (1466); Urt. v. 16.11.2005 – 7 AZR 81/05, NZA 2006, 784 (789); für die betriebsverfassungsrechtliche Prognose innerhalb von § 99 Abs. 2 Nr. 6 BetrVG s. unter Gliederungspunkt F. II. 2.

sie zum Anpassungsstichtag „vorhersehbar" war.[1053] Daraus resultiert allerdings keine Erweiterung der Prognosegrundlage um Informationen, die im Moment der Anpassungsentscheidung noch nicht vorlagen. Die Rechtsprechung des Dritten Senats führt vielmehr zu einer Änderung der Anforderungen, die hinsichtlich der Darlegungs- und Beweislast des Versorgungsschuldners anzusetzen sind.[1054] Materiell-rechtlich findet demzufolge auch im Betriebsrentenrecht keine Erweiterung der Prognosegrundlage um noch nicht eingetretene, jedoch „vorhersehbare" Entwicklungen statt. Ähnliche Überlegungen wurden in der Vergangenheit auch für Mehrfachbefristungen im Rahmen von § 14 Abs. 1 TzBfG angestellt, denen zufolge der Prognosemaßstab mit jeder weiteren Befristungsabrede zu erhöhen sei.[1055] Letztlich wurden derartige Tendenzen durch die jüngere, entgegenstehende Rechtsprechung des BAG verworfen.[1056] Im Ergebnis muss demzufolge festgehalten werden, dass keiner der arbeitsrechtlichen Prognosetatbestände eine Durchbrechung des *ex-ante* Grundsatzes vorsieht. Auch wenn nachträgliche Entwicklungen bei objektiver Betrachtung bereits im Entscheidungszeitpunkt hätten antizipiert werden können, bedarf es insofern keiner Anpassung der Prognosegrundlagen.

IV. Prozessuale Wirkungen der späteren Entwicklung nach dem Prognosezeitpunkt

Auch wenn im Ausgangspunkt von einer *ex-ante* Überprüfung der arbeitsrechtlichen Prognose ausgegangen werden muss, ist die tatsächliche Entwicklung im Zeitraum nach Erstellung der Prognose nicht vollkommen bedeutungslos.

1053 BAG Urt. v. 10.3.2015 – 3 AZR 739/13, NZA 2015, 1187 (1189); Urt. v. 21.10.2014 – 3 AZR 1027/12, NZA-RR 2015, 90 (92); Urt. v. 11.10.2011 – 3 AZR 527/09, NZA 2012, 454 (458); Urt. v. 30.11.2010 – 3 AZR 754/08, NZA-RR 2011, 593 (598); Urt. v. 31.7.2007 – 3 AZR 810/05, NJOZ 2010, 172 (173); restriktiver noch Urt. v. 17.10.1995 – 3 AZR 881/94, NZA 1996, 1038 (1039); ob die Entwicklung günstig oder ungünstig ist, hat für die Berücksichtigung der Daten keine Bedeutung, vgl. Blomeyer/Rolfs/Otto/*Rolfs*, BetrAVG, 7. Auflage 2018, § 16 Rn. 173.

1054 So im Ergebnis auch BAG Urt. v. 25.4.2006 – 3 AZR 50/05, NZA-RR 2007, 310 (316).

1055 Vgl. LAG Köln Beschl. v. 13.4.2010 – 7 Sa 1224/09, *juris*; Ascheid/Preis/Schmidt/*Backhaus*, TzBfG, 4. Auflage 2012, § 14 Rn. 59; ErfK/*Müller-Glöge*, TzBfG, 12. Auflage 2012, § 14 Rn. 9; *Persch*, Kernfragen des Befristungsrechts, 2010, S. 434; *Preis/Greiner*, RdA 2010, 148 (149).

1056 BAG Urt. v. 29.4.2015 – 7 AZR 310/13, NZA 2015, 928 (930); Urt. v. 19.2.2014 – 7 AZR 260/12, NZA-RR 2014, 408 (411); Urt. v. 13.2.2013 – 7 AZR 225/11, NZA 2013, 777 (780); Urt. v. 18.7.2012 – 7 AZR 443/09, NZA 2012, 1351 (1353).

Besonders deutlich wird dies in der Rechtsprechung des BAG zum Prognoseprinzip im Kündigungs- und Befristungsrecht: Für die im Rahmen von § 1 KSchG zu erstellende Prognose soll ein tatsächliches Eintreten der prognostizierten Entwicklung Rückschlüsse auf die „Plausibilität" der Prognose ermöglichen.[1057] Gerade für betriebsbedingte Kündigungen hat das Gericht in mehreren Entscheidungen für die Überprüfung der Prognose spätere Bestätigungen der ursprünglichen Prognoseentscheidung berücksichtigt. Gleichermaßen soll jedoch dann, wenn ein Betrieb etwa entgegen der vorherigen Annahme des Arbeitgebers wiedereröffnet wird, eine Vermutung gegen die „Ernsthaftigkeit" des Prognostizierten sprechen.[1058] Ob das BAG tatsächlich von einer generellen Indizwirkung der späteren Entwicklung ausgeht oder diese nur im Rahmen der richerlichen Gesamtwürdigung als Argumentationsstrang heranzieht, geht aus der gewählten Formulierung nicht eindeutig hervor. Die Ausführungen der Senate deuten jedoch darauf hin, dass die Anforderungen an die Darlegungs- und Beweislast des Arbeitgebers je nach späterer Entwicklung unterschiedlich sein können. Klarer ist hingegen die Judikatur zu § 14 Abs. 1 TzBfG: Verifiziert die spätere Entwicklung die Prognose des Arbeitgebers, besteht eine Vermutung für deren Richtigkeit, sodass es in dieser Situation dem Arbeitnehmer obliegt, die indizierte Richtigkeit der Prognose zu widerlegen.[1059] Aus der *ex-post* festgestellten Entwicklung resuliert demnach eine prozessuale Indizwirkung. Dies gilt jedenfalls dann, wenn der spätere Verlauf die ursprüngliche Prognose positiv bestätigt. Ob eine abweichende Entwicklung entgegen der Prognose gleichermaßen dazu führt, dass deren Fehlerhaftigkeit vermutet wird, bedarf keiner weiteren Erörterung, da der Arbeitgeber regelmäßig von vornherein beweisbelastet ist.[1060]

1057 BAG Urt. v. 16.2.2012 – 8 AZR 693/10, NZA-RR 2012, 465 (468); Urt. v. 27.11.2003 – 2 AZR 48/03, NZA 2004, 477 (478).

1058 BAG Urt. v. 16.2.2012 – 8 AZR 693/10, NZA-RR 2012, 465 (468); Urt. v. 21.6.2001 – 2 AZR 137/00, NZA 2002, 212 (214); Urt. v. 27.9.1984 – 2 AZR 309/83, NZA 1985, 493 (495).

1059 BAG Urt. v. 24.9.2014 – 7 AZR 987/12, NZA 2015, 301 (303); Urt. v. 7.5.2008 – 7 AZR 146/07, *juris*, Rn. 17; Urt. v. 16.11.2005 – 7 AZR 81/05, NZA 2006, 784 (789); Urt. v. 13.10.2004 – 7 AZR 218/04, NZA 2005, 401 (404); Urt. v. 3.11.1999 – 7 AZR 846/98, NZA 2000, 726 (726); *Bader/Jörchel*, NZA 2016, 1105 (1106); ErfK/*Müller-Glöge*, TzBfG, 19. Auflage 2019, § 14 Rn. 18a.

1060 Ascheid/Preis/Schmidt/*Backhaus*, TzBfG, 5. Auflage 2017, § 14 Rn. 76; Boecken/Düwell/Diller/Hanau/*Studt*, TzBfG, Bd. III, 2016, § 14 Rn. 74; Meinel/Heyn/Herms/*Meinel*, TzBfG, 5. Auflage 2015, § 14 Rn. 352; Staudinger/*Preis*, BGB, 2019, § 620 Rn. 65; differenzierend ErfK/*Müller-Glöge*, TzBfG, 19. Auflage 2019, § 17 Rn. 13f.

Daneben findet auch im Rahmen von § 16 Abs. 1 BetrAVG eine Berücksichtigung der späteren Entwicklung nach Anpassungsentscheidung statt. Die wirtschaftlichen Daten für den Zeitraum nach Anpassung können die Prognose grundsätzlich bestätigen oder entkräften. Stellt der Arbeitgeber eine negative Prognose für die wirtschaftliche Entwicklung seines Unternehmens auf und wird diese im weiteren Verlauf durch eine günstigere Entwicklung widerlegt, erhöhen sich hierdurch die Anforderungen an die Darlegungslast des Versorgungsschuldners.[1061] Folgt man dieser Wertung, muss im Umkehrschluss die Richtigkeit der Prognoseentscheidung vermutet werden, wenn die spätere wirtschaftliche Entwicklung den Ausgang der Anpassungsentscheidung bestätigt. Dementsprechung lässt sich auch im Recht der betrieblichen Altersversorgung eine indizielle, jedenfalls die Darlegungs- und Beweislast beeinflußende Wirkung der späteren Entwicklung festmachen.

Im Betriebsverfassungsrecht muss hingegen unterschieden werden: Erstellt der Arbeitgeber im Rahmen von § 92 Abs. 1 BetrVG Prognosen über den künftigen Personalbedarf und Personalbestand, unterliegt diese Entscheidung keiner Kontrolle dahingehend, ob sie inhaltlich zutreffend war. In Ermangelung materieller-rechtlicher Wirksamkeitsmaßstäbe kann es in der Folge auch keine indizielle Wirkung der späteren Entwicklung nach dem Zeitpunkt der Unterrichtung des Betriebsrats geben. Da personelle Einzelmaßnahmen, die im Anschluss an die Personalplanung durchgeführt werden, in ihrer rechtlichen Beurteilung unabhängig sind[1062], stellt sich auch diesbezüglich nicht die Frage nach einer indiziellen Wirkung der Entwicklung im Folgezeitraum. Für den Zustimmungsverweigerungsgrund aus § 99 Abs. 2 Nr. 6 BetrVG fehlt es bislang an einer höchstrichterlichen Rechtsprechung zur Bedeutung der Verhaltensentwicklung des Betroffenen nach dem Zeitpunkt des Zugangs der Verweigerung.[1063] Dies hat mitunter praktische Gründe: Wird die Zustimmung zu einer Einstellung eines Bewerbers verweigert, lässt sich in tatsächlicher Hinsicht oftmals nicht feststellen, welches Verhalten der Betroffene in einem anderen Unternehmen im

---

1061 BAG Urt. v. 11.12.2012 – 3 AZR 615/10, NJOZ 2013, 1056 (1059); Urt. v. 11.10.2011 – 3 AZR 527/09, NZA 2012, 454 (459); Urt. v. 31.7.2007 – 3 AZR 810/05, NJOZ 2010, 172 (174); Urt. v. 25.4.2006 – 3 AZR 50/05, NZA-RR 2007, 310 (316).

1062 BeckOKArbR/*Mauer*, BetrVG, 53. Ed. Stand 1.9.2019, § 92 Rn. 7; ErfK/*Kania*, BetrVG, 19. Auflage 2019, § 92 Rn. 12; *Fitting*, BetrVG, 29. Auflage 2018, § 92 Rn. 45; GK-BetrVG/*Raab*, Bd. II, 11. Auflage 2018, § 92 Rn. 49; Richardi/*Thüsing*, BetrVG, 16. Auflage 2018, § 92 Rn. 51.

1063 Offenlassend insbesondere BAG Beschl. v. 16.11.2004 – 1 ABR 48/03, NZA 2005, 775 (778).

weiteren Verlauf aufgewiesen hat. Anders mag dies nur sein, wenn der Bewerber im gleichen Unternehmen, allerdings in einem anderen Betrieb eingestellt wird. Bei einer beabsichtigten Versetzung ist die Überprüfbarkeit des späteren Verhaltens üblicherweise problemlos durchführbar. Man wird sich der Fragestellung wohl am ehesten unter Hinzuziehung der jüngeren Judikatur des BAG zur außerordentliche Kündigung bei Kurzerkrankungen nähern können: Dem Zweiten Senat zufolge ist es zulässig, die spätere Entwicklung für die Überprüfung der Prognose zu berücksichtigen, soweit sie diese bestätigt.[1064] Wenn dies für Kündigungsgründe gilt, die einer Steuerbarkeit des Arbeitnehmers entzogen sind, muss eine Berücksichtigung erst recht möglich sein, wenn es um das steuerbare Verhalten des Betroffenen geht. Da § 99 Abs. 2 Nr. 6 BetrVG gerade auf ein solches abstellt, kann die Judikatur zur Prognosekontrolle bei außerordentlichen Kündigungen auf den Zustimmungsverweigerungsgrund übertragen werden. Demnach kommt – sofern eine Prüfung überhaupt möglich ist – dem späteren Verhalten des von der Einzelmaßnahme betroffenen eine indizielle Wirkung zu, wenn und soweit die ursprüngliche Prognose dadurch bestätigt wird.

Festzuhalten bleibt deshalb: Wird die ursprüngliche Prognose durch die spätere Entwicklung verifiziert, resultiert daraus eine indizielle Wirkung für die – trotzdem *ex-ante* zu beurteilende – Rechtmäßigkeit der Prognose. Widerspricht der spätere Verlauf hingegen dem Prognostizierten, kann zwar bereichsübergreifend nicht von einer indizierten Fehlprognose gesprochen werden, jedoch erhöhen sich in dieser Konstellation stets die an die Darlegungs- und Beweislast des Prognoseerstellers zu richtenden Anforderungen.

V. Prognosegrundlage

1. Informationsbasis ergibt sich aus objektiven Umständen der Vergangenheit, sofern diese Rückschlüsse auf die künftige Entwicklung zulassen

Jede Prognose bedarf einer Substantiierung durch Tatsachen. Diese lassen sich als Prognosegrundlage, also der Informationsbasis, die für den Entscheidungsprozess herangezogen wird, bezeichnen. Trotz der unterschiedlichen Lebenssachverhalte, die durch die jeweiligen Prognosetatbestände des Arbeitsrechts geregelt werden, sind mit Blick auf die jeweilige Tatsachengrundlage einheitliche

1064 BAG Urt. v. 23.1.2014 – 2 AZR 582/13, NZA 2014, 962 (965); zuvor bereits ähnlich Urt. v. 13.5.2004 – 2 AZR 36/04, NZA 2004, 1271 (1273); Urt. v. 27.11.2003 – 2 AZR 48/03, NZA 2004, 477 (478).

Grundsätze zu verzeichnen. Zunächst gilt für die Prognosegrundlage teilgebietsübergreifend, dass eine Substantiierung der Prognose anhand objektiver Umstände, *ergo* einer dem Beweis zugänglichen Informationsbasis erfolgen muss. Grundlage der Prognoseentscheidung ist demzufolge nicht das subjektive Empfinden des Prognoseerstellers, sondern vielmehr die objektiven Gegebenheiten zum Zeitpunkt der Entscheidung.[1065] Dabei führt die einer jeden Prognose inhärente Zukunftsbezogenheit nicht darüber hinweg, dass die für die Prognosegrundlage verwendete Tatsachenbasis grundsätzlich einen Vergangenheitsbezug aufweist[1066], sofern die in der Vergangenheit liegenden Zustände und Ereignisse Rückschlüsse auf den künftigen Verlauf des Prognosegegenstands erlauben:

Für die Negativprognose im Kündigungsrecht gilt der Grundsatz einer vergangenheitsgestützten Prognosegrundlage vor allem für die personen- und verhaltensbedingte Kündigung. Gerade bei der krankheitsbedingten Kündigung ist regelmäßig auf die in der Vergangenheit eingetretenen Arbeitsausfälle abzustellen.[1067] Bei lang andauernder Krankheit genügt der Arbeitgeber seiner Darlegungslast für eine negative Gesundheitsprognose zunächst sogar, wenn er die Dauer des krankheitsbedingten Arbeitsausfalls sowie die ihm bekannten

---

1065 Für die Negativprognose im Kündigungsrecht vgl. BAG Urt. v. 31.7.2014 – 2 AZR 422/13, NZA 2015, 101 (101); Urt. v. 10.11.2005 – 2 AZR 44/05, NZA 2006, 655 (656); Urt. v. 12.4.2002 – 2 AZR 148/01, NZA 2002, 1081 (1084); Ascheid/Preis/Schmidt/*Vossen*, KSchG, 5. Auflage 2017, § 1 Rn. 216; ErfK/*Oetker*, KSchG, 19. Auflage 2019, § 1 Rn. 114; MüKo/*Hergenröder*, KSchG, Bd. IV, 7. Auflage 2016, § 1 Rn. 158; für die Prognose innerhalb der Sachgrundbefristung nach § 14 Abs. 1 TzBfG vgl. BAG Urt. v. 14.12.2016 – 7 AZR 688/14, NZA 2017, 711 (712); Urt. v. 22.4.2009 – 7 AZR 743/07, NZA 2009, 1143 (1145); Meinel/Heyn/Herms/*Meinel*, TzBfG, 5. Auflage 2015, § 14 Rn. 61; für die Prognose der wirtschaftlichen Lage des Arbeitgebers innerhalb des § 16 Abs. 1 BetrAVG ausdrücklich BAG Urt. v. 21.2.2017 – 3 AZR 455/15, NZA-RR 2018, 200 (204); Urt. v. 21.4.2015 – 3 AZR 102/14, NJOZ 2015, 1525 (1527); Urt. v. 28.5.2013 – 3 AZR 125/11, NZA-RR 2013, 598 (601); auch Blomeyer/Rolfs/Otto/*Rolfs*, BetrAVG, 7. Auflage 2018, § 16 Rn. 171; für § 99 Abs. 2 Nr. 6 BetrVG vgl. BAG Beschl. v. 16.11.2004 – 1 ABR 48/03, NZA 2005, 775 (778); *Fitting*, BetrVG, 29. Auflage 2018, § 99 Rn. 253a; GK-BetrVG/*Raab*, Bd. II, 11. Auflage 2018, § 99 Rn. 227.

1066 Zum einheitlichen Vergangenheitsbezug der Tatsachengrundlagen rechtlicher Prognosen *Feuerborn*, Sachliche Gründe im Arbeitsrecht, 2003, S. 225.

1067 BAG Urt. v. 13.5.2015 – 2 AZR 565/14, NZA 2015, 1249 (1250); Urt. v. 20.11.2014 – 2 AZR 755/13, NZA 2015, 612 (613); Urt. v. 1.3.2007 – 2 AZR 217/06, NZA 2008, 302 (303); Urt. v. 10.11.2005 – 2 AZR 44/05, NZA 2006, 655 (656); Urt. v. 12.4.2002 – 2 AZR 148/01, NZA 2002, 1081 (1083); Ascheid/Preis/Schmidt/*Vossen*, KSchG, 5. Auflage 2017, § 1 Rn. 216.

Krankheitsursachen vorträgt.[1068] Auch bei häufigen Kurzerkrankungen werden jährlich mehrmals auftretende krankheitsbedingte Ausfälle für die Grundlage der Gesundheitsprognose herangezogen, sofern die Krankheiten nicht ausgeheilt sind.[1069] Für die verhaltensbedingte Kündigung ist ebenso anerkannt, dass die negative Zukunftsprognose auf in der Vergangenheit liegende Fehlverhalten des Arbeitnehmers gestützt werden können.[1070] Und auch bei der betriebsbedingten Kündigung kann im Einzelfall eine Verfestigung der Prognosegrundlage durch Umstände, die in der Vergangenheit liegen, erfolgen; etwa dann, wenn aufgrund eines Auftragsrückgangs der Arbeitskräftebedarf des Unternehmers sinkt.[1071]

Bei der befristungsrechtliche Prognose im Rahmen von § 14 Abs. 1 TzBfG muss zwischen der Berücksichtigung vergangener Umstände und Prognosen aus vorherigen Vertragsbefristungen unterschieden werden. Letzteres betrifft vordergründig Konstellationen der Mehrfach- bzw. Kettenbefristung, bei denen nach der gefestigen Rechtsprechung des BAG nur auf die letztvertragliche Befristungsabrede abzustellen ist, sodass sachgrundbezogene Prognosen aus vorherigen Befristungsabreden nicht zu berücksichtigen sind.[1072] Dies führt allerdings nicht darüber hinweg, dass auch im Befristungsrecht Umstände aus dem Zeitraum vor Abschluss des befristeten Arbeitsvertrags regelmäßig zur

1068 BAG Urt. v. 13.5.2015 – 2 AZR 565/14, NZA 2015, 1249 (1250); Urt. v. 12.4.2002 – 2 AZR 148/01, NZA 2002, 1081 (1083).

1069 BAG Urt. v. 20.11.2014 – 2 AZR 755/13, NZA 2015, 612 (613); Urt. v. 1.3.2007 – 2 AZR 217/06, NZA 2008, 302 (303); Urt. v. 10.11.2005 – 2 AZR 44/05, NZA 2006, 655 (656).

1070 BAG Urt. v. 13.12.2007 – 2 AZR 818/06, NZA 2008, 589 (592); Urt. v. 31.5.2007 – 2 AZR 200/06, NZA 2007, 922 (923 f.); Urt. v.12.1.2006 – 2 AZR 179/05, NZA 2006, 980 (984); Ascheid/Preis/Schmidt/*Vossen*, KSchG, 5. Auflage 2017, § 1 Rn. 343; ErfK/*Oetker*, KSchG, 19. Auflage 2019, § 1 Rn. 196; MüKo/*Hergenröder*, KSchG, Bd. IV, 7. Auflage 2016, § 1 Rn. 197; zur Bedeutung der Zeitspanne zwischen den aus der Vergangenheit herangezogenen Umstände und dem Beurteilungszeitpunkt BAG Urt. v. 19.11.2015 – 2 AZR 217/15, NZA 2016, 540 (545 f.).

1071 Vgl. *Bader*, NZA-Beil. 2010, 85 (85); differenzierend ErfK/*Oetker*, KSchG, 19. Auflage 2019, § 1 Rn. 79.

1072 BAG Urt. v. 13.2.2013 – 7 AZR 225/11, NZA 2013, 777 (780); Urt. v. 18.7.2012 – 7 AZR 443/09, NZA 2012, 1351 (1353); ausführlich Ascheid/Preis/Schmidt/*Backhaus*, TzBfG, 5. Auflage 2017, § 14 Rn. 58 ff.; s. auch *Loth*, Prognoseprinzip und Befristungskontrolle im Arbeitsverhältnis, 2015, S. 152; Meinel/Heyn/Herms/*Meinel*, TzBfG, 5. Auflage 2015, § 14 Rn. 37; eine Berücksichtigung der Vertragsvergangenheit bejahend MüKo/*Hesse*, TzBfG, Bd. IV, 7. Auflage 2016, § 14 Rn. 35.

Prognosegrundlage herangezogen werden. Stützt der Arbeitgeber etwa die Befristung auf einen zusätzlichen Arbeitskräftebedarf im Bereich der Daueraufgaben, muss er darlegen, aufgrund welcher Umstände bei Vertragsschluss davon auszugehen war, dass das voraussichtliche Arbeitsvolumen nach Ablauf der Vertragslaufzeit mit der Stammbelegschaft abgedeckt werden kann.[1073] Ist der vorübergehend erhöhte Bedarf auf betriebliche Ursachen zurückzuführen, hat der Arbeitgeber diese darzulegen.[1074] Derartige Umstände finden ihren Ursprung naturgemäß in der Vergangenheit, sodass im Ergebnis auch die Grundlage der sachgrundbezogenen Prognosen in der Vergangenheit liegen, wenn diese für die Prognostizierung der Entwicklung nach Abschluss des befristeten Arbeitsvertrags geeignet sind.

Für die Anpassungsprüfungspflicht nach § 16 Abs. 1 BetrAVG geht das BAG in ständiger Rechtsprechung davon aus, dass die Prognostizierung der wirtchaftlichen Lage des Unternehmens in der Regel durch Heranziehung der Daten zur bisherigen wirtschaftlichen Entwicklung erfolgen kann.[1075] Begrifflich nimmt der Dritte Senat hierbei nicht eine Prognosegrundlage, sondern eine „Beurteilungsgrundlage“ an, wobei hiermit keine inhaltlichen Unterschiede einhergehen. Die Rechtsprechung trägt hiermit dem Umstand Rechnung, dass die wirtschaftliche Konstitution im künftigen Anpassungszeitraum zwar auch und insbesondere durch zum Zeitpunkt der Anpassungsentscheidung vorhersehbare Entwicklungen antizipiert werden kann, die im vergangenen Anpassungsturnus eingetretenen Veränderungen jedoch oftmals zuverlässigere Aussagen über den künftigen Verlauf der Unternehmensentwicklung erlauben. Rückschlüsse aus dem vorherigen Anpassungszeitraum sind zwar bei atypischen, ggf. auf unvorhersehbaren Ereignissen beruhenden Entwicklungen der wirtschaftlichen Lage nicht möglich,[1076] allerdings beschränkt sich der Grundsatz einer retrospektiv ermittelten Prognosegrundlage auch von vornherein auf wirtschaftliche Daten, aus denen Aussagen über die weitere Entwicklung des Unternehmens gezogen werden

1073 BAG Urt. v. 14.12.2016 – 7 AZR 688/14, NZA 2017, 711 (712).

1074 Vgl. Ascheid/Preis/Schmidt/*Backhaus*, TzBfG, 5. Auflage 2017, § 14 Rn. 52; ähnlich BT-Drucks. 14/4374, S. 19.

1075 BAG Urt. v. 21.2.2017 – 3 AZR 455/15, NZA-RR 2018, 200 (204); Urt. v. 7.6.2016 – 3 AZR 193/15, Rn. 22, *juris*; Urt. v. 15.4.2014 – 3 AZR 51/12, NZA-RR 2015, 147 (150); Urt. v. 28.5.2013 – 3 AZR 125/11, NZA-RR 2013, 598 (601); Blomeyer/Rolfs/Otto/*Rolfs*, BetrAVG, 7. Auflage 2018, § 16 Rn. 195; *Rößler*, NZA-RR 2007, 1 (7); *Schlewing*, RdA 2010, 364 (365).

1076 Zu denken ist an massive Wechselkursschwankungen, schwere Änderungen der Rohstoffpreise, Energiekrisen o.ä., vgl. *Götz*, NZA 1986, 351 (352).

können. Im Regelfall wird die Prognosegrundlage aus den Informationen über die wirtschaftliche Lage innerhalb der letzten drei Jahre gebildet,[1077] sodass auch regelmäßig ein Vergangenheitsbezug der Prognosegrundlage besteht.

Für die personalplanungserheblichen Prognosen im Rahmen von § 92 Abs. 1 BetrVG muss die Prognosegrundlage im Lichte des Unterrichtungsrechts des Betriebsrats betrachtet werden. Die Personalprognosen müssen hier nicht mit Tatsachen aus der Vergangenheit substantieert werden, um ihre materiell-rechtliche Wirksamkeit sicherzustellen. Maßgeblich ist allein die Unterrichtung und partielle Beratung über die Prognosegrundlagen. Diesbezüglich wurde zuvor bereits festgestellt, dass die Pflicht zur Informierung des Betriebsrats auch die wirtschaftlichen Grundlagen der Prognosen umfasst, wenn und soweit der Arbeitgeber den prognostizierten Personalbedarf auf die vorgelagerte, wirtschaftliche Planung stützt.[1078] Zieht der Arbeitgeber also Erhebungen aus anderen Unternehmensbereichen wie etwa der Produktion, Investition und Finanzierung, des Supply-Chain-Managements o.ä. heran und stützt seine Personalprognosen gerade hierauf, setzt sich die Prognosegrundlage regelmäßig aus Informationen mit Vergangenheitsbezug zusammen.

Innerhalb der Prognose des Zustimmungsverweigerungsgrunds nach § 99 Abs. 2 Nr. 6 BetrVG ist zwar nicht zwingend notwendig, dass die Entscheidung durch Informationen aus der Vergangenheit verfestigt wird; auch bei Arbeitnehmern bzw. Bewerbern mit fehlerfreier Historie kann die Besorgnis künftiger Störungen des Betriebsfriedens grundsätzlich gestellt werden.[1079] Aus vergangenem Fehlverhalten können jedoch oftmals Rückschlüsse auf die künftigen Verhaltensweisen des Betroffenen im Betrieb geschlossen werden, insbesondere dann, wenn Anzeichen für eine Wiederholungsgefahr bestehen.[1080] Dabei gilt auch für

---

1077 Zum regelmäßigen Zeitraum der Prognosegrundlage von drei Jahren BAG Urt. v. 21.2.2017 – 3 AZR 455/15, AP Nr. 120 zu § 16 BetrAVG, Rn. 27; Urt. v. 7.6.2016 – 3 AZR 193/15, *juris*; Urt. v. 8.12.2015 – 3 AZR 348/14, *juris*; Urt. v. 15.4.2014 – 3 AZR 51/12, NZA-RR 2015, 147; Urt. v. 28.5.2013 – 3 AZR 125/11, NZA-RR 2013, 598; Urt. v. 11.10.2011 – 3 AZR 527/09, NZA-RR 2012, 454; Urt. v. 30.11.2010 – 3 AZR 754/08, NZA-RR 2011, 593.

1078 So wohl auch Richardi/*Thüsing*, BetrVG, 16. Auflage 2018, § 92 Rn. 29, wonach die Personalplanung regelmäßig „abgeleitete" Planung ist; anders hingegen BAG Beschl. v. 19.6.1984 – 1 ABR 6/83, NZA 1984, 329 (329).

1079 BAG Beschl. v. 16.11.2004 – 1 ABR 48/03, NZA 2005, 775 (778); s. unter Gliederungspunkt F. II. 3.

1080 Vgl. BAG Beschl. v. 16.11.2004 – 1 ABR 48/03, NZA 2005, 775 (778); *Fitting*, BetrVG, 29. Auflage 2018, § 99 Rn. 253a.

§ 99 Abs. 2 Nr. 6 BetrVG, dass die Prognosegrundlage auf Tatsachen beruhen muss.[1081] Das subjektive Empfinden des Betriebsrats bzw. einzelner Betriebsratsmitglieder ist nicht geeignet, die Prognose künftiger Betriebsstörungen zu substantiieren. Die Prognosegrundlage wird dementsprechend aus objektiven Umständen mit Vergangenheitsbezug gebilet, sofern solche existieren und Rückschlüsse auf die Zukunft erlauben.[1082]

Die Gesamtschau zeigt, dass die Bewertungsgrundlage arbeitsrechtlicher Prognosen regelmäßig aus Tatsachen gebildet wird, die aus der Vergangenheit, d.h. dem Zeitraum vor der Prognoseentscheidung stammen. Für keinen der Prognosetatbestände ist es zwingend, die Entscheidung durch Ereignisse und Umstände mit Bezug zur Vergangenheit zu verfestigen. Sofern solche jedoch vorliegen und für die voraussichtliche Entwicklung aussagekräftig sind, werden die bisherigen Erfahrungswerte verwendet, um der Darlegungs- und Beweislast für die Prognose zu genügen. Die Regelmäßigkeit, mit der die Prognosegrundlage aus Tatsachen aus der Vergangenheit gebildet wird, ist freilich unterschiedlich. So wird bei der Anpassungsprüfung nach § 16 Abs. 1 BetrAVG nur in Ausnahmefällen auf die Ermittlung der wirtschaftlichen Entwicklung im vorherigen Anpassungszeitraum verzichtet werden können, während befristungsrechtliche Prognosen regelmäßig ohne eine derartige Grundlage erstellt werden müssen, wenn keine vertragliche Historie zwischen den Parteien besteht. Trotzdem verbleibt der Grundsatz des Vergangenheitsbezugs, wenn und soweit prognoserelevante Erkenntnisse dem bisherigen Verlauf entnommen werden können.

2. Erheblichkeit des Zeitraums zwischen Tatsachenbasis und Entscheidungszeitpunkt

Nicht alle relevanten Umstände aus dem Zeitraum vor Prognoseerstellung sind für die Grundlage der Entscheidung gleichermaßen von Bedeutung. Zieht der Prognoseersteller Tatsachen mit Vergangenheitsbezug zur Verfestigung seiner Prognose heran, können diese unmittelbar vor der Entscheidungsfindung,

---

1081 *Fitting*, BetrVG, 29. Auflage 2018, § 99 Rn. 254; im Ergebnis auch GK-BetrVG/*Raab*, Bd. II, 11. Auflage 2018, § 99 Rn. 227; Richardi/*Thüsing*, BetrVG, 16. Auflage 2018, § 99 Rn. 273.

1082 Rückschlüsse sind im Einzelfall nicht mehr möglich, wenn zwischen dem vergangenen Fehlverhalten und dem Entscheidungszeitpunkt eine erhebliche Zeitspanne liegt und zwischenzeitlich erkennbar geworden ist, dass sich der Betroffene von seinen Verfehlungen distanziert, vgl. BAG Beschl. v. 16.11.2004 – 1 ABR 48/03, NZA 2005, 775 (778); *Fitting*, BetrVG, 29. Auflage 2018, § 99 Rn. 253a.

gleichermaßen jedoch auch Wochen, Monate oder gar Jahre zuvor eingetreten sein. Die Länge der Zeitspanne, die zwischen der Tatsachenbasis und der Prognoseerstellung liegt, hat Auswirkungen auf die rechtliche Bewertung der Prognose:

Für die verhaltensbedingte Kündigung ist anerkannt, dass eine zuvor ausgesprochene Abmahnung mitunter der Objektivierung der Negativprognose dient.[1083] Sie ist demnach Bestandteil der Prognosegrundlage.[1084] Die Bedeutung der Abmahnung für die Kündigung nimmt jedoch mit der Zeit ab, insbesondere, wenn sie hinreichend lange zurückliegt und der Pflichtverstoß durch ein beanstandunsfreies Verhalten im Folgezeitraum faktisch überholt ist.[1085] Auch bei der krankheitsbedingten Kündigung ist die Prognosegrundlage zeitlich zu betrachten: Liegt die letzte Erkrankung bzw. Arbeitsunfähigkeit so weit zurück, dass nicht mehr von einer dauerhaften Krankheitsanfälligkeit ausgegangen werden kann, sind die vergangenen krankheitsbedingten Arbeitsausfälle nicht mehr geeignet, eine Prognosegrundlage zu bilden.[1086]

Bei der befristungsrechtlichen Prognose ergibt sich aus der Rechtsprechung des BAG zur Ketten- bzw. Mehrfachbefristungsproblematik eine zwangsläufige Begrenzung des retrospektiven Zeitraums, aus dem eine Tatsachengrundlage für die letztvertragliche Prognose gebildet werden kann. Nach der derzeitigen Judikatur des Siebten Senats sind bei zunehmender Zahl aufeinander folgender befristeter Verträge keine gesteigerten Anforderungen an die sachgrundbezogene Prognose zu stellen.[1087] Die zwischen Arbeitnehmer und Arbeitgeber bestehende Vertragshistorie wird vielmehr erst im Rahmen der nachgelagerten

1083 BAG Urt. v. 10.6.2010 – 2 AZR 541/09, NZA 2010, 1227 (1231); Urt. v. 23.6.2009 – 2 AZR 103/08, NZA 2009, 1198 (1201 f.); Urt. v. 19.2.2009 – 2 AZR 603/07, NZA 2009, 894 (895); Urt. v. 19.4.2007 – 2 AZR 180/06, NZA-RR 2007, 571 (576); ErfK/*Oetker*, KSchG, 19. Auflage 2019, § 1 Rn. 199; Staudinger/*Preis*, BGB, 2019, § 626 Rn. 109.

1084 *Wilhelm*, NZA-RR 2002, 449 (450).

1085 Vgl. BAG Urt. v. 19.7.2012 – 2 AZR 782/11, NZA 2013, 91 (93); MAHArbeitsrecht/*Ulrich*, KSchG, 4. Auflage 2017, § 43 Rn. 316.

1086 BAG Urt. v. 23.1.2014 – 2 AZR 582/13, NZA 2014, 962 (963); *Schulte Westenberg*, NZA-RR 2016, 337 (339).

1087 BAG Urt. v. 13.2.2013 – 7 AZR 225/11, NZA 2013, 777 (780); Urt. v. 18.7.2012 – 7 AZR 443/09, NZA 2012, 1351 (1353); *Bruns*, NZA 2013, 769 (770); *Drosdeck/Bitsch*, NJW 2013, 1345 (1346); anders *Preis/Greiner*, RdA 2010, 148 (149); als mögliches Konzept zur Umsetzung einer Missbrauchskontrolle erwägend *Brose/Sagan*, NZA 2012, 308 (309 f.).

Prüfung eines institutionellen Rechtsmissbrauchs gewürdigt.[1088] Da die tatsächliche Entwicklung des Beschäftigungsbedarfs im Verlauf vergangener befristeter Beschäftigungsverhältnisse für die Wirksamkeit der letztvertraglichen Prognose unerheblich sind, ist der Zeitraum, aus dem Informationen zur Substantiierung der letzten Prognose herangezogen werden können, auf den Zeitpunkt beschränkt, zu dem die Prognose über die vorherige Sachgrundbefristung gestellt wurde. Der Zeitraum beschränkt sich dementsprechend auf die Zeit zwischen der in Rede stehenden und vorangegangenen Prognose. Tatsachen, die vor diesem Zeitraum eingetreten sind, können allenfalls für die Prognosegrundlage der vorherigen Prognose relevant sein. In der Konsequenz ergibt sich eine Beschränkung des für die Tatsachengrundlage zu betrachtenden Zeitraums aus der vorangegangenen Vertragsbefristung.

Für die Prognostizierung der wirtschaftlichen Lage des Versorgungsschuldners nach § 16 Abs. 1 BetrAVG setzt die Rechtsprechung ausdrücklich einen Regelzeitraum der Prognosegrundlage fest: Abzustellen ist auf die wirtschaftliche Entwicklung der letzten drei Jahre vor dem Anpassungstermin.[1089] Allerdings ist dieser Zeitraum ggf. zu modifizieren. Eine Erweiterung des Prognosezeitraums ist geboten, wenn die spätere Entwicklung der wirtschaftlichen Lage zu legitimen Zweifeln an der Prognose des Versorgungsschuldners führt.[1090] Umgekehrt kann der Zeitraum nicht erweitert werden, wenn hierdurch atypische und unvorhersehbare Entwicklungen zum Bestandteil der Prognosegrundlage gemacht werden. Der Dritte Senat des BAG hat dies z.B. für eine Finanzmarktkrise angenommen.[1091]

1088 Jüngst BAG Urt. v. 21.3.2017 – 7 AZR 369/15, NZA 2017, 706; Urt. v. 26.10.2016 – 7 AZR 135/15, NZA 2017, 382; s. hierzu bereits unter Gliederungspunkt D. IV. 5.; auch für die Missbrauchsprüfung sind zwischenzeitliche Änderungen erheblich, da eine Unterbrechung zwischen den befristeten Verträgen gegen einen Rechtsmissbrauch sprechen kann, BAG Urt. v. 26.10.2016 – 7 AZR 135/15, NZA 2017, 382 (386); Urt. v. 10.7.2013 – 7 AZR 761/11, NZA 2014, 26 (29).

1089 BAG Urt. v. 21.2.2017 – 3 AZR 455/15, AP Nr. 120 zu § 16 BetrAVG, Rn. 27; Urt. v. 7.6.2016 – 3 AZR 193/15, *juris*; Urt. v. 8.12.2015 – 3 AZR 348/14, *juris*; Urt. v. 15.4.2014 – 3 AZR 51/12, NZA-RR 2015, 147; Urt. v. 28.5.2013 – 3 AZR 125/11, NZA-RR 2013, 598; Urt. v. 11.10.2011 – 3 AZR 527/09, NZA-RR 2012, 454; Urt. v. 30.11.2010 – 3 AZR 754/08, NZA-RR 2011, 593.

1090 BAG Urt. v. 21.2.2017 – 3 AZR 455/12, NZA-RR 2018, 200 (204); Urt. v. 7.6.2016 – 3 AZR 193/15, Rn. 30, *juris*; Urt. v. 11.11.2014 – 3 AZR 116/13, Rn. 27, *juris*; Urt. v. 15.4.2014 – 3 AZR 51/12, NZA-RR 2015, 147 (150); Urt. v. 25.4.2006 – 3 AZR 50/05, NZA-RR 2007, 310 (316); *Cisch/Bleeck/Karst*, BB 2018, 883 (891).

1091 BAG Urt. v. 15.4.2014 – 3 AZR 51/12, NZA-RR 2015, 147 (153).

Auch im Betriebsverfassungsrecht muss bei der Prognosegrundlage der Zeitraum, der zwischen der vergangenheitsbezogenene Tatsachegrundlage und dem Zeitpunkt der Prognostizierung besteht, Berücksichtigung finden. Für die Unterrichtungspflicht innerhalb der Personalplanung nach § 92 Abs. 1 BetrVG ist dies vordergründig von Bedeutung, wenn und soweit der Arbeitgeber Daten über die wirtschaftliche Unternehmensplanung zur Prognosegrundlage macht. Diese sind dem Betriebsrat vollständig mitzuteilen, da der Arbeitgeber ansonsten ordnugnswidrig handelt, § 121 Abs. 1 BetrVG. Die Anforderungen an den Unterrichtungsumfang richten sich insoweit auch danach, wie weit die Wirtschaftsdaten zurückliegen. Je näher die Tatsachengrundlage an den Zeitpunkt der Prognosemitteilung rückt, desto ausführlicher hat der Arbeitgeber über die Informationsgrundlage zu berichten. Für § 99 Abs. 2 Nr. 6 BetrVG ergibt sich die Erheblichkeit des Zeitraums der Prognosegrundlage für sämtliche Konstellationen, in denen ein vergangenes gesetzeswidriges bzw. die Grundsätze aus § 75 Abs. 1 BetrVG konterkarierendes Verhalten zur Grundlage der Prognose gemacht wird: Bestehen Anhaltspunkte für die Annahme einer Wiederholungsgefahr, kann der Betriebsrat seine Zustimmungsverweigerung grundsätzlich hierauf stützen. Liegt das vergangene Fehlverhalten jedoch bereits längere Zeit zurück und hat sich der Betroffene zwischenzeitlich von seinen Verfehlungen distanziert, kann das Fehlverhalten regelmäßig nicht zur Substantiierung der Prognose herangezogen werden.[1092] Zudem wirken sich auch die Vorschriften des BZRG auf die temporale Reichweite der Prognosegrundlage auf, da der Betroffene bei einer Befragung durch den Arbeitgeber strafrechtliche Verurteilungen nicht nennen muss, wenn diese keiner Aufnahme in das Führungszeugnis bedürfen oder getilgt sind.[1093] In der Konsequenz muss also die Tatsachengrundlage auch im Betriebsverfassungsrecht nicht nur inhaltlich, sondern auch temporal betrachtet werden.

Die Gesamtbetrachtung der Prognosegrundlage verdeutlicht, dass neben dem inhärenten Vergangenheitsbezug auch die temporale Reichweite der Tatsachengrundlage für jede arbeitsrechtliche Prognose von Bedeutung ist. Die Geeignetheit der Informationsgrundlage für die Prognoseerstellung bemisst sich demnach nicht nur inhaltlich. Für arbeitsrechtliche Prognosen ist es dabei auch bereichsübergreifend unerheblich, ob die Tatsachen, die vom Prognoseersteller

---

1092 BAG Beschl. v. 16.11.2004 – 1 ABR 48/03, NZA 2005, 775 (778); *Fitting*, BetrVG, 29. Auflage 2018, § 99 Rn. 253a; wohl auch GK-BetrVG/*Raab*, Bd. II, 11. Auflage 2018, § 99 Rn. 227.

1093 Vgl. Richardi/*Thüsing*, BetrVG, 16. Auflage 2018, § 99 Rn. 271.

herangezogen werden, einer Steuerbarkeit unterliegen. Während vergangenes Fehlverhalten bei der verhaltensbedingten Kündigung und dem Zustimmungsverweigerungsgrund aus § 99 Abs. 2 Nr. 6 BetrVG einer Steuerbarkeit des Arbeitnehmers zugänglich sind, liegt die Tatsachengrundlage bei der personenbedingten Kündigung sowie der betriebsrentenrechtlichen Anpassungsprüfungspflicht nicht im Macht- und Einflussnahmebereich des Betroffenen. Für die personenbedingte Kündigung gilt dies uneingeschränkt, während bei § 16 Abs. 1 BetrAVG jedenfalls makroökonomische Entwicklungen einer Steuerbarkeit des Versorgungsschuldners entzogen sind.

3. Keine Nachforschungs- bzw. Informationsbeschaffungspflichten des Prognoseerstellers

Den arbeitsrechtlichen Prognosen liegt immer eine tatsachenbezogene Informationsbasis zugrunde. Als Bestandteilt der Prognose richtet sich der Wirksamkeitsmaßstab der Prognosegrundlage auch danach, ob dem Prognoseersteller Nachforschungspflichten auferlegt werden, ohne deren Erfüllung bereits nicht von einer geeigneten Prognosegrundlage, *ergo* einer fehlerhaften Prognoseentscheidung insgesamt ausgegangen werden muss. Die bereichsspezifischen Prognosetatbestände weisen diesbezüglich eine einheitliche Tendenz auf:

Die kündigungsrechtliche Negativprognose bedarf zwar im Ausgangspunkt einer Substantiierung durch objektiv nachvollziehbare Tatsachen[1094], allerdings bestehen für den Arbeitgeber keine Informationsbeschaffungspflichten, deren Nichterfüllung die Prognose *per se* unwirksam machen würde. Unterschieden werden muss insofern zwischen den kündigungsrechtlichen und betriebsverfassungsrechtlichen Anforderungen an eine wirksame Kündigung: Der Arbeitgeber muss i.R.v. § 102 Abs. 1 S. 2 BetrVG den Kündigungsgrund unter Angabe von Tatsachen dergestalt darlegen, dass dem Betriebsrat eine eigenständige Überprüfung ohne zusätzliche eigene Nachforschungen möglich ist.[1095] Die Entlastung des Betriebsrats von Informationsbeschaffungspflichten bedeutet

---

1094 Vgl. nur BAG Urt. v. 20.11.2014 – 2 AZR 755/13, NZA 2015, 612 (613); Urt. v. 10.6.2010 – 2 AZR 541/09, NZA 2010, 1227 (1231); LAG Hamm Urt. v. 8.5.1996 – 2 (17) Sa 989/94, NZA-RR 1997, 48 (49); Ascheid/Preis/Schmidt/*Vossen*, KSchG, 5. Auflage 2017, § 1 Rn. 140; ErfK/*Oetker*, KSchG, 19. Auflage 2019, § 1 Rn. 114; MüKo/*Hergenröder*, KSchG, Bd. IV, 7. Auflage 2016, § 1 Rn. 158.

1095 BAG Urt. v. 26.3.2015 – 2 AZR 417/14, NZA 2015, 1083 (1088); Urt. v. 12.9.2013 – 6 AZR 121/12, NZA 2013, 1412 (1414); Urt. v. 23.2.2012 – 2 AZR 773/10, NZA 2012, 992 (994); LAG Sachsen Urt. v. 27.2.2018 – 1 Sa 515/17, NZA-RR 2018, 244 (247); Ascheid/Preis/Schmidt/*Koch*, BetrVG, 5. Auflage 2017, § 102 Rn. 106a; *Lingemann/*

jedoch nicht im Umkehrschluss, dass der Arbeitgeber zur Erhebung sämtlicher prognoserelevanter Umstände kündigungsrechtlich verpflichtet wäre. Bei der verhaltensbedingten Kündigung werden die prognosegrundlagenbezogenen Anforderungen zudem durch das Abmahnungserfordernis beschränkt: Hat der Arbeitgeber den Arbeitnehmer ordnungsgemäß abgemahnt und verletzt letzter seine vertraglichen Pflichten erneut, kann davon ausgegangen werden, dass auch künftig erneut Vertragsstörungen eintreten werden.[1096] Mit dem Ausspruch einer ordnungsgemäßen Abmahnung findet die tatsachenbezogene Prognosegrundlage demnach regelmäßig ihren Abschluss, sodass es keiner weiteren Substantiierung bedarf. Bereits aus diesem Grund besteht für den Arbeitgeber regelmäßig keine Pflicht zur Einholung weiterer Informationen. Besonderheiten bestehen hinsichtlich der Informationsdichte der Prognosegrundlage hingegen bei der Verdachtskündigung, die in diesem Zusammenhang Besonderheiten aufweist: Hier besteht eine gesteigerte systematische Nähe von Negativprognose und Ultima-Ratio-Grundsatz, da deren Konkretisierung durch das Anhörungserfordernis gleichzeitig die Prognosegrundlage des Arbeitgebers erweitert. Der Arbeitgeber muss alles ihm Zumutbare tun, um den in Frage stehenden Sachverhalt aufzuklären, insbesondere muss er dem Arbeitnehmer Gelegenheit zur Stellungnahme geben.[1097] Werden hierdurch kündigungserhebliche Informationen gewonnen, sind diese Bestandteil der Prognosegrundlage und deshalb auch Gegenstand der richterlich Kontrolle. Auch wenn sich der Umfang der Nachforschungspflichten nach der Rechtsprechung des BAG anhand des individuellen Falls bestimmt,[1098] bestehen bei der Verdachtskündigung grundsätzlich Nachforschungspflichten, die im Kündigungsrecht anderweitig nicht aufzufinden sind.

Steinhauser, NJW 2017, 937 (937); Richardi/*Thüsing*, BetrVG, 16. Auflage 2018, § 102 Rn. 62.

1096 BAG Urt. v. 10.6.2010 – 2 AZR 541/09, NZA 2010, 1227 (1231); Urt. v. 23.6.2009 – 2 AZR 283/08, NJOZ 2009, 3929 (3931); Urt. v. 13.12.2007 – 2 AZR 818/06, NJW 2008, 1900 (1902); *Binkert*, NZA 2016, 721 (721); ErfK/*Oetker*, KSchG, 19. Auflage 2019, § 1 Rn. 199; MAHArbeitsrecht/*Reinartz*, 4. Auflage 2017, § 44 Rn. 18; *Salomon/Rogge*, NZA 2013, 363 (365); dies führt jedoch nicht darüber hinweg, dass der Arbeitgeber auch weiterhin Gründe, die nach Ausspruch der Abmahnung hinzutreten, heranziehen kann und auf die abgemahnten Gründe unterstützend zurückgreift, BAG Urt. v. 26.11.2009 – 2 AZR 751/08, NZA 2010, 823 (824).

1097 BAG Urt. v. 24.5.2012 – 2 AZR 206/11, NZA 2013, 137 (138); Urt. v. 25.11.2010 – 2 AZR 801/09, NZA-RR 2012, 222 (223); Urt. v. 23.6.2009 – 2 AZR 474/07, NZA 2009, 1136 (1142); Urt. v. 13.3.2008 – 2 AZR 961/06, NZA 2008, 809 (809); *Eylert*, NZA-RR 2014, 393 (400 ff.).

1098 BAG Urt. v. 24.5.2012 – 2 AZR 206/11, NZA 2013, 137 (138).

Mit Blick auf die allgemeinen Maßstäbe zur Prognosegrundlage handelt es sich insofern um einen Sonderfall.

Im Befristungsrecht bestehen für den Arbeitgeber keine sachgrundbezogenen Informationsbeschaffungspflichten.[1099] Das BAG macht dies vordergründig in seiner ständigen Rechtsprechung zur Vertretungsbefristung nach § 14 Abs. 1 S. 2 Nr. 3 TzBfG deutlich, bei der der Arbeitgeber nach der Judikatur des Siebten Senats grundsätzlich keine Erkundigungen über die gesundheitliche Entwicklung des Vertretenen einholen muss.[1100] Die gerichtliche Überprüfung der Prognoseentscheidung zielt dementsprechend – losgelöst von den spezifischen Anforderungen des jeweiligen sachlichen Grundes – darauf, ob der Arbeitgeber bei Zugrundelegung der von ihm vorgetragenen Informationen zum Zeitpunkt des Abschlusses der Befristungsabrede von einer nur vorübergehenden Natur des Beschäftigungsbedarfs ausgehen konnte, ab. Die Prognose ist nicht bereits dann unwirksam, wenn der Arbeitgeber prognoseerhebliche Informationen, die er hätte erlangen können, nicht miteinbezieht.

Wird die voraussichtliche wirtschaftliche Lage des Arbeitgebers innerhalb der Anpassungsprüfung nach § 16 Abs. 1 BetrAVG prognostiziert, treffen den Versorgungsschuldner als Prognoseersteller ebensowenig wie den Arbeitgeber im Kündigungs- und Befristungsrecht Informationsbeschaffungspflichten. Die Überprüfung der künftigen Fähigkeit des Unternehmens, einen Teuerungsausgleich zu finanzieren, richtet sich nach der verfestigten Rechtsprechung des Dritten Senats des BAG im Wesentlichen danach, ob die richterrechtlich festgesetzten Mindestwerte zur Eigenkapitalausstattung sowie Eigenkapitalrendite im letzten Anpassungszeitraum erreicht wurden.[1101] Zur Ermittlung der Eigenkapitalkonstitution greifen die Gerichte in erster Linie auf den handelsrechtlichen

---

1099 Vgl. BAG Urt. v. 4.6.2003 – 7 AZR 523/02, NZA-RR 2003, 621 (622); Urt. v. 6.10.2010 – 7 AZR 397/09, AP Nr. 79 zu § 14 TzBfG (Anm. *Maschmann*); wohl auch BeckOKArbrR/*Bayreuther*, TzBfG, 53. Ed. Stand 1.6.2019, § 14 Rn. 44; Boecken/Düwell/Diller/Hanau/*Studt*, TzBfG, Bd. III, 2016, § 14 Rn. 37; ErfK/*Müller-Glöge*, 19. Auflage 2019, TzBfG, § 14 Rn. 35; *Loth*, Prognoseprinzip und Vertragskontrolle im befristeten Arbeitsverhältnis, 2015, S. 149.

1100 BAG Urt. v. 13.6.2007 – 7 AZR 747/05, Rn. 14, *juris*; Urt. v. 2.7.2003 – 7 AZR 529/02, NZA 2004, 1055 (1056); Urt. v. 23.1.2002 – 7 AZR 440/00, NZA 2002, 665 (666).

1101 St. Rspr., BAG Urt. v. 21.4.2015 – 3 AZR 11/14, Rn. 23, *juris*; Urt. v. 11.11.2014 – 3 AZR 116/13, Rn 30, *juris*; Urt. v. 28.5.2013 – 3 AZR 125/11, NZA-RR 2013, 598 (601); Urt. v. 10.11.2011 – 3 AZR 527/09, NZA-RR 2012, 454 (458); Urt. v. 30.11.2010 – 3 AZR 754/08, NZA-RR 2011, 593 (598); Urt. v. 10.2.2009 – 3 AZR 727/07, NZA 2010, 95 (97); Urt. v. 17.4.1996 – 3 AZR 56/95, NZA 1997, 155 (156).

Jahresabschluss zurück.[1102] § 16 Abs. 1 BetrAVG verpflichtet den Versorgungsschuldner nicht, hierüber hinausgehende Informationen zu beschaffen. Ergibt eine Prüfung der Eigenkapitalkonstitution, dass weder eine angemessene Eigenkapitalrendite, noch eine Eigenkapitalausstattung besteht, kann ein Ausgleich des eingetretenen Kaufkraftverlustet regelmäßig unterbleiben.[1103] Dies schließt freilich nicht aus, dass der Arbeitgeber fakultativ Wirtschaftsdaten vorlegt, aus denen hervorgehen soll, weshalb trotz Erreichen der Mindestwerte ein Teuerungsausgleich unterbleiben muss. Die Prognosegrundlage ist jedoch nicht zwingend um derartige Informationen zu erweitern.

Gleiches gilt für Prognosen, die der Arbeitgeber innerhalb der Personalbedarfs- und Personalbestandsplanung erstellt: Die Unterrichtung des Betriebsrats nach § 92 Abs. 1 BetrvG muss umfassend sein, sodass der Betriebsrat genügend Informationen erlangt, um sich eine eigene Vorstellung von der personellen Planung des Arbeitgebers machen zu können.[1104] Dabei muss der Arbeitgeber dem Gremium jedoch nur diejenigen Tatsachen bekanntgeben, auf die er seine konkrete Personalplanung stützt.[1105] Dies gilt konsequenterweise auch für die betriebsratsseitige Sichtung der Unterlagen, die der Arbeitgeber zur Grundlage seiner Planung macht, auch wenn diese aus anderen Bereichen des Unternehmens (Investition und Finanzierung o.ä.) stammen.[1106] Der Arbeitgeber legt demzufolge die Prognosegrundlage sowie den Umfang seiner Unterrichtungsverpflichtung selbst fest. Tatsachen bzw. Daten, die er selbst nicht für die Personalplanug heranzieht, sind für die Unterrichtungsverpflichtung des Betriebsrats deshalb nicht zusätzlich zu beschaffen,[1107] auch wenn sie für die

---

1102 BAG Urt. v. 30.9.2014 – 3 AZR 617/12, NZA 2015, 544 (554); Urt. v. 28.5.2013 – 3 AZR 125/11, NZA-RR 2013, 598 (601); vgl. auch Blomeyer/Rolfs/Otto/*Rolfs*, BetrAVG, 7. Auflage 2018, § 16 Rn. 176.

1103 BAG Urt. v. 21.10.2014 – 3 AZR 1027/12, NZA-RR 2015, 90 (92); Urt. v. 11.12.2012 – 3 AZR 615/10, NJOZ 2013, 1056 (1060); Urt. v. 30.11.2010 – 3 AZR 754/08, NZA-RR 2011, 593 (599); Urt. v. 18.2.2003 – 3 AZR 172/02, BB 2003, 2292 (2294); BeckOKArbR/*Molkenbur*, BetrAVG, 53. Ed. Stand 1.9.2019, § 16 Rn. 17.

1104 Vgl. HWGNRH/*Rose*, BetrVG, 10. Auflage 2018, § 92 Rn. 83; Richardi/*Thüsing*, BetrVG, 16. Auflage 2018, § 92 Rn. 28.

1105 BAG Beschl. v. 19.6.1984 – 1 ABR 6/83, NZA 1984, 329 (329); GK-BetrVG/*Raab*, Bd. II, 11. Auflage 2018, § 92 Rn. 26; Richardi/*Thüsing*, BetrVG, 16. Auflage 2018, § 92 Rn. 29.

1106 BAG Beschl. v. 19.6.1984 – 1 ABR 6/83, NZA 1984, 329 (329); ähnlich *Fitting*, BetrVG, 29. Auflage 2018, § 92 Rn. 31.

1107 BAG Beschl. v. 8.11.2016 – 1 ABR 64/14, NZA 2017, 942 (942); *Fitting*, BetrVG, 29. Auflage 2018, § 92 Rn. 31.

Erkenntnisgewinnung des Betriebsrats förderlich wären. Informationsbeschaffungspflichten bestehen i.R.v. § 92 Abs. 1 BetrVG mithin nicht. Hinsichtlich der Grundlage für die Prognose innerhalb des Zustimmungsverweigerungstatbestands aus § 99 Abs. 2 Nr. 6 BetrVG hat die Rechtsprechung bislang lediglich festgestellt, dass objektive Tatsachen zur Substantiierung der Verweigerungsentscheidung erforderlich sind, ohne dabei den Umfang der Tatsachengrundlage näher zu konkretisieren.[1108] Die Fragen nach einer betriebsverfassungsrechtlichen Verpflichtung zur Erkundigung bzw. Beibringung von Informationen stellt sich in diesem Zusammenhang insbesondere, wenn die Zustimmung veweigert werden soll, ohne dass der Betroffene sich in der Vergangenheit gesetzeswidrig bzw. entgegen den Grundsätzen aus § 75 Abs. 1 BetrVG verhalten hat. Gerade in dieser Situation bedarf es einer gesteigerten Informationsdichte, da sich der Betriebsrat nicht auf die Annahme einer Wiederholunsgefahr stützen kann. Den Betriebsrat treffen insofern jedoch keine Nachforschungspflichten. Vielmehr gilt, dass der Betriebsrat sich auf die vom Arbeitgeber mitgeteilten Informationen beschränken kann, wobei der Arbeitgeber dem Gremium wiederum nur diejenigen Tatsachen mitteilen muss, die ihm selbst auch bekannt sind.[1109] Die Prognosegrundlage des Betriebsrats richtet sich deshalb im Ausgangspunkt nach dem Informationsstand des mitteilenden Arbeitgebers. Zwar beschränkt sich die Entscheidungsgrundlage nicht zwingend auf diesen Kenntnisstand; der Betriebsrat kann auch zusätzliche, dem Arbeitgeber nicht bekannte Umstände für die Verweigerund seiner Zustimmung anführen. Eine obligatorische Nachforschung geht hiermit jedoch ebensowenig wie bei der allgemeinen Personalplanung nach § 92 Abs. 1 BetrVG einher.

Zusammenfassend gilt sowohl für individualarbeitsrechtliche, als auch kollektivarbeitsrechtliche Prognosetatbestände, dass eine Pflicht des Prognoseerstellers zur Informationsbeschaffung bzw. Nachforschung grundsätzlich nicht besteht. Eine Ausnahme bildet die Verdachtskündigung, bei der die Nachforschungspflicht des Arbeitgebers aus dem dem Kündigungsgrund immanenten Informationsdefizit hergeleitet werden kann. Die Begrenzung der Prognosegrundlage auf die dem Prognoseersteller bekannten Tatsachen ergibt sich regelmäßig auch aus Beschränkungen hinsichtlich der in diesem Zusammenhang bestehenden Auskunftsrechte. In individualarbeitsrechtlicher Hinsicht bildet die

---

1108 Vgl. BAG Beschl. v. 16.11.2004 – 1 ABR 48/03, NZA 2005, 775 (778).

1109 Zum Umfang der Unterrichtungspflicht des Arbeitgebers vgl. Richardi/*Thüsing*, BetrVG, 16. Auflage 2018, § 99 Rn. 152 unter Verweis auf BAG Beschl. v. 14.5.1974 – 1 ABR 40/73, AP Nr. 2 zu § 99 BetrVG 1972.

Vertretungsbefristung nach § 14 Abs. 1 S. 2 Nr. 3 TzBfG den wohl relevantesten Anwendungsbereich.[1110] Bei den betriebsverfassungsrechtlichen Prognosetatbeständen resultiert die Beschränkung hingegen aus der jeweiligen Grenzziehung für den Umfang der Unterrichtungsverpflichtung.

VI. Prognosewahrscheinlichkeit

1. Zur Notwendigkeit materiell-rechtlicher Wirksamkeitsmaßstäbe und den prozessrechtlichen Folgewirkungen

Jeder Prognose sind Unsicherheiten hinsichtlich des künftigen Eintritts des Prognosegegenstands inhärent.[1111] Es besteht demzufolge naturgemäß für sämtliche arbeitsrechtlichen Prognoseentscheidungen eine Wahrscheinlichkeit, mit der das Prognostizierte tatsächlich realisiert wird. Auch die Prognosewahrscheinlichkeit ist Prüfungsgegenstand einer jeden richterlichen Kontrolle. *Musielak* stellte hinsichtlich des Verhältnisses von richterlicher Überzeugung und Wahrscheinlichkeit einst heraus: Da ein exaktes Bemessen der tatsächlichen bestehenden Wahrscheinlichkeit in den meisten Fällen nicht möglich ist, wird die subjektive Einschätzung des Richters regelmäßig maßgebend sein. Trotzdem bilden die Schätzwerte der Wahrscheinlichkeit objektive Richtlinien für die Entscheidung über die Tatsachenfrage und stellen deshalb „das einzige Kontrollmittel richterlicher Subjektivität dar".[1112]

Die rechtliche Behandlung der Wahrscheinlichkeitsfrage, die sich für jedes prognostische Urteil zwangsläufig ergibt, hat demnach nicht nur materiell-rechtliche, sondern auch und insbesondere prozessuale Relevanz. Da nicht jede noch so unwahrscheinliche Prognose im Rechtsverkehr Wirksamkeit entfalten soll, ergibt sich zunächst hieraus, dass materiell-rechtliche Anforderungen an den Wahrscheinlichkeitsgrad zu stellen sind. Die Ungewissheit der Prognose legitimiert es dabei nicht, sie einer gerichtlichen Überprüfung (vollständig) zu entziehen.[1113] Über das materielle Recht hinaus kommt der Prognosewahrscheinlichkeit dann auch eine prozessrechtliche Dimension zu: Oftmals ist es dem Prognoseersteller nicht möglich, die voraussichtlichen Verhältnisse in der

1110 Hierzu ausführlich bei Gliederungspunkt D. III. 5. c).

1111 BVerfG Urt. v. 26.5.1981 – 1 BvL 56/78, NJW 1981, 2107 (2108); BAG Urt. v. 29.8.1979 – 4 AZR 863/77, NJW 1980, 1766 (1768); *Preis*, Prinzipien des Kündigungsrechts bei Arbeitsverhältnissen, 1987, S. 323.

1112 *Musielak*, in: Festschrift Kegel, 1977, S. 461.

1113 BAG Urt. v. 29.8.1979 – 4 AZR 863/77, NJW 1980, 1766 (1768).

Zukunft mehr als nur grob zu überblicken und einzuschätzen. Daraus ergibt sich die Notwendigkeit, die Darlegungs- und Beweislast des Prognoseerstellers zu erleichtern.[1114] Dass Unsicherheiten über die künftige Entwicklung prozessual berücksichtigt werden müssen ist zudem kein spezifisches Phänomen des Arbeitsrechts. So ist auch für die Prognostizierung eines entgangenen Gewinns nach § 252 S. 1 BGB anerkannt, dass der Geschädigte im Regelfall nur greifbare Anknüpfungstatsachen, die für eine Berechnung des Schadens innerhalb der Vermutungsregelung des § 252 S. 2 BGB unabdingbar sind, darlegen und beweisen muss.[1115] Gleichermaßen muss auch trotz beweisrechtlicher Erleichterungen sichergestellt werden, dass die Überprüfung der Prognosewahrscheinlichkeit an tragfähige Grundlagen anknüpft. Eine im Ergebnis völlig abstrakte Bewertung der Wahrscheinlichkeit, mit der das prognostizierte Ereignis bzw. der prognostizierte Umstand eintritt, würde die dem Tatrichter gesetzten Ermessensgrenzen deutlich überschreiten und zu Pauschalergebnissen führen.[1116] Soweit also prozessuale Erleichterungen dem Unsicherheitsmoment der Prognoseentscheidung Rechnung tragen sollen, finden diese dort ihre Grenze, wo materiell-rechtliche Anforderungen an die Prognosewahrscheinlichkeit durch rahmenlose Schätzungen des Gerichts verwässert werden würden.[1117] Dies gilt umso mehr, wenn sich die Wahrscheinlichkeit des Eintritts des Prognosebezugspunkts auf einen Lebenssachverhalt bezieht, der eine besondere Expertise voraussetzt, über die das Gericht grundsätzlich nicht verfügen kann.[1118]

2. Einheitliche Untergrenze

Unabhängig vom Bezugspunkt der teilgebietsspezifischen Prognosen hat das BAG für alle arbeitsrechtlichen Prognosen vergleichbare Mindestanforderungen

---

1114 Vgl. BAG Urt. v. 16.3.1994 – 5 AZR 339/92, NZA 1994, 937 (942).

1115 BGH Urt. v. 28.6.2016 – VI ZR 536/15, NJW 2017, 250 (254); Urt. v. 16.7.2015 – IX ZR 197/14, NJW 2015, 3447 (3450); Urt. v. 8.5.2012 – VI ZR 37/11, NJW 2012, 2267 (2268); Urt. v. 16.3.2004 – VI ZR 138/03, NJW 2004, 1945 (1946 f.); BAG Urt. v. 26.9.2012 – 10 AZR 370/10, NJW 2013, 331 (332); MüKo/*Oetker*, BGB, Bd. II, 8. Auflage 2019, § 252 Rn. 37.

1116 So auch für die Prognostizierung des Verdienstausfallschadens eines Verletzten nach § 287 Abs. 1 ZPO BGH Urt. v. 24.1.1995 – VI ZR 354/93, NJW 1995, 2227 (2228); Urt. v. 22.12.1987 – VI ZR 6/87, NJW-RR 1988, 534 (535); Urt. v. 18.9.1979 – VI ZR 16/79, NJW 1980, 281 (282).

1117 Zum richterlichen Schätzungsermessen grundlegend *Gottwald*, Schadenszurechnung und Schadensschätzung, 1979, S. 42.

1118 BGH Urt. v. 22.12.1987 – VI ZR 6/87, NJW-RR 1988, 534 (535).

an den Grad der Wahrscheinlichkeit, mit dem der prognostizierte Umstand voraussichtlich eintreten muss, statuiert.

Nach der Judikatur des Zweiten Senats kann bei einer betriebsbedingten Kündigung eine wirksame Prognose des dauerhaften Entfalls eines Beschäftigungsbedarfs nicht angenommen werden, wenn dieser für den Arbeitgeber unsicher und nicht vorhersehbar ist.[1119] Vorratskündigungen, bei denen keine Wahrscheinlichkeit für den Entfall von Arbeitskräftebedarf abgezeichnet werden kann, sind unwirksam.[1120] Bei der verhaltensbedingten Kündigung ergibt sich die Notwendigkeit einer gewissen Wahrscheinlichkeit für die Annahme künftiger Vertragsstörungen bereits aus dem grundsätzlichen Abmahnungserfordernis. Die Abmahnung bewirkt eine Substantiierung sowie Objektivierung der Prognosegrundlage[1121] und stellt damit gleichzeitig sicher, dass die Wahrscheinlichkeit der Prognoserealisierung nicht vollkommen ungewiss ist. Gleiches gilt schlussendlich auch für die personenbedingte Kündigung, bei der die Negativprognose nicht bereits dann, wenn eine nicht näher substantiierbare, bloße Wahrscheinlichkeit für künftige Störungen besteht, wirksam ist.[1122] Selbst bei einer auf Alkoholabhängigkeit des Arbeitnehmers beruhenden Kündigung sind die Anforderungen an die Prognosewahrscheinlichkeit nicht dergestalt zu senken, dass entsprechende Erfahrungssätze für die Fundierung der Prognosegrundlage gänzlich fehlen dürfen.[1123]

Für das Befristungsrecht geht der Siebte Senat in ständiger Rechtsprechung davon aus, dass die bloße allgemeine Unsicherheit über die künftige Entwicklung des Arbeitskräftebedarfs des Arbeitgebers eine Sachgrundbefristung nach § 14 Abs. 1 TzBfG nicht rechtfertigen kann. Das Gericht zählt derartige

---

1119 BAG Urt. v. 12.4.2002 – 2 AZR 256/01, NZA 2002, 1205 (1207).

1120 BAG Urt. v. 13.2.2008 – 2 AZR 543/06, NZA 2008, 821 (824); ErfK/*Oetker*, KSchG, 19. Auflage 2019, § 1 Rn. 280; im Ergebnis auch Ascheid/Preis/Schmidt/*Kiel*, KSchG, 5. Auflage 2017, § 1 Rn. 474.

1121 BAG Urt. v. 10.6.2010 – 2 AZR 541/09, NZA 2010, 1227 (1231); Urt. v. 23.6.2009 – 2 AZR 103/08, NZA 2009, 1198 (1201 f.); Urt. v. 19.2.2009 – 2 AZR 603/07, NZA 2009, 894 (895); Urt. v. 19.4.2007 – 2 AZR 180/06, NZA-RR 2007, 571 (576); ErfK/*Oetker*, KSchG, 19. Auflage 2019, § 1 Rn. 199; Staudinger/*Preis*, BGB, 2019, § 626 Rn. 109.

1122 MüKo/*Hergenröder*, KSchG, Bd. IV, 7. Auflage 2016, § 1 Rn. 115.

1123 Im Ergebnis BAG 16.9.1999 – 2 AZR 123/99, NZA 2000, 141 (143); Urt. v. 17.6.1999 – 2 AZR 639/98, NZA 1999, 1328 (1330); Urt. v. 9.4.1987 – 2 AZR 210/86, NJW 1987, 2956 (2956); vgl. auch *Bengelsdorf*, NZA-RR 2002, 57 (60); *Lepke*, DB 2001, 269 (273); eine Herabsenkung des Maßstabs generell ablehnend Ascheid/Preis/Schmidt/*Vossen*, KSchG, 5. Auflage 2017, § 1 Rn. 233.

Unwägbarkeiten zum unternehmerischen des Arbeitgebers.[1124] Vor diesem Hintergrund genügt es für die an die Prognosewahrscheinlichkeit zu stellenden Anforderungen nicht, wenn sich lediglich unbestimmt abzeichnet, aufgrund welcher Umstände eine Beschäftigung des Arbeitnehmers künftig entbehrlich sein könnte.[1125]

Eine wirksame Prognose über die voraussichtliche wirtschaftliche Lage des Versorgungsschuldners nach § 16 Abs. 1 BetrAVG wird mit Blick auf die Wahrscheinlichkeit der wirtschaftlichen Entwicklungen dem identischen Untermaß ausgesetzt sein: Bloße Mutmaßungen über den voraussichtlichen Verlauf der Gewinn- und Ertragslage können in Anbetracht des Grundsatzes eines vollständig zu gewährenden Teuerungsausgleichs nicht ausreichen, um die wirtschaftliche Lage des Arbeitgebers adäquat zu prognostizieren. Demnach ist auch etwa die mittelfristige Planung des Unternehmers für sich genommen nach der Rechtsprechung des BAG nicht geeignet, die Wahrscheinlichkeit der Prognose darzulegen. Das Gericht verlangt vielmehr „festgestellte aussagekräftige Daten".[1126] Hierbei wird erneut der unmittelbar bestehende Zusammenhang zwischen Prognosegrundlage und Prognosewahrscheinlichkeit deutlich: Je höher die Anforderungen an eine substantiierte und nachvollziehbare Tatsachengrundlage zu stellen sind, desto eher wird ein gesteigerter Wahrscheinlichkeitsgrad eingefordert. Umgekehrt müsste man für eine Prognose, deren Wahrscheinlichkeit bereits durch subjektive Zweckmäßigkeitserwägungen und Vermutungen des Prognoseerstellers[1127] dargelegt werden könnte, auch geringere Anforderungen an die Fundiertheit der Prognosegrundlage stellen. Auch im Rahmen von § 16 Abs. 1 BetrAVG besteht im Ergebnis – ungeachtet der Besonderheiten in Einzelfällen – ein Untermaß für die Wahrscheinlichkeit der Prognose, die dort festzusetzen ist, wo reine Vermutungen bzw. subjektive Einschätzungen des Prognoseerstellenden getroffen werden.

1124 BAG Urt. v. 11.9.2013 – 7 AZR 107/12, NZA 2014, 150 (151); Urt. v. 20.2.2008 – 7 AZR 950/06, NJOZ 2009, 671 (673); Urt. v. 5.6.2002 – 7 AZR 241/01, NZA 2003, 149 (151); vor Geltung des TzBfG bereits BAG Urt. v. 22.3.2000 – 7 AZR 758/98, NZA 2000, 881 (882); Urt. v. 13.11.1991 – 7 AZR 31/91, NZA 1992, 1125 (1128).

1125 BAG Urt. v. 11.9.2013 – 7 AZR 107/12, NZA 2014, 150 (151); Urt. v. 15.5.2012 – 7 AZR 35/11, NZA 2012, 1366 (1369).

1126 BAG Urt. v. 21.2.2017 – 3 AZR 455/15, NZA-RR 2018, 200 (209); Urt. v. 11.12.2012 – 3 AZR 615/10, NJOZ 2013, 1056 (1061).

1127 Dies lässt das BAG für die Darlegung der Prognose ausdrücklich nicht genügen, BAG Urt. v. 21.2.2017 – 3 AZR 455/15, NZA-RR 2018, 200 (209).

Im Betriebsverfassungsrecht muss erneut der systematische Kontext der jeweiligen Prognosetatbestände beachtet werden. An die Prognostizierung des künftigen Personalbedarfs- sowie Personalbestands im Betrieb des Arbeitgebers sind innerhalb des § 92 Abs. 1 BetrVG keine materiell-rechtlichen Anforderungen an den Wahrscheinlichkeitsgrad, mit dem die Prognose realisiert werden müsste, zu stellen. Dies ergibt sich unmittelbar aus der Ausgestaltung der Betriebsratsbeteiligigung als Unterrichtungs- und Beratungsrecht. Eine Untergrenze besteht demzufolge allenfalls mit Blick auf den prognosebezogenen Inhalt, den der Arbeitgeber dem Betriebsrats mitzuteilen hat: Handelt es sich um Prognosebezugspunkte, die – etwa aufgrund ihrer Verortung in ferner und nicht unmittelbar bevorstehender Zukunft – nur mit vager Vermutung oder persönlicher Erfahrung des Arbeitgeber prognostiziert werden, ist der Wahrscheinlichkeitsgrad derart gering, dass eine Pflicht zur Informierung des Gremiums entfallen kann. In dieser Hinsicht besteht demnach auch im Rahmen der Unterrichtungsverpflichtung eine Untergrenze aufgrund der Prognosewahrscheinlichkeit. Hingegen sind für den Zustimmungsverweigerungsgrund nach § 99 Abs. 2 Nr. 6 BetrVG erneut materiell-rechtliche Anforderungen an die Prognosewahrscheinlichkeit zu stellen. Das BAG hält sich bislang zur konkreten Frage des Wahrscheinlichkeitsgrades bedeckt.[1128] Einigkeit besteht hingegen darüber, dass die Prognosegrundlage einer tatsachenbasierenden Substantiierung bedarf, sodass insbesondere die subjektive Wahrnehmung des Betriebsrats bzw. einzelner Betriebsratsmitglieder nicht als taugliche Prognosegrundlage dienen.[1129] Mit Blick auf den zuvor festgestellten Konnex zwischen Grundlage und Wahrscheinlichkeitsgrad einer jeden Prognose lässt sich deshalb schlussfolgern, dass auch für den Zustimmungsverweigerungsgrund nach § 99 Abs. 2 Nr. 6 BetrVG nicht jede noch so vage Vermutung über das künftige Verhalten des von der personellen Einzelmaßnahme Betroffenen ausreicht, um die Wahrscheinlichkeit einer künftigen Störung des Betriebsfriedens zu begründen.

Den arbeitsrechtlichen Prognosetatbeständen lässt sich demzufolge eine einheitliche Untergrenze hinsichtlich des Wahrscheinlichkeitsgrads, mit dem der Bezugspunkt der Prognose künftig eintreten muss, entnehmen. Reine Vermutungen, die in Ermangelung einer objektiven Tatsachengrundlage auf der

---

1128 Offenlassend insbesondere BAG Beschl. v. 16.11.2004 – 1 ABR 48/03, NZA 2005, 775 (778).

1129 BAG Beschl. v. 16.11.2004 – 1 ABR 48/03, NZA 2005, 775 (778); *Fitting*, BetrVG, 29. Auflage 2018, § 99 Rn. 253; GK-BetrVG/*Raab*, Bd. II, 11. Auflage 2018, § 99 Rn. 227; Richardi/*Thüsing*, BetrVG, 16. Auflage 2018, § 99 Rn. 273.

subjektiven Einschätzung des Prognoseerstellers beruhen, sind nicht dazu geeignet, eine wirksame Prognose zu erstellen. Maßgeblich ist der Zusammenhang zwischen Prognosewahrscheinlichkeit und Prognosegrundlage. Letztlich kann das Mindestmaß eines jeden Wahrscheinlichkeitsurteils nur erfüllt werden, wenn entsprechende Anforderungen an die Tatsachgrundlage damit einhergehen.

3. Grad der Wahrscheinlichkeit

a) Exkurs: *Graduelle Abstufung der Wahrscheinlichkeit bei Prognosen im allgemeinen Zivilrecht*

Der Grad an Wahrscheinlichkeit oder Sicherheit, mit dem ein zu prognostizierendes Ereignis oder eine zu prognostizierende Situation eintritt, ist auch für Prognosen des allgemeinen Zivilrechts von besonderer Relevanz. Das BGB fordert an mehreren Stellen – jedenfalls stillschweigend – die Erstellung von Prognosen, die darüber entscheiden, ob bzw. mit welchen Modalitäten dem Gläubiger ein Anspruch zukommt. Die Anforderungen an die Gewissheit des Prognostizierten sind dabei keinesfalls einheitlich, sondern unterliegen vielmehr graduellen Abstufungen. Will der Gläubiger etwa bereits vor Fälligkeit der Leistung zurücktreten, kann er dies gem. § 325 Abs. 4 BGB nur, wenn offensichtlich ist, dass die Voraussetzungen des Rücktritts eintreten werden. Für die sich hieraus ergebende Prognose wird normativ ausdrücklich angeordnet, dass es einer besonders hohen Wahrscheinlichkeit bedarf. Der Eintritt der Rücktrittsvoraussetzungen muss gerade „offensichtlich" sein. Mit Blick auf den konkreten Grad wird deshalb verlangt, dass die künftige Nicht- oder Schlechterfüllung mit hoher, an Sicherheit grenzender Wahrscheinlichkeit zu erwarten ist.[1130] Speziell für die Prognose im Rahmen von § 325 Abs. 4 BGB gibt der Gesetzegber also bereits ausdrücklich selbst vor, dass ein erhöhter Maßstab besteht. Anderes gilt hingegen etwa bei § 321 Abs. 1 S. 1 BGB, wo eine erkennbare Gefährdung des Anspruchs auf die Gegenleistung zu prognostizieren ist. In diesem Zusammenhang wird man den

1130 BeckOK/*Schmidt*, BGB, 51. Ed. Stand 1.8.2019, § 323 Rn. 7; Jauernig/*Stadler*, BGB, 17. Auflage 2018, § 323 Rn. 15; MüKo/*Ernst*, BGB, Bd. III, 8. Auflage 2019, § 323 Rn. 136; Palandt/*Grüneberg*, BGB, 78. Auflage 2018, § 323 Rn. 23; Staudinger/*Otto*, BGB, 2015, § 323 Rn. B 89; auch die Rechtsprechung nimmt – ohne ausdrücklich einen Wahrscheinlichkeitsgrad zu nennen – strenge Anforderungen an, nach denen die Verweigerung des Schuldners „außer Zweifel stehen" muss, vgl. BGH Urt. v. 21.10.1992 – XII ZR 173/90, NJW-RR 1993, 139 (140); Urt. v. 18.9.1985 – VIII ZR 249/84, NJW 1986, 661 (661).

Wahrscheinlichkeitsgrad niedriger ansetzen müssen, da von einer Gefährdung bereits gesprochen werden kann, wenn ein Vereiteln der Anspruchsdurchsetzung den objektiven Umständen nach möglich erscheint.[1131] Für den Ersatz entgangenen Gewinns nach § 252 BGB ordnet das Gesetz eine Wahrscheinlichkeitsprüfung sogar ausdrücklich an. Der Schadensersatzanspruch umfasst danach auch denjenigen Gewinn, welcher nach dem gewöhnlichen Lauf der Dinge oder nach den besonderen Umständen „mit Wahrscheinlichkeit erwartet werden konnte". Freilich bleibt hierbei eine Präzisierung hinsichtlich des konkrete Wahrscheinlichkeitsgrades aus. Die Rechtsprechung fordert mitunter eine „gewisse" Wahscheinlichkeit[1132], teilweise wird auch festgestellt, dass die hypothetische Realisierung des Gewinns wahrscheinlicher sein muss als dessen Ausbleiben.[1133] Deutlich wird am Beispiel des § 252 BGB, dass der Prognosemaßstab mit Blick auf den Grad der Wahrscheinlichkeit immer einer Konkretisierung bedarf, da die richterliche Überprüfung der Prognoseentscheidung ansonsten konturenlos ist und Gefahr läuft, anhand von subjektiven Bewertungen und pauschalen Vermutungen stattzufinden.[1134] Dies gilt für arbeitsrechtliche Prognosen gleichermaßen wie für diejenigen des allgemeinen Zivilrechts.

b) *Teilidentität der Wahrscheinlichkeitsgrade*

Auch wenn sich ein einheitliches Mindestmaß an Prognosewahrscheinlichkeit, deren Unterschreitung stets zur Unwirksamkeit der Prognoseentscheidung führt, feststellen lässt, ist dadurch noch nichts über den notwendigen Grad an Wahrscheinlichkeit, den es für die Wirksamkeit der arbeitsrechtlichen Prognosen bedarf, gesagt. Die Rechtsprechung hat sich bislang weder bereichsspezifisch, noch übergreifend einem einheitlichen Wahrscheinlichkeitsgrad verschrieben.

1131 Ähnlich MüKo/*Ernst*, BGB, Bd. III, 8. Auflage 2019, § 323 Rn. 136; eine Gefährdung muss allerdings tatsächlich bestehen, sodass der bloße Anschein nicht ausreicht, Jauernig/*Stadler*, BGB, 17. Auflage 2018, § 321 Rn. 3.

1132 BGH Urt. v. 8.5.2012 – XI ZR 262/10, NJW 2012, 2427 (2433); Urt. v. 19.10.2005 – VIII ZR 392/03, NJW-RR 2006, 243 (244); Urt. v. 30.5.2001 – VIII ZR 70/00, NJW-RR 2001, 1542 (1542).

1133 BGH Urt. v. 27.9.2001 – IX ZR 281/00, NJW 2002, 825 (826); Urt. v. 1.10.1987 – IX ZR 117/86, NJW 1988, 200 (204).

1134 Das Gericht darf sich insbesondere nicht unter Berufung auf die Unsicherheit der Prognose seiner Aufgabe, anhand der Vorgaben von § 252 BGB, § 287 ZPO eine konkrete Schadensermittlung vorzunehmen, entziehen, vgl. BHHJ/*Jahnke*, Straßenverkehrsrecht, 25. Auflage 2018, § 252 BGB Rn. 6.

In Teilen bestehen allerdings auch identische Anforderungen an die Wahrscheinlichkeit der erstellten Prognose:

Basiert die betriebsbedingte Kündigung auf einer unternehmerischen Entscheidung zur Umorganisation, soll es für die Negativprognose nach Ansicht des BAG genügen, wenn sich die Umsetzung der Neuorganisation zum Kündigungszeitpunkt „konkret und greifbar abzeichnet".[1135] In anderen Entscheidungen urteilte das Gericht hingegen, dass der Wegfall der Beschäftigungsmöglichkeit bis zum Ablauf der Kündigungsfrist „hinreichend sicher" zu prognostizieren sei[1136] bzw. der die Entlassung begründende betriebliche Grund zum Zeitpunkt des Kündigungstermins „mit einiger Sicherheit" eingetreten sein müsse.[1137] Die Literatur diskutiert darüber hinaus Negativabgrenzungen, wonach eine „bloße" oder „gewisse" Wahrscheinlichkeit[1138] des Eintritt des Prognostizierten nicht genügen könne, teilweise wird auch eine „an Sicherheit grenzende Wahrscheinlichkeit" verlangt.[1139] Bei der personenbedingten Kündigung wird weitestgehend darauf abgestellt, dass mit einer künftigen Wiederherstellung der Äquivalenz der Leistungen nicht mehr „zu rechnen ist".[1140] Die Prognosewahrscheinlichkeit wird in diesem Zusammenhang letztlich nicht ausdrücklich diskutiert. Ähnliches gilt für die verhaltensbedingte Kündigung, bei der der Zweite Senat in jüngeren Urteilen eine wirksame Negativprognose daran knüpft, dass eine störungsfreie Erfüllung der arbeitsvertraglichen Pflichten „in Zukunft nicht mehr

---

1135 BAG Urt. v. 20.11.2014 – 2 AZR 512/13, NZA 2015, 679 (681); Urt. v. 20.2.2014 – 2 AZR 346/12, NZA 2014, 1069 (1070).

1136 BAG Urt. v. 20.11.2014 – 2 AZR 512/13, NZA 2015, 679 (681); Urt. v. 31.7.2014 – 2 AZR 422/13, NZA 2015, 101 (103); Urt. v. 20.2.2014 – 2 AZR 346/12, NZA 2014, 1069 (1070).

1137 BAG Urt. v. 29.8.2013 – 2 AZR 809/12, NZA 2014, 730 (731); Urt. v. 23.2.2012 – 2 AZR 548/10, NZA 2012, 852 (854); Urt. v. 23.2.2010 – 2 AZR 268/08, NZA 2010, 944 (945); 13.2.2008 – 2 AZR 543/06, NZA 2008, 821 (823); Urt. v. 12.4.2002 – 2 AZR 256/01, NZA 2002, 1205 (1206); wohl auch Urt. v. 11.3.1998 – 2 AZR 414/97, NZA 1998, 879 (881).

1138 Vgl. zur Terminologie Boecken/Düwell/Diller/Hanau/*Greiner*, KSchG, Bd. III, 2016, § 1 Rn. 243; MüKo/*Hergenröder*, KSchG, Bd. IV, 7. Auflage 2016, § 1 Rn. 115.

1139 Boecken/Düwell/Diller/Hanau/*Greiner*, KSchG, Bd. III, 2016, § 1 Rn. 243.

1140 BAG Urt. v. 11.12.2003 – 2 AZR 667/02, NZA 2004, 784 (788); Ascheid/Preis/Schmidt/*Vossen*, KSchG, 5. Auflage 2017, § 1 Rn. 124; *Berkowsky*, Die personen- und verhaltensbedingte Kündigung, 4. Auflage 2005, S. 59 f.; ähnlich Boecken/Düwell/Diller/Hanau/*Kerwer*, KSchG, Bd. III, 2016, § 1 Rn. 418; *Loth*, Prognoseprinzip und Vertragskontrolle im befristeten Arbeitsverhältnis, 2015, S. 97.

zu erwarten“ stehen dürfe.[1141] Bei der im Rahmen der Sachgrundbefristung nach § 14 Abs. 1 TzBfG zu erstellenden Prognose ist hingegen stets eine „hinreichende Sicherheit“ für die vorübergehende Natur des konkreten Beschäftigungsbedarfs notwendig.[1142] Ob nun die hinreichende Sicherheit der Prognose von „einiger Sicherheit“ gleichzusetzen ist, lässt sich nicht festmachen. Jedenfalls dürfte eine an Sicherheit grenzende Wahrscheinlichkeit den Prognosemaßstab gegenüber den sonstigen Anforderungen erhöhen. Insofern besteht bereits zwischen den Wahrscheinlichkeitsgraden, die für kündigungs- und befristungsrechtliche Prognosen angesetzt werden, keine flächendeckende Identität. Für die (negative) Prognose der künftigen wirtschaftlichen Lage des Arbeitgebers nach § 16 Abs. 1 BetrAVG hat die Rechtsprechung in einer älteren Entscheidung verlangt, dass der Ausgleich des zwischenzeitlichen Kaufkraftverlustes „mit einiger Wahrscheinlichkeit“ nicht durch die Erträge und Wertzuwächse des Unternehmens des Versorgungsschuldners zu finanzieren sei.[1143] Inzwischen formuliert das BAG, dass ein Teuerungsausgleich unterbleiben darf, wenn es dem Arbeitgeber „mit hinreichender Wahrscheinlichkeit“ nicht möglich sein wird, diesen aus seinen Erträgen und Vermögenszuwächsen aufzubringen.[1144] Insoweit besteht eine Deckungsgleichheit mit dem befristungsrechtlichen Wahrscheinlichkeitsgrad. Im Betriebsverfassungsrecht hingegen ist eine Auseinandersetzung mit dem notwendigen Grad an Prognosewahrscheinlichkeit bislang weitestgehend ausgeblieben. Stellungnahmen zur Prognosewahrscheinlichkeit lassen sich im

---

1141 BAG Urt. v. 15.12.2016 – 2 AZR 42/16, NZA 2017, 703 (703); Urt. v. 23.1.2014 – 2 AZR 638/13, NZA 2014, 965 (966); Urt. v. 9.6.2011 – 2 AZR 381/10, NZA 2011, 1027 (1028); Urt. v. 10.6.2010 – 2 AZR 541/09, NZA 2010, 1227 (1230); ähnlich Urt. v. 26.11.2009 – 2 AZR 751/08, NZA 2010, 823 (823); LAG Düsseldorf Urt. v. 16.11.2015 – 9 Sa 832/15, Rn. 34, *juris*; LAG Rheinland-Pfalz Urt. v. 13.7.2017 – 5 Sa 49/17, Rn 44, *juris*.

1142 BAG Urt. v. 16.1.2018 – 7 AZR 21/16, NZA 2018, 663 (664); Urt. v. 21.3.2017 – 7 AZR 222/15, NZA 2017, 663 (633); Urt. v. 15.5.2012 – 7 AZR 35/11, NZA 2012, 1366 (1368); Urt. v. 17.3.2010 – 7 AZR 640/08, NZA 2010, 633 (634); *Bader*, NZA-RR 2018, 169 (171); BeckOKArbR/*Bayreuther*, TzBfG, 53. Ed. Stand 1.6.2019, § 14 Rn. 27; *Zundel*, NJW 2018, 126 (130); zuvor wurde auch von „einiger Sicherheit“ gesprochen, BAG Urt. v. 28.3.2001 – 7 AZR 701/99, NZA 2002, 666 (668); ErfK/*Müller-Glöge*, TzBfG, 19. Auflage 2019, § 14 Rn. 18.

1143 BAG Urt. v. 14.2.1989 – 3 AZR 191/87, NZA 1989, 844 (844); ähnlich *Börner/Lämpe*, BB 2018, 761 (763).

1144 BAG Urt. v. 21.2.2017 – 3 AZR 455/15, AP Nr. 120 zu § 16 BetrAVG, Rn. 32; Urt. v. 7.6.2016 – 3 AZR 193/15, Rn. 24, *juris*; Urt. v. 21.4.2015 – 3 AZR 102/14, NJOZ 2015, 1525 (1528).

Rahmen von § 99 Abs. 2 Nr. 6 BetrVG nur mit Blick auf die temporale Dimension ausmachen. Gesteigerte Anforderungen an die Prognosewahrscheinlichkeit sind demnach zu stellen, wenn das vergangene Fehlverhalten des Betroffenen bereits einige Zeit zurückliegt und in der Zwischenzeit Umstände aufgetreten sind, die das vorherige Fehlverhalten entkräften können.[1145] Welcher Wahrscheinlichkeitsgrad in dieser Konstellation gilt, ist jedoch ungeklärt. Wird die Prognose – was regelmäßig der Fall ist – auf eine Wiederholungsgefahr gestützt, kann jedenfalls unter Berücksichtigung der Rechtsprechung zu § 14 Abs. 1 TzBfG sowie § 16 Abs. 1 BetrAVG davon ausgegangen werden, dass auch die Zustimmungsverweigerung nur rechtmäßig ist, wenn ein erneutes betriebsstörendes Fehlverhalten mit hinreichender Wahrscheinlichkeit zu befürchten ist. Der betriebsverfassungsrechtliche Maßstab für die Prognosewahrscheinlichkeit ist insoweit den zuvor genannten Prognosetatbeständen gleichzusetzen.

Für alle arbeitsrechtlichen Prognosen verbleibt letztlich auch bei einer Konkretisierung des Wahrscheinlichkeitsgrades auf eine „hinreichende Sicherheit" o.ä. keine abschließende Gewissheit darüber, wann von einer solchen ausgegangen werden kann. Kein arbeitsrechtlicher Prognosetatbestand verlangt eine Gewissheit i.S.v. § 286 ZPO.[1146] Es bedarf im Ergebnis immer einer richterlichen Konturierung desjenigen, was zur Erfüllung der Anforderungen an die Prognosewahrscheinlichkeit notwendig ist. Da dem Gericht diesbezüglich weder ein subjektives Bewertungsmaß vorgegeben bzw. normativ eröffnet ist,[1147] muss die rechtstatsächliche Konkretisierung der Anforderungen an die Prognosewahrscheinlichkeit objektiviert werden. Dies kann letztlich nur erreicht werden, indem tatsachenbezogene Anforderungen an die Prognosegrundlage gestellt werden. Der Bedeutungsgehalt des Maßstabs, der für die Prognosewahrscheinlichkeit angesetzt wird, lässt sich deshalb nur im Zusammenhang mit der Prognosegrundlage ermitteln. Erst die an die Entscheidungsgrundlage zu stellenden Anforderungen geben Aufschluss darüber, welche Tatsachen vorliegen bzw. plausibel gemacht werden müssen, um davon ausgehen zu können, dass ein

---

1145 *Fitting*, BetrVG, 29. Auflage 2018, § 99 Rn. 253a; HWGNRH/*Huke*, BetrVG, 10. Auflage 2018, § 99 Rn. 225; zu letzterem wohl auch BAG Beschl. v. 16.11.2004 – 1 ABR 48/03, NZA 2005, 775 (778).

1146 Zum Beweis nach § 286 ZPO BGH Urt. v. 17.2.1970 – III ZR 139/67, NJW 1970, 946 (948); Musielak/Voit/*Foerste*, ZPO, 16. Auflage 2019, § 286 Rn. 19.

1147 MüKo/*Prütting*, ZPO, Bd. I, 5. Auflage 2016, § 286 Rn. 11; Musielak/Voit/*Foerste*, ZPO, 16. Auflage 2019, § 286 Rn. 19; *Huber*, Das Beweismaß im Zivilprozess, 1983, S. 116 ff; grundlegend *Musielak*, in: Festschrift Kegel, 1977, S. 455 ff.

bestimmter Grad an Wahrscheinlichkeit für den Eintritt des Prognostizierten besteht.

c) *Zwingende Konnexität von Prognosewahrscheinlichkeit und Prognosegrundlage*

Greifbare Indizien dafür, dass etwa eine hinreichende Sicherheit für eine Prognoseentscheidung besteht, können nur unter Hinzuziehung der Prognosegrundlage erstellt werden. Der Konnex zur Tatsachengrundlage der Prognose ist unabdinglich, da der Wahrscheinlichkeitsgrad anderweitig aufgrund seiner ihm immanenten Abstraktheit nicht handhabbar gemacht werden kann. Bis auf wenige Ausnahmefälle wie etwa Abstammungsgutachten[1148] können Wahrscheinlichkeitswerte nicht mathematisch bemessen werden,[1149] sodass nur eine Annäherung möglich ist. Diese findet dadurch, dass Inhalt und Umfang der Prognosegrundlage festgelegt werden, statt. Die richterliche Entscheidungsfindung bei der Überprüfung von Prognoseentscheidungen muss danach immer anhand konkreter Anforderungen an den Beweis der zu erbringenden Wahrscheinlichkeit stattfinden, was letztlich bedeutet, dass der Nachweis über bestimmte Tatsachen als ausreichend erachtet wird, um von einem konkreten Wahrscheinlichkeitsgrad ausgehen zu können. Der Beweis über den Wahrscheinlichkeitswert wird durch konkrete Anforderungen an die Tatsachengrundlage objektiviert. Mit anderen Worten: Das Wahrscheinlichkeitsmaß und dessen Darlegung sind dem Gericht als objektive Größe vorgegeben, es handelt sich nicht um eine subjektive Schätzung des einzelnen Tatrichters.[1150] Das LAG Düsseldorf etwa spricht hinsichtlich der kündigungsrechtlichen Negativprognose von dem Erfordernis einer „sicheren Prognosegrundlage".[1151] Auch verschiedene Stimmen der Literatur verwenden diesen Terminus und setzen ihn in Zusammenhang zur Wiederholungsgefahr und dem Abmahnungserfordernis bei einer verhaltensbedingten

---

1148 Etwa BGH Urt. v. 21.9.1973 – IV ZR 136/72, NJW 1973, 2249 (2249), wonach Werte unter 90 % eine Entscheidung nicht mehr zulassen und für sich genommen keine positive Feststellung über eine Vaterschaft erbringen können; vgl. aber auch OLG Köln Urt. v. 30.1.1958 – 1 U 105/57, NJW 1958, 2120 (2120 f.), wonach der Beweis einer jeden Zweifel des Gegenteils mit denkgesetzlicher Notwendigkeit ausschließenden Gewissheit im Prozess so gut wie nie zu erlangen ist.

1149 *Musielak*, in: Festschrift Kegel, 1977, S. 463.

1150 Ähnlich *Musielak*, in: Festschrift Kegel, 1977, S. 464.

1151 LAG Düsseldorf Urt. v. 16.11.2015 – 9 Sa 832/15, Rn. 34, *juris*.

Kündigung.[1152] Deutlich wird hierdurch, dass eine zwingende Verbindung zwischen Wahrscheinlichkeit und Tatsachengrundlage der Prognose besteht. Über das Kündigungsrecht hinaus besteht ein solcher Konnex auch bei anderen Prognosen des Arbeitsrechts. Bei der Prognose innerhalb der Sachgrundbefristung nach § 14 Abs. 1 Nr. 1 TzBfG kann das Gericht eine „hinreichende Sicherheit" der vorübergehenden Natur des Beschäftigungsbedarfs nur feststellen, wenn die beweis- und darlegungspflichtige Vertragspartei Tatsachen vorträgt, die hierauf schließen lassen. Diese Tatsachen sind Bestandteil der Prognosegrundlage und konkretisieren demnach den Maßstab des Prognosewahrscheinlichkeitsgrads. In Anlehnung an den Wahrscheinlichkeitrsgrad wird mitunter auch von der Notwendigkeit „hinreichend konkreter Tatsachen" gesprochen.[1153] Auch im Recht der betrieblichen Altersversorgung wird der Wahrscheinlichkeitsgrad der Prognose letztlich unter Bestimmung der Prognosegrundlage, vordergründig den wirtschaftlichen Daten zur Eigenkapitalausstattung sowie Eigenkapitalrendite determiniert.[1154] Wie zuvor bereits festgestellt haben sich Rechtsprechung und Literatur zwar zum Wahrscheinlichkeitsgrad der Prognose innerhalb des § 99 Abs. 2 Nr. 6 BetrVG bislang nicht positioniert; doch auch hier kann die Wahrscheinlichkeit, mit der von einer künftigen Störung des Betriebsfriedens auszugehen ist, nur unter Hinzuziehung von Informationen über vergangenes Fehlverhalten des Betroffenen oder konkreten, objektiven Anhaltspunkten bzw. Umstandsmomenten bestimmt werden.

4. Zum Faktor der Steuerbarkeit des Prognosebezugspunkts

Der Bezugspunkt arbeitsrechtlicher Prognosen kann je nach seiner Natur einer Einflussnahmemöglichkeit des Prognoseerstellers oder Prognoseadressaten unterliegen. Es existieren mithin Prognosekonstellationen, bei denen ein erhöhtes Maß an Steuerbarkeit hinsichtlich des Eintritts des Prognostizierten gegeben ist. Während etwa bei einer Negativprognose im Rahmen einer personenbedingten Kündigung regelmäßig bei beiden Vertragsparteien keine Möglichkeiten zur

1152 MHdBArbR/*Zimmermann*, Bd. II, 4. Auflage 2018, § 114 Rn. 19; *Preis*, NJW 1998, 1889 (1890); *Wilhelm*, NZA-RR 2002, 449 (450), *Zuber*, NZA 1999, 1142 (1144).

1153 Meinel/Heyn/Herms/*Meinel*, TzBfG, 5. Auflage 2015, § 14 Rn. 36; ähnlich BAG Urt. v. 7.5.2008 – 7 AZR 146/07, Rn. 15, *juris*; Urt. v. 24.10.2001 – 7 AZR 620/00, Rn. 20, *juris* sowie ErfK/*Müller-Glöge*, TzBfG, 19. Auflage 2019, § 14 Rn. 25, wonach „ausreichend konkrete Anhaltspunkte" erforderlich sind.

1154 Zur Zusammensetzung der Prognosegrundlage ausführlich bei Gliederungspunkt E. I. 5.

Einflussnahme auf den Verlauf des kündigungsrelevanten Umstands bestehen, kommt dem Arbeitgeber etwa bei der befristungsrechtlichen Prognose innerhalb einer Abordnungsvertretung erhöhte Organisations- und Steuerungsmacht zu.[1155] Dass der Ersteller oder Adressat der Prognose den Eintritt des Prognosebezugspunkts beeinflußen kann, führt jedoch nur in Ausnahmefällen zu Änderungen der Maßstäbe, die für die Prognosewahrscheinlichkeit bzw. Prognosegrundlage anzusetzen sind:

Für die kündigungsrechtliche Negativprognose ergibt sich das Problemfeld der Steuerbarkeit des Prognosegegenstands vordergründig bei der verhaltensbedingten Kündigung. In Abgrenzung zur personenbedingten Kündigung ist es dem Arbeitnehmer hier grundsätzlich möglich, das kündigungsrelevante Ereignis zu steuern.[1156] Der Arbeitnehmer handelt demnach vertragswidrig, obwohl ihm eine andere Handlungsweise möglich wäre.[1157] Mit Blick auf die Anforderungen, die bei der personen- bzw. verhaltensbedingten Kündigung jeweils an den Grad der Wahrscheinlichkeit gestellt werden, ist in der Rechtsprechung des BAG keine Differenzierung, die dem Umstand der Steuerbarkeit bzw. Einflussnahmemöglichkeit Rechnung tragen würde, zu verzeichnen. Dies geschieht vielmehr erst bei der Konkretisierung des ultima-ratio-Grundsatzes. Die verhaltensbedingte Kündigung setzt nach der ständigen Judikatur des BAG eine Abmahnung voraus, da bei einer Verletzung vertraglicher Pflichten in Fällen steuerbaren Verhaltens davon auszugehen sei, dass der Arbeitnehmer schon durch die Androhung von Konsequenzen für den Fortbestand seines Beschäftigungsverhältnisses positiv beeinflußt werden könne.[1158] Dass es dem freien Willen des Arbeitnehmer obliegt, ob der kündigungsrelevante Umstand künftig eintreten wird, findet demzufolge erst an anderer Stelle Berücksichtigung.

1155 BAG Urt. v. 21.2.2018 – 7 AZR 765/16, NZA 2018, 858 (860); Urt. v. 12.4.2017 – 7 AZR 436/15, NZA 2017, 1253 (1256); Urt. v. 10.7.2013 – 7 AZR 761/11, NZA 2014, 26 (29); Urt. v. 16.1.2013 – 7 AZR 661/11, NZA 2013, 614 (617).

1156 Boecken/Düwell/Diller/Hanau/*Kerwer*, KSchG, Bd. III, 2016, § 1 Rn. 757; MüKo/*Hergenröder*, KSchG, Bd. IV, 7. Auflage 2016, § 1 Rn. 190; MHdBArbR/*Kiel*, Bd. II, 4. Auflage 2018, § 113 Rn. 2; vgl. auch BeckOKArbR/*Stoffels*, BGB, 53. Ed. Stand 1.9.2019, § 626 Rn. 98; *Willemsen*, RdA 2017, 115 (119).

1157 Boecken/Düwell/Diller/Hanau/*Kerwer*, KSchG, Bd. III, 2016, § 1 Rn. 757.

1158 BAG Urt. v. 20.11.2014 – 2 AZR 651/13, NZA 2015, 294 (296); Urt. v. 25.10.2012 – 2 AZR 495/11, NZA 2013, 319 (320); Urt. v. 19.4.2012 – 2 AZR 186/11, NZA 2013, 27 (29); Urt. v. 9.6.2011 – 2 AZR 284/10, NZA-RR 2012, 12 (14); Urt. v. 10.6.2010 – 2 AZR 541/09, NZA 2010, 1227 (1231); vgl. auch LAG Rheinland-Pfalz Urt. v. 9.10.2017 – 3 Sa 256/17, *juris*; *Schlachter*, NZA 2005, 433 (435 f.).

Neben der verhaltensbedingten Kündigung kann dem Faktor der Steuerbarkeit auch bei der Kündigung aus betriebsbedingten Gründen Bedeutung zukommen. Nach der in der Literatur häufig kritisch bewerteten Rechtsprechung des BAG kann mit Blick auf die unternehmerische Entscheidung zwischne inner- und außerbetrieblichen Gründen differenziert werden.[1159] Hinsichtlich des zu prognostizierenden Entfalls der Beschäftigungsmöglichkeit liegt die Annahme nahe, dass der Arbeitgeber bei innerbetrieblichen Ursachen, die regelmäßig einem höheren Maße an Steuer- und Organisationsmacht zugänglich sein werden, aufgrund der Möglichkeit zur Einflußnahme erhöhten Anforderungen an die Substantiierung seiner Prognoseentscheidung begegnen müsste. Außerbetriebliche Gründe sind hingegen insbesondere dann, wenn es um gesamtwirtschaftliche bzw. konjunkturelle Abschwünge o.ä. geht, regelmäßig keiner unternehmerischen Steuerbarkeit zugänglich. Hier liegt eine Herabsenkung des prognosebezogenen Prüfungsmaßstabs nahe. Hinweise auf eine derartige Unterscheidung sind der Rechtsprechung jedoch nicht zu entnehmen. Die Literatur weist in diesem Zusammenhang darauf hin, dass eine Differenzierung der Kontrolldichte je nach Verortung der wirtschaftlichen Ursache als außer- bzw. innerbetrieblich grundsätzlich nicht rechtlich zwingend sei[1160], wonach in der Konsequenz auch bei der Negativprognose ein einheitlicher Maßstab gelten muss. Ein Entfall der Beschäftigungsmöglichkeit ohne unternehmerische Entscheidung sei nie denkbar, weshalb auch „außerbetriebliche" Gründe letztlich durch die subjektive Entscheidung des Unternehmers internalisiert werden.[1161] In der Folge sei die Motivrichtung des Arbeitgebers unbeachtlich, zumal zwischen unternehmerischem Handeln und marktbezogenen Prozessen zwangsläufig eine Korrelation bestünde.[1162] Auch wenn die Bedenken der Literaturstimmen

---

1159 BAG Urt. v. 18.7.2013 – 6 AZR 421/12, NZA 2014, 109 (112); Urt. v. 24.5.2012 – 2 AZR 124/11, NZA 2012, 1223 (1225); Urt. v. 23.2.2012 – 2 AZR 548/10, NZA 2012, 852 (853 f.); Urt. v. 16.12.2010 – 2 AZR 770/09, NZA 2011, 505 (505 f.); Urt. v. 10.7.2008 – 2 AZR 1111/06, NJW 2009, 1766 (1767 f.); Urt. v. 17.6.1999 – 2 AZR 522/98, NJW 2000, 378 (379).

1160 Ascheid/Preis/Schmidt/*Kiel*, KSchG, 5. Auflage 2017, § 1 Rn. 464; Boecken/Düwell/Diller/Hanau/*Weber*, KSchG, Bd. III, 2016, § 1 Rn. 1085; ErfK/*Oetker*, KSchG, 19. Auflage 2019, § 1 Rn. 218; *Feudner*, NZA 2000, 1136 (1138); *Feuerborn*, Sachliche Gründe im Arbeitsrecht, 2003, S. 261 f.; *Preis*, NZA 1995, 241 (244); *von Finckenstein*, Freier Unternehmerentscheidung, 2005, S. 122; anders wohl *Ascheid*, DB 1987, 1144 (1148); *Walker*, ZfA 2004, 501 (516); *Wank*, RdA 1987, 129 (135).

1161 Vgl. ErfK/*Oetker*, KSchG, 19. Auflage 2019, § 1 Rn. 219; *Walker*, ZfA 2004, 501 (516); *Wank*, RdA 1987, 129 (135).

1162 Boecken/Düwell/Diller/Hanau/*Weber*, KSchG, Bd. III, 2016, § 1 Rn. 1082.

berechtigt sind, muss unterschieden werden: Welche Anforderungen an die Darlegung der unternehmerischen Entscheidung zu stellen sind, ist von der Frage nach dem Wirksamkeitsmaßstab der Negativprognose zu trennen. Ob für den betroffenen Arbeitnehmer von einem künftigen Entfall der Beschäftigungsmöglichkeit ausgegangen werden kann, wird sich etwa bei der Einführung neuer Fertigungsmethoden[1163] aus Sicht des Arbeitgebers leichter beurteilen können als bei konjunkturell bedingten Auftragsrückgängen. Dessen ungeachtet ist es letztlich immer die unternehmerische Entscheidung, die den Ausgangspunkt für die Kündigung des Beschäftigungsverhältnisses bildet.[1164] Zudem lässt sich aufgrund der Wechselwirkung zwischen Marktveränderung und betriebswirtschaftlicher Reaktion oftmals keine klare Trennung der unternehmerischen Motive vollziehen. *Summa summarum* muss es deshalb bei einheitlichen Prognosemaßstäben für inner- und außerbetriebliche Beweggründe bleiben.

Zu einem anderen Ergebnis findert das BAG allerdings bei der Rückkehrprognose innerhalb des Sachgrundes aus § 14 Abs. 1 S. 2 Nr. 3 TzBfG, wenn der Arbeitgeber von der Möglichkeit einer Abordnungsbefristung Gebraucht macht. In diesem Fall wird dem Stammarbeitnehmer vorübergehend eine anderer Arbeitsplatz zugewiesen und der befristet Beschäftigte soll diejenige Tätigkeiten, die die Stammkraft zuvor erledigt hat, übernehmen. Anders als bei Abwesenheiten von Arbeitnehmern aufgrund von krankheitsbedingten Ausfällen, Urlaub etc. resultiert die Ursache für den Beschäftigungsbedarf bei einer Abordnungsvertretung nicht aus einem der Sphäre des Stammarbeitnehmers zuzuordnendem Umstand. Vielmehr ist es die Planungs- bzw. Organisationsentscheidung des Arbeitgebers, die das Bedürfnis für eine zusätzliche Arbeitskräft auslöst.[1165] Da der Vertretungsbedarf nicht fremdbestimmt ist, sind nach der Rechtsprechung des Siebten Senats andere Wirksamkeitsmaßstäbe an die Substantiierung der Prognosegrundlage zu stellen.[1166] Der Arbeitgeber kann nicht ohne

1163 BAG Urt. v. 26.6.1997 – 2 AZR 494/96, NZA 1997, 1286; Urt. v. 19.1.1997 – 2 AZR 49/96, *juris.*

1164 *Deneke*, Die betriebsbedingte Kündigung im Rahmen der übertragenden Sanierung, 2009, S. 45 f; *Preis*, NZA 1995, 241 (245); *von Finckenstein*, Freie Unternehmerentscheidung, 2005, S. 121.

1165 Vgl. Meinel/Heyn/Herms/*Meinel*, TzBfG, 5. Auflage 2015, § 14 Rn. 130; MüKo/*Hesse*, TzBfG, Bd. IV, 7. Auflage 2016, § 14 Rn. 33.

1166 Bei fremdbestimmter Entstehung des Vertretungsbedarfs darf der Arbeitgeber grundsätzlich damit rechnen, dass die ausfallende Stammkraft auf seinen Arbeitsplatz zurückkehren wird, vgl. BAG Urt. v. 21.2.2018 – 7 AZR 765/16, NZA 2018, 858 (859); Urt. v. 12.4.2017 – 7 AZR 436/15, NZA 2017, 1253 (1256); Urt. v. 25.3.2009 – 7 AZR 34/08, NZA 2010, 34 (35); Urt. v. 2.7.2003 – 7 AZR 529/02, NZA 2004, 1055

Weiteres von der Rückkehr der Stammkraft ausgehen. Bei der Erstellung seiner Prognoseentscheidung ist er gehalten, „sämtliche Umstände des Einzelfalls [zu] berücksichtigen, insbesondere auch solche, die aus seiner Organisationssphäre stammen.“[1167] Das BAG fordert neben der Darlegung objektiver Umstände wie der Dauer der Abordnung und etwaiger wiederholter Verlängerungen auch Ausführungen zu subjektiven Momenten, insbesondere, ob die Abordnung auf Wunsch des Beschäftigten, einvernehmlich oder gegen seinen Willen stattfand.[1168] Die Anforderungen an die Darlegung der Rückkehrprognose erhöhen sich mithin aufgrund des Umstands, dass der Arbeitgeber durch seine Planungs- und Organisationshohheit Einfluss auf den Eintritt der zu prognostizierenden Rückkehr nehmen kann. Für den Grad der Prognosewahrscheinlichkeit geht die Rechtsprechung jedoch (wohl) von gleichbleibenden Maßstäben aus. Die Fragestellung wurde jedenfalls für die Abordnungsvertretung bislang noch nicht thematisiert. So ließe sich neben der Erhöhung der Darlegungsanforderungen für die Prognosegrundlage auch ergänzend ein höher Grad an Sicherheit für die Rückkehr der Stammkraft auf ihren ursprünglichen Arbeitsplatz einfordern. Berücksichtigt werden muss insoweit erneut der – zuvor bereits an anderer Stelle erörterte[1169] – Konnex zwischen Prognosewahrscheinlichkeit und Tatsachengrundlage der Prognoseentscheidung. Da sich die rechtstatsächliche Annäherung an einen jeden Wahrscheinlichkeitsgrad nur durch das Auf- bzw. Herabstufen der Anforderungen an die Darlegungs- und Beweislast hinsichtlich der Prognosegrundlage realisieren lässt, wird die Rückkehr des vertretenen Arbeitnehmers bei der Abordnungsvertretung „wahrscheinlicher“ sein müssen als bei fremdbestimmten Ausfällen der Stammkraft. Die Judikatur des BAG bezieht sich indes nur auf die Substantiierung der Tatsachengrundlage.

Auch für die betriebsrentenrechtliche Prognostizierung der künftigen wirtschaftlichen Lage des Unternehmens nach § 16 Abs. 1 BetrAVG ist nicht von der Hand zu weisen, dass der Versorgungsschuldner als Prognoseersteller in praktischer Hinsicht Einfluss auf den Ausgang der Prognose nehmen kann. Da das BAG für die Tatsachengrundlage der Prognose maßgeblich auf die Eigenkapitalrendite und Eigenkapitalausstattung des Unternehmens in den drei Jahren

---

(1056); vor Geltung des TzBfG hierzu auch BAG Urt. v. 11.12.1991 – 7 AZR 431/90, NZA 1992, 883.

1167 BAG Urt. v. 16.1.2013 – 7 AZR 616/11, NZA 2013, 614 (614).

1168 BAG Urt. v. 12.4.2017 – 7 AZR 436/15, NZA 2017, 1253 (1256); Urt. v. 10.7.2013 – 7 AZR 761/11, NZA 2014, 26 (29); Urt. v. 16.1.2013 – 7 AZR 661/11, NZA 2013, 614 (617).

1169 Zuvor bereits unter Gliederungspunkt G. VI. 3. c).

vor Anpassungsprüfung abstellt,[1170] kann der Arbeitgeber dann, wenn er die Eigenkapitalausstattung durch wirtschaftliche Maßnahmen mindert (bzw. vermehrt), auch den Ausgang der Prognoseentscheidung verändern. Wenn etwa Rechnungen erst im Folgejahr ausgestellt, Bestellungen vorgezogen oder freiwillige Anzahlungen auf Lieferungen und Leistungen geleistet werden, mindert der Arbeitgeber bewusst das bilanzielle Jahresendergebnis. Damit verändert er auch zwangsläufig die wirtschaftlichen Daten, die für die Erstellung der Prognosegrundlage heranzuziehen sind. In der Konsequenz kann durch ein bewusstes Herabsenken der bilanziellen Kapitalausstattung die wirtschaftliche Lage so ausgewiesen werden, dass eine Anpassung der laufenden Versorgungsleistungen unterbleiben darf bzw. eine Anhebung erst zum nächsten Anpassungstermin stattfinden muss. Dadurch kann der Arbeitgeber jedenfalls für einen bestimmten Zeitraum höhere Betriebsrentenverbindlichkeiten vermeiden. Allerdings kommt in diesem Zusammenhang der Judikatur des BAG zur Vorhersehbarkeit der künftigen wirtschaftlichen Entwicklung des Unternhemens tragende Bedeutung zu: Danach können auch die wirtschaftlichen Daten für den Zeitraum nach dem Anpassungsstichtag bis zur letzten mündlichen Verhandlung in der Tatsacheninstanz für die Überprüfung der Prognoseentscheidung herangezogen werden, wenn die spätere wirtschaftliche Entwicklung zum Zeitpunkt der Anpassungsprüfung bereits vorhersehbar war.[1171] Auch wenn das BAG den Begriff der Vorhersehbarkeit bislang nicht weiter konkretisiert hat, kann aufgrund der rein bilanziellen Betrachtung jedenfalls für bestimmte unternehmerische Maßnahmen sicher ausgemacht werden, dass sie künftig Auswirkungen auf die bilanzielle Konstitution der Gesellschaft haben. Nimmt das Unternehmen etwa hohe Anzahlungen für die Neubeschaffung von Produktionsmitteln o.ä. vor und können diese erst zu einem späteren Zeitpunkt dem Aktivvermögen der Gesellschaft zugegeschrieben werden, handelt es sich um einen bereits zum

---

1170 BAG Urt. v. 11.7.2017 – 3 AZR 691/16, NZA 2017, 1388 (1390); Urt. v. 10.2.2015 – 3 AZR 37/14, NZA-RR 2015, 318 (321); Urt. v. 15.4.2014 – 3 AZR 51/12, NZA-RR 2015, 147 (147); Urt. v. 11.12.2012 – 3 AZR 615/10, NJOZ 2013, 1056 (1056); Urt. v. 11.10.2011 – 3 AZR 527/09, NZA 2012, 454 (458); Urt. v. 30.11.2010 – 3 AZR 754/08, NZA-RR 2011, 593 (598); Urt. v. 10.2.2009 – 3 AZR 727/07, NZA 2010, 95 (97).

1171 BAG Urt. v. 21.2.2017 – 3 AZR 455/15, AP Nr. 120 zu § 16 BetrAVG, Rn. 30; Urt. v. 7.6.2016 – 3 AZR 193/15, Rn. 23, *juris*; Urt. v. 21.4.2015 – 3 AZR 102/14, NJOZ 2015, 1525 (1527); Urt. v. 21.10.2014 – 3 AZR 1027/12, NZA-RR 2015, 90 (91 f.); Urt. v. 11.10.2011 – 3 AZR 527/09, NZA 2012, 454 (458); Urt. v. 30.11.2010 – 3 AZR 754/08, NZA-RR 2011, 593 (598).

Anpassungstermin vorhersehbaren Umstand, der bei der Erstellung der Prognose berücksichtigt werden muss.

Für die betriebsverfassungsrechtlichen Prognosetatbestände ist das Problemfeld der Steuerbarkeit weitaus weniger erheblich. Die personalplanungsbezogenen Prognosen innerhalb von § 92 Abs. 1 BetrVG unterliegen – wie zuvor bereits erörtert[1172] – keiner materiell-rechtlichen Kontrolle, sodass auch die Steuerbarkeit des Prognosebezugspunkts nicht von Bedeutung ist. Bei der Prognose, die der Betriebsrat für den Zustimmungsverweigerungsgrund aus § 99 Abs. 2 Nr. 6 BetrVG erstellt, kommt hingegen der Möglichkeit zur Einflussnahme auf das Prognostizierte seitens des Betroffenen Bedeutung zu. Der Bewerber bzw. Arbeitnehmer hat es grundsätzlich in der Hand, sich rechtskonform zu verhalten und damit eine Verweigerung der Zustimmung – jedenfalls mit Blick auf den in § 99 Abs. 2 Nr. 6 BetrVG geregelten Verweigerungsgrund – zu verhindern. Strukturähnlich zur Negativprognose bei der verhaltensbedingten Kündigung[1173] findet die Einflussnahmemöglichkeit seitens des Prognoseadressaten jedoch auch im Betriebsverfassungsrecht keine Berücksichtigung in der höchstrichterlichen Judikatur. Relevant ist allenfalls die Wertung, dass ein zwischenzeitliches, glaubhaftes Distanzieren von vergangenen Verfehlungen in Ermangelung erneuter Verstöße gegen eine Heranziehung länger zurückliegender Fehler spricht.[1174] Mit Blick auf die Steuerbarkeit des Prognosebezugspunkts könnte man insofern von einer „Steuerbarkeit durch Unterlassen" sprechen. Letztlich bewirkt das zeitliche Moment aber auch in derartigen Fällen keine Änderung der Wirksamkeitsmaßstäbe. Vielmehr entfällt die Tauglichkeit des vergangenen Fehlverhaltens als Prognosegrundlage insgesamt. Auch hinsichtlich der Prognosewahrscheinlichkeit ergeben sich keine abweichenden Anforderungen.

Zusammenfassend gilt demnach für die an die arbeitsrechtlichen Prognosen zu stellenden Wirksamkeitsanforderungen, dass auch in Konstellationen, bei denen der Prognoseersteller oder Prognoseadressat in einem gewissen Umfang die Möglichkeit zur Einflussnahme auf den Ausgang des Prognostizierten hat, grundsätzlich keine abweichenden Prüfungsmaßstäbe anzusetzen sind. Eine Ausnahme bildet allein die Abordnungsvertretung nach § 14 Abs. 1 S. 2 Nr. 3 TzBfG, bei der der Arbeitgeber aufgrund seiner Planungs- und Organisationsmacht

---

1172 Ausführlich unter Gliederungspunkt F. I. 4. a).

1173 Hierzu grundlegend unter Gliederungspunkt C. IV. 2. c).

1174 BAG Beschl. v. 16.11.2004 – 1 ABR 48/03, NZA 2005, 775 (778); *Fitting*, BetrVG, 29. Auflage 2018, § 99 Rn. 253a; wohl auch GK-BetrVG/*Raab*, Bd. II, 11. Auflage 2018, § 99 Rn. 227.

anders als bei fremdbestimmten Vertretungsursachen erheblichen Einfluss auf die Rückkehrprognose nehmen kann[1175]; mit dem Ergebnis, dass in dieser Sonderkonstellation strengere Maßstäbe für die Darlegung des Vertretungsbedarfs bzw. die Prognosegrundlage gelten.

5. Zwischenergebnis zur Prognosewahrscheinlichkeit

Die Rechtmäßigkeit arbeitsrechtlicher Prognosen bestimmt sich – wie auch Prognoseentscheidungen in anderen Rechtsgebieten – mitunter anhand eines Wahrscheinlichkeitsgrads, der für den Eintritt des prognostizierten Umstands bzw. Ereignisses notwendig ist. Sinn und Zweck der Wahrscheinlichkeitsprüfung ist dabei immer die Verteilung des Prognoserisikos, das der Entscheidung aufgrund des Zukunftsbezugs immanent ist. Bloße Vermutungen bei Zugrundelegung des subjektiven Empfindens des Prognoseerstellers genügen insoweit bei keinem arbeitsrechtlichen Prognosetatbestand. Regelmäßig bedarf es zwar einer „hinreichenden Sicherheit“ über den Eintritt des Prognostizierten. Letztlich besteht jedoch trotz dieser Konkretisierung bislang keine abschließende Gewissheit darüber, wann von einer solchen Sicherheit bzw. Wahrscheinlichkeit ausgegangen werden kann. Eine Gewissheit i.S.v. § 286 ZPO ist jedenfalls nicht notwendig.[1176] Um die abstrakte Vorgabe für die Prognosewahrscheinlichkeit greifbar zu machen, bedarf es letztlich einer rechtstatsächlichen Konkretisierung der Prognosewahrscheinlichkeit durch objektive Vorgaben, die an die Tatsachengrundlage der Prognose zu stellen sind. Der Bedeutungsgehalt des Maßstabs, der für die Prognosewahrscheinlichkeit angesetzt wird, lässt sich nur im Zusammenspiel mit der Ausgestaltung der Darlegungslast für die Prognosegrundlage ermitteln. Denn erst die an die Tatsachengrundlage zu stellenden Anforderungen lassen erkennen, welche objektiven Umstände darzulegen sind, um von einem bestimmten, abstrakten Wahrscheinlichkeitsgrad ausgehen zu können. Dieses Verständnis befindet sich auch auf einer Linie mit den grundlegenden Ausarbeitungen *Prüttings*, denen zufolge die abstrakte Wahrscheinlichkeit einen Teil der Beweiswürdigung und keine eigenständige Beweislastregel darstellt.[1177] Für die arbeitsrechtlichen Prognosen, deren Überprüfung anhand

---

1175 BAG Urt. v. 21.2.2018 – 7 AZR 765/16, NZA 2018, 858 (860); Urt. v. 12.4.2017 – 7 AZR 436/15, NZA 2017, 1253 (1256); Urt. v. 10.7.2013 – 7 AZR 761/11, NZA 2014, 26 (29); Urt. v. 16.1.2013 – 7 AZR 661/11, NZA 2013, 614 (617).

1176 Zum Beweis nach § 286 ZPO BGH Urt. v. 17.2.1970 – III ZR 139/67, NJW 1970, 946 (948); Musielak/Voit/*Foerste*, ZPO, 16. Auflage 2019, § 286 Rn. 19.

1177 *Prütting*, Gegenwartsprobleme der Beweislast, 1983, S. 212.

eines Wahrscheinlichkeitswertes stattfindet, ergibt sich daraus zwangsläufig eine Konnexität zwischen Prognosewahrscheinlichkeit und Tatsachengrundlage der Prognoseentscheidung. Der Beweis über letzteres bildet den Rahmen, innerhalb dessen die richterliche Beweiswürdigung hinsichtlich der Wahrscheinlichkeit vollzogen wird. Die bereichsübergreifende Vorgabe, dass es einer „hinreichenden Sicherheit" bedarf, wird also durch die an die Tatsachengrundlage der Prognose zu stellenden Darlegungs- und Beweisanforderungen für den jeweiligen, bereichsspezifischen Regelungskontext konkretisiert.

VII. Fehlprognose führt nicht zu gesteigerten Anforderungen an Folgeprognose

Die arbeitsrechtlichen Prognosetatbestände regeln mitunter Lebensbereiche, in denen gleichartige Prognoseentscheidungen mehrfach bzw. einander folgend erstellt werden (müssen). Zum Teil ist die Regelmäßigkeit der Prognoseerstellung normativ statuiert, etwa innerhalb der turnusmäßig vorzunehmenden Anpassungsprüfung der laufenden Versorgungsleistungen nach § 16 Abs. 1 BetrAVG. In anderen Regelungskontexten resultiert die mehrfache Prognoseerstellung aus vorgelagerten (wirtschaftlichen) Entscheidungen des Arbeitgebers. Dies gilt vordergründig für Prognosen, die im Zusammenhang mit mehrfachen Arbeitsvertragsbefristungen nach § 14 Abs. 1, 2 TzBfG erstellt werden, gleichermaßen jedoch auch für aufeinanderfolgende personalplanungserhebliche Prognosen im Rahmen von § 92 Abs. 1 BetrVG. Da bei einander folgenden Prognoseentscheidungen in der Regel ein innerer Zusammenhang besteht, jedenfalls die gleichen Rechtsgüter und Interessen betroffen sind, ist zu fragen, ob die Rechtswidrigkeit der einen Prognose Auswirkung auf den Wirksamkeitsmaßstab, der für ihr folgende Prognoseentscheidungen anzusetzen ist, hat. Unterschieden werden muss insoweit zwischen Prognosen, die bei *ex-ante* Betrachtung respektive *ex-post* Betrachtung fehlerhaft sind.

Ob eine derartige Konnexität bei mehrfachen Prognoseentscheidungen besteht, wurde in der höchstricherlichen Rechtsprechung vor allem für die innerhalb der Sachgrundbefristung nach § 14 Abs. 1, 2 TzBfG zu erstellende Prognose über die vorübergehende Natur des Beschäftigungsbedarfs kontrovers disktuiert. Entgegen einiger zuvor anderslautenden Stimmen der Literatur[1178]

1178 Ascheid/Preis/Schmidt/*Backhaus*, TzBfG, 4. Auflage 2012, § 14 Rn. 59; ErfK/*Müller-Glöge*, TzBfG, 12. Auflage 2012, § 14 Rn. 9; *Persch*, Kernfragen des Befristungsrechts, 2010, S. 434; *Preis/Greiner*, RdA 2010, 148 (149); ähnlich auch LAG Köln Beschl. v. 13.4.2010 – 7 Sa 1224/09, *juris*.

befand der Siebte Senat, dass bei mehrfacher Sachgrundbefristung – ungeachtet der Anzahl befristeter Beschäftigungen sowie der Gesamtbeschäftigungsdauer – keine erhöhten Anforderungen an den Sachgrund, *ergo* die Prognose des Arbeitgebers zu stellen sind.[1179] Daraus folgt vor allem, dass den vorangegangenen Befristungen zugrunde liegende Prognosen auch dann keine Bedeutung für darauffolgende Arbeitgeberprognosen zukommen, wenn sie sich im Nachhinein (mehrfach) als unzutreffend herausstellen.[1180] Das Ausbleiben einer Konnexität zwischen einanderfolgenden Prognosen nach der Rechtsprechung des BAG hält letztlich den Grunsatz der *ex-ante* Sichtweise aufrecht, der jedenfalls in Teilen verworfen wird, sofern man den Prüfungsmaßstab bei jeder weiteren Prognose unter Berücksichtigung vergangener (Fehl-)Prognosen anhebt.[1181] Die Anzahl von (ggf. *ex-post* rechtswidrigen) Prognosen hat im Ergebnis also für die Rechtsmäßigkeitsanforderungen, die an folgende Prognosen gestellt werden, keinerlei Bedeutung. Hinsichtlich der kündigungsrechtlichen Negativprognose ist die Frage nach einer etwaigen Konnexität von aufeinander folgenden Prognosen bislang – jedenfalls soweit ersichtlich – nicht thematisiert worden. Im Lichte der von den jeweiligen Prognosetatbeständen betroffenen Rechtsgütern liegt ein Umkehrschluss nahe: Anders als § 14 Abs. 1, 2 TzBfG verleiht § 1 KSchG dem Arbeitnehmer weitreichenden Bestandsschutz. Sind Negativprognosen des Arbeitgebers (sowohl *ex-ante*, als auch *ex-post* betrachtet) unzutreffend, ließe sich unter Zugrundelegung des Bestandsschutzinteresses des Arbeitnehmers argumentieren, dass Folgeprognosen des Arbeitgebers einer strengeren Prüfung zu unterziehen sind, jedenfalls hinsichtlich der Darlegungs- und Beweislast für die Prognosegrundlage. Ebenso wie für das befristungsrechtliche Prognoseprinzip birgt dieses Verständnis jedoch die Gefahr einer Aufweichung des *ex-ante* Grundsatzes. Darüber hinaus liefe eine derartige Verknüpfung einzelner Negativprognosen letztlich auf eine Sanktionierung des Arbeitgebers hinaus, der sich – auch wenn die Prognose *ex-post* betrachtet unzutreffend sein mag – nur eines von der Rechtsordnung gewährten Gestaltungsrechts bedient. Zudem besteht das Bestandsschutzinteresse des Arbeitnehmers bei jeder Kündigung

---

1179 BAG Urt. v. 18.7.2012 – 7 AZR 443/09, NZA 2012, 1351 (1353); zuvor noch BAG Urt. v. 6.12.2000 – 7 AZR 262/99, NZA 2001, 721 (722); Urt. v. 11.11.1998 – 7 AZR 328/97, NZA 1999, 1211 (1211 f.); Urt. v. 22.11.1995 – 7 AZR 252/95, NZA 1996, 878 (879), wonach die Prognose „mit erhöhter Sorgfalt zu erstellen ist"; vgl. zur Kehrtwende der Rechtsprechung auch *Bruns*, NZA 2013, 769 (770); *Loth*, Prognoseprinzip und Vertragskontrolle im befristeten Arbeitsverhältnis, 2015, S. 149.

1180 Ascheid/Preis/Schmidt/*Backhaus*, TzBfG, 5. Auflage 2017, § 14 Rn. 59.

1181 Zur Diskussion bereits unter Gliederungspunkt D. IV. 8. c).

gleichermaßen. Dies verdeutlicht sodann auch den Unterschied zum befristeten Beschäftigungsverhältnis, bei dem im Nachgang festgestellte Fehlprognosen darauf hindeuten, dass dem Arbeitnehmer durch die mehrfache Anschlussbefristung eine Bestandsschutzposition versagt wird, obwohl ihm diese aufgrund des in Wahrheit nicht nur vorübergehend bestehenden Beschäftigungsbedarfs tatsächlich zugesprochen werden müsste. Wenn schon in diesem Fall keine Erhöhung des Prüfungsmaßstabs für Folgeprognosen vorzunehmen ist, kann für das unbefristete Arbeitsverhältnis nichts anderes gelten.

Bei der Prognostizierung der künftigen wirtschaftlichen Lage des Unternehmens des Arbeitgebers nach § 16 Abs. 1 BetrAVG ist eine entsprechende Konnexität einander folgender Anpassungsentscheidungen ebenso wenig mit der auch hier geltenden *ex-ante* Sichtweise unvereinbar. Zwar sind bei einer verzögerten Anpassungsprüfung auch die im Zeitraum zwischen maßgeblichem Stichtag und der Anpassungsentscheidung des Arbeitgeber eingetretenen Veränderungen zu berücksichtigen[1182], jedoch wird damit nicht der *ex-ante* Grundsatz aufgegeben, sondern lediglich sichergestellt, dass dem Versorgungsschuldner keine einseitigen Rechtsvorteile zukommen.[1183] Nach der – wenn auch zweifelhaften[1184] – Rechtsprechung des BAG ist die wirtschaftliche Entwicklung im Zeitraum nach dem Anpassungsstichtag für die gerichtliche Überprüfung der Anpassungsentscheidung zudem grundsätzlich berücksichtigungsfähig, wenn und soweit diese bereits zum Anpassungsstichtag vorhersehbar war.[1185] Trotz der damit verbundenen Aufweichung des *ex-ante* Prüfungsmaßstabs geht der Dritte Senat jedoch nicht so weit, dass Wirtschaftsentwicklungen, welche die ursprüngliche Prognoseentscheidung falsifizieren, auch für die Folgeprognose im nächsten Anpassungszeitraum von Bedeutung wären. Die nachträgliche Bewertung der ersten Prognose ändert dementsprechnd auch beim betriebsrentenrechtlichen Prognoseerfordernis nichts an den Anforderugnen an die Folgeprognose(n).

1182 BAG Urt. v. 17.10.1995 – 3 AZR 881/94, NZA 1996, 1038 (1039); Blomeyer/Rolfs/Otto/*Rolfs*, BetrAVG, 7. Auflage 2018, § 16 Rn. 81.

1183 Vgl. Blomeyer/Rolfs/Otto/*Rolfs*, BetrAVG, 7. Auflage 2018, § 16 Rn. 81.

1184 Hierzu bereits unter Gliederungspunkt E. I. 4. f).

1185 BAG Urt. v. 10.2.2015 – 3 AZR 37/14, NZA-RR 2015, 318 (320); Urt. v. 15.4.2014 – 3 AZR 51/12, NZA-RR 2015, 147 (150); Urt. v. 11.12.2012 – 3 AZR 615/10, NJOZ 2013, 1056 (1059); Urt. v. 11.10.2011 – 3 AZR 527/09, NZA 2012, 454 (458); Urt. v. 30.11.2010 – 3 AZR 754/08, NZA-RR 2011, 593 (598); Urt. v. 17.4.1996 – 3 AZR 56/95, NZA 1997, 155 (157); Urt. v. 17.10.1995 – 3 AZR 881/94, NZA 1996, 1038 (1039).

Die personalplanungserheblichen Prognosen im Rahmen des Unterrichtungs- und Beratungsrechts nach § 92 Abs. 1 BetrVG können bereits aufgrund ihrer betriebsverfassungsrechtlichen Einbettung keiner Konnexität im Sinne der vorherigen Ausführungen zugänglich sein, da die Prognoseentscheidungen des Arbeitgebers keiner materiell-rechtlichen Inhaltsprüfung unterzogen werden.[1186] Hinsichtlich des Prognoseerfordernisses aus § 99 Abs. 2 Nr. 6 BetrVG ist zwischen den für diesen Zustimmungsverweigerungsgrund in Betracht kommenden Anwendungsfällen zu differenzieren: Der Betriebsrat kann seine Verweigerung der Zustimmung nur bei Einstellungen und Versetzungen auf § 99 Abs. 2 Nr. 6 BetrVG stützen.[1187] Steht ersteres in Frage, wird der Betriebsrat üblicherweise nur einmalig seine Zustimmung zur Einstellung des betroffenen Bewerbers verweigern. Anderes wäre nur denkbar, sofern sich der Betroffene für verschiedene Arbeitsplätze desselben Betriebs bewirbt. Dementsprechend wird in praktischer Hinsicht bereits keine „Folgeprognose" vom Betriebsrat gestellt, wenn es sich um die Zustimmung zur Einstellung eines Bewerbers handelt. Beziehen sich die Prognosen des Betriebsrats auf zeitlich einander folgende Versetzunsgsbegehren des Arbeitgebers für denselben Arbeitnehmer, ist eine rechtswirksamkeitsbezogene Konnexität der Prognosen zumindest denkbar. Ebenso wie bei der kündigungsrechtlichen Negativprognose wurde auch für die im Rahmen von § 99 Abs. 2 Nr. 6 BetrVG zu erstellende Prognoseentscheidung bislang weder in der Rechtsprechung noch in der Literatur diskutiert, ob eine im Nachgang festgestellte Fehlerhaftigkeit der Prognose Auswirkung auf den Wirksamkeitsmaßstab bei Folgeprognosen haben kann. Zu denken ist hierbei an Konstellationen, in denen die Zustimmung zur Versetzung des Arbeitnehmer verweigert wird, im Folgezeitraum eine Störung des Betriebsfriedens auf dem bisherigen Arbeitsplatz nicht eintritt und der Arbeitgeber zu einem späteren Zeitpunkt erneut beabsichtigt, den Arbeitnehmer zu versetzen. Anders als bei der befristungsrechtlichen Prognose innerhalb des § 14 Abs. 1, 2 TzBfG kann bei § 99 Abs. 2 Nr. 6 BetrVG jedoch auch dann, wenn die Entwicklung im weiteren Verlauf entgegen dem ursprünglich Prognostizierten verläuft, keine (*ex-post*) Widerlegung der Prognose stattfinden. Die Besorgnis um eine Störung des Betriebsfriedens ist bei einer Versetzung anhand der Umstände, die für den

---

1186 Vgl. bei Gliederungspunkt F. I. 4. a).

1187 BeckOKArbR/*Mauer*, BetrVG, 53. Ed. Stand 1.9.2019, § 99 Rn. 24; *Fitting*, BetrVG, 29. Auflage 2018, § 99 Rn. 258; GK-BetrVG/*Raab*, Bd. II, 11. Auflage 2018, § 99 Rn. 227; HWGNRH/*Huke*, BetrVG, 10. Auflage 2018, § 99 Rn. 225; Richardi/*Thüsing*, BetrVG, 16. Auflage 2018, § 99 Rn. 268.

vom Arbeitgeber beabsichtigten, neuen Arbeitsplatz gelten würden, zu prüfen. Die Prognose bezieht sich naturgemäß nicht auf den bisherigen Arbeitsplatz.[1188] Dass der Betroffene den Betriebsfrieden auf seinem bisherigen Arbeitsplatz im Nachgang zur Zustimmungsverweigerung fortwährend nicht beeinträchtigt hat, ist demzufolge unerheblich. Die Prognose kann in der Konsequenz aus der *ex-post* Sichtweise nie falsifiziert werden – der Arbeitnehmer wird aufgrund der Verweigerung der Zustimmung ja gerade nicht auf dem neuen Arbeitsplatz tätig. Folglich kann die Entwicklung im Zeitraum nach Erstellung der Prognose auch keine Auswirkung auf die Wirksamkeitsanforderungen an Folgeprognosen, die der Betriebsrat bei einem erneuten Versetzungsbegehren des Arbeitgebers anzustellen hätte, haben.

In der Gesamtschau kann danach bereichsübergreifend festgestellt werden, dass eine Falsifizierung einer Prognoseentscheidung keinen Einfluss auf den Wirksamkeitsmaßstab, der für Folgeprognosen anzusetzen ist, hat. Die hierzu angestellten Überlegungen in der Literatur entstanden ursprünglich zu § 14 Abs. 1 S. 1, 2 TzBfG und sollten vordergründig einen Lösungsansatz zum Problemfeld der Kettenbefristung bei Befristungen mit sachlichem Grund bieten. Doch weder für das befristungsrechtliche Prognoseerfordernis, noch für die sonstigen arbeitsrechtlichen Prognosetatbestände ist die Herstellung einer derartigen Konnexität mit dem *ex-ante* Betrachtungsgrundsatz vereinbar. Für die kündigungsrechtliche Negativprognose kommt hinzu, dass eine Erhöhung der Wirksamkeitsmaßstäbe bei *ex-post* festgestellter Fehlprognose dazu führen würde, dass der Arbeitgeber sanktioniert wird, obwohl er lediglich von einem Gestaltungsrecht, das ihm von der Rechtsordnung zugesprochen wird, Gebrauch macht. Darüber hinaus scheidet für einige bereichsspezifische Prognosetatbestände bereits aus praktischer Hinsicht die Möglichkeit einer Folgeprognose aus, insbesondere für solche im Rahmen von § 99 Abs. 2 Nr. 6 BetrVG, wenn die Zustimmung zur Einstellung eines Bewerbers in Rede steht.

VIII. Richterliche Überprüfung

Die Rechtmäßigkeit arbeitsrechtlicher Prognosen entscheidet oftmals gleichzeitig über den Ausgang des mit ihr zusammenhängenden Rechtsstreits. Sowohl im Kündigungsschutzverfahren, als auch im Rahmen einer Entfristungsklage führt die Unwirksamkeit der Arbeitgeberprognose unmittelbar zur Begründetheit der Klage des Arbeitnehmers. Gleiches gilt für die Kontrolle der

---

1188 Vgl. HWGNRH/*Huke*, BetrVG, 10. Auflage 2018, § 99 Rn. 226.

Anpassungsentscheidung des Versorgungsschuldners mit Blick auf § 16 Abs. 1 BetrAVG, wo eine Fehlprognostizierung der künftigen wirtschaftlichen Lage des Unternehmens zur Begründetheit des Leistungsbegehrens des Versorgungsempfängers führt, wenn der Arbeitgeber die Anpassung der laufenden Leistungen unter Berufung auf seine wirtschaftliche Lage verweigert. Auch für die betriebsverfassungsrechtlichen Prognosetatbestände gilt hinsichtlich des unmittelbaren Bezugs der Prognoseentscheidung zum Ausgang des Rechtsstreits nichts anderes. Vor diesem Hintergrund ist von besonderer Bedeutung, in welchem Umfang und mit welcher Kontrolldichte die richterliche Überprüfung der arbeitsrechtlichen Prognosen erfolgen muss. Zu unterscheiden ist dabei zwischen zwei Problemfeldern: In einem ersten Schritt gilt es zu klären, ob den arbeitsrechtlichen Prognosen ein materiell-rechtlicher Ermessensspielraum des Prognoseerstellers inhärent sind. Im Anschluss hieran muss beantwortet werden, welcher Kontrollmaßstab mit Blick auf die Prognosegrundlage sowie die darauf basierende Prognoseentscheidung gilt.

1. *Exkurs*: Anerkennung eines Prognosespielraums im Verfassungsrecht

Prognosen sind nicht nur im Zivil- bzw. Arbeitsrecht von rechtlicher Bedeutung. Vordergründig im Verfassungsrecht ist das Problemfeld gesetzgeberischer Prognoseentscheidungen seit vielen Jahren Gegenstand der Rechtsprechung des BVerfG. Oftmals steht dabei die Frage nach Anerkennung und Reichweite eines legislativen Prognosespielraums – mitunter auch sog. Einschätzungsprärogative – und der damit verbundenen Problematik der richterlichen Kontrolldichte im Fokus. In seiner Entscheidung zur Verfassungsmäßigkeit des Mitbestimmungsgesetzes v. 4.5.1979 stellte das BVerfG ausdrücklich fest, dass einerseits die Ungewissheit über künftige Auswirkungen eines Gesetzes die Befugnis der Legislative zum Erlass desgleichen nicht ausschließt, andererseits die inhärente Ungewissheit einer jeden Prognose nicht dazu führen kann, dass dem Gesetzgeber ein der verfassungsgerichtlichen Kontrolle verschlossener, grenzenloser Entscheidungsspielraum eingeräumt wird.[1189] Daraus folgt zunächst, dass auch im Verfassungsrecht die Tatsachengrundlage der Prognoseentscheidung auszuweisen ist. Einen Prognosespielraum des Gesetzgebers erkennt das Verfassungsgericht dessen ungeachtet – in jeweils unterschiedlicher

1189 BVerfG Urt. v. 1.3.1979 – 1 BvR 532, 533/77, 419/78, 1 BvL 21/78, NJW 1979, 699 (701); ähnlich bereits BVerfG Urt. v. 11.6.1958 – 1 BvR 596/56, NJW 1958, 1035 (1037).

Ausprägung – grundsätzlich an.[1190] Für die Verhältnismäßigkeitsprüfung einer Norm geht das BVerfG im Rahmen der Prüfung der Geeignetheit[1191] und Erforderlichkeit[1192] der legislativen Maßnahme von einem denkbar weiten Beurteilungsspielraum aus. Dieser sei erst überschritten, wenn die Erwägungen des Gesetzgebers so fehlerhaft sind, „dass sie vernünftigerweise keine Grundlage für die vorgenommene Maßnahme abgeben können".[1193] Dies bedeutet allerdings nicht, dass sich das Gericht bei der Kontrolle gesetzgeberischer Prognosen stets auf eine Plausibilitätsprüfung beschränkt. Vielmehr setzt es unter Berücksichtigung der jeweils in Rede stehenden Rechtsgüter, der Regelungsmaterie sowie der eigenen Informationsbeschaffungsmöglichkeiten differenzierte Maßstäbe an.[1194] Danach reicht die Prüfungsdichte des BVerfG von einer Evidenzkontrolle, über eine Vertretbarkeits- bzw. Plausibilitätskontrolle hin zu einer umfassenden inhaltlichen Überprüfung der streitgegenständlichen Regelung.[1195] Adressiert die gesetzgeberische Maßnahme eine bestimmte Gefahrenlage, ergibt sich zudem eine Wechselwirkung, nach der der Prognosespielraum der Legislative

---

1190 St. Rspr. BVerfG Beschl. v. 24.4.2018 – 2 BvL 10/16, NVwZ 2018, 1044 (1047); Beschl. v. 12.5.2015 – 1 BvR 1501/13, 1 BvR 1682/13, NVwZ 2015, 1370 (1373); Beschl. v. 20.7.2010 – 1 BvR 748/06, NVwZ 2011, 224 (227); Beschl. v. 26.10.2004 – 1 BvR 911/00, NVwZ 2005, 315 (316); Urt. v. 1.3.1979 – 1 BvR 532, 533/77, 419/78, 1 BvL 21/78, NJW 1979, 699 (701); Urt. v. 11.6.1958 – 1 BvR 596/56, NJW 1958, 1035 (1037); vgl. auch Maunz/Dürig/*Papier/Shirvani*, GG, Bd. II, 87. EL. Stand März 2019, Art. 14 Rn. 139.; *Seetzen*, NJW 1975, 429 (429 ff.).

1191 Vgl. BVerfG Beschl. v. 24.4.2018 – 2 BvL 10/16, NVwZ 2018, 1044 (1047); Beschl. v. 12.5.2015 – 1 BvR 1501/13, 1 BvR 1682/13, NVwZ 2015, 1370 (1373); Beschl. v. 20.7.2010 – 1 BvR 748/06, NVwZ 2011, 224 (227); Beschl. v. 26.10.2004 – 1 BvR 911/00, NVwZ 2005, 315 (316).

1192 BVerfG Beschl. v. 29.12.2004 – 1 BvR 2582/03, 1 BvR 2283/03, 1 BvR 2504/03, NZA 2005, 153 (154); Beschl. v. 3.4.2001 – 1 BvL 32/97, NZA 2001, 777 (779); *Ulber*, NZA 2016, 619 (621 f.).

1193 BVerfG Beschl. v. 9.9.2010 – 1 BvR 2005/10, 1 BvR 2006/10, NZS 2011, 500 (501).

1194 BVerfG Urt. v. 1.3.1979 – 1 BvR 532, 533/77, 419/78, 1 BvL 21/78, NJW 1979, 699 (701); Urt. v. 28.5.1993 – 2 BvF 2/90, 2 BvF 4/92, 2 BvF 5/92, NJW 1993, 1751 (1756).

1195 Evidenzkontrolle vgl. BVerfG Beschl. v. 5.3.1974 – 1 BvL 27/72, NJW 1974, 1317; Urt. v. 31.7.1973 – 2 BvF 1/73, NJW 1973, 1539; zur Vertretbarkeits- bzw. Plausibilitätskontrolle BVerfG Beschl. v. 9.3.1971 – 2 BvR 326, 327, 341–345/69, NJW 1971, 1603; Beschl. v. 18.12.1968 – 1 BvL 5, 14/64, NJW 1969, 499; für eine umfassende inhaltliche Überprüfung etwa BVerfG Urt. v. 21.6.1977 – 1 BvL 14/76, NJW 1977, 1525; Urt. v. 25.2.1975 – 1 BvF 1–6/74, NJW 1975, 573; Urt. v. 4.3.1964 – 1 BvR 371, 373/61, NJW 1964, 1175; Urt. v. 23.3.1960 – 1 BvR 216/51, NJW 1960, 715; Urt. v. 11.6.1958 – 1 BvR 596/56, NJW 1958, 1035; vgl. auch *Neuer*, ZfPW 2018, 257 (262).

mit zunehmender Schwere des drohenden Schadens abnimmt und für den Fall, dass eine Gefährdung bereits realisiert wurde, auf ein Mindestmaß beschränkt wird.[1196] Letzteres hebt erneut die verfassungsrechtliche Überprüfbarkeit der Tatsachgrundlage gesetzgeberischer Prognosen hervor.

Abgegrenzt werden muss die Anerkennung von Ermessensspielräumen im Verfassungsrecht von Rechtsstreitigkeiten, bei denen sich die naturwissenschaftliche Richtigkeit eines bestimmten Ergebnisses der Verwaltungsentscheidung objektiv nicht abschließend beurteilen lässt. Hierzu entschied das BVerfG jüngst, dass es mit Art. 19 Abs. 4 S. 1 GG vereinbar sei, wenn das Gericht bei wissenschaftlich objektiv ungeklärten Tatsachenfragen seiner Entscheidung die Einschätzung der Behörde zugrunde legt und keine eigenen, weiteren Ermittlungen anstellt.[1197] In dieser Konstellation folgt die Einschränkung der richterlichen Kontrolle jedoch – so ausdrücklich das BVerfG – nicht aus einer der Exekutive eingeräumten Einschätzungsprärogative, sondern aus dem objektiven „Erkenntnisvakuum" des aktuellen Forschungsstands der Wissenschaft. Gleichzeitig soll nach Auffassung des Ersten Senats in grundrechtsrelevanten Bereichen eine Pflicht des Gesetzgeber zur untergesetzlichen Maßstabsbildung bestehen: Der Mangel an wissenschaftlichem Erkenntnisstand dürfe nicht dazu führen, dass privates Fachwissen ungesteuert weitereichender Einfluss auf staatliche Entscheidungen eröffnet und eine einheitliche Rechtsanwendung hierdurch gefährdet wird.[1198] Die Gefahr eines längerfristigen „Erkenntnisvakuums" sei besonders dort, wo grundrechtsrelevante Lebensbereiche geregelt werden, zu vermeiden.[1199] Ein Ermessensspielraum besteht in diesem Zusammenhang also nicht, weil es keinen Entscheidungsträger gibt, der über eine besondere fachliche Expertise verfügt. Vielmehr mangelt es an einer solchen, sodass die objektive Unmöglichkeit hinsichtlich einer abschließenden Sachverhaltsaufklärung zu einer zwangsläufigen Beschränkung der gerichtlichen Kontrolldichte führt. Abgesehen hiervon soll sich die richterliche Überprüfung der Verwaltungsentscheidung nach Auffassung des BVerfG aber nicht von der üblichen Kontrolle unterscheiden. Sie ist weitstmöglich durchzuführen und das prüfende Gericht muss sich auch ansonsten von der Plausibilität der behördlichen Entscheidung überzeugen. Wesentlich ist indes, dass nach dem Beschluss des BVerfG bei

1196 *Seetzen*, NJW 1975, 429 (431).

1197 BVerfG Beschl. v. 23.10.2018 – 1 BvR 2523/13, 1 BvR 595/14, Rn. 17, *juris*.

1198 BVerfG Beschl. v. 23.10.2018 – 1 BvR 2523/13, 1 BvR 595/14, Rn. 24, *juris*.

1199 BVerfG Beschl. v. 23.10.2018 – 1 BvR 2523/13, 1 BvR 595/14, Rn. 24, *juris*; zur Leitlinienkompetenz des Gesetzgebers in den von Unsicherheiten geprägten Bereichen auch *Jacob/Lau*, NVwZ 2015, 241 (248).

außerrechtlichen Tatsachenfragen keine Vermutung zugunsten der Gerichtsbarkeit besteht, dass diese über mehr Expertise als die Verwaltung verfügt. Aus diesem Grund kann die behördliche Einschätzung zu wissenschaftlich ungeklärten Zusammenhängen von den Gerichten übernommen werden, ohne dass dabei ein Rechtsschutzdefizit entstünde.[1200]

Ob aus der verfassungsrechtlichen Judikatur zu legislativen Prognoseentscheidungen und außerrechtlichen Tatsachenunsicherheiten Rückschlüsse auf den Ermessensspielraum bei sowie der Gerichtskontrolle von arbeitsrechtlichen Prognosen hergeleitet werden können, bedarf eines Abgleichs der jeweiligen Kontexte, innerhalb derer die Prognosen zu verorten sind. *Preis* geht jedenfalls davon aus, dass die verfassungsrechtlichen Grundsätze für die Beantwortung kündigungsrechtliche Prognosefragestellungen „Anhaltspunkte" bieten können.[1201] Einer der maßgebenden Unterschiede der Rechtsmaterien ist indes, dass der verfassungsrechtliche Prognosespielraum – soweit es nicht um Konstellationen geht, in dem ein solcher aufgrund der objektiven Unmöglichkeit einer fachwissenschaftlichen Beantwortung der Tatsachenfrage gar nicht erst besteht – dem Gesetzgeber, der über eine hinreichende Sachkompetenz verfügt oder sich eine solche jedenfalls beschaffen kann, zugesprochen wird, während arbeitsrechtliche Prognosespielräume Privatpersonen zu Gute kämen. Dies birgt die Gefahr, die Entscheidung über das mit einer normativen Regelung bezweckte Schutzniveau (teilweise) in die Hände des Einzelnen zu legen. Die Frage nach einem Ermessensspielraum arbeitsrechtlicher Prognosen kann und darf nur unter diesem Vorzeichen beantwortet werden:

2. Grundsatz: Kein Ermessensspielraum des Prognoseerstellers im Arbeitsrecht

In enger Verbindung zum *ex-ante* Bewertungsmaßstab arbeitsrechtlicher Prognosen steht die Frage nach einem Ermessen- bzw. Bewertungsspielraum des Prognoseerstellers. Für die kündigungsrechtliche Negativprognose ging bereits *Preis* davon aus, dass ein der gerichtlichen Kontrolle entzogener Entscheidungsspielraum des Arbeitgebers mit den von einer jeden Kündigung betroffenen Rechtsgüter und deren Bedeutung stets unvereinbar sei.[1202] Auch die jüngere Rechtsprechung des BAG lässt den Rückschluss auf eine umfassende richterliche Prüfung der Negativprognose zu: Die Grundlage der Prognose ist gem. § 1

1200 BVerfG Beschl. v. 23.10.2018 – 1 BvR 2523/13, 1 BvR 595/14, Rn. 22, *juris*.

1201 *Preis*, Prinzipien des Kündigungsrechts bei Arbeitsverhältnissen, 1987, S. 324.

1202 *Preis*, Prinzipien des Kündigungsrechts bei Arbeitsverhältnissen, 1987, S. 337 f.

Abs. 2 S. 4 KSchG vollständig und schlüssig vorzutragen.[1203] In einer älteren Entscheidung des Vierten Senats ließ das BAG bereits anklingen, dass Prognosen ganz grundsätzlich ein Wahrscheinlichkeitsurteil enthalten und die inhärente Ungewissheit von Prognoseentscheidungen keinen Ermessensspielraum legitimieren, der einer gerichtlichen Kontrolle entzogen werden müsste.[1204] Dementsprechend besteht – ungeachtet des konkreten Kündigungsgrundes – kein Ermessensspielraum bei der kündigungsrechtlichen Negativprognose.[1205] Die Entscheidung über das Niveau des mit dem Erfordernis einer Prognose einhergehenden Bestandsschutzes verbleibt der Arbeitsgerichtsbarkeit und kann nicht durch das subjektive Ermessen des Arbeitgebers verändert werden. Sowohl das Erfordernis einer ausgeglichenen arbeitsvertraglichen Risikoverteilung als auch die Gefahr einer Aushöhlung des Kündigungsschutzes[1206] legitimieren dieses Verständnis. Auch für das Befristungsrecht ließ das BAG schon vor Geltung des TzBfG erkennen, dass Prognoseneentscheidungen keinen kontrollfreien Bewertungsraum des Arbeitgebers innehaben.[1207] Der Arbeitgeber ist hinsichtlich der Prognosewirksamkeit demzufolge im Ausgangspunkt vollständig darlegungs- und beweisbelastet.[1208]

Zum gleichen Ergebnis findet man bei der Prognose der künftigen wirtschaftlichen Lage des Arbeitgebers nach § 16 Abs. 1 BetrAVG: Ein Ermessensspielraum besteht lediglich hinsichtlich der einzelfallbezogenen Gewichtung der Belange der Parteien innerhalb der Anpassungsentscheidung.[1209] Die

---

1203 BAG Urt. v. 20.11.2014 – 2 AZR 512/13, NZA 2015, 679 (681).

1204 BAG Urt. v. 29.8.1979 – 4 AZR 863/77, NJW 1980, 1766 (1768).

1205 *Feuerborn*, Sachliche Gründe im Arbeitsrecht, 2003, S. 236; offenlassend hingegen MüKo/*Hergenröder*, KSchG, Bd. IV, 7. Auflage 2016, § 1 Rn. 113.

1206 Zur Gefahr des Leerlaufes des Kündigungsschutzes bei Ermessensspielräumen des Arbeitgebers *Preis*, Prinzipien des Kündigungsrechts bei Arbeitsverhältnissen, 1987, S. 337 f.; im Ergebnis auch *Feuerborn*, Sachliche Gründe im Arbeitsrecht, 2003, S. 236, wonach das KSchG keinen einseitigen Eingriff in die Rechtsposition des Arbeitnehmers erlaubt.

1207 BAG Urt. v. 14.1.1982 – 2 AZR 254/81, AP Nr. 65 zu § 620 BGB; Urt. v. 29.8.1979 – 4 AZR 863/77, NJW 1980, 1766 (1768).

1208 So auch Ascheid/Preis/Schmidt/*Backhaus*, TzBfG, 5. Auflage 2017, § 14 Rn. 56; Boecken/Düwell/Diller/Hanau/*Studt*, TzBfG, Bd. III, 2016, § 14 Rn. 5; *Feuerborn*, Sachliche Gründe im Arbeitsrecht, 2003, S. 328; *Persch*, Kernfragen des Befristungsrechts, 2010, S. 263 f.; unklar insoweit ErfK/*Müller-Glöge*, TzBfG, 19. Auflage 2019, § 14 Rn. 18.

1209 Einen Spielraum im Rahmen der Anpassungsentscheidung bejahend *Beck*, ArbRAktuell 2018, 143 (143); *ders.*, ArbRAktuell 2014, 580 (581); Blomeyer/Rolfs/Otto/*Rolfs*, BetrAVG, 7. Auflage 2018, § 16 Rn. 245; ErfK/*Steinmeyer*, BetrAVG, 19. Auflage 2019,

Bewertungsgrundlage dieser Entscheidung ist hingegen nach einheitlichen Maßstäben zu bestimmen, die keinem kontrollfreien Ermessensspielraum zugänglich sind. Nicht zuletzt lässt die Judikatur des BAG eine Tendenz hin zur festen Regulierung der Anpassungsentscheidung anhand der Maßstäbe zur Bestimmung der wirtschaftlichen Lage des Arbeitgebers erkennen, denn bei Erreichen einer angemessenen Eigenkapitalrendite und -ausstattung hat der Versorgungsschudlner rechtstatsächlich keinen erkennbaren Spielraum für den Ausgang seiner Anpassungsentscheidung.[1210] Das Ermessen, welches dem Versorgungsschuldner hinsichtlich der Gewichtung der einzelnen Belange innerhalb der Anpassungsentscheidung eingeräumt wird, bedeutet nicht, dass der Arbeitgeber innerhalb der Prognostizierung der wirtschaftlichen Lage auftretende Unsicherheiten beliebig berücksichtigen bzw. unberücksichtigt lassen kann. Die Anpassungsprüfung – und damit auch die Prognose – ist einem Ermessensspielraum entzogen.[1211] Der wesentliche Grund hierfür besteht in der Gefahr einer uneinheitlichen Unternehmensbewertung, die mit dem übergreifend gleichermaßen bestehenden Interesse des Versorgungsempfängers an einem Ausgleich des erlittenen Kaufkraftverlustes unvereinbar ist.

Zuletzt geben auch die betriebsverfassungsrechtlichen Prognose innerhalb der Personalplanungsvorschriften aus § 92 Abs. 1 BetrVG sowie der Beteiligungsrechte bei personellen Einzelmaßnahmen nach § 99 BetrVG keinen Raum für ein Bewertungsermessen des Arbeitgebers her. Die Unterrichtungspflicht des Arbeitgebers innerhalb von § 92 Abs. 1 BetrVG verpflichtet zur vollständigen und wahrheitsgemäßen Auskunft über den prognostizierten Personalbedarf und Personalbestand. Ein Ermessen des Arbeitgebers darüber, ob und welche Bestandteile seiner Prognose dem Betriebsrat mitgeteilt werden, besteht nicht. Würde man eine solche Einschätzungsprärogative anerkennen, bestünde die Gefahr, dass Inhalt und Reichweite des Beteiligungsrechts der Disposition des Arbeitgebers unterliegen, sie mithin ausgehölt werden könnten. Für die Prognose innerhalb des § 99 Abs. 2 Nr. 6 BetrVG ist zu unterscheiden: Wie zuvor erörtert, ist in Fällen, in denen der Betriebsrat seine Zustimmung zur personellen Einzelmaßnahme trotz Ausbleiben eines bisherigen Fehlverhaltens rechtmäßig

---

§ 16 Rn. 35 f.; KKBHB/*Huber*, BetrAVG, 8. Auflage 2018, § 16 Rn. 101; *Matthießen*, NZA 2016, 278 (279); wohl auch *Thüsing/Granetzny*, NZG 2010, 449 (452).

1210 Hierzu bereits unter Gliederungspunkt E. I. 5. f).

1211 Blomeyer/Rolfs/Otto/*Rolfs*, BetrAVG, 7. Auflage 2018, § 16 Rn. 247; anders jedoch *Langohr-Plato*, BB 2002, 406 (406), dem zufolge auch die innerhalb der Anpassungsprüfung heranzuziehenden Parameter einem Ermessensspielraum des Versorgungsschuldners unterliegen.

verweigert, zwangsläufig ein Bewertungsspielraum hinsichtlich der „Besorgnis" i.S. der Norm anzunehmen. Das Ermessen erstreckt sich jedoch nicht auf die Tatsachengrundlage der Prognose. Diese unterliegt vielmehr einer vollständigen richterlichen Kontrolle.[1212]

In der Konsequenz ist festzuhalten, dass arbeitsrechtliche Prognosen im Grundsatz keinem Ermessens-, Entscheidungs- bzw. Bewertungsspielraum des Entscheidungsträgers zugänglich sind. Bereichsübergreifend ist dieses Ergebnis vor allem aufgrund der Gesichtspunkte der Rechtssicherheit und Aufrechterhaltung des normativ angeordneten Schutzniveaus zwingend. Darüber hinaus sind für individualarbeitsrechtliche Prognosen auch Belange der vertraglichen Risikoverteilung sowie der Bedeutung der von der Prognoseentscheidung betroffenen Rechtsgüter ausschlaggebend dafür, sämtliche Bestandteile der Prognose einer vollständigen richterlichen Kontrolle zu unterziehen.

3. Gerichtliche Prüfung der Entscheidung auf Grundlage der Tatsachenbasis – umfassende Überprüfung oder Plausibilitätskontrolle?

Die Beantwortung der Frage nach einem Ermessensspielraum des Prognoseerstellers gibt für sich genommen noch keinen Aufschluss darüber, welcher prozessuale Kontrollmaßstab für die arbeitsgerichtliche Überprüfung der Prognose gilt. Dabei ist zunächst festzustellen, dass auch die richterliche Überprüfung einer jeden Prognose im Lichte der unvermeidbaren Unsicherheitsmomente, die mit prognostischen Entscheidungen verbunden sind, erfolgt. Welche Kontrollintensität muss deshalb den Arbeitsgerichten auferlegt werden? Zu denken wäre zunächst an eine Evidenz- bzw. Missbrauchskontrolle. Ein derartig niedriger Prüfungmaßstab würde allerdings den in Frage stehenden Rechtsgütern der beteiligten Akteure kaum gerecht werden. Gerade für die individualarbeitsrechtlichen Prognosen des Kündigungs- und Befristungsrechts kann eine reine Missbrauchskontrolle dem Schutzniveau des KSchG bzw. des TzBfG nicht genügen.[1213] In Betracht kommen deshalb eine Plausibilitätskontrolle der Prognoseentscheidung sowie eine vollumfängliche Überprüfung der Prognose auf der Tatsachengrundlage, anhand derer der Prognoseersteller zu seiner Entscheidung gefunden hat.

1212 GK-BetrVG/*Raab*, Bd. II, 11. Auflage 2018, § 99 Rn. 227; Richardi/*Thüsing*, BetrVG, 16. Auflage 2018, § 99 Rn. 273.

1213 Hierzu bereits unter Gliederungspunkten C. IV. 3. und D. III. 7.

Insbesondere *Loth* spricht sich bei der befristungsrechtlichen Prognose innerhalb des § 14 Abs. 1 TzBfG für eine Plausibilitätskontrolle der Prognoseentscheidung des Arbeitgebers aus.[1214] Diese habe zur Folge, dass das prüfende Gericht die Prognosegrundlage nicht zwangsläufig in derselben Weise wie der Arbeitgeber zu bewerten habe, solange der Arbeitgeber Schlüsse aus der Informationsbasis ziehe, die „plausibel" seien.[1215] Die hieraus entstehenden Konsequenzen für die Entfristungsklage des Arbeitnehmers bleiben allerdings unklar. Befremdlich wäre jedenfalls ein Ergebnis, bei dem der überprüfende Richter nach eigener Bewertung der Prognosegrundlage zu dem Entschluss kommt, dass der Beschäftigungsbedarf des Arbeitgebers hinsichtlich des in Frage stehenden Arbeitnehmers nicht nur vorübergehender Natur ist, die anderslautende Prognose des Arbeitgebers hingegen trotzdem plausibel, mithin wirksam ist. Die Aufgabe des Richters ist bereits nicht zu prüfen, welche Prognosen auf der Grundlage der im Prozess dargelegten Tatsachen hypothetisch rechtmäßig wären, sondern ob die vom Arbeitgeber konkret getroffene Prognoseentscheidung den materiell-rechtlichen Anforderungen aus § 14 Abs. 1 TzBfG genügt. Eine an dem Verständnis von *Loth* orientierte Plausibilitätsprüfung würde zudem zwangsläufig zu einem Bewertungsspielraum des Arbeitgebers führen, da dieser anhand der ihm zur Verfügung stehenden Tatsachen zu unterschiedlichen Prognoseergebnissen finden könnte, die beide für sich genommen jeweils rechtmäßig wären. Einen solchen Ermessensspielraum gibt es – wie zuvor dargestellt – jedoch nicht. Nicht zuletzt lehnt *Loth* selbst einen Bewertungsspielraum für die kündigungsrechtliche Negativprognose ab.[1216] Berücksichtigt man die befristungsrechtliche Rechtsprechung des BAG vor Geltung des TzBfG, bestätigt sich die Annahme eines umfassenden Kontrollmaßstabs. Das Gericht ging schon zu dieser Zeit davon aus, dass die inhärente Ungewissheit einer jeden Prognose keinen arbeitgeberseitigen Entscheidungsspielraum legitimiert, der einer gerichtlichen Kontrolle verschlossen sei. Vielmehr müsse der Tatrichter die vorhandenen Informationen und Erkenntnisquellen umfassend ausschöpfen und die voraussichtliche Entwicklung so zuverlässig wie möglich selbst antizipieren.[1217]

1214 *Loth*, Prognoseprinzip und Vertragskontrolle im befristeten Arbeitsverhältnis, 2015, S. 346.

1215 *Loth*, Prognoseprinzip und Vertragskontrolle im befristeten Arbeitsverhältnis, 2015, S. 346.

1216 *Loth*, Prognoseprinzip und Vertragskontrolle im befristeten Arbeitsverhältnis, 2015, S. 100 f.

1217 BAG Urt. v. 17.2.1983 – 2 AZR 481/81, Rn. 32, *juris*; Urt. v. 14.01.1982 – 2 AZR 245/80, NJW 1982, 1475 (1475).

Einer genaueren Betrachtung bedarf in diesem Zusammenhang zudem die jüngere Rechtsprechung des BAG zur Negativprognose im Rahmen der betriebsbedingten Kündigung. Mit Blick auf die zuvor bereits erörterte Indizwirkung der tatsächlichen Entwicklung nach Erstellung der Prognoseentscheidung judizierte das Gericht, dass der tatsächliche Eintritt des Prognostizierten Rückschlüsse auf die „Ernsthaftigkeit und Plausibilität" der Prognose zulasse.[1218] Zu beachten ist hierbei allerdings, dass der Begriff der Plausibilität nicht im Kontext des Prüfungsmaßstabs, der bei der Arbeitgeberprognose insgesamt anzusetzen ist, genannt wird. Vielmehr beschränkt sich die Aussage des Gerichts auf die Indizwirkung der tatsächlichen Entwicklung nach dem Zeitpunkt der Prognoseerstellung. Wird die ursprüngliche Negativprognose durch den späteren Verlauf bestätigt, ist sie plausibel, sodass von ihrer Richtigkeit ausgegangen werden darf. Die hiermit einhergehende indizielle Wirkung modifiziert jedoch nicht den eigentlichen Prüfungsmaßstab, dem zufolge eine umfassende richterliche Würdigung der Arbeitgeberprognose vorzunehmen ist.[1219] Da das BAG einen Ermessensspielraum für die kündigungsrechtliche Negativprognose ausdrücklich ablehnt,[1220] wäre ein auf die Plausibilität der Prognoseentscheidung beschränkter Kontrollmaßstab zudem kaum mit den materiell-rechtlichen Wirksamkeitsanforderungen vereinbar.

Für die Prognose der wirtschaftlichen Lage des Arbeitgebers im Rahmen von § 16 Abs. 1 BetrAVG liegt die Annahme einer Plausibilitätskontrolle nur nahe, wenn man den im ersten Absatz der Norm verankerten Prüfungsmaßstab des „billigen Ermessens" über die Anpassungsentscheidung hinaus auch auf die Anpassungsprüfung, also die Entscheidungsgrundlage, erstreckt. Ein solches Verständnis wird jedoch überwiegend abgelehnt. Der Spielraum des Versorgungsschuldners soll sich nur auf die Gewichtung der einzelnen Belange der Vertragsparteien innerhalb der Anpassungsentscheidung beziehen.[1221]

1218 BAG Urt. v. 16.2.2012 – 8 AZR 693/10, NZA-RR 2012, 465 (468); Urt. v. 27.11.2003 – 2 AZR 48/03, NZA 2004, 477 (478); dies bestätigend Ascheid/Preis/Schmidt/*Kiel*, KSchG, 5. Auflage 2017, § 1 Rn. 481; BeckOKArbR/*Rolfs*, KSchG, 53. Ed. Stand 1.9.2019, § 1 Rn. 74; *Hunold*, NZA-RR 2013, 57 (61); MüKo/*Hergenröder*, KSchG, Bd. IV, 7. Auflage 2016, § 1 Rn. 312.

1219 Vgl. BAG Urt. v. 20.11.2014 – 2 AZR 512/13, NZA 2015, 679 (681), wonach der Arbeitgeber die tatsächlichen Prognosegrundlagen, anhand derer der Entfall des Beschäftigungsbedarfs zum Ablauf der Kündigungsfrist substantiiert werden soll, vom Arbeitgeber schlüssig vorzutragen sind.

1220 BAG Urt. v. 29.8.1979 – 4 AZR 863/77, NJW 1980, 1766 (1768).

1221 Blomeyer/Rolfs/Otto/*Rolfs*, BetrAVG, 7. Auflage 2018, § 16 Rn. 247; ErfK/*Steinmeyer*, BetrAVG, 19. Auflage 2019, § 16 Rn. 36; anders hingegen *Langohr-Plato*, BB

Berücksichtigt man, dass das BAG wiederkehrend die Notwendigkeit eines einheitlichen Bewertungsverfahrens betont, bestünde bei einer reinen Plausibilitätskontrolle die Gefahr uneinheitlicher Unternehmensbewertungen. Die Konsequenz wäre ein divergierender Schutzstandard hinsichtlich der Aufrechterhaltung der ursprünglichen Kaufkraft der Betriebsrenten. Ein gerichtlich nicht kontrollfähiger Spielraum ist deshalb ebensowenig anzunehmen wie eine Plausibilitätskontrolle. Vielmehr bedarf es einer umfassenden richterlichen Bewertung der wirtschaftlichen Konstitution des Versorgungsschuldners sowie deren voraussichtlicher Entwicklung.[1222]

Für die betriebsverfassungsrechtlichen Prognosetatbestände fehlt es bislang an einer umfassenderen Auseinandersetzung mit dem gerichtlichen Kontrollmaßstab. Hinsichtlich der personalplanungserheblichen Prognosen des Arbeitgebers im Rahmen von § 92 Abs. 1 BetrVG erübrigt sich die Fragestellung jedoch bereits aufgrund des Umstands, dass materiell-rechtliche Wirksamkeitsvoraussetzungen nicht bestehen, vielmehr beschränkt sich die richterliche Prüfung auf die (vollständige und wahrheitsgemäße) Erfüllung der Unterrichtungs- und Beteiligungsverpflichtungen des Arbeitgebers sowie auf die Prüfung, ob es sich um eine „Personalplanung" im betriebsverfassungsrechtlichen Sinne oder um ein beteiligungsfreies Vorstadium der Planung handelt.[1223] Da der Betriebsrat in der allgemeinen Personalplanung nur beschränkt beteiligt wird, kann auch die richterliche Kontrolle bei § 92 Abs. 1 BetrVG nicht auf den konkreten Inhalt der Arbeitgeberprognose erstreckt werden. Die unternehmerische Richtigkeit bzw. Plausibilität der Personalprognosen sind für die Unterrichtungs- und Beratungsverpflichtungen des Arbeitgebers bei der allgemeinen Personalplanung nicht von Bedeutung, sodass bereits kein schützenswertes Interesse des Prognoseadressaten an einer umfassenden richterlichen Würdigung besteht.[1224] Die

---

2002, 406 (406); zur Anerkennung eines Ermessensspielraums grundsätzlich *Beck*, ArbRAktuell 2018, 143 (143); *ders.*, ArbRAktuell 2014, 580 (581); Blomeyer/Rolfs/Otto/*Rolfs*, BetrAVG, 7. Auflage 2018, § 16 Rn. 245; ErfK/*Steinmeyer*, BetrAVG, 19. Auflage 2019, § 16 Rn. 35 f.; KKBHB/*Huber*, BetrAVG, 8. Auflage 2018, § 16 Rn. 101; *Matthießen*, NZA 2016, 278 (279); wohl auch *Thüsing/Granetzny*, NZG 2010, 449 (452).

1222 Ausführlich dazu unter Gliederungspunkt E. I. 7.

1223 Zu letzterem vgl. BAG Beschl. v. 6.11.1990 – 1 ABR 60/89, NZA 1991, 358 (360); Beschl. v. 27.6.1989 – 1 ABR 19/88, NZA 1989, 929 (930); Beschl. v. 19.6.1984 – 1 ABR 6/83, NZA 1984, 329 (330).

1224 Auch bei der betriebsbedingten Kündigung nach § 1 KSchG wird die der Prognose vorgelagerte unternehmrische Entscheidung lediglich einer Willkürkontrolle unterzogen, vgl. BAG Urt. v. 31.7.2014 – 2 AZR 422/13, NZA 2015, 101 (103); Urt.

gerichtliche Überprüfung der Informierung und ggf. Beteiligung des Betriebsrats ist hingegen umfassend und beschränkt sich nicht auf eine rein kursorische Prüfung. Bei der richterlichen Kontrolle einer im Rahmen von § 99 Abs. 2 Nr. 6 BetrVG gestellten Prognose ist in prozessualer Hinsicht zunächst festzustellen, dass das Beschlussverfahren gilt, welches vom Untersuchungs- bzw. Amtsermittlungsgrundsatz beherrscht wird, § 83 Abs. 1 S. 1 ArbGG.[1225] Das Arbeitsgericht hat in der Folge auch denjenigen Sachverhalt zu ermitteln, der als Tatsachengrundlage der Prognoseentscheidung des Betriebsrats fungiert. Das Beschlussverfahren stellt mit Blick auf die Darlegungs- und Beweislasten zwar sowohl Anforderungen an den Arbeitgeber als auch an den Betriebsrat,[1226] bezüglich der Gründe der Zustimmungsverweigerung ist jedoch allein der Arbeitgeber für das Nichtvorliegen dergleichen beweisbelastet.[1227] Das Amtsermittlungsprinzip erfordert zwar eine Aufklärung und Nachprüfung des Sachverhalts, allerdings resultiert hieraus keine Folge für die richterliche Prüfungsdichte, sondern nur für die Informationsgrundlage, anhand derer die richterliche Würdigung der Streitigkeit erfolgen soll. Insofern ist zunächst festzustellen, dass Erwägungen für eine (reine) Plausibilitätskontrolle der Prognoseentscheidung anders als im Kündigungs- und Befristungsrecht bislang für die Bestimmung aus § 99 Abs. 2

---

v. 20.6.2013 – 2 AZR 379/12, NZA 2014, 139 (141); Urt. v. 24.5.2012 – 2 AZR 124/11, NZA 2012, 1223 (1225); Urt. v. 23.2.2012 – 2 AZR 548/10, NZA 2012, 852 (854); Urt. v. 16.12.2010 – 2 AZR 770/09, NZA 2011, 505 (506); Urt. v. 10.7.2008 – 2 AZR 1111/06, NZA 2009, 312 (314); Urt. v. 29.3.2007 – 2 AZR 31/06, NZA 2007, 855 (857); Urt. v. 18.10.2006 – 2 AZR 434/05, NZA 2007, 552 (555); Ascheid/Preis/Schmidt/*Kiel*, KSchG, 5. Auflage 2017, § 1 Rn. 455; BeckOKArbR/*Rolfs*, KSchG, 53. Ed. Stand 1.9.2019, § 1 Rn. 353; ErfK/*Oetker*, KSchG, 19. Auflage 2019, § 1 Rn. 240a; *Hunold*, NZA-RR 2013, 57 (57); MHdBArbR/*Kreft*, Bd. II, 4. Auflage 2018, § 115 Rn. 27; *Reuter*, RdA 2004, 161 (161); *Schrader/Siebert*, NZA-RR 2013, 113 (114); für die betriebsbedingte Änderungskündigung *Herbert/Oberrath*, NJW 2008, 3177 (3179).

1225 Vgl. *Fitting*, BetrVG, 29. Auflage 2018, § 99 Rn. 290; Richardi/*Thüsing*, BetrVG, 16. Auflage 2018, § 99 Rn. 324.

1226 *Düwell*, BetrVG, 5. Auflage 2018, § 99 Rn. 76; *Fitting*, BetrVG, 29. Auflage 2018, § 99 Rn. 290.

1227 LAG Mecklenburg-Vorpommern Beschl. v. 9.3.2010 – 5 TaBV 12/09, Rn. 93, *juris*; *Düwell*, BetrVG, 5. Auflage 2018, § 99 Rn. 76; ErfK/*Kania*, BetrVG, 19. Auflage 2019, § 99 Rn. 42; *Fitting*, BetrVG, 29. Auflage 2018, § 99 Rn. 290; für eine Beweis- und Darlegungslast des Betriebsrats *Prütting*, Gegenwartsprobleme der Beweislast, 1983, S. 332, wonach nicht auf die Regelung aus Abs. 4, sondern auf die Wertungen des Abs. 2 abzustellen sei; ähnlich *Boemke*, ZfA 1992, 473 (513 f.); Richardi/*Thüsing*, BetrVG, 16. Auflage 2018, § 99 Rn. 324.

Nr. 6 BetrVG nicht angestellt wurden. In der instanzgerichtlichen Judikatur sind im Zusammenhang mit dem Zusammenspiel von Amtsermittlungsgrundsatz und Beweislastverteilung allerdings Feststellungen zu finden, denen zufolge „das Gericht in die Lage versetzt werden [muss] zu prüfen, ob die Voraussetzungen der begehrten Rechtsfolge vorliegen".[1228] Anhaltspunkte für Beschränkungen der richterlichen Überprüfung lassen sich hierbei nicht auszumachen. Speziell für den Zustimmungsverweigerungsgrund aus § 99 Abs. 2 Nr. 6 BetrVG ist zwar im Ausgangspunkt anzuerkennen, dass der Begriff der „Besorgnis" ein subjektives Element innehat[1229], jedoch kann hieraus – insbesondere in Anbetracht des Erfordernisses eines einheitlichen Bewertungsmaßstabs der in § 99 Abs. 2 BetrVG genannten Verweigerungsgründe – nicht auf einen kontrollfreien Bewertungsraum des Betriebsrats geschlussfolgert werden. Auch unter Berücksichtigung des von § 99 BetrVG ausgehenden Schutzes für die Belegschaft und den Betriebsfrieden darf – wie bereits von *Preis* für das Kündigungsschutzrecht festgestellt[1230] – die Entscheidung über das Schutzniveau einer Norm nicht an den Prognoseersteller deligiert werden, da die normative Anordnung gerade der Beschränkung einer einseitigen Interessendurchsetzung dient. Zusammenfassend sind deshalb auch den betriebsverfassungsrechtlichen Prognosetatbeständen aus §§ 92 Abs. 1, 99 Abs. 2 Nr. 6 BetrVG keine Anhaltspunkte für eine eingeschränkte, auf die Plausibilität der Entscheidung des Prognoseerstellers begrenzte richterliche Kontrolle zu entnehmen.

4. Zwischenergebnis

Den arbeitsrechtlichen Prognosen ist ein Ermessens- bzw. Bewertungsspielraum des Entscheidungsträger grundsätzlich fremd. Die hier diskutierten Prognosetatbestände bieten in materiell-rechtlicher Hinsicht keinen Raum für eine Einschätzungsprärogative des Prognoseerstellers, sodass in der Konsequenz nicht mehrere Prognoseentscheidungen auf derselben Prognosegrundlage hypothetisch getroffen werden können. Diese materiell-rechtliche Wertung hat für die prozessuale Einbettung zur Folge, dass die richterliche Kontrolldichte nicht auf eine reine Plausibilitätsprüfung der Prognoseentscheidung beschränkt ist, sondern vielmehr vollständig und unter umfassender Würdigung der vorhandenen Tatsachgrundlage stattzufinden hat. Im Kern sind sowohl das Ausbleiben eines Ermessensspielraums, als auch die Notwendigkeit einer vollständigen

---

1228 LAG Mecklenburg-Vorpommern Beschl. v. 9.3.2010 – 5 TaBV 12/09, Rn. 93, *juris*.

1229 Hierzu bereits bei Gliederungspunkt F. II. 3.

1230 *Preis*, Prinzipien des Kündigungsrechts bei Arbeitsverhältnissen, S. 337 f.

Richterkontrolle darauf zurückzuführen, dass das normativ angeordnete Schutzniveau nicht durch eine Delegierung desgleichen an den Prognoseersteller gefährdet werden darf.

IX. Keine Änderungen der an die Prognosegrundlage und Prognosewahrscheinlichkeit zu stellenden Anforderungen bei steigender (Grundrechts-)Relevanz der betroffenen Rechtsposition

Jeder arbeitsrechtliche Prognosetatbestand bezweckt den Schutz eines bestimmten Rechtsguts bzw. einer Rechtsposition. Die Schutzwirkung bezieht sich dabei regelmäßig auf den Prognoseadressaten, allerdings vermag sie sich mitunter auch auf Dritte oder sogar auf den Prognoseersteller selbst erstrecken. Während die kündigungs- und befristungsrechtlichen Prognosen nach § 1 KSchG und § 14 Abs. 1 S. 2 TzBfG ausschließlich den Rechtsgüterschutz des Prognoseadressanten (Arbeitnehmer) bezwecken, sind insbesondere den betriebsverfassungsrechtlichen Prognoseentscheidungen Schutzwirkungen zugunsten Dritter (Betriebsbelegschaft im Kollektiv) immanent. Hierbei sind die in Rede stehenden Rechtspositionen in grundrechtlich- als auch einfachgesetzlicher Hinsicht von unterschiedlicher Bedeutung bzw. Gewichtung. Zu fragen ist deshalb, ob und in welchem Umfang die von der Prognose betroffene Rechtsposition – ggf. unter Berücksichtigung ihrer Stellung in der verfassungsrechtlichen Werteordnung[1231] – Auswirkung auf den Wirksamkeitsmaßstab, d.h. das mit den einfachgesetzlichen Anforderungen einhergehende Schutzniveau hat.

1. Korrelation von Prognosemaßstab und Rechtsgüterrelevanz im Verfassungsrecht

Zurvor wurde bereits im Rahmen der Ausführungen zum Ermessensspielraum und der richterlichen Kontrolldichte erörtert, dass Prognosen auch im Verfassungsrecht, insbesondere bei legislativen Maßnahmen mit Wirtschaftsbezug von besonderer Bedeutung sind.[1232] Auch für die Fragestellung, ob und inwieweit arbeitsrechtliche Prognosemaßstäbe in Abhängigkeit von dem durch die

1231 Vgl. *Seetzen*, NJW 1975, 429 (431), wonach der Umfang des gesetzgeberischen Prognosespielraums in Korrelation zum Standort des jeweiligen Grundrechts in der verfassungsrechtlichen Werteordnung ab- bzw. zunimmt.

1232 Gliederungspunkt G. VIII. 1.; zur Einschätzungsprärogative im Arbeitsrecht zuletzt *Ulber*, NZA 2016, 619 (619 ff.).

Prognoseentscheidung betroffenen Rechtsgut und dessen Gewichtung variieren, lässt sich ein Vergleich zum grundrechtlichen Diskurs fruchtbar machen.

Das BVerfG setzt bei seiner Überprüfung legislativer Prognoseentscheidungen unterschiedliche Maßstäbe an, die sich neben dem konkreten Sachbereich und der damit verbundenen Informationskomplexität auch und insbesondere nach der Bedeutung der Rechtsgüter, die von der gesetzgeberischen Maßnahme betroffen sind, richten.[1233] Orientiert man sich an der Typik der legislativen Gestaltungsfreiheit, lässt sich ein weitgehender Gestaltungsraum für gesetzgeberische Prognoseentscheidungen vor allen dort rechtfertigen, wo das Vorhaben Grundrechte tangiert, die innerhalb der verfassungsrechtlichen Werteordnung eine vergleichsweise geringere Bedeutung haben, mithin den Grundrechtsträger nur in „untergeordneten Belangen" betreffen.[1234] Eine anhand des betroffenen Rechtsguts festgelegte Anpassung des verfassungsrechtlichen Prüfungsmaßstabs findet dabei nicht nur grundrechtsübergreifend statt. Änderungen sind auch bei einer Betroffenheit desselben Grundrechts denkbar, soweit die gesetzgeberische Maßnahme und die dahinterstehende Prognose unterschiedliche Eingriffsintensitäten aufweisen. Besonders deutlich wird diese progressive Wirkung bei der für Art. 12 Abs. 1 GG entwickelten Stufentheorie, da die Reichweite der gesetzgeberischen Einschätzungsprärogative hier mit steigernder Eingriffsintensität antiproportional abnimmt.[1235] *Scholz* verknüpft die Reichweite der Einschätzungsprärogative zudem mit den Anforderungen, die an die Tatsachengrundlage der gesetzgeberischen Prognose zu stellen sind. Für die Berufsfreiheit nach Art. 12 Abs. 1 GG bedeute dies konkret, dass zwar auch bei subjektiven Zulassungsvoraussetzungen ein Prognosespielraum bestehe, die Vertretbarkeit der gesetzgeberischen Entscheidung jedoch durch eine Informationsgrundlage zu substantiieren sei.[1236] Auch *Brunn* schlussfolgert aus der Rechtsprechung des BVerfG, dass die staatliche „Ermittlungstiefe" mit zunehmender Gewichtigkeit

---

1233 BVerfG Urt. v. 1.3.1979 – 1 BvR 532, 533/77, 419/78, 1 BvL 21/78, NJW 1979, 699 (701).

1234 So ausdrücklich *Seetzen*, NJW 1975, 429 (431); unterschieden wird mitunter zwischen Grundrechten, die für die praktische Lebensgestaltung von hoher Bedeutung sind und solchen, die nur die Abwehr gelegentlicher Einzeleingriffe der öffentlichen Gewalt bezwecken, BVerfG Urt. v. 11.6.1958 – 1 BvR 596/56, NJW 1958, 1035 (1036).

1235 BVerfG Urt. v. 11.6.1958 – 1 BvR 596/56, NJW 1958, 1035; ähnlich in der Folge BVerfG Beschl. v. 17.7.1961 – 1 BvL 44/55, NJW 1961, 2011; vgl. zudem Maunz/Dürig/*Scholz*, GG, Bd. II, 87. EL Stand März 2019, Art. 12 Rn. 340; *Seetzen*, NJW 1975, 429 (431).

1236 Maunz/Dürig/*Scholz*, GG, Bd. II, 87. EL. Stand März 2019, Art. 12 Rn. 339.

des Wertes des zu schützenden Rechtsguts steigt.[1237] Die Korrelation zwischen Prognosemaßstab und betroffenem Rechtsgut ist demzufolge ein im verfassungsrechtlichen Diskurs bekanntes Phänomen. Die grundrechtlichen Vorgaben führen in ihrer einfachgesetzlichen Konkretisierung, vordergründig im Recht der Straf- und Gefahrenabwehr, dazu, dass unbestimmte Rechtsbegriffe im Lichte der Gewichtung der betroffenen Rechtsgüter auszulegen sind. Nach den Vorgaben des BVerfG gilt deshalb: „Je gewichtiger das gefährdete Rechtsgut ist und je weit reichender es durch die jeweiligen Handlungen beeinträchtigt würde oder beeinträchtigt worden ist, desto geringere Anforderungen dürfen an den Grad der Wahrscheinlichkeit gestellt werden, mit der auf eine drohende oder erfolgte Verletzung geschlossen werden kann, und desto weniger fundierend dürfen gegebenenfalls die Tatsachen sein, die auf die Gefährdung oder Verletzung des Rechtsguts schließen lassen."[1238] Für die nachstehend aufgeworfene Frage nach einer derartigen Konnexität bei arbeitsrechtlichen Prognosen darf jedoch der ungleichartige Kontext nicht verkannt werden. Die Verbindung zwischen Grundrechtsintensität einer gesetzgeberischen Maßnahme und der vom BVerfG zugebilligten Einschätzungsprärogative wird letztlich als zwingende Folge des Verhältnismäßigkeitsgrundsatzes verstanden.[1239] Dieser gilt gleichermaßen im Verwaltungsrecht, sodass auch die hierauf gerichtete Judikatur des BVerfG unter dem Vorzeichen der unmittelbaren Grundrechtsbindung der vollziehenden Gewalt nach Art. 1 Abs. 3 GG verstanden werden muss. Die Normadressaten arbeitsrechtlicher Prognosetatbestände sind hieran jedoch nicht (unmittelbar) gebunden. Inwieweit Rechtsgüter – unter Berücksichtigung ihrer Stellung in der grundrechtlichen Werteordung – Bedeutung für den einfachgesetzlichen Wirksamkeitsmaßstab der arbeitsrechtlichen Prognosetatbestände haben können, ist in erster Linie anhand eines rechtsgüterbezogenen Vergleichs der jeweiligen Prognosespezifika zu bestimmen:

1237 *Brunn*, NJOZ 2014, 361 (364).

1238 BVerfG Urt. v. 27.7.2005 – 1 BvR 668/04, NJW 2005, 2603 (2610); vgl. auch Beschl. v. 3.3.2004 – 1 BvF 3/92, NJW 2004, 2213 (2217); Urt. v. 14.7.1999 – 1 BvR 2226/94, NJW 2000, 55 (66).

1239 Vgl. BVerfG Beschl. v. 17.7.1961 – 1 BvL 44/55, NJW 1961, 2011 (2012); Maunz/Dürig/*Scholz*, GG, Bd. II, 87. EL. Stand März 2019, Art. 12 Rn. 339; *Seetzen*, NJW 1975, 429 (429).

2. Bewertung der bereichsspezifischen Wirksamkeitsanforderungen im Lichte der adressierten Rechtsgüter und Interessen

Zunächst ist ein Blick auf die individualarbeitsrechtlichen Prognosen zu werfen. Wie bereits zuvor erörtert,[1240] kommt dem in § 1 KSchG verankerten Prinzip der Negativprognose auch grundrechtliche Bedeutung zu. Die mit dem Erfordernis der Negativprognose bezweckte Schutzwirkung ist nach richtigem Verständnis als Realisierung der staatlichen Schutzpflicht zur Errichtung eines kündigungsrechtlichen Mindestbestandsschutzes zu verstehen.[1241] Auf der Seite des Prognoseadressaten steht demnach die in Art. 12 Abs. 1 GG verankerte Berufsfreiheit des Arbeitnehmers im Vordergrund, die den Grundstein für die Errichtung eines Kündigungsschutzes bildet.[1242] Daraus ergibt sich, dass das den Regelungen des KSchG zugrundeliegende Bestandsschutzinteresse des Arbeitnehmers nicht nur einfachgesetzlichen Schutz zuerkannt bekommt, sondern auch und insbesondere verfassungsrechtliche Protektion genießt. Findet der Arbeitgeber zu einer negativen Prognoseentscheidung und attestiert er dem Arbeitnehmer dadurch, dass er von einer künftigen Aufrechterhaltung des vertraglichen Äquivalenzinteresses, einer störungsfreien Vertragsdurchführung oder einer weiterhin bestehenden Beschäftigungsmöglichkeit nicht mehr ausgeht, kommt der von der Prognoseentscheidung betroffenen Rechtsposition des Arbeitnehmers verfassungsrechtliche Bedeutung zu. Da das Arbeitsverhältnis auch regelmäßig die Erwerbs- und in der Konsequenz auch Existenzgrundlage des Arbeitnehmers in ihrer Gesamtheit darstellt[1243], betrifft die kündigungsrechtliche Negativprognose im Vergleich zu den anderen arbeitsrechtlichen Prognosetatbeständen die gewichtigsten bzw.

1240 Ausführlich unter Gliederungspunkt B. III. 1. a).

1241 Zur Bedeutung der Schutzpflichten bei der Grenzziehung des einfachgesetzlichen Kündigungsschutzes BAG Urt. v. 28.8.2008 – 2 AZR 101/07, AE 2009, 57; Urt. v. 28.6.2007 – 6 AZR 750/06, NZA 2007, 1049; zur damit verbundenen Wechselwirkung der kollidierenden Grundrechtspositionen BVerfG Beschl. v. 27.1.1998 – 1 BvL 15/87, NZA 1998, 470.

1242 BVerfG Urt. v. 24.4.1991 – 1 BvR 1341/90, NJW 1991, 1667; Urt. v. 10.3.1992 – 1 BvR 454/91, NJW 1992, 1373; Urt. v. 8.7.1997 – 1 BvR 1243/95, NJW 1997, 2312; Urt. v. 6.10.1999 – 1 BvR 2110/93, NJW 2000, 1483; Boecken/Düwell/Diller/Hanau/*Greiner*, KSchG, Bd. III, 2016, § 1 Rn. 28; KR/*Rachor*, KSchG, 12. Auflage 2019, § 1 Rn. 18; vor dem Hintergrund, dass die Berufsfreiheit auch darin liegen könnte, weniger sichere, aber dafür zu einem höheren Lohn vergütete Arbeitsplätze zu besetzen insgesamt kritisch *Thüsing*, in: Festschrift Wiedemann, 2002, S. 565.

1243 Zum unbefristeten Arbeitsverhältnis als Existenzsicherungsmechanismus *Wank*, RdA 2010, 193 (197).

bedeutsamsten Rechtspositionen des Prognoseadressaten. Gerade der Abgleich zur befristungsrechtlichen Prognose innerhalb der Sachgrundbefristung nach § 14 Abs. 1 TzBfG macht dies deutlich: Auch im befristeten Beschäftigungsverhältnis besteht ein rechtlich anzuerkennendes Bestandsschutzinteresse des Arbeitnehmers.[1244] Die Rechtsprechung ging bereits früh davon aus, dass das Erwerbssicherungsinteresse des Beschäftigten vornehmlich bei Mehrfachbefristungen regelmäßig nicht anderer Natur sein wird als dasjenige, welches im unbefristeten Arbeitsverhältnis besteht.[1245] Zwar kommt der befristungsrechtlichen Prognose im Ausgangspunkt ebenso verfassungsrechtliche Bedeutung im Sinne einer Sicherstellung von Mindestbestandsschutz zu, allerdings kann dieser nicht über das Befristungsende hinausgehen, sofern die Befristungsabrede wirksam ist.[1246] Folglich handelt es sich im befristeten Arbeitsverhältnis – verglichen mit dem Leitbild des unbefristeten Beschäftigungsverhältnisses[1247] – um einen abgeschwächten Bestandsschutz. Das betroffene Rechtsgut des Arbeitnehmers entspricht mithin demjenigen, das auch im unbefristeten Arbeitsverhältnis über die Bestimmung des § 1 KSchG normativen Schutz erhalten soll. Es wird jedoch nur in eingeschränktem Umfang und nur vorübergehend geschützt.

Betrachtet man die kündigungs- und befristungsrechtlichen Prognoseprinzipien im Lichte der zu schützenden Rechtsgüter und Interessen, ergibt sich ein Auseinanderfallen der mit dem Prognoseerfordernis verbundenen Schutzrichtung naturgemäß aus den unterschiedlichen Prognosebezugspunkten. Während die kündigungsrechtliche Negativprognose grundsätzlich auf die künftige störfreie Durchführung des Vertragsverhältnisses gerichtet ist, zielt die befristungsrechtliche Prognose auf die Feststellung der vorübergehenden Natur des Beschäftigungsbedarfs ab. Insofern vermittelt das kündigungsrechtliche Prognoseprinzip zwangsläufig ein Mehr an Bestandsschutz. Die Bezugspunkte der Prognose geben für sich genommen jedoch keinen vollständigen Aufschluss über die Wirksamkeitsmaßstäbe, die für die Prognose anzusetzen sind. Entscheidend sind im Wesentlichen die Anforderungen, die an die Substantiierung der Prognosegrundlage sowie die Prognosewahrscheinlichkeit gestellt werden. Diesbezüglich wurde bereits zuvor erörtert, dass der Arbeitgeber hinsichtlich

---

1244 Ausführlich unter Gliederungspunkt B. III. b).

1245 BAG Urt. v. 21.10.1954 – 2 AZR 25/53, BAGE 1, 128 (132).

1246 *Meinel/Bauer*, NZA 1999, 575 (578).

1247 Zum Leitbild des unbefristeten Beschäftigungsverhältnisses BAG Urt. v. 26.10.2016 – 7 AZR 140/15, NZA 2017, 463; Urt. v. 5.12.2012 – 7 AZR 698/11, NZA 2013, 515; BT-Drucks. 14/4374, S. 12; *Lakies*, ArbRAktuell 2013, 459 (459); *Schubert*, NJW 2010, 2613 (2614).

der Tatsachengrundlage seiner Prognoseentscheidung sowohl im Kündigungs- wie auch im Befristungsrecht vollständig darlegungs- und beweisbelastet ist.[1248] Einen der gerichtlichen Kontrolle verschlossenen Ermessens- und Bewertungsspielraum des Arbeitgebers für die Bewertung der zugrundegelegten Informationsbasis gibt es dabei weder im Rahmen von § 1 KSchG, noch § 14 Abs. 1 TzBfG.[1249] Gleichermaßen treffen den Arbeitgeber im befristeten wie im unbefristeten Beschäftigungsverhältnis keinerlei Informationsbeschaffungspflichten.[1250] Abseits der unterschiedlichen Prognosebezugspunkte schlägt sich die Abschwächung des arbeitnehmerischen Bestandsschutzinteresses im befristeten Arbeitsverhältnis demnach nicht in den an die Prognosegrundlage gestellten Anforderungen nieder. Vielmehr ist ein diesbezüglicher Gleichlauf der kündigungs- und befristungsrechtlichen Wirksamkeitsmaßstäbe zu verzeichnen.

Blickt man auf die Judikatur des BAG zur kündigungs- und befristungsrechtlichen Prognosewahrscheinlichkeit, bestätigt sich dieser Eindruck: Für beide Prognosetatbestände reichen eine allgemeine Ungewissheit, Vermutungen sowie subjektive Einschätzungen des Arbeitgebers nicht aus, um eine wirksame Prognoseentscheidung treffen zu können. Für die sachgrundbezogene Prognose im Befristungsrecht wird regelmäßig eine hinreichende Sicherheit über den künftigen Entfall des Beschäftigungsbedarfs gefordert. Für Mehrfach- bzw. Kettenbefristungen hat das BAG zudem festgestellt, dass auch bei steigender Zahl der Befristungen bzw. zunehmender Vertragsdauer keine strengeren Anforderungen an die Sachgrundprüfung, mithin auch an die Prüfung der Prognosewirksamkeit

---

1248 Für die kündigungsrechtliche Negativprognose BAG Urt. v. 20.11.2014 – 2 AZR 512/13, NZA 2015, 679 (681); für die befristungsrechtliche Prognose innerhalb der Sachgrundprüfung Ascheid/Preis/Schmidt/*Backhaus*, TzBfG, 5. Auflage 2017, § 14 Rn. 56; Boecken/Düwell/Diller/Hanau/*Studt*, TzBfG, Bd. III, 2016, § 14 Rn. 5; *Feuerborn*, Sachliche Gründe im Arbeitsrecht, 2003, S. 328; *Persch*, Kernfragen des Befristungsrechts, 2010, S. 263 f.; unklar hingegen ErfK/*Müller-Glöge*, TzBfG, 19. Auflage 2019, § 14 Rn. 18.

1249 Für die kündigungsrechtliche Negativprognose BAG Urt. v. 20.11.2014 – 2 AZR 512/13, NZA 2015, 679 (681); *Feuerborn*, Sachliche Gründe im Arbeitsrecht, 2003, S. 236; *Loth*, Prognoseprinzip und Vertragskontrolle im befristeten Arbeitsverhältnis, 2015, S. 101; *Preis*, Prinzipien des Kündigungsrechts bei Arbeitsverhältnissen, 1987, S. 337 f.; für die befristungsrechtliche Prognose innerhalb der Sachgrundprüfung BAG Urt. v. 14.1.1982 – 2 AZR 254/81, AP Nr. 65 zu § 620 BGB; Urt. v. 29.8.1979 – 4 AZR 863/77, NJW 1980, 1766 (1768).

1250 Ausführlich unter Gliederungspunkt G. V. 3.

zu stellen sind.[1251] Der Umstand, dass das Erwerbssicherungsinteresse des befristet Beschäftigten bei einer Vielzahl einander folgender Vertragsbefristungen regelmäßig steigt, hat demzufolge keine Auswirkung auf den Prüfungsmaßstab. Im Kündigungsrecht hingegen wird – jedenfalls den Begrifflichkeiten nach – kein für alle Kündigungsgründe gleichermaßen geltende Wahrscheinlichkeitsgrad statuiert, allerdings muss auch hier eine künftige Vertragsstörung bzw. ein Entfall der Beschäftigungsmöglichkeit „hinreichend" sicher sein[1252], sich jedenfalls „konkret und greifbar" abzeichnen.[1253] Das unterschiedliche Gewicht, das dem Bestandsschutz- und Erwerbssicherungsinteresses des Arbeitnehmers im unbefristeten bzw. befristeten Arbeitsverhältnis zukommt, schlägt sich nicht in den Anforderungen an die Prognosewahrscheinlichkeit nieder. Dann nämlich müsste der kündigungsrechtliche Prognosewahrscheinlichkeitsgrad höher sein als derjenige im Befristungsrecht. Geht man entsprechend der Judikatur des BAG im Rahmen von § 14 Abs. 1 TzBfG vom Erfordernis einer hinreichenden Sicherheit über den Eintritt des Prognostizierten aus[1254], müsste in Anbetracht des höheren Bestandsschutzes im unbefristeten Arbeitsverhältnis entsprechend eine „überwiegende" oder „hohe" Wahrscheinlichkeit bzw. eine an Sicherheit grenzende Wahrscheinlichkeit für die Negativprognose eingefordert werden. Eine derartige Korrelation zwischen der Bedeutung der von der Prognose betroffenen Rechtsposition und dem Wahrscheinlichkeitsgrad der Prognose besteht jedoch nicht. Das divergierende Maß an Bestandsschutz schlägt sich allein im Bezugspunkt der kündigungs- bzw. befristungsrechtlichen Prognose nieder.

Vergleicht man die von den Prognosetatbeständen des Kündigungs- und Befristungsrechts betroffenen Rechtsgüter mit denen, die bei der Prognose der wirtschaftlichen Lage des Arbeitgebers innerhalb der Versorgungsanpassungsprüfung

---

1251 BAG Urt. v. 18.7.2012 – 7 AZR 443/09, NZA 2012, 1351 (1353); Beschl v. 17.11.2010 – 7 AZR 443/09, NZA 2011, 34 (36).

1252 BAG Urt. v. 20.11.2014 – 2 AZR 512/13, NZA 2015, 679 (681); Urt. v. 31.7.2014 – 2 AZR 422/13, NZA 2015, 101 (103); Urt. v. 20.2.2014 – 2 AZR 346/12, NZA 2014, 1069 (1070).

1253 BAG Urt. v. 20.11.2014 – 2 AZR 512/13, NZA 2015, 679 (681); Urt. v. 20.2.2014 – 2 AZR 346/12, NZA 2014, 1069 (1070).

1254 BAG Urt. v. 27.7.2016 – 7 AZR 545/14, NZA 2016, 1531 (1533); Urt. v. 15.10.2014 – 7 AZR 893/12, NZA 2015, 362 (362); Urt. v. 4.12.2013 – 7 AZR 277/12, NZA 2014, 480 (482); Urt. v. 11.9.2013 – 7 AZR 107/12, NZA 2014, 150 (150); Urt. v. 17.3.2010 – 7 AZR 640/08, NZA 2010, 633 (634); Urt. v. 20.2.2008 – 7 AZR 950/06, NJOZ 2009, 671 (673); Urt. v. 25.8.2004 – 7 AZR 7/04, NZA 2005, 357 (358), zur sachgrundübergreifenden Anwendbarkeit dieses Wahrscheinlichkeitsgrades unter Gliederungspunkt D. III. 6.

nach § 16 Abs. 1 BetrAVG in Rede stehen, ist auf der Seite des Arbeitnehmers bzw. Betriebsrentners zunächst ein anderer Interessenkreis zu verzeichnen. Die bei der Anpassungsprüfung vorzunehmende Prognose hat keinerlei Bedeutung für den Bestand eines Arbeitsverhältnisses; umfasst werden nur laufende Leistungen[1255], sodass ausschließlich auf den Rechtskreis von Betriebsrentnern eingewirkt wird. Die Norm bezweckt die Aufrechterhaltung der ursprünglichen Kaufkraft der Versorgungsleistungen.[1256] Der hiermit verbundene Interessenkreis mag zwar bei wirtschaftlicher Betrachtung auch Teil der Existenzssicherung der Versorgungsempfänger sein, allerdings handelt es sich anders als bei den kündigungs- und befristungsrechtlichen Prognosetatbeständen nicht um die Aufrechterhaltung der Erwerbs- und Existenzgrundlage insgesamt. Mit Blick auf die Rechtsposition des Betriebsrentners betrifft die Prognose folglich ein Leistungsinteresse, dem im direkten Vergleich zum bei § 1 KSchG sowie § 14 Abs. 1 TzBfG einschlägigen Bestandsschutzinteresse weitaus weniger Gewicht bzw. Relevanz beizumessen ist. Insbesondere wirkt sich die Prognose der wirtschaftlichen Lage im Rahmen von § 16 Abs. 1 BetrAVG nicht auf grundrechtlich geschützte Güter und Interessen des Versorgungsempfängers aus. Wie beireits zuvor an anderer Stelle festgestellt wurde[1257], ist die Anpassung laufender Versorgungsleistungen nicht Teil des von Art. 12 Abs. 1 GG geschützten Erwerbsvorgangs, sondern diesem vielmehr nachgelagert. Da sich auch im laufenden Arbeitsverhältnis der grundrechtlich gewährleistete Erwerbsschutz allein auf die Tätigkeiten, durch die der Lohn verdient werden soll, erstreckt[1258] und nicht auf die Aufrechterhaltung der realen Kaufkraft der Arbeitsvergütung abzielt[1259], muss gleiches für die Leistungsphase von Betriebsrenten gelten. Dies vorangestellt bedarf es einer Klärung, ob die im Vergleich zu den kündigungs- und befristungsrechtlichen Prognoseentscheidungen weniger gewichtige Rechtsposition des Prognosebetroffenen mit herabgesetzten Anforderungen an die Substantiierung der Prognosegrundlage sowie Darlegung der Wahrscheinlichkeit

---

1255 Blomeyer/Rolfs/Otto/*Rolfs*, BetrAVG, 7. Auflage 2018, § 16 Rn. 39; KKBHB/*Huber*, BetrAVG, 8. Auflage 2018, § 16 Rn. 5; *Rößler*, NZA-RR 2007, 1 (4).

1256 *Blomeyer*, RdA 2000, 279 (285); Blomeyer/Rolfs/Otto/*Rolfs*, BetrAVG, 7. Auflage 2018, § 16 Rn. 11; ErfK/*Steinmeyer*, BetrAVG, 19. Auflage 2019, § 16 Rn. 2; *Langohr-Plato*, BB 2002, 406 (407).

1257 Ausführlich unter B. III. 1. c).

1258 Vgl. ErfK/*Schmidt*, GG, 19. Auflage 2019, Art. 12 Rn. 9.

1259 Ob die Kaufkraft des Geldes von Art. 14 GG geschützt wird, ist bislang ungeklärt, vgl. BeckOK/*Axer*, GG, 41. Ed. Stand 15.2.2019, Art. 14 Rn. 54; offenlassend auch BVerfG Urt. v. 7.9.2011 – 2 BvR 987/10, EuZW 2011, 920 (923).

der Prognose korreliert. Insofern ist hinsichtlich der Tatsachgrundlage für die Bestimmung der künftigen wirtschaftlichen Lage des Unternehmens des Versorgungsschuldners erneut festzustellen, dass der Versorgungsschuldner, mithin der Prognoseersteller vollständig darlegungs- und beweisbelastet ist. Dies gilt nicht zuletzt aufgrund des Regel-Ausnahmeverhältnisses von Anpassungs und Nichtanpassung nach der Judikatur des Dritten Senats, wonach der Arbeitgeber auf eine wirtschaftlich schlechte Lage seines Unternehmens rekurrieren kann, um die grundsätzlich vorzunehmende Anpassung der laufenden Leistungen abzuwenden. Wie auch bei den kündigungs- und befristungsrechtlichen Prognosetatbeständen besteht auch für die Prognose der wirtschaftlichen Lage i.R.v. § 16 Abs. 1 BetrAVG kein Ermessensspielraum des Arbeitgebers, der einer gerichtlichen Kontrolle entzogen wäre.[1260] Die Determinierung der Eigenkapitalrendite sowie der Eigenkapitlausstattung des Unternehmens innerhalb des dem Anpassungsstichtag vorausgehenden Anpassungszeitraums erfolgt anhand des handelsrechtlich zu ermittelnden Jahresabschlusses.[1261] Auch insoweit muss der Versorgungsschuldner umfassend Auskunft erteilen, da das Gericht die Werte zur Eigenkapitalkonstitution des Arbeitgebers vollständig überprüft. Auch wenn die kündigungs- und befristungsrechtlichen Prognosen naturgemäß andere Prognosebezugspunkte als diejenige des § 16 Abs. 1 BetrAVG aufweisen, lässt sich mit Blick auf die Anforderungen, die an die Substantiierung der Prognosegrundlage gestellt werden, feststellen, dass dem Ersteller der Prognose auch im Recht der betrieblichen Altersversorgung eine umfassende Tatsachengrundlage abverlangt wird. Dass die von der Arbeitgeberprognose betroffene Rechtsposition des Betriebsrentners auf ein monetäres Leistungsinteresse beschränkt ist und deshalb weniger Gewicht hat als diejenigen Rechtsgüter, die von den kündigungs- und befristungsrechtlichen Prognosetatbeständen betroffen sind, führt im Ergebnis nicht zu weniger weitreichenden Wirksamkeitsanforderungen.

1260 Ein solcher besteht nur mit Blick auf die Gewichtung der Belange von Versorgungsschuldner und Versorgungsempfänger im Rahmen der Anpassungsentscheidung, vgl. Blomeyer/Rolfs/Otto/*Rolfs*, BetrAVG, 7. Auflage 2018, § 16 Rn. 247; ErfK/*Steinmeyer*, BetrAVG, 19. Auflage 2019, § 16 Rn. 36; zur Anerkennung eines Bewertungsspielraums auch *Beck*, ArbRAktuell 2018, 143 (143); *ders.*, ArbRAktuell 2014, 580 (581); KKBHB/*Huber*, BetrAVG, 8. Auflage 2018, § 16 Rn. 101; *Matthießen*, NZA 2016, 278 (279); *Thüsing/Granetzny*, NZG 2010, 449 (452).

1261 BAG Urt. v. 30.9.2014 – 3 AZR 617/12, NZA 2015, 544 (554); Urt. v. 28.5.2013 – 3 AZR 125/11, NZA-RR 2013, 598 (601); vgl. auch Blomeyer/Rolfs/Otto/*Rolfs*, BetrAVG, 7. Auflage 2018, § 16 Rn. 176.

Hinsichtlich des Maßstabs für die Prognosewahrscheinlichkeit gilt wie zuvor bereits erörtert, dass die Rechtsprechung mittlerweile eine „hinreichende Wahrscheinlichkei" für eine negative Prognose der wirtschaftlichen Entwicklung des Unternehmens des Versorgungsschuldners fordert.[1262] Terminologisch wird für die betriebsrentenrechtliche Prognose demnach eine Wahrscheinlichkeit verlangt, während bei der befristungsrechtlichen Prognose dem Wortlaut nach eine hinreichende „Sicherheit"[1263] notwendig ist. Inhaltlich unterscheidet sich der Grad, mit dem der Bezugspunkt der Prognose in Zukunft realisiert werden muss, damit freilich nicht. Im Vergleich zu den Wahrscheinlichkeitsanforderungen im Befristungsrecht findet innerhalb des § 16 Abs. 1 BetrAVG also keine Herabsenkung der Wirksamkeitsmaßstäbe statt. Der Umstand, dass die betriebsrentenrechtliche Prognoseentscheidung eine auf monetäre Leistungen beschränkte Rechtsposition des Betriebsrentners betrifft und deshalb im Vergleich zur befristungsrechtlichen Prognose, die das Erwerbssicherungs- und (eingeschränkte) Bestandsschutzinteresse des Arbeitnehmers schützt, ein weniger gewichtiges Rechtsgut tangiert, schlägt sich nicht in den Rechtmäßigkeitsanforderungen für die Prognosewahrscheinlichkeit nieder.

Die personalplanungserheblichen Prognosen im Rahmen von § 92 Abs. 1 BetrVG betreffen Rechtspositionen, denen jedenfalls im Vergleich zum kündigungs- und befristungsrechtlichen Bestandsschutz- und Erwerbssicherungsinteresse am wenigsten Gewicht zukommt. Da die personalwirtschaftliche Entscheidung des Arbeitgebers über Quantität und Qualität des von ihm benötigten Personals frei von einer Mitbestimmung durch den Betriebsrat ist[1264], richtet sich § 92 Abs. 1 BetrVG nicht an grundrechtlich geschützte Rechtsgüter des Unternehmers. In die von Art. 12 Abs. 1 GG geschützte Berufsausübungsfreiheit des Arbeitgebers mag zwar durch die Informierungs- und Beratungspflichten aus § 92 Abs. 1 S. 1, 2 BetrVG eingegriffen werden, allerdings sind beide

1262 BAG Urt. v. 21.2.2017 – 3 AZR 455/15, AP Nr. 120 zu § 16 BetrAVG, Rn. 32; Urt. v. 7.6.2016 – 3 AZR 193/15, Rn. 24, *juris*; Urt. v. 21.4.2015 – 3 AZR 102/14, NJOZ 2015, 1525 (1528).

1263 BAG Urt. v. 27.7.2016 – 7 AZR 545/14, NZA 2016, 1531 (1533); Urt. v. 15.10.2014 – 7 AZR 893/12, NZA 2015, 362 (362); Urt. v. 4.12.2013 – 7 AZR 277/12, NZA 2014, 480 (482); Urt. v. 11.9.2013 – 7 AZR 107/12, NZA 2014, 150 (150); Urt. v. 17.3.2010 – 7 AZR 640/08, NZA 2010, 633 (634); Urt. v. 20.2.2008 – 7 AZR 950/06, NJOZ 2009, 671 (673); Urt. v. 25.8.2004 – 7 AZR 7/04, NZA 2005, 357 (358), zur einheitlichen Anwendung dieses Maßstabs für alle Sachgründe, die eine Prognose erfordern, bei Gliederungspunkt D. III. 6.

1264 Vgl. BAG Beschl. v. 6.11.1990 – 1 ABR 60/89, NZA 1991, 358 (362).

Beteiligungsrechte der arbeitgeberseitigen Personalprognose zeitlich nachgelagert, sodass die Prognoseentscheidung als solche keine Grundrechtsrelevanz hat.[1265] Auch auf Arbeitnehmerseite kann das Beratungsrecht des Betriebsrats allenfalls als einfachgesetzliche (Teil-)Realisierung der staatlichen Schutzpflicht zur Schaffung eines Mindestbestandsschutzes am Maßstab von Art. 12 Abs. 1 GG verstanden werden, was jedoch in Anbetracht des Schutzes aus § 99 BetrVG für personelle Einzelmaßnahmen sowie dem durch das KSchG statuierten, weiten Bestandsschutz äußerst zweifelhaft ist. Auch weil personelle Einzelmaßnahmen nach § 99 BetrVG in ihrem rechtlichen Schicksal unabhängig von der vorherigen allgemeinen Personalplanung nach § 92 BetrVG sind[1266], kommt den Prognosen innerhalb der Personalbedarfs- und Personalbestandsplanung im Ergebnis keine grundrechtliche Bedeutung zu. Die Norm schützt letztlich allein die Rechtsposition des Betriebsrats, der in den personalwirtschaftlichen Willensbildungsprozess des Unternehmers frühzeitig eingebunden werden soll, um erhöhte Transparanz und Objektivität – nicht zuletzt mit Blick auf künftige personelle Einzelmaßnahmen – zu gewährleisten. Anders als die Prognosetatbestände aus § 1 KSchG, § 14 Abs. 1 S. 1, 2 TzBfG sowie § 16 Abs. 1 BetrAVG betrifft § 92 Abs. 1 BetrVG gerade nicht den Schutz einer individuellen Bestands- bzw. Erwerbsposition und ist mithin geringer zu gewichten. Dies vorangestellt ist hinsichtlich der Prognosemerkmale „Tatsachengrundlage“ und „Wahrscheinlichkeitsgrad“ nochmals festzustellen, dass die personalplanungserheblichen Prognosen des Arbeitgebers in ihrem betriebsverfassungsrechtlichen Kontext, konkret mit Blick auf ihre Erheblichkeit im Rahmen der Unterrichtungs- und Beteiligungsrechte des Betriebsrats zu betrachten sind. Da die Prognosen des Arbeitgebers keiner materiell-rechtlichen Inhaltsprüfung unterzogen werden, sind auch keine Anforderungen an den Grad der Wahrscheinlichkeit, mit dem der prognostizierte Personalbedarf bzw. Personalbestand künftig bestehen wird, zu stellen. Demzufolge wird der Wirksamkeitsmaßstab nicht (aufgrund des geringer zu gewichtenden Rechtsguts) herabgesetzt, vielmehr findet bereits keine materiell-rechtliche Überprüfung der Prognosewahrscheinlichkeit statt.

Etwas anderers gilt bei § 92 Abs. 1 BetrVG für die Prognosegrundlage: Ebenso wie die personalwirtschaftlichen Erwägungen des Arbeitgebers sind auch

1265 Hierzu bereits unter Gliederungspunkt B. III. 1. d) aa).

1266 BeckOKArbR/*Mauer*, BetrVG, 53. Ed. Stand 1.9.2019, § 92 Rn. 7; ErfK/*Kania*, BetrVG, 19. Auflage 2019, § 92 Rn. 12; *Fitting*, BetrVG, 29. Auflage 2018, § 92 Rn. 45; GK-BetrVG/*Raab*, Bd. II, 11. Auflage 2018, § 92 Rn. 49; Richardi/*Thüsing*, BetrVG, 16. Auflage 2018, § 92 Rn. 51.

vorgelagerte wirtschaftliche Planungsschritte[1267] dem Betriebsrat vollständig, rechtzeitig sowie wahrheitsgemäß, § 121 Abs. 1 BetrVG, mitzuteilen. Dies gilt jedenfalls dann, wenn der Arbeitgeber seinen prognostizierten Personalbedarf auf wirtschaftliche Planungsdaten – die sowohl betriebswirtschaftlicher, als auch marktwirtschaftlicher Natur sein können – stützt.[1268] Anders als bei den kündigungs- und befristungsrechtlichen Prognosetatbeständen ist der Arbeitgeber an die vollständige Preisgabe seiner Informationsgrundlagen jedoch nicht gehalten, um seiner Darlegungs- und Beweislast nachzukommen, sondern um seine Unterrichtungs- und ggf. Beratungsverpflichtung ordnungsgemäß erfüllen zu können. Dies ändert jedoch nichts daran, dass der Prognoseersteller auch bei den personalplanungserheblichen Prognoseentscheidungen i.R.v. § 92 Abs. 1 BetrVG die ihm bekannten Tatsachen, die zur Grundlage der Entscheidung herangezogen werden, umfassend darzustellen sind. Deutlich wird: § 92 Abs. 1 BetrVG schützt allein den Rechtskreis des Betriebsrats, konkret dessen frühzeitige Einbindung in den personalwirtschaftlichen Entscheidungsprozess des Arbeitgebers. Gewichtigere Rechtspositionen – insbesondere grundrechtlich geschützte Interessen der Arbeitnehmer – sind nicht unmittelbarer Gegstand der Mitbestimmungsvorschrift. Diese im Vergleich zu den individualrechtlichen Prognosetatbeständen weniger gewichtige Rechtsposition korreliert nicht mit niedrigen Prüfungsmaßstäben hinsichtlich der Tatsachengrundlage der Prognoseentscheidung. Dies gilt trotz des Umstands, dass die Prognose hier in ein Unterrichtungs- und Beratungsrecht des Betriebsrats eingebettet ist und nicht wie im Kündigungs- und Befristungsrecht als materiell-rechtliche Wirksamkeitsvoraussetzung eines Rechtsgeschäfts fungiert.

Anders hingegen ist die vom Betriebsrat zu erstellende Prognose innerhalb des Zustimmungsverweigerungstatbestands aus § 99 Abs. 2 Nr. 6 BetrVG zu beurteilen. Zwar ist auch hier die Prognose in ein Beteiligungsrecht des Betriebsrats integriert, jedoch bestehen im Gegensatz zu den Personalplanungsprognosen i.R.v. § 92 Abs. 1 BetrVG materiell-rechtliche Wirksamkeitsvoraussetzungen, ohne deren Einhaltung die Prognose fehlerhaft, die Zustimmungsverweigerung mithin rechtswidrig ist.[1269] Auch greift das Mitbestimmungsrecht in die von Art. 12 Abs. 1 GG geschützte Berufsausübungsfreiheit, konkret die Vertrags- und

1267 Vgl. zum Umfang der Unterrichtungspflicht Richardi/*Thüsing*, BetrVG, 16. Auflage 2018, § 92 Rn. 29, dem zufolge die Personalplanung regelmäßig „abgeleitete" Planung ist; anders jedoch BAG Beschl. v. 19.6.1984 – 1 ABR 6/83, NZA 1984, 329 (329).

1268 Richardi/*Thüsing*, BetrVG, 16. Auflage 2018, § 92 Rn. 29.

1269 Ausführlich unter Gliederungspunkt F. II. 6.

Dispositionsfreiheit des Arbeitgebers ein, sodass bei der Mitbestimmung bei personellen Einzelmaßnahmen grundrechtlich geschützte Rechtspositionen betroffen sind. Anders als § 92 Abs. 1 BertVG hat der Zustimmungsverweigerungstatbestand aus § 99 Abs. 2 Nr. 6 BetrVG jedenfalls mittelbar auch Bedeutung für die individualrechtliche Stellung des betroffenen Arbeitnehmers bzw. Bewerbers[1270] und stellt regelmäßig einen mittelbar-faktischen Eingriff in die Berufsfreiheit des Betroffenen dar. Ordnet man die Vorschrift in das Gesamtsystem der arbeitsrechtlichen Prognosen ein, so betrifft sie – in erster Linie auf der betriebsverfassungsrechtlichen Ebene – im Gegensatz zum kündigungsrechtlichen Prognoseprinzip nicht die Beendigung, sondern die Begründung bzw. inhaltliche Ausgestaltung des Beschäftigungsverhältnisses. Betroffen ist deshalb nicht das Bestands- bzw. Erwerbssicherungsinteresse des Arbeitnehmers. Im Falle der Einstellung ist vielmehr der Zugang zur Erwerbsgrundlage Gegenstand des Zustimmungstatbestands und damit auch des Prognoseerfordernisses. Ob diese (noch nicht erlangte) Rechtsposition geringer zu gewichten ist als das von den kündigungs- und befristungsrechtlichen Prognosen betroffene Bestandsschutzinteresse, darf bezweifelt werden. Vergleicht man die Auswirkung des betriebsverfassungsrechtlichen Prognoseerfordernisses mit dem kündigungsrechtlichen Prognoseprinzip, wird jedenfalls in Konstellationen, bei denen es sich um einen Mitarbeiter mit langjähriger Betriebszugehörigkeit und in der Folge hohem Maß an Vertrauensschutz[1271] handelt, dem Prognoseerfordernis des Kündigungsrechts eine weitreichendere Rechtsgutsintensität zugesprochen werden müssen. Handelt es sich bei der personellen Einzelmaßnahme um eine Versetzung, steht nicht einmal der Zugang zur Erwerbsgrundlage in Rede, sodass die Rechtsposition des Betroffenen zumindest in diesem Fall weniger gewichtig ist. Unter Berücksichtigung dieser Einordnung der Rechtsgüter lässt ergibt eine Betrachtung der an die Prognosegrundlage zu stellenden Anforderungen, dass der Arbeitgeber für das Nichtvorliegen eines Zustimmungsverweigerungsgrunds beweisbelastet

---

1270 Hierzu bereits unter Gliederungspunkt F. II. 6.; die Zustimmung des Betriebsrats ist jedoch auf individualrechtlicher Ebene keine Wirksamkeitsvoraussetzung für den Abschluss des Vertrags, vgl. BAG Urt. v. 21.2.2017 – 1 AZR 367/15, NZA 2017, 740 (742); Urt. v. 5.4.2001 – 2 AZR 580/99, NZA 2001, 893 (897); Urt. v. 2.7.1980 – 5 AZR 1241/79, NJW 1981, 703 (703); *Czerny*, Personelle Einzelmaßnahmen, 2014, S. 51; GK-BetrVG/*Raab*, Bd. II, 11. Auflage 2018, § 99 Rn. 176; Richardi/*Thüsing*, BetrVG, 16. Auflage 2018, § 99 Rn. 329 ff.

1271 Zur Konnexität von Vertragsdauer und Vertrauensmaß *Binkert*, NZA 2016, 721 (725 f.).

ist.[1272] Konkret bedeutet dies für den Zustimmungsverweigerungsgrund aus § 99 Abs. 2 Nr. 6 BetrVG, dass der Arbeitgeber das Ausbleiben einer Besorgnis hinsichtlich künftiger Störungen des Betriebs- und Belegschaftsfriedens darzulegen hat. Zwar gilt im Beschlussverfahren vor den Arbeitsgerichten der Untersuchungs- bzw. Amtsermittlungsgrundsatz gem. § 83 Abs. 1 S. 1 ArbGG[1273], jedoch sind alle prognoserelevanten Tatsachen darzulegen, um dem Gericht eine Prüfung aller Voraussetzungen der Prognose zu ermöglichen.[1274] Da der Betriebsrat regelmäßig auf ein vergangenes Fehlverhalten des Betroffenen abstellen wird, um eine Wiederholungsgefahr zu begründen[1275] und dadurch seine Prognose einer künftigen Störung des Betriebsfriedens zu substantiieren, sind wie für die kündigungsrechtliche Negativprognose objektive Tatsachen aus der Vergangenheit darzulegen, um die Rechtmäßigkeit der Prognose zu beweisen.[1276] An dieser Stelle sei erneut darauf hingewiesen, dass die Prognose im Ramen von § 99 Abs. 2 Nr. 6 BetrVG in ein betriebsverfassungsrechtliches Mitbestimmungsrecht implementiert ist, die kündigungs- und befristungsrechtlichen Prognosen hingegen Wirksamkeitsvoraussetzungen von individualrechtlichen Rechtsgeschäften sind. Dieser strukturelle Unterschied ändert dessen ungeachtet – wie auch bereits für die betriebsverfassungsrechtliche Prognose bei § 92 Abs. 1 BetrVG zuvor festgestellt – nichts daran, dass der Umfang der Darlegungs- und Beweislasten hinsichtlich der Prognosegrundlage bei § 99 Abs. 2 Nr. 6 BetrVG im Wesentlichen denjenigem, der für die kündigungs- und befristungsrechtlichen

1272 LAG Mecklenburg-Vorpommern Beschl. v. 9.3.2010 – 5 TaBV 12/09, Rn. 93, *juris*; *Düwell*, BetrVG, 5. Auflage 2018, § 99 Rn. 76; ErfK/*Kania*, BetrVG, 19. Auflage 2019, § 99 Rn. 42; *Fitting*, BetrVG, 29. Auflage 2018, § 99 Rn. 290; für eine Beweis- und Darlegungslast des Betriebsrats *Prütting*, Gegenwartsprobleme der Beweislast, 1983, S. 332, wonach nicht auf die Regelung aus Abs. 4, sondern auf die Wertungen des Abs. 2 abzustellen sei; ähnlich *Boemke*, ZfA 1992, 473 (513 f.); Richardi/*Thüsing*, BetrVG, 16. Auflage 2018, § 99 Rn. 324.

1273 *Fitting*, BetrVG, 29. Auflage 2018, § 99 Rn. 290; Richardi/*Thüsing*, BetrVG, 16. Auflage 2018, § 99 Rn. 324.

1274 Zum Umfang der Darlegungspflicht LAG Mecklenburg-Vorpommern Beschl. v. 9.3.2010 – 5 TaBV 12/09, Rn. 93, *juris*.

1275 Eine wirksame Prognose kann darüber hinaus grundsätzlich auch gestellt werden, wenn es um ein erstmaliges Fehlverhalten geht, mithin noch keine rechtswidrigen bzw. gegen die Grundsätze aus § 75 Abs. 1 BetrVG verstoßenden Handlungen in der Vergangenheit zu verzeichnen waren, vgl. BAG Beschl. v. 16.11.2004 – 1 ABR 48/03, NZA 2005, 775 (778).

1276 Ausführlich zur Prognosegrundlage bei der für § 99 Abs. 2 Nr. 6 BetrVG zu stellenden Prognose unter Gliederungspunkt F. II. 3.

Prognosen gilt, entspricht. Im Gegensatz zum Prognosetatbestand innerhalb der allgemeinen Personalplanung greift § 99 Abs. 2 Nr. 6 BetrVG in grundrechtlich geschützte Rechtspositionen von Arbeitgeber und Arbeitnehmer ein und weist deshalb ein höheres Maß an Rechtsgutsintensität auf. Verglichen mit denjenigen Rechtspositionen, die im KSchG bzw. TzBfG von den dort statuierten Prognoseerfordernissen betroffen sind, ist die Grundrechtsintensität im Ergebnis jedoch – wie bereits zuvor erörtert – geringer. In Anbetracht der umfänglichen Darlegungs- und Beweislast des Arbeitgebers hinsichtlich der Tatsachengrundlage der betriebsverfassungsrechtlichen Prognoseentscheidung lässt sich mit Blick auf die kündigungs- und befristungsrechtlichen Prüfungsmaßstäbe kein herabgesetzter Wirksamkeitsmaßstab feststellen. Vielmehr findet die geringere Gewichtung bzw. Grundrechtsintensität des Prognoseerfordernisses keinen Niederschlag.

Zuletzt bedarf es einer rechtsgüterbezogenen Bewertung der Prüfungsmaßstäbe zur Prognosewahrscheinlichkeit im Rahmen von § 99 Abs. 2 Nr. 6 BetrVG. Zuvor wurde bereits festgestellt, dass sowohl Rechtsprechung als auch Literatur bislang eine tiefergehende Auseinandersetzung mit dem Grad der Wahrscheinlichkeit, der für die Prognose des Betriebsrats einzufordern ist, vermissen lassen. Allenfalls diejenigen Ausführungen, die sich mit dem zeitlichen Zurückliegen des für die Prognosegrundlage herangezogenen Fehlverhaltens aus der Vergangenheit und den damit verbundenen Folgen für den Wirksamkeitsmaßstab der Prognose auseinandersetzen, können im weitesten Sinne als Diskurs zur Prognosewahrscheinlichkeit verstanden werden.[1277] Nach der hier vertretenen Auffassung ist eine Angleichung des betriebsverfassungsrechtlichen Maßstabs für den Wahrscheinlichkeitsgrad der Prognose an die Rechtsprechung zu den Prognosetatbeständen aus § 14 Abs. 1, 2 TzBfG sowie § 16 Abs. 1 BetrAVG geboten, sodass die Zustimmungsverweigerung nur auf § 99 Abs. 2 Nr. 6 BetrVG gestützt werden kann, wenn künftig mit einem rechtswidrigen Verhalten und einer hieraus resultierenden Störung des Betriebsfriedens mit „hinreichender Wahrscheinlichkeit" bzw. „hinreichender Sicherheit"[1278] gerechnet werden kann.

1277 Hierzu ausführlich unter Gliederungspunkt F. II. 4., vgl. *Fitting*, BetrVG, 29. Auflage 2018, § 99 Rn. 253a; HWGNRH/*Huke*, BetrVG, 10. Auflage 2018, § 99 Rn. 225; zur Bedeutung einer zwischenzeitlichen Distanzierung des Betroffenen von seinem vergangenen Fehlverhalten auch BAG Beschl. v. 16.11.2004 – 1 ABR 48/03, NZA 2005, 775 (778).

1278 Für die Prognosewahrscheinlichkeit im Befristungsrecht BAG Urt. v. 16.1.2018 – 7 AZR 21/16, NZA 2018, 663 (664); Urt. v. 21.3.2017 – 7 AZR 222/15, NZA 2017, 663 (633); Urt. v. 15.5.2012 – 7 AZR 35/11, NZA 2012, 1366 (1368); Urt. v. 17.3.2010 – 7 AZR

Bloße Vermutungen, basierend auf dem subjektiven Empfinden des Betriebsrats, reichen im Umkehrschluss nicht für eine wirksame Prognose aus. Trotzdem bedarf es – unabhängig davon, ob eine Wiederholungsgefahr oder ein erstmaliges künftiges Fehlverhalten in Rede steht – keiner absoluten Gewissheit für die Besorgnis der Störung des Betriebsfriedens. In der Konsequenz entspricht jedenfalls nach der hier vertretenen Ansicht der für die Prognose anzusetzende Wahrscheinlichkeitsgrad demjenigen, der auch bei den befristungs- und betriebsrentenrechtlichen Prognosetatbeständen Anwendung findet. Fraglich ist in der Folge, ob auch die jeweils von der Prognoseentscheidung betroffenen Rechtspositionen bzw. Güter und Interessen gleich zu gewichten sind. Bei denjenigen Prognosen, die im Rahmen einer Zustimmungsverweigerung zur Einstellung eines Arbeitnehmers erstellt werden, steht der Zugang des Betroffenen zu einer Erwerbsgrundlage in Frage. Sie richtet sich deshalb jedenfalls nicht an ein weitaus weniger gewichtiges Rechtsgut als das Prognoseerfordernis i.R.v. § 14 Abs. 1, 2 TzBfG, das das Erwerbssicherungsinteresse des befristet Beschäftigten betrifft.[1279] Etwas anderes gilt hingegen, wenn die Zustimmung zur Versetzung eines Arbeitnehmers Gegenstand der Betriebsratsanhörung ist. Dann nämlich wird durch die Prognose weder die Begründung, noch eine Beendigung bzw. Fortführung des Arbeitsverhältnisses konterkariert. Erfolgt die Zustimmungsverweigerung gem. § 99 Abs. 2 Nr. 6 BetrVG also für eine beabsichtigte Versetzung des Beschäftigten, ist kein vergleichbar gewichtiges Rechtsgut betroffen. Ein Recht auf Beibehaltung eines bestimmten Arbeitsplatzes (oder auch „Recht am Arbeitsplatz“) gibt es nicht.[1280] Auch nach der Rechtsprechung des BVerfG kann aus Art. 12 Abs. 1 GG keine Bestandsgarantie für einen einmal gewählten Arbeitsplatz hergeleitet werden.[1281] Doch auch für Fälle der Versetzung wird

640/08, NZA 2010, 633 (634); *Bader*, NZA-RR 2018, 169 (171); BeckOKArbR/*Bayreuther*, TzBfG, 53. Ed. Stand 1.6.2019, § 14 Rn. 27; *Zundel*, NJW 2018, 126 (130); zuvor wurde auch von „einiger Sicherheit“ gesprochen, BAG Urt. v. 28.3.2001 – 7 AZR 701/99, NZA 2002, 666 (668); ErfK/*Müller-Glöge*, TzBfG, 19. Auflage 2019, § 14 Rn. 18; zum Grad der Prognosewahrscheinlichkeit innerhalb der Anpassungsprüfung nach § 16 Abs. 1 BetrAVG vgl. BAG Urt. v. 21.2.2017 – 3 AZR 455/15, AP Nr. 120 zu § 16 BetrAVG, Rn. 32; Urt. v. 7.6.2016 – 3 AZR 193/15, Rn. 24, *juris*; Urt. v. 21.4.2015 – 3 AZR 102/14, NJOZ 2015, 1525 (1528).

1279 Zum Abgleich zwischen dem Erwerbssicherungsinteresse im befristeten und unbefristeten Beschäftigungsverhältnis grundlegend BAG Urt. v. 21.10.1954 – 2 AZR 25/53, BAGE 1, 128 (132).

1280 Ähnlich Boecken/Düwell/Diller/Hanau/*Greiner*, KSchG, Bd. III, 2016, § 1 Rn. 30 f.

1281 BVerfG Beschl. v. 27.1.1998 – 1 BvL 15/87, NJW 1998, 1475 (1475).

weder in Rechtsprechung, noch Literatur eine rechtsgüterbezogene Anpassung der Prognosemaßstäbe diskutiert. Die Wirksamkeitsanforderungen sind demzufolge hinsichtlich der Prognosewahrscheinlichkeit einheitlich und gelten auch mit Blick auf § 99 Abs. 2 Nr. 6 BetrVG unabhängig davon, welches Rechtsgut bzw. welche Rechtsposition von der Prognoseentscheidung betroffen ist.

Festzuhalten bleibt: Die arbeitsrechtlichen Prognosetatbestände betreffen bzw. schützen verschiedenste Rechtsgüter und Interessen. Die Bezugspunkte der jeweiligen Prognosen sind bereits deshalb grundlegend verschieden. Hinsichtlich der Substantiierung der Prognosegrundlage und Prognosewahrscheinlichkeit resultieren hieraus jedoch keine unterschiedlichen, am Maßstab der Gewichtung und Relevanz des in Rede stehenden Rechtsguts festzulegenden Wirksamkeitsanforderungen. Insbesondere für den Grad der Wahrscheinlichkeit gilt bereichsübergreifend, dass eine hinreichende Wahrscheinlichkeit bzw. Sicherheit für den Eintritt des prognostizierten Umstands bestehen muss. Dies gilt unabhängig davon, ob die Prognose das Bestandsschutzinteresse des Arbeitnehmers und damit das rechtliche Schicksal des Beschäftigungsverhältnisses in seiner Gänze betrifft oder etwa ein rein monetäres Leistungsinteresse adressiert.

X. Ergebnis zu den allgemeingültigen Bewertungsmaßstäben arbeitsrechtlicher Prognosen

Trotz der verschiedenen Lebenssachverhalte, die die Prognosen des Individual- und Kollektivarbeitsrechts regeln, begegnen die teilrechtsgebietsspezifischen Ausformungen einigen Rechtmäßigkeitsanforderungen, die für sämtliche Prognoseerfordernisse im Arbeitsrecht gleichermaßen und allgemein Geltung beanspruchen. Unbestritten steht in erster Linie fest, dass Prognosen im Wege der *ex-ante* Betrachtung zu überprüfen sind. Dies gebietet bereits der Zukunftsbezug der Prognose sowie die damit zwangsläufig verbundenen, der Entscheidung inhärenten Unsicherheiten über die künftige Entwicklung des Prognostizierten. Einer *ex-post* Sichtweise stehen insbesondere Gesichtspunkte der Risikoverteilung entgegen. Der Prognoseersteller soll regelmäßig nicht das (vollständige) Risiko für sämtliche Entwicklungen in der Zukunft übernehmen, sondern auf der Grundlage der ihm zum Zeitpunkt der Prognoseerstellung verfügbaren Informationen entscheiden. Der *ex-ante* Grundsatz ist dabei kein arbeitsrechtliches Spezifikum. Auch im allgemeinen Zivilrecht – etwa bei der Prognose innerhalb des vorzeitigen Rücktritts nach § 323 Abs. 4 BGB oder der Prognostizierung des entgangenen Gewinns nach § 252 S. 2 BGB – werden nachträglich eintretende Entwicklungen bei der Überprüfung der Prognose nicht berücksichtigt. Dies gilt auch außerhalb des Zivilrechts. Für das Strafrecht ist exemplarisch die

Gefährdungsprognose im Rahmen von § 315c StGB zu nennen, im Öffentlichen Recht gilt das *ex-ante* Prinzip vor allem für den Gefahrenbegriff des Polizei- und Ordnungsrechts. Auch der Abgleich zu den Aufwendungsersatzansprüchen des allgemeinen Zivilrechts verdeutlicht zudem, dass die *ex-ante* Kontrolle immer dann, wenn Mechanismen für eine angemessene Kosten- und Risikoverteilung notwendig werden, Anwendung findet.

In engem Zusammenhang dazu gilt sodann bereichsübergreifend, dass die Vorhersehbarkeit der Entwicklung nach Erstellung der Prognose in materiellrechtlicher Hinsicht unbeachtlich ist. Unabhängig davon, ob sie zugunsten oder zuungunsten des Prognoseerstellers gehen, sind später eintretende Veränderungen für die materielle Rechtmäßigkeit unbeachtlich. Ein anderes Ergebnis würde den *ex-ante* Grundsatz verwässern und den Prognoseersteller über Gebühr belasten. Dadurch werden zwar Korrekturen von fehlerhaften Prognosen nicht ausgeschlossen. Diese erfolgen jedoch nicht über ein nachträgliches Einwirken auf die Prognose, sondern durch anderweitige, der ursprünglichen Prognose nachgelagerte Korrekturmechanismen. Die im Folgezeitraum stattfindenden Veränderungen sind indes nicht vollständig bedeutungslos: Ihnen kommt regelmäßig eine prozessuale Indizwirkung zu. Verifiziert die tatsächliche Entwicklung die ursprüngliche Prognose, resultiert hieraus eine indizielle Wirkung für die Rechtmäßigkeit der Entscheidung. Falsifiziert der Verlauf die Prognoseentscheidung *ex-post*, erhöhen sich hingegen die Anforderungen an die Darlegungs- und Beweislast des Prognoseerstellers.

Ihre wesentliche Konkretisierung finden die Prognosetatbestände über die Rechtmäßigkeitsanforderungen, die an die Tatsachengrundlage und Prognosewahrscheinlichkeit gestellt werden. Allgemein gilt dabei, dass jede Prognose einer Substantiierung durch objektive Tatsachen bedarf. Die Informationsgrundlage wird in diesem Zusammenhang durch dem Beweis zugängliche Ereignisse und Situationen gebildet, sodass Grundlage der Prognoseentscheidung nie das subjektive Empfinden des Erstellers, sondern die objektiven Gegebenheiten zum Zeitpunkt der Entscheidungsfindung sind. Der einer jeden Prognose inhärente Zukunftsbezug führt nicht darüber hinweg, dass die Tatsachengrundlage bei allen arbeitsrechtlichen Prognosetatbeständen einen Vergangenheitsbezug aufweist. Die bisherige Entwicklung ist dementsprechend bereichsübergreifend die maßgebende Informationsgrundlage der Entscheidung, wenn und soweit diese Rückschlüsse auf den künftigen Verlauf zulässt. Dies gilt allgemein und unabhängig vom Bezugspunkt der Prognose. Die Geeignetheit der Tatsachengrundlage für eine nachvollziehbare Darlegung der künftigen Entwicklung bemisst sich zudem nicht allein dem Inhalt nach. Es besteht vielmehr auch ein temporales Element. Die Zeitspanne zwischen der in der Vergangenheit liegenden Tatsache und dem Entscheidungszeitpunkt ist regelmäßig zu berücksichtigen. Genannt sei exemplarisch die Prognose innerhalb des Zustimmungsverweigerungsgrundes nach § 99 Abs. 2 Nr. 6 BetrVG, bei der ein vergangenes Fehlverhalten des Betroffenen nicht uneingeschränkt zur Prognosegrundlage genommen werden kann, wenn dieser sich zwischenzeitlich deutlich und ernsthaft von seinem bisherigen Verfehlungen distanziert hat und aufgrund der Zeitspanne deutlich wird, dass eine Wiederholungsgefahr nicht besteht. Neben der Prognosegrundlage ist als zweite maßgebliche Säule die Prognosewahrscheinlichkeit Gegenstand der richterlichen Überprüfung arbeitsrechtlicher Prognosen. In Anlehnung an die Ausarbeitungen *Musielaks* zum Verhältnis zwischen Wahrscheinlichkeiten und der prozessualen Beweislast gilt auch für Prognosen im Arbeitsrecht, dass die Schätzwerte der Prognosewahrscheinlichkeiten objektive Richtlinien zur Entscheidung über die prognoseerheblichen Tatsachen bilden, mithin also das Kontrollmittel richterlicher Subjektivität darstellen. Daraus ergibt sich zunächst für alle Prognosetatbestände, dass bloße Vermutungen, die in Ermangelung einer objektiven Tatsachengrundlage auf der subjektiven Einschätzung des Prognoseerstellers beruhen, nicht dazu geeignet sind, einen bestimmten Wahrscheinlichkeitsgrad darzulegen. Arbeitsrechtliche Prognosen erfordern in der Regel eine „hinreichende Sicherheit" dafür, dass das Prognostizierte tatsächlich eintreten wird. Die Abstraktheit des Wahrscheinlichkeitsgrads macht insoweit eine richterliche Kontretisierung notwendig: Der rechtstatsächliche Bedeutungsgehalt der Wahrscheinlichkeit wird durch die Anforderungen, die an die Tatsachengrundlage der Prognose zu stellen sind, ermittelt. Auch dies gilt für sämtliche Prognosen des Arbeitsrechts gleichermaßen. Es besteht in der Konsequenz eine Konnexität zwischen Prognosewahrscheinlichkeit und Prognosegrundlage. Letzteres konkretisiert den abstrakten Wahrscheinlichkeitsgrad. Denn erst die an die Entscheidungsgrundlage zu stellenden Anforderungen geben Aufschluss darüber, welche Tatsachen vorliegen bzw. vom Prognoseersteller plausibel gemacht werden müssen, um davon ausgehen zu können, dass ein bestimmter Grad an Wahrscheinlichkeit für den Eintritt des Prognostizierten besteht. Die Feststellung *Prüttings*, der zufolge die abstrakte Wahrscheinlichkeit einen Teil der Beweiswürdigung und keine eigenständige Beweislastregel darstellt, gibt in Bezug auf die richterliche Kontrolle arbeitsrechtlicher Prognosen den inneren Zusammenhang zwischen Tatsachgrundlage und Prognosewahrscheinlichkeit vor.

Von besonderer Bedeutung ist die Frage nach der Anerkennung eines Prognosespielraums i.S. eines Ermessens des Prognoseerstellers sowie der damit verbundenen Kontrolldichte der Arbeitsgerichte. Zwar wird in anderen Rechtsgebieten wie etwa dem Verfassungsrecht in bestimmten Umfang Ermessen bei der Prognostizierung künftiger Entwicklungen eingeräumt. Für das Arbeitsrecht gilt jedoch der Grundsatz, dass Prognosen keinen Bewertungsspielräumen zugänglich sind. Grund hierfür sind teilrechtsgebietsübergreifende Belange der Rechtssicherheit sowie der Aufrechterhaltung des normativ angeordneten Schutzniveaus, das durch die zwingenden materiell-rechtlichen Rechtmäßigkeitsanforderungen der Prognosetatbestände realisiert wird. So soll der Arbeitgeber etwa nicht in der Hand haben, über das durch das KSchG vermittelte Bestandsschutzniveau – wenn auch nur zu einem bestimmten Teil – disponieren zu können. Gleiches gilt für die Kaufkraft der Betriebsrenten: Der Teuerungsausgleich darf nicht dem freien Ermessen des Versorgungsschuldners unterliegen, indem dieser etwa ohne detaillierte Darlegung schlechte wirtschaftliche Entwicklungen seines Unternehmens prognostiziert. Zumindest für die kündigungs- und befristungsrechtlichen Prognoseerfordernisse und der betriebsrentenrechtlichen Prognose nach § 16 Abs. 1 BetrAVG tritt zudem das Bedürfnis für eine angemessene vertragliche Risikoverteilung hinzu. Die normativ austarierte Zuordnung der Fehlprognoserisiken soll für jeden Einzelfall gleichermaßen aufrechterhalten werden, was nur möglich ist, wenn kein Ermessen besteht und die richterliche Überprüfung der Prognoseentscheidung umfassend stattfindet. Die prozessuale Konsequenz aus dem Ausbleiben eines materiell-rechtlichen Ermessensspielraums ist die vollständige richterliche Überprüfung aller Rechtmäßigkeitsanforderungen der Prognosetatbestände. Entgegen der Bewertungs *Loths* kann eine reine Plausibilitätskontrolle nicht genügen. Die Judikatur des BAG zur Kontrolldichte im Kündigungs- und Befristungsrecht lässt sich für alle Prognosen des Arbeitsrechts fruchtbar machen, mit dem Ergebnis, dass der Tatrichter die vorhandenen Informationen und Erkenntnisquellen umfassend ausschöpfen und die voraussichtliche Entwicklung so zuverlässig wie möglich selbst antizipieren muss.

Zuletzt ergibt sich aus der Gesamtschau zu den arbeitsrechtlichen Prognosen, dass die an die Prognosegrundlage und Prognosewahrscheinlichkeit zu stellenden Anforderungen nicht in Abhängigkeit zur (grundrechtlichen) Relevanz der von der Entscheidung betroffenen Rechtsgüter steigen bzw. sinken. Eine an der Rechtsgüterrelevanz orientierte Maßstabsbildung, wie es das Verfassungsrecht kennt, kann im Kontext arbeitsrechtlicher Prognosetatbstände keine Geltung beanspruchen. Das BVerfG setzt bei der Überprüfung legislativer Prognoseentscheidungen unterschiedliche Maßstäbe an. Welcher Maßstab gilt, bemisst sich dabei mitunter nach der Tragweite der Rechtsgüter, die von der gesetzgeberischen Maßnahme betroffen sind. Einen vergleichsweise weiten Gestaltungsspielraum wird der Legislative deshalb zugesprochen, wenn die gesetzgeberische Prognose Grundrechte tangiert, die innerhalb der verfassungsrechtlichen Werteordnung eine vergleichsweise geringere Bedeutung haben. Auch das BVerfG unterscheidet dabei zwischen Grundrechten, die für die praktische Lebensgestaltung von hoher Bedeutung sind und solchen, die nur die Abwehr gelegentlicher Einzeleingriffe der öffentlichen Gewalt bezwecken. Dieses Verständnis kann nicht auf arbeitsrechtliche Prognoseentscheidungen übertragen werden: Bereits der rechtsgüterbezogene Abgleich zwischen den kündigungs- und befristungsrechtlichen Prognoseprinzipien macht deutlich, dass aus dem nur in abgeschwächter Form bestehenden Bestandsschutzinteresse im befristeten Arbeitsverhältnis keine geringeren Anforderungen an die Prognosegrundlage und -wahrscheinlichkeit zu stellen sind als im Kündigungsrecht. Vielmehr ist – abseits der durch die divergierenden Prognosebezugspunkte zwangsläufig bestehenden Unterschieden – ein Gleichlauf zu verzeichnen. Nichts anderes resultiert aus dem rechtsgüterorientierten Vergleich zur betriebsrentenrechtlichen Prognose. Der Umstand, dass die betriebsrentenrechtliche Prognoseentscheidung eine auf monetäre Leistungen beschränkte Rechtsposition des Betriebsrentners betrifft und deshalb im Vergleich zur befristungsrechtlichen Prognose, die das Erwerbssicherungs- und (eingeschränkte) Bestandsschutzinteresse des Arbeitnehmers schützt, ein weniger gewichtiges Rechtsgut tangiert, schlägt sich nicht in den Rechtmäßigkeitsanforderungen für die Prognosewahrscheinlichkeit nieder. Auch die betriebsverfassungsrechtlichen Prognosen lassen trotz des Umstands, dass sie in Beteiligugnsrechte des Betriebsrats eingebettet sind und demzufolge einen wesentlich anderen Regelungszusammenhang aufweisen, keinen inneren Zusammenhang zwischen den von den Prognosen jeweils betroffenen Rechtsgütern bzw. -positionen und den an die Rechtmäßigkeitsprüfung zu stellenden Anforderungen erkennen.

H. Abschließende Zusammenfassung der Erkenntnisse

I. Die teilrechtsgebietsspezifische Betrachtung arbeitsrechtlicher Prognoseentscheidungen führt zu folgenden Ergebnissen:

1. Der Prognosegedanke fand seinen Einzug in das Arbeitsrecht zunächst im Kündigungsrecht. Unabhängig vom Grund der Kündigung bedarf diese für ihre Wirksamkeit einer sog. Negativprognose. Trotz der bei den Kündigungsgründen divergierenden Prognosebezugspunkten muss die richterliche Überprüfung einheitlichen Bewertungsmaßstäben zugeführt werden. Dies gilt abseits des *ex-ante* Grundsatzes vor allem für die Prognosewahrscheinlichkeit, bei der generell eine hinreichende Sicherheit einzufordern ist. Ungeachtet des konkreten Kündigungsgrundes und der jeweiligen Darlegungs- und Beweislastverteilung kommt dem Arbeitgeber kein Ermessens- oder Bewertungsspielraum hinsichtlich der Validität seiner Prognoseentscheidung zu. Die gerichtliche Kontrolldichte entspricht insofern derjenigen, die für die Prüfung der Sozialwidrigkeit der Arbeitgeberkündigung insgesamt angewendet wird. Dass die Entscheidung über das Bestandsschutzniveau trotz der einer Prognose inhärenten Unsicherheitsmomente umfassend beim Gesetzgeber bzw. der Arbeitsgerichtsbarkeit verbleibt, ist aus Gründen der vertraglichen Risikoverteilung und auch in Anbetracht der Gefahr, normativen Kündigungsschutz auszuhöhlen, richtig und geboten.

2. § 14 Abs. 1 TzBfG ist als Einschränkung der in § 620 Abs. 1 BGB zum Ausdruck kommenden Vertragsabschlussfreiheit zu verstehen, legitimiert durch die Notwendigkeit einer dem Vertragsschluss vorstehenden Vertragsparität. Das befristungsrechtliche Prognoseprinzip bildet dabei ein wesentliches Instrumentarium zur Herbeiführung dieser Parität, indem es das Flexibilisierungsinteresse des Arbeitgebers und das Erwerbssicherungsinteresse des Arbeitnehmers austariert. In Anbetracht der strukturellen Eigenarten von Zeitbefristung, Zweckbefristung sowie der auflösenden Bedingung sind an die Wirksamkeit der jeweiligen Prognosen unterschiedliche Anforderungen zu stellen. Gleiches gilt für die in § 14 Abs. 1 S. 2 Nr. 1 – 8 TzBfG genannten sachlichen Gründe. Sie erfordern Modifikationen der Prognosegrundlage und des Prognosebezugspunkts.

a) Wenig Beachtung kommt dem Problemfeld der Prognosewahrscheinlichkeit zu. In Anlehnung an die Rechtsprechung zur Befristung nach § 14 Abs. 1 S. 2 Nr. 1 TzBfG muss sachgrundübergreifend gelten, dass der prognostizierte

Umstand mit „hinreichender Sicherheit" eintreten wird. Ein anderer Wahrscheinlichkeitsgrad ist nur dann geboten, wenn dem Arbeitgeber ein erhöhtes Maß an Steuer- und Planbarkeit des Prognosebezugspunkts zuzusprechen ist. Der wichtigste Anwendungsfall für eine Modifikation ist dabei die Abordnungsvertretung.

b) Der Rückgriff des BAG auf die Grundsätze des institutionellen Rechtsmissbrauchs bei der Kontrolle von Mehrfach- bzw. Kettenbefristungen trägt dem Umstand, dass eine gesetzliche Höchstgrenze für Sachgrundbefristungen fehlt, Rechnung. Die Schaffung einer der eigentlichen Sachgrundprüfung nachgelagerten Missbrauchskontrolle ist jedoch dogmatisch unzulänglich und nicht zwingend notwendig. Das Kernanliegen des Siebten Senats des BAG ist es, materiell-rechtliche Konnexität entlang der Befristungskette herzustellen. Die indiziell wirkenden Höchstwerte der Rechtsprechung sind jedoch rein prozessualer Natur und geben keinen Aufschluss über die befristungsrechtlichen Wirksamkeitsmaßstäbe. Die beabsichtigte Konnexität einzelner Befristungsabreden sollte deshalb bei der Tatsachengrundlage der letztvertraglichen Prognose verortet werden. Sofern entsprechend der Vereinbarungen im Koalitionsvertrag für die 19. Legislaturperiode eine Höchstgrenze für Sachgrundbefristungen normiert wird, entfiele hierdurch der Nährboden der derzeitigen Missbrauchsprüfung. Eine Prognose über die vorübergehende Natur des Beschäftigungsbedarfs wäre jedoch weiterhin erforderlich.

3. Dem betriebsrentenrechtlichen Prognoseerfordernis kommt im Rahmen der Bestimmung der „wirtschaftlichen Lage" des Versorgungsschuldners i.S. von § 16 Abs. 1 BetrAVG Bedeutung für den Ausgang der Anpassungsprüfung zu. Nach der Rechtsprechung des BAG bilden dabei die Eigenkapitalrendite und Eigenkapitalausstattung die wichtigsten Bestimmungsfaktoren. Da die branchenübliche Eigenkapitalquote in den jeweiligen Marktsektoren mitunter erheblich divergiert, sind in Ergänzung zur derzeitigen Judikatur weitere Parameter für die Unternehmensbewertung heranzuziehen. Miteinzubeziehen sind Kennzahlen zur Investitionsquote, zum Working Capital sowie ggf. Liquiditätskennzahlen. Zu vermeiden ist, dass der Arbeitgeber trotz mangelhafter Kapitalallokation zur Anpassung von Versorgungsleistungen verpflichtet wird. Der im Wortlaut des § 16 Abs. 1 BetrAVG verankerte Bewertungsspielraum beschränkt sich dabei auf den Ausgang der Anpassungsentscheidung. Über den materiellrechtlich einzufordernden Wahrscheinlichkeitsgrad oder die Tatsachengrundlage der Prognoseentscheidung kann der Versorgungsschuldner gerade nicht disponieren. Die Anpassungsprüfung erfolgt vielmehr nach einheitlichen, zwingenden Bewertungsmaßstäben.

4. Das Betriebsverfassungsrecht weist Prognosetatbestände innerhalb der Personalplanungsvorschrift des § 92 Abs. 1 BetrVG und der Mitbestimmung bei personellen Einzelmaßnahmen entsprechend § 99 BetrVG, konkret im Rahmen des Zustimmungsverweigerungsgrundes nach § 99 Abs. 2 Nr. 6 BetrVG, auf. Zwar sind beide Bestimmungen dem Kontext der betrieblichen Personalwirtschaft zuzuordnen. Sie weisen jedoch in Anbetracht der verschiedenen Beteiligungsrechte, in die sie eingebettet sind, Unterschiede hinsichtlich des Wirksamkeitsmaßstabs und der Rechtsfolgen auf.

a) Für § 92 Abs. 1 BetrVG gilt eine beschränkte richterliche Prüfung der Arbeitgeberprognosen. Ob der künftige Personalbedarf und Personalbestand überhaupt prognostiziert wird oder vielmehr im Vorstadium der Personalplanung Handlungsmöglichkeiten durch den Arbeitgeber eruiert werden, unterliegt der gerichtlichen Kontrolle. Nicht kontrollfähig ist hingegen die inhaltliche Richtigkeit bzw. Plausibilität der Personalprognosen. Der Betriebsrat soll lediglich über die Prognosen des Arbeitgebers unterrichtet werden sowie – beschränkt auf die Personalbestandsplanung – sein Beratungsrecht wahrnehmen können. Mitbestimmungsrechte des Betriebsrats bestehen erst bei der Ausschreibung von Arbeitsplätzen gem. § 93 BetrVG und bei personellen Einzelmaßnahmen nach § 99 BetrVG.

b) Innerhalb des Zustimmungsverweigerundstatbestands aus § 99 Abs. 2 Nr. 6 BetrVG ist danach zu fragen, ob der Betriebsrat unter Berücksichtigung der zum Zeitpunkt der Entscheidung vorgelegenen Informationsgrundlage eine künftige Störung des Betriebsfriedens prognostizieren konnte, ungeachtet des Verhaltens, welches der Betroffene im Nachgang der Entscheidung aufweist. Ebenso wie im Kündigungs- und Befristungsrecht muss die Rechtswirksamkeit der Prognose aus der *ex-ante* Sichtweise bestimmt werden. Eine „Besorgnis" i.S.v. § 99 Abs. 2 Nr. 6 BetrVG kann auch bestehen, wenn kein gesetzeswidriges Verhalten in der Vergangenheit vorlag. Es bedarf in diesen Konstellationen einer Einschätzung des Betriebsrats anhand objektiver Umstände, die letztlich nur einer richterlichen Evidenzkontrolle zugänglich ist. Sowohl die Rechtsprechung als auch die Literatur widmen sich bislang der Frage nach dem Grad an Wahrscheinlichkeit, der für die Prognose des Betriebsrats notwendig ist, nur in ihren Grundzügen. Notwendig ist ein dynamischer Maßstab, der in Abhänigkeit zu den Tatsachen, die zur Grundlage der Entscheidung herangezogen werden, zu modifizieren ist. Auch die Judikatur des Ersten Senats des BAG lässt erkennen, dass die Wahrscheinlichkeit einer Wiederholungsgefahr regelmäßig abnimmt, wenn das frühere Fehlverhalten auf einer besonderen, künftig nicht mehr ohne Weiteres zu erwartenden betrieblichen Situation beruht.

II. Die teilrechtsgebietsübergreifende Betrachtung arbeitsrechtlicher Prognoseentscheidungen führt zu folgenden abstrahierten, allgemein geltenen Grundsätzen:

1. Die Rechtswirksamkeit arbeitsrechtlicher Prognosen muss im Wege der *ex-ante* Betrachtung bestimmt werden. Anders als bei einer *ex-post* Bewertung wird durch das Abstellen auf den Zeitpunkt der Rechtsfolgenauslösung bzw. Prognoseerstellung eine angemessene Verteilung des Fehlprognoserisikos gewährleistet. Auch mit Blick auf das Bedürfnis nach Rechtssicherheit ist der *ex-ante* Grundsatz zwingend.

a) Abseits der arbeitsrechtlichen Prognosen gilt zudem ebenso für prognostische Annahmen im allgemeinen Zivilrecht der *ex-ante* Grundsatz. Vordergründig sehen die Vorschrift zum vorzeitigen Rücktritt nach § 323 Abs. 4 BGB und die Regelung zur prognostischen Ermittlung des entgangenen Gewinns nach § 252 S. 2 BGB Prognosen vor, deren Rechtswirksamkeit losgelöst vom Eintritt nachträglicher Änderungen zu bestimmen sind. Der arbeitsrechtliche *ex-ante* Grundsatz weist darüber hinaus strukturelle Parallelen zu den zivilrechtlichen Aufwendungsersatzansprüchen auf. Die regelmäßige Beschränkung der Ersatzansprüche auf das Erforderliche gebietet gleichermaßen eine *ex-ante* Überprüfung. Dies gilt insbesondere für das Recht zur eigenständigen Mängelbeseitigung im Werkvertragsrecht nach § 637 Abs. 1 BGB, für den Regress in der Lieferkette gem. § 445a Abs. 1 BGB sowie bei der Eigenvornahme der Mängelbeseitigung im Mietrecht nach § 536a Abs. 2 BGB. Sinn und Zweck der *ex-ante* Betrachtung ist dort ebenso wie bei arbeitsrechtlichen Prognoseentscheidungen eine angemessene Verteilung der (vertraglichen) Transaktions- und Kostenrisiken.

b) Basierend hierauf ist die Judikatur des BAG zur Anpassungsprüfungspflicht nach § 16 Abs. 1 BetrAVG restriktiv anzuwenden. Für eine einheitliche Bestimmung des Errechnungs- und Beurteilungszeitraums ist notwendig, dass nachträgliche Entwicklungen des Unternehmens nur indizielle Wirkung haben. Einer vollwertigen Berücksichtigung steht entgegen, dass der Versorgungsschuldner derartige Umstände – mögen sie auch in ihren Grundzügen vorhersehbar sein – zum Zeitpunkt der Anpassungsentscheidung nicht zuverlässig quantifizieren kann.

2. Wird die Prognose durch die spätere Entwicklung der prognoserelevanten Umstände verifiziert, resultiert hieraus eine Indizwirkung für die Rechtmäßigkeit der Prognoseentscheidung. Der Grundsatz der *ex-ante* Perspektive bleibt hiervon unberührt. Widerspricht der spätere Verlauf dem Prognostizierten, kann zwar teilrechtsgebietsübergreifend nicht ausnahmslos von einer indizierten Fehlprognose gesprochen werden. Allgemein gilt jedoch, dass sich in dieser Konstellation die an die Darlegungs- und Beweislast des Prognoseerstellers zu richtenden Anforderungen erhöhen.

3. Die Bewertungs- bzw. Informationsgrundlage arbeitsrechtlicher Prognosen wird regelmäßig aus Tatsachen gebildet, die der Vergangenheit, mithin dem Zeitraum vor der Prognoseerstellung zuzuordnen sind.

a) Für keinen der arbeitsrechtlichen Prognosetatbestände ist es zwingend, die Entscheidung durch Ereignisse und Umstände mit Bezug zur Vergangenheit zu substantiieren. Sofern derartige Tatsachen jedoch vorliegen und für die voraussichtliche Entwicklung aussagekräftig sind, werden die an die Darlegungs- und Beweislast gerichteten Anforderungen hieran konkretisiert.

b) Wie regelmäßig derartige Tatsachen die Informationsgrundlage der Prognoseentscheidungen bilden, ist je nach Teilrechtsgebiet unterschiedlich. Bei der Anpassungsprüfungsverpflichtung nach § 16 Abs. 1 BetrAVG wird der Versorgungsschuldner nur in Ausnahmefällen die wirtschaftliche Entwicklung im vorangegangenen Anpassungszeitraum nicht berücksichtigen können, während befristungsrechtliche Prognosen nach § 14 Abs. 1 S. 1, 2 TzBfG regelmäßig ohne eine Tatsachengrundlage mit Vergangenheitsbezug erstellt werden müssen. Anderes gilt nur für Mehrfachbefristungen, bei denen zwischen den Parteien eine vertragliche Historie bereits besteht.

c) Nicht alle prognoserelevanten Tatsachen mit Vergangenheitsbezug sind für die Substantiierung der Prognoseentscheidung gleichgewichtig. Die Länge der Zeitspanne, die zwischen der Tatsache und dem Zeitpunkt der Prognoseerstellung liegt, hat Auswirkung auf die Geeignetheit, den künftigen Verlauf vorherzusehen. Mit zunehmender zeitlicher Distanz mindert sich dabei die Aussagekraft der Informationsgrundlage kontinuierlich. Dies gilt auch und insbesondere für die kündigungsrechtliche Negativprognose bei der verhaltensbedingten Kündigung, bei der die Bedeutung der Abmahnung – als Bestandteil der Prognosegrundlage – mit der Zeit abnimmt, wenn sie hinreichend lange zurückliegt und der Pflichtverstoß durch ein beanstandungsfreies Verhalten im Folgezeitraum faktisch überholt ist.

4. Die Prognosewahrscheinlichkeit kann nicht exakt bemessen werden, sodass die richterliche Einschätzung regelmäßig maßgebend ist. Die Schätzwerte der Wahrscheinlichkeiten bilden objektive Richtlinien für die Entscheidung über die Tatsachenfrage und stellen in der Konsequenz das maßgebende Kontrollmittel richterlicher Subjektivität dar. Für die arbeitsrechtlichen Prognosen gilt allgemein, dass eine „hinreichende Sicherheit" für den künftigen Eintritt des Prognostizierten bestehen muss. Es bedarf keiner Gewissheit i.S.v. § 286 ZPO. Da den Arbeitsgerichten für die tatsachenbezogene Konturierung des Wahrscheinlichkeitsgrads weder ein subjektives Bewertungsmaß vorgegeben, noch normativ eröffnet ist, muss die rechtstatsächliche Konkretisierung anhand tatsachenbezogener Anforderungen, die an die Prognosegrundlage gestellt werden, stattfinden.

5. Es besteht eine Konnexität zwischen dem für die Prognoseentscheidung notwendigen Grad an Wahrscheinlichkeit und der Tatsachengrundlage der Prognose. Ungeachtet des einzufordernden Grads können Wahrscheinlichkeitswerte grundsätzlich nicht mathematisch bemessen werden, sodass im Rahmen der richterlichen Kontrolle der Prognose nur eine Annäherung erfolgt. Diese erfolgt durch eine tatsachenbezogene Konkretisierung der an die Prognosegrundlage zu stellenden Anforderungen. Gegenstand der Wahrscheinlichkeitsprüfung ist vor diesem Hintergrund ein Abgleich zwischen dem abstrakt vorgegebenen Wahrscheinlichkeitsgrad und den an die Tatsachengrundlage der Prognoseentscheidung gestellten Anforderungen. Da das Wahrscheinlichkeitsmaß dem Gericht als objektive Größe normativ vorgegeben ist, kann ihr Vorliegen im konkreten Einzelfall nur unter Rückgriff auf die Informationsgrundlage der Prognoseentscheidung festgestellt werden.

6. Werden arbeitsrechtliche Prognosen nachträglich falsifiziert, hat dies keinen Einfluss auf den Wirksamkeitsmaßstab, der für Folgeprognosen anzusetzen ist. Die diesbezüglichen Erwägungen in der Literatur enstanden ursprünglich zu § 14 Abs. 1 S. 1, 2 TzBfG und sollten einen Lösungsansatz für missbräuchliche Kettenbefristungen bieten. Für die Prognosen des Arbeitsrechts gilt, dass eine derartige Verknüpfung nicht mit dem *ex-ante* Grundsatz vereinbar ist.

7. Anders als bei der Kontrolle prognostischer Entscheidungen im Verfassungs- und Verwaltungsrecht besteht im Arbeitsrecht kein Ermessensspielraum des Prognoseerstellers. Das jeweils normativ angeordnete Schutzniveau darf nicht durch kontrollfreie Dispositionsräume der Vertragsparteien herabgesenkt werden. In prozessualer Hinsicht folgt hieraus, dass auch die gerichtliche Kontrolldichte nicht auf eine Evidenz- oder Plausibilitätsprüfung beschränkt ist. Vielmehr muss das erkennende Gericht unbeschränkt und eigenständig auf der Grundlage der vorgebrachten Tatsachen über die Rechtmäßigkeit der Prognose entscheiden.

8. Die verfassungsrechtlichen Grundsätze zur Konnexität der richterlichen Kontrolldichte und der Gewichtung des von der Prognose betroffenen, grundrechtlich geschützten Rechtsguts können nicht auf die einfachgesetzliche Wirksamkeitsprüfung arbeitsrechtlicher Prognosen übertragen werden. Die an die Prognosegrundlage und Prognosewahrscheinlichkeit zu stellenden Anforderungen sind nicht in Abhängigkeit zur (grundrechtlichen) Gewichtung der von der Prognose betroffenen Rechtsposition anzuheben oder zu senken. Dies gilt unabhängig davon, ob die Prognose ausschließlich auf der Seite des Prognoseadressaten, oder ebenso für den Prognoseersteller Auswirkungen auf das Schicksal der geschützten Rechtspositionen hat.

Literaturverzeichnis

Adam, Roman F., Kündigungsschutz und Befristungsbeschränkung – ein Verfassungsgebot!, AuR 2009, 378 ff.

Adam, Roman F., Sanktion, Prognoseprinzip und Vertragsstörung bei der verhaltensbedingten Kündigung im Arbeitsrecht, NZA 1998, 284 ff.

Annuß, Georg, Das System der Betriebsratsvergütung, NZA 2018, 134 ff.

Annuß, Georg / Thüsing, Gregor (Hrsg.), Kommentar zum Teilzeit- und Befristungsgesetz, 3. Auflage, München/Bonn 2012 (zit.: *Bearbeiter*, in: Annuß/Thüsing, TzBfG, § Rn).

Ascheid, Reiner, Betriebsbedingte Kündigung – Unternehmerentscheidung und außerbetriebliche Gründe, DB 1987, 1144 ff.

Ascheid, Reiner / Preis, Ulrich / Schmidt, Ingrid (Hrsg.), Kündigungsrecht, 5. Auflage, Diez, Köln/Erfurt 2017 (zit.: Ascheid/Preis/Schmidt/*Bearbeiter*, Kündigungsrecht, § Rn.).

Aszmons, Mattis / Beck, Alexander, Der Wiedereinstellungsanspruch auf einen Blick – Rechtlicher Umgang und praktische Umsetzung, NZA 2015, 1098 ff.

Auer-Reinsdorff, Astrid / Conrad, Isabell (Hrsg.), Handbuch IT- und Datenschutzrecht, 2. Auflage, München 2016 (zit.: *Bearbeiter*, in: Auer-Reinsdorff/Conrad, IT- und Datenschutzrecht, 2. Auflage 2016, § Rn.).

Bader, Peter, Die Befristung von Arbeitsverträgen zur Vertretung und der Rechtsmissbrauch, NJW 2017, 989 ff.

Bader, Peter, Die gerichtsfeste betriebsbedingte Kündigung, NZA-Beilage 2010, 85 ff.

Bader, Peter, Die neuere Rechtsprechung zum Befristungsrecht, NZA-RR 2018, 169 ff.

Bader, Peter / Fischermeier, Ernst / Gallner, Inken / Klose, Oliver K. / Kreft, Burghard / Kreutzberg-Kowalczyk, Matthias / Krumbiegel, Markus / Link, Christian / Lipke, Gert-Albert / Rachor, Stephanie / Rinck, Ursula / Spelge, Karin / Spilger, Andreas Michael / Treber, Jürgen / Vogt, Norbert / Weigand, Horst, KR Gemeinschaftskommentar zum Kündigungsschutzgesetz und zu sonstigen kündigungsschutzrechtlichen Vorschriften, 12. Auflage, Köln 2019 (zit.: KR/*Bearbeiter*, KSchG, 12. Auflage 2019, § Rn.).

Bader, Peter / Jörchel, Gabriele, Das Befristungsrecht weiter in Bewegung – Eine kritische Bestandsaufnahme seit 2014, NZA 2016, 1105 ff.

Bamberger, Heinz Georg / Roth, Herbert / Hau, Wolfgang / Poseck, Roman (Hrsg.), BeckOK BGB, 51. Edition Stand 1.8.2019, München (zit.: BeckOK/*Bearbeiter*, BGB, 51. Ed. Stand 1.8.2019, § Rn.).

Bauer, Jobst-Hubertus / Arnold, Christian, EuGH kippt deutsches Urlaubsrecht – Die Schultz-Hoff-Entscheidung und ihre Folgen, NJW 2009, 631 ff.

Bayreuther, Frank, Kettenbefristung zur Vertretung von Arbeitnehmern, NZA 2013, 23 ff.

Beck, Charlotte, Aktuelle Rechtsprechung des BAG zur Anpassung von Betriebsrenten, ArbRAktuell 2015, 94 ff.

Beck, Charlotte, Aktuelle Rechtsprechung des BAG zur betrieblichen Altersversorgung, ArbRAktuell 2014, 580 ff.

Beck, Charlotte, Aktuelle Rechtsprechung des BAG zur betrieblichen Altersversorgung, ArbRAktuell 2018, 143 ff.

Becker, Hans Paul / Peppmeier, Arno, Investition und Finanzierung, 8. Auflage, Mainz 2018.

Bengelsdorf, Peter, Alkoholkonsum und personenbedingte Kündigung, NZA-RR 2002, 57 ff.

Bengsch, Karen, Der verfassungsrechtlich geforderte Mindestkündigungsschutz im Arbeitsverhältnis, Jena 2005.

Berenz, Claus / Christian, Betz-Rehm / Huber, Brigitte / Kemper, Kurt / Kisters-Kölkes, Margret (Hrsg.), BetrAVG Kommentar zum Betriebsrentengesetz mit Insolvenzsicherung und Versorgungsausgleich, 8. Auflage, Köln 2018 (zit.: KKBHB/*Bearbeiter*, BetrAVG, 8. Auflage 2018, § Rn.).

Berger-Delhey, Ulf / Alfmeier, Klaus, Freier Mitarbeiter oder Arbeitnehmer?, NZA 1991, 257 ff.

Berkowsky, Wilfried, Die personen- und verhaltensbedingte Kündigung, 4. Auflage, Halle 2005.

Berkowsky, Wilfried, Die verhaltensbedingte Kündigung – Teil 1, NZA-RR 2001, 1 ff.

Bezani, Thomas, Die krankheitsbedingte Kündigung, Köln 1994.

Binkert, Gerhard, Die Rechtsprechung zur Entbehrlichkeit der Abmahnung vor verhaltensbedingten Kündigungen – Überlegungen zur Dogmatik, NZA 2016, 721 ff.

Blaha, Ralf / Mehlich, Tobias, Unbefristeter Arbeitsvertrag durch Wahl? – Vertragsfreiheit contra „Azubi-Schutz", NZA 2005, 667 ff.

Blomeyer, Wolfgang, Ansätze zu einer Dogmatik des Betriebsrentenrechts nach 25 Jahren BetrAVG und einer ersten Gesetzesreform (RRG 1999), RdA 2000, 279 ff.

Blomeyer, Wolfgang, Der Entgeltumwandlungsanspruch des Arbeitnehmers in individual- und kollektivrechtlicher Sicht, DB 2001, 1413 ff.

Blomeyer, Wolfgang, Die wirtschaftliche Lage des Arbeitgebers – ein zentraler Begriff des Ruhegeldrechts -, NZA 1985, 1 ff.

Blomeyer, Wolfgang / Otto, Klaus / Rolfs, Christian (Hrsg.), Betriebsrentengesetz Kommentar, 7. Auflage, Köln/Nürnberg 2018 (zit.: Blomeyer/Otto/Rolfs/*Bearbeiter*, BetrAVG, 7. Auflage 2018, § Rn.).

Boecken, Winfried / Diller, Martin / Düwell, Josef / Hanau, Hans (Hrsg.), Gesamtes Arbeitsrecht, Band III, Baden-Baden 2016 (zit.: Boecken/Düwell/Diller/Hanau/*Bearbeiter*, § Rn.).

Boecken, Winfried / Joussen, Jacob (Hrsg.), Teilzeit- und Befristungsgesetz Handkommentar, 6. Auflage, Konstanz/Bochum 2019 (zit.: Boecken/Joussen/*Bearbeiter*, TzBfG, 6. Auflage 2019, § Rn.).

Boemke, Burkhard, Das arbeitsgerichtliche Zustimmungsersetzungsverfahren nach § 99 Abs. 4 BetrVG, ZfA 1992, 473 ff.

Boemke, Burkhard / Jäger, Jan-David, Befristung wegen Eigenart der Arbeitsleistung – unter besonderer Berücksichtigung des Profisports, RdA 2017, 20 ff.

Boewer, Dietrich, Der Wiedereinstellungsanspruch – Teil 1, NZA 1999, 1121 ff.

Bonin, Birger, Die Richtlinie 2002/14/EG zur Unterrichtung und Anhörung der Arbeitnehmer und ihre Umsetzung in das Betriebsverfassungsrecht, AuR 2004, 312 ff.

Börner, Nils / Lämpe, Philipp A., Aktuelle Entwicklungen zur Anpassungsprüfung von Betriebsrenten nach § 16 Abs. 1 BetrAVG, BB 2018, 761 ff.

Brose, Wiebke, Die BAG-Rechtsprechung zu § 14 I 2 Nr. 3 TzBfG – Ein Fall für den EuGH, NZA 2009, 706 ff.

Brose, Wiebke / Sagan, Adam, Kettenbefristung wegen Vertretungsbedarfs im Zwielicht des Unionsrechts, NZA 2012, 308 ff.

Brunn, Bernd, Prognosen mit rechtlicher Bedeutung – Höchstrichterliche Rechtsprechung zu Prognoseentscheidungen durch Gesetzgeber, Verwaltungen und Gerichte, NJOZ 2014, 361 ff.

Bruns, Patrick, Institutioneller Missbrauch als Kontrollparameter im arbeitsrechtlichen Befristungsrecht, NZA 2013, 769 ff.

Buchner, Herbert, Notwendigkeit und Möglichkeiten einer Deregulierung des Kündigungsschutzrechts, NZA 2002, 533 ff.

Burmann, Michael / Heß, Rainer / Hühnermann, Katrin / Jahnke, Jürgen (Hrsg.), Straßenverkehrsrecht, 25. Auflage, München 2018 (zit.: BHHJ/*Bearbeiter*, Straßenverkehrsrecht, 25. Auflage 2018, § Rn.).

Cisch, Theodor B. / Bleeck, Christine / Karst, Michael, BB-Rechtsprechungsreport zur betrieblichen Altersversorgung 2013/2014, BB 2014, 1141 ff.

Cisch, Theodor B. / Bleeck, Christine / Karst, Michael, BB-Rechtsprechungsreport zur betrieblichen Altersversorgung 2014/2015, BB 2015, 1138 ff.

Cisch, Theodor B. / Bleeck, Christine / Karst, Michael, BB-Rechtsprechungsreport zur betrieblichen Altersversorgung 2017/2018, BB 2018, 883 ff.

Cisch, Theodor B. / Kruip, Dirk, Baustelle Betriebsrentenanpassung im Konzern, NZA 2010, 540 ff.

Czerny, Olivia, Rechtskraft und andere Bindungswirkungen im Rahmen personeller Einzelmaßnahmen, Hamburg 2014.

Dathe, Uwe, Der Tatbestand der betriebsbedingten Kündigung nach § 1 Abs. 2 Satz 1 KSchG und sein Verhältnis zu dem Dogma der freien Unternehmerentscheidung, Berlin 2007.

Däubler, Wolfgang, Rechtsextreme im Betrieb?, NJW 2000, 3691 f.

Däubler, Wolfgang / Kittner, Michael / Klebe, Thomas / Wedde, Peter (Hrsg.), BetrVG Betriebsverfassungsgesetz, 16. Auflage, Bremen/Hanau/Frankfurt 2018 (zit.: DKKW/*Bearbeiter*, BetrVG, 16. Auflage 2018, § Rn.).

Deinert, Olaf, Die Druckkündigung im Lichte der Diskriminierungsverbote, RdA 2007, 275 ff.

Deneke, Katharina, Die betriebsbedingte Kündigung im Rahmen der übertragenden Sanierung, Köln 2009.

Denzer, Matthias, Das Betriebsratsamt als Ehrenamt und seine entgeltrechtlichen Folgen, Frankfurt am Main 2020.

Dey, Steffen Heinrich, Der Grundsatz der Verhältnismäßigkeit im Kündigungsrecht, Offenbach am Main 1989.

Dieterich, Thomas, Unternehmerfreiheit und Arbeitsrecht im Sozialstaat, AuR 2007, 65 ff.

Diller, Martin, Teuerungsanpassung bei Betriebsrenten (Bankenrettungsfonds „Dresdner Bank“), ArbRAktuell 2014, 248.

Diller, Martin / Beck, Charlotte, § 16 BetrAVG: Ende für den „Berechnungsdurchgriff“ auf Mutter- oder Tochtergesellschaft?, DB 2011, 1052 ff.

Diller, Martin / Zeh, Ricarda, Wegfall der Anpassungspflicht bei Pensionskassen- und Direktversicherungsversorgung – auch rückwirkend?, NZA 2016, 75 ff.

Dommermuth-Alhäuser, Daniel, Arbeitsrechtsmissbrauch, München 2015.

Dorndorf, Eberhard, Vertragsdurchsetzung als Funktion des Kündigungsschutzes, ZfA 1989, 345 ff.

Drosdeck, Thomas / Bitsch, Christian, Die rechtsmissbräuchliche Vertretungsbefristung, NJW 2013, 1345 ff.

Drosdeck, Thomas / Bitsch, Christian, Zulässigkeit von Kettenbefristungen, NJW 2012, 977 ff.

Düwell, Franz Josef (Hrsg.), Betriebsverfassungsgesetz Handkommentar, 5. Auflage, Weimar 2018 (zit.: Düwell/*Bearbeiter*, BetrVG, 5. Auflage 2018, § Rn.).

Eckert, Michael, Arbeitnehmer oder "freier Mitarbeiter" – Abgrenzung, Chancen, Risiken, DStR 1997, 705 ff.

Elz, Dirk, Der Wiedereinstellungsanspruch des Arbeitnehmers nach Wegfall des Kündigungsgrundes, Köln 2002.

Enderlein, Wolfgang, Die Reichweite des Arbeitnehmerschutzes im Fall des auflösend bedingten Arbeitsvertrages, RdA 1998, 90 ff.

Engels, Gerd / Schmidt, Ingrid / Trebinger, Yvonne / Linsenmaier, Wolfgang (Hrsg.), Fitting Betriebsverfassungsgesetz mit Wahlordnung, 29. Auflage, Bonn/Erfurt 2018 (zit.: *Fitting*, BetrVG, § Rn.).

Epping, Volker / Hillgruber, Christian (Hrsg.), BeckOK Grundgesetz, 41. Edition Stand 15.5.2019, München (zit.: BeckOK/*Bearbeiter*, GG, 41. Ed. Stand 15.5.2019, Art. Rn.).

Eylert, Mario, Die Verdachtskündigung, NZA-RR 2014, 393 ff.

Feudner, Bernd W., Betriebsbedingte Kündigung quo vadis?, NZA 2000, 1136 ff.

Feuerborn, Andreas, Sachliche Gründe im Arbeitsrecht, Düsseldorf 2003.

Fischer, Ulrich, Die Rücknahme der Arbeitgeberkündigung vor und im Kündigungsschutzprozeß – rechtliche und taktische Überlegungen, NZA 1999, 459 ff.

Fleischer, Holger, Informationsasymmetrie im Vertragsrecht, Göttingen 2001.

Fracke, Susanne, Die betriebliche Weiterbildung – Verantwortung des Arbeitgebers im intakten und bestandsgefährdeten Arbeitsverhältnis, Erfurt 2003.

Franzen, Martin, Das Persönlichkeitsrecht des Arbeitnehmers als Grundlage des arbeitsrechtlichen Kündigungsschutzes, in: *Krause, Rüdiger / Schwarze, Roland* (Hrsg.), Festschrift für Hans Jörg Otto zum 70. Geburtstag am 23. Mai 2008, Berlin 2008, S. 71 ff. (zit.: *Franzen*, in: Festschrift Otto, 2008, S.).

Franzen, Martin, Die unternehmerische Entscheidung in der Rechtsprechung des BAG zur betriebsbedingten Kündigung, NZA 2001, 805 ff.

Freckmann, Anje, Die betriebsbedingte Kündigung in Zeiten der Krise, DStR 2009, 2200 ff.

Friedman, Milton, The Methodology of Positive Economics; Essays in Positive Economics, Chicago 1966.

Friemel, Kilian / Walk, Frank, Neues zur Kündigung wegen Schlecht- und Minderleistung, NJW 2010, 1557 ff.

Frohner, Siegfried / Pieper, Rainer, Befristete Arbeitsverhältnisse, AuR 1992, 97 ff.

Fromm, Erwin, Die arbeitnehmerbedingten Kündigungsgründe, Saarbrücken 1995.

Fuhlrott, Michael, Anforderungen an die Befristung einzelner Arbeitsbedingungen, NZA 2016, 1000 ff.

Fuhlrott, Michael / Hoppe, Christian, Betriebliches Eingliederungsmanagement und sonstige Stolpersteine bei personenbedingten Kündigungen, ArbRAktuell 2010, 257 ff.

Gladen, Werner, Performance Measurement – Controlling mit Kennzahlen, 6. Auflage, Stutensee 2014.

Gornik, Andreas, Grundrechtsbindung in der Rechtsprechung des BAG, NZA 2012, 1399 ff.

Gottwald, Peter, Schadenszurechnung und Schadensschätzung, Bayreuth 1979.

Götz, Heinrich, Die wirtschaftliche Lage des Arbeitgebers i. S. des § 16 BetrAVG und ihr Einfluß auf die Entscheidung über die Anpassung der Betriebsrenten, NZA 1986, 351 ff.

Greiner, Stefan, Störungen des Austausch- und Äquivalenzverhältnisses als Kündigungstatbestand, RdA 2007, 22 ff.

Greiner, Stefan / Bitzenhofer, Dominik, Die Neuregelung der Betriebsrentenanpassung als Vertrauensschutz- und Gewaltenteilungsproblem, NZA 2016, 1176 ff.

Gurlit, Elke, Grundrechtsbindung von Unternehmen, NZG 2012, 249 ff.

Hahn, Marius, Die Verdachtskündigung unter Berücksichtigung einer gesetzlichen Regelung, Gießen 2004.

Hamacher, Anno, Neues zur betriebsbedingten Druckkündigung – Bedrückend?, NZA 2014, 134 ff.

Hambitzer, Ulrich Max, Der Wiedereinstellungsanspruch des Arbeitnehmers nach wirksamer Kündigung, Bonn 1987.

Hauer, Ulrich, Die Abmahnung im Arbeitsverhältnis, Gießen 1990.

Heesen, Bernd / Gruber, Wolfgang, Bilanzanalyse und Kennzahlen, 6. Auflage, Marktschellenberg 2017.

Heidl, Wolfgang, Probleme der sachgrundlosen Befristung von Arbeitsverhältnissen nach § 14 Abs. 2 Satz 1, 2 TzBfG, RdA 2009, 297 ff.

Herbert, Manfred / Oberrath, Jörg-Dieter, Die soziale Rechtfertigung der betriebsbedingten Änderungskündigung, NJW 2008, 3177 ff.

Hergenröder, Curt Wolfgang, Kündigung und Kündigungsschutz im Lichte der Verfassung, ZfA 2002, 355 ff.

Herschel, Wilhelm, Die Gründe zu außerordentlicher Kündigung, namentlich bei Krankheit, im Entwurf eines Arbeitsverhältnisgesetzes, Deutsche Justiz 1939, 410 f.

Hess, Harald / Worzalla, Michael / Glock, Dirk / Nicolai, Andrea / Rose, Franz-Josef / Huke, Kristina (Hrsg.), BetrVG Kommentar, 10. Auflage, Mainz 2018 (zit.: HWGNRH/*Bearbeiter*, BetrVG, 10. Auflage 2018, § Rn.).

Hinrichs, Lars / Hansen, Christine, Der Verschaffungsanspruch des Arbeitnehmers beim externen Durchführungsweg – Haftungsrisiken für den Arbeitgeber und arbeitsrechtliche Gestaltungsoptionen, NZA 2016, 1183 ff.

Hinrichs, Lars / Menzel, Irene, Die Anpassung von Rentenleistungen nach § 16 BetrAVG bei Rentnergesellschaften – Bleibt alles anders?, NZA 2014, 350 ff.

Hoefs, Christian, Die Verdachtskündigung, Hannover 2001.

Höfer, Reinhold, Die Eindämmung der Betriebsrentenanpassung durch das novellierte BetrAVG, BB 1998, 2362 ff.

Höfer, Reinhold / de Groot, Simone Evke / Küpper, Peter / Reich, Torsten (Hrsg.), Betriebsrentenrecht Kommentar, Band I, Arbeitsrecht, 24. Ergänzungslieferung Stand März 2019, München 2019 (zit.: Höfer/de Groot/Küpper/Reich/*Bearbeiter*, Betriebsrentenrecht, Bd. I, 24. EL. Stand März 2019, BetrAVG, § Rn.).

Hönn, Günther, Kompensation gestörter Vertragsparität, Darmstadt 1982.

Honstetter, Johannes A., Die Prognoseentscheidung des Arbeitgebers im Kündigungsrecht, Konstanz 1994.

Höpfner, Clemens, Die Reform der sachgrundlosen Befristung durch das BAG – Arbeitsmarktpolitische Vernunft contra Gesetzestreue, NZA 2011, 893 ff.

Hromadka, Wolfgang, Befristete und bedingte Arbeitsverhältnisse neu geregelt, BB 2001, 621 ff.

Huber, Michael, Das Beweismaß im Zivilprozeß, Köln 1983.

Hueck, Alfred / Nipperdey, Hans Carl, Lehrbuch des Arbeitsrecht, Band I, Jena/Köln 1927.

Hümmerich, Klaus / Spirolke, Matthias, Die betriebsbedingte Kündigung im Wandel – neue Wege zum rechtssicheren Personalabbau, NZA 1998, 797 ff.

Hunold, Wolf, Die Mitbestimmung des Betriebsrates in allgemeinen personellen Angelegenheiten (§§ 92 – 95 BetrVG), DB 1976, 98 ff.

Hunold, Wolf, Rechtsprechung des BAG zur betriebsbedingten Kündigung auf Grund unternehmerischer Organisationsentscheidung, NZA-RR 2013, 57 ff.

Hunold, Wolf, Rechtsprechung zu aktuellen Fragen des Befristungsrechts, NZA-RR 2013, 505 ff.

Hunold, Wolf, Unzureichende Arbeitsleistung als Abmahn- und Kündigungsgrund, BB 2003, 2345 ff.

Hützen, Peter / Maiß, Sebastian, Veränderte Beteiligungsrechte des Betriebsrats beim Einsatz von Fremdpersonal, ArbRAktuell 2017, 299 ff.

Jacob, Thomas / Lau, Marcus, Beurteilungsspielraum und Einschätzungsprärogative – Zulässigkeit und Grenzen administrativer Letztentscheidungsmacht am Beispiel des Naturschutz- und Wasserrechts, NVwZ 2015, 241 ff.

Jahn, Elke J., Zur ökonomischen Theorie des Kündigungsschutzes – Volatilität der Arbeitsnachfrage und duale Arbeitsmärkte, Nürnberg 2002.

Joch, Bernd / Klichowski, Kai Uwe, Die Vereinbarung auflösender Bedingungen in Darstellerverträgen – Kunstfreiheit als Sachgrund, NZA 2004, 302 ff.

Joecks, Wolfgang / Miebach, Klaus (Hrsg.), Münchener Kommentar zum StGB, Band IV, 3. Auflage, München 2017 (zit.: MüKo/*Bearbeiter*, StGB, Bd. IV, 3. Auflage 2017, § Rn.).

Joecks, Wolfgang / Miebach, Klaus (Hrsg.), Münchener Kommentar zum StGB, Band V, 3. Auflage, München 2017 (zit.: MüKo/*Bearbeiter*, StGB, Bd. V, 3. Auflage 2017, § Rn.).

Kadel, Peter, Personalabbauplanung und die Unter-richtungs- und Beratungsrechte des Betriebsrats nach § 92 BetrVG, BB 1993, 797 ff.

Kiel, Heinrich, Einstellung auf Zeit, NZA-Beilage 2016, 72 ff.

Kiel, Heinrich / Lunk, Stefan / Oetker, Hartmut (Hrsg.), Münchener Handbuch zum Arbeitsrecht, Band I Individualarbeitsrecht I, 4. Auflage, Erfurt/Hamburg/Kiel 2018 (zit.: MHdBArbR/*Bearbeiter*, Bd. I, 4. Auflage 2018, § Rn.).

Kiel, Heinrich / Lunk, Stefan / Oetker, Hartmut (Hrsg.), Münchener Handbuch zum Arbeitsrecht, Band II Individualarbeitsrecht II, 4. Auflage, Erfurt/Hamburg/Kiel 2018 (zit.: MHdBArbR/*Bearbeiter*, Bd. II, 4. Auflage 2018, § Rn.).

Kiethe, Kurt / Groeschke, Peer, Vertragsdisparität und strukturelle Unterlegenheit als Wirksamkeits- und Haftungsfalle, BB 1994, 2291 ff.

Kittner, Michael, Die Rechtsprechung des BVerfG zur „Wiederherstellung gestörter Vertragsparität" im Lichte der ökonomischen Analyse des Rechts von Deregulierungspostulaten, in: *Hanau, Peter / Heither, Friedrich / Kühling, Jürgen* (Hrsg.), Festschrift für Thomas Dieterich zum 65. Geburtstag, München 1999, S. 279 ff. (zit.: *Kittner*, in: Festschrift Dieterich, 1999, S.)

Kliemt, Michael, Das neue Befristungsrecht, NZA 2001, 296 ff.

Koch, Hartmut, Die Rechtsprechung des BAG zur Zulässigkeit befristeter Arbeitsverhältnisse, NZA 1985, 345 ff.

Kocher, Eva, Diskontinuität von Erwerbsbiografien und das Normalarbeitsrecht – Der Umgang mit Unsicherheiten, NZA 2010, 841 ff.

Kraft, Alfons, Bestandsschutz des Arbeitsverhältnisses; Lohn ohne Arbeit – Überlegungen zur Reduzierung der Regelungsdichte des Arbeitsrechts und zur Wiederherstellung der Äquivalenz im Arbeitsverhältnis, ZfA 1994, 463 ff.

Krieger, Steffen / Willemsen, Eva Maria, Der Wiedereinstellungsanspruch nach Betriebsübergang, NZA 2011, 1128 ff.

Krugmann, Michael, Gefahrbegriff und Grundrechte im Rahmen der polizeilichen „Wegweisung", NVwZ 2006, 152 ff.

Kühl, Kristian / Heger, Martin (Hrsg.), Lackner/Kühl Kommentar Strafgesetzbuch, 29. Auflage, Tübingen/Berlin 2018 (zit.: Lackner/Kühl/*Bearbeiter*, StGB, 29. Auflage 2018, § Rn.).

Kwon, Hyuk, Der Wiedereinstellungsanspruch nach betriebsbedingter Beendigung des Arbeitsverhältnisses, Marburg 2006.

Lakies, Thomas, Zunahme der „atypischen Beschäftigung" – Abschied vom „Normalarbeitsverhältnis"?, ArbRAktuell 2013, 459 ff.

Lakies, Thomas, „Kettenbefristungen" sind (nicht immer) zulässig, ArbRAktuell 2014, 94 ff.

Lange, Björn, Die arbeitsrechtliche Befristungskontrolle als Angemessenheitskontrolle, Mannheim 2009.

Langner, Sören / Witt, Boris, Aktuelles zur Verdachtskündigung, DStR 2008, 825 ff.

Langohr-Plato, Uwe, Die Anpassungsprüfung nach § 16 BetrAVG in der aktuellen Rechtsprechung des BAG, NZA 2013, 994 ff.

Langohr-Plato, Uwe, Die rechtlichen Rahmenbedingungen bei der Anpassungsprüfung laufender Betriebsrenten nach § 16 BetrAVG, BB 2002, 406 ff.

Lansnicker, Frank / Schwirtzek, Thomas, Außerdienstliches fremdenfeindliches Verhalten des Arbeitnehmers als Kündigungsgrund?, DB 2001, 865 ff.

Lembke, Mark, Die Verdachtskündigung in Rechtsprechung und Praxis, RdA 2013, 82 ff.

Lepke, Achim, Kündigung bei Krankheit, 16. Auflage, Berlin 2018.

Lepke, Achim, Trunksucht als Kündigungsgrund, DB 2001, 269 ff.

Leuchten, Alexius / Zimmer, Mark, Kündigung wegen subjektiver Eignungsmängel, BB 1999, 1973 ff.

Limperg, Bettina / Oetker, Harmut / Säcker, Jürgen / Rixecker, Roland (Hrsg.), Münchener Kommentar zum Bürgerlichen Gesetzbuch, Band I, 8. Auflage, München 2018 (zit.: MüKo/*Bearbeiter*, Bd. I, 8. Auflage 2018, § Rn.).

Limperg, Bettina / Oetker, Harmut / Säcker, Jürgen / Rixecker, Roland (Hrsg.), Münchener Kommentar zum Bürgerlichen Gesetzbuch, Band II, 8. Auflage, München 2019 (zit.: MüKo/*Bearbeiter*, Bd. II, 8. Auflage 2019, § Rn.).

Limperg, Bettina / Oetker, Harmut / Säcker, Jürgen / Rixecker, Roland (Hrsg.), Münchener Kommentar zum Bürgerlichen Gesetzbuch, Band III, 8. Auflage, München 2019 (zit.: MüKo/*Bearbeiter*, Bd. III, 8. Auflage 2019, § Rn.).

Limperg, Bettina / Oetker, Harmut / Säcker, Jürgen / Rixecker, Roland (Hrsg.), Münchener Kommentar zum Bürgerlichen Gesetzbuch, Band IV, 7. Auflage, München 2016 (zit.: MüKo/*Bearbeiter*, Bd. IV, 7. Auflage 2016, § Rn.).

Limperg, Bettina / Oetker, Harmut / Säcker, Jürgen / Rixecker, Roland (Hrsg.), Münchener Kommentar zum Bürgerlichen Gesetzbuch, Band V/II, 7. Auflage, München 2017 (zit.: MüKo/*Bearbeiter*, Bd. V/II, 7. Auflage 2017, § Rn.).

Lingemann, Stefan / Ludwig, Gero, Die „krankheitsbedingte Kündigung" – Rechtfertigung der Kündigung wegen lang anhaltender Erkrankung, ArbRAktuell 2010, 385 ff.

Lingemann, Stefan / Ludwig, Gero / von Einem, Dorothee, Die „krankheitsbedingte Kündigung" – Rechtfertigung der Kündigung wegen häufiger Kurzzeiterkrankungen, ArbRAktuell 2010, 409 ff.

Lingemann, Stefan / Steinhauser, Rut, Fallen beim Ausspruch von Kündigungen – Betriebsratsanhörung, NJW 2017, 937 ff.

Lißeck, Friedhelm, Die Abmahnung, Bochum 1990.

Loth, Katharina, Prognoseprinzip und Vertragskontrolle im befristeten Arbeitsverhältnis, Köln 2014.

Löwisch, Manfred, Wilhelm Herschel und die Wurzeln von Ultima-ratio-Grundsatz und Prognoseprinzip, BB 1998, 1793 ff.

Lücke, Oliver, Unter Verdacht: Die Verdachtskündigung, BB 1997, 1842 ff.

Martinek, Michael / Semler, Franz-Jörg / Flohr, Eckhard (Hrsg.), Handbuch des Vertriebsrechts, 4. Auflage, Saarbrücken, Johannesburg, Stuttgart, Düsseldorf und Kitzbühel 2016 (zit.: Martinek/Semler/Flohr/*Bearbeiter*, Vertriebsrecht, 4. Auflage 2016, § Rn.).

Matthießen, Volker, Die Rechtsprechung zum Arbeitsrecht der betrieblichen Altersversorgung in den Jahren 2014/2015 – Teil II, NZA 2016, 278 ff.

Maunz, Theodor / Dürig, Günter (Hrsg.), Grundgesetz Kommentar, Band I, 87. Ergänzungslieferung Stand März 2019, München (zit.: Maunz/Dürig/*Bearbeiter*, Bd. I, 87. EL. Stand März 2019, Art. Rn.).

Maunz, Theodor / Dürig, Günter (Hrsg.), Grundgesetz Kommentar, Band II, 87. Ergänzungslieferung Stand März 2019, München (zit.: Maunz/Dürig/*Bearbeiter*, Bd. II, 87. EL. Stand März 2019, Art. Rn.).

Meinel, Gernod / Bauer, Thorsten, Der Wiedereinstellungsanspruch, NZA 1999, 575 ff.

Meinel, Gernod / Heyn, Judith / Herms, Sascha (Hrsg.), Teilzeit- und Befristungsgesetz, 5. Auflage, Berlin 2015 (zit.: Meinel/Heyn/Herms/*Bearbeiter*, TzBfG, 5. Auflage 2015, § Rn.).

Messerschmidt, Burkhard / Voit, Wolfgang (Hrsg.), Privates Baurecht, 3. Auflage, Bonn/Marburg 2018 (zit.: Messerschmidt/Voit/*Bearbeiter*, Privates Baurecht, 3. Auflage 2018, § Rn.).

Moll, Wilhelm (Hrsg.), Münchener Anwaltshandbuch Arbeitsrecht, 4. Auflage, Köln 2017 (zit.: MAHArbeitsrecht/*Bearbeiter*, 4. Auflage 2017, § Rn.).

Moll, Wilhelm / Ittmann, Benjamin, Betriebsbedingte Kündigung und Leiharbeit, RdA 2008, 312 ff.

Müller-Glöge, Rudi / Preis, Ulrich / Schmidt, Ingrid (Hrsg.), Erfurter Kommentar zum Arbeitsrecht, 19. Auflage, München 2019 (zit.: ErfK/*Bearbeiter*, 19. Auflage 2019, § Rn.).

Musielak, Hans-Joachim, Das Överviktsprincip, Zum Verhältnis von richterlicher Überzeugung und Wahrscheinlichkeit, in: *Lüderitz, Alexander / Schröder, Jochen* (Hrsg.): Internationales Privatrecht und Rechtsvergleichung im Ausgang des 20. Jahrhunderts – Bewahrung oder Wende?: Festschrift für Gerhard Kegel, Frankfurt am Main 1977, S. 451 ff. (zit.: *Musielak*, in: Festschrift Kegel, 1977, S.).

Musielak, Hans-Joachim / Voit, Wolfgang (Hrsg.), Zivilprozessordnung Kommentar, 16. Auflage, Köln und Marburg 2019 (zit.: Musielak/Voit/*Bearbeiter*, ZPO, 16. Auflage 2019, § Rn.).

Neef, Klaus, Die wirtschaftliche Lage des Arbeitgebers gemäß § 16 BetrAVG, NZA 2003, 993 ff.

Nehring, Linda, Die krankheitsbedingte Kündigung im Lichte neuerer Gesetzgebung, Bonn 2013.

Neuer, Jörg, Evidenz im Privatrecht, ZfPW 2018, 257 ff.

Neufeld, Tobias, Betriebsrentenanpassung gemäß § 16 BetrAVG – Sind aktive latente Steuern und CTA-Vermögen zu berücksichtigen?, BB 2017, 1661 ff.

Neumann, Dirk, Kündigung bei Krankheit, NJW 1978, 1838 ff.

Nickenig, Karin, Die Bilanz im Unternehmen, Wiesbaden 2018.

Nicklaus, Christina, Das Prognoseprinzip im arbeitsrechtlichen Kündigungsschutzrecht, Mühlheim an der Ruhr 2012.

Notzon, Matthias, Krankmeldung und Abmeldepflichten – Pflichten des Arbeitnehmers im Krankheitsfall, öAT 2014, 134 ff.

Oberhofer, Hermann, Der Wiedereinstellungsanspruch, RdA 2006, 92 ff.

Oberthür, Nathalie, Das Prognoseprinzip im Befristungsrecht, DB 2001, 2246 ff.

Ottow, Christoph, Kündigung wegen längerer Krankheit, DB 1977, 306.

Palandt, Otto (Begr.), Palandt Bürgerliches Gesetzbuch, 78. Auflage, Bad Dürkheim/Hamburg/Karlsruhe/München/Roth 2019 (zit.: Palandt/*Bearbeiter*, BGB, 78. Auflage 2019, § Rn.).

Persch, Sven, Bestandsaufnahme zur Vertretungsbefristung nach § 14 Abs. 1 S. 2 Nr. 3 TzBfG, BB 2013, 629 ff.

Persch, Sven, Kernfragen des Befristungsrechts – Die arbeitsrechtliche Befristungskontrolle zwischen Vertragsfreiheit und Bestandsschutz, Köln 2010.

Persch, Sven, Kuriosa des Befristungsrechts, NZA 2012, 1079 ff.

Pflüger, Daniel, Der Wiedereinstellungsanspruch des Arbeitnehmers im kündigungsrechtlichen Bestandsschutz, Essen 2004.

Plander, Harro, Arbeitsrecht: Instrument zur Verwirklichung von Grundrechten der Arbeitnehmer – Eine Skizze –, in: *Däubler, Wolfgang / Bobke, Manfred / Kehrmann, Karl* (Hrsg.), Arbeit und Recht: Festschrift für Albert Gnade, Köln 1992, S. 79 ff. (zit.: *Plander*, in: Festschrift Gnade, 1992, S.).

Polzer, Ulrich / Powietzka, Arnim, Rechtsextremismus als Kündigungsgrund?, NZA 2000, 970 ff.

Popp, Klaus, Materiell- und prozeßrechtliche Probleme der krankheitsbedingten Kündigung, DB 1981, 2611 ff.

Poscher, Ralf / Rusteberg, Benjamin, Die Klausur im Polizeirecht, JuS 2011, 984 ff.

Preis, Ulrich, Arbeitsrecht, Individualarbeitsrecht, Lehrbuch für Studium und Praxis, 5. Auflage, Köln 2017 (zit.: *Preis*, Individualarbeitsrecht, 5. Auflage 2017, § Rn.).

Preis, Ulrich, Arbeitsrecht und „unbegrenzte Auslegung“, NJW 1998, 1889 ff.

Preis, Ulrich, Autonome Unternehmerentscheidung und „dringendes betriebliches Erfordernis“, NZA 1995, 241 ff.

Preis, Ulrich, Der Kündigungsschutz nach dem „Korrekturgesetz“, RdA 1999, 311 ff.

Preis, Ulrich, Prinzipien des Kündigungsrechts bei Arbeitsverhältnissen, Düsseldorf 1987.

Preis, Ulrich, Reform des Bestandsschutzes im Arbeitsverhältnis, RdA 2003, 65 ff.

Preis, Ulrich / Gotthardt, Michael, Neuregelung der Teilzeitarbeit und befristeten Arbeitsverhältnisse, DB 2001, 2065 ff.

Preis, Ulrich / Greiner, Stefan, Befristungsrecht – Quo vadis?, RdA 2010, 148 ff.

Preu, Peter / Novara, Fabian, Gesellschaftsrechtliche Beurteilung eines Berechnungsdurchgriffs im Rahmen der Rentenanpassungsprüfung nach § 16 BetrAVG, NZA 2011, 1263 ff.

Prütting, Hanns, Gegenwartsprobleme der Beweislast, Saarbrücken 1983.

Raab, Thomas, Individualrechtliche Auswirkungen der Mitbestimmung des Betriebsrats gem. §§ 99, 102 BetrVG, ZfA 1995, 479 ff.

Raab, Thomas, Der Wiedereinstellungsanspruch des Arbeitnehmers bei Wegfall des Kündigungsgrundes, RdA 2000, 147 ff.

Rauscher, Thomas / Krüger Wolfgang (Hrsg.), Münchener Kommentar zur Zivilprozessordnung mit Gerichtsverfassungsgesetz und Nebengesetzen, Band I, 5. Auflage, München 2016 (zit.: MüKo/*Bearbeiter*, ZPO, Bd. I, 5. Auflage 2016, § Rn.).

Rebhahn, Robert, Der Arbeitnehmerbegriff in vergleichender Perspektive, RdA 2009, 154 ff.

Rehm, Gebhard M., Aufklärungspflichten im Vertragsrecht, München 2003.

Reichenbach, Rita / Dreger, Norman, Handlungsmöglichkeiten bei der Anpassung von Betriebsrenten – Kostendruck in der betrieblichen Altersversorgung –, BB 2010, 2306 ff.

Reuter, Dieter, Das Recht auf Arbeit – ein Prinzip des Arbeitsrechts?, RdA 1978, 344 ff.

Reuter, Dieter, Die freie Wahl des Arbeitsplatzes – ein nicht realisierbares Grundrecht?, RdA 1973, 345 ff.

Reuter, Dieter, Unternehmerische Freiheit und betriebsbedingte Kündigung, RdA 2004, 161 ff.

Richardi, Reinhard (Hrsg.), Betriebsverfassungsgesetz mit Wahlordnung Kommentar, 16. Auflage, München 2018 (zit.: Richardi BetrVG/*Bearbeiter*, 16. Auflage 2018, § Rn.).

Richter, Tim, Die krankheitsbedingte Kündigung im Spiegel der Rechtsprechung, ArbRAktuell 2015, 237 ff.

Ricken, Oliver, Grundlagen und Grenzen des Wiedereinstellungsanspruchs, NZA 1998, 460 ff.

Rolfs, Christian / Giesen, Richard / Kreikebohm, Ralf / Udsching, Peter (Hrsg.), BeckOK Arbeitsrecht, 53. Edition Stand 1.9.2019, München (zit.: BeckOKArbR/*Bearbeiter*, 53. Ed. Stand 1.9.2019 / 1.1.2019, § Rn.).

Rolfs, Christian / Heikel, Melanie, Betriebsrentenanpassung im Vertragskonzern, NZA 2014, 1161 ff.

Rosenfelder, Ulrich, Der arbeitsrechtliche Status des freien Mitarbeiters, Planegg 1982.

Rößler, Nicolas, Zur Anpassungsprüfungspflicht des Arbeitgebers nach § 16 BetrAVG Klarstellungen durch die Entscheidungen des BAG vom 30.8.2005 – 3 AZR 395/04 und vom 13.12.2005 – 3 AZR 217/05, NZA-RR 2007, 1 ff.

Rudnik, Tanja, Die Gesetzesumgehung in der Rechtsprechung des Bundesarbeitsgerichts, Gelsenkirchen 2019.

Rüthers, Bernd, Arbeitsrecht und ideologische Kontinuitäten? Am Beispiel des Kündigungsschutzrechts, NJW 1998, 1433 ff.

Salomon, Erwin / Rogge, Nico, Funktionen der Abmahnung und Entfernungsanspruch nach „Emmely" – Eine Neubewertung durch das BAG, NZA 2013, 363 ff.

Schäfer, Carsten, Betriebsrentenanpassung im Konzern aus gesellschaftsrechtlicher Sicht, ZIP 2010, 2025 ff.

Schäfer, Carsten, Betriebsrentenrechtlicher Berechnungsdurchgriff im Vertragskonzern, NZG 2016, 1321 ff.

Schäfer, Hans-Bernd / Claus, Ott, Lehrbuch der ökonomischen Analyse des Zivilrechts, 5. Auflage, Hamburg 2012 (zit.: *Schäfer/Ott*, Lehrbuch der ökonomischen Analyse des Zivilrechts, 5. Auflage 2012, S.).

Schaub, Günter, Die Anpassung von Betriebsrenten, NJW 1978, 2076 ff.

Schaub, Günter, Die arbeitsrechtliche Abmahnung, NJW 1990, 872 ff.

Schenke, Wolf-Rüdiger, Polizeiliches Handeln bei Anscheinsgefahr und Gefahrenverdacht, JuS 2018, 505 ff.

Schlachter, Monika, Befristete Einstellung nach Abschluss der Ausbildung – Sachgrund erforderlich?, NZA 2003, 1180 ff.

Schlachter, Monika, Fristlose Kündigung wegen Entwendung geringwertiger Sachen des Arbeitgebers, NZA 2005, 433 ff.

Schlewing, Anja, Die aktuelle Rechtsprechung des BAG zur Anpassung der Betriebsrenten an den Kaufkraftverlust, RdA 2010, 364 ff.

Schmid, Karlheinz, Die Abmahnung und ihre rechtliche Problematik, NZA 1985, 409 ff.

Schmidt, Karsten (Hrsg.), Münchener Kommentar zum Handelsgesetzbuch, Band I, 4. Auflage, Hamburg/München 2016 (zit.: MüKo/*Bearbeiter*, HGB, Bd. I, 4. Auflage 2016, § Rn.).

Schmitz-Scholemann, Christoph, Vom Flashmob zum Pfandbon – Glanz und Elend im deutschen Arbeitsrecht, NZA 2012, 1001 ff.

Schneider, Angie, Schriftform der Befristungsabrede bei tarifvertraglich überlagerten Arbeitsverhältnissen, RdA 2015, 263 ff.

Scholz, Stephan, Gestaltungsrechte im Leistungsstörungsrecht, Potsdam 2010.

Schrader, Peter / Siebert, Jens, Angriff auf die Unternehmerentscheidung?, NZA-RR 2013, 113 ff.

Schrader, Peter / Thoms, Tina / Möller, Lars Christian, Ein Plädoyer für die ordentliche Verdachtskündigung, ArbRAktuell 2014, 310 ff.

Schreiber, Susanne, Integrierter Prozess der Personalfreistellungsplanung, Erftstadt 1992.

Schubert, Jens M., Das Normalarbeitsverhältnis in der arbeits- und sozialrechtlichen Wirklichkeit, NJW 2010, 2613 ff.

Schulte Westenberg, Michael, Die außerordentliche Kündigung im Spiegel der Rechtsprechung, NZA-RR 2016, 337 ff.

Schulte, Wolf-Dieter, Der Schadensersatzanspruch des Arbeitnehmers gemäß § 628 Abs. 2 BGB, in: *Bauer, Jobst-Hubertus / Boewer, Dietrich* (Hrsg.): Festschrift für Peter Schwerdtner zum 65. Geburtstag, Darmstadt 2003, S. 183 ff. (zit.: *Schulte*, in: Festschrift Schwerdtner, 2003, S.).

Schunder, Achim, Kündigung wegen Krankheit, NZA-Beilage 2015, 90 ff.

Schwarze, Roland, Der Missbrauchstatbestand bei der befristungsrechtlichen Missbrauchskontrolle, RdA 2017, 302 ff.

Schwarze, Roland, Das Fehlverhalten des Arbeitnehmers beim Ersatz von Eigenschäden, RdA 2013, 140 ff.

Schwering, Manuel, Das Allgemeine Gleichbehandlungsgesetz als Aufgabe und Instrument des Betriebsrats, Bonn 2010.

Seckel, Emil, Die Gestaltungsrechte des bürgerlichen Rechts, Sonderabdruck aus der Festgabe der Juristischen Gesellschaft zu Berlin, Berlin 1903.

Seetzen, Uwe, Der Prognosespielraum des Gesetzgebers, NJW 1975, 429 ff.

Settekorn, Stephan, „Entweder er oder wir"- Die Stolpersteine auf dem Weg zur Druckkündigung, ArbRAktuell 2015, 66 ff.

Settekorn, Stephan / Fasholz, Sabrina, „Der muss gehen" – Die echte Druckkündigung im Licht der Rechtsprechung, ArbRAktuell 2016, 521 ff.

Siebert, Wolfgang, Das Arbeitsverhältnis in der Ordnung der nationalen Arbeit, Hamburg 1935.

Sievers, Jochen, Befristungsrecht, RdA 2004, 291 ff.

Simon, Oliver / Rein, Michael, Betriebsrentenanpassung im Fokus von Praxis und Öffentlichkeit, NZA 2013, 169 ff.

Singer, Reinhard / Schiffer, Florian, Sanktionen für Schlechtleistungen von Arbeitnehmern, JA 2006, 833 ff.

Staudinger, Julius (Begr.), Kommentar zum Bürgerlichen Gesetzbuch, Buch 1, Allgemeiner Teil, §§ 164 – 240 (Allgemeiner Teil 5), Berlin 2014 (zit.: Staudinger/*Bearbeiter*, 2014, § Rn.).

Staudinger, Julius (Begr.), Kommentar zum Bürgerlichen Gesetzbuch, Buch 2, Recht der Schuldverhältnisse, §§ 315 – 326 (Leistungsstörungsrecht 2), Berlin 2015 (zit.: Staudinger/*Bearbeiter*, 2015, § Rn.).

Staudinger, Julius (Begr.), Kommentar zum Bürgerlichen Gesetzbuch, Buch 2, Recht der Schuldverhältnisse, §§ 620 – 630 (Dienstvertragsrecht 3), Berlin 2019 (zit.: Staudinger/*Bearbeiter*, 2019, § Rn.).

Stöhr, Alexander, Vertragsbindung und Flexibilität im Arbeitsrecht – rechtshistorisch betrachtet, RdA 2014, 307 ff.

Stück, Volker, Low Performer in Recht und Praxis, ArbRAktuell 2011, 651 ff.

Stumpf, Annegreth, Die wirtschaftliche Lage des Arbeitgebers in § 16 des Gesetzes zur Verbesserung der betrieblichen Altersversorgung, Erlangen/Nürnberg 1985.

Stürner, Rolf (Hrsg.), Jauernig Bürgerliches Gesetzbuch Kommentar, 17. Auflage, Freiburg/Köln/Konstanz/Leipzig/Mainz/Marburg 2018 (zit.: Jauernig/*Bearbeiter*, 17. Auflage 2018, § Rn.).

Thum, Rainer, Betriebsbedingte Kündigung und unternehmerische Entscheidungsfreiheit, Passau 2002.

Thüsing, Gregor, Gedanken zur Vertragsautonomie im Arbeitsrecht, in: *Fleischer, Holger / Frey, Kaspar / Hirte, Heribert / Thüsing, Gregor / Wank, Rolf* (Hrsg.): Festschrift für Herbert Wiedemann zum 70. Geburtstag, München 2002, S. 559 ff. (zit.: *Thüsing*, in: Festschrift Wiedemann, 2002, S.).

Thüsing, Gregor / Granetzny, Thomas, Zur Abdingbarkeit des BetrAVG bei Organmitgliedern, NZG 2010, 449 ff.

Tschöpe, Ulrich, ‚Low Performer' im Arbeitsrecht, BB 2006, 213 ff.

Ulber, Daniel, Legislative Einschätzungsprärogative im Arbeitsrecht, NZA 2016, 619 ff.

Vogt, Volker, Betriebsrentenanpassung und Berechnungsdurchgriff im Konzern, NZA 2013, 1250 ff.

vom Stein, Jürgen, Missbrauchskontrolle bei befristeten Arbeitsverträgen, NJW 2015, 369 ff.

von Finckenstein, Barbara, Freie Unternehmerentscheidung und dringende betriebliche Erfordernisse bei der betriebsbedingten Kündigung, Rostock 2005.

von Heintschel-Heinegg, Bernd (Hrsg.), BeckOK StGB, 43. Edition Stand 1.8.2019, München (zit.: BeckOK/*Bearbeiter*, StGB, 43. Ed. Stand 1.8.2019, § Rn.).

von Stebut, Dietrich, Der Wegfall von Kündigungsgründen des Vermieters, NJW 1985, 289 ff.

Voßkuhle, Andreas, Grundwissen – Öffentliches Recht: Der Gefahrenbegriff im Polizei- und Ordnungsrecht, JuS 2007, 908 f.

Walden, Jörg, Änderungskündigung, unternehmerische Entscheidungsfreiheit und Prognoseprinzip, Münster 1993.

Waldenfels, Aurel, Aktuelles zur Abmahnung, ArbRAktuell 2012, 209 ff.

Walker, Wolf-Dietrich, Die freie Unternehmerentscheidung im Arbeitsrecht, ZfA 2004, 501 ff.

Wallner, Franz Xaver, Die ordentliche Änderungskündigung des Arbeitgebers, Stuttgart 2001.

Waltermann, Raimund, Abschied vom Normalarbeitsverhältnis? Welche arbeits- und sozialrechtlichen Regelungen empfehlen sich im Hinblick auf die Zunahme neuer Beschäftigungsformen und die wachsende Diskontinuität von Erwerbsbiographien?, NJW-Beilage 2010, 81 ff.

Wank, Rolf, Abschied vom Normalarbeitsverhältnis? Welche arbeits- und sozialrechtlichen Regelungen empfehlen sich im Hinblick auf die Zunahme neuer Beschäftigungsformen und die wachsende Diskontinuität von Erwerbsbiographien?, RdA 2010, 193 ff.

Wank, Rolf, Die personelle Reichweite des Arbeitnehmerschutzes aus rechtsdogmatischer und rechtspolitischer Perspektive, EuZA 2016, 143 ff.

Wank, Rolf, Rechtsfortbildung im Kündigungsschutzrecht, RdA 1987, 129 ff.

Wank, Rolf, Tendenzen der BAG-Rechtsprechung zum Kündigungsrecht, RdA 1993, 79 ff.

Weppler, Thomas / Stöckler, Manfred, Betriebsrentenanpassung nach dem BAG-Beschluss vom 21.8.2012, BB 2013, 1067 ff.

Wiese, Günther / Kreutz, Peter / Oetker, Hartmut / Raab, Thomas / Weber, Christoph / Franzen, Martin / Gutzeit, Martin / Jacobs, Matthias (Hrsg.), Betriebsverfassungsgesetz Gemeinschaftskommentar, Band I, 11. Auflage, Köln 2018 (zit.: GK-BetrVG/*Bearbeiter*, Bd. I, 11. Auflage 2018, § Rn.).

Wiese, Günther / Kreutz, Peter / Oetker, Hartmut / Raab, Thomas / Weber, Christoph / Franzen, Martin / Gutzeit, Martin / Jacobs, Matthias (Hrsg.), Betriebsverfassungsgesetz Gemeinschaftskommentar, Band II, 11. Auflage, Köln 2018 (zit.: GK-BetrVG/*Bearbeiter*, Bd. II, 11. Auflage 2018, § Rn.).

Wilhelm, Gerhard, Anhörung des Arbeitnehmers vor Ausspruch einer Abmahnung?, NZA-RR 2002, 449 ff.

Willemsen, Heinz Josef, Verhaltensbedingte Kündigung: Fünf Thesen und fünf Fragezeichen, RdA 2017, 115 ff.

Wutte, Joachim, Betriebsrentenanpassung im Konzern: Berechnungsdurchgriff und Rentnergesellschaft, München 2016.

Zuber, Jörg, Das Abmahnungserfordernis vor Ausspruch verhaltensbedingter Kündigungen, NZA 1999, 1142 ff.

Zundel, Frank, Die Entwicklung des Arbeitsrechts im Jahr 2017 – Gesetzgebung sowie Inhalt und Umfang arbeitsvertraglicher Rechte und Pflichten, NJW 2018, 126 ff.

Zwanziger, Bertram, Die Mitbestimmung des Betriebsrats bei der Berufsbildungs- und Qualifizierungsmaßnahmen im Lichte der Rechtsprechung, AuR 2010, 459 ff.

Bonner Schriften zum deutschen und europäischen Recht der Arbeit und der Sozialen Sicherheit

Herausgegeben von Gregor Thüsing und Raimund Waltermann

Band 1 Sven Kürvers: Betriebliche Altersversorgung in Deutschland und den USA im Rechtsvergleich. Unverfallbarkeit, Portabilität und Unisex-Tarife. 2008.

Band 2 Alexandra Geißler: Der Lohnanspruch des Arbeitnehmers bei Nichterbringung der Arbeit. Ein Vergleich des deutschen und polnischen Arbeitsrechts. 2008.

Band 3 Daniela Fink-Jamann: Das Antidiskriminierungsrecht und seine Folgen für die kirchliche Dienstgemeinschaft. Eine Bestandsaufnahme nach Erlass der Richtlinie 2000/78/EG und ihrer Umsetzung durch das deutsche Allgemeine Gleichbehandlungsgesetz (AGG) unter besonderer Berücksichtigung der Loyalitätsobliegenheiten im kirchlichen Dienst. 2009.

Band 4 Jens Sebastian Groh: Einstellungs- und Kündigungskriterien kirchlicher Arbeitgeber vor dem Hintergrund des § 9 AGG. 2009.

Band 5 Thomas Gerdom: Gemeinschaftsrechtliche Unterrichtungs- und Anhörungspflichten und ihre Auswirkungen auf das Betriebsverfassungs-, Personalvertretungs- und Mitarbeitervertretungsrecht. Zum Umsetzungsbedarf der Richtlinie 2002/14/EG. 2009.

Band 6 Daniel Stolz: Der beurlaubte Beamte im Angestelltenverhältnis. Eine Darstellung der Doppelrechtsstellung am Beispiel der Postnachfolgeunternehmen. 2010.

Band 7 Kristina Ruch: Dreiseitige Vereinbarungen. Vereinbarungen zwischen Arbeitgeber, Gewerkschaft und Betriebsrat. 2010.

Band 8 Manuel Schwering: Das Allgemeine Gleichbehandlungsgesetz als Aufgabe und Instrument des Betriebsrates. 2010.

Band 9 Julia Bietmann: Gesetzliche Wege zu einem systemkonformen Mindestlohn. 2010.

Band 10 Wolfgang Schorn: Die Unklarheitenregel des § 305c Abs. 2 BGB - insbesondere im Arbeitsrecht. 2011.

Band 11 Jan Kraus: Regulierung von Pensionsfonds. Eine rechtsvergleichende Untersuchung einer neuen Einrichtung der betrieblichen Altersversorgung in Deutschland. 2011.

Band 12 Gregor Thüsing: Scheinselbständigkeit im internationalen Vergleich. 2011.

Band 13 Marc Tobias Rosenau: Die Koalitionsbetätigungsfreiheit im gewandelten Kontext. 2013.

Band 14 Martin Kalf: Die Änderungskündigung im Lichte des Verhältnismäßigkeitsprinzips. Tatsächliches Potential und rechtliche Grenzen. 2013.

Band 15 Franz Josef Düwell / Manfred Löwisch / Raimund Waltermann / Rolf Wank (Hrsg.): Das Verhältnis von Arbeitsrecht und Zivilrecht in Japan und Deutschland. 2013.

Ab Band 16 läuft die Reihe unter einem neuen Reihentitel

Schriften zum deutschen und europäischen Recht der Arbeit und der Sozialen Sicherheit

Herausgegeben von Stefan Greiner, Gregor Thüsing und Raimund Waltermann

Band 16 Luca Rawe: Auslegung von Zusagen der betrieblichen Altersversorgung. Zugleich ein Beitrag zu den Entwicklungen im Betriebsrentenrecht anhand einer Rechtsprechungsanalyse. 2017.

Band 17 Florian Göhner: Die betriebsverfassungsrechtliche Stellung der Leiharbeitnehmer im Entleiherbetrieb. 2017.

Band 18 Mathias Benedix: Die besonderen Therapierichtungen und der Neutralitäts- und Objektivitätsanspruch des Staates. 2017.

Band 19 Stephan Picht: Haftung des Betriebsrats und seiner Mitglieder bei rechtsgeschäftlichen Verbindlichkeiten. 2018.

Band 20 Christoph Corzelius: Grundlagen, Wirkungen und Grenzen des tarifdispositiven Rechts in der Arbeitnehmerüberlassung. 2018.

Band 21 Hajime Wada / Raimund Waltermann (Hrsg.): Nachhaltiges Arbeits- und Sozialrecht in der alternden Gesellschaft in Japan und Deutschland. Symposion am 17. und 18. Februar 2017 an der Rheinischen Friedrich-Wilhelms-Universität Bonn. 2018.

Band 22 Henrike Seifert: Solidarität im Arbeitsrecht. Inhalt und Bedeutung von Solidarität als rechtlich wirkende Verpflichtung. 2018.

Band 23 Sabine Vianden: Gleiches Entgelt für gleiche und gleichwertige Arbeit.2020

Band 24 Matthias Denzer: Das Betriebsratsamt als Ehrenamt und seine entgeltrechtlichen Folgen.2020.

Band 25 Yannik Beden: Arbeitsrechtliche Prognoseentscheidungen. 2020

www.peterlang.de